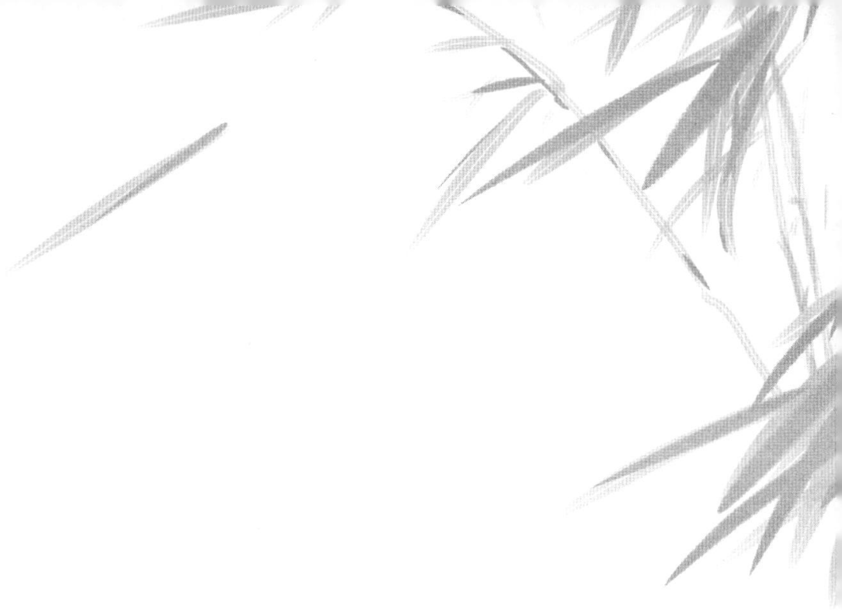

浙江文化研究工程成果文库
浙江文獻集成

李慈銘日記

第十一册

光緒八年五月初一日起
光緒十年十二月十八日止

〔清〕李慈銘 著
盧敦基 主 編
何勇强 副主編

浙江大學出版社 ZHEJIANG UNIVERSITY PRESS
·杭州

本冊目録

光緒八年五月初一日至光緒十年十二月十八日
（1882年6月16日—1885年2月2日）

荀學齋日記己集上

荀學齋日記己集下

荀學齋日記丁集上

光緒八年五月初一日至十月十五日(1882年6月16日—1882年11月25日)

光緒八年壬午夏五月丙戌朔　晴，風，熱甚，下午雲合，小雨，即止。始换冷布窗。閲《鶴徵録》。得紱丈書，惠碧螺春茗兩瓶，藕粉兩包，端午餅兩匣，青豆一盤，作書復謝，犒使四千。許仙坪來。葉更端來，乞題林和靖畫象硯拓本。付冷布糊窗等銀一兩，付文奎齋刻箱篋錢十二千。

邸鈔：命編修張英麟歷城，乙丑。爲雲南正考官，馮金鑑桐鄉，丙子。爲副考官；潘衍桐南海，戊辰。爲貴州正考官，袁善丹徒，辛未。爲副考官。詔：前署福建汀漳龍道二品頂帶王廣業賞給頭品頂帶，准其重赴恩榮筵宴。

初二日丁亥　晴，酷熱。作書致鐵香，託轉領西倉奉米。檢曝書畫及同人筆札，收之篋笥。題錢文敏尚書畫紫藤虞美人花兩絶句。饋肯夫夫人、仙洲夫人、蕚庭、書玉諸家節物。鎮海孫漁笙副貢瑛來見。肯夫、仙洲夫人各饋節物。鐵香來。蕚庭饋節物及張姬四十生日禮。敦夫、書玉、光甫饋張姬生日禮，夾竹桃兩盆，石榴花兩盆，酒兩壇，鯗脯兩肩，作書復謝，犒使十六千。敦夫饋楊梅燒酒一瓻，再作書謝。署吏送來春夏季養廉銀十二兩五錢。夜熱甚，不可以衣，四更始睡。

初三日戊子　晴，酷熱，下午雲合，有遠雷，以風止，夕陽時有小雨，雨陣，熇鬱益甚。移置書籍。錢辛伯侍講來。辛伯時與陳伯潛學士爲國史館總纂官，專修《儒林》《文苑》兩傳，其議前年發之張香濤。而今浙江糧道嘉定廖穀士壽豐爲編修，任其事。去年提調王貽清編修者貽清，泰州人，廣業子。言之掌院，增編纂十人，爲惲彥彬、費延鼇、馮文蔚等。惲最不學。馮分得丁小雅杰傳，不識爲何人。馮歸安人，丁之邑子也，都中傳爲笑柄。此輩惟能中鼎甲，安知同鄉先有歸班進士邪？以金銀提調，廣攬村野驅烏，事可知矣。幸有辛伯爲總纂，而伯寅尚書爲總裁，庶兩傳不致落莫耳。蓴庭姬人來，饋褧錦手帊、佩鏡等事。敦夫來。梅卿寄惠銀百兩，余之壽頌未至而潤筆已來，非爲報也，其意可感。仙洲夫人饋張姬生日禮物。剃頭。付殷使錢八千，劉使錢三千。

初四日己丑　晨微陰，上午澹晴，午晴，晡後陰，酷熱。張姬四十生日，爲之呼廚人治具。葉更端以所畫蓮荷紈扇爲贈，即復書，屬其再繪豆籬秋柳。蓴庭姬人來。夜邀敦夫、書玉、光甫、秋田飲，招霞芬、玉仙兩郎左觴，至三更始散。葉更端來。夜始易涼席，熱甚，徹旦不瞑。付司馬廚子肴饌錢一百五十八千，下賞錢二十五千，鼓詞錢二十千，殷使八千，鮑使五千，陳使三千，胡使三千，李升六千，王媪六千，楊媪六千，蔣媪五千，升兒四千，更夫四千。

初五日庚寅　晴，下午微陰，酷暑更熾。插蒲艾，熏芷朮，飲雄黄酒，以昨日倦甚，又酷熱，罷端午筵。嚴六谿來。得王月坡四月五日仙居書，寄惠雲霧山茶一簍，野朮四枚。葉更端別畫豆籬蟬柳紈扇見詒，畫甚不佳，蓋其胸中無此趣也，作書還之。晚雲合，有小雨，即止。夜早卧，四更熱悶甚，起坐庭中納涼。是日始聞蟬。是節付米錢一百三十千，石炭錢一百三十八千，乾果錢一百千，賣花媪銀七兩，紬段銀四兩，聚寶堂酒食錢二百八千，松竹齋紙錢一百千，燈油錢五十六千，甜水錢二十千，寶森書錢二十千，酒錢四十千。付霞芬銀六兩，玉仙二兩。李升節錢十千，王媪七千，楊媪七千，升兒四千，更夫四千，鮑使四千，霞僕十千，玉僕十千。

初六日辛卯　亥初二刻一分夏至，五月中。晨雷雨，有震霆，自辰逮午大雨數作，下午密雨如秋，頓涼可喜，晚晴。葉更端再畫豆籬蟬柳扇面來，作書謝之。爲更端題林和靖硯像拓本三幀，一五古，一七古，一五律，即作書還之。

題林和靖像硯有序

硯方石而凹，右側有題識云：『殿直丁君自沂適閩，艤舟惠顧，晤語未幾，即出硯相贈，且以拙詩爲索。勉書數章，少塞好事之意，然受此有愧，謹識硯端以記弗諼耳。咸平五年歲在壬寅夏五月，林逋記。』硯背有和靖小像，左側八分書云：『富平李因篤藏。』硯匣蓋刻潘次耕行書題字。近年鄉人倪署正某得之廠肆，今歸廣東長寧令蜀人葉大起。

達人鮮所顧，獨喜翰墨名。逋翁去千載，世事無一嬰。眷屬託梅鶴，下此况益輕。摩挲有此硯，愛之如瓊英。銘識題歲月，紀元五咸平。且勒巾服像，蒼然須眉清。得非手琱刻，山骨臨寒泓。殿直爾何幸，留詒付佳評。所重豈一硯，石友期堅貞。想見西湖邊，賓主相將迎。扁舟檥堤下，澹與谿烟横。梅陰正如幄，雨外斜陽生。屐齒破山緑，蘚徑導鶴行。茶烟出竹屋，微聞哦詩聲。汲泉還注硯，脱手新篇成。偶然記蹤跡，彌見高人情。

從題識五月艤舟語，寫孤山初夏光景，令人神往。此詩法之密，亦非世人所知。自記。

徐壽蘅大理以林處士像硯拓本將致孤山再爲題詩

西湖處士亦好事，一硯區區重題識。其背自寫山澤癯，想亦興趣適然寄。華陽葉子顛米儔，土花石翠滿屋收。一朝得此叫殊絶，狂喜徑脱青鼲裘。長沙徐老癖文字，爲薦浙材謫卿寺。逢人猶説西湖奇，欲標孤山補高致。巢居鶴去將千年，梅花異代争春妍。不須耳孫互譏辯，硯中神骨常翛然。何不以硯置祠側，古月蒼烟不能蝕。硯材萬億此獨傳，附此并傳丁殿直。

邸鈔：上諭：御史陳啓泰奏各省考試官員，請仿照閩省章程辦理等語，著吏部議奏。二月間福建巡撫岑毓英等奏福建由吏員、監生、俊秀捐納勞績出身例應考試者，現任、未任共九百七十九員，擬請不論曾經考過與否，一概調試，知府、直隸州、知縣、監大吏各取留五成，同知、通判、佐雜各留四成，其餘分別開缺，飭令回籍。詔如所請行。今陳君請申諭各督撫仿照閩省辦法，各按本省人數，或留二去八，或留三去七，至寬亦以四五成爲定，旌別既嚴，不必輒以停止分發爲請。

初七日壬辰　終日凉陰潮濕，傍晚見日景。病濕，多卧。自書紈扇，考蓮荷名誼，分別作小楷數百言。張仲模來。傅子蓴來。葉更端來，乞題怡府角花箋，此可厭矣。

邸鈔：詔：雲貴總督劉長佑來京陛見。以福建巡撫岑毓英署理雲貴總督，以前廣東巡撫張兆棟署理福建巡撫。禮部尚書恩承奏懇恩開去繁要差使。詔：恩承著開去總管内務府大臣、步軍統領，並毋庸管理神機營事務，以示體恤。命理藩院尚書麟書補授步軍統領。以翰林院侍讀學士朱逌然爲詹事府少詹事。户部郎中額勒精額授直隸天津道。

初八日癸巳　凉陰，微晴。下午過敦夫齋頭，便同詣鐵香、汝翼談。鐵香今旦引見補給事中，此次以吏科、工科兩缺，並上鐵香資在前，應得吏科。及簡用後，吏部司官以兩籤令鐵香及鄭溥元掣之，鐵香掣得工科。此云新例，亦不知何所承也。又聞張香濤近日疏薦中外官五十九員，居首者張佩綸、李若農師、吴大澂、陳寶琛、朱肯夫五人，又有侍郎游百川、巡撫卞寶第、布政使唐炯及總兵方耀等數人，餘皆乳臭翰林。其考語皆百餘字，於張佩綸謂有一無二之才，於唐炯謂封疆第一人物，内舉不避親，又並舉黄彭年、黄國父子。近日北人二張一李内外唱和，張則挾李以爲重，李則餌張以爲用，窺探朝旨，廣結黨援，八關後裔，捷徑驟進，不學無術，病狂喪心，恨不得居言路，以白簡痛治鼠輩也。傍晚歸。沈子培來，久談。晚雷雨，不久止。

邸鈔：左中允鳳鳴升翰林院侍講。掌京畿道御史鄭溥元升吏科給事中。掌雲南道御史鄧承脩升工科給事中。

初九日甲午　晴，下午陰，晡雲合，有雨數點，旋霽。病暑，身熱中懣，自撰方藥服之。敦夫來。葉更端來辭行。爲更端録昔年題角花牋舊詩。晡後詣益吾祭酒，以明日扶柩行也。晤陳伯平、黄覲虞檢討自元，并送更端行。晚歸，病甚，即卧。

初十日乙未　晴，下午微陰。早懸神位圖，祀曾祖考妣、祖考妣、本生祖考妣、先考妣，補夏至之饋也，祔以兩弟。燒鳧一，肉肴六器，菜肴六器，蒲絲餅一器，薄荷梅桃糕一器，菜羹一，饅頭一大盤，端午餅一大盤，麵一盤，枇杷一大盤，杏兩大盤，桃一盤，扁豆茶一巡，酒三巡，飯再巡，晡後畢事，焚楮錢，收神位圖。是日早起，病甚，力疾供饋，午覺神清思食。饋畢復病，强坐閲《禮經》。以祭餘二器饋敦夫。作書致鐵香，饋梅糕。

十一日丙申　晴，下午間陰。病如故，胸鬲，不食，口乾，時飲枇杷汁，服厚樸、竹葉湯。作書致汝翼，饋以枇杷。傍晚病益甚，早卧，胸懣，口苦。鐵香來。

十二日丁酉　晴，午後陰，晡後復晴。病如故，午食粥，不快。得汝翼書，即復。得鐵香書，即復。閲《曝書亭集》。夜汝翼來，診脉撰方，服藿香、白蔻、川樸湯。

邸鈔：上諭：大學士、刑部奏會同審明妄拏無辜、毆辱士類之兵丁，按例定擬，並查明原參各節一摺。此案步軍統領衙門技勇兵和清因奉派訪拏綽號人犯小軍師古香臣，輒將伊兄舉人古銘猷鎖拏扭打，並喝令崇斌等攢毆多傷，實非私拷平人可比，自應加等問擬，著照所擬革去技勇兵七品頂戴，杖一百，流二千里，情節較重，即發黑龍江當差。崇斌、海普、成禄隨同妄拏無辜，抓踢鎖毆，均著照擬革去技勇兵，杖一百，徒三年。恒喜、松海、崇山、文福、富壽、奇昌、巴唐阿隨同押走，並未毆打，均著照擬革去技勇兵，杖九十，徒二年半。委步軍校德昌將並未犯事到官舉人擅加鐐銬看守，著交部議處。翼尉連祥未能覺察，非尋常疏忽可比，著交部議處。委翼尉恩昌明知古銘猷不應傳案，仍派役往傳，已屬謬妄，並不訊明兵丁滋事實情，扶同捏飾，著交部嚴加議處。署步軍統領、左翼總兵、户部右侍郎崇禮於所屬司員營弁不職漫無覺察，降旨交查之案並不確切查明，僅據捏禀之詞，率請交部訊辦，意圖委卸，回護掩飾，著交部照例議處。署左翼總兵容貴、右翼總兵文秀隨同具奏，亦難辭咎，均著交部分別議處。户部郎中邵承瀚雖無勒索規費情事，惟曾被人以誘良狎妓、合謀誆騙等情控告有案，實屬行止污下，有玷官方，著即行革職。刑科給事中師長灼身列諫垣，屢次被人參奏，難期稱職，著勒令休致。已革主事師岱雖無勾結番役實據，惟素不安分，業經伊父師長灼驅令回籍，難保不潛匿在京，著步軍統領衙門、順天府、五城御史一體訪查，驅逐回籍，交地方官嚴加管束，不准出外滋事。以左春坊左庶子劉廷枚爲國子監祭酒。以宗人府理事官奕杕爲鴻臚寺卿。命禮部右侍郎宗室寶廷戊辰。爲福建正考官，編修朱善祥秀水，丙子。爲副考官；宗人府府丞吴廷芬休寧，癸亥。爲廣東正考官，編修蕭晉蕃長沙，乙丑。爲副考官；胡勝寶坻，甲戌。爲廣西正考官，龐鴻文常熟，丙子。爲副考官。内閣侍讀劉湝焴授貴州鎮遠府知府。本授御史莫勒賡額，未出京告病。户部尚書閻敬銘到京。

十三日戊戌　晴。兩日炎暑復熾。病利暴下，孱食。閲《隋書經籍志考證》。敦夫來。

十四日己亥　晴，酷暑，晡陰，鬱悶異常，晚風，歊熱，夜初更後少凉，月出。病不愈，不能食。卧閲曾文正《求闕齋讀書録》，分讀經、讀史、讀子、讀集，共十卷。文正通聲字轉借之法，故於此頗有得。其讀《周禮》《儀禮》數條，亦見細心。其論《史記》專在文法，蓋囿於桐城，議論雖未知史公深處，亦自有見地。論《三國志》有數篇學《史記》處亦確。此老固可愛也。前有合肥相國序，不知何人所爲，其首云：『札記者，小説家之枝餘；自王伯厚、顧亭林輩以通儒爲之，於是其業始尊。』謂札記出於小説家，又曾見王伯厚以前人札記，皆奇談也。

有貴州人唐遠皋來，言是庚午同年，鄉人徐慶安來，皆不見。洗足。

十五日庚子　晴，酷熱。剃頭。仍不快，頗思南食。作書致敦夫，問南客鍾氏新到山味。晚始小食。

億，安也，从意。意，滿也，十萬也，从啻。啻，快也，从言中，會意。慈銘案：啻即《論語》『億則屢中』之本字也。言而皆中，故快。快其引申誼也。段茂堂氏謂，『億則屢中』之『億』本『意』字。案：意，志也。志即識，故引申爲記意。今作『憶』者，『意』之俗也。若『億則屢中』及『不億不信』之『億』，本字皆當作『啻』。快者，決也。啻決而中爲快，故加心作意爲滿，滿亦快足意也。《詩》毛傳、《伐檀》《楚茨》《豐年》皆同。《國語》韋注、《鄭語》。《九章算術》皆言萬萬曰意，此今數也。《詩》鄭箋及《説文》皆言十萬曰意，此古數也。《衆經音義》卷六引《算經》云：下數十萬曰意，中數百萬曰意，上數萬萬曰意。蓋意者數之成，故上、中、下數皆由此計數，以意爲滿，故借意字爲之。滿足則安，故加人作意爲安，聲義孳生，本皆一貫。《論語》之『億則屢中』，即《左傳》之『不幸而言中』，以言中爲啻之本誼，無可疑也。

十六日辛丑　晴，酷暑，晡後有風，微陰，熇灼更甚，傍晚晴如故。得敦夫書，惠新到松門鮝五尾，即作復謝，受兩片。兩日患下利，白色。閲陳氏《毛詩疏》。書玉邀飲萬福居，辭之。是夕望，夜有風，微陰，四更熱甚，起坐，月色澹然。

十七日壬寅　晨及午晴，酷熱，下午微陰，有風，稍凉。得紱丈書，即復。閲《毛詩疏》。再得紱丈書，惠止利方。陳伯平來。楊定旉來。始食西瓜。夜微陰，有雷，四更小雨。

五月十六夜起作

五月苦煩暑，夜起猶歊溼。披衣卧庭際，尺地成山林。籬側轉微月，澹然照花陰。時因楊柳風，流光在我襟。氣熱不成露，夜静能蕭森。老杙峙門首，垂柯影沉沉。時或車聲過，警我同栖禽。應知早朝客，歎此蓬蒿深。

五月十七夜四更有雨

炎威去以陰，晚風在庭户。漸看月隙呈，凉意生澄宇。枕簟便可親，花光淡相佇。中卧忽有警，床頭風葉舞。歷歷穿樹聲，已過四更雨。田事豈不憂，聊欣滌微暑。

十八日癸卯　晨及午後晴，晡後陰，傍晚復晴，晚風，甚凉，霞景極麗。作致陳藍洲武昌書，作書託楊雪漁轉寄。得紱丈書，即復。得傅子蓴書，爲其甥馬介臣約飲，即復書辭之。書玉來。

五月十八日晚凉坐風前看霞寄紱丈

亭午暑轉盛，微雷鳴西遐。忽見林影動，晚風來交加。亟移藤几坐，仰看柳陰斜。天際遲暝色，對我生紅霞。惜無雙酒杯，映此瀲灧花。淺絳出層碧，點以三兩鴉。霞西是何處，朱門丈人家。想見倚笻坐，金波泛新茶。吟成定憶我，緑樹鄰墻遮。

十九日甲辰　晨薄陰，上午至晡晴，酷熱如故，晡後微陰，傍晚雲合，大風，有雷，晚小雨，即止，夜凉，復陰，旋霽。孺初來。閲陳氏《毛詩疏》。得子蓴片，再約明日晚飲。爲孺初書紈扇。

五月十九日晚風盼雨書感成五十四韵寄周荇農閣學並簡徐壽蘅侍郎

疏傅樂休官，董生感不遇。雖曰隱顯殊，各懷止足慮。仕宦無捷徑，寸阪窒千步。晚效徒强顔，早達終失據。木鴈非世憐，枘鑿亦天付。東鄰周侍郎，清華夙游豫。邅回蓬島間，未得赤螭馭。一踐宮尹端，旋曳鳳閣屣。常參計臣策，間肆容槖故。微疾喜遂告，頤情恣墳素。盛夏坐一室，明窗絶氛霧。寺看香篆生，硯池滴花露。余亦秉微尚，訾級備三署。虚竊一鍾禄，不理五曹務。老成日以凋，少年孰余慕。芴閭名豈修，清静物滋妒。昨者閻尚書，安車起農圃。同官頗欣欣，争思自建樹。矯飾廉讓名，覬得上考註。晚士善揣摹，凉熱皆可附。慚非治煩才，莫佐仰屋苦。千秋遑敢期，三遷亦寧顧。手版恒倒持，銜參久絶赴。比曰癉藴爞，但裼略禮度。薄粥二鬴充，短榻四體布。今夕驅豐隆，雨勢已東注。頗疑惠然風，來自公家樹。追凉庭柯陰，翹企碧雲暮。隔巷通蟬聲，夕陽猶半駐。四郊盼甘澤，日憂旱苗仆。農夫勤鉏犂，泥塗雜汗雨。吾力能自勉，治書刊謬誤。持此報聖明，差亦比耕作。老更視思戒，病即潔身去。薄俗難具論，睚眦修怨惡。不見蚍蜉輩，結網張要路。鵰鳶互陰嚇，蛙魚矜沫呴。趯足考險緣，寱言習醉酗。群兒自相貴，公然達章疏。不畏螳折臂，行見蠅敗蛆。落落松柏行，置身遠沮洳。床早僧真移，扇無元規污。古歡生寂寥，真契杜述著。所嗟王益吾祭酒。與瞿，子九學士。星奔一時訃。林號下栖烏，水宿候纕鷺。同葉每鋠離，絶學致瘨怒。道在德不孤，志定勢匪助。開徑三益來，西頭約徐孺。尚期杖策同，消夏鬥詩句。南泭與北滙，荷花最深處。此中可飲酒，扁舟向烟渡。騶卒及罟師，率意相與語。紅衣褰風幔，句留白頭住。蕭然冰雪懷，寧知褦襶趣。

邸鈔：詔：户部尚書閻敬銘加恩在紫禁城内騎馬。

二十日乙巳　晴，下午微陰，旋晴。補作春暮五詞。作書致鐵香，問西倉俸米。作片致爽秋，得復。作書致敦夫，再饋薄荷緑豆飲。光甫來。敦夫來。寫十八日詩致紱丈。得傅懋元書，約明午飲廣和居，即復。得紱丈書并和詩一章，即復。晚詣廣和居赴子蓴及馬介臣之飲，酒一行而歸。

邸鈔：上諭：前據内閣侍讀學士文碩奏稱河南學政廖壽恒斥革欠考生員一案，言官挾私妄奏，撫臣查覆瞻徇等因，當交都察院堂官會同禮部、兵部查奏。兹據查明覆奏，請旨辦理各省文武各生，三年歲考一次，無故不到，例應斥革。此次河南省斥革欠考各生人數較多，其中有因災後轉徙流離，未能如期赴試者，其情不無可原。著該學政詳細查明欠考年分是否實因灾荒，有無規避情事，分別辦理。其報捐出學之文生包宗模等、册報等第之武生路昆錦等，何以仍注斥革及列入患病游學項下，著分別查明，將歷任學政及各學教官查取職名，交部議處。廖壽恒未能查出，亦屬疏漏，一併交部議處。此後各省學政每屆歲考，仍應遵照定例辦理，其有因欠考三次斥革者，不得藉詞援引，率請開復，以符定制。葉蔭昉、李鶴年既據查明並無挾私瞻徇情事，均著毋庸置議。兼署禮部右侍郎松溎已到署任，竟不與議列銜，向來無此體制；兼署禮部左侍郎徐郙與廖壽恒係屬姻親，應否回避，並未先行奏請，亦屬不合：均著交部議處。　詔：吉林添設道缺著作爲吉林分巡道，請旨簡放。　以光禄寺卿周瑞清爲太常寺卿。

二十一日丙午　晨及上午晴，午晴陰相間，下午多陰，傍晚大風。閲《毛詩疏》。傅懋元速飲，作片辭之。爲光甫書扇，即作書致之。寫前日詩，作書致周荇翁。得光甫片，約飲聚寳堂，辭之。

邸鈔：翰林院侍講錢桂森轉補侍讀，司經局洗馬惲彦彬升侍講。湖北督糧道惲彦琦調補漢黄德分守道。浙江温州府知府廖修明告病。山西冀寧道王定安告病。聞張之洞勒令告病，又近日陳伯平亦疏劾之。雲南迤南道石峻病故。福建准補興化府知府蔣鳳藻留省另補。以學士陳寳琛劾其鑚營躐保，狎娼聚賭，詔令總督何璟等查辦。璟等力雪之。特旨開缺。

二十二日丁未　申初初刻十分小暑，六月節。晨及午後晴，下午陰，晡後雨，旋止，傍晚復小雨，晚晴。早起食粥，作書。詣敦夫齋頭小談。楊雪漁得湖南試差，來問策題條例。得周荇翁書，贈所書畫紈扇一柄、楹帖一副。畫作春江夜泊圖，甚疏秀；楹帖集《漢書·劉向傳贊》《後漢書·鄭康成傳》語，云『直諒多聞，古之益友；經傳洽熟，稱爲純儒。』老輩虚懷，慚愧無地。又以所著《漢書注校補》五册屬閱，即作書復謝，犒使二千。剃頭。

邸鈔：命翰林院侍講學士葉大焯閩縣，戊辰。爲湖南正考官，編修楊文瑩錢唐，丁丑。爲副考官；左春坊左庶子烏拉布滿洲，甲戌。爲四川正考官，編修張人駿豐潤，戊辰。爲副考官；楊頤茂名，乙丑。爲甘肅正考官，江樹畇旌德，丁丑。爲副考官。

二十三日戊申　晨及下午晴，間微陰，晡後陰，晚風，小雨，夜大雷雨，辟歷三震，初更後止。爽秋來。

閲鍾子勤《穀梁補注》。鍾氏用力勤至，足成一家之學，而時失之拘牽。如僖二十八年『春公子買戍衛，不卒刺之，先名後刺，殺有罪也。公子啓曰：不卒戍者，可以卒也，可以卒而不卒，譏在公子也，刺之可也』。慈銘案：成十六年十有二月乙酉，刺公子偃。大夫日卒，正也，先刺後名，殺無罪也。范武子於公子啓下僅注魯大夫。楊士勛疏引舊解云：『公子啓即公子偃。啓書日者，啓無罪。』是『公子啓曰』之『曰』，乃『月日』之『日』，非『云曰』之『曰』。古人作日月字皆方闊象形，作云曰字則瘦小，後人反之。唐以前隸皆不如此。於是以此傳『公子啓日』，誤作公子啓云解。士勛唐人，尚認日月字，故引舊解説之，舊解是也。啓蓋偃之字，以相反爲義。公子啓日者，傳引刺偃書日以證此不書日爲買之有罪。下云『譏在公子也，刺之可也』，言此爲罪買當刺，故不書日，其理甚明。鍾氏不信舊解而申疏，言上下文勢，理恐不然，猶襄二十三年傳引蘧伯玉曰。今案：彼傳云『冬十月乙亥，臧孫紇出奔邾』，其日正臧孫紇之出也。蘧伯玉曰：『不以道事其君者，其出乎？』此是傳引伯玉平日論出奔之事，非謂伯玉説此經也。伯玉年輩遠過宣聖，豈得與《春秋》筆削之辭？亦不必是論武仲。鍾氏乃謂伯玉當夫子修《春秋》時，年近百歲，是比之於尸子、沈子，亦不達甚矣。又謂『不卒戍』句，是當時斷獄議罪之辭，『公子啓解其義而事可知，《左氏》《公羊》，徒滋曲説。後世史書但云某官某有罪棄市，或云有罪自殺，以實事爲虚辭』。案：《左傳》謂公畏晉殺之而以不卒戍告楚，《公羊》謂買不肯往戍而以不卒戍爲内辭，揆之事理，《左氏》爲長。晉伯方興，釋憾於衛，楚救不克，魯先與楚，又親於衛，不知晉文之强，故先戍衛，既知楚非晉敵，懼而殺買，託辭以謝楚人，此必左氏親見魯史，故能爲此言。公、穀皆傳聞臆測，不足爲據。其以先名後刺爲殺有罪，先刺後名爲殺無罪，亦非通例。鍾氏乃欲後世史書皆以爲法，反稱有罪爲虚辭，則先刺後刺，豈足見實事乎？其顛甚矣。

署中送來俸米折銀三兩。

邸鈔：詔：兵部、吏部奏遵議處分各摺片。署步軍統領、左翼總兵、户部右侍郎崇禮應得革職處分，加恩改爲降三級調用。署左翼總兵容貴、右翼總兵文秀應得降三級調用處分，加恩改爲降三級留任。委步軍校德昌降三級調用。委翼尉恩昌革職。以盛京户部侍郎恩福調補户部右侍郎，兼管錢法堂事務；以盛京刑部侍郎啓秀調補盛京户部侍郎；以盛京兵部侍郎寶森調補盛京刑部侍郎；以都察院左副都御史鍾濂爲盛京兵部侍郎。以刑部右侍郎敬信調補兵部右侍郎，兼補授左翼總兵；以兵部右侍郎福錕調補刑部右侍郎。崑岡調補正白旗滿洲副都統，慶福補正白旗漢軍副都統。以太僕寺少卿恒明爲通政司副使。詔：前據銘安奏吉林添設道缺，事屬創始，政務繁難，並詳陳道員顧肇熙熟悉情形，洵堪勝任等語，吉林分巡道員缺即著顧肇熙補授，嗣後不得援以爲例，遇有缺出，仍請旨簡放。詔：二十六日親詣大高殿祈雨，並命惇親王奕誴禱時應宫，恭親王奕訢禱昭顯廟，惠郡王奕詳禱宣仁廟，貝勒載澂禱凝和廟。

五月二十三日夜得大雷雨題荇農閣學所畫春江夜泊團扇再簡荇丈並用見示去夏喜雨詩頹字韵

連日作雨勢，雲周天四頹。萍號忽震撼，旋見重陰開。一昨聞淅瀝，承霤羅瓶罍。既作亦復止，蘊暑彌爆烋。今日下明詔，竹宫虔致齋。分命具圭幣，祈澤遍九垓。夕促屏翳駕，急陣空中催。注綆羃檐宇，傾盆走瓴甋。庭樹噤不喧，一碧湔松槐。掣電裂金笑，震地轟驚雷。萬物争出濯，四野聞歡豗。適對侍郎畫，夜泊春江隈。恍若置身際，溯湃潮聲來。風急渚火亂，雨鳴沙響哀。菰蒲十萬頃，白浪如山摧。忽又憶昨夢，一棹長江迴。嚴城動譙鼓，曲港收帆桅。篷窗通燈影，密竿如薺排。每當風雨至，萬響轉轆轤。潺湲滿枕畔，耳根洗塵埃。遥見空濛中，星颭佛影臺。安得從公去，五湖相溯洄。飽聽楚天雨，出没烟雲堆。烹魚劈湘竹，繫纜依老梅。船頭對山色，青笠同銜杯。

二十四日己酉　晴，微陰，地溽。閲《穀梁補注》。同年龐庶常鴻書來，言其兄絅堂奉使廣西，已行。鐵香來。汝翼來。晚雲合，雨垂至，大風竟夜，睒電不雨。

二十五日庚戌　薄晴多陰。汝翼來，久談。下午出門答拜同鄉顧輔卿家相、徐慶安、許仙屏、楊雪漁、楊定甹、陳伯平、唐遠皋，賀施敏先選興化府，俱不值。平樂館詣鍾西耘，上虞館詣書玉兄弟，俱晤。久不答客，今日不得已而出，所如輒不快，傍晚歸。朱肯夫自蜀惠寄銀四十兩而無書，犒使八千。作書致楊雪漁，辭所諉也，得復。夜小雨數作。付車錢五千。

邸鈔：掌陝西道御史黄元善升刑科給事中。工部郎中素麟選湖北督糧道。浙江温州府知府選單大經。故大學士懋謙子，前工部郎中，湖北廩貢。刑部郎中施啓宗選福建興化府知府。

二十六日辛亥　晨陰，上午大雨，傍午陰晴餖飣，下午小雨數作，傍晚大雨滂沛，有震雷，入夜雨不止。閲《穀梁補注》，焚香避溽。楊雪漁來。得敦夫書。作書致光甫，以其六月初一日四十初度，約敦夫、介唐、書玉、秋田同觴之於天寧寺也，得復。作書致敦夫，期以是日晨往釣魚臺看荷花。夜密雨數作。

二十七日壬子　終日密雨，下午少止，凉甚，梅溽，夜又密雨，一更後稍止。

二十八日癸丑　晴熱，下午微陰，晚有霞。寫前日詩，作書致荇丈。得紱丈書，借日記，即復。王霞西來辭行，且告其子受豫以孝廉方正引見後，吏部籤授按察司照磨。再得紱丈書，以陳培之新刻張問月《仰蕭樓文集》一册送閲。問月名星鑑，崑山諸生，余都中舊交也。以丁丑歲卒於家，年六十餘矣，無子。培之與問月皆陳碩甫弟子，故爲之刻遺集。未及竣，而培之去歲以户部郎中告歸，今年遽卒。近日刻始成。其文雖不佳，於學問亦無所發明，然多言義行節烈事。貧苦奔走，老抱遺經以没，存其人可也。作書送王霞西行，饋以食物。余稟承家教，往來酬酢，事從豐厚，語言禮節，陷而入恭。驅烏之童，送之必至門外；揮蠅之客，待之未嘗不歡。徒以老病早衰，過從稍簡，而偏被謗議，見嫉時流。狗吠鷄鳴，置之可矣。

邸鈔：詔：以得雨霑足，於六月朔親詣大高殿拈香報謝，時應宫等處仍分命諸王、貝勒拈香。

二十九日甲寅　小盡。終日濕陰，時有小雨。腹又患利，身亦微熱，不食。晨過敦夫齋中談。閲《穀梁補注》。周荇農丈來，久談。敦夫來。傍晚得敦夫書，邀飲聚寳堂，晚赴之，光甫及書玉兄弟俱至，招霞芬、玉仙。夜一更後邀諸君飲霞芬家，爲光甫作暖壽筵也。四更始歸。付霞芬酒果錢四十千，賞其僕十千，客車二千。剃頭。是日傍晚小雨，後鬱悶尤甚，力疾出飲，以光甫旅中生日，爲遣寂寞，然疲劇，實不可支。所喜小扇疏衫，頗能解意，燈光花氣，終夕不離，擘藕裁冰，削桃助茗，酎酒美碧，炰粥香清，爲之盡歡，不覺將曙。以小詞寫之。

邸鈔：正藍旗滿洲副都統雙印卒。詔旨褒惜，照副都統例賜恤。

六月乙卯朔　輕陰見日，略有纖雨，下午間晴，傍晚小雨。霞芬早來，是日本與之期，同泛舟釣魚臺下看荷花也。以天陰恐雨，久疾未忺，道濘憚行，留之茗話。作片致介唐，屬其取酒。上午偕霞芬出廣寧門，至天寧寺。秋田已至，介唐、光甫、敦夫以次來，書玉後至。遍游僧院，飽看西山。婉孌相隨，代理茶具。亭午命酌，行酒十餘巡。山房翠周，塔影如繪。霞芬去後，玉仙始來。酒畢已餔，復設茗飲。雨雲東起，暝色近林。各驅車歸，入城小雨。沈子培來，不值，以《錢竹初文鈔》兩册留閲。得紱丈書，問荷花何處最佳，即復告之。作片致敦夫，以光甫今晚邀飲玉仙家，倦甚不能再出也。付廚人賞錢十二千，寺坐錢八千，茶房四千，霞車六千，玉車六千，昨夜、今日車錢二十千。

初二日丙辰　晴陰埃餲，溽暑鬱煩。

閲《竹初文鈔》，武進錢維喬樹參著。樹參爲文敏公維城季弟，乾隆壬午舉人，官浙江鄞縣知縣。文凡六卷，筆近冗俗，學識亦淺。惟《跋臧在東束脩説》一首，據《周書·武帝紀》詔：『諸胄子入學，但束脩於師，不勞釋奠。』以『束脩』與『釋奠』對舉，明以物言；《唐書·禮樂志》釋奠之禮，皇子束脩，乃束帛一篚，脩一案，分爲二物；《北史》馮偉『門徒束脩，一毫不受』；《隋書》劉炫『嗇於財，不行束脩者，未嘗有所教誨』諸文，謂當從《禮記》、《穀梁》、前後《漢書》，以脩脯爲本義。鄭君『束帶脩飾』，乃古人展轉借訓之義。兩漢以後，亦多用作檢束自好之稱，皆非實義。《王莽傳》云『自初束脩』，《伏湛傳》云『自行束脩』，猶云自初就學。《延篤傳》云『吾自束脩以來』，猶云吾自幼學以來。行者，行此禮也，曰以上者，就其卑以起例也。人能束脩其躬，雖大賢不外乎此，何至言之至易？其論甚通。

又紀雲巖相公章佳文成公阿桂。軼事一篇，多它書所未及。如云乾隆十三年，公以軍機章京從大學士訥親視師金川，總督張廣泗與訥親不相能，公語頗輕廣泗。其屬吏莊學和聞之以告，廣泗怒，欲中公法，學和願爲左證。乃以漏泄軍情劾公，械至京論斬。時公父文勤公方爲相，聞公逮至，大驚，遣老僕覘公，則公方熟寐，鋃鐺間，聲如雷。還白，文勤稍安，曰：『兒器度若此，當不至死。』翼日文勤召對，顔頓悴。純皇帝知其以子故，憫之，卒赦公。越二十年，公以定西將軍平兩金川凱旋，時學和先爲蜀守，以事謫戍，其子不知前隙，以故人子謁公告困。公款接之，以三百金資之歸。甘肅回蘇四十三叛，公時奉使越中，被詔往剿。行至潼關，遇侍郎和珅，亦銜命佐軍事。公知珅難共事，陽疾作。珅曰：『公憊矣。事方亟，我請兼程先往。』公諾之。珅馳抵蘭州，至之日，即督諸將出戰，兵大挫，總兵某死之。海蘭察力護，珅得脱。純皇帝已逆慮珅不知兵，累詔趣還京。初，逆回攻蘭州，布政使王廷讚悉力守禦兼旬，城得完，純皇帝嘉其功，加一品銜。和珅視師至，聞甘省有振災積弊，陰索廷讚賂二十萬金，廷讚故木强，不予。珅既慚僨兵，無以覆命，又怒廷讚，遂偵得冒振顛末，還朝面奏，有旨密諭公查辦。公念獄過大，以軍事方亟，請姑緩之。未幾，誘困回衆數千人於石封堡，斷其水道，以克日可禽奏，忽時雨頻降，回得爨，殊死拒。事聞純皇帝，以每年輒如期告旱，今乃雨，益知報灾之詐，詔趣公案其事。時回逆已平，公不得已，斷自乾隆三十九年監糧既停復開爲始，監糧者，令各直省人得就甘肅郡邑納粟，准作監生，以所入爲振灾用。以付總督李侍堯治之，於是廷瓚逮斬西市，自監司至守令坐死及戍極邊者各籍其産，凡百餘人，向非公定斷年之例，獄更蔓衍不可窮。公後語及此案，每不勝蹙頞也。緬甸之役，公以副將軍督造戰艦於蠻暮，諸路兵多挫，公獨完師以待。經略傅文忠自猛拱還，所率精鋭二萬盡喪，僅存二十七騎。賊復大集來犯，公擊敗之，然力勸文忠乘捷受緬酋降以蕆事。先是，公爲章京，文忠極器之。後驟相抗衡，公不稍爲之下，文忠久嗛之。至是復心愧，還朝，乃面論公，有旨嚴責，令斥去翎頂辦事。公手摺云：『傅恒罷兵，臣實贊成之，皇上以無能罪臣，逮治可也。若仍令統師，去翎頂無以肅觀瞻，臣未敢奉詔。』純皇帝亦不復問。文忠忌公甚，病劇，密奏公且有跋扈狀。純皇帝特信任之。文忠没後，公保護其後人甚力。陳輝祖之以墨敗也，純皇帝命公按之。先是，將軍王進泰暫攝總督，因籍陳并及其姻故直隸總督周元理及童某兩家産。周，公同年友也。公抵驛，進泰櫜以偏裨荷公拔，迎候舟次甚恭。甫進謁，以所治案告。公勃然曰：『咄！炎涼奴！梁國治非陳兒女戚耶？何以不籍之也！』立叱之出。蓋是時梁方參政也。公至，盡釋株連者。以上四事，皆足備國史。

又云：先是文勤艱於嗣，嘗夢剌麻手折桂一枝以贈，已而生公，故名桂。公五十初度詩云：『洞中老衲記前因，巖桂花開示夢真。四十九年前一日，世間原未有斯人。』文成詩不概見，此亦可傳矣。

又《文敏公家傳》言，公本名辛來，字稼軒，十餘歲時，其父夢至官府，聞臚傳進士，其第三名錢維城。旁一吏曰：『是爲若子。』因改今名，字宗磐。乾隆乙丑，年二十六，中進士第一人。戊辰散館，殿三等末。上疑之，五月，召至圓明園，試以《璿璣玉衡賦》《五月鳴蜩詩》，日中命題，申時當納卷。公振翰如飛，甫昳而就。卷入稱旨，賜克食，自是欲大用公。己巳擢右中允，入直南書房，懋勤殿行走，旋擢翰林院侍讀學士。案：文敏以辛未十二月由學士擢内閣學士，故云『釋褐七年，階二品』，此傳失載。

丁丑擢工部右侍郎，釋褐七年，遂階二品。辛巳調刑部右侍郎。壬辰丁父憂歸，遂卒，年五十三。所敘平古州逆苗香要事極詳。

許仙坪來。譚硯孫來。孺初來。得紱丈書。印結局送來前月公費銀十一兩。楊雪漁來，言以初八日行。

邸鈔：上諭：内閣侍讀學士文碩奏敬陳管見一摺，據稱步軍統領衙門妄拏舉人古銘猷一案，崇禮與容貴、文秀處分及技勇兵和清等罪名，均請另行核議，古香臣仍應飭拏到案，鄧承脩以原參之人，不候刑部結案，違例越參，請交部議處等語。此次因步軍統領衙門妄拏無辜，是以從嚴懲辦，前經大學士、刑部會同審明具奏，並聲明古香臣緝獲另結，業已降旨分別辦理。崇禮等處分，於該部奏上時亦經特旨加恩，酌法準情，權衡至當。若以欽定事件率請另行核議，尚復成何政體？所奏著不准行。步軍統領衙門查拏案犯，自有舊章，仍當認真飭緝，不得因此案藉口，稍形懈弛。鄧承脩不候結案，率行瀆奏，原屬冒昧，惟所奏尚非失實，與架詞逞辯者不同。文碩所奏，均著毋庸置議。又據文碩奏，陳寶琛前參崇禮及張樹聲摺内立言均失體要，請旨訓飭；並御史邵積誠奏文碩糾彈葉蔭昉，語多誣陷，請旨申儆一摺。方今言路宏開，原期集思廣益，裨補闕失。在廷臣工果能確有所見，切實敷陳，誠堪嘉納；即或措詞間有過當，而忠讜出於至誠，亦不加之責備。若竟懷挾私意，妄逞筆鋒，甚至阿附同類，傾軋異己，設有此等惡習，亦難逃朝廷洞鑒。我朝綱紀肅清，斷不容開門户黨援之漸。嗣後建言諸臣，其各精白乃心，屏除私見，用副虚懷采納至意。張樹聲奏世襲一等海澄公黄懋澄，福建平和縣人，光緒二年由二等侍衛以副將發往廣西差委，奏留直隸海防差遣。今准直隸提督李長樂咨稱，該員在直多年，地方熟悉，請照章以副將改留直隸補用。許之。

初三日丁巳　陰溽，微晴，時有小雨。聞内城下午大雨。閲苻丈《漢書注校補》，已第十八次寫本矣，校證甚密，詁訓尤精。錢笣仙來。敦夫來。光甫來。光甫邀晚飯，辭之，乃約夜飲。夜詣鐵香談，並晤楊蓉浦，新奉使甘肅者，言以初十日行。一更後詣上虞館，敦夫、秋田亦來，乃偕光甫飲麗春堂，招霞芬，藏鉤賭飲，甚醉，四更後歸。付車錢六千五百。

邸鈔：上諭：翰林院侍讀温紹棠奏時局多艱，籲懇皇太后勵精勤政一摺。慈禧端佑康頤昭豫莊誠皇太后聖躬雖報大安，惟違和日久，精神一切尚未能康復如常，現仍日進醫藥，藉資調攝，而宵旰憂勞，無時或釋。上年軍機大臣等曾面奉懿旨，遇有緊要事件，雖不召見之日，亦令隨時請對。年餘以來，悉秉訓諭施行。朕方籲懇聖慈節勞頤養，若即照常視事，朕心更抱不安。此萬不得已之苦衷，爲天下臣民所共諒，温紹棠備員講幄，豈獨不知？所奏殊屬冒昧，著傳旨申飭。詔：頭品頂帶輔國將軍載瀾之第一子命名溥倬。以詹事府少詹事朱逌然爲詹事。翰林院侍講張楷授浙江金華府知府。本任知府趙曾向病故。耀年調補正藍旗滿洲副都統，成志補鑲黄旗蒙古副都統。左贊善恩承升右中允。詔爲已故欽差大臣、署廣西巡撫林則徐於江寧建立專祠，以刑部右侍郎夏家鎬疏陳其任江蘇巡撫及江寧布政使日遺愛在民也。

初四日戊午　晴，酷暑，下午微陰。焚香辟溽，新笋滿階，萱花金粲。陳伯平來。汝翼來。爽秋來。前日見邸鈔，安徽巡撫奏署太平縣知縣袁叶茂於下鄉相驗命案回署，乘夜縊死。今日邸鈔，四川總督奏試用知州季鎔因委赴名山縣提案，回至雙流縣地，於旅店乘夜縊死。叶茂，山東人，丙子進士。鎔，雲南昆明人，庚午舉人，辛未進士，由户部主事改官。川督稱是遇邪縊斃，蓋外吏事變繁多，難以究結，然緣此升斗，致以惡終。京官固窮，不過寂寞，此等雖曰遭命，亦不能安貧所致也。

初五日己未　晴，酷熱，下午微陰，有小風。作書致沈子培，還《竹初文鈔》。作書致鐵香。讀《説文段注》禾部、米部諸部，名物之精，畢生難究。楊雪漁來。以明日初伏，以西瓜、甜瓜、楊梅燒酒薦先。

邸鈔：以通政司副使恒明爲太僕寺卿。以翰林院侍講學士尚賢轉侍讀學士，以左春坊左庶子烏拉布爲翰林院侍講學士。詔：署四川提督唐友耕於咸豐、同治年間在四川帶勇剿賊，屢著戰功，洊升雲南提督，丁憂開缺。後募勇援滇，復著勞績。署理四川提督，勤加操防，馭兵嚴整。茲以舊傷舉發，遽爾病故，殊堪軫惜。著照軍營立功後病故例從優議恤，並祔祀前四川提督占太專祠。從丁寶禎等請也。

初六日庚申　初伏。晴，酷熱，下午有風，頗爽。爲楊雪漁撰策問經學一道，約一千餘字，問《易》《書》《詩》《禮》綱領源流。得荇丈書，即復。兩姬詣蓮花池，以水渴不得泛舟，詣善果寺，看曬經，以車塞道不得入。夜詣敦夫齋頭，小坐歸。是夕頗有凉風，欲詣霞芬爲清暑飲，不果。付姬人車、犒等錢二十二千。通西倉取俸米七石八斗來，白可食，稱之，止九百餘斤，蓋途中小有雀鼠耳。付車脚錢二十千。付賃屋六金。

邸鈔：吏部尚書廣壽奏假期已滿，病難速痊，請開缺調理。詔賞假兩月。

初七日辛酉　晨及午輕陰，午後陰悶，時有溦雨，傍晚有日景。作書致雪漁，且約夜飲，得復辭飲。閲胡伯敬《尚書敘録》，無所發明。又閲龔定盦《太誓答問》，亦臆决之言。始食新蓮子。糊西房。敦夫來夜談。得周荇丈書，即復。鐵香來。夜雨。剃頭。

邸鈔：詔福建在籍已革雲南巡撫林鴻年賞加三品卿銜，以總督何璟等奏其德行純深，士民翕服，主講書院，敦崇正學也。

初八日壬戌　終日密雨，傍晚稍止。

《書》之篇目，不可劈言。伏生今文二十九篇，以連序一篇言之，則今文似無序，故不知有百篇也；以有《大誓》一篇言之，則《大誓》出武帝時，不應伏生便有也；以分《康王之誥》爲一篇言之，則陸元朗明言歐陽、大小夏侯同爲《顧命》也。段氏玉裁、陳氏壽祺皆言今文有序，陳氏列十七證以明之，朱氏彝尊亦言伏生二十九篇合序數之。然漢儒謂二十八篇應二十八宿，語見《論衡·正説篇》。又《漢書·劉歆傳》言博士以《尚書》爲備。今《文選》本誤作『不備』。則不知《書》本百篇，其爲不見序甚明。俞氏正燮謂使西漢經有《書序》，則古文多出之篇，博士何以不肯立學？論最破的。故王氏鳴盛、戴氏震皆言今文無《書序》，《序》亦孔壁中所得，太史公從子國問故，故得載之者，其言是也。龔氏自珍及俞氏皆謂伏生已分『王若曰庶邦』以下爲《康王之誥》，然《釋文》《正義》皆謂馬、鄭本始分，豈能妄造？然則謂武帝既得《大誓》，博士起傳教人，因入之今文爲二十九篇者，其言差近理，蓋其語《大傳》已述之，婁敬、董仲舒皆稱其文，足見漢初其篇雖亡，而軼説時在人口。及《書》既出，印證悉符，故人主深信而不疑，博士奉詔而恐後。若謂燎魚流火，事近於誕，則《堯典》之『釐降二女』，《臯謨》之『率舞百獸』，亦爲恒情之所怪，習見之所驚，帝王之興，禎祥之告，非拘虚之士所能測也。龔氏乃謂其氣體文法皆不類，目爲戰國《大誓》，亦武斷甚矣。陳氏謂《史記》所載如《原命》《般庚》等，間與《序》説不同，知是本今文家言，故與古文《序》異。然史公正以得之子國秘授，外無傳本，故所記或殊。使當時博士傳業，明有《序》文，人人傳誦，則如《文侯之命》，古今家説並同，何以史公誤爲襄王使王子虎命晉文公乎？

初九日癸亥　辰正二刻五分大暑，六月中。晴。閲李鄦齋《炳燭編》。其論音韵頗精，竹汀家法也。施敏先來。移書籍一廚於外。夜閲《左海文集》。付糊房兩間錢四十千。

邸鈔：閩浙總督何璟奏署督標左營參將、世襲三等壯烈伯李維寔，呈稱累世水師，籍隸海濱，嫻於舟楫，請改留水師補用。維寔稱曾祖原任浙江提督李長庚，恩賞三等伯爵十六次。祖父廷鈺承襲，官至福建水師提督，前在金廈軍營積勞病卒。父逢時承襲，留閩差遣，剿辦下游土匪，壯年早卒。維寔襲職引見，發回本省學習。同治十年收標，查定例，雲騎尉以下有願改水師者，於發標時豫行呈明，既在陸路營，收標後不准復改。至世爵以上已發請改者，例無專條。詔許之。

初十日甲子　晴，酷熱，晨微陰。上午過敦夫齋中談少時。

閲苻丈《漢書注校補》本紀一册，其用力甚精專，自言第十八次寫本矣。引證確覈，於音訓文義尤詳慎。其辨秦及漢初用亥正一條，謂皆改月改時，駁王伯申先生謂秦、漢以十月爲歲首而不改時月，有十七證之非，其説最辯。又謂『粤』『越』雖一字，然春秋後『越國』之『越』無作『粤』者，猶『⿰契阝』之不作『薊』，『許』之不作『鄦』，故『百越』之『越』可通作『粤』，『吴越』之『越』不可通作『粤』，所以重别國名，其論亦確。今日爲附籤四條，又校誤脱三條。

作書致光甫，約夜飲。族孫阿榮來，言在户部江西司當伙房，經承已滿，須注册，求出印結一紙。余久不出結矣，爲轉求婁秉衡結付之。阿榮名葆元，芋町先生之曾孫也，其世衰微甚矣。張仲模來，久談。仲模以侍講出知金華府，近方可得右庶子而遽外授，余深以爲惜。今日言其二親年皆七十餘，家貧，以迎養爲急。今得浙吏，甚便專城舞采。一水可航，此固人生第一樂也，望之何啻天上。得光甫復。夜詣許仙屏，已睡，以次日引見日講官缺也。詣仲模，久談。詣霞芬家，邀書玉、光甫、敦夫、秋田飲，招玉仙，藏鉤大醉，四更後歸。付霞芬酒果錢四十千，下賞十千，客車二千，車錢七千。

邸鈔：以兵部右侍郎敬信調補工部左侍郎，以工部左侍郎師曾調補兵部右侍郎。詔：倉場侍郎繼格穿孝百日，以吏部右侍郎錫珍署理倉場侍郎，以禮部左侍郎桂全兼署吏部右侍郎，以兵部左侍郎耀年兼署户部右侍郎。上諭：順天府奏京察保薦一等之治中，請與各部院郎中、員外郎一併簡用一摺，著吏部議奏。向例治中京察一等引見，圈出以知府及運同歸部銓選。

十一日乙丑　晴，酷熱，微有風，頗爽。作書并《漢書注校補》一册致荇丈。沈子培來，久談。得荇丈書，即復。晚赴萬福居之飲，以今日偕光甫、秋田、蔡松甫爲敦夫、書玉、介唐三君作試差夢局也。招霞芬、玉仙，藏鉤賭飲，至二更畢。秋田復邀飲霞芬家，爲其弟子新上筵也。復賭飲至五更，霞芬醉卧。余覺咽痛身熱，蓋昨夕已中凉矣。始各散歸。天明方睡。付車錢八千，霞、玉車四千。

十二日丙寅　晨及上午微陰間晴，午後晴，有風。身熱不快，服薄荷、木香、防風湯。敦夫來。席姬移居西房，分設床几，小理書籍。晚不食，早卧。

邸鈔：命兵部左侍郎許應騤番禺，庚戌。爲浙江正考官，編修朱琛貴溪，辛未。爲副考官；翰林院侍講學士陳寶琛閩縣，戊辰。爲江西正考官，編修黄彝年商城，丙子。爲副考官；檢討陳存懋贛縣，甲戌。爲湖北正考官，編修管廷鶚莒州，丙子。爲副考官。

十三日丁卯　晨陰，加巳大雨，有微雷，傍午又雨，午後晴，下午晴陰相間。身熱不快，午劈食。汪柳門侍講來，新服闋入都者。比日温《尚書》，以病無所得。作片致敦夫。敦夫來。柳門贈《四六叢話》一部及所刻宋末遺民舒天民《六藝綱目》兩卷，即復，以《四六叢話》還之。夜移宿中室，易幬席。席是肯夫昔年自湘中還所詒，龍須草織者。幬乃新制，頗爽絜。再服昨湯藥加半夏。

邸鈔：上諭：裕禄奏安徽潛山等州縣猝發蛟水，趕籌振撫，陳士杰奏浙江金、衢、嚴等府屬猝遭水患，籌款撫恤各一摺。該兩省突遇水災，小民蕩析離居，覽奏殊深憫惻。業經該撫等提撥銀米，趕籌振濟，惟災區既廣且重，亟應認真撫恤。著裕禄、陳士杰迅將振撫事宜妥籌辦理，動用款項作正開銷。安徽、浙江兩省同時猝遇水災，情形甚重，爲近年罕有之事。上天示警，我君臣亟宜交相儆惕，遇災修省，以消沴戾，而重民生。

十四日戊辰　晴，下午間陰。

閲《六藝綱目》，四明舒藝風天民撰，其子自謙恭爲之注，同郡趙彦夫宜中又加附注。凡兩卷，皆以四字爲句，言禮、樂、射、御、書、數之事，以教初學，亦《蒙求》《急就》類也。於書、數頗詳，爲宋元間人之留心小學者。道光末劉燕庭布政取朱笥河校本付梓，并屬徐莊愍有壬改正算數中脱誤字。末附《六藝發原》五葉，《字原》八葉。今柳門取劉本重刻，仿宋字樣，古雅可愛。

得弢夫五月二十一日江南通州試院書，并寄甬上翻刻胡墨莊氏《毛詩後箋》一部。弢夫書言，其祖太夫人已棄養，今仍從黄閣學襄試事。詞翰斐然，其學蓋進。《毛詩後箋》是去年鎮海人方某所刻，前有其同邑張壽榮序。方蓋市人，爲商於滬上者。張爲余庚午同年，其人全不知學，序文拙劣，校勘粗疏，視原本遠遜，可惜也。作書致許仙坪，爲天寧寺公餞張仲模，且約北花泡子泛舟之期。夜月出甚佳，二更後陰，五更雨。

十五日己巳　晨及上午大雨數作，午晴，下午晴雨不定，鬱溽蒸濕。

閲《毛詩後箋》。胡氏此書，體例與並時馬元伯之《傳箋通解》、近出之顧訪谿《學詩詳説》大恉相同，不載經文，依次説之，兼采諸家，古今並列，微不及馬，而勝於顧。蓋馬專於漢，顧偏於宋，多識達詁，終爲《詩》學專家。若其取義興觀，多涉議論，後人之見，未必果得古人之心。此紬繹經文，體玩自得，乃宋歐陽氏以後之法。唐以前家法皆重訓詁，而不爲序外之説，所以可貴也。

仙坪柬告定十八日飲天寧寺。作書致張叔平，屬其取酒。作書致敦夫。剃頭。

邸鈔：詔：許應騤現出試差，以候補侍郎童華署理兵部左侍郎。翰林院侍講張佩綸轉侍讀，右中允梁仲衡升侍講。時洗馬、左中允皆無人。刑部郎中吉昌授福建漳州府知府。本任知府毓璋，以總督何璟等奏稱才難勝任，准於簡缺知府中酌量對調。

十六日庚午　中伏。晨及上午密雨數作，午後晴陰不定，埃⿱皆目蒸溽，傍晚陰。節孝張太太生日，供菜肴八器、冰雪梅糕一盤，蒲絲餅一盤，菜羹一，新蓮子湯一，西瓜一，時果四盤，饅頭一盤，麵一盤，酒三巡，飯再巡。叔弟亦是日生日，祔食於旁，爲設燒鳧一。晡後畢事。鐵香贈荷花兩盆，作書復謝，犒使二千。許仙坪來，久談。作書致敦夫，饋梅糕及菜肴兩器。晚涼，有雨，是夕望，夜雨數作。

十七日辛未　晨陰，有微雨，上午霽，午後晴陰相間。撰景秋坪師六十雙壽序。前日吴樹棻等約送壽幛、如意等禮，余以國恤内無此典，且不屑與小兒伍，拒却之。然人事亦不可無，以文爲摯，稱情以報，平生不爲立異，亦不肯苟同，此所自守也。余文雖爲達官貴人所賤，然自重不啻璆琳，凡知契稍深、往還已久者，必以一文報之，此後便不再許。明珠抵鵲，敝帚兼金，知與不知，聽之而已。得敦夫、光甫書，約廿一日醵飲陶然亭，即復。下午頗欲詣人一談，念無可往者，遂閲徐星伯《唐兩京城坊考》千門九陌，聊當卧游。遣李升至錢糧胡同内興隆蘇家買靴，付銀二兩九錢，此都門第一家也。憶庚申歲買之，價錢二十四千，京華百物倍貴，此可徵矣。余一靴必著十年，此或可終老耳。夜月甚佳。

十八日壬申　晨微陰，甚凉，巳後晴，烈景有風，暑而致爽。早起，詣敦夫齋中談。上午答詣汪柳門，晤談。詣張仲模，已行。詣吴介唐，託代書壽文。傍午出廣寧門，至天寧寺，仲模、仙屏、孺初、鐵香、張叔平已早到，爽秋後來，偕入西院看山。晴翠滿窗，野緑平几。午集於塔射山房飲，酒甚佳。舖後坐室前石上，倚檻俯園，上下樹色，蟬聲不歇，清風自來，茗話久之。出寺，登車行二里許，游南荷花池，俗所呼南花泡子也。新添闌榭數間，有士女飲其地。荷花正盛，凉樹夾堤，緑蓋萬行，吹香風際，時見鳧鴨出没池中。偕諸君列坐水次，傍晚始歸。得紱丈書，借日記。新選南皮知縣傅培基來，甲戌進士。庚午同年，昆明人。付寺坐錢八千，茶錢六千，廚人賞十二千，車錢十千，鞋錢十三千。

十九日癸酉　晴。作書復紱丈。晨過敦夫齋中談。

得沈子培書，以江氏小學書八種送閲。歙江晉三有誥所著也，一《詩經韵讀》，二《群經韵讀》，三《楚詞韵讀》，四《先秦韵讀》，五《唐韵四聲正》，六《諧聲表》，七《入聲表》，附《等韵叢説》，爲八種。其未刻者尚有《漢魏韵讀》《唐韵再正》《唐韵更定部分》《廿一部韵譜》《説文六書録》《説文分韵譜》《説文質疑》《説文更定部分》《説文繫傳訂訛》《經典正字》《隸書糾謬》十一種。首有段氏玉裁序，及江氏寄段茂堂先生一書，寄王石臞先生兩書，王氏致江氏二書，皆往復論古音分合之恉。又凡例二十三則，古韵總論二十三則。江氏後執摯於段氏，而其説時有不同。其《唐韵四聲正》首載祁門教官錢師康一書，云是辛楣先生孫，蓋亦究心經韵者。

敦夫來。孫鏡江來。

邸鈔：上諭：張之洞奏晉省治理刓敝，現籌次第整飭各摺片。覽奏具見實心爲民，潔己率屬，深堪嘉尚。山西積弊相沿，該撫抵任未久，已將該省情形詳細體察，即著悉心經理。現在未墾荒地尚多，著照所請，自實在開墾之日起，限三年後起徵，用示體恤。其已墾者，仍責成地方官認真稽察，依限起徵。該撫現擬豁除累糧，籌辦清丈，何處開辦，著暫免該處一年田房契税，以資集事。陽曲等州縣五路差徭，業經該撫分别裁革釐正，嗣後經過文武員弁、兵勇需用車馬，務遵定例，不得稍涉騷擾。民間栽種罌粟，屢經嚴禁，仍著該撫隨時查察，有犯必懲。至該省裁汰陋規，改立公費，據張之洞查明，實係明減暗增，貽害州縣，已將巡撫衙門新改公費及一切陋規全行裁革，復將通省公費酌量裁減，並禁止餽送水禮，即著飭屬一體遵行，儻敢仍蹈前轍，即行重治其罪。另片奏已革山西布政使葆亨，前在藩司及護理巡撫任内，玩視民瘼，虚糜庫款，貽累屬吏，前冀寧道王定安創立款目，支用浮濫，葆亨一切弊端大半王定安播弄，請旨懲處等語。山西迭遭大祲，地方大吏應如何潔清自矢，加意撫綏，乃葆亨、王定安貪黷營私，貽誤善後，種種荒謬，實堪痛恨。葆亨業經革職，著發往軍臺效力贖罪。王定安著即行革職，一併發往軍臺效力贖罪。其辦理善後諸務、扶同弊混之候補直隸州知州陳本著即革職，驅逐回籍。候補知府安頤於局款不能細加清釐，實屬疏忽，著交部議處。

二十日甲戌　晴。比日早夜甚凉，巳後漸熱，今日下午稍覺煩暑。閲江氏《諧聲表》《入聲表》《等韵叢説》。作片致鐵香。光甫來。得敦夫書，送來初一日天寧寺醵資，介唐、秋田共三分，即復。得紱丈書，惠蘇州梅諸及薄荷糖各一器，即復謝。是日頗覺中悶不適。以銀四兩置紗袖、衫各一領。夜作復敦夫書。

邸鈔：上諭：前據張樹聲等奏，查明昌平州明陵附近民地並非私墾，礙難一概封禁，並衿民呈控誠端需索各節，當令户部議奏。兹據奏稱，此項地畝既據查明，各地户均領有契紙，承糧升科，並無影射情弊，自應准其變通辦理。著直隸總督、順天府府尹責成霸昌道督飭昌平州知州，按照户部此次議定界限章程辦理。界限以内墾種之地，一律騰出封禁，以資保護。如再有越墾情事，即將該知州嚴行參處。另片奏誠端屢向州民勒交私租，任意訛索，並自行革充陵户，收地取租，反以他人侵種等詞瀆奏，殊屬不合，請旨議處。誠端著交部議處。張樹聲、畢道遠、周家楣等奏稱，查明代十三陵各有寶城宮墻圍護，又嘉靖后悼陵一處名曰大宮，又東井、西井、銀雀山、小宮、東小宮、苟妃冢六處亦各有圍墻。長陵最大，自中間寶頂至寶城前墻七十四步，至後墻八十九步，至左墻九十五步，至右墻一百步，自寶城前墻外接宮墻至大宮門二百二步。思陵最小，自寶頂至寶城前墻十步，至後墻十三步，至左右墻各十四步，自寶城前墻外接宮墻至大宮門七十三步。其餘十一陵，墻四周多不止百步。十三陵及悼陵圍墻以内無墾種者，惟妃冢墻内有被墾地，東井一處竟至冢前，詢係延恩侯誠端私招陵户墾種，立約收租，又屢索州民銀兩及私租錢，斫伐樹株，攫取器物。又向例每陵設陵户三名，由昌平州揀補，每名給養家地三十五畝。近年俱由誠端擅自革充，且每陵徹去陵户一二名，將地租入己。又乾隆二十一年裁汰明陵司香太監案内查明，共有祭祀香火地二十二頃九十二畝零，交地方官招佃收租，辦理祭品，内有十六頃二十六畝向係陵户頭攬種；乃誠端將陵户頭革退，自行收地取租，亦與定制不符。今擬將妃冢圍墻内私墾之地立即封禁，其各陵酌中定界，概以寶城宮墻外三丈爲度，飭州明立界石，合之墻内餘地，已多不止百步，足資保護。凡墻外三丈以内墾地，一律封禁，三丈以外並無關礙，應照舊聽民承種納糧。妃冢亦以圍墻外三丈爲限，其封禁界内原有契照之民地，另覓他地撥補。舊設陵户，仍由昌平州揀充。缺額者，照數補足，不准延恩侯干預，其收去地畝，即令交出。户部覆奏，均如所議行。

二十一日乙亥　晴熱。早起答拜傅念堂培基，年甚少，自言家本蕭山，其曾祖以游幕至滇，遂留居也。詣興勝寺，晤光甫。詣陳伯平，久談，上午歸。午詣陶然亭。葦隴吹涼，西山晴爽。書玉、敦夫、介唐、秋田、光甫俱已至，同坐江亭西檻看山，蔡松甫後來，招霞芬、玉仙、月秋及秋菱弟子杏雲、霞芬弟子荔秋。下午命酒，藏鉤賭飲。酒半偕登文昌樓，望瓊華島。霞芬始至，復分曹送鉤，屢負，大醉。傍晚登城看夕陽，霞芬挈酒榼，寺僧送茶具。倚女墻，據櫓樓。四眺蒼然，山天一碧。雲物錯采，絢以晚烟；林薺濯青，繪兹遥郭。俯數諸寺，如浮翠浪之中；横帶壇宫，隱見紫霞之表。暝色漸逼，還飯亭下。樹借餘映，盡納一窗；山襯夕霏，遞見重嶺。蔚藍勝畫，麗矚莫名。已聞寺鐘，始理歸騎，循聲出寺，載暝還家。夜松甫招飲嬰春堂杏雲家，已倦甚矣，勉赴之，與秋菱茗談。卧裏招霞芬、玉仙，甥復藏鉤，不能復飲。廉頗已老，信陵可師。三更先歸。付車錢十六千，霞、玉車十千。

邸鈔：上諭：前因福建職婦林戴氏以伊子林文明被殺冤抑，屢次京控，並該氏之姪林文鸞以伊父林奠國等均被羅織等詞，赴都察院呈訴，迭經降旨，令該省督撫研訊確情，迅速奏結。兹據何璟等訊結，分別議擬具奏。此案林文明以在籍副將恃勢横行，其勒霸田産、强佔婦女各節，均有確據。此外，被控殺死人命之案，不一而足，被拏時並敢率黨拒捕，傷斃勇丁，種種凶惡，罪不容誅，業經正法，實屬毫無冤抑。現據林朝棟呈遞親供聲稱，林戴氏情願遵斷息訟，其林文鸞京控一案，因痛親情切所致，現亦願息訟等語，即著照該督等所擬完結。

二十二日丙子　晴，熱稍甚。介唐來，送交所書壽文一幅，遒美，有晉唐法。作書致鐵香，以明晨本約鐵香與張叔平昧爽出廣寧門至南花池烹荷露也，今日稍倦，辭以更期。敦夫爲取李學士太夫人輓幛來。作書致介唐，更誤書二字。爽秋來。傍晚詣敦夫談，並遇爽秋。

邸鈔：命禮部右侍郎許庚身仁和，壬戌。爲江南正考官，編修譚宗浚南海，甲戌。爲副考官；内閣侍讀學士邵曰濂餘姚，戊辰爲陝西正考官，掌江南道御史李士彬蘄水，乙丑。爲副考官。許侍郎未與考差，李方管理街道，與邵替任，今並典試。詔：寧古塔副都統德平阿照兵部議降三級調用。以太僕寺卿吴大澂劾其所統靖邊左路馬步三營發餉稽延也。

二十三日丁丑　晴，下午陰，傍晚小雨，晚晴。補寫五日來日記。剃頭，洗足。閲江氏《詩經韵譜》。寫天寧兩次率資單。作片致敦夫。晚感雨中日氣，忽腹痛欲吐，服清暑湯。付司馬廚子初一日天寧肴饌錢百八千，李太師母、徐太夫人藍呢金字輓幛錢卅六千八百。

邸鈔：上諭：李文敏奏江西玉山等縣被水，分別撫恤一摺。本年五月間，江西玉山、上饒、廣豐、德興、都昌、鄱陽、湖口、浮梁、德安、建昌等縣山水暴發，冲決田廬，淹斃人口甚多，並德化、彭澤、餘干、樂平、進賢、鉛山、弋陽、貴谿等縣亦同時被水覽奏殊深憫惻，即著李文敏認真撫恤，毋任一夫失所，用副朝廷軫念灾黎至意。上諭：通政司參議嵩溥奏參劣員盤踞鑽營，請飭查辦一摺。據稱内務府造辦處郎中英綬圖謀差務，貪婪無厭，任用家人，勾結官役，冒領浮銷等語，著該管堂官將該員承辦差務逐款清查，如有前項情弊，即行參奏。

二十四日戊寅　晴熱。早起，入宣武門，至新街口戛二胡衕景尚書師家，拜六十壽。本欲便過十刹海看荷花，以昨感疾，且漸熱，遂歸。得紱丈書，借《春融堂集》。即復。閱江氏《詩經韻譜》諸書，倦甚，多卧。孺初來。付車錢七千。

邸鈔：以右春坊右庶子何如璋爲翰林院侍講學士。以容山爲寧古塔副都統。以頭品頂帶魁福加副都統銜，爲古城領隊大臣。原任領隊大臣勝安病故，照軍營立功後積勞病故例議恤。福建福州府知府解煜升福建鹽法道，户部員外郎光炘授福州府遺缺知府。本任福建鹽法道翁學本病故。

二十五日己卯　子正三刻十一分立秋，七月節。晴熱，下午多陰。作書致敦夫，饋蓮子粥。閱《文選旁證》。撰李若農師太夫人輓聯，以綾書之，云：『綵服換鑾坡常慮黄中先母老；珠幢返兜率先看寶志撫孫來。』又前日聞胡梅卿於四月丁外艱，亦以綾書聯輓之。爲孺初書摺扇。得敦夫書，饋南中醉魚。

邸鈔：詔：安徽候補道高崇基發往山西交張之洞差遣委用。

二十六日庚辰　末伏。晨陰，上午微晴，下午晴陰相間，傍晚陰，晚有日景。今上萬壽賀節。得金忠甫書，送李太夫人幛聯率資來，即復。作致若農師書，并幛聯託鐵香轉寄。下午過敦夫齋中談。

閱《毛詩後箋・邶風》《鄘風》及《鄭風》，不過涉獵而已。補寫數日來日記。夜一更後雨。始聞秋蛩。付擴誼、廣誼等園中元楮鏹錢五千。

二十七日辛巳　晨密雨，涼甚，竟日霒陰，數雨，入晚雨益密。作書致鐵香。閱《文選旁證》。盆荷夾竹桃盛開。鐵香來。夜雨蕭瑟徹旦。付司馬廚子十八日天寧肴饌錢一百十八千。

二十八日壬午　晨至午密雨，午後稍止，下午雨數作，間有日景，晚仍小雨，蒸溽漸熱。張仲模來，告七月二日行，催書屏幅。爲書七律一章贈行，作片致之。得紱丈書，還《春融堂集》，借《道古堂集》。讀《毛詩後箋》。令廚人以醬燒一鴨，開昔酒飲之，微醉陶然。鐵香來。夜讀《揚子法言》。

送張仲模侍講楷**出守婺州**

早鳴仙佩入文昌，講幄紅雲侍玉皇。鷄足翹材窮畫篠，君嘗典試滇南。螭頭簪筆出彈章。一麾試最東陽守，千里迎親夏首航。傳得金華殿中語，喜鄰枌郡有輝光。

二十九日癸未　晨及上午小雨，午後稍霽，晚晴，有霞。讀《毛詩後箋》。光甫約初一日晚飲。作片致敦夫，知近日病利。得紱丈書，還杭集，借《謝山集》，即復。得爽秋書，惠餕肴六品，頻果一盤，受三肴，餘反之，作書復謝。是日得詩四首。

三十日甲申　晨至午陰，下午間晴。饋敦夫荷葉粥。得紱丈書，還《謝山集》，借《望谿集》，即復。作書致孫鏡江，得復，并徐太夫人幛聯率錢。作書致敦夫，饋粉麵湯。是日得詩五首。

夏曉雨後偕霞芬出城入天寧寺

油壁同時出，花隨載酒行。蟬多知近寺，塔迴不依城。遠岫猶雲勢，低塍足水聲。客來林鵲喜，與佛報新晴。

偕霞芬坐天寧看山院

經壇松外午烟霏，一院蒼苔客到稀。近户花香通蒻簟，鉤簾山色趁羅衣。高粱夾隴茅茨隱，遠磬穿林野鶻飛。惆悵鬢絲禪榻側，夕陽何事苦催歸。

後十八日再至看山院題壁

夏晚高松凉，經旬興彌永。一徑轉花陰，日午鈴語静。院寂不見僧，滿窗納山影。坐久覺露香，下撫禾黍頂。

偕孺初仙坪叔平鐵香仲模爽秋由天寧游南荷花泮日落追凉是日有游女飲池上

看山意未已，言就納凉處。微徑入野田，水與馬争路。南泮富荷芰，烟中有人語。招邀無主賓，列坐當沿泝。堤上楊柳風，下掃蓮葉露。斜陽忽到花，知是風開樹。水榭臨紅妝，緑窗隔紗霧。暝色來池邊，悵望碧城暮。安得問鄠令，租我花間住。地屬豐潤縣。

夏晚偕霞芬自陶然亭携酒登南郭敵樓二首

把酒憑高俯玉京，晚來雲物似秋清。林陰返照全歸寺，山翠連空近撲城。飛鳥恰從團扇落，好風偏向葛衫生。康時多有登臨暇，却敵支頤話老兵。

鬱葱壇苑樹周遮，清帶壕流一道斜。極望風烟郊寺塔，萬重樓閣帝城霞。斜陽次第遥呈嶺，暝色蒼深盡在花。幾度更矜腰脚健，不須天際數歸鴉。

夜坐即事

積陰易雲暮，垂楊罨深屋。溦雨過荷上，葉定一螢緑。迴顧枕簟幽，新凉就窗燭。

子縝自湖南奉諱歸今年書來言以營葬故辭湘中書院之聘且分束修爲饋却寄

未竟星軺感素冠，禮堂追想百年歡。陶山力自營松柏，湘水才多怨芷蘭。尚有門生知載酒，獨憐遠道勸加餐。一時風樹悲群從，霜露秋深雁序寒。

羊敦叔自吳門寄惠書籍却寄

鯉魚風起墜瑶緘，佳事遥知吏隱兼。山色青油晨拄笏，鬢光紅燭夜垂簾。肯將握槧輸銅綬，却爲炊珠損玉籤。來書以《通鑑》等數種屬友人易銀致余。昨夢茱灣消夏舫，與君花裏酹明蟾。

秋七月乙酉朔　晨陰，上午晴，下午晴陰相間，蒸溽鬱熱，夜陰，四更微有雨。作唁胡梅卿書，并寄輓聯。讀《毛詩後箋》。孺初來。作致子縝書，并寫昨詩，附入梅卿函中轉寄。剃頭。作致羊辛楣書，并寫昨詩，託書玉附寄。傍晚過敦夫齋中談。晚赴光甫萬福居之飲，介唐、秋田、書玉兄弟、松甫俱已至，招霞芬、玉仙諸郎，分曹送鉤，酒數十行。二更後邀諸君飲霞芬家，霞芬醉卧，余與書玉説鬼至五更歸。熱甚，天明始睡。付車錢七千，雲龢下賞十千，客車五千。印結局送來六月公費銀六兩八錢。

初二日丙戌　晨雨，至上午漸止，午後微陰見日，晡後時有小雨。閲《文選旁證》。汝翼來。夜雨。

初三日丁亥　晨風雨交作，上午大雨如注，午後稍止，晡日出，傍晚復陰，晚又雨。讀《毛詩後箋》。得周荇丈書，言近借得錢警石過録何小山所校《漢書》，是用北宋本及宋刻小板本校者，即復。作書致敦夫。校《爾雅·釋魚》《釋鳥》，邵、郝兩家，各有所長，而俱不免誤字。夜一更後雨益密，三更後大雨達旦，床床屋漏，危不敢寐。

初四日戊子　晨陰，上午微晴間陰，午後晴，晡陰，傍晚小雨。得紱丈書，即復。校《爾雅·釋鳥》《釋獸》《釋畜》。介唐來。

《鄘風》『騋牝三千』，毛傳謂騋馬與牝馬，其實詩人特形容其馬之多，謂騋馬之牝者有三千耳。馬七尺以上爲騋，舉此以見馬之壯大；牝馬至三千，極言其字畜之盛。千者都數之名，三者積數之辭，非實有三千，不必分騋牝爲二也。《爾雅·釋畜》古本作『騋，牡驪牝玄』，此以釋《詩》『騋牝』爲騋馬之牝玄者。《釋文》引孫叔然注本及鄭君《周禮·夏官》《禮記·檀弓》注引《爾雅》皆同，此古讀古義也。今二《禮》注皆誤作『牝驪牡玄』，幸有《周禮釋文》及《爾雅釋文》可證。《爾雅》凡言牝牡，皆先牡後牝，其《釋鳥》亦後言雌，此正名一定之例。今《爾雅》郭本作『騋牝驪牝』，以『玄』字屬下『駒』字爲句，此以驪牝釋《詩》之『騋牝』也。『驪騋』雙聲，蓋以《詩》言騋牝爲黑色之牝耳，今本誤作『騋牝驪牡』，則不可通矣。幸《釋文》云『牝頻忍反，下同』，可證上下皆『牝』字也。雪窗本亦不誤。

夜有雨。

初五日己丑　晴，溽暑，下午稍陰，傍晚陰，晚雨。讀《毛詩後箋》。作書致敦夫。爲孺初書紈扇二，即作片致之。

邸鈔：以通政司通政使文暉爲都察院左副都御史。以光禄寺少卿愛廉爲太僕寺少卿。左春坊左贊善李端棻升左中允。

初六日庚寅　晨陰，上午晴，午陰，下午陰晴相間。

閱莊氏述祖《毛詩考證》。其第一條『鐘鼓樂之』云《石經》『鐘』作『鍾』。慈銘案：唐石經及宋刻本『鐘鼓』多作『鍾』，雖曰同音，古或通用，實經典相承之誤也。『鐘』『鍾』二字迥別，又非有古今先後之殊，何以『鐘鼓』字必作『鍾』以淆人目乎？此等説出於臧拜經、嚴鐵橋諸家，迺佞宋之癖，名爲好古，適以亂經，余所最不取者。其第二條『我馬虺隤』云何焯曰『虺』作『𡯁』，與『仲虺』之『虺』不同。慈銘案：《説文》無『𡯁』字。《玉篇》尣部有『𡯁』『尵』。《集韵》十五灰有『𡯁』，十四皆、十五灰皆有尵，俱訓馬病，實後出俗字也。《廣韵》尚無之。『虺隤』本字當依《説文》作『瘣』，《爾雅》作『穨』，今經典作『虺隤』，是假借通用字。今《説文》無『瘣』字。《爾雅釋文》：瘣，《字林》云病也；不稱《説文》。然《詩・周南》釋文云『虺，《説文》作瘣』，必有據。義門不通小學，故有此説，莊氏采之，過矣。陳氏啓源謂當依《爾雅》作『𡯁穨』，考《爾雅》各本祇作『虺穨』，無有作『𡯁』者，亦誤。其餘雖頗簡略，罕所發明，然謹嚴得漢學家法。惟『先祖匪人』一條，謂『匪』即『頒』，『頒』即『㚗』，『㚗』即『便』，先祖指后稷，『先祖匪人』即《禮・表記》所云后稷『自謂便人』，則迂曲幾不可訓，余已於庚申日記中論之。

整理書籍，隨所見略加朱墨。張仲模來辭行。作片致敦夫。是日酷暑鬱溽，入夜不減。

邸鈔：上諭：給事中樓譽普奏浙江杭州等府同被水灾，請飭速籌撫恤一摺。前據陳士杰奏，杭、嘉、湖各府屬雨水過多，田禾被淹，飭令該地方官確切履勘，妥爲安撫。茲據該給事中奏稱，本年五月下旬，餘杭縣之苕溪水勢驟漲，冲坍塘堤，田廬被淹，臨安、於潛等縣均發蛟水，仁和、錢唐二縣農田亦被浸灌，湖州府屬之霅溪同時侵溢，嘉興府屬之海塘决口多處，致各州縣同被水患。覽奏被灾情形甚重，殊堪軫惻。著陳士杰迅速勘明，安籌撫恤，毋任失所，用副軫念民艱至意。上諭：丁寶楨奏查明敘永廳等處被灾情形，分別撫恤等語。本年夏間，四川敘永、涪州、彭水、奉節、巫山、綦江等處大雨冰雹，河水斗漲，冲没田廬，淹斃人口，並資州所屬地方不戒於火，延燒民房二百餘户。覽奏實深憫惻。業經該督查勘被灾輕重，分別振濟，即著督飭認真撫恤，用副軫念灾黎至意。

初七日辛卯　晨雨，上午大雨，下午晴陰相間，酷暑如昨，入夜益甚。先大夫生日，早起剃頭。上午供饋，醬燒鳧一，魚翅羹一，肉肴三豆，菜肴三豆，扁豆糕一，菜羹一，蟹肉紗帽一大盤，糖果饅頭一大盤，時果四盤，西瓜兩大盤，新蓮子湯一巡，酒三巡，飯再巡，茗飲再巡，祔以兩弟，晡後畢事，焚楮泉。作書邀書玉兄弟、敦夫、介唐、光甫夜飲，招霞芬、玉仙、月秋左觥，晚先後至，點燈設飲，鬱熱異常，至三更後散去。望天河中有黑雲如船，諺云：『黑車渡河，大雨滂沱。』然竟不諭也。付供饋肴饌等錢三十千，鳧翅錢二十六千，前日霞芬酒局錢四十千，客車飯六千五百，霞、玉車八千。

初八日壬辰　晴，酷暑不可耐，終日果但。讀《毛詩後箋》。

邸鈔：命内閣學士貴恒滿洲，辛未。爲山東正考官，編修檀璣望江，甲戌。爲副考官；李聯芳平利，辛未。爲山西正考官，宗人府主事龔鎮湘善化，戊辰。爲副考官；編修吴樹梅歷城，丙子。爲河南正考官，鄭嵩齡上元，戊辰。爲副考官。

初九日癸巳　晨西風，凉甚，上午密雨，午漸霽，下午晴，稍熱。自昨夕熱甚，五更頓凉，床中未備絮衾，頗感微寒，又發舊疾，晨起頗不快。午食後危坐讀書，忽倦甚，就榻而瞑，厭不能醒。夏秋之際，檢攝良難，一夕之中，氣候頓異。人生蒲柳，固可危哉。作書致周荇翁，還其《漢書注校補》一册。讀《史記劄記》數條。傍晚詣鐵香談，晚偕至蘄水館，送張仲模行，遂歸。作致季弟書。夜所畜一牝貓名小白者忽死。此貓去年生，遍體白而尾黑，極馴謹從，不聞其聲。每飼食，見其輩來，輒避去，若相讓者。惟喜依予，聞聲即至。今春三月間所孕殰，五月復生三貓，皆潔白可愛，數日皆死。前日復産四貓，字之甚勤。家人移其處，輒銜之就予床後，驅之不去。頃予自外歸，已昏暮矣，暗中獨坐外庭，猶來予旁，昵繞裾袖。予撫之曰：『胡不去伏汝雛邪？』及予夜飯後，家人見其僵卧中庭，則已死矣。豈忽感時厲，抑頻産耗竭至此邪？其暗中就予者，蓋知將死而辭訣邪？一貓之微，重累老懷，蓋人之不如者多矣。

初十日甲午　晴，午後微陰。作致内子書，致從弟詩舫書，并陸、王兩同年修撰所書二伯母八齡壽聯，取吉祥也，俱作書託仲模附去。復埋昨所死貓於迎春花下，與小桃所瘞鄰，作《後瘞貓文》。爲蔡松甫書扇，即作片致光甫。閲阮氏《詩經校勘記》，覺倦甚，復讀《揚子法言》。是日申初一刻十一分處暑，七月中。

十一日乙未　晨及上午輕陰薄晴，午後晴陰相間，傍晚陰。約光甫、介唐文昌聽曲，人甚擁塞，曲亦不佳，傍晚歸。

十二日丙申　晨陰，西風，凉甚，上午微雨，午後晴陰相間，下午陰，晡後小雨，傍晚止。閲《校禮堂集》，凌氏所言算學，最爲明晰。下午腹痛，夜遂大病，胸塞口燥，身熱如火，二更吐利交作，達旦如擣。家人四處夜走，呼醫不來，望曙如年。

邸鈔：上諭：御史李肇錫奏大臣濫保人員，請予申警一摺。已革山西冀寧道王定安前經曾國荃保薦擢用，乃竟至貪黷營私，種種荒謬，該督保舉非人，自有應得之咎，曾國荃著交部議處。嗣後中外大臣務當懔遵迭次諭旨，切實保舉，不得徒采虚聲，甚至徇私濫保，致干咎戾。

十三日丁酉　晴。下赤白利，竟日夜至九十餘次，身熱如火，口乾苦不能飲。兩請汝翼來診脉，服藥。六十將至人，解後致此大病，危哉。晚飲荷葉陳米湯，略能進，夜半後身熱稍減。敦夫來。

邸鈔：翰林院侍講學士陳寶琛轉補侍讀學士，以翰林院侍讀錢桂森爲侍講學士。

十四日戊戌　晴。下利竟日二十餘次，勞起坐閲書。作書致汝翼，乞改方，且自參用黄芩湯、大承氣湯服之。黄芩湯去大棗，大承氣去芒硝。傍晚强行至中廳，取閲《温熱經緯》。晚飲胡椒片粉湯。爽秋來。夜下十餘次。

十五日己亥　晴。先大夫忌日，又佛氏中元節，力疾起視，供饋叩拜。作書致汝翼，改方服藥。張氏甥昌棫自越來，家中無一書，忽然而至，可怪甚矣，舍之廳東箱。是日下十餘次。

十六日庚子　晴。甥出至聽事，視張氏甥所舍。敦夫來。光甫來。秋田來。劉雲生通參來。作書致汝翼，得復。是日利漸成，可甥止，然腹時痛，遂甥稍稍進飯。讀《靈樞》。

邸鈔：上諭：誠端奏瀝陳並無私收地租、革退陵户各情，係知州宋文縱串役民朱藝等捏詞誣控，請派員查究等語，所奏是否屬實，著畢道遠、周家楣確切查明，據實具奏。刑部郎中胡清瑞授直隸河間府知府。本任知府韋業祥病故。

十七日辛丑　晴。氣虚下滯，痔疾兼發，骽腹牽痛，不能危坐。敦夫屢信問疾，作書復之。作片致季士周。付賃屋銀六兩。讀《靈樞》。

邸鈔：上諭：前據都察院奏浙江道員王蔭樾以查荒被毆一案，撫臣並未傳訊該道，亦未輸服等詞，赴該衙門呈訴，當諭令陳士杰據實覆奏。兹據奏稱，前次業將莊書、王陸沅等分别問擬，並將知府許瑶光等奏請交部察議。當查辦時，王蔭樾求見，經該撫傳問開導，該道面稱如此辦理，亦其所願等語。此案王蔭樾因公受辱，已將官民等分别懲處，究竟該道辦理亦涉操切，業經奏結，何得屢次瀆控？著仍照陳士杰前奏所擬完結。所請飭交閩浙總督再行查辦之處，著毋庸議。

十八日壬寅　晴。腹痛時作，利轉成瀉，胃氣不上，尫羸益甚。作書致汝翼，擬服四君子湯。饋汝翼龍眼一簍。蔡松甫來。鐵香來。汝翼來診脉，言尚有寒濕，以扶胃理濕爲宜。付賣衣人鄧姓銀十三兩。

十九日癸卯　晴，午後微陰。腹痛未止，舌上生黄，胃氣尚閟，再服理濕方。閱《癸巳存稿》，猶不耐尋討。卧閲《太平廣記》。周介甫來。

《太平廣記》中《杯渡道人傳》，言黄門侍郎孔寧子病痢，請杯渡祝即俗『呪』字。治。杯渡云難瘥，見家有四鬼，都被斬截。寧子泣曰：『昔孫恩之難，父母伯叔都遭痛酷。』案：寧子會稽人，《宋書》附《王曇首傳》。此事傳所不載，然其兩世死難，可裨史闕。吾越志乘爲寧子傳者當采輯之。

邸鈔：上諭：御史李映奏淮鹽增引亟宜設法維持一摺，著户部議奏。其疏謂兩江總督左宗棠受蔽奸商，請復引岸新商，請加楚引至十五萬之多。其實現繳四成票費約祇六十萬金，以楚岸舊商引價每商萬金計之，僅可加引三萬。請照此數明定限制，准加楚岸新商三萬引，俟引岸漸復，不妨遞增。如新商以利微本重爲嫌，即勒令楚岸舊商認捐，六十萬金歸還新商，撤銷新商引票，准楚岸舊商領加三萬引。至皖岸、辰岸本無，未復引岸，新加引票應盡撤銷云云。此事鄂撫、川督皆力争之，以川鹽爲楚人所利賴，映之言亦曲附和也。上諭：衛榮光奏請將已故儒臣宣付史館立傳一摺。原任詹事府左春坊左中允劉熙載前在上書房行走，曾任廣東學政，因病開缺，主講上海龍門書院，品學純粹，以身爲教，成就甚多，足爲士林表率。該故員學行事蹟宣付國史館，列入《儒林傳》，以彰碩學。劉熙載，江蘇興化人，字伯簡，號庸齋，道光二十四年進士，官編修。咸豐三年入直上書房，乞病歸。同治三年召爲國子監司業，升中允，視學廣東，又引疾歸，主講上海龍門書院。光緒七年二月卒。著有《藝概》六卷，《四音定切》四卷，《説文雙聲》二卷，《説文疊韵》二卷，《昨非集》四卷，《持志塾言》二卷。

二十日甲辰　晨及上午晴，下午陰，熱悶殊甚，夜半後雨。閱《太平廣記》。得敦夫片，問疾，即復。爽秋來問疾。

二十一日乙巳　晨陰，上午薄晴，午後晴陰相間，下午陰，傍晚霃陰。閱《魏書·釋老志》。沈子培來。作書致季弟，告以藕甥已至都。夜雨，竟旦蕭瑟。

邸鈔：慈禧端佑康頤昭豫莊誠皇太后懿旨：兩月以來迭據各省奏報水灾，安徽、浙江、江西被灾最重，漂没田廬，淹斃人口之處甚多，小民困苦情形尤屬可憫，深宫焦念，寢饋難安。雖經各該撫籌款振恤，誠恐力難遍及。所有安徽、浙江、江西三省，著户部各撥銀六萬兩，以資振濟，即將本年中秋節應進宫内款項撥抵應用，無庸呈進；猶恐由部發往，緩不濟急，即著由各該省應解京餉項外，就近劃扣，俾灾民得以早沾實惠。其餘江蘇、山東、湖北、四川、福建、陝西等省均有被灾之處，即著各該省寬籌款項，妥爲撫恤。詔：前任山西巡撫、現署兩廣總督曾國荃應得降二級調用處分，加恩改爲革職留任。以督辦福建船政、前直隸按察使黎兆棠爲光禄寺卿。翰林院侍讀温紹棠升左春坊左庶子。前直隸霸昌道裕昆授江西督糧道。

二十二日丙午　晨密雨，至上午稍止，傍午日見，午後晴陰相間。得紱丈書，借日記，即復。閲《論衡》。汝翼來。敦夫來。介唐來。陳伯平來。楊定叀來。再作家書，屬季弟卜湖塘居宅并購《名山游覽記》。《四庫存目》載明人何濱巖（鏜）《古今游名山記》十七卷。慎山泉（蒙）删增何氏書爲《天下名山諸勝一覽記》十六卷，亦稱《游名山一覽記》。後墨繪齋又增廣何氏書爲《名山記》四十八卷，首爲圖一卷。然王弇洲有《名山記廣編》。余丁卯憂居時，曾於越中書肆見《天下名山游覽記》，爲王元美元本，曹能始（學佺）增輯，圖繪精緻，《四庫》亦未著録也。　暮年多病，思專一壑首丘未得，且圖卧游。

二十三日丁未　晴，西風振爽，天高氣凉。前夕夢還里中，故居已立，宛然舊觀，醒而悲之，今日撰《夢故廬記》。作書致周荇翁。作書致爽秋。閲《愛日精廬藏書志》。得荇翁書并《漢書注校補自序》。爽秋來。按察司照磨王受豫來問疾，不見。

邸鈔：上諭：御史陳啓泰奏太常寺卿周瑞清包攬雲南報銷，經該省糧道崔尊彝、永昌府知府潘英章來京匯兑銀兩，賄託關説等語，著派麟書、潘祖蔭確切查辦，據實具奏。上諭：劉錦棠、譚鍾麟、張曜奏請變通新疆官制、營制各摺片，著各該衙門速議具奏。疏略云：光緒八年三月十七日奉上諭，譚鍾麟又奏籌度新疆南路情形一摺，所請酌度七城廣狹繁簡，設立丞倅牧令一員，更於喀什噶爾、阿克蘇兩處各設巡道一員，如鎮迪道之例，著劉錦棠體察情形，會商該督妥議具奏。伏念新疆今昔情形，判若霄壤，舍增設郡縣，別無良策，經大學士左宗棠迭次奏明；現在户口日增，地利日辟，各族漸知向化，郡縣之設時不可失。臣鍾麟原奏將吐魯番作爲南路城池，因有七城設官之議。臣錦棠查吐魯番現不在八城數內，自吐城以西喀喇沙爾、庫車、阿克蘇、烏什是爲南路東四城，葉爾羌、喀什噶爾、英吉沙爾、和闐是爲南路西四城。自哈密南至吐魯番、北至精河應暫照臣鍾麟原奏，無須另設多員外，回疆東四城擬設巡道一員，駐劄阿克蘇，以守兼巡爲兵備道，衝繁疲三項要缺。喀喇沙爾與土爾扈特和碩特游牧地方犬牙相錯，每有交涉事件，擬設直隸廳理事撫民同知一員，治喀喇沙爾城；又於庫車城設直隸撫民同知一員；阿克蘇爲古温宿國，設温宿直隸州知州一員，拜城縣知縣一員，歸其管轄；烏什緊鄰布魯特部落，爲極邊衝要，擬設直隸廳撫彝同知一員：統歸東四城巡道管轄。回疆西四城擬設巡道一員，駐劄喀什噶爾回城，以守兼巡爲兵備道，管理通商事宜，爲衝繁疲難請旨最要缺。喀什噶爾爲古疏勒國，擬設疏勒直隸州知州一員，治漢城，疏附縣知縣一員，治回城，歸直隸州管轄；英吉沙爾緊鄰布魯特，爲極邊衝要，與烏什略同，擬設直隸廳撫彝同知一員；葉爾羌爲古莎車國，擬設莎車直隸州知州一員，治漢城，葉城縣知縣一員，治回城，歸直隸州管轄；葉爾羌所屬瑪喇巴什一城，爲回疆東西咽喉要地，積年河水爲患，擬設直隸廳水利撫民通判一員；和闐爲古于闐國，設和闐直隸州知州一員，治和闐城，于闐縣知縣一員，治哈拉哈什地方，歸直隸州管轄：統歸西四城巡道管轄。添設甘肅巡撫一員，加兵部尚書銜，駐劄烏魯木齊，管轄哈密以西南北兩路；並設甘肅關外等處布政使一員，隨巡撫駐劄；舊有鎮迪道，請加按察使銜，兼管全疆刑名驛傳事務；改迪化直隸州知州爲迪化縣；添設迪化府知府一員，治迪化城。

二十四日戊申　晴，一午西風甚勁，晡後微陰，傍晚復晴。閱《愛日精廬藏書志》。作病起詩柬紱丈。作書致苻丈，爲其《漢書補注序》系一跋尾，并以近文三首送閲。作病起五律兩首，并書致敦夫，約清游之期。沈子培來。讀杜詩，兼考《援鶉堂筆記》。薑塢論杜，甚有見識。

二十五日己酉　晴。得紱丈書。讀杜詩。敦夫來。秋田來。得荇丈書，爲余近文跋尾，以《夢故廬記》爲奇作。閲《日知録》《蛾術編》諸書，皆以讀杜詩及之。夜作詩簡紱丈、荇丈。

病起柬紱丈亦小疾新愈

幅巾鶴髮有餘清，藥後棕鞋試杖行。十笏園亭娱晚節，千家砧杵報新晴。詩心夜月比鄰共，鄉夢秋山隔水明。百尺蒼松凌雪見，却看蒲柳不勝情。中四語本作『聳下園林多愛日，巷中砧杵共秋聲。詩心天際餘霞麗，鄉夢山邊晚翠明』，末句作『却慚蒲柳戀新晴』，因『砧杵共秋聲』五字是成語，且重一『餘』字，故改之。

病起簡敦夫敦夫亦患利下新起

史館傭書日，曹郎立壁中。階間葅屐雨，門接藥烟風。幾見三旬飽，翻來百病攻。床頭杯渡傳，危欲錫凌空。《杯渡道人傳》言病痢而終。

病起紱丈書來謂余病後即能文詠當有無量壽荇丈書來謂余如瘦松古鶴必長留天地深感勤勤期祝之意爲詩柬二老

少年交舊看將盡，京國風流二老存。坊巷東西鄰緑野，往來箋牘滿蓬門。張蒼曾問蘭陵學，《經典釋文敘録》言荀卿以《左氏春秋》傳武威張蒼，考荀子及張丞相年皆至百餘歲。前日荇丈書來，言文人福壽張文侯第一，故及之。迂叟叨陪潞國尊。自古經儒多壽考，不須丹訣訪昆侖。

邸鈔：命理藩院尚書麟書充崇文門正監督，都統穆隆阿充副監督。

二十六日庚戌　寅初一刻十四分白露，八月節。晴，稍熱。作書并詩致紱翁、荇翁。閲《集韵》《廣韵》。得紱丈書。荇丈來。陳伯平來。夜讀杜詩。是日始剃頭，能送客至門。

二十七日辛亥　晴熱。作書致爽秋，得復。作書致敦夫。敦夫來。光甫來。讀杜詩。

二十八日壬子　晨日出，旋陰，有東風，上午小雨，午密雨，有震雷，下午陰，微見日景。讀杜詩，兼及太白詩，并考《日知録》《潛丘劄記》《困學紀聞》諸書。馬蔚林禮部來。濮紫泉來，昨始自杭入都者。夜睒電不絶，三更大雨如注，雷轟電掣，歷時始止。

二十九日癸丑小盡　晨小雨，旋止，上午微晴多陰，午後晴。上午出廣寧門至天寧寺，以與敦夫、介唐、秋田、光甫、書玉、松甫諸君期飲於此也。嘯侣未集，獨坐看山院。薄陰甚凉，濕烟未散，西嶺隱隱，野樹如薺。傍午諸君漸至，山翠亦開。午後設飲，晡後散歸。本擬迂道過崇效寺看地藏法會，以爲寺傭敗興，且病後倦劮，遂返。付廚人賞十二千，車錢十千。印結局送來是月公費銀十七兩三錢。

邸鈔：上諭：麟書、潘祖蔭奏請飭提要證，歸案審訊一摺。據稱周瑞清被參包攬雲南報銷一案，現經嚴訊，天順祥、乾盛亨商人王敬臣、閻時燦等據供，潘英章、崔尊彝均曾在各該鋪匯用銀兩，請飭提訊等語。雲南糧儲道崔尊彝現在請假回籍，永昌府知府潘英章業已回任，著雲貴總督、雲南巡撫、安徽巡撫飭令崔尊彝、潘英章迅速赴部聽候質訊，不准稍有遲延。太常寺卿周瑞清著聽候查辦，毋庸在軍機章京上行走。

八月甲寅朔　晨及上午陰，傍午薄晴，午後晴陰相間。晨過敦夫齋中談。閱《鮚埼亭外集》。汝翼來。

邸鈔：詔：本年值更换學政之期，順天學政孫詒經、江蘇學政黄體芳、湖南學政曹鴻勛、山東學政張百熙、甘肅學政陸廷黻、四川學政朱逌然、奉天府府丞兼學政朱以增毋庸更换外，兵部右侍郎徐郙嘉定，壬戌。爲安徽學政，翰林院侍讀學士陳寶琛閩縣，戊辰。爲江西學政，吏部右侍郎祁世長壽陽，庚申。爲浙江學政，編修馮光遹陽湖，甲戌。爲福建學政，高釗中項城，丙子。爲湖北學政，馮文蔚烏程，丙子。爲河南學政，吕鳳岐旌德，丁丑。爲山西學政，慕榮幹蓬萊，戊辰。爲陝西學政，侍講學士葉大焯閩縣，戊辰。爲廣東學政，編修詹嗣賢儀徵，甲戌。爲廣西學政，丁立幹丹徒，辛未。爲雲南學政，孫宗錫善化，丁丑。爲貴州學政。左中允李端棻升司經局洗馬，右贊善陳學棻轉左贊善，編修楊頤升右贊善。禮部郎中英文記名以道府用。編修潘衍鋆授陝西潼商道。本任潼商道尋鑾焯病故。浙江温州鎮總兵關鎮國、福建福寧鎮總兵張其光對調。

初二日乙卯　晴。閲《鮚埼亭外集》。比日病後强飯，精力未復，時覺不適，考索諸書，輒未竟卷而止。書玉來。敦夫來。下午因授張氏甥《國策》，亦取玩之，兼考《史記》。

邸鈔：上諭：鮑超奏假期將滿，瀝陳下情，籲懇開缺一摺。湖南提督鮑超准開缺調理。上諭：湖南提督鮑超奏四川夔州至湖北宜昌沿江一帶，向有救生紅船，惟險灘過多，紅船尚少，遇有覆溺，救護不及，情形甚慘，請飭添設等語。著湖廣總督、四川總督、湖北巡撫籌撥款項，於著名險灘處所酌量添設紅船，並飭屬隨時認真救護，以保行旅。疏言五月二十七日行至東湖縣屬之加冠石灘上，全家舟覆，其第三子、第六子皆溺死，僕婦水手死者數人。

初三日丙辰　晨及上午晴，午微陰，下午晴陰相間，晡後陰，傍晚復晴，稍熱，夜一更後有電，二更大雨，雷。讀杜詩。敦夫來，晡後同車出答馬蔚林，不值。詣興勝寺，知光甫已傳入軍機處行走，亦不值。敦夫邀同書玉、資泉、光甫晚飲萬福居，招霞芬、玉仙，夜二更後冒雨歸。三更後時有小雨。付車錢八千，霞車四千。

邸鈔：命户部左侍郎王文韶兼署吏部右侍郎，祁世長缺。都察院左副都御史陳蘭彬署兵部右侍郎。

徐郙缺。詔：協辦大學士文煜馳驛往東陵查辦事件，隨帶司員一併馳驛。以直隸天津鎮總兵周盛傳爲湖南提督，以丁汝昌爲天津鎮總兵。

初四日丁巳　晨晴，上午多陰，午後雨，下午大雨，傍晚雷震數作，密雨亘夜，至四更後稍止，五更復雨。終日閲《舊唐書》，校正紀傳數事，增注吴荷屋《唐人年譜》。

初五日戊午　晨密雨，上午稍疏，見日，午晴，下午有西風，晡後微陰。閲《舊唐書》。傷風鼽涕。作書致敦夫，共買海外花葉，并送蓡飲子一器。『蓡』字作『參』，《神農本草》已如此，蓋始於漢朝；『薑』字作『姜』，則起於宋時。蕭山人周嘉穎中書來見，且饋彘脯、茶葉，固辭之不得。

邸鈔：以太常寺少卿明桂爲通政司副使。詔：已故江蘇揚州府知府何金壽講求吏治，遺愛在民，生平政績宣付國史館，以彰循吏。從左宗棠請也。詔：吏部候補主事唐景崧發往雲南交岑毓英差遣委用。上諭：翰林院編修劉海鼇奏新疆善後事宜請權緩急一摺，著各該衙門歸入劉錦棠等摺片一併議奏。其疏謂新疆地勢遼闊，間以戈壁，周迴二萬餘里，其初建城不過二十餘處，每城不過數十莊、百數莊。離亂之後，户口益稀，郡縣未可遽設。以臺灣之富庶，沈葆楨請設臺北府，居者甚少，幾乎有城郭而無人民，何況西域？且庫儲支絀，何能籌此巨款？至原奏屯田一法，實爲上策，可以專辦。天山南北不少膏腴，近聞西征士卒多有娶妻成家者，計口分田，各給籽種，成熟之後，緩數年升科，然後廣收租糧，每年可節餉銀數百萬兩云云。海鼇爲人全不知新疆形勢及近日事機，蓋探政府之意，不肯設郡縣、置巡撫，欲留諸參贊、領隊等缺以待旗員之獲咎無聊者。其疏文理亦多不通。

初六日己未　晨陰，上午晴陰不定，午後雨，下午密雨數作，仍有日景，傍晚晴。竟日校注《戰國策》。饋殷蕚庭入闈食物。饋肯夫夫人節物。蕚庭饋節物。夜又雨。

邸鈔：命禮部尚書徐桐漢軍，庚戌。爲順天鄉試正考官，左都御史烏拉喜崇阿、滿洲，丙辰。畢道遠、淄川，辛丑。工部左侍郎孫家鼐壽州，己未。爲副考官，翰林院侍講學士錢桂森、編修林紹年等十八人爲同考官。翰林得者十六人外，惟御史李肇錫（諸城，戊辰）、刑部員外郎盧秉政（巴縣，乙丑）、浙人張嘉禄、戴兆春兩編修與焉。

初七日庚申　晴，稍熱。校讀《戰國策》。剃頭。介唐來。敦夫來。得馬蔚林書，饋江西魚麵、括蒼雨前茶，即復謝，犒使二千。下午介唐邀至文昌樓觀劇，傍晚歸。作《詩卷耳考》。此草有苓耳、《爾雅》。枲耳、《本草》。務、《説文》。葹、《廣雅》。常枲、《廣雅》。胡枲、《廣雅》《本草》。地葵、《本草》。蒼耳、《爾雅釋文》引《廣雅》。葈、《淮南子》。白胡荽、陸機《詩草木疏》引鄭康成説。檀菜、《淮南子》高注。常思、《名醫别録》。耳鐺草、陸《疏》。爵耳、陸《疏》。常思菜《大觀本草》引陶弘景説。及卷耳，凡十六名。

初八日辛酉　晨陰，上午後陰晴不定。昨夕又病，嗽甚劇，今日疲乏，讀《老子》《文子》以自遣，間亦校注《國策》。作片致敦夫，饋以參飲子一器。夜食貝母蒸梨，仍嗽甚，竟夕罕瞑，五更疾動。

邸鈔：上諭：前據御史李鴻逵奏兩江營務處道員王詩正等招權納賄，當經諭令彭玉麟查奏。茲據奏遵旨確切查明，據實覆陳各摺片，道員王詩正、知縣柳葆元雖無狎妓浪游、招權納賄確據，王詩正總辦兩江營務處，舉止輕率，意氣驕矜，行事不檢，致招物議，實屬不知自愛，著即行革職，勒令回籍。柳葆元職司文案，身處關防嚴密之地，何得任意私出閑游？著以府經歷縣丞降補。其道員張自牧、知府郭慶藩被參各節，既據查明，該員等均在湖南本籍，並未前赴兩江，即著毋庸置議。又據查出廣西候補知府張崇澍貪鄙性成，在兩江揑報商名，請領鹽票，從中漁利；參將柳國瑞經左宗棠派充巡捕，竟敢與門丁陰肆鬼蜮，實屬卑鄙貪污，均著即行革職，永不敘用。左宗棠勳望素著，向來辦事認真，上年陛辭時欽承懿旨，諭令隨事整頓，不可輕議更張。鹽務爲兩江要政，即使爲規復舊制起見，亦應將擬辦情形奏明請旨，何得率意徑行，致多窒礙？嗣後左宗棠惟當遇事虚衷，屏除成見，於一切用人聽言尤當加意詳慎，抉去壅蔽，以期政通人和，用副朝廷倚任至意。

初九日壬戌　晴。小極。翻閲《本草》，并考《爾雅》《廣雅》《釋草》《説文》草部、陸元恪《毛詩草木疏》。午後過敦夫齋頭，久坐歸。爽秋來。汝翼來。傅子蓴來。

邸鈔：前江蘇巡撫黎培敬卒於家。黎培敬字簡堂，湖南□□人，咸豐庚申二甲一名進士。詔褒惜有加，照巡撫例賜恤，生平事實宣付國史館。從湖南巡撫卞寶第請也。黎培敬後予謚文肅。

初十日癸亥　晴，稍熱。閲《毛詩後箋》，兼考注疏。作書致紱丈，饋節物。饋殷蕚庭節物。得紱丈書，饋節物，即復謝。順天鄉試首題『子曰雍之言然』。此次試者至萬四千餘人，闈中添篷號三千間。聞士有自宫死者，故鴻臚武邑楊書香之子也。

十一日甲子　晨及午晴熱，下午多陰，時有小雨。昨夕咳嗽又劇，今日早起，吐痰數升。余病固由肺虚，實以心血過耗所致。前日以痰中帶血，上午略閲《釋草》諸篇，不苦研究。下午客至，縱意而談。是晚嗽遂少止。昨又稍讀注疏，喘吐復作。莊子所謂『吾生也有涯，而知也無涯，以有涯隨無涯，殆已』，况校正群籍，昔人比之入海算沙，六十之年役役爲此，忘其固疾，是爲大愚。而閑居不聊，結習難化，非此亦無以自遣。孤露餘生，百憂所萃，既非不貲之軀，亦復不自愛惜，故友朋勸其服藥，家人笑其讀書，不知薪米已窮，遑論參桂。簡編所寄，聊過桑榆，謂我何求，冀諒來哲而已。

同年梁星海庶常自粵來，贈陳蘭浦《東塾讀書記》、王惕甫《評點金石三例》，翻刻汲古本仿宋寫《陶淵明集》、吴中滄浪亭石刻《名宦先賢像》拓本及近人馮竹儒焌光《西行日記》，犒使二千。陳蘭浦以今年正月卒，年七十三。《讀書記》較昔年所見者又增《禮記》一卷、《鄭學》一卷，尚有未成者東漢以下至通論九卷。王念豐《評點金石三例》，馮竹儒所刻，用朱色套版。《淵明集》傳是東坡手寫，刻本曾在常熟明相國嚴文靖公家，後歸絳雲樓，被焚。嗣太倉顧伊人湄有一本，亦仿蘇體，有紹興十年一跋，無姓名。毛斧季謂是依北宋本翻雕，因屬其師錢梅仙臨摹刻之。此本是近年湘潭人胡伯蓟重模者，字浸失真，然大字疏行，爽朗可喜。

作書致敦夫，饋茶葉一小瓶。

閲馮竹儒《西行日記》。其丁丑五月在上海道任請假赴伊犁覓其父名玉衡，候選知州。咸豐初隨故相賽尚阿廣西大營還京後，其僕訐其通賊，戍伊犁。柩，十一月至安西州而回，戊寅三月達樊城，紀其道涂間事也。竹儒以舉人入上海製造局，未從一役、著一效，而不數年擢任上海道，加二品銜。其父以罪人於咸豐辛酉病死伊犁，至是已十七年，始往迎柩，而先遣其族父單行探覗。據言屍柩已失，於土中掇拾殘骨，馱之以歸。竹儒一路逗留，甫出玉門，即與偕反，竟未一履其地。此記中惟誇其將迎之盛、聲氣之廣，所至宴會，留連風景。及歸抵上海，遽卒。督撫遂以孝行請旌，國史竟列之《忠義傳》，而其父以大辟末減者至稱之曰忠魂，此真今日之忠孝矣。竹儒，南海人。余甲子冬在都，曾遇之若農師坐上，粵中鄉評多不滿之。孺老嘗言馮竹儒是反面孝子，必有知其深者。此記僅一卷，自鈔撮地理書外，俱拙俗不足觀。

敦夫來，與之偕詣爽秋，不值。以雨歸寓齋，共閲吴郡《名宦先賢像》拓本。始於延陵季子，訖於國朝初尚書彭齡，共五百餘人。自道光丁亥安化陶文毅撫吴，時將樂梁中丞章鉅爲布政，於滄浪亭旁建五百名賢祠，刻石嵌壁中，後又續刻侯官林文忠至吴學士信中十二人，亂後存者大半。同治癸酉江蘇布政使恩錫補刻晉散騎常侍顧彦光至吴學士百五十二人，緟建祠亭，以復舊觀，亦疆吏之好事者矣。余嘗謂先賢遺像，流傳觀感，最爲有益。如能於吾越湖雙三山間即康熙時詩巢遺址，建會稽先賢祠，附詩巢及柳姑祠、方干祠於旁，近賀監之賜湖，鄰放翁之舊宅。其自漢至唐無像可求者，繪其事蹟；宋元以來，廣訪子孫，覓其遺像，刻置於壁。巖壑映帶，村落回環，想前哲之風流，存舊邦之文獻，起敬起教，式舞式歌，正不止瞻仰衣冠，流連桑梓也。

晡後偕敦夫詣介唐，不值。詣汝翼、鐵香，同坐鐵香齋中暢談，觀日本刀及《日本錢幣譜》，模寫精絕，而多近時錢錠及銀餅之屬，有所謂大判金、中判金、小判金及判銀者，即中國之錠，皆繪其形色，分兩花押，此夷俗之識見耳。又閲《日本外史》及粤人廖柴舟燕《二十七松堂文集》銅版小本、翁注《困學紀聞》，皆彼國所刻，鐵香鄉人何學士如璋使還所贈者。廖燕，國初人，其文亦明季江湖餘派。傍晚偕鐵香、汝翼、敦夫步至便宜坊，欲小飲而酒坐以過節停，適雨作，遽歸。晚雨，旋止。得紱丈書，勸病後服藥。夜有小雨，旋止。五更舊疾動。

十二日乙丑　午正二刻秋分，八月中。晴，西風作凉。近日人事乏絶，今日不能設祭，待至重九嘗糕薦新。作書復紱丈。饋仙洲夫人節物。肯夫夫人饋節物。得紱丈書。校《戰國策》。傍晚過敦夫齋中談。夜閲陳蘭浦《讀書記》、《禮記》一卷、《鄭學》一卷，皆能知其深者。

邸鈔：上諭：朝鮮爲我大清屬國，世守藩封，素稱恭謹，朝廷視同内服，休戚相關。前據張樹聲奏，朝鮮國亂軍生變，突於六月間圍逼王宫，王妃遇難，大臣被戕，日本使館亦受其害。當諭令張樹聲調派水陸各軍前往援剿；又以李鴻章假期届滿，召赴天津，會同查辦。經提督吴長慶、丁汝昌、道員馬建忠等率師東渡，進抵該國都城，擒獲亂黨一百數十人，殄厥渠魁，赦其脅從。旬日之間，禍亂悉平，人心大定。采訪該國輿論，咸稱釁起兵丁索餉，而激之使變者皆出自李昰應主謀，經吴長慶等將其解送天津，降旨交李鴻章、張樹聲究明情由具奏。李昰應當國王冲年，專權虐民，惡迹昭著，迨致政後日深怨望，上年即有伊子李載先謀逆情事。此次亂軍初起，先赴伊家申訴，既不能正言禁止，乃於事後擅攬庶務，威福自由，獨置亂黨於不問。及李鴻章等遵旨詰訊，猶復多方掩飾，不肯吐實。其爲黨惡首禍，實屬百喙難逃。論其積威震主，謀危宗社之罪，本應執法嚴懲，惟念朝鮮國王於李昰應誼屬尊親，若竟置之重典，轉令該國王無以自處，是用特沛恩施，姑從寬減。李昰應著免其治罪，安置直隸保定府地方，永不准回國，仍著直隸總督優給廩餼，嚴其防閑，以弭該國禍亂之端，即以維該國王倫紀之變。吴長慶所部官軍仍著暫留朝鮮，藉資彈壓。該國善後事宜，並著李鴻章等悉心商辦，用副朝廷酌法準情綏靖藩服至意。

上諭：通政司參議嵩溥奏請飭查降調知縣吴欽是否賢員及倉匪張六房屋入官一案辦理失當各摺片。降補直隸懷安縣知縣吴欽前因御史載彩參奏，經李鴻章查明，該員因案派捐，致招物議，請以縣丞降調，當照該督所請，業經奏結，乃嵩溥輒以吴欽爲賢員復請飭查，已屬非是。至倉匪張六即張鳳儀，係同治三年嚴拏未獲之犯，嗣復在花户身後把持盤踞倉務，本年正月經巡城御史阿彦泰等奏請飭拏，該犯畏罪遠揚，所遺空房一所，查有石橋地道，並起出火槍、腰刀等件，是其種種不法，確有可憑，因將房屋入官，乃嵩溥竟敢謂其是否爲匪，尚無確據，並稱海運倉向由張六雇備車脚，俱照官價給發，亦無包攬情弊，意在力爲該犯開脱，荒謬已極，殊出情理之外。嵩溥著交部嚴加議處。以翰林院侍讀學士周德潤爲詹事府少詹事。以□□□□倭克津泰爲呼蘭副都統。本任副都統博棟阿因七年七月間賊二百餘人竄入呼蘭境内，僅委防禦伯昌帶兵一百餘名剿辦，致民遭搶掠，賊得飽颺，降三級調用。

十三日丙寅　晴。署中送來秋季奉銀十六兩、養廉銀十二兩。得子縝七月二十五日里中書。得羊辛楣告其母許太夫人訃。作書致鄭盦尚書。作書致鐵香。閱《東塾讀書記》中《易經》一卷，真實事求是者也。鐵香來，借余銀一溢。梁星海來。饋汝翼節物。仙洲夫人饋節物。汝翼饋節物。閲《滄浪亭五百名賢畫像》，爲之理董其像，似多失真，題銜亦有誤者。比日乏絶，而讀書讀畫，頗有清供。庭中羊桃尚盛，旄柳不疏，夕陽映之，蕭森黯艷，亦一畝之佳觀也。夜月甚皎。

十四日丁卯　晨至午後晴，下午陰晴相間，傍晚陰。得鄭盦尚書書，饋銀三十兩，即復謝，犒使十千。再得鄭盦書，屬題古塼拓本，即復。敦夫來。還各店買物錢。剃頭。閲《東塾讀書記》。夜雨，二更後漸密有聲。

十五日戊辰　社日。中秋。晨陰，間有微雨，上午後晴陰不定，下午後霡陰，晡雷雨，晡後晴。閲《毛詩後箋》。嚴鹿谿來。霞芬來叩節，予以二金，賞其僕十千。付賃屋銀六兩。付賣花媪衣飾銀七兩八錢又錢二十四千，吉慶乾果銀四兩，司馬廚子酒食錢百四十千，縫人七十千，石炭銀五兩二錢，米銀二兩，此節多食奉米，皇恩稽古力也。香油錢四十四千，隆興厚紬布銀十兩，僕媪叩節錢六十四千，李升十二千，楊媪、王媪各九千，升兒、更夫各六千，林兒七千，長班、吏役、雜人等十五千。零用錢七十千。酒十千，蒸餅餌十千，絨綫九千，廣慎乾果十一千，甜水十八千，各家禮使十二千。夜月甚佳，小作節筵。二更有西風，頗凉。

十六日己巳　晨薄晴，上午晴，旋陰，午後霡陰，下午雨，傍晚稍止。閲《鍾鼎款識》竟日，倦甚。晚讀《校禮堂集》。其《縣象賦》、《復禮》三篇、《七戒》、《氣盈朔虚辨》、《覲義》、《詩楚茨考》、《射禮數獲即古算位説》、《儀禮釋牲》上下篇，俱不可不讀也。是夕望。

邸鈔：上諭：禮部奏接據朝鮮國王來咨轉奏各一摺，並鈔録原咨呈覽。該國此次亂軍之變，經朝廷發兵戡定，深知感激，殊堪嘉尚。至所稱中情震迫，瀝懇天恩，准令李昰應歸國一節，李昰應以宗屬至親，積威震主，謀危宗社，罪無可逭，朝廷酌法準情，姑從寬減，前已明降諭旨，擇地安置，優給廪餼，原屬格外恩施。該國王顧念天倫，繫懷定省，以李昰應年老多疾，咨由禮部代奏乞恩，詞意迫切，自屬人子至情。惟李昰應獲罪於該國宗社者甚大，該國王既承光緒，應以宗社爲重，不能復顧一己之私，所請將李昰應釋回之處，著毋庸議。仍准其歲時派員省問，以慰該國王思慕之情。嗣後不得再行瀆請。以詹事府詹事永順爲通政使司通政使。

十七日庚午　晨雨，上午稍止，竟日霒陰。先妣忌日，上午供饋，菜肴七器，肉肴三器，菜羹一，饅頭一大盤，栗糕一盤，時果四盤，蓮子湯一巡，酒三巡，飯再巡，茗飲兩巡，晡後畢事，焚楮泉。得葉更端書。敦夫來。以祭餘兩器饋敦夫。

邸鈔：以工部郎中景澧爲光禄寺少卿。景澧，寶鋆子。上諭：陳士杰奏道員擅用公文，肆口謾罵，請旨懲辦一摺。浙江道員王蔭樾查荒被毆一案，屢次赴京瀆控，經陳士杰先後查明覆奏，降旨照所擬完結。乃該員此次復敢擅用公文，以該撫辦理不公、徇私庇惡等詞，肆言詆罵，似此任意妄爲，豪無顧忌，實屬荒謬已極。王蔭樾著交部嚴加議處。

十八日辛未　晨及午陰，午後晴陰不定。傅懋元來，以闈藝請質，其《易經》『是故著之德圓而神』三句，題文『春秋盟于踐土』，題文頗佳。敦夫饋於術、鯗脯，即復，還之。

閲《校禮堂集》。凌氏《周禮九拜解》多改舊注，又歷詆顧亭林、毛西河、閻百詩、惠半農、江慎修諸家之説，吕氏飛鵬《周禮補注》全取之，然其以頓首爲相敵者之拜，云《禮經》賓主相敵之拜皆頓首，則猶沿賈疏首頓地即舉爲頓首，頭稽留至地多時爲稽首，及宋人易彦祥祓《周官總義》謂至尊稽首，其次則頓首，敵以下用之之説。以肅拜爲婦人拜，不跪，如《左傳》郤至之三肅使者，則亦沿先鄭注肅拜但俯下手，介者不拜之説。段懋堂氏謂鄭注頓首爲頭叩地，注《士喪禮》及《檀弓》稽顙爲頭觸地，叩觸一也。《周禮》之頓首，即它經之稽顙，頓首未有不用於凶者。

慈銘案：謂頓首用於凶者，是也。《左傳》言頓首者二，皆非常之事。《史記》謂『西周君犇秦，頓首受罪，盡獻其邑三十六』。秦漢以後至六朝，人臣上書者皆言頓首死罪，則頓首固凶事也。謂頓首即稽顙，非也。賈疏謂『稽顙還是頓首，但觸地無容』，是也。蓋稽首者，首至地而不叩；頓首者，首叩地而無聲；稽顙則有聲矣。陳氏喬樅《禮堂經説》以九拜之四曰振動爲稽顙，是也。杜子春注振讀爲『振鐸』之『振』，動讀爲『哀慟』之『慟』。《記·問喪》曰『稽顙觸地無容，哀之至也』，此爲振動之義甚明。鄭大夫以爲兩手相擊，後鄭以爲戰栗變動，易氏以爲施於事變之不常，皆未得其解。凌氏謂即《喪禮》之『拜而後踴』。夫《喪禮》之云『拜稽顙，成踴』者，拜稽顙一事也，踴一事也，踴何與於拜乎？至肅拜則以段氏説爲致確。段云：凡不跪不爲拜。跪而舉其首，惟下其手，是曰肅拜。程氏瑶田曰：肅拜言舉首者，以別於䭫首、頓首、空首三拜之必下其首，是也。肅拜與《左傳》郤至之三肅使者不同，肅不連拜，所謂介者不拜，今之長揖而已。肅拜爲婦人之拜，古婦人拜，亦無不跪者。

慈銘案：《荀子·大略》篇云：『平衡曰拜，下衡曰稽首，至地曰稽顙。』以拜與稽首等並言，而曰平衡則拜，必跪可知。平衡即肅拜，其不下首亦可知。楊倞注以平衡爲磬折者，甚謬。《左傳》但言肅而不言拜，則肅乃今之揖，異於肅拜可知。賈疏及凌氏、陳氏皆以肅拜與肅爲一，而謂肅拜不跪者，非矣。吉拜凶拜，陳氏引《雜記》曰：『三年之喪，以其喪拜；非三年之喪，以吉拜。』《逸奔喪禮》曰：『凡拜，吉喪皆尚左手。』注云：『尚左手，吉拜也。』吉喪故吉拜。然則凶拜爲尚右手矣。其説亦最確。鄭注以拜而後稽顙爲齊衰不杖以下者之吉拜，稽顙而後拜爲三年喪之凶拜，似由未知振動之即稽顙，故有此説。《士喪禮》及《喪大記》皆云拜稽顙，無言稽顙拜者。而《檀弓》本文兩事，皆指三年之喪言，故鄭君又以拜而後稽顙爲殷之喪拜，義頗出入，自以尚左尚右之説爲得也。奇拜者，鄭注引或云奇讀爲倚，倚拜謂持節、持戟拜身倚之以拜者，是也。褒拜者，褒讀如『褒衣大祒』之『褒』，《尚書大傳》所謂『拱如抱鼓』。蓋褒之爲言包也，圓拱舒張而拜也。褒拜與奇拜對文，奇謂偏倚，褒謂舒博也。若如舊注以奇爲一拜，褒爲再拜，則䭫首、頓首、空首等拜皆有之。段氏謂褒拜不止於再拜，則頓首等拜亦有之，不得列之爲九。於是賈疏始有䭫首、頓首、空首、肅拜四種爲正拜，餘五者附之之説。段氏、凌氏皆各分經緯，言人人殊。段氏又謂振動者本不必爲䭫首等三拜，而以變動故爲之，則拜非由《禮》，大祝安得職而辨之？又謂吉拜者拜之常，當拜而拜，當䭫首而䭫首，則上所云諸拜，豈皆不當拜而拜乎？且如其説，則九拜實衹七拜，尤不合矣。大氏九拜惟䭫首、頓首、空首，鄭注確不可易，余當參伍證之。陳恭甫氏謂辨九拜下云，以享右祭祀則九拜，皆當主祭時言。慈銘案：鄭注雖以享爲朝獻饋獻，以右爲侑勸尸食，然享實當包燕饗，右亦當包侑賓義。疏謂享右祭祀，舉其重者，其實五禮皆該，是也。

邸鈔：翰林院侍講汪鳴鑾補原官。此張楷所出缺。向例京堂等官缺出，限四十五日具題，翰詹則不出三十日，今多至八十日，不知吏部何以稽遲也。

十九日壬申　晴陰相間。閲《校禮堂集》，兼考《周禮注疏》《周官義疏》諸書。午後詣敦夫談。得紱丈書，即復。

邸鈔：詔：浙江按察使孫家穀、安徽按察使胡玉坦均來京另候簡用，以河南河北兵備道陳寶箴江西義寧人，辛亥舉人。爲浙江按察使，以廣東雷瓊兵備道孫鳳翔山東濰縣人，壬戌翰林。爲安徽按察使。

二十日癸酉　晴。孺初來。讀《周禮注疏》。

邸鈔：詔：通政司參議嵩溥照吏部議即行革職。嵩溥，宗室，其父賓清以翰林學士大考不列等革職。嵩溥由宗人府筆帖式至今官，久不遷，窮甚，聞其疏以京錢五百千貨之。

二十一日甲戌　晴，有風。三日來讀《周禮》，覺甚説而忘勞。咳嗽復作，痰亦上涌，夜卧中又屢欲動舊疾。洵乎，治禮之難也。今日復閱《毛詩後箋》，以朱筆記之。剃頭。跋鄭盦尚書古塤拓本。塤出自青州，其文有曰，有曰，有曰。

二十二日乙亥　晴。爲鄭盦序《游岱記》，即作書并古塤拓本致之，得復。兩得敦夫片，即復。午後詣鐵香談，汝翼亦來。觀鐵香所藏舊拓《刁遵碑》《褚雁塔》《聖教序》，皆佳，晡後歸。光甫來。陳資泉來。

比日閲劉錦棠、張曜等請變通新疆官制、營制諸疏，皆洞中事理，不愧老謀。劉所議增設巡撫以下官，已見於前。其請於烏魯木齊設立撫標官兵，南北兩路另設額兵，添置總兵、副將、參、游、都、守、千、把等官；烏魯木齊提督移駐喀什噶爾城，以扼要害；吐魯番暨南路舊有參贊、辦事、領隊各大臣一律裁去，哈密至伊犁所有都統暨辦事、領隊各大臣員缺亦酌量裁徹。巴里坤古城、烏魯木齊、庫爾、喀拉烏蘇所餘旗丁，多或數十人，少僅十餘人，零星分布，無濟實用，不如併歸伊犁滿營生聚教訓。伊犁將軍無須總統全疆，免致政出多門，巡撫事權不一。其伊犁滿營應改照各省駐防將軍營制，從新整頓，務求精實可用。總之，新疆不復舊制，便當概照行省辦法。若二者並行，則一切夾雜牽混之弊難以枚舉。所言皆切要。張疏請變通營制三事，曰增騎兵、曰重火器、曰設游擊之師，謂新疆各城皆廣川大原，間以戈壁，宜用騎兵以出奇鵰剿。而各城營汛兵額無多，此城有警，彼城設防，各顧轄境，力難分救。南北兩疆宜設游擊之師，居中駐劄，統以知兵大員。此項兵丁不供他役，規模嚴整，士氣常新。各城有事，風馳電擊；無事之歲，南北兩疆各於邊界定期會哨，振武揚威，隱戢奸宄。至各城兵額，劉錦棠已請就關外現裁營勇，選其精壯耐勞者，編成制兵，改行餉爲坐糧，實爲良策。此屬久經戰陣，可期得力，一利也；參用屯田之法，兵食兩足，二利也；關外多一精兵，關内少一游勇，隱弭無數事端，三利也。其言亦極透徹。

至劉疏自言不諳吏治，關外郡縣創始非軍旅粗材所能了實，恐貽誤將來，請早簡巡撫。裁徹欽差大臣，則以近日御史陳錦有疏劾之也。劉、張固皆武夫，然久經軍旅，方面專征，事皆目驗，不特非館閣常例寫白折數行、鈔試律數首者可比，即近日如張、陳名翰林不過平時翻閱名臣奏議幾篇，臨事摘記《方輿紀要》幾語，便慨然草疏者，豈可同年而語？若陳御史等比，更無足論矣。聞陳疏出其同鄉同官李士彬，李則甘督譚鍾麟之門人也，蓋爲劉所輕而欲擠之。譚以左恪靖薦得驟擢爲陝撫，今又爲陝甘督，而尚不知回疆南路八城之名，以吐魯番爲東四城之一，則其人誠不愧翰林耳。近日如李鴻逵、李暵、秦鍾簡之劾左恪靖、劉海鰲之言新疆緩急情形，此輩生不識東西南北，即在渠衙門中所謂帖括文章夾帶事業者，亦屬駑材下駟，而攘臂哆口争先言事，則張、陳諸人以上疏得美遷階之屬也。使其受人意恉，别有所爲，固屬罪不容誅，即陳雲舫之蒙然張口，如坐雲霧，亦所謂鬼怪輩敗事者矣。恪靖頗不知人，晚節龍鍾子又不肖，其在江左多滋異議，然艱苦耐勞，鋭於任事。其辨淮鹽，不謀之川、楚各督撫，欲徑復引岸招商，派兵以力制之，又講求煮鹽用重淋之法，務爲鮮潔，以敵蜀鹽，故鄰疆齮齕者多而淮南官吏舊商亦皆不便其所爲，謗議四起，新商又頗行詐，其子及幕中諸僚亦不免霑潤其間，夤緣隱蔽，益爲口實。要其公忠體國，亦豈愛憎之私所能變亂哉！

夜陰，四更後雨。聞近日又有長星出，以四更見於東南方。

二十三日丙子　晨及上午小雨，午後陰，晚微晴。閱《毛詩後箋》及馬氏《毛詩傳箋通解》，覺小極，又苦痰嗽，下午憊甚，遂輟。作書致鐵香。作書致爽秋，問泥製新様博古花盆買處，得復。傍晚詣敦夫齋中談。聞浙江試題爲『後進於禮樂』四句，江南試題爲『子曰小子何莫學夫詩』兩章。今年順天策題經問一道有曰『淮南王安所集荀爽九家易解』，蓋誤讀坊間策本，以九師《易》爲九家《易》也。史問一道有曰『唐代雜史見於開元著録幾家』。開元時乃有唐代雜史，《開元著録》亦不知何書，尤怪談矣。今年主考如烏左都者，平生不過識數百字。畢左都耳目久廢，形體僅存。孫侍郎中狀元時，具對策寫董仲舒作董仲書。時余初入京，聞其事，嘗語客曰：『此固筆誤。然試令孫君寫翁同書，必不誤作翁同舒也。』以其時翁公爲安徽巡撫，而孫君皖人也。一坐撫掌。此輩主文，竟可如試宗室例，廢二三場，止試頭場一藝，則竭其心力，尚可粗分句讀，惜無人上言耳。同年蔡俌臣庶常丁内艱，送奠分六千。

二十四日丁丑　晴。閲《周禮注疏》。

雷學淇《介庵經説》謂《天官・鼈人》『共蠯、蠃、蚳，以授醢人』，《醢人》《内則》俱有蚳醢，注以蚳爲螘子。然《鼈人》云以時簎取，則非螘子也。其所掌魚、鼈、龜、蜃、蠯、蠃皆水族，不應蚳獨在陸地。蓋蚳即《爾雅・釋魚》貝屬之餘貾，《釋文》作餘蚳，乃鼃貝之小者耳。其説有理。又謂古無『蚳』字，《説文》妄分蚳爲螘子，蚔爲䖝名，則謬矣。《説文》以蚳䖝爲蛓蠆毒蟲之屬，與『鼃黽』之『鼃』字迥異，不得混爲一也。

鐵香來夜談。

邸鈔：詔：以彗星復見，誡諭在廷諸臣及各省督撫。上諭：御史洪良品奏雲南報銷一案，户部需索賄銀，景廉、王文韶均受賂遺鉅萬等語。覽奏殊深詫異，事爲朝廷體制、重臣名節所關，諒洪良品不敢以無據之詞率行入奏，著派惇親王、翁同龢飭傳該御史詳加訊問，務得確實憑據，即行覆奏。編修許振禕授河南河北道。理藩院王會司郎中崇絢授廣東雷瓊遺缺道。

二十五日戊寅　晴熱。上午答詣梁星海庶常，見贈陳蘭浦所著書四種，曰《漢儒通義》，曰《切韵考》附外篇，曰《聲律通考》，曰《漢書地理志水道圖説》附考正德清胡氏《禹貢圖》。此書余於己卯冬見之廠肆，爾時新出，印刷甚佳，今圖已不甚晰矣。詣王可莊修撰，唁其丁外艱。詣濮紫泉，不值。詣嚴鹿谿談。午後歸。敦夫來。書玉邀至玉潤軒觀劇，下午由西河沿蕭山館答客，便道赴之，地窄人夥，劇亦不佳。晚至聚寶堂，偕敦夫、介唐、光甫同餞施敏先，邀傅子蓴、周介甫作陪，夜二更後歸。此等無謂應酬，以後概可删却。爽秋來。付車錢十二千。

二十六日己卯　晴暖。紱丈來，久談，小食。沈子培來。鐵香來。閲《漢儒通義》。汝翼來。夕痔發。王子獻選武康教諭。

邸鈔：詔：以普祥峪定東陵寶城神路諸工竣事敘勞，欽天監左監副陳希齡以五品京堂用，光禄寺卿阿克丹賞二品頂帶。從惇親王等請也。詔：杭州副都統富爾森前在各路軍營迭著戰功，自簡任副都統後，於一切教練操防亦均妥協。兹聞溘逝，軫惜殊深。加恩照軍營立功後積勞病故例從優議恤。以□□□□□恭壽爲杭州副都統。左春坊左贊善陳學棻升右春坊右中允。

二十七日庚辰　酉正二刻寒露，九月節。晴熱。早過鐵香談，即歸。得紱丈書，即復。下午賀許仙坪擢河北道，不值。詣洪右臣，詢其昨日宗人府傳訊事。其人年老耳聾，涕垂一尺，略無識見，唯據傳聞，其疏有云：昔年倭仁、文祥在軍機而百事治，今任景廉、王文韶而百事亂，故彗星屢見。謂倭文端嘗任軍機，真聾瞶之言矣。詣陳伯平談，并晤其同官河南人梁俊。詣殷蕚庭、陳書玉，不值，遂歸。

汝翼來。爽秋來。書玉來。孫漁笙瑛來。晚再過鐵香，晤孺初，小坐歸。付車錢五千。

邸鈔：上諭：惇親王、翁同龢奏遵旨詳詢御史洪良品，據實覆奏一摺，並將該御史所遞説帖呈覽。據洪良品稱，雲南報銷一案，外間喧傳崔尊彝、潘英章交通周瑞清向景廉、王文韶賄託關説，此外更無憑據等語。此案必須崔尊彝、潘英章到案，與周瑞清及户部承辦司員及書吏、號商等當面質對，庶案情虚實不難立見，前經降旨，令雲貴總督、雲南、安徽巡撫飭令崔尊彝、潘英章赴部候質，並由四百里寄諭該督撫等，以期迅速。現在崔尊彝、潘英章尚未到案，著該督撫等迅即派員解送來京，不准稍有遲延。所有在逃之户部書吏，仍著步軍統領衙門、順天府、五城御史上緊嚴拏務獲。仍著麟書、潘祖蔭將此案徹底根究，務期水落石出，以成信讞。上諭：給事中樓譽普奏浙江寧波府釐局委員楊叔懌於慈谿縣淹浦地方創立分局，商民嘩然，幾至激成事端，勒令淹浦牙行每年認捐錢一千串，作爲定則，請旨飭查等語。事關委員添局勒捐，擾累閭閻，亟應查明懲辦。著陳士杰確查裁徹，並將委員楊叔懌嚴行參處。

二十八日辛巳　晨薄晴，上午後多陰，傍晚晴，頗燠熱。閲陳蘭浦《切韵考》。共六卷，據《廣韵》切語以考陸法言《切韵》，取上一字爲雙聲，下一字爲疊韵，分類爲表以明之，又爲論其得失。其外篇三卷，則考宋以後字母等韵之學也。得紱丈書，即復。傅懋元邀午飲龍源樓，不往。書玉約明晚飲萬福居。敦夫來。作復子縝書，致梅卿書，又致族弟穎唐書，俱爲山妻入都事託其資遣也。夜陰。

邸鈔：上諭：徐桐等奏策題錯誤，自行檢舉一摺。徐桐、烏拉喜崇阿、畢道遠、孫家鼐均著交部議處。

二十九日壬午　竟日小雨，傍午稍密，晡後雨止，頓寒。讀《戰國策》，兼考《史記》。兩得紱丈書，即復。付製木箱、木篋各一錢十五千。

三十日癸未　晴，午後微陰。許仙坪來。汝翼來。剃頭。印結局送來是月公費銀十四兩七錢。閱《毛詩後箋》及《毛詩傳箋通解》，考重較及馬扇汗二事，别爲之説。得紱丈書，還漢碑兩事。傍晚過敦夫齋中小坐。夜四更起觀彗星，色紅，長二丈許，本一星，圓鑠如小鏡，至末闊二尺餘，剡而上如巨刃，由東南西指，可畏也。咸豐戊午八月有彗見西北方，亦長數丈而赤，遂亂日甚。今兹形象，尤近妖祥，較之甲戌及去年辛巳所見，怪偉數倍。上蒼示警，仁愛正深，朝政庶幾速銷沴戾耳。

邸鈔：詔：此次考試孝廉方正于心如一名，竟將試卷墨污狼藉，任意撕毁，荒謬已極。于心如著即行斥革。原保之員著該部查取職名，照例議處。

九月甲申朔　晴暖。晨過爽秋，即偕詣汝翼談。上午歸，飯。敦夫來。讀《毛詩》，考鸞和及馬面鍚二事，别爲之説。夜校讀《戰國策》。四更疾動，本欲復起觀星，遂止。族孫阿榮南還，予以錢十千。

邸鈔：上諭：給事中鄧承脩奏樞臣被劾，請旨罷斥一摺。據稱王文韶因雲南報銷一案被參，未解樞柄，承審此案司員難保不聲氣潛通，豫爲消弭等語。本日召見軍機大臣王文韶，力求罷斥，懇請至於再三。王文韶由道員歷任藩臬，擢授湖南巡撫，著有政聲，是以特召爲軍機大臣，並令在總理各國事務衙門行走。數年以來，辦事並無貽誤。朝廷簡任大臣，一秉至公。該給事中稱爲沈桂芬所援引，即屬臆度之詞。現在時事多艱，王文韶受恩深重，惟當黽勉趨公，力圖報稱，仍著照常入直，不得引嫌固辭。至雲南報銷一案，迭經諭令麟書、潘祖蔭嚴行訊辦，定須究出實情，景廉、王文韶有無情弊，斷難隱飾。著倭崔尊彝、潘英章到案後，添派惇親王、翁同龢會同查辦。上諭：奉宸苑奏承光殿失去陳設等件，開單呈覽，並現獲賊犯一摺。據稱本月二十七日查明承光殿陳設箱内失去册頁等十一件，並於是日夜間有賊犯由承光右門爬墻上城，當即拏獲常二一名等語。禁苑重地，該犯竟敢黄夜潛行上城，實屬目無法紀，著交刑部嚴行審訊，從重究辦。其未獲竊犯，著步軍統領衙門、順天府、五城御史一體嚴拏務獲。

初二日乙酉　晴。得汝翼書，以俞蔭甫新刻《曲園雜纂》《俞樓雜纂》共十六册一百卷借閲，并約明日晚飲。午前過敦夫齋中小坐。施敏先來赴其庶母之喪。閲《曲園雜纂》，每卷爲一種，今日閲其《艮宧易説》《達齋書説》《達齋詩説》。曲園者，俞氏寓居吴門馬醫巷所築之園，艮宧、達齋皆園中室名也。其説經解頤，仍是《平義》本色。介唐來，敦夫來，同詣施氏唁敏先，晤其戚沈叔美學士、朱少蘭郎中。晡時偕詣楊定旉，不值。詣沈子培談，傍晚歸。撰羊敦叔母許太夫人輓聯，云：『來以養日，去以景風，閲歷五朝寡高行；年八十三，生卒皆於五月。如柏之貞，如松之壽，哀榮八坐太夫人。』以重綾一丈六尺書之。又撰王可莊修撰尊甫子恒比部輓聯，云：『長我僅三年，有子有孫，喜見大魁先法護；年五十七，有二子，次子仁東亦舉鄉科，有孫七人。題名同兩世，喜承善教，恨無一面識荆州。』比部之父尚書文勤公，與族父芸圃觀察公，道光己丑同年翰林。以屈絢布書之。

夜倦甚，閲《曲園雜纂》卷四十二《梵珠》，取佛經語爲連珠一百八首；卷四十三《百空曲》，廣尤西堂《駐雲飛十空曲》爲百首；卷四十四《十二月花神議》；卷四十五《銀瓶徵》，以岳忠武小女銀瓶投井事不見《宋史》及《金陀粹編》《忠武行實》，亦岳珂撰。而周密《癸辛雜識》已載之，今杭人乃强以張憲爲之配，因爲之考，以徵其實；卷四十六《吴絳雪年譜》；卷四十七《五行占》；卷四十八《八卦葉子格》；卷四十九《隱書》，爲廋辭百事，先隱後解，以《漢志》有《隱書》十八篇也；卷五十《老圓》，取蔣清容《四紘秋》曲意，演老將、老妓而老僧爲之説法，效《王船山全書》後附《龍舟會》雜劇也。此九種爲游藝之餘，然《梵珠》詞采斐然，《百空曲》亦清雅可誦，即《十二月花神議》事近游戲，而敷佐典雅，終非《檀几叢書》等比也。

邸鈔：上諭：李鴻章、張樹聲奏查明援護朝鮮出力員弁，遵旨擬獎，並陳明吴長慶等功績各摺片。此次朝鮮亂軍生變，張樹聲先後奏派提督吴長慶等率師東渡，並特召李鴻章前赴天津，會同查辦。旬日之間，該國亂黨悉平，局勢大定，辦理甚爲妥速。李鴻章創辦水師，深資得力，交部從優議敘。張樹聲相機調度，督率有方，賞加太子少保銜。提督吴長慶統帶所部，會同提督丁汝昌、道員馬建忠迅赴事機，克期定亂。吴長慶賞給三等輕車都尉；丁汝昌賞穿黄馬褂；馬建忠賞戴花翎，以海關道員用，交軍機處記名。在事各員弁，提督黄仕林等均賞穿黄馬褂；朱先民賞給頭品頂帶，遇有提督、總兵缺出，請旨簡放；道員魏綸先以道員留於河南，遇缺題奏；教習二品銜葛雷森賞加總兵銜；道員周馥、方汝翼等均交部從優議敘；袁保齡留於直隸，歸候補班前先補用；知府薛福成免補知府，以道員留於直隸，歸候補班盡先補用；餘升賞有差。樹聲旋疏辭加銜，而盛推鴻章之功，將士之用命，總理衙門之運籌決策，蓋游辭飾讓也。優旨不許。

上諭：麟書、潘祖蔭奏查明大員接受外官私信，請飭呈繳，並將疏縱案犯之司員議處一摺。雲南報銷一案經麟書等訊，據天順祥商人王敬臣供稱，雲南匯來銀兩聽説是辦報銷，崔尊彝寄過周瑞清信兩封，由伊號送交等語。太常寺卿周瑞清既有接受崔尊彝信函情事，著即解任，聽候傳質，並飭將崔尊彝原信呈案，以憑查辦。又訊，據户部書吏褚世亨供稱，承辦此案尚有雲南司及派辦處書吏經手等語。麟書等咨行户部查傳，均未獲案。户部雲南司及派辦處承辦此案司員於所管書吏並不嚴行看管，以致先後逃匿，實難辭咎，著查取職名，先行交部議處。其在逃之户部雲南司書吏張瀛、盧良駒、派辦處書吏陳瑞軒、沈鴻年仍著步軍統領衙門、順天府、五城御史一體嚴拏務獲，歸案審辦。崔尊彝、潘英章前已有旨諭令雲貴總督、安徽、雲南巡撫迅即派員解送來京，所有沿途經過各省，著各督撫一律嚴催，毋許逗留。

初三日丙戌　微晴多陰，下午有小雨。爽秋來。梁星海來。光甫來。敦夫來。孫鏡江來。作唁羊辛楣書。

閱《曲園雜纂》卷四《達齋春秋論》、卷五《達齋叢説》、卷六《荀子詩説》、卷七《何劭公論語義》。其《春秋論》多取證史事，爲成敗之鑑，具有深意。《叢説》皆説經史，事爲一篇，多出新義。其《大夫强而君殺之義也由三桓始也説》，以上九字作一句讀，『殺』字讀去聲，與余甲子日記中舊説同。《荀子詩説》取《荀子》中引《詩》者釋之。《何劭公論語義》取《公羊解詁》中引《論語》者次列之。皆是備一家之學。惟據《北堂書鈔》引何休曰『君子儒將以明道、小人儒則矜其名』，是不知此本出何平叔《集解》引孔安國説，《書鈔》以其出《集解》，遂作何晏曰，而鈔本又誤作何休曰，俞氏猶沿劉申甫誤説而不知審正也。

晚詣便宜坊赴汝翼之飲，坐有孺初、鐵香、敦夫、爽秋、繆筱珊，談甚暢，夜二更後歸。

邸鈔：上諭：前據桂昂奏裕陵禮部庫内祭器被竊一案，被訊人役牽控大員，並溥廉每事任意等情，當派文煜前往查辦。兹據查明，員外郎英奎專司庫門鎖鑰，於祭器虧短漫無覺察，且於啓閉庫門、收發祭器並不親往，種種怠玩，實屬不成事體，著交部嚴加議處。溥廉被控偏袒禮部員役各節，均查無其事，惟携帶婦女便服入廟，實屬不知檢束，著交宗人府議處。翼長蔚春、隆祥、總管富興於該管官兵曠誤，平時不能稽察，事後又不據實舉出，均著先行交部議處。至溥廉被參，徹去郭什哈差使，擬革牛圈頭目各款，查明尚無不合，著毋庸置議。員外郎懿綿於書吏詐索侵冒毫無覺察，且於應辦承繼之案遲至九年之久，著交部議處。陵寢重地，諸事任意廢弛，實堪痛恨，著該管大臣即照文煜所擬慎防庫儲、嚴察錢糧各條，悉心妥議，認真整頓，儻再疲玩因循，致有貽誤，定將該管大臣等一體嚴懲不貸。

初四日丁亥　晴，晨有風，微寒。寫兩單，一邀孺初諸君今晚飲便宜坊，一邀書玉諸君後明日飲聚寶堂。作書致荇老。閱《曲園雜著》卷二十七《改吴》，改吴虎臣《能改齋漫録》也；卷二十八《説項》，説項安世《項氏家説》也；卷二十九《正毛》，正毛居正《六經正誤》也；卷三十《評袁》，評袁質甫《甕牖閑評》也。考訂多精確。下午詣荇老談，傍晚歸。書玉來。得紱丈書。得濮紫泉書。爽秋來，晚同詣便宜坊，邀孺初、汝翼、紫泉、梁星海飲，二更後歸。荇老以所著《思益堂日札》兩帙送閲。付酒家保賞四千，客車飯七千。

初五日戊子　晴。作書復紱丈。馬蔚林來。鐵香送來菊花十盆。令紙潢匠表糊中廳東房。

閲《曲園雜纂》卷三十一《通李》，通李冶《敬齋古今黈》也；卷三十二《議郎》，議郎瑛《七修類稿》也；卷三十三《訂胡》，訂胡鳴玉《訂訛雜録》也；卷三十四《日知録小箋》。項、毛、袁、李、郎、胡諸家，學問皆不甚深，毛言小學，尤多疏舛，俞氏辟之，綽有餘力。其於《日知録》謂體大物博，未能涉其藩籬，故自謙曰小箋，然所訂正七十餘條，亦多有依據。惟『大原』一條，引《史記·匈奴傳》南逾句注攻太原下晉陽，以證《詩》之『薄伐玁允，至於大原』，當從朱子説爲今太原陽曲縣，則非也。無論周、漢時事不同，宣王時晉穆侯方盛，慎固疆圉，玁允無由出入；且詩人方夸武功之偉，而薄伐僅至晉陽，何足云乎？夫薄伐者征之也，征必至其國，晉陽豈玁允之地乎？若謂玁允入侵，而驅之僅至晉竟，是以寇詒諸侯矣。顧氏以涇陽屬安定地望準之，而知大原即原州平涼縣，其説不可易也。又閲卷三十五《芩子》，分《内性》等十章，學《法言》《太玄》，故爲艱深之詞；卷三十六《小繁露》，皆溯小事俗語之原，亦自典雅。

初六日己丑　晴暖，下午微陰，有風。曉眠中疾動。得紱丈書。洪右臣來。令紙潢匠糊風門，換紙窗。

閲《曲園雜纂》卷三十七《韵雅》，取《廣韵》中不經見之語，以類編纂，略如《爾雅》之例，分《釋天》《釋地》《釋人》《釋物》四篇，極有裨於小學，惜未載音釋，如有人更加以疏證，尤可傳也。又如有人能取《集韵》中語，如《爾雅》篇目，編纂成文，爲之疏證，則更足爲六經資糧，非僅助小學矣。又閲卷三十八《小浮梅閑話》。小浮梅者，其曲園中臨池小檻名，録其與配姚夫人閑話俗傳小説真僞之事。卷三十九《續五九枝譚》，續尤西堂作也，而較有名理。卷四十《閩行日記》，卷四十一《吴中唱和詩》，皆不足觀。

敦夫來。夜詣聚寶堂，書玉、資泉、介唐、敦夫及周、陸兩鄉人皆已至，王受豫、馬介臣後來，酒中霞芬來左觥，二更後歸。是夕仍暖。付表糊匠錢三十千，付聚寶堂客車飯八千，酒保賞四千，霞車四千，車錢五千。

邸鈔：以内閣侍讀學士文興爲太常寺少卿。右中允恩承轉左中允，右贊善裕祥升右中允。上諭：梅啓照、李鶴年奏審明盜犯胡體安臨刑呼冤一案，並續獲夥盜，按例定擬，及案犯程孤堆等請暫爲羈候各摺片，著刑部速議具奏。

初七日庚寅　晴暖。

閲俞蔭甫《俞樓雜纂》，亦每卷爲一種，共五十卷。俞樓者，其詁經精舍弟子爲築樓於孤山之麓，在六一泉之西，名曰俞樓也。其第一卷爲《易窮通變化論》，第二卷爲《周易互體徵》，第三卷爲《八卦方位説》，第四卷爲《卦氣補考》。余素不喜論《易》之變互，反對卦氣，尤不喜言方位。今日閱其卷五《詩名物證古》，取朱子《集傳》中所釋名物，證以舊説之異，不加辯論，而義自見。卷六《禮記鄭讀考》，以段茂堂氏撰《周禮鄭讀考》而不及《禮記》，故補爲之。得此及胡墨莊氏《儀禮古今文疏證》，而鄭君三《禮》改讀之義發明過半矣。以人事未及遍究而止。

作片致介唐，得復。得荇老書，并和余前作門字韵七律詩一首，又近作感事七律一首，即復。下午詣敦夫談。作書致濮紫泉，約重九之游。紫泉它出，得楊定旉復。客中此日不可閑也。作書致光甫，約今夕之飲，以光甫九日須夜直，故以今夕就霞芬先泛菊觴。近日嘯侶甚難，花下金尊解人尤鮮，可共醞藉者惟敦夫、光甫耳，既不樂淫，亦不敗興，且皆桑梓，無畏多言也。得復。敦夫來，邀同光甫、書玉兄弟夜飲聚寶堂。飯後余邀諸君飲霞芬家，招月秋、玉仙，四更後歸。是夜多雲，不見彗。付霞芬酒局四十千，僕賞十千，客車四千，車錢六千。

邸鈔：翰林院侍讀張佩綸升右春坊右庶子。

初八日辛卯　晨薄晴，上午多陰，午後晴，晡後又陰，有風，頗寒。

閲《俞樓雜纂》卷十三《論語鄭義》，取鄭君《詩》箋、《禮》注中有及《論語》者詮次之，以存鄭學；卷十四《續論語駢枝》，續劉瑞臨氏作也。又閲卷三十九《廣楊園近鑑》，廣張氏之書而兼陳善惡，以爲勸懲。卷四十《壺東漫録》，亦隨筆劄記之屬，曰壺東者，猶陸友仁《雜志》題『研北』也。卷四十一《百哀篇》，其己卯悼亡之作，爲七絶一百首，曰百哀者，取元微之『貧賤夫妻百事哀』語也。卷四十三《五五》，取國朝諸家記載新異之事，分義、奇、愚、逸、悲五事，事各五類，各系以序論，其意亦主風世，而奇零挂漏，太覺不倫，其名尤近於戲，然讀之殊足感人。卷四十五《廢醫論》，分《本義》《原醫》《醫巫》《脉虚》《藥虚》《證古》《去疾》七篇，具有名理，其《脉虚》《藥虚》二篇，析理尤精。

陳雲舫來。得紫泉書，約明日之游，即復。夜陰，三更後雨，四更後益密，有聲達旦。明日重陽，遂負蠟屐矣。

邸鈔：以詹事府少詹事寶昌爲詹事。

初九日壬辰　晨雨，上午稍止，午微見日，仍霒陰，晚又雨。得雲門八月三日彝陵書，言七月中在漢上寄一長牘，然至今未到也。得敦夫書。祀曾祖考妣、祖考妣、本生祖考妣、先考妣，醬燒髡一豆，肉肴四器，菜肴五器，菜羹一，時果四盤，重陽花糕兩盤，饅頭一大盤，炒栗兩盤，酒再巡，飯再巡，茗飲一巡。爽秋、楊定旉、沈子培兄弟及德清戚刑部人銑同來，邀游花之寺，辭之，且告以花之須出郭又無高可登，不如游崇效。作書致敦夫。得濮紫泉書。定旉又催夜飲，辭之。

閱《俞樓雜纂》卷七《禮記異文箋》，取鄭注所引異文，爲之疏證，得此更足發明鄭君《禮》學。惜徐氏養原《周禮故書考》尚未得見也。卷八《鄭君駁正三禮考》，其中亦頗糾鄭失，蓋俞氏不深信鄭學也。此卷尚讀之未竟。

夜小雨，至二更止，三更後大風至旦，有聲。

初十日癸巳　晨陰，上午後晴，風，至晚稍止，益寒，落葉紛然。得敦夫書。

閱《曲園雜纂》卷十七《讀韓詩外傳》、卷十八《讀吴越春秋》、卷十九《讀越絶書》、卷二十《讀鶡冠子》、卷二十一《讀鹽鐵論》、卷二十二《讀潛夫論》、卷二十三《讀論衡》，皆篇葉無多，每不過二三十條，而辨誤析疑，多有據證。《外傳》及《潛夫論》，亦兼舉趙懷玉校、汪繼培箋之失。俞氏熟於經、子，精於詁訓，固非諸家所及也。

作復雲門書。鐵香來。夜有月，而寒氣濛濛，有冬意矣。

十一日甲午　晨及上午霒陰，寒甚，傍午微晴，下午晴。作書致許仙坪，約展重陽日爲江亭之餞，得復。

閲《俞樓雜纂》卷九《九族考》、卷十《玉珮考》、卷十一《喪服私論》、卷十二《左傳連珠》。其《九族考》謂當從《尚書》今文家説，合母族、妻族數之，以古文家説上至高祖下至玄孫之説爲不然，而又分别爲父族四、母族三、妻族二，亦足自成一義，然族不當合母、妻言之，余别有論。其《喪服私論》，謂後世婦爲舅姑之服，既加至斬衰三年，則妻父母之服，宜加至小功；外祖父母之服，宜如唐開元制加大功，使輕重略稱。又謂婦爲夫之祖父母，宜加期；爲夫本生父母，亦宜服期。又謂爲舅之妻，亦當如開元制服緦。皆本人情以爲言也。然此等事要當别論之。

剃頭。汝翼來。敦夫來。寫單約孺老、鐵香、張叔平、洪右臣、陳雲舫、爽秋陶然亭公餞許仙坪。夜赴光甫聚寶堂之飲，招霞芬、玉仙。二更後歸，月皎甚。付車錢四千，玉車四千。

邸鈔：上諭：御史李鴻逵奏本月初八、初九兩日有人赴該御史私宅，稱係御茶房太監孫姓名英瑞有話相商，因該御史出門未回，留下名片而去，並不言明何事，請飭查辦等語。太監私行外出，例禁綦嚴，膽敢赴言官私宅求見，亟應嚴切根究，著總管内務府大臣查明，即將該太監解交刑部嚴行訊辦。

廣西巡撫倪文蔚奏特參庸劣各員：廣西前署鎮安府事補用知府尹錫綸請以同知降補；署龍勝通判、候補同知蔡達卿以州同降補；荔浦縣知縣許叔僖、候補知縣江貽規均請以府經歷縣丞選用；全州知州貴燕、隆安縣知縣陳彝、前署天保縣事候補知縣江盛業、候補知縣薛文光、卸署馬平縣事候補知縣馮元潤均請革職；候補通判鄒琳、試用縣丞鄧明樞、上思州訓導李挺芳等均請革職，永不敘用。從之。

十二日乙未　亥初初刻十一分霜降，九月中。晴，晨寒，上午後稍和。買菊花三十七盆。霞芬來，請至文昌館觀其弟子儷秋孌演，作片邀敦夫、介唐，則已出看紅録矣。午後詣文昌聽曲。傍晚步至瑠璃廠，聞紅録已報二百餘名，遂詣興勝寺訪光甫，不值。小坐寺中，顧車歸。月皎如晝。鐵香來。

邸鈔：上諭：御史梁俊奏軍需善後用款，請開單報銷，免造細册一摺。各省軍需用款前經奉旨，同治三年六月以前免其造册報銷，自七月起仍一體造報，原以重庫儲而杜浮冒，惟歷年既久，用款甚繁，軍需正餉暨善後事宜，名目尤多，若必造送細册，與例吻合，往往再三駁查，稽延時日，甚至遷就挪移，串通賄託，百弊叢生，並有應行造報之案，積久未辦，轉不足以昭核實。所有光緒八年八月以前各省辦理軍需善後未經報銷之案，著將收支款目總數分年分起開具簡明清單，奏明存案，免其造册報銷。各該督撫及統兵大臣務當激發天良，確覈開報，不得藉端蒙混。經此次降旨後，如再有各部書吏招摇需索及各省局員冒開費用情弊，該督撫及統兵大臣等不即舉發，別經查出，定當一併從嚴懲處。至嗣後軍需善後應行造銷之款，仍著照例隨時趕緊報銷，不准稍有延閣。梁俊，河南人。其疏專言胥吏需索且以報銷索費爲故事，而以撫臣被劾爲傷國體，真小人之言。上諭：總管内務府大臣奏稱查明御茶房太監並無孫英瑞其人，初八、初九等日亦無告假外出之人。調查各處太監花名總册，均無孫英瑞等語。此次赴該御史私宅投遞名片究係何人，難保無揑造姓名情事，著步軍統領衙門、順天府、五城一體訪拏務獲，送部究辦。

十三日丙申　晴和。是日順天鄉試揭曉。閱題名録，解元天津人黃耀奎，第五、第六、第十皆天津人。第三江西人文廷式，云是近日有文譽者。浙江衹四人，紹府僅山陰朱仁輔一人，見官兵部主事。南官卷二名，一張樹聲子刑部主事張華奎，一雲南按察使新陽人李德莪子兵部主事李傳元。北官卷一爲桑柏儕尚書孫桑窩，庚午優貢也。柏翁，道光壬午舉人，亦足稱佳話。得敦夫書。

閲《俞樓雜纂》卷十五《論語古注擇存》、卷十六《孟子古注擇存》，皆辨何解、趙注之優於朱注處，多折衷平允。卷十七《孟子高氏學》，以高誘《吕氏春秋序》自言嘗正《孟子章句》，因取高氏《吕氏春秋》《淮南子》《戰國策》注中涉《孟子》者略詮次之，以存高氏一家之學。卷十八《孟子纘義》内外篇，取『我善養乎浩然之氣』等三節及『養心莫善於寡欲』一章爲内篇，取『仁者無敵』及『善戰者服上刑』一節、『今天下之地』一節、『王如施仁政於民』一節、『今王發政施仁』一節、『尊賢使能』一章爲外篇，而暢其論説，使文義相貫，意似專爲今之客氣用事及慕效西器者而發，固有託之言也。然持議有本，不墮矯激，亦足爲中流一壺。

得蔡松甫書，約後明日夜飲。下午詣敦夫齋中談。劉仙洲夫人饋燒鷄及通州醬菽乳。夜月尤皎。

十四日丁酉　晨澹晴，上午晴，午後多陰。買菊花佳種六盆。沈子培來，久談。施敏先爲其庶母開吊，送奠分四千。閲《俞樓雜纂》卷十九《四書辨疑》，辨元人陳天祥撰《四書辨疑》十五卷，專辨朱注之誤，俞氏頗稱其善，而舉其説之未合者，復爲之辨，僅十五條。其『湯盤爲盥器』一條，昔人已言之。得爽秋書。夜月仍佳。

邸鈔：刑部右侍郎夏家鎬奏病仍未痊，懇請開缺。許之。以禮部右侍郎許庚身調補刑部右侍郎，以候補侍郎童華爲禮部右侍郎。上諭：河南盜犯胡體安臨刑呼冤一案，前經梅啓照、李鶴年訊明擬結，當諭令刑部速議具奏。旋據刑部奏稱，察閲原奏，疑竇甚多，應俟供招到部，再行定擬。此案迭經御史風聞陳奏，其爲輿論糾紛，概可想見，究竟案情有無冤抑，若不詳慎推求，不足以成信讞。即著李鶴年將全案人證卷宗派員妥速解京，交刑部悉心研鞫，務期水落石出，毋稍枉縱。上諭：張之洞奏省會要缺道員開單請簡一摺。山西冀寧道員缺著左隽補授，所遺太原府知府員缺著馬丕瑶補授。上諭：河南開歸陳許道員缺著陳彝補授。

十五日戊戌　晴和，下午微陰，稍寒。得紱丈書，即復。作書復爽秋。

閲《曲園雜纂》卷八《士昏禮對席圖》、卷九《樂記異文考》、卷十《生霸死霸考》、卷十一《春秋歲星考》、卷十二《卦氣直日考》、卷十三《七十二候考》、卷十四《左傳古本分年考》。其《士昏禮對席圖》，謂以經注觀之，夫婦對席對饌一一如繪，賈疏亦明白。而自敖繼公後好爲異説，今取張氏惠言《儀禮圖》之夫婦同俎，鄭氏珍《儀禮私箋圖》之特俎縱設，而更移夫之菹醢醬湆於少北，婦之菹醢醬湆於少南，以合經言俎設於豆東，注云：菹醢之東。設黍於醬東之文，而各爲圖説以明之。《樂記異文考》取《史記·樂書》及《漢書·禮樂志》、《荀子·樂論》篇、《家語·辨樂》篇、《説苑·修文》篇，考其文句之異。《生霸死霸考》以霸《説文》云『月始生魄』爲假字，《鄉飲酒義》云『月三日則成魄』，《康誥》釋文引馬融注云『魄，朏也』，謂月三日始生兆朏名魄。而《漢書·律曆志》引劉歆《三統術》以朔日爲既死霸，次日爲旁死霸，望日爲載生霸，次日爲既旁生霸，始以霸爲月之無光處。於是孟康注《漢書》遂云：『月二日以往，月魄死，故言死魄。魄，月質也。』枚氏僞《古文尚書·武成》篇又造『哉生明』之文，以爲月之三日，其説甚辯。《七十二候考》備載《夏小正》、《易緯通卦驗》、《禮記·月令》篇、《周書·時訓》篇、《魏書·律曆志》、《舊唐書·曆志》所載李淳風《麟德曆》《開元太衍曆》新舊二法，附王冰《素問注》，而終之以國朝《時憲書》。以七十二候入曆始於北魏，其候用《易軌》，與《周書》不合，一行始改從《周書》，至今沿用之。而爲注其同異，較近人錢唐羅氏以智《七十二候表》又加詳焉。《左傳古本分年考》謂傳文如『惠公元妃孟子』至『隱公立而奉之』本連下『元年春，王周正月，不書即位，攝也』爲文，『衛莊公娶於齊』至『桓公立，乃老』本連下『四年春，衛州吁弑桓公而立』爲文，自編次者必以某年建首於其前，所有文字皆截附上年之末。如此之類，凡三十二條，皆爲之訂正，以存左氏之舊。

得從弟詩舫及張氏妹八月廿九日書。詩舫寄其長男維炳制藝二首來，此子生時，先本生王父以首得曾孫甚喜，之後經亂失學。余乙丑南歸時，已學賈成而尚欲習故業，近竟能成篇應試，可謂有志者矣。書香不墜，或在斯乎。買菊花佳種五盆。敦夫來。晚詣萬福居，南院新開精舍三間，頗華潔，松甫設飲於此。書玉、敦夫、介唐、光甫俱已至，招霞芬、玉仙。二更後光甫復招飲玉仙家，四更始歸。聞近日西北方又見一彗星，視先出者稍細而短，須五更始見，因屢出，至中庭觀之，裴回達曙。以月皎，兩星俱不見。是夕望，五更後微雲。付車錢六千，霞、玉車四千，菊花四千。

十六日己亥　晨陰，巳後晴煦。有白下人劉焞致書，以所著《詩名拙存集》兩册求閲，不知所繇。閲其詩，則咸豐初曾爲吾浙永嘉、天台、石門諸縣令，以事去官者，蓋江湖聲氣之流也。閲《俞樓雜纂》卷二十《群經賸義》，言初欲作《續群經平義》，以衰老不復能成，因舉所得者刻之。敦夫來。秋田來。秋田爲北闈外收掌官新出闈者。晚赴萬福居，偕敦夫、介唐、書玉、秋田、松甫飲，爲敦夫令郎南闈夢局也。招霞芬，以病不至，秋薐來侍坐。二更後歸，月皎如昨。付車錢四千。

十七日庚子　晴暖如春。病暴下，不食。劉拙庵來，不見。得紱丈書。得光甫書，贈新刻王汾原《説文五翼》兩部，即復謝。王氏所著，書板皆久毁，今光甫與書玉重刻此於都中，較原槧爲精善。得洪右臣書，即復。陳資泉來。作書致汝翼求方，得復。夜服藥，早睡。四更後飢甚，起食粥。

十八日辛丑　竟日霒陰，上午微見日景。内子生日，爲設麵，賞諸僕媪錢。病不愈。作書致鐵香，致爽秋，得復。作書復紱丈。敦夫、介唐、光甫來，夜留吃麵。三更後有風。

十九日壬寅　竟日霒陰，上午有溦雨，即止，傍晚雨，入夜益密。午詣陶然亭，偕孺初、右臣、雲舫、鐵香、叔平、爽秋餞仙坪赴河北任主客，皆早至，暢飲縱談。右臨南窗，野色萬頃，畢攬秋色，荻黄四圍，間露紅刹。酒罷雨作，驅車而歸。濮紫泉來，朱蓉生來，光甫來，梓泉來，俱不值。書玉續娉上虞錢氏女至都，借居寓中，擇日親迎，以今日夜來，舍之中廳西室，姬人輩設宴款之。夜二更雨止，三更後風。付寺坐十二千，庖人賞十二千，車六千。

邸鈔：上諭：前因御史梁俊奏軍需善後用款，請免造册報銷，當經降旨。兹據右庶子張佩綸奏，報銷免造細册，外重内輕，易滋流弊，請派大臣秉公核議，以慎度支一摺，著户部妥議具奏。

二十日癸卯　晴，有風，甚寒。閲《毛詩後箋》。移几案於内，避新人也。敦夫來。資泉來。光甫來。是夕痔發。夜始冰。

邸鈔：上諭：宗人府奏遵議鎮國公溥廉處分一摺，著照所議，溥廉應得降三級調用處分，折罰公爵半俸九年，抵免降調，並開去守護東陵差使。

二十一日甲辰　晴。閲《毛詩後箋》。作書致敦夫，以昨日諸君述陳太夫人意，命新人拜余爲父也。此甚非禮，故陳四不可之説，屬敦夫固辭之。剃頭。陸謹齋饋糟魚、笋干，犒使二千。得敦夫復。閲《俞樓雜纂》卷二十一《讀文子》、卷二十二《讀公孫龍子》、卷二十三《讀山海經》。於《山海經》誤文奥義訂正甚多，亦時舉畢校之失。晚詣敦夫齋中，小坐即歸。

邸鈔：前署兩廣總督、都察院左副都御史晏端書卒於家。詔照巡撫例賜恤。晏端書，字同甫，儀徵人，道光戊戌進士，由編修授知府。咸豐五年任浙江按察使，頗以廉幹稱。未幾遷巡撫，以不職被劾罷。九年爲大理寺卿。十年遷副都。同治初讞獄廣東，劾去兩廣總督勞崇光，遂攝其任，兼署廣東巡撫三年，丁母憂歸，遂不出。給事中鄭溥元等奏山東水灾甚廣，本年夏秋間河水盛漲，濼口上游屈律店等處連開四口，歷城、章丘、濟陽、齊東、臨邑、樂陵、惠民、陽信、商河、濱州、海豐、蒲臺等州縣多陷巨浸，淹斃人口不可勝計，現在水未消落，請飭迅籌疏消振恤。詔：覽奏實深憫惻。前據任道鎔迭次陳奏，歷城等處被水情形甚重，節經撥款撫恤，並截留本年新漕三萬石接辦冬賑，其決口處所亦經估定工需銀七十餘萬兩，現正籌款堵築。即著任道鎔督飭各員，迅將黄水下游馬頰、徒駭、鉤盤等河力籌挑濬，並將應需振款寬爲籌備，毋任一夫失所。翰林院侍講梁仲衡轉補侍讀，司經局洗馬李瑞棻升侍講。詔：通政司副使明桂仍兼御前贊引差使。

昨日孝廉方正引見一百八人，用知縣者十七人，用直隸州州同、州判者十五人，用教職者二十八人，用佐雜等官者三十人，不用者十八人。今年五月間引見五十三人，不用者八人。光緒登極後，至此共試七次，用者已及千人。山陰二人，生員、試用訓導俞楨以知縣用，生員、同知銜試用訓導陳鳳昌以直隸州州判用；會稽二人，生員姜秉初以訓導用，生員章德銘不用。楨亦旋死，小人可知所戒矣。

二十二日乙巳　陰寒，微晴。閲《毛詩後箋》。聞浙江以十一日揭曉，今日見題名録，解元慈谿陳翊清，第三山陰陳庚，第五山陰朱秉成，皆不知何人也。紹郡共中二十四人，山陰七人，撥府學者二人，會稽二人，撥府學者一人，大半乳臭槍替者。聞今年浙闈縱弛非常，試卷有在外寫進者。順天榜，廣東中三十人，惟六人真姓名，餘皆頂冒，至有一人而顧倩六人入闈者，科場之敝極矣。得敦夫書，言山陰九人中，一名胡毓麒者，梅卿之子；一名胡煒者，梅卿弟阿三之子，去年入學。得荇農丈書并近作感事七律六章。午詣敦夫談，即歸。復荇丈書。爲書玉寫新房楹帖。資泉來致其母夫人命，必欲余認新人爲女，不得已而諾之。令兩姬爲添嫁衣。敦夫來。夜作書致濮紫泉。

邸鈔：上諭：麟書、潘祖蔭奏請將雲南現案報銷飭部覆核一摺，著户、工兩部堂官另派廉幹司員將此案報銷查照例章，秉公詳細覆核，據實具奏。本日召見軍機大臣，據景廉、王文韶奏懇回避，均著毋庸會同覆核。

二十三日丙午　晴。具柬請對宇華亭張夫人、户部主事鄭德霖之配。清江李夫人明日爲新人開額。張，故尚書温和公女也。得敦夫書，爲轉借京錢百六十千。書玉爲新人具江獺皮冠連纓頂一具，靴一雙，袍褂江紬裁一副，脯、魚等八事，鉅燭一對，受冠、靴、魚、燭等，反袍褂及脯，犒使十六千。午受新人拜，年二十五矣。其世父蓉塘大令世敘，咸豐庚申進士，任福建龍谿令。同治乙丑粤寇陷城，殉焉。其父某，先以諸生家居，辛酉死寇難，無子，止此一女，隨其母泛海至閩，依世父。而龍谿又陷，復浮海歸。家本貧，又火焚其居，遂大困。以十指左母紡績以活，忠義名門子焉。此豸撫之爲女，肖我家風。龍谿君與余從弟慧叔爲己未鄉榜同年，庚申在都時，嘗見之，亦可謂淵原不絶矣。得從弟詩舫及其兩子自保定所寄書。陳伯平來。資泉來。敦夫來。夜具饌請女。此後皆稱女者，何劭公所謂主女有父母，道得恩録也。令兩姬爲之觴，女呼張姬爲母，呼席姬爲娘。付女儐儀番金六圓，庖人賞十二千，陳氏女使賞八千。對門鄭宅送奩物，犒錢六千。李宅送奩物，犒錢三千。僕媪叩喜十千。

邸鈔：丁寶楨奏四川鄉試第二場，有已被貼出之貢生周冕朦混入場，交成都縣知縣耿士偉看管，突有士子數十人借稱該縣擅辱士子，脅衆數百人打毁號栅，擁入至公堂，大肆喧嚷，毁壞器物，拋擲磚石，當將在前之馮藻鏡等拏獲，餘衆漸散，尚有數十人在堂滋鬧，復經提調查出，馬珍璧等數人迨散發題紙時，該士子等並有搶燒題紙情事，據實奏明懲辦。詔：所有拏獲滋事之馮藻鏡、羅文涵、陳驤瀚及查出之馬珍璧、周兆熊、周贇、艾本元、陳綸全並朦混入場之周冕，著即斥革，嚴行審訊，照例懲辦。丁寶楨約束不嚴，交部照例議處。

二十四日丁未　晴。敦夫來。得紫泉書，送來梅卿所寄銀二十五兩，即復。午設笄醴之筵，治饌請女及張、李二夫人。孺初來。夜又具饌醴女。付庖人賞十八千，唱鼓詞錢十千，張、李兩家女使錢十三千。

邸鈔：以□□□□孫昌凱爲浙江海門鎮總兵。本任貝錦泉丁憂。

二十五日戊申　晴，稍和。介唐來，敦夫來，光甫來，松甫來，周介甫來，莫比部峻來，吴、鮑爲送女，胡、蔡、周、莫來迎女也。上午又具饌禮女，請張、李兩夫人來加冠釵。下午陳氏以采輿儀從來逆，余親送之，并食物四合，至上虞館，花燭成禮而還。便道過桑柏儕尚書，賀其孫得舉，晡後歸。比日料檢嫁事，辨色即興，今晚殊覺憊甚。夜半後大風。付庖人賞十四千，門彩、氍毹等錢二十一千八百，看街兵役賞七千，張、李兩家女使賞四千，車錢四千。

二十六日己酉　晴，大風，寒甚。竟日下帷，讀《毛詩後箋》。書玉送食物八合，受其四，以饋張、李兩夫人，犒使六千。

二十七日庚戌　晴，有風，寒甚，盛冰。戌正三刻四分立冬，十月節。孺初來。鐵香來。爲女三朝送禮堂上四合、房中六合，共食物十事。傍晚詣敦夫小坐。敦夫來夜談。

二十八日辛亥　晴，冰堅。閲《毛詩後箋》。剃頭。施敏先來辭行。秋田來。晚詣汝翼視疾，汝翼近又咯血也。陳書玉太夫人來。書玉來。夜詣書玉飲，敦夫、秋田、介唐、光甫、朱少萊俱已至。余謁見書玉太夫人，女亦出拜。二更後酒畢，至新房小坐歸。作書致肯夫長郎伯鼎，饋肯夫夫人水禮四色。楊梅燒酒一壜，鯗脯一肩，糕餅二匣，鮝魚四尾。

二十九日壬子　晨至午陰，午後晴。兩姬詣書玉家會親，其子女六人俱出拜。劉拙庵來。付陳氏犒賞錢二十千，道喜錢六千，車錢十千八百。送陳氏果餅兩合。

三十日癸丑　晴。許仙坪來辭行。具柬請陳太夫人及女以十月初三日爲反馬之宴。爽秋來。致書玉前夫人所生女繡袖等四事，又三子二女果餌、番金兩圓。

冬十月甲寅朔　霒陰，晡後晴。得紱丈書，借日記，即復。作書致爽秋。印結局送來前月公費銀八兩。

初二日乙卯　晨及上午晴，傍午陰，下午晴。是日稍和，地氣微濕。祖妣倪太恭人忌日，又初六日爲前祖妣余太恭人忌日，今日同饋食，肉肴六豆，菜肴六豆，特鳧一，菜羹一，饅頭一大盤，蓮子湯一巡，時果四盤，酒三巡，飯再巡，晡後畢事，焚楮泉兩挂。得敦夫書，即復。閲《俞樓雜纂》卷二十四《讀楚辭》、卷二十五《讀漢碑》、卷二十六《讀昌黎先生集》。比日頗患咳嗽，今夕尤甚。

邸鈔：以翰林院侍讀學士祥麟爲詹事府少詹事，翰林院侍講惲彦彬轉補侍讀，右春坊右中允陳學棻升侍講。詔：雲南昭通鎮總兵麟志開缺，送部引見。以□□□□何雄輝爲雲南昭通鎮總兵。上諭：御史萬培因奏四川鹽務官運局截留帑本過鉅，請飭部議減，並照案定限清還一摺，著户部議奏。培因言丁寶楨奏稱黔滇官運局帑本還清，將丁、戊、己、庚四綱征收各正款支存銀一百八十九萬四千餘兩，永遠存留局中，作爲運本。伏思四川鹽務改設官運，原期增益課餉，創辦以來徵收既裕，每年贏餘銀兩即應聽候撥用，豈容以國家應入巨款幾同畫餅，啓日久虧挪之漸？難保亦隱有侵虧，故爲此不得已之請，以彌其缺云云。

初三日丙辰　終日霡陰。得許仙坪書，催詩送行，即復。陳氏女來反馬，設宴，命兩姬款之。得陶心雲九月二十書。荇農丈來。夜雨，二更後漸密，有聲達旦。付銅火鑪錢一百一十千，庖人賞十四千。陳氏饋食物六合，收其二，犒其使及媼十六千，回送蓮子、冰糖、柰梨、餅糕四合。

初四日丁巳　雨，至午風雪雜作，逮闇稍止。得荇丈書，饋銀三十兩。昨已面言之，云是左恪靖所贈以分我者，非盜泉也，若不受之，是將絕交。今來書復申言之，則不可以辭矣。復書陳謝，犒使十千。作書致敦夫。讀《史記》。

邸鈔：上諭：涂宗瀛奏大員會榜重逢，懇予嘉獎一摺。休致光禄寺卿、署刑部侍郎雷以諴前因鄉舉重逢，賞還原銜，現屆重遇恩榮，洵屬藝林盛事，加恩賞給頭品頂帶，准其重赴恩榮筵宴，以惠耆年。以吏科給事中和寳爲通政司參議。右春坊右庶子良貴轉補左春坊左庶子，左中允恩承升右庶子，右贊善楊頤轉左贊善，編修劉海鼇升右贊善。詔：開缺甘肅寧夏府知府海容以原品休致。

初五日戊午　晴。閲《毛詩後箋》。得羊辛楣九月十九日吴門書。夜讀《禮記正義》。爲順天副榜梁于渭評閲試卷。作書致荇丈。

初六日己未　晴，比日頗温暖。

負暄坐聽事看菊花，因閲劉拙庵《拙存詩集》。其近體頗有佳者，古體太率爾。惟述浙中辛酉之變諸樂府詩，雖不工而事由目擊。其言王壯愍之偵賊被紿，致驟失江干，被絕糧道；杭州知府麟趾之恃才驕倨，非賄莫通；提督饒廷選之畏賊不戰，往援諸暨，遇賊七騎而遁，遂失蕭山；布政使林福祥之信賊僞降，屢賞金幣亡算：以余所聞，證之皆合。又其述近年臺灣事，言新建延平王朱成功祠，祔祀其孫監國克壓；又建寧靖王朱術桂祠，沈文肅葆楨題聯云『鳳陽一葉盡，魚貫五星明』，下句指王妾袁氏等五人同殉也；又有寧靖王介圭，農人耕土得之，今藏法華寺中，詩注引《臺灣府志》言，王五妾爲袁、洪、張、鄭、李氏，死葬魁斗山，今號五妃墓；王與元妃則合葬竹滬。徐氏鼒《小腆紀年》則云王五妾爲袁氏、王氏、秀姑、梅姐、荷姐。亦頗資考證。

孫鏡江來，以所得濰縣陳氏漢器拓本十事見示，皆精絶，著録家所未有也。有熏鑪一款識數十字，首題『陽宗使者』，下稱『十九年』而無元號；有銅飯幘一款識一行，亦數十字，首題『常樂衛士』，下題『新始建國地皇上戊二年』；又有一器云『主皐』，即皋。上方作『葆調』；一器題『大郭』二字，皆不詳所用。施敏先來辭行，言明晨即發。作送許仙坪詩。作送敏先詩，夜作書致之。

送許仙坪備兵河北

太行東走襟黄河，南陽沃壤經畡多。畫分一道轄晉衛，朱旗天半瞻峨峨。許君諸侯老賓客，中歲金門始通籍。乘槎直到牂柯江，持節復窮玉門驛。苴蘭葱嶺横烽烟，穴冰衝霧搜材賢。歸來萬里悉在眼，詩囊歷歷羅山川。翰林上考登啓事，天子臨朝自除吏。豫中大祲民未蘇，特詔儒臣莅其地。覃懷禹貢稱名疆，鄴城六代割據强。魏曹氏、後趙石氏、魏冉氏、燕慕容氏及東魏、高齊。朝歌支郡亦雄勝，悉待一扇仁風揚。方今朝廷啓俊宅，星變求言主側席。朱雲蕭育生比肩，嶽嶽争抒救時策。君兹奉命腰艾銀，露帷行部雙朱輪。嚴霜甘雨隨所布，要使疲俗沾陽春。河陽旁帶六千石，節度三城古方伯。金堤屹屹繫此身，行見萬靈手加額。黄華林慮天下奇，蘇門百道清泉飛。名山麗矚盡宇下，會當笠屐來相依。

送施郎中啓宗出守興化

年少勤爲吏，刑祥重列卿。外家張竦學，慈母義姑名。施爲宗滌甫師外孫，幼失怙恃，其庶母章慈撫隆至。潔白承先志，循良起政聲。會稽南部地，晝錦擁專城。

初七日庚申　晴和如春。閲《毛詩後箋》。剃頭。袁爽秋來。夜陰有雨。

邸鈔：上諭：前據右庶子張佩綸奏參山西候補道姚寶勳在上海勸辦晉豫振捐，牟利營私，恣睢佻達，並採買木植，浮冒侵蝕各款，當諭令左宗棠、衛榮光查參。兹據奏稱，姚寶勳委辦木植尚無浮侵實迹，惟借差招摇，納妓爲妾，廣置房屋，租賃妓寮，收取租息，實屬卑鄙無耻。姚寶勳著先行革職，其經手振捐各款有無營私舞弊情事，仍著李鴻章、張樹聲、張之洞歸入姚文楠參款内一併詳細查明，據實具奏。

初八日辛酉　晨陰，上午間晴，下午晴，有風。閲《毛詩後箋》。詣敦夫齋中小坐。署中送來秋季奉米票七石八斗。書玉來。敦夫來。夜一更後詣霞芬家，邀書玉、敦夫、光甫、資泉飲。光甫入直，不至。招月秋、杏雲、玉仙，藏鉤擊鼓，分曹賭酒，至四更歸。大風寒甚。付霞芬酒果四十千，下賞十千，車錢五千，客車二千。

初九日壬戌　晴，風，嚴寒，晡後風稍止。得施敏先路河書。得仙坪書。得鄭盦尚書書，屬代擬供奉詩二十章，即復。復仙坪書。再得仙坪書，約今夜二更過談。爲鄭盦擬黄白紅紫黑牡丹絶句十首。得光甫書，約今夕飲。再作書致仙坪，約明晚飲。作書致敦夫。夜詣聚寶堂赴光甫之招，霞芬醉甚，二更後歸。仙坪來。付庖人司馬子錢二百八十千，付賃屋銀十二兩，車五千。

初十日癸亥　晨晴，上午澹晴，下午微陰。慈禧皇太后萬壽節。楊正甫同年來，言其伯父詠春太守於去年八月病卒，年七十，篆法絶矣。得仙坪書，改約明晚飲。作書致仙坪，作片致孺初、鐵香，俱約明夕之飲。爲鄭盦再擬應制牡丹詩十首，即作書致之，得復。殷萼庭來。傍晚詣汝翼，並晤鐵香，夜歸。付段綿鞋錢二十千又十三千。

邸鈔：任道鎔奏特參庸劣各員。詔：山東曹州府知府樊希棠湖北，副榜。勒令休致。候補知縣張廷榮即行革職。

十一日甲子　晴和。得紱丈書，爲劉、李結姻事，即復。閱曾文正《求闕齋讀書録》。蓴庭姬人生日，饋以桃、麪。晚詣便宜坊，仙坪、孺初、鐵香皆來，暢談至夜二更歸。付酒保賞三千四百，客車飯四千六百。

邸鈔：詔：都察院左都御史畢道遠、正藍旗漢軍副都統索布多爾札布均加恩在紫禁城内騎馬。詔：山西委用知府李秉衡補授山西平陽府知府。本任知府林鳳官勒令告病。户部銀庫郎中增貴授四川綏定府知府。本任知府志潤丁母憂。林鳳官，掖縣人，丁酉拔貢。志潤，滿洲人，見任廣平知府長啓之子。

十二日乙丑　晴和如春。酉初三刻五分小雪，十月中。夜月如晝。楊定旉來，以宋高士臨海徐真定先生父子祠墓圖屬題。劉拙庵書來，言連謁三次不見，索還其詩稿，蓋有怨意。然余實不知其屢來也，爲書數語，且題一詩，作片還之。敦夫來。

閱《求闕齋讀書録》。文正於《儀禮》用力甚深，其言《史記·曆書》『疇人子弟』，『疇』與『儔』通，儔者類也。《文選》束晳《補亡詩序》云『晳與同業疇人肄修鄉飲之禮』，則凡同術相聚者，皆得稱爲疇人，非專指明曆者言。此條亦從來未正之隱。

夜詣嬰春堂，與敦夫、光甫、書玉兄弟就杏雲飲，菊花頗盛，張燈賞之，三更後歸。付車錢五千。

邸鈔：上諭：前因雲南報銷一案，迭諭雲南、安徽各督撫將崔尊彝、潘英章迅速解部候質。茲據裕禄奏稱，崔尊彝並未到籍，該員究竟逗留何處，抑係徑回雲南。至潘英章亦未據該督撫奏報起解。著雲貴總督、雲南、安徽巡撫及沿途直隸、山東、河南、湖北、湖南、貴州各督撫迅速查明，該二員無論行抵何處，即行派員解送來京，不准稍涉遲延。

十三日丙寅　晨晴，上午微陰，下午多陰。閲《毛詩後箋》。敦夫邀同光甫、秋田、介唐、松甫、書玉兄弟詣燕喜堂聽曲，午後赴之。爨演甚佳，頗有茶火之觀。傍晚光甫邀飲聚寶堂，爲消寒第一集。招霞芬、玉仙。余連罄數觥，頗醉甚。一更後秋田邀飲霞芬弟子荔秋處。三更後歸，秋田宿余西齋。是夕月色多雲，三更後風作，四鼓益勁寒。付車錢十千。

邸鈔：左宗棠奏患病未痊，籲懇開缺。詔賞假三月，安心調理。

十四日丁卯　晴，大風，下午稍止，嚴寒。始用鑪。閲凌次仲氏《禮經釋例》。此書爲讀《儀禮》者之寶筏，余所得本又經旌德吕文節點注，尤可寶也。惜老矣，未得悉心治之耳。作片致鐵香，託代領中倉秋季奉米。夜風不止，月皎甚。

十五日戊辰　晴，午後微陰，又風。讀《禮經釋例》。鐵香來夜談，至二更後去。是夕望，月色如畫。

夜半不睡，閲廖柴舟《二十七松堂文集》。柴舟名燕，國初曲江布衣。集凡十六卷，其文頗疏雋，欲以幽冷取勝，自負甚高。前題寧都魏和公閲，文後多系評語，蓋山野聲氣之士，而議論偏譎，讀書無本，不脱明季江湖之習。其爲《金聖歎傳》，極口推服，稱爲先生，言聖歎本名采，字若采，鼎革後更名人瑞，字聖歎。則宗尚可知矣。中有《上吴制府乞移李研齋柩歸金陵書》，言李官至兵部尚書，國變後隱居金陵，復避亂至韶州仁化縣，卒於萬山中。據全謝山氏《鮚埼亭外集·達州李侍郎長祥事狀》言卒於毗陵。然柴舟親與其子交。吴制府即吾鄉留村尚書，時以粵督行部至端州。李公子言吴公與其父有文章交誼，因謀還柩金陵，柴舟爲之上書，自當得其實也。又有《南陽伯李公傳》，言元胤字源白，淅川縣人，世居縣西鵓鴿谷。本姓孫氏，少孤遭亂。崇禎中李成棟駐防淅川，往依之。及從成棟入粤反正，因以爲子。後至欽州，爲靖南王所執，百計誘降，不少屈。一日諸將校射，笑謂曰：『汝曹何不以我爲的叢射之，令汝曹快心，我亦得見汝曹高下？』聞瓊州瓦解，痛哭三日夜不絶，與弟源赤同日遇害。臨刑，語持刃者令面西，曰：『我君在西也。』二妾亦相率赴海死。所敘較諸稗史爲詳。源赤蓋李建捷之字，建捷真定人，亦成棟養子，後封安肅伯者。又有《祭澹歸和尚文》，首題庚申十一月二十八日。澹歸即金道隱。釋名性因，澹歸其字。是道隱卒於康熙十九年冬也。皆足以資考證。其兩上吴制府書及謝吴侍郎書，皆指留村尚書，以獻所爲文極被嘉獎。又附刻吴公與韶州守令兩書，譽之甚至。尚書以戎幕起家，而禮下文士，謙若不及，其風流可想。是集爲日本監察妻木氏所刻，前有江門鹽谷世弘序，末題文久二年壬戌。妻木、鹽谷皆姓也。世弘下有『字毅侯』一印，知東國名字相配，擬於中華矣。此爲去年何學士如璋使彼得之，歸以贈鐵香，鐵香以粤中久無板，謀更刻之，屬余爲之序，故志其略於此。

荀學齋日記丁集下

光緒八年十月十六日至光緒九年三月二十日(1882年11月26日—1883年4月26日)

光緒八年壬午十月十六日己巳　晴和如春。江西同年郭子鈞庶常名賡平來。同鄉袁慶麟來。得子縝是月五日武昌書,言今年於越中舊肆得唐慧琳《大藏音義》一百卷,内包四部,所引古籍甚備,孫淵如、馬行吾諸公輯《倉頡篇》、任幼植輯《字林》皆未及見。子縝於其中又輯得許君《淮南注》五十餘條,又《韓詩》五六十條,皆在臧拜經輯本之外,洵可寶也。前年楊惺吾自日本寄書,言彼國有此書,其序謂周顯德時中土已佚,得之契丹。今子縝所得,不知何時刻本。阮文達《四庫未收書》玄應《一切經提要》謂宋《高僧傳》云:唐釋慧琳撰《大藏音義》一百卷,今久不傳。是異書之出,固有時矣。夜月甚佳。

十七日庚午　澹晴微陰,有風,仍不寒。曾祖考忌日,上午供饋,特凫一,肉肴六豆,菜肴兩豆,果羹一,膾羹火鍋一,時果四盤,柿一大盤,饅頭一大盤,蓮子湯一巡,酒四巡,飯再巡,茗飲再巡,晡後畢事。作片致敦夫,作書致光甫,俱約晚餕。得楊正甫同年書,贈常熟《三陶文集》一部,徽墨八挺,玉山白芽茶兩瓶,梨二十枚,作書復謝,犒使三千。

光甫來,以近刻邵無恙《夢餘詩鈔》見詒。無恙名颿,吾邑龍尾山人,乾隆舉人,知江蘇桃源、阜寧等縣,以事落職歸。邵氏世以詩名,余家舊有無恙《名媛雜詠》,自皇娥至明秦良玉,詩皆七絶,各有小序，寫刻精工，詩亦甚佳，經亂失之。其集向未刻，有手鈔八卷在其門人常山梁鉞所。梁以嘉慶戊午舉人，官諸暨縣丞。至咸豐癸丑，梁年已八十，以集付天津張鶴賓。至光緒丁丑，天津沈兆淇始刻爲兩卷，共五百五十餘首。以乾隆間越人更五朝而刻於燕沽，文字之傳固有數也。其詩秀朗，多情至語，亦鄉邦風雅所系，故備述之。

敦夫來，偕留小飲。以今日放翁生日，故與鄉人酬酹一卮，存故事也。夜談至二更後散。付供饋錢三十千。付庚午、庚辰長班皮衣賞各二千。庚午同年于民新禮部、壽鎔知縣丁艱，幛分錢各一千。庚辰同年王效禮部母喪、志鋭庶常伯母喪，幛分錢各一千二百。

邸鈔：上諭：刑部奏請飭將要案人證迅速送部等語。河南盜犯胡體安臨刑呼冤一案，前經諭令李鶴年將人證卷宗解交刑部研鞫，現在尚未解到，著該撫懍遵前旨，派員妥速解部，毋稍遲延。左春坊左贊善楊頤升左中允。

十八日辛未　晴，午前後微陰，大風，下午稍止。

閲《三陶文集》。三陶者，常熟陶元淳字子師，康熙戊辰進士，官廣東昌化縣知縣。及其子貞一字改之、本字駿文，晚號退庵，康熙壬辰進士，官翰林院編修。正靖字穉東號晚聞，雍正庚戌進士，官太常寺卿。也。凡《子師先生文集》四卷，《南崖集》四卷。《南崖集》者，其令昌化日官私文書也。《退庵先生集》二卷，上卷雜文，下卷《虞邑先民傳略》及《自敘》。《晚聞先生集》十卷，又《補録》一卷。三陶皆粹然君子，學有本原，其文真實和平，而詞藻斐然，抑揚往復，俱於廬陵爲近。《南崖集》所言民情利弊，洞悉豪髮，殷殷請命，切於家事，循吏用心，令人觀感。《退庵集》中有《讀易偶識》四十三則，《讀漢書雜説》四十則，皆平情析理之言。《明史紀傳論》十三首，乃其修《明史》時稿本，亦醇實可玩。

嚴六谿來，言將往大梁依陳六舟。

十九日壬申　晴，午有風。沈子培來。魯芝友來。

閱《陶晚聞先生集》。晚聞晚年得第，深悉世變，故其文剴切，多裨實用。第一卷《經史説》摺子九篇，乾隆初輪奏所進者，皆推經義以言時事，反覆詳盡，侃侃有古大臣風。第三卷《周官辨僞》，駁舉桐城方氏《載師》《廛人》文劉歆竄入之説，條而駁之，極爲明晰。《詩説》二十五條，雖不甚信序傳，亦多任臆之談，而涵泳經文，出之娓娓，多切於國政世變。全謝山氏比之范逸齋、嚴華谷，不虚也。《春秋説》七十八條，體段亦如《詩説》，而所得較多。《論班史》八條，頗不滿孟堅，不如其兄退庵所得之深，而文甚條暢。《議官制》三事，極言郡守之權當重，道員之官可省，佐貳當各舉其職，經歷、照磨等當以代幕賓，使自相辟召，而以名聞銓部，視守令之殿最而黜陟之，皆鑿鑿可行。第四卷《明史·張居正傳》及衛青、張璁等傳贊，皆史館擬稿。第五卷靖海侯施襄壯公等傳九篇，亦國史擬稿，其體例與今稍異。太常年十五從其父之昌化任，以縣有浮糧銀六百兩，屢請上官，不能革。及太常爲御史，具疏言之，竟得請。以九卿歸田，至課讀自給，孝思清節，奚愧古人？觀其自序，可謂有始有卒者矣。此集爲正甫從兄貴池縣知縣同福所刻，去年冬始刊成，惜於《子師》《晚聞》兩集有所删削，不能無恨耳。《子師》汰十之四，尤可惜。

剃頭。

邸鈔：上諭：給事中張觀準奏兩淮鹽務疲敝，請飭釐定條款，御史李映奏淮北增引宜加詳審，及皖岸增引量予轉旋各摺片，著户部議奏。觀準所請六事，曰裁選商總，曰酌核帶銷，曰體恤竈下，曰慎重出納，曰整飭紀綱，曰删減繁文。映言淮北向以百引爲一號，每號票價銀四百餘兩。今商人厚德昌等請增復淮北十六萬三千十八引，現繳銀三十二萬六千三十六兩，今每票僅合銀二百兩，較舊商票價竟不及半。且向日奏銷期限八閱月，兩年計運三綱，今展奏銷爲一年，則兩年僅運兩綱。是名爲增引，實未增課也。請按舊價每號四百兩就現繳銀數計之，僅可增八萬引。又言皖岸增復四萬二千八百五十引，伊厚堃等八商現繳銀三十五萬七千一百六十兩。聞皖岸歲引七萬二千，歷年銷未及額；今復驟增四萬餘引，必至新舊俱疲。請按左宗棠原定每引銀三十兩之數准新加一萬二千引云云。張、李皆山西人，聞鹽商出納多主之晉商，故關通臺諫，以操奇贏耳。　散秩大臣、世襲公阿那洪阿奏病難速痊，請開差使及世職公爵。許之。

二十日癸酉　晴。鐵香來。陳伯平來。爽秋來。寫單約介唐、敦夫、書玉、光甫、秋田、松甫諸君明日爲消寒第二集。族姪自保定寄來三妹夏中所致燕窩一匣，詩舫弟所致茶葉、骽脯。爲炳姪改課藝兩首，即作書致詩舫，致三妹，夜作片託敦夫交酒客附去。

廖柴舟集有《陸烈婦傳》，云烈婦會稽人，年十五歸同邑王廷祐。廷祐父之臣爲廣東某縣尉。結褵未及旬，烈婦隨其姑歸會稽。凡十有餘年，之臣爲新會縣尉，烈婦復至粵，而廷祐已久病瘵。烈婦割股肉以進，廷祐旋卒。烈婦屢引刀自裁，家人謹防之。忽一日與侍婢陽争博歡笑，至夜四鼓，伺婢熟寢，手書絶命詞一紙，藏襟帶間，有『及早相從歸地下，免教人喚未亡人』之句，遂自經死，時年二十七。烈婦性聰敏，讀書識章句大義，喜吟詠，嘗楷書《内則》一卷自儆，尤工繪事。方廷祐已就斂，烈婦於靈前含淚模廷祐像，并寫己照與廷祐側面相對坐，極肖。又數屬人寬爲殯宫。及烈婦死，雙棺並厝焉。烈婦母趙惟育烈婦一人，苦節二十餘年，與其姑及祖姑三世以節聞。此事吾鄉郡縣志皆不載，所當亟采以光越紐者也。

夜閲陶退庵《虞邑先民傳略》。書玉饋饅頭、熸雀，犒使四千。

二十一日甲戌　晴。閲凌曉樓《禮論》，考辨精晰，卓然鄭學干城，惟《大夫士無主》一篇，必申許、鄭而駁徐邈、元懌之説，則非也。下午出門答拜郭子鈞、楊正甫、楊國璋、陳伯平，晤子鈞。晡後詣周荇丈談。晚詣聚寶堂，介唐諸君已至，招霞芬、玉仙、杏雲、月秋，酒旨人歡，不覺醉甚。夜一更後介唐更邀飲霞芬家，更招諸郎，送鉤賭勝，至四鼓歸。付車錢十千，酒保賞五千，客車八千，霞車二千。

邸鈔：上諭：馮譽驥奏陝西延榆綏道佛爾恭額識見庸闇，遇事疑惑，難勝邊陲要缺，著開缺送部引見。

二十二日乙亥　晴，上午薄陰，大風，午後稍止，晡更晴和。作書致荇翁。作書致濮紫泉，作片致光甫，俱得復。爲鐵香撰《二十七松堂文集序》。夜爲慈谿董慎夫舍人圻撰其父伴雲通奉家傳。

邸鈔：上諭：前據詹事府少詹事周德潤奏參江西巡撫李文敏昏庸溺職，信用私人劣幕等款，當諭令左宗棠確查。兹據該督詳查具奏，所參各節或查無確據，或事屬有因。李文敏精力就衰，受人蒙惑，著以原品休致。署江西鹽法道、候補道喬廷槐嗜利鑽營，行同市儈；布政使經歷楊震清諂附逢迎，有玷仕籍：著一併革職。撫署幕友高隆謙著勒令回籍，不准逗留。知縣孟慶雲、高隆謙官聲中平，尚無實在劣迹，均著停委察看。李文敏，字捷鋒，陝西西鄉人，壬子進士，由禮部主事至今官。周德潤劾其信用私人、倚任劣幕、才具太短、行止不端四事。左宗棠覆稱所參均屬有因，而劣款以買妾一事爲最甚。查該撫先後買妾二人，一陶姓女，入署後以身家不清退回，勒追原價，首縣賠繳銀三百兩寢事；七年三月間楊震清引買新建熊姓女，以涉訟出銀息事，楊震清遂得署貴溪縣。候補道喬廷槐，山西人，由捐納佐貳洊保道員，丁憂起復捐指原省，與該撫山陝同鄉，不數年間，兩署鹽道。因采辦木植，在贛搭本，從中販利。謂該撫亦有股分，則無確據。其夤緣得利，撫臣亦無以自解，且年近七十，素患痰氣，被人蒙蔽云云。上諭：王文韶奏請開缺養親一摺。王文韶之母雖年逾八旬，精神尚健，且迎養在京，該侍郎可就近侍奉。王文韶著毋庸開缺，假滿後仍遵前旨，照常入直。陝西榆林府知府張岳年升分巡延榆綏道。

二十三日丙子　晨及上午陰，下午晴。作片致鐵香，并還廖柴舟文集。作書致秋田，屬轉交董氏家傳，得復。作書致内子，并寄麗參、梨枣，作書致三妹，并梨枣、馬髮，俱託酒客附去。傍晚詣鐵香談。晚詣汝翼談，夜歸。仙洲夫人饋通州蜜酒漬笋尖及蝦，犒使二千。付署款皮衣賞三千。

二十四日丁丑　晴。

閲凌氏《禮論》，其駁金輔之氏《禮箋》陰厭陽厭之説，不特爲鄭注功臣，亦足深明《禮》意。金氏謂陰厭陽厭，因陰童陽童而名，不得通於成人之祭。凌氏謂陰童陽童，即因陰厭陽厭而名，真破的之論。至成人之祭，尸謖之後必備陰厭陽厭者，孝子求神非一處之道，尤名言也。

下午詣敦夫談，晤介唐，晚歸。

邸鈔：予告刑部尚書桑春榮卒遞遺摺。春榮，字子春，一字柏儕，宛平籍，浙之山陰桑瀆村人，道光十二年進士。上諭：桑春榮老成練達，品學兼優，由翰林、御史洊陟封圻，擢授正卿，在刑部十有餘年，克盡厥職。兹聞溘逝，悼惜殊深。加恩照尚書例賜恤。伊孫附生桑宷賞給主事，分部學習行走；刑部員外郎桑寶賞給郎中。桑春榮旋予謚文恪。上諭：王文韶奏瀝陳下悃一摺。覽其所奏各情，本應俯如所請，惟現在軍機處及總理各國事務衙門辦事需人，王文韶尚稱熟悉，著即遵前旨，於假滿後照常入直，毋得再行瀆請。先是十五日，右庶子張佩綸奏請勒令王文韶回籍養親，備列文韶中外歷官貪鄙不職，並言其子慶鈞與僕從交遊，輕佻狂妄，横行都下。文韶之母年逾八十，目見不肖子孫在官無狀，當必愀然不樂，文韶亦何以自安？請援乾隆中命尚書梁詩正回家侍父故事，飭文韶奉母歸里，以保全之。且言文韶之退有三善：雲南報銷之案牽涉文韶，今居政府，則承審者皆有所顧望，去之，則巨案必破，斯國法伸矣。軍機政柄治忽所關，因有一文韶之貪婪，而雲南納賄遂牽及景廉，天下將視政府爲穢地，去之，則具瞻允副斯朝廷尊矣。皇太后聖躬未臻康復，比以樞臣屢被人言，故連日視朝，憂勞庶政，文韶自問亦復何顔？去之，則政本漸清，斯聖躬豫矣。詞甚激切，然後兩事，一爲景尚書解釋，近於迎合，一勸東朝倦勤，近於揣摩，實非所當言也。其疏不發鈔，余從友人傳説得之，其措詞未必能如此親切耳。後數日文韶請假十日未滿，遽乞養親，今再奉温諭矣。

翰林院編修朱文鏡授陝西榆林府知府。

二十五日戊寅　晴。讀《禮經釋例》。梁星海來。濮紫泉送還梅卿六月間所寄十金。作片致光甫，還票蚨三十千。又致敦夫，還十八千。比日窘甚，負債如牛毛矣。陳氏女昏期彌月，饋以禮合六事。鐵香來，夜同赴梁星海之招，圍鑪小飲。星海年少有才，飛騰得意，字謂余輩，令再讀書十年當不至此也。見南海方氏新刻北宋穆參軍、柳河東、尹河南三先生集，頗工整可喜。三鼓歸。蔡松甫約廿九日消寒第三集。

二十六日（丁丑）〔己卯〕　晴。

得爽秋書，以新刻《高陶堂遺集》屬閲。陶堂名心夔，字伯足，號碧湄，湖口人，咸豐庚申進士。朝考以詩出韵置四等歸班，先以己未會試中式，覆試詩亦出韵置四等，停殿試一科，其出韵皆在十三元。湖南人王闓運謿以詩云：『平生雙四等，該死十三元。』京師以爲口實。久館故尚書肅順家，肅待之厚。庚申殿試，肅方箎權張甚，必欲爲得狀元。詢之曰：『子書素捷，何時可完？』高曰：『申酉間可。』至日，肅屬監試王大臣於五點鐘悉收卷，以工書者必遲，未訖則違例，而高可必置第一矣。然高卷竟未完，於是不滿卷者至百餘人，概置三甲，而仁和鍾雨人學士素不能書，自分必三甲者，竟擢狀元，説者以爲有天道焉。然高實名士，文學爲江右之冠，己未、庚申兩榜中人罕能及之者。後爲令於江蘇，兩署吴縣知縣，無政聲。其後任也在庚辰冬，嘗斷一富人買妾事，誤信市魁誣爲它姓逃妾，致妾及其母皆縊死，富人傷之，亦自縊。巡撫吴元炳將嚴劾，會以憂去，高遂病失心，一年卒。吴中刻其遺集爲《陶堂志微録》古今體詩五卷、《陶堂遺文》一卷，附《恤誦》七十四章、《漢碑執》一卷。詩文皆模儗漢魏六朝，取境頗高，而炫奇襮采，罕所真得。自謂最喜淵明詩，故號陶堂，然其詩絶不相似。大氐詩文皆取法於近人劉申甫、魏默深、龔定庵諸家，而學問才力皆遠遜，然思苦詞艱，務絶恒蹊，文采亦足相濟，固近日之卓然者矣。《恤誦》者，述其家世之作。《漢碑執》者，取孔宙、韓敕、史晨三碑字，集爲七言楹帖五百聯，取《太玄》『謹於嬰執』語，名曰『三漢碑執』，以『執』爲古『仇』字也。繼又取孔、韓二碑陰字，集五言百聯，名爲《執偻》，雖近游戲，亦典雅可觀。

孺初來，爽秋來，久談，留共午飯後去。閲《禮經釋例》。付銅了鳥錢三千，明年新曆錢一千三百。

邸鈔：翰林院侍講學士錢桂森轉侍讀學士，以左春坊左庶子温紹棠爲侍講學士。

二十七日庚辰　午正三刻二分大雪，十一月節。晴，大風，晡微陰。鐵香來。

閲《高陶堂遺文》。其文亦多模近儒張皋文氏，而學力更遠不逮，佳者可仿佛皇甫持正、孫可之，下者遂墮小説。文僅二十一首。如《灌園記》《代理江蘇嘉定縣知縣劉君墓志銘》，其佳者也；次則《貞烈蕭宜人祝文》《許氏玉芝園記》《丁徵君書庫抱殘圖記》，詞意已不免稍雜；《石鍾山銘》，銘辭工而序之文亦稍雜：然此六首，固可傳矣。《灌園記》爲山陰傅懷祖作，又有《灌園先生集序》，皆極推重之。余嘗見劉彦清履芬《紅梅閣駢文》一稿，首刻傅所與一書，論駢文甚有名理。《陶堂志微録》亦有傳序，奧特可喜。又嘗於人扇頭見其古詩數首，亦不落庸俗。聞其人以布衣老於幕府，吾鄉之畸士也。代理嘉定知縣劉君，即彦清，江山人，由户部主事改江蘇同知，升知府，己卯秋代理嘉定縣，一夕忽以翦自斷其咽死，遠近駭之。其駢文學洪北江，亦時之能手。《玉芝園》爲許仙坪作，《書庫圖》爲杭人丁丙作。

對門鄭氏子周晬，饋以桃、糕。印結局送來是月公費銀十九兩五錢。陶心雲自越來，留之夜飯，並邀敦夫小飲，談至一更後歸。是夕嚴寒，始圍鑪。夜讀《禮經釋例》。風不止，四更後益横。付更夫皮衣錢十千。

二十八日辛巳　晴，風，嚴寒。作書致爽秋，還《高陶堂集》，論其得失處，得復。作書與從子維煊、維炘保定旅館。更維煊名曰孝玟，字叔翰；維炘名曰孝瑩，字季朗。諸子少貧失學，今遠客保定，就習刑名，窮冬沍寒，深爲可念，故爲制名字，勖其勉力，且招其近臘入都，來寓度年。閲《禮經釋例》。此書條綜貫穿，已無遺誼，惜其未及申釋制禮之由，俾人知等威節文，俱有精意。如能融會注疏以下諸説，反復推明，覺繁重之儀，實本簡易，尤有益於來學。余老且病，不能爲矣。

二十九日壬午小盡　晨微晴，上午多陰，下午陰，傍晚雪。近以授張甥《毛詩》，時自温理注疏，大半遺忘，可歎也。得敦夫書，爲松甫堅今餔先飲嬰春之約。得紱丈書，借日記，即復。傍晚赴嬰春杏雲之飲，招霞芬、玉仙，藏鉤數周。夜復飲聚寶堂，再招霞芬、玉仙，肴饌頗佳，分曹賭飲，雪花如掌，蔟坐彌温。二更後酒闌，先驅車歸。雪大作，至四更後止，積一寸許，五更晴。付車錢八千，霞車二千，玉車四千。剃頭。

邸鈔：上諭：衛榮光奏稱，崔尊彝家丁呈稱該員在江蘇丹徒縣途次病故，遲至一月呈報，情有可疑等語，著安徽、江蘇各巡撫確切查明是否實已病故，即行具奏。至潘英章一員，前據岑毓英等奏稱尚未回滇，該員籍隸湖南，著湖南巡撫及沿途各督撫仍遵前旨，查明該員現在何處，迅即派員解送來京，毋稍遲延。　右贊善劉海鼇授雲南督糧道。

十一月癸未朔　晴，風，嚴寒。讀《毛詩注疏》及陳、馬、胡、陳四家。寫單約楊正甫、心雲、敦夫、光甫、沈子培、孫鏡江、介唐、秋田初四日夜飲。夜閲《説文》玉部。

初二日甲申　晴。得紱丈書，還日記。心雲來，饋銀四兩。

閲《毛詩注疏》及諸家。『春日遲遲，采蘩祁祁。女心傷悲，殆及公子同歸。』《箋》以公子爲豳公之女公子，謂春女感陽氣而悲物化，有與公子同嫁之志，是也。古人爲政，先以男女及時爲急，故《桃夭》以宜家爲美，《摽梅》以迨吉相期。《周南》之風，尚承豳公之澤。其後《周禮》有『中春會男女』之文。周之先公先王，禮教所由興也。春日采桑之女，感遲日之來，知嫁期之至，故『女心傷悲』者，所謂女子有懷，遠父母兄弟也。『殆及公子同歸』者，見其時君民一體，國無失時，所謂好色與民同之，内無怨女，外無曠夫也。《毛傳》謂『豳公子躬率其民同時出，同時歸』。夫古者男女不同行，國君之子，雖勤於民事，亦何至親率采桑之女同出同歸乎？鄭君易之，自爲致確。朱子謂此女將嫁豳公之子，則非矣。陳氏啓源謂嫁言『于歸』，無言『同歸』者，豈知『帝乙歸妹』，見於《易經》，『伯姬歸宋』，書於魯史，謂嫁曰歸，古今通誼。故連文則曰『于歸』，單文則曰『歸』，何容疑也？至輔廣謂女感春陽而欲與公女同歸，事近於褻。不知男女之情，古所不諱，懷春有女，亦詠《召南》。若謂公子省耕，游女群集，夕陽曠野，逐隊同歸，不更褻乎？

『制彼裳衣，勿士行枚。』《正義》引《定本》云『勿士行枚』無『銜』字。臧氏琳《經義雜記》謂據此知孔本經作『勿士銜枚』，《箋》作『初無銜枚之事』。今《正義》本依《定本》及《釋文》改經『銜』作『行』，《箋》『初無』下增『行陳』二字，當以孔本爲是。《太平御覽》卷三百五十七引《詩》『勿士銜枚』與孔合。慈銘案：臧説極確。《毛傳》『行』字無訓，於『枚』訓微。胡氏承珙謂『微』即『徽』字，徽者止也，銜枚以止言語者，是也。毛以『銜』字人所盡解，不煩爲訓，鄭《箋》即申毛誼，『行陳』二字，明是後人妄加，蓋必『銜枚』二字連文，方能成誼。若經文本作『行枚』，而鄭《箋》以行陳釋『行』字，銜枚釋『枚』字，夫不曰陳，則行者何事？不曰銜，則枚者何物？古人有此文誼乎？阮氏《校勘記》及胡氏、馬氏瑞辰皆以臧説爲非，殊不可解。至『制彼裳衣』，《箋》云『女制彼裳衣而來，謂兵服也』，蓋言在家婦女，方爲征人制裳衣遠寄，而東國已平，無有銜枚之事。所謂兵服者，即征人所服，非必戎服；所謂無事銜枚者，不過謂無事征戰，故《箋》云『言前定也』，謂衣方來而事已定也。馬氏謂『制彼裳衣』是制其歸途所服之衣，亦非。

『蜎蜎者蠋，烝在桑野。』《毛傳》『烝，窴也』；鄭訓烝爲久，云『古者聲窴、填、塵同也』。『有敦瓜苦，烝在栗薪。』《毛傳》『烝，衆也』；鄭《箋》『烝，塵也』。慈銘案：《常棣》『烝也無戎』，毛訓烝爲填，鄭亦訓爲久，復云『古聲填、窴、塵同』。是鄭以『塵』『久』爲『烝』之本字，以『填』『窴』爲聲近誼通字，以『烝』爲假借字，兩云『古聲窴、填、塵同』者，皆所以力申毛誼。蓋『蜎蜎者蠋，烝在桑野』者，蠋是桑中蠃蟲蛩蟺，在野以喻士之露宿車下，故云『敦彼獨宿，亦在車下』，憫士之勞也。『有敦瓜苦，烝在栗薪』者，栗讀如『東門之栗』之『栗』，謂行上栗也。古者以栗表道，苦瓜而繫積栗薪之上，以喻征人之婦，無所繫屬，日夜望夫之至。必云瓜者，《左傳》言瓜期而往，及瓜而代，蓋古以瓜孰爲成歸之期。栗在家巷之前，婦望歸人之處，故云『自我不見，于今三年』，言思婦之苦也。毛訓烝爲衆，凡物塵積者必衆，誼亦相申。胡氏謂語同訓異者非。

『倉庚于飛，熠燿其羽。之子于歸，皇駁其馬，親結其縭，九十其儀。其新孔嘉，其舊如之何。』《箋》謂『倉庚仲春而鳴，嫁取之候，歸士始行之時，新合昏禮，今還，故極序其情以樂之』，『其新來時甚善，至今則久矣，不知其如何也，又極序其情樂而戲之』。此真善言物情，極得詩人之旨。古人三十而娶，周初必無失時未昏者。其從戎役，皆取壯者，膂力方剛，能勝軍旅，必無少弱充數者。故《東山》四章，皆以夫婦相思爲言。首章言『獨宿車下』，結章以夫婦之情樂之，云『其新孔嘉，舊更如何』，所謂婉而多風也。自王肅以倉庚羽翼鮮明，喻嫁者之盛飾，孔、晁遂謂倉庚二語非紀時。見《周禮》媒氏疏引孔、晁申《毛傳》義。蓋始以爲士歸而取妻，而此詩所言時物皆在夏秋，故以『熠燿其羽』，爲喻嫁娶之盛。夫九十之儀，何至取喻於小鳥之有文？古人霜降逆女，冰泮殺止，先王制禮，一定不易，不得以歸士有勞，夏秋爲昏。且方言新娶，何忽慮及久長，豫言其舊？於情爲不合，於詩爲不詞。胡氏力申王、孔之說，而以《箋》誼爲迂，失之甚矣。

『狼跋其胡，載疐其尾。公孫碩膚，赤舄几几。』《箋》謂『周公進則躐其胡，猶始欲攝政，四國流言，辟之而居東都也；退則跆其尾，謂後欲復成王之位而老，成王又留之』，『孫之言孫遁也。周公攝政七年，致太平，復成王之位，孫遁辟此成功之大美，成王以爲太師，履赤舄几几然』。慈銘案：序言『周公攝政，遠則四國流言，近則王不知，周大夫美其不失其聖也』。《箋》皆本此爲說，故通其前後攝政，綜公一生言之。其始攝政，若聞流言而不辟，則無以自明，將如狼之躐胡；其後攝政，若已致太平而不復子明辟，則爲王所疑，將如狼之跆其尾。惟公遜成功而不居，以太師終老，履赤舄而安固，《說文》：『掔，固也。』引《詩》『赤舄掔掔』。其誼甚明晰，無可易者。《毛傳》誤以公孫爲成王，王肅遂云『周公所以進退有難者，以俟王之長大，有大美之德，能服盛服』。《正義》申鄭說，又謂既遜而留爲太師，是退有難也。夫美周公而言及成王之盛服，已爲辭費，且於狼跋疐之誼，何所取興？留爲太師，何爲有難？皆害經旨而違鄭誼。胡氏謂『專指周公初攝，四國流言時事』，『二叔不咸，冲人未悟，周公欲進不能，欲退不得，正跋前疐後之狀』，以《箋》爲非。不知此詩次東征西歸之後，殿《豳風》之末，自據公始末之事，美其不失其聖。所云『近則王不知』者，成王雖因風雷之變，悔悟迎公，然使公久固其權，則始疑未必不復萌。後世假託公事，所謂延登受册，假王涖政者，或宵小讒構，因之以起，是如狼之疐尾，公亦終失其聖矣。惟孫其碩膚而反政，故受太師之位，優游履道。詩人以『赤舃之几几』，反形狼之跋疐，皆以足容行步爲言，是體物之工，屬辭之妙也。馬氏從孫毓説，以傳公孫指成王爲非，而謂周公亦豳公之孫，以碩膚爲膚革充盈，異於狼之跋疐，亦病纖鑿。

鄭君箋《詩》，成於晚年，最爲純粹。略舉五則，以見《箋》之不易讀而鄭學之可貴也。

初三日乙酉　晴，比日嚴寒，凛冽特甚。讀《毛詩注疏》。劉仙洲夫人來，訂敦夫明年仍館其家。付司馬廚人醬燒晃錢二十一千五百。

初四日丙戌　晴，晡陰。外王父仁甫倪公忌日，又初八日外王母孫太君忌日，今日合供饋，果羹一，醬燒晃一，肉肴六，菜肴二，火鍋一，饅頭一大盤，時果四盤，杏酪一巡，酒四巡，飯再巡，茗飲一巡，并饋三舅、四舅，傍晚畢事，焚楮泉兩挂。鏡江、子培、敦夫、介唐、光甫、秋田、心雲先後來，夜圍鑪設飲，招霞芬、玉仙及霞芬弟子荔秋，談燕甚歡，三更始散。借饌餕之餘，爲宴醧之樂，既饗外氏，遂速友朋，召及左觵，則非禮矣。付酒饌錢五十千，客車八千，霞、玉車八千。

初五日丁亥　陰，下午微雪。讀《毛詩注疏》。晡後書玉、資泉兄弟來談，邀同敦夫、介唐至便宜坊夜飲，招霞芬，二更後歸。介唐約初八日消寒第四集。

邸鈔：上諭：前據王文韶兩次奏懇開缺養親，未允所請。本日召見軍機大臣，復據王文韶再三陳請，情詞懇摯，出於至誠。王文韶著准其開缺回籍養親，俾遂孝思。前月二十七日庶子張佩綸又兩疏劾文韶，即日召見簾前，外間傳其所對不稱旨，然不能詳也。文韶自兩奉温諭，二十九日復入直。佩綸疏亦僅摭拾浮詞而頗歸美恭邸及大學士寶鋆等，又薦閻敬銘、張之洞可任樞政，蓋之洞嘗首薦佩綸可大任，故佩綸以報之。小大妄言，輕干國柄，私相援引，不識君親，東朝亦疑之。是月朔召見醇邸，蓋以去留詢之也。今日給事中鄧承修復以灾陳時政闕失四事，曰紀綱不振、威令不行、黜陟不當、賞罰不明，其紀綱一條首及文韶入直事，由是遂罷。　詔：工部尚書翁同龢在軍機大臣上行走。　詔：禮親王世鐸加恩在御前大臣上學習行走。　詔：察哈爾都統謙禧開缺來京，另候簡用。　翰林院侍講汪鳴鑾轉侍讀，左春坊左中允楊頤升侍講。

初六日戊子　大風竟日，凝陰。是日市中決囚二十七人。讀《毛詩注疏》。得紱丈書，以今日伯寅尚書面奉懿旨入直樞府，作詩紀遇，寄稿見示，即復書賀。再致紱丈書，還詩稿。夜一更後風益橫。邸鈔：刑部尚書潘祖蔭在軍機大臣上行走。　詔：禮親王世鐸與伯彥訥謨祜等同在毓慶宮行走。上諭：恭親王奏久病未痊，懇請續假一摺。覽奏殊深廑系。恭親王著安心調理，不必拘定假期，一俟痊癒，即行入直，所管正白旗滿洲都統及各處印鑰，均毋庸派署。　上諭：翁同龢奏稱軍機處總攬幾事，才弗勝任，現在入直毓慶宮，若兼任要差，實恐貽誤，懇請收回成命。覽奏具見悃忱。翁同龢經朝廷特簡，惟當體念時艱，力圖報稱，著遵旨即行入直，毋許固辭。　以前杭州將軍吉和爲察哈爾都統。以兵部左侍郎許應騤調補户部左侍郎，兼管三庫事務，王文韶缺。　未到任時，以内閣學士張家驤署理。以内閣學士黄體芳爲兵部左侍郎，未到任時，以刑部左侍郎薛允升兼署；張家驤所署之都察院左副都御史，以内閣學士王之翰署理；以工部左侍郎孫家鼐兼署吏部右侍郎。本祁世長缺，王文韶兼署。孫家鼐本兼署禮左，今兼職三矣。　兵左本以許應騤出差，府尹周家楣署理，今易以薛允升。　國子監司業郭勒敏布升内閣侍讀學士。皆蒙古缺。

初七日己丑　晴，傍午有風。孺初來。敦夫來。是日四喜樂部頭梅蕙仙出殯廣慧寺，聞送者甚盛。下午偕兩君出大街，至其門首觀之，則已出矣，遂顧車歸。蕙仙名巧齡，揚州人，以藝名喜親士大夫。余己未初入都時，曾一二遇之友人坐上，未嘗招以花葉，及今二十餘年。解后相見，必致殷勤。霞芬其弟子也。余始招霞芬，蕙仙戒之曰：『此君理學名儒也，汝善事之。』今年夏，余在天寧寺招玉仙，玉仙適與蕙仙等群飲右安門外十里草橋，蕙仙謂之曰：『李公道學先生，汝亦識之，爲幸多矣。』此曹公議，遠勝公卿，然余實有愧焉。自孝貞國恤，班中百餘人失業，皆待蕙仙舉火。前月十七日驟病心痛死。其曹號慟奔走，士夫皆歎惜之。蕙仙喜購漢碑，工八分書，遠在其鄉人董尚書之上。卒時年四十一。蕙仙後更名芳，字雪芬。閲胡氏《毛詩後箋》、馬氏《傳箋通解》。

邸鈔：上諭：麟書、潘祖蔭奏要案牽涉司員，請旨解任質訊一摺。據稱雲南報銷一案天順祥商人王敬臣供，六月間有户部雲南司司官孫姓携潘英章用出銀票到伊鋪照過，是否即户部雲南司主稿主事孫家穆，亟應確切根究。孫家穆著先行解任，傳案質訊。另片奏百川通商人閻正卿供稱，上年九月間周瑞清將天順祥銀票給伊取銀换票等語。太常寺卿周瑞清著暫行革職，歸案審訊。

初八日庚寅　晴，嚴寒，有風。閲《毛詩後箋》。作書致荇翁，爲心雲館事。作書致心雲。晡後詣汝翼談。傍晚詣鐵香談。晚赴聚寳堂消寒之集，介唐爲主人，諸君俱已至，招霞芬、玉仙。夜朔風大作。二更後敦夫邀飲月秋家，復招霞芬、玉仙，藏鉤擊鼓，不知門外寒冰積尺也。四鼓後歸，凛冽特甚。心雲來，不值。付車錢六千，霞車二千，玉車四千。

初九日辛卯　晴，風，冱寒。閲《傳箋通解》。心雲來。荇丈之孫衍齡來言館事。夜風不止，舊疾再動，以届冬至也。

初十日壬辰　晴，大風横甚，寒冽異常。病甚，不能閲書。得心雲書，饋彘脯一肩，醬鴨一只，日鑄芽茶四瓶，西洋脆餅兩匣，青豆一簍，作書復謝，犒使六千。夜風不止。

十一日癸巳　晴，風，寒如昨。病小愈，讀《説文》。得孫鏡江書，約後明日飲廣和居，復書辭之。得紱丈書，借書，即復。袁爽秋來，周衍齡來，均不見。再得紱丈書，還書借書，即復。夜風少止，二鼓復大風達旦。跋吴滔畫《木客山下水村圖》。

邸鈔：上諭：御史陳啓泰奏大員衰庸溺職一摺。内閣學士王之翰著以原品休致。王之翰，字次屏，山東濰縣人，道光甲辰翰林，浮湛三十餘年，始由讀學擢閣學。其人庸軟，目短視，又有嗜好。己卯春有詔署禮部侍郎，召對不稱旨，未履任即罷。然頗長厚，老於文學。丙子典廣東試，粵人謂近數科來，爲清操可稱。其家素貧，恃官以活。今以二品署三品，甫遍投刺諸給事、御史，尚未抵任，被劾去官。人多以陳疏爲太過，且其疏言副憲較侍郎品雖少遜，體制更崇，亦不知出何典故也。以右庶子張佩綸署理都察院左副都御史。詔：山西布政使方大湜來京，另候簡用。以張之洞劾其由州縣起家，習氣太深，遇事巧滑也。以貴州按察使易佩紳爲山西布政使，以貴州貴西兵備道曾紀鳳爲貴州按察使。佩紳，湖南龍陽縣舉人。紀鳳，湖南新化縣附生。上諭：畢道遠、邵亨豫等奏本科武鄉試中額不符，自行檢舉各一摺。此次順天武鄉試漏未取中加廣額二名，畢道遠、邵亨豫、薛允升均交部分別議處。上諭：各直省辦理秋審人犯經刑部由緩决改情實者，上年奉天省多至六起，湖廣、河南兩省均多至五起，本年四川省多至十三起，奉天省多至十起，直隸省多至十一起。該將軍、府尹、督撫並臬司均交部查明，分別議處。

十二日甲午　晴，上午復風，晡後稍止。閱畢氏《續通鑑》。作書致心雲，得復，即書致苻翁。以明日冬至，先饋故寓公。剃頭。夜敬懸三代神坐圖，洗供先杯箸勺器。付菊花錢六千。是夕月皎甚。三更後始睡，四更疾復動。

邸鈔：上諭：右庶子張佩綸奏請收回成命，簡員署理都察院左副都御史一摺。張佩綸著仍遵前旨署理，所請應毋庸議。

十三日乙未　卯正一刻六分冬至，十一月中。晴。祀曾祖考妣、祖考妣、本生祖考妣、先考妣，肉肴七豆，菜肴七豆，火鍋一，肉餛飩四盤，糖餛飩兩盤，饅頭兩大盤，春餅一盤，杏酪一巡，時果四盤，酒三巡，飯再巡，逮闇畢事，焚楮泉。鐵香來夜談。月皎甚。

十四日丙申　晴，寒威少減。晨詣敦夫齋中談。作書致心雲，以心雲明日生辰，約其今夕小飲，且告以周荇丈請明日上館。得紱丈書。心雲來。閱《養新録》。夜飯後敦夫、心雲來，偕詣霞芬家，邀書玉同飲，招玉仙、月秋，藏鉤賭酒，三更後歸。月皎於晝。付霞芬酒局四十千，工賞十千，客車五千，車五千。

十五日丁酉　晴。料檢書畫。閱《養新録》。董金門來。殷萼庭來。翁叔平師來。陳伯平柬約十八日飲。梁星海來夜談。是夕望，月皎如昨。

邸鈔：廣東惠州府知府李用清升貴州貴西道。

十六日戊戌　晴，傍午有風。比日冬暄和煦，今日尤美。沈子培來。光甫來。傍晚詣劉仙洲夫人，話敦夫明年館事，以敦夫欲辭館，仙洲夫人屬余堅留之也。即出與敦夫談，留共夜飲，未飯歸。閱畢氏《續通鑑·宋高宗紀》訖。夜月仍皎。

十七日己亥　晨晴，大風，上午晴陰相間，風小止，下午陰，晡後風復甚。祖妣倪太君生日，供饋肉肴四器，菜肴六器，饅頭一大盤，麵一盤，火鍋一，春餅一盤，紅棗銀杏湯一巡，時果四盤，酒三巡，飯再巡，茗飲再巡，傍晚畢事。作書致光甫，并書履歷一紙、沈子培印結一紙，以去年恭遇孝貞顯皇后祔廟覃恩，再爲先考妣請封典，又請貤封大伯父、大伯母也。以餕餘兩器饋敦夫。夜月尚皎，而風不止。閱《文心雕龍》及《小學紺珠》。比日小極，又搜考一小事不得，故閱書頗雜也。

邸鈔：上諭：麟書、潘祖蔭奏查辦雲南報銷一案各摺片。户部主事孫家穆著先行革職審訊。雲南永昌府知府潘英章迭經催提，延不到案，著即行革職，並著雲南督撫及該員原籍湖南督撫、沿途各督撫一體嚴拏送部，毋稍遲延。户部主事龍繼棟著先行解任，聽候傳質。

十八日庚子　晴，嚴寒。讀《易》。作書致陳伯平，辭飲。餔時詣鐵香談。是日諸又塍編修開吊，送奠分四千。又塍名可炘，錢唐人，甲戌進士，文學庸下，而在杭人中猶爲謹飭之士。以充國史館纂修，冀升總纂，得京察，又恨不獲與試差，遂病内熱而死，年止三十八。此輩若令居鄉作秀才，可延其年。人不知學，而務速化高門懸薄，爲害多矣。

邸鈔：上諭：任道鎔奏堵築桃園決口，克期合龍，請將出力員弁獎厲一摺。本年山東桃園地方黄河決口寬至九十餘丈，經任道鎔前往工次，督率員弁購料集夫，分投搶辦，節節進占，本月十一、十二等日正邊兩壩均已合龍，夾土壩亦填築堅實，一律穩固，所用工需銀兩較原估節省三十餘萬，辦理甚爲迅速，用款亦能核實。任道鎔督率有方，交部從優議敘；布政使崇保、鹽運使林述訓、道員王作孚均交部從優議敘，林述訓並賞加二品銜；知府李嘉樂以道員遇缺題補，並賞加三品銜；按察使潘駿文賞加頭品頂帶；餘升賞有差。所請已革江西候補知府潘駿群開復原官，免繳捐復銀兩，歸部選用，著該部議奏。國子監司業王邦璽升司經局洗馬。

十九日辛丑　晴，嚴寒。上午詣桑柏儕尚書家吊。是日其乙丑、甲戌門生公祭，坐客甚盛，余入唁叔雅於廬次，覺目前擾擾而已。下午入城，詣翁尚書師，不值。詣金忠甫，久談。詣朱蓉生，不值，傍晚歸。王可莊修撰來。得心雲書。夜詣聚寶堂，秋田作消寒第五集，諸君皆已至，惟敦夫以小病不到。招霞芬、玉仙，藏鉤十周，頗盡歡，醉。二更酒畢，秋田復邀同光甫、心雲詣雲龢飲，其東西客坐，喧占無餘，側舍圍鑪，啜茗以待，至三更後終不置酒而歸。付車錢十千，霞、玉車六千。

邸鈔：翰林院侍講學士承翰轉侍讀學士，左春坊左庶子良貴升侍講學士。前山西平陽府知府楊霽授廣東惠州府知府。

二十日壬寅　上午晴，下午陰。昨歸，達旦不瞑，今日困甚。讀《易》。

是日李壬叔開吊，以其喪在東四牌樓十錦花園胡衕，路遠日寒，不及往吊，然心甚歉之。余與壬叔未嘗往還，而曾識面，且蒙以所著新譯《幾何原本》見贈，今缺此一束之奠，它日當悉搜其遺書，爲作傳以報之。壬叔名善蘭，海寧人，附貢生，久游戎幕。曾文正公開算學機器局於江寧，延之爲總校。同治五年冬，京師設同文館，薦之充天文算學總教習。八年五月授中書科中書；十年十二月加内閣侍讀銜；十三年四月升户部主事，加員外郎銜；光緒二年十月升員外郎；五年四月加四品銜；八年五月升郎中。自中書至今官，皆以教授諸學生有成效，敘年勞得之，然皆額外候補，未嘗一真除也。以是年十月二十九日卒。生於嘉慶十五年十二月八日，年七十有三。所著有《則古昔齋算學方圓闡幽》一卷、《弧矢啓祕》二卷、《對數探源》二卷、《垛積比類》四卷、《四元解》二卷、《麟德術解》三卷、《橢圜正術解》二卷、《橢圜新術》一卷、《橢圜拾遺》三卷、《火器真訣》一卷、《尖錐變法解》一卷、《級數回求》一卷、《天算或問》一卷、《新譯幾何原本》十三卷、《續補》二卷、《代微積拾級》一卷、《曲綫説》一卷，皆刊行。妻米氏，子一：繼光。

剃頭。朱蓉生來。晚詣敦夫談。光甫招同心雲、秋田、書玉、梓泉、敦夫飲聚寶堂。書玉饋冬笋、魚鬆。夜赴光甫之飲，招霞芬。一更後秋田復邀詣雲龢飲，招玉仙、霞芬，亦久侍坐席，藏鉤競勝，至三更罷，即驅車歸。是夕無月。

今年七月初，浙撫陳士杰奏二月初會稽嘯吟村土豪雲騎尉董開源、監生董開泰夜率衆强篡紫雲庵少尼寶元及其鄰女吴彩姑，禁其家中數日。寶元之師尼善明、彩姑之父秀文控縣令俞鳳岡，於開源家搜獲寶元、彩姑及彩姑從弟光明，請將開源兄弟斥革嚴訊。嗣聞故鄉來者言，開源父慧素爲惡於村，粤匪踞城時，投賊爲鄉官，後以犯贓被殺。及賊平，開源兄弟妄稱其父督團禦賊殉難，遂邀恤典，得襲世職。開源因篡名紹興協標左營中，益横恣，武斷鄉曲，奸淫酗博，無所不爲。其夜劫尼庵也，寶元自庵之後門逃入吴氏家，開源等遂跡至吴得之，并虜吴女彩姑以去，且怒吴之匿寶元也，並擒光明勒贖。寶元、彩姑既至，兄弟輪奸之。次日秀文奔告村之紳士阮氏，阮本嘯吟巨族也，有□□□□者，馬春暘編修之舅，秀文嘗庸其家，遂率族中職官生監十餘人聯名呈縣，請拏究。俞令適赴東關勘灾，出開源不意，擒獲之。開源兄弟皆首實，俞令以輪奸依律則爲首者斬決，從者絞，兄弟當駢死，爲改强奸，又欲改先强後和，未成讞。而署杭州知府桂斌者，由刑部郎中、軍機章京授湖州知府，以貪酷喜事聞，陳中丞懦而闇，深倚任之，目爲浙中第一能吏。桂聞此獄，請巡撫提訊。既至省，開源兄弟素與訟棍猾吏交，遂教之翻供，謂阮實主使劫奸，又令其十餘歲女負黄布列冤狀，日跽巡撫、按察使、杭府門。桂斌親訊，開源備言阮鉅富至二十萬金，又恃其甥爲翰林，勢横甚，忤之家立破，故主使劫尼僧、劫鄰女，不敢不從。桂斌心艷阮富，遂提阮赴質。阮聞之懼。按察使孫家穀幕客某者，亦越人，阮私許之二千金爲之地，又屬其甥言之巡撫。馬與陳，己酉同年也。巡撫遂語桂斌，却其獄，還郡縣讞實。桂斌陽諾，而阮謂事已得緩，遂不肯與某金。某大怒，言之按察使，屬杭府嚴鞫。桂斌於是酷訊寶元、彩姑，必誣指强劫、强奸者爲阮，刑辱備至，彩姑至一日被藤鞭六百，血肉幾盡。馬謁桂斌，欲白其事，桂盛氣待之，馬不敢言。阮氏家亦破。烏虖，酷吏之害，可勝歎哉。浙會聲明所聚，朝紳布列，而横目虎冠，悍然無忌，致彊暴跳梁，弱肉塗炭，固士大夫之耻也。或言開源賄按察使幕客，納其妹於孫家穀爲妾，故孫與桂斌比力庇之。孫誠小人，此事曖昧，猶不敢質。然越人之爲幕客者，怙惡無耻，習爲固然，而有司多喜用本省人，其害尤烈。言者累累，屢降明詔，而撊然不顧，此亦紀綱不振之一端矣。

邸鈔：上諭：閻敬銘奏參監司大員前任户部司官聲名貪劣，群議沸騰，請旨罷斥，並不准其來京居住一摺。廣東布政使姚覲元、湖北荆宜施道董儁翰、湖北候補道楊鴻典均著革職，即行回籍。上諭：御史賀爾昌奏地震成災，請旨飭查撫恤，並請因災警戒，整頓吏治一摺。本年十月間，直隸深州等處地震，官廨城垣間有損壞，民房坍塌甚多，並有壓斃人口。昨據張樹聲具奏，當經諭令督飭屬員妥籌撫恤，該督務當認真辦理，毋任一夫失所。近來灾異迭見，上蒼示警，深宫循省，兢惕實深，爾中外臣工各宜力戒因循積習，毋得稍有怠玩。

二十一日癸卯　陰，竟日大風。讀《尚書》。夜風徹旦。

邸鈔：上諭：麟書、潘祖蔭奏查辦雲南報銷一案，牽涉言官，請旨解任質訊一摺。御史李郁華著先行解任，聽候傳質。

二十二日甲辰　晴，大風貫晝夜。讀《尚書》。撰桑文恪輓聯，以細氈布書之，云：『揚歷亞三孤正逢華宴重開又見文孫繩祖武；神明阻百𪗉匪特梓鄉失望亦嗟幾俌隕靈光。』

二十三日乙巳　晴。馬蔚林禮部來，言天台陳子香於今年八月病歿南雄副將署任中，年三十六。子香名桂芬，戊辰武狀元，技力冠時，而人甚儒雅，留心吏治，喜親士大夫。與余僅一二見，見必執弟子禮甚恭。至粵後，屢通書問，皆用紅紙細書，如稟狀，余僅一報之。聞其在肇慶參將任，嚴裁陋規，勤力操練。今忽隕謝，深可惜也。本無子，其喪由南雄水程至廣州，夫人於舟中産一子，差幸善人有後。鄭小渟侍御來。得紱丈書，即復。下午再出吊柏儕尚書，以叔雅柬請陪賓，故再往也。仍不見一人而出。詣陳伯平、蔡松甫，均不值。答拜同鄉袁嘉麟，蓋侍郎希祖之孫，本上虞人也，又餘姚同鄉山西知府何葆恩，皆前月來投謁者，始以一刺報之。詣錢辛伯學士，以病不能見。詣譚研孫、魯芝友兩侍御談，晚歸。敦夫來夜談。夜感石炭氣，頗不快，擁衾閱書。

邸鈔：以直隸按察使剛毅爲廣東布政使，以山西按察使松椿調補直隸按察使，以直隸口北道奎斌爲山西按察使。以候補中允於蔭霖爲湖北荆宜施道。上諭：前因雲南報銷一案，降旨將御史李郁華解任傳質。兹據都察院奏，李郁華爲要案牽涉，並風聞平日行止不端，似此劣員，豈可濫厠臺諫？李郁華著即行革職，以示懲警。科道職司糾劾，宜如何束身自愛，嗣後著都察院堂官隨時認真考察，如有不知檢束、聲名惡劣者，即行據實糾參，用副整肅臺綱至意。詔：二十六日親詣大高殿祈雪，時應宫等分命諸王、貝勒拈香。

二十四日丙午　晴和，午後微陰。作片致鐵香，致心雲。作書致袁爽秋，詢李壬叔身後事。復書言壬叔無子，訃中繼光，蓋新以弟子爲嗣者。得紱丈書，借日記，即復。張叔平給諫來。敦夫來，心雲來，留共夜飯，談至二更去。

邸鈔：詔：已故江蘇巡撫黎培敬於貴州省城建立專祠，並加恩予謚。從貴州巡撫林肇元請也。

二十五日丁未　晴，下午微陰，晡後復晴。擬條陳科場積弊疏。傍晚詣鐵香，並晤陳雲舫，談至晚。又詣汝翼，小坐歸。

二十六日戊申　晨陰，加巳後晴，竟日大風。何子峨學士如璋來。鐵香來。張叔平簡約廿九日晚飲。讀《周禮·考工記》。夜風，至三鼓後稍止。

二十七日己酉　晴和。得敦夫書。上午詣敦夫齋中談。孫鏡江來，以舊拓王稚子兖州刺史一闕本屬題。得汝翼書。以雉膾及玉田肉饋書玉。傅子蓴來，言新得工部寶源局監督。陳伯平來。夜子初一刻五分小寒，十二月節。讀《考工記》。作書致梁星海，贈以《説文五翼》及邵無恙《夢餘詩鈔》。

二十八日庚戌　晴，晡風。敦夫約今晚聚寶堂消寒第六集。梁星海來，以北宋三先生文集借閱。下午詣心雲齋頭，遂詣荇老談。傍晚詣汝翼談。夜赴敦夫之招，秋田不至，招霞芬、玉仙，二鼓後歸。自二十五日之夜以嚼青豆傷齒，欲落不落，語言、食飲皆極格礙。余自幼病齒，二十歲後半已墮落，至今僅恃兩輔牙以食，又去其一，從此菜根之香，亦不得知矣。夜星海又來，不值。

閲柳仲塗《河東先生集》。共十四卷，前爲《宋史》列傳及其門人張景序，又國朝盧氏文弨序，末附景所撰《柳公行狀》及國朝何氏焯兩跋、浦陽戴殿海跋。仲塗初名肩愈，字紹先，其自爲《東郊野夫傳》及景行狀皆同，而《宋史》作名肖愈，字紹元。仲塗以子厚爲其祖，必無用元字之理也。文頗嶄岸，有筆力，勝於穆參軍，而好爲大言，則與之同，蓋唐末江湖之氣，猶未能盡洗矣。

夜風稍止。付三次車錢十四千。

邸鈔：上諭：御史邵積誠奏敬陳管見一摺。所陳奬廉吏、懲劣員、禁罰款、減差徭各條，係爲整飭吏治、培養民生起見，朝廷澄敘官方，以廉爲本，各該督撫旌別屬員，首懲貪墨，尤應拔擢廉吏，以資觀感，至夤緣奔競，最爲惡習。此次山東桃園河工合龍案内，任道鎔將已革江西候補知府潘駿群列保，前經降旨，令吏部議奏。兹據該御史參劾，潘駿群保案著即撤銷，任道鎔著交部議處。各省設卡抽釐，原屬不得已之舉，若如該御史所奏，賣放故縱，復以偷漏議罰，朘削苛刻，商民何堪？著各直省督撫嚴禁局員，如有前項情弊，立即嚴參懲辦。各省差徭額外苛斂，百弊叢生，實爲民生之害。近來直隸、山西兩省業經該督撫設法裁減，他省亦應體察情形，核實辦理，不得藉端苛派。以上各節，各該督撫務當實力奉行，毋得虛應故事，視誥誡爲具文也。上諭：御史邵積誠奏請將劣員革職等語。河南候補道啓續前任户部司員，聲名惡劣，著即行革職，以示懲警。詔：内外部院督撫大臣各舉器識閎遠、才守兼優之員。

二十九日辛亥　晴。閲《柳仲塗集》。作片致心雲。作片致敦夫。通西倉送來奉米七石八斗，得九百斤，付車錢十一千。鐵香來。夜赴張叔平消寒之集，坐有鐵香，洪右臣、陳雲舫、光緝甫三侍御，袁爽秋，二更時歸。得紱丈書，以新作題趙群臣上壽石詩屬商。

三十日壬子　微晴多陰。復紱丈書。批改張蓹濤《書目答問》經學類。梁星海來，楊正甫來，俱久談。夜腹中不快。

邸鈔：翰林院修撰梁耀樞升右春坊右中允。

十二月癸丑朔　晴，大風。腹瀉，不食。光甫饋雙雉、魚、麵，作書復謝。閲《柳仲塗集》。其文言理及自譽者，皆甚可厭，又喜多用語助字，或支離詰曲，唐季之惡派也。論事敘人，頗有佳者，又可以證史者三事。

《上主司李學士書》云：開之大王父，諱璨。唐光化中趙公諱光逢。司貢士也，實來應舉，趙將以榜末處之。有移書于趙公毁我先君者，趙公始得一書，乃遷其名而進一等，前後得謗書二十六通，每得一書，必進一名。是歲也，趙下二十七人，故我先君名止于第二。苟是時未止於二十六人之毁也，即必冠乎首矣。我先君後果作相于唐，而有力扶大難之美，陷乎身而君子到于今稱之。案：大王父者，蓋曾祖也。張景爲仲塗行狀，言曾祖佺、祖舜卿，皆不仕；考承翰爲監察御史，世居魏。《宋史》及《東都事略》皆言開大名人，父承翰。考唐代亦無柳璨爲相者，璨又不成字，疑即柳璨也。璨傳言光化中登進士第，昭宗末同平章事，後與蔣玄暉等同爲朱全忠所殺。惟璨爲公綽從弟公器之孫。《舊唐書》公綽傳云京兆華原人，而璨傳云河東人，蓋舉其郡望，皆與魏不相涉。仲塗以子厚爲祖，是亦出河東。而其曾祖自名佺，此書乃稱爲大王父，又屢稱爲我先君，且以負國賊而謂以力扶大難陷身，皆不可解。蓋以同宗之祖行，强相攀附，即其祖子厚亦然，文人虚夸之習也。然此一節，可以存唐代科名故事。

又《宋故開府儀同三司檢校太師贈侍中孟公墓志銘》及《滁州祭孟太師文》，皆爲孟昶子玄喆作；《宋故和州團練使李侯墓志銘》，爲李筠子守節作。孟志言玄喆字遵聖，母趙妃，早殞。蜀昶卒後，尚有楚、齊、越國三夫人。玄喆歷守兖州、貝州、定州，加特進，以功封滕國公，授金吾統軍，知滑州，最後知滁州。以淳化三年九月卒，年五十六，贈侍中。有子十五人：隆証，曹州觀察推官；隆詁，知□豐縣事；隆説，吉州軍事推官；隆詮，秀州軍事推官。四人皆登進士第。隆譓，供奉官；隆諫、隆諤、隆讜、隆諗、隆詢，皆殿直；隆譿、隆譯、隆謐、隆護，皆幼。案：以上衹十四人，蓋脱其一。李志言守節字得臣，曾祖植，贈太尉；祖益，贈太師。守節以開寶四年二月卒，年三十三，無子，有弟曰鈞。皆史所不及詳。

仲塗由第進士至殿中侍御史，雍熙中與侍御史鄭宣等五人並以文臣有武略，改右班，出知州鎮。仲塗改崇儀使，後加如京使，終於知滄州，而行狀系銜曰金紫光禄大夫、檢校司空兼御史大夫、上柱國、河東縣開國伯。蓋宋初武臣州任階勳檢校官，猶沿中唐以後藩鎮之制，超越數等，至軍州必兼御史大夫，則邊鎮多同；元豐未改官制以前猶如是也。其卒在咸平三年三月，年五十有四，《宋史》作四年，誤。又《宋史》言開兄肩吾至御史，肩吾三子湜、灝、沆並進士第。考集中《贈大理評事柳公墓志銘》及《故贊善大夫柳君墓志銘》，則肩吾實仲塗仲父天雄軍都教練使承昫之子，官至太子左贊善大夫、知郢州，未嘗爲御史。有六子，湜、滉、液、潀、濬、潯，湜第進士，官中牟尉，無名灝、沆者，蓋滉等後改名又第進士耳。史文疏舛，大率如此。

初二日甲寅　晴和。小病，不食。沈子培來，譚硯孫來，袁爽秋來，皆不見。同年檀斗生編修來，投贈所取山東闈墨。

閱《尹河南集》，據嘉慶間長洲陳氏刻本也。詩一卷，文二十四卷，《五代春秋》二卷，共爲二十七卷；附録一卷，爲本傳、墓表、志銘、祭文之屬。師魯文筆警特，議論通達，似唐之杜牧之，而平正較勝，色澤差減耳，然宋人如張、晁以下，皆不及也。歐陽文忠稱其簡而有法，知言哉。

作書致心雲，得復，知教習驗放，今日得旨，以知縣用。

邸鈔：上諭：給事中鄧承脩奏臺臣卑鄙不職，據實糾參一摺。據稱都察院左副都御史崇勳素無行檢，凡遇城坊諸事，請託公行，尤喜與市儈往來。著派廣壽、閻敬銘將所參各節確切查明，據實具奏。上諭：給事中鄧承修奏巡視東城御史載彩聲名惡劣，畀以城差，必致貽誤地方，請飭查參等語，著都察院堂官確切查明，據實具奏。

初三日乙卯　晴和。得子縝十月二十日江夏書，并寄銀二十兩。剃頭。敦夫來。閱《尹河南集》。

初四日丙辰　晨陰，上午後晴陰相間，晡後復陰。閱《東都事略》及畢氏《通鑑·宋太祖紀》。書玉來，并約初六日消寒第七集。得心雲書、汝翼書，俱問疾。

邸鈔：前任吉林將軍富明阿卒。詔：富明阿于道光、咸豐年間效力戎行，轉戰河南、江蘇、安徽等省，迭著戰功，歷任將軍、都統，克勤厥職。茲聞溘逝，軫惜殊深。加恩照將軍例賜恤。伊子壽山、永山著俟百日孝滿後，由該旗帶領引見。富明阿後予謚威勤。刑部郎中宗培授浙江嘉興府知府。詔：初六日再親詣大高殿祈雪，時應宫等處仍分命諸王、貝勒拈香。

初五日丁巳　晴，上午風。復汝翼書、心雲書。

閲《尹河南集》。其卷二《考績議》云：國朝考績之制，自五品已下悉自上功狀，有司程殿最覆奏以升退之，所以甄年勞而重禄賞也。按唐貞觀故事，門下置具員，以次補庶官。建中三年，中書上言貞觀故事，常參官外官五品以上，每有除拜，中書、門下皆立簿書，謂之具員，取其年課以爲選授，此國之大經也。今諸刺史四考，郎中、起居、侍御史各兩考，餘官各三考與轉，餘並准故事，宜循其制，申命有司，自五品而下，謹其官簿，取歲月當遷者，籍其治行，於朝而命之。有司失舉與自上功狀者，鈎其罰。據此，是宋制五品以下官皆自陳年勞，以乞遷轉。故東坡未嘗以歲課乞遷，其後至尚書承旨而階止於朝奉郎也。

卷四《王氏題名》云：陜郡開元寺建初院有進士登科題名二記，其一題云天復四年左丞楊涉下進士二十六人，實唐昭宗遷洛改元天祐歲駐蹕於陜所放榜。第十四人王公諱澥之；第十一人劉岳，後官太常卿。開寶二年王公嗣子工部某所追書。此事可采入《唐代科名考》。徐星伯嘗輯此書，其稿本在故大理卿朱修伯學勤家。

又《題祥符縣尉廳壁》云：縣治都門外，所部多貴臣家，前世赤縣治京師，不以城内外爲限制，事廣而勢任亦重。今京城中禁軍大將領兵徼巡，衢市之民不復知有赤縣，此乃因循權制，豈前世法哉？據此，則宋時京縣已治都門外，然開封尹及南宋後知臨安府者，猶治城内事，至明而順天府尹亦不與城内事。國朝因之，故京尹但取具員，無有以政稱者矣。

其卷十五《大理寺丞皮子良字漢公。墓志銘》云：其先襄陽人，曾祖日休，避廣明之難，徙籍會稽。及錢氏王其地，遂依之，官太常博士，贈禮部尚書。祖光業，佐吴越國，爲其丞相。父粲，元帥府判官，歸朝，歷鴻臚少卿。公幼能屬辭，淳化中以家集上獻。初尚書以文章取重於咸通、乾符世，及丞相、鴻臚皆以文雄江東，三世俱有編集，總百餘卷，至是悉以奏御。得召，試對便殿，賜出身，仕至巢縣令，監筠州酒税。子仲容，官太常寺博士。《四庫全書提要》已據此及放翁《老學庵筆記》證《新唐書》言日休降黄巢被害所説全異。趙雲松《陔餘叢考》亦辨之。此又言日休移籍會稽，子孫世居越，至子良卒後始葬河南，則光業以下已爲會稽人。吾鄉郡縣志宜以日休入流寓，光業入人物，而自來無及之者，蓋是集世固罕得見也。

心雲來夜談。

初六日戊午　陰，微雪。閲《尹河南集》。秋田來，交到董氏家傳潤筆銀壹百兩。敦夫來。夜詣上虞館赴書玉兄弟消寒之集，諸君皆已至，暢談至二更散。饋書玉福橘二十枚。贈霞芬玉山茶兩瓶，青豆一瓶。鐵香來夜談，言新移寓梁家園。

邸鈔：上諭：兼管順天府府尹畢道遠等續進已故户部主事郝懿行及其妻王照圓所著各書，當交南書房翰林閲看。據稱郝懿行潁意著述，闡明古義，其妻王照圓博涉經史，疏解精嚴等語。郝懿行所著《易説》《書説》《鄭氏禮記注箋》，王照圓所著《詩説》《詩問》《列女傳補注》，均著留覽。

初七日己未　晴，有風，比日嚴寒。楊雪漁來。下午答拜何子峨，並晤鐵香。又答詣傅子尃、楊正甫，俱不值，夜歸。鐵香來夜談。閲《尹河南集》。夜風，益嚴寒甚。

邸鈔：上諭：何璟奏特參福建閩安協副將劉光明信任劣弁黄廷玉，夤緣舞弊，收受陋規，並有安建生祠情事，實屬骫法營私，任性妄爲，著先行革職，聽候查辦。

初八日庚申　晴，竟日大風凛冽，極寒。仙洲夫人饋臘八粥。得楊雪漁書，并惠銀十二兩，又陳藍洲寄銀十二兩，即復，犒使四千。光緝甫侍御熙來。得張朗齋曜提戎喀什噶爾行營書，并惠銀四十兩。張君本杭州人，而籍大興。余與之絶無平生，乃萬里致書，極致傾挹，此真空谷足音矣。又得施均甫、蔣子相兩同年書。均甫自己卯由左恪靖肅州軍營赴張君阿克蘇幕，以查辦闢展巡檢楊培元事被劾降縣丞，今已復原官辦文案。子相以署敦煌令，亦被左相劾罷，今亦在張君幕司書記也。即作小啓謝提戎，犒使十千。夜煮臘八粥，供先人。付賃屋銀十二兩，衣賈滕文藻裘銀十二兩。夜大風益横，三更後稍止。是夕嗽甚，達旦不寐。

初九日辛酉　晴，寒甚，極冰。作書致徐壽蘅大理，爲施均甫送書并銀五十兩去，得復。鍾西笥編修來。

閲《望谿文續集》。近日周瑞清等入刑部獄索費至三千金，龍繼棟等羈管關帝廟中亦費至二千金。周得小室三間，龍止一間，可自携僕作食，且通家人賓客往來；否則僅一小土炕，以兩獄卒敝衣穢垢者夾持之，不許家人内一勺飲矣。望谿《獄中雜記》五首言老監之害及職官本應居板屋而貧者轉繫老監，其訟之未結正者本應居現監而亦繫老監，甚至左右鄰保干證牽連悉械手足入老監，然後導以取保。中家以上皆竭其資，得出居於外；其次求脱械，居板屋，費亦數十金。否則，械繫不少寬。而大盗有居板屋者。又言自韓城張公廷樞復入爲大司寇，静海勵公廷儀繼之，諸弊皆除。烏虖，今安得有張、勵其人哉！南唐李後主時，獄囚夏施幬帳，冬厚衾褥，時其飲食，至經赦出獄者，皆涕泣。宋太宗笑其愚，而不知此實仁者之用心也。今西洋英、法諸國獄室甚潔，食常有肉，而課以工作，其法尤善。至望谿言獄所索費，官與吏剖分之；今利止歸吏與隸卒，而官不與，則今之勝於昔者矣。

邸鈔：以浙江巡撫陳士杰爲山東巡撫，以山東巡撫任道鎔爲浙江巡撫。上諭：山東黄河工程關繫至要，亟應通籌全局，設法疏濬，以弭後患。著派游百川馳驛前赴山東察看情形，妥爲具奏。山東候補知府全士鍏、直隸候補知府朱采，著交游百川差遣委用。前日游百川疏言山東黄河可慮，陳士杰前任山東臬使，熟悉情形。張佩綸亦疏言東河勢危，游百川通知河務，又言全士鍏、朱采兩人可用。遂有是命。以工部右侍郎孫毓汶署理倉場侍郎，以大理寺卿徐用儀署理工部右侍郎。詔：順天府尹周家楣署理户部，右侍郎邵亨豫毋庸兼署。此亦以前日張佩綸疏劾也。上諭：御史萬培因奏職官倚勢招摇，據實糾參一摺。據稱御史載彩聲名惡劣，與都察院候補都事楊希祖拜認師生，招摇嚇詐，楊希祖並有挾制司坊情事，著都察院堂官歸入前案，一併查明具奏。另片奏東城正指揮鍾子明冒銷練局經費，延不造報。著都察院堂官查明該員冒銷款項，勒限追繳，並將鍾子明照例參處。前貴州鎮遠府知府劉恩溥授廣西思恩府知府。

初十日壬戌　晴。閱《望谿集》。光甫來。午後詣敦夫齋中談。沈子培來。光甫來。敦夫來。比日嗽甚，今日淡中時咯血，覺疲苶不可支。甚矣，吾衰矣。同年龐絧堂編修來，投贈所取廣西闈墨。

邸鈔：上諭：前因給事中張觀準、御史李鴻逵先後奏參湖北操防營兵丁滋事一案，迭經諭令彭玉麟查明具奏。兹據奏稱，本年八月間，撫標右營把總楊得魁在營務處道員程春藻所開錢鋪換銀，争平口角，江夏縣知縣蔡炳榮路過查問，擅將該把總掌責，闔營咸爲不平。嗣蔡炳榮路經閲馬廠，時值武闈，鄉試武生與該縣素有積怨，在道旁詈罵。該縣飭差拘拏，遂被瓦石擊傷。該縣輒以操防營兵滋事稟知涂宗瀛，而督標中軍副將鳳昌亦未稟悉前情。該督當將楊得魁發府看押，並將中軍參將焦克勝徹任，勒令營中交出四人。既而外間訛傳該督欲將四人正法，該營兵丁情急，齊赴鳳昌衙署及城守營衙署求爲放釋。旋經文武各員及在籍紳士勸令各兵歸伍，涂宗瀛、彭祖賢出示曉諭，並將蔡炳榮徹任，衆兵立即心服，照常回營差操等語。此案江夏縣知縣蔡炳榮負氣任性，擅責營弁，激成衆怒，又不據實稟請查辦，致啓釁端；督標中軍副將鳳昌有統領該營之責，平時既不善于約束，遇事又不以下情上達，幾釀巨案。蔡炳榮、鳳昌均著即行革職。營務處道員程春藻以監司大員身領要差，何得營私牟利，開設錢店當鋪多家？著交部議處。撫標中軍參將焦克勝既據查明，平日訓練兵丁尚能認真，即著毋庸置議。涂宗瀛、彭祖賢辦理不善，究難辭咎，均著交部議處。

上諭：前因莊浪城守尉慶志奏凉州副都統崇志任意妄爲，劣跡多端，當經諭令譚鍾麟查奏。兹據覆奏，慶志所訐崇志各款並無確據，惟於奏報到任，倒填日期，殊屬不合。崇志著交部議處。慶志既經崇志於軍政案内參劾，著即送部引見。詹事府右中允裕祥轉補左中允，刑部主事長萃升補右中允，宗人府筆帖式霍穆歡升補左贊善，□□□□貴鐸升補右贊善，編修費延釐升補左贊善，胡喬年升補右贊善。

十一日癸亥　晴，寒少減。潘紱丈來。作書致沈子培，贈以新疆近出劉平國碑拓本一通，向其借閲《陳永定二年周文有大莊嚴寺造像記》。書玉、光甫約十四日夜飲。作書致秋田，并致劉沚芬舍人一紙。得胡梅卿冬至日書，并惠銀一百兩。敦夫來。得子培復并像記。得紱丈書，屬改近詩。心雲來夜談。

邸鈔：上諭：張樹聲奏禁墾官淀，奸民設計投獻公府，招佃收租，請旨查辦一摺。據稱直隸安州西淀間有淤地，因關係水道，迭經禁墾，奸民王福祥等竟敢揑造頃畝租册，赴溥泰府投獻，冀充莊頭漁利，並有禮部郎中孟傳金前往説合。溥泰輒私札該州，並發告示論帖，派護衛薩彬前往勘丈，招佃收租。著交宗人府會同刑部確切查訊，定擬具奏。

十二日甲子　申正二刻四分大寒，十二月中。晨雪，上午陰，下午晴。閲《尚書集注音疏》。得心雲書。沈子培來，久談。譚硯孫來。比夜有佳月。

十三日乙丑　晴，晡後微陰。

閲《陳永定造像記》。上層爲佛像及兩侍者，陰文。下層字八行，陽文，皆有界畫。首云：『永定二年歲在戊寅秋七月廿五日，周文有於大莊嚴寺爲衆姓弟子一切衆生敬造無量壽佛一區，衆姓弟子一心供養。』凡三行，行十六字。其後横列『衆姓弟子』四字，陰文，下列『張春發』至『李本亨』五人姓名；又横列『一心供養』四字，陰文，下列『王銘見』至『白渟抽』五人姓名；又横列『無量壽佛』四字，陰文，下列『陳文�』至『侯卞志』五人姓名，其下爲黑界，似無字；下又列『高少之』至『林石中』五人姓名。凡姓名，皆陽文。此記沈子培新得之都中碑賈，不知所從來。南陳一朝本無片石流傳，得此可寶。而有言是蜀人僞造者，近爲王廉生之弟某買其石歸山東，其字全似北碑。又陳時已無蜀，如出彼土，誠爲僞矣。當再訪之。

近買甘尖褂一，銀十五兩；舍利孫馬褂一，銀十七兩；磨本段面羊皮馬褂一，銀七兩；狐皮半臂一，銀三兩；貂袖雙，銀二兩；又爲張甥買羊裘一，銀四兩五錢；爲席姬買羔襦一，銀五兩五錢：共銀五十四兩，今日舉付衣賈滕文藻。買藤床一張，付銀五兩。晡後詣鐵香粱家園西口新寓，門徑頗曲折而逼仄，不可容，又階級太多，非家居所宜也。室宇楚楚，有樓可野眺。鐵香與其鄉人某共居之。晚歸。剃頭。買紅梅一對，錢八千；蠟梅一樹，錢六千；水仙十箭，錢二千四百。

邸鈔：上諭：前據給事鄧承修奏參李瀚章在湖廣總督任内黷貨無厭，任用私人各款，當經諭令左宗棠查明具奏。兹據奏稱，李瀚章被參各款均查無實據，惟於已革道員楊宗濂素日聲名平常，經管新關税務，致招物議，該督漫無覺察，請將李瀚章交部嚴加議處，已革道員楊宗濂請從重發往軍臺效力贖罪，惟該革員家有老親，年逾八十，可否免其置議等語，前任湖廣總督李瀚章著交部議處，湖北候補道楊宗濂業經革職，即著毋庸置議。詔：陳士杰即赴山東巡撫新任，任道鎔俟陳士杰到後再赴浙江新任，均毋庸來京請訓。任道鎔未到任時，以浙江布政使德馨護理巡撫。詔：十七日仍親詣大高殿祈雪，時應宫等處分命諸王、貝勒拈香。詹事府右庶子恩棠蓋即恩承，以避禮部尚書恩承而改。轉補左庶子，翰林院侍讀裕德升右庶子。刑部郎中吉順授直隸口北道。

十四日丙寅　陰。午後詣敦夫，偕坐車至興勝寺訪光甫，不值。至上虞館晤書玉兄弟，并晤光甫。即託敦夫、光甫至阜康錢鋪取銀，晚歸。新授浙江按察使陳君寶箴來。傅子蓴來。得沈子培書，并惠東洋參五枝，子培言其母夫人久患嗽，服之甚效。夜赴書玉、光甫聚寶堂之飲，敦夫、秋田、心雲皆已至，招霞芬、玉仙。二更後余邀諸君飲霞芬家，皆爲敦夫壽也。四更後歸。閲《望谿集》，達曙始瞑，嗽甚。付霞芬酒局四十千，賞其僕十千，客車五千，霞、玉車六千，車錢九千。是日買金繡佩表套、金繡眼鏡套各一，錢二十千。

十五日丁卯　晨陰，上午微雪，午後微晴。張氏妹寄來燕窩一匣。作書復子培。從姪孝玟、孝瑩自保定來，余招之度歲也，是詩舫第三、第四子，一年二十七，一年二十六矣。夜月，亦時有雲，是夕望。

十六日戊辰　晴。得徐壽蘅侍郎書，屬轉寄施均甫書。作片致心雲，詢手拓窆石題字及劉平國碑原跋。作片致子培，以子培昨言有江西人祝姓善治嗽，故詢其名字。下午答拜陳按察、譚硯孫、龐絅堂、檀斗生、楊雪漁，均不值。詣光緝甫，晤談。緝甫言其世父栗原布政聰諧手輯桐城先輩遺書至八十餘種，名《龍眠遺書》，已刻成，方購紙欲印，而寇至燬其板，今無一字傳者。著作存留，固有數也。緝甫有女，字仲昭，以其祖母病，禱於神得愈，遂立誓不嫁，習顏平原書甚工，今日見其所臨《東方先生畫像贊》，大字直幅，筆力不凡。又游其室旁所築花窖而歸。荇農丈來。得心雲書并窆石題字拓本及劉平國碑跋。得子培復。是日有户部主事四川余彬爲其母壽柬客，言是庚午同年陝西同司，又本越人也，蓋亦部吏子孫，其人素無一面，以三同故，送禮四千。

十七日己巳　晴，稍和。

閲劉平國碑，此施均甫所贈者也。據均甫原跋，言己卯六月得之阿克蘇所屬賽木里城東北二百里山上石壁。文共八行，行約十五六字，漢隸，頗曼患，稍可辨者，第一行有『龜□似是『兹』字。左將軍劉平國』字，第二行有『秦』字，第三行有『阿』字，第四行有『曰始斷山石作此』字，第五行有『慈父民喜長壽億年』字，第六行有『永壽四年八月甲戌朔』字，第七行有『直逮□乢東烏累關城』字，第八行有『將軍』字。又一紙三行，行約三四字，首一行似有一『安』字，二行似有『于伯』二字，三行有『作此誦』三字。阿克蘇在漢爲温宿國，賽里木爲姑墨國地。後漢桓帝永壽四年六月改元延熹，此在八月。猶紀永壽者，西域距洛陽甚遠，改元詔書猶未到耳。是年五月甲戌晦日食；六月爲乙亥朔；七月爲乙巳朔，是月小盡；八月爲甲戌朔。《通鑑目録》以及近人汪謝城《歷代長術輯要》所推皆同。其山在賽木里城東北二百里，則已接庫車境，庫車即漢龜兹國，故有龜兹左將軍之稱。惟《漢書·西域傳》龜兹國有左右將、左右都尉、左右騎君等官，無左將軍，且所載皆龜兹所設之官，非漢吏，而此所云劉平國必是漢人，其文字亦是漢制，漢官有左將軍，上不應冠以龜兹，疑龜兹上當有『領護』或『使』字也。『斷』

即『斸』字。

是日徹西室磚床，以次西室榻易之，移新買藤床爲余卧榻。又復置中廳當楣門四扇，土木塵坋，終日屏營。付木工錢二十千，賞僕輩錢十六千，紅呢椅墊錢十四千。得紱丈書，饋山羊半體，饅頭五枚，醬菽乳四瓶，即復謝，犒使三千。

邸鈔：右春坊右庶子張佩綸轉補左春坊左庶子，翰林院侍讀汪鳴鑾升右庶子。上諭：大理寺卿英煦奏宗學覺羅學亟宜整頓，請飭議章程一摺，著宗人府妥議具奏。疏言自雍正年間設立覺羅學，分爲兩翼，有教習以課其藝，有副管以司其務，有滿、漢京堂以稽察之，有專管大臣以總理之。自庫款支絀，銀米減成，紙筆衣服亦不能按時給領，屋宇傾頹，八處學舍堪栖止者不過二三。至宗學之設，視覺羅諸學，體制尤崇近，亦日就廢弛。請飭下大臣及宗人府一律妥議，整頓章程云云。上諭：鴻臚寺少卿延茂奏景山官學亟宜整頓，請飭妥議章程，並籌捐修置學舍、器具及指撥各省閑款爲八旗官學經費各摺片，著派廣壽、閻敬銘、張之萬會同寶鋆、李鴻藻、徐桐、麟書與會議八旗官學摺，一併妥議具奏。疏言景山官學始於康熙二十四年，以北上門兩旁官房三十間設立滿、漢官學各三房，用滿教習九人，漢教習十二人，簡選内務府幼童三百六十名作爲官學生，以府屬司員五人管理學務。立法之初，章程多未詳備。近見八旗人才日漸彫敝，而内務府爲尤甚。溯其敗壞之始，由於學生之考取半多頂替，繼則教習之傳補亦多頂替矣。始則學生多不到學，繼則教習亦不到學矣。請飭下現在會議八旗官學章程之大學士寶鋆等，一併妥議章程。惟景山學額缺幾抵八旗三學之半，若放照義學條規，所費不貲，其修建學舍、籌備器具，請由内務府曾任關税及家道殷實者分任捐辦，每年所需經費，即由現任關税各員自行籌捐云云。

十八日庚午　晴。課僕輩糊門窗，移甥、姪等居中廳東室，復於聽事置東榻，始悉去所陳菊花。閲窆石殘字。心雲所拓頗精，似於『』九字外，尚依稀可得數字。其右宋人『會稽令趙與陞來遊男孟握侍』十二字，八分書，頗有筆力；其左此據石之左右爲定，不論字之左右。題七律詩行楷一章，字已曼患。詩本不佳，又無姓名，不知爲宋爲元，可任其有無耳。

邸鈔：上諭：朕敬奉慈禧端佑康頤昭豫莊誠皇太后深宫侍養，朝夕起居。上年六月間已報大安，猶未如常康復，年餘以來隨時調攝，現在慈躬已臻全愈，實與天下臣民同深慶幸。道員薛福辰、知府汪守正與太醫院院判莊守和等，由總管内務府大臣帶領請脉，所擬方劑敬慎商榷，悉臻妥協，允宜特沛恩施，以示獎敘。薛福辰著賞加頭品頂帶，調補直隸通永道；汪守正著賞加二品頂帶，調補直隸天津府知府：均著即行赴任。太醫院左院判莊守和、右院判李德昌均賞加二品頂帶。餘加賞有差。總管内務府大臣廣壽、志和、師曾、廣順、俊啓均交部從優議敘。詔：直隸通永道李培祜調補廣東督糧道。直隸天津府知府宜霖調補江蘇揚州府知府。上諭：廣壽、閻敬銘奏遵查臺臣被參各款，據實覆陳一摺。據稱都察院左副都御史崇勳自履任以來，於城坊公事，每喚司坊官到私宅授意，多所干預，人言藉藉，衆論僉同，並查明正陽門外永順乾洋貨鋪扁額招牌係崇勳所書，該鋪開張之日，崇勳親往賀喜，實有其事等語。崇勳以三品大員職司風憲，似此不知檢束，實屬有玷臺班，著即行革職，以示懲警。上諭：都察院奏查明御史載彩被參各款，據實覆奏一摺。巡視東城掌雲南道御史載彩身居言路，輒與廳官往來，不知自重，並令家人代傳公事，迭被糾彈，復敢率請與原參官對質，實屬荒謬糊塗。載彩著即行革職。都察院候補都事楊希祖雖查無與載彩拜認師生確據，惟供與載彩平素交好，並向司坊傳話，遇事生風，意在招摇，實屬不安本分。楊希祖著即行革職，勒令回籍，交地方官嚴加管束。東城副指揮楊樹藩與楊希祖路遇輒談及公事，其平素交通可知，著開缺另補。另片奏查明東城正指揮鍾子明領放局勇口糧，以銀易錢，將多報少，挪作添置號衣等項用費，雖未侵吞入己，惟不將虧短情形回堂，且被參後始據賠繳，究難辭咎，著交部照例議處。上諭：吏部奏遵議大員處分一摺。前山東巡撫、調任浙江巡撫任道鎔應得降二級調用處分，加恩改爲革職留任。

十九日辛未　微晴多陰。本生祖考藴山府君生日，上午供饋，肉肴七豆，菜肴兩豆，火鍋一，饅頭肉餡、糖覈兩大盤，春餅一盤，時果四盤，瀹麵一巡，酒四巡，飯再巡，茗飲再巡，晡後畢事。兩從姪隨拜，庶覺後顧有人。得敦夫書，饋酒一瓮，蓮子、藕粉各一包，作書復謝，犒使四千。得心雲書，即復。傅子蓴來。心雲來，敦夫來，夜同兩君及甥姪輩小飲，暢談至二更後散。有雪積，地微白。得袁爽秋書。

邸鈔：上諭：禮部等部奏順天府請增建貢院號舍，會議覆陳一摺。昨據給事中鄧承脩條陳科場事宜，請飭慎覈録科等語。鄉試録科送考，例有定額。近年以來順天鄉試録送太濫，以致號舍不敷。嗣後著國子監及順天學政嚴行考核，分别棄取，毋得稍涉寬濫。該部所奏增建貢院號舍，著毋庸議。右春坊右中允梁耀樞轉補左春坊左中允，左贊善費延釐升右中允。

二十日壬申　陰，時有飛雪。陳右銘按察來，久談，知其子三立今科得江西鄉舉。翁叔平師來。得趙桐孫初五日天津書，并惠銀十兩。陳右銘贈所刻《李文清公棠階遺書》、王定甫拯《龍壁山房文集》。夜大雪，至曉積二寸許。是日封印。

邸鈔：上諭：考試爲掄才大典，功令森嚴，乃日久弊生，在事官員奉行不力，應試士子賢否不齊，甚至作奸犯科，儌幸嘗試，於人才士習大有關係，亟應嚴行整頓。昨據給事中鄧承脩奏條陳科場事宜，不無可采。據稱近來考到録科，每有槍冒頂替，京官濫出印結，鄉會士子入闈及交卷日，往來換卷傳遞，殊屬不成事體。著各該衙門並監臨知貢舉大臣實力整頓，嚴密關防，毋得仍前寬縱。各省鄉試同考官著該督撫嚴加查察，如有通賄薦卷者，照例治罪。各省學政録科送考，一體從嚴甄録，毋稍寬濫。鄉會試覆試著閲卷大臣認真考核，不得意存遷就。其所請添派謄録、對讀各官，量加獎敘一摺，著該部議奏。各項考試，惟在秉公校閲，不在變更成法。嗣後殿廷考試讀卷閲卷大臣，務當精白乃心，力杜情弊。該給事中所請殿試及考試試差揀選供事書吏謄寫，著毋庸議。上諭：御史劉恩溥奏各省請免騎射武職人員請飭部妥議章程，嚴懲取巧，著兵部議奏。

二十一日癸酉　晴，微陰。雜閲群書，偶有考訂。作書致沈子培，還《永定造像記》。致袁爽秋，還李壬叔九月所測彗度。致光甫，送去請封典銀四兩。致敦夫，詢酒食醵資之數。夜又雪，旋晴，二更後風。是日付吉慶乾果銀十兩又四十二千，隆興紬布錢一百八十二千，賣花旗吴媪銀九兩七錢，縫人錢五十九千。三十日續付吴花媪錢三十七千。

邸鈔：詔：任道鎔來京另候簡用，俟陳士杰到山東巡撫任後，再行交卸。以御史陳啓泰、秦鍾簡交劾之也。以前江西巡撫劉秉璋爲浙江巡撫。詔：派伯彦訥謨祜、閻敬銘馳驛前往東陵查辦事件，隨帶司員一併馳驛。詔：二十四日親詣大高殿報謝，分命諸王、貝勒詣時應宫等處拈香。以連日已得雪也。上諭：李鴻章奏懇恩賞假，回籍營葬一摺。披覽所奏，情詞懇切，良用惻然，本應俯如所請，寬予假期。惟北洋事務關系緊要，李鴻章措置得宜，朝廷方資倚畀，所有請假營葬，俟來年正二月間再降諭旨。

二十二日甲戌　晴，風。閲洪北江《曉讀書齋雜録》。作書致光甫。饋劉仙洲夫人年物。孺初來。閻丹初尚書昔與孺初同爲户部福建司官，今掌大農，力挽孺初出管曹事，且欲推轂鄙人，其勤勤有古大臣風。夜洗足。是日付石炭銀十四兩，米銀十二兩。三十日續付石炭錢四十千。

二十三日乙亥　陰，午微見日。閲樊綽《蠻書》。得紱丈書，即復。爽秋來。敦夫來。光甫來。陳資泉來。饋殷蕚庭年物。署中送來養廉銀十六兩。是日付衣賈滕文藻銀八兩，爲張姬買一羊襦也。又付過年燭、爆、香、楮等錢五十千有奇。鐵香來。夜祀竈，以秸馬、爆杖送之。偕甥姪輩吃浮圓子。四更後以牲魚果醴祀門、行、户、井、中霤之神，報賽也，放爆鞭一千。復祀財神，五更畢事。飲暇，微醉。昧爽始就寢。是夕晴，祀神時殘月甚清，霜華滿地。

邸鈔：正藍旗漢軍副都統、正紅旗護軍統領索布多爾札布卒。詔：索布多爾札布由侍衛洊升副都統，咸豐年間曾在直隸、山東、河南等省帶兵剿賊，歷著戰功。本年因病，迭經賞假。兹聞溘逝，軫惜殊深。加恩照副都統例賜恤，賞銀五百兩治喪。伊子那蘇馬勒濟、伊孫德爾森均俟及歲時，由該旗帶領引見。户部右侍郎恩福補正藍旗漢軍副都統，□□□德銘補正紅旗護軍統領。上諭：給事中唐樹楠奏各部院衙門保送御史，請飭認真考察一摺。臺諫爲朝廷耳目之官，近來科道中竟有劣迹昭著之員，實屬有玷臺班。嗣後各部院堂官保送滿漢御史，務當擇其才守兼優者，出具切實考語，以備簡用，如所保非人，定照濫保例議處。上諭：前據林肇元奏請將捐資帶練殲擒首要之降調侯補道夏聲律等開復降革處分，當令該部議奏。兹據給事中孔憲瑴奏，夏聲律、蕭兆芬、已革貴州知府用仁懷廳同知。周尚文、已革江西知縣。吴澐卿、已革貴州縣丞。謝世貴、已革副將。羅應堂已革貴州武舉。等皆係獲咎被議之員，請將保案徹銷等語，著該部即將夏聲律等保案確查具奏。上諭：給事中孔憲瑴奏捐納人員過班、指省兩項請飭停止等語，著户部議奏。

二十四日丙子　晴。楊定旉編修來。得濮紫泉書。作書致紱丈，饋年物，文雉一雙，福橘十枚，平安果、年糕各一盤。得復。殷蕚庭饋年物。孫鏡江來，贈秦甕、漢洗拓本各一幅，皆濰縣陳氏介祺家物也。得王益吾祭酒九月十七日長沙書，并詒新刻《續古文辭類纂》三部，屬以二分致鐵香、爽秋。此益吾所纂，專續桐城家法，取姚南青、朱梅崖、彭秋士、彭尺木、羅臺山、姚姬傳、魯山木、吴澹泉、名定，字殿麟，歙人，著《紫石泉山房文集》十二卷。秦小峴、惲子居、王濱麓、名灼，字悔生，桐城人，乾隆五十一年舉人，官教諭，著《悔生文集》

八卷。張皋文、陸祁孫、陳碩士、姚碩南、鄧湘皋、名顯鶴，字子立，新化人，嘉慶九年舉人，官訓導，著《南村草堂文鈔》廿卷。周星叔、名樹槐，長沙人，嘉慶十四年進士，官知縣，著《壯學齋文集》十二卷。呂月滄、名璜，字禮北，廣西永福人，嘉慶十六年進士，官浙江同知，嘗知山陰縣，著《月滄文集》八卷。姚春木、毛生甫、吴仲倫、管異之、梅伯言、方植之、張石舟、朱伯韓、馮魯川、曾文正、吴子序、名嘉賓，南豐人，道光十八年進士，官編修，同治三年殉寇難，著《求自得之室文鈔》十二卷。龍翰臣、彭子穆、名昱堯，廣西平南人，舉人，著《致翼堂文集》。王少鶴、邵位西、魯通甫、戴存莊、名鈞衡，桐城人，舉人，著《未經山館文集》七卷。孫芝房、管小異、名嗣復，同子，諸生。吴南屏名敏樹，巴陵人，舉人，官訓導，著《柈湖文集》十二卷。三十八家之文，得四百五十六首，分體一依姚氏，惟無奏議、詔令、辭賦三門及説與頌，甄別審慎，多有可觀。然尺木、臺山、茗柯、碩洲四家，實與桐城無涉。梅崖、碩士殊無足取，植之尤庸妄不學，以之充數，頗病續貂。而嘉興之錢衎石、吾邑之宗滌甫師與桐城桴鼓應和，乃反不録。即魏默深宗恉雖別，亦不菲薄桐城，文筆卓然，足爲諸家生色。包慎伯雖病蕪雜，亦有佳篇，似亦不得遺之。惜祭酒在都時，未及與之商榷也。偕家人聽傀儡戲，竟日不食，寒甚。夜作書致爽秋，并《續古文辭類纂》。

二十五日丁丑　晴。得伯寅尚書書，饋銀四十兩，即復謝，犒使十二千。濮紫泉來，方飯，不晤。得紫泉書，還二十金，即復。作書致敦夫，饋以糟鷄、糟肉一瓿，㷠鴨、鲞肉各一器，素肴一事，得復。閲《續古文辭類纂》。作書致鐵香，并《類纂》。

邸鈔：上諭：裕禄奏在籍知府積勞病故，懇請優恤一摺。前直隸保定府知府馬繩武因丁憂回籍，於本年五月經裕禄奏委辦理該省振務，晝夜奔馳，不辭勞瘁，以致殁於差次，殊堪憫惻，著交部從優議恤。

二十六日戊寅　晴。剃頭。作片致敦夫，約同閲燈市。書玉饋二十四金，作片還之。鐵香來。

敦夫、秋田、光甫、心雲、介唐、書玉、資泉來，是日諸君醵酒肴爲余壽也。於聽事點燈熾炭，煮茗待之，招霞芬、玉仙、月秋諸郎，藏鉤行酒，至三更後始散。諸君别設肴饌爲内饋，適族人王節婦來，送壽燭、平果，遂以款之，并爲甥姪輩設饌。殷蓴庭饋桃、麵。付霞芬朱提銀十兩，玉仙京蚨百千。付廚人賞錢十千，齡兒叩壽八千，霞、玉車八千。

二十七日己卯　巳正三刻七分立春，癸未正月節。晴和。余生日。叩拜先人，張燭放爆鞭。書玉夫人饋蓮子茶。得楊正甫書，饋燒肉、燖鴨。汝翼饋桃、麵。得蘇松觀察邵小村友濂書，饋銀十二兩。書玉夫人來，具饌款之。心雲來。汝翼來。書玉來。正甫來。作片約敦夫、秋田夜飲。陳右銘按察饋銀三十兩，作片復謝，犒使十千。敦夫、秋田、心雲來，夜共小飲，至二更後散。書立春勝語。

邸鈔：鑲藍旗蒙古副都統錫祉奏請因病開缺調理。許之。詔：刑部右侍郎福錕補鑲藍旗蒙古副都統。　命御史邵積誠爲四川學政。御史鄭賢坊授直隸宣化府知府。上諭：給事中黄元善奏各省揀調首府首縣，請嚴定濫保處分等語，著吏部議奏。

二十八日庚辰　晴，微陰，地凍漸融。仙洲夫人饋年物。饋汝翼年物。作書致施均甫，以事不及成。饋書玉年合八事。書玉饋年合八事，受其四。晡詣陳右銘，晤談。詣書玉兄弟，並晤光甫。自昨見邸鈔，四川學政易人，甚爲肯夫憂之。今日光甫入直歸言，川督昨日急奏至，肯夫以是月十二日病卒，眷屬猶未至蜀也。肯夫少於余七歲，方可得閣學而平步亨衢，忽以中蹶。人生仕宦，死喪隨之。追理笑言，已成隔世。故鄉同志自此益孤，吾越氣運之衰，亦可見矣。肯夫沉静好學，甚昵於余，而多病早衰，視余尤甚。自乙亥服闋入都後，眼花髮白，意興頹然。三載湘南，勤於校士。去年繼奉使蜀之命，欲具疏辭，余力贊之，爲代草奏，其詞甚切，而終爲鄉人所阻。美志不成，暑雨西行，遂爲永訣。

悲哉！詣汝翼小坐。詣心雲，不值，遂歸。付車錢四千。敦夫來。

二十九日辛巳　晴，上午微陰。作書致敦夫，饋年粽。作書致心雲，致光甫，皆饋年粽、㷶鴨、食物。午入城詣翁叔平師、麟芝庵師、景秋坪師賀年，各送禮二金，門茶四千。詣趙心泉，賀其孫續娶，送禮酒一壜；詣鄭小渟，賀其出守宣化：俱不值。出城詣正甫、敦夫、秋田，俱不值。詣李蘭孫師賀年。詣房師林編修，送禮二金，門茶四千。晚歸。付車錢十千。朱蓉生來。汝翼饋年物。敦夫來。作書致孫鏡江，饋年粽、㷶鴨、食物，得復。饋族人王節婦錢二十千并食物。賦甥姪輩壓歲錢六十二千。賦僕媪輩壽賞、年賞九十五千。李升年賞十五千、壽賞六千，更夫、升兒皆年七千、壽三千，王媪、楊媪各年十千、壽五千，爲甥姪輩加賞十八千，張升二千。

三十日壬午　歲除日。晴和如春。早起敬懸三代神位圖，滌杯箸。得紱丈書，借日記，即復。得爽秋書。霞芬來叩歲，予以二金，賞其僕十千。饋陳右銘肉肴一品鍋，麵食兩盤。得伯寅尚書書，再饋二十金，作書復謝，犒使八千。翁叔平師饋二十四金，作書陳謝，犒使十千。鐵香來，饋二十金，辭之。是日付司馬廚子肴饌錢二百千，聚寶堂一百千，又公錢施敏先二十六千，便宜坊六十三千，賃屋銀六兩，松竹齋紙錢四千，寶森堂書銀二兩，燈油錢七十一千，源茂酒錢三十五千，京兆榮記酒錢十八千，糕餅錢五十三千。下午祭竈，祀屋之故主。夜祀先，鷄、鳧、豚、魚翅、海參五味共一品鍋，魚一器，鮝肉一器，菜肴八器，藕果棗羹一器，煮栗一器，火鍋字本作『⿰鬲午』，以今器皆用錫，故從俗『鍋』。蓮子湯一巡，酒三巡，飯再巡，樺燭一斤，中燭一對，令甥姪輩隨叩。二更畢事，焚楮泉。飲歲酒。是夕都市爆鞭甚盛，達旦闐填，遠勝往年。太平氣象，景星在天。

邸鈔：上諭：侍郎寶廷奏途中買妾，自請從重懲責等語。寶廷奉命典試，宜如何束身自愛，乃竟於歸途買妾，任意妄爲，殊出情理之外。寶廷著交部嚴加議處。寶廷素喜狎游，爲纖俗詩詞，以江湖才子自命。都中坊巷日有蹤迹，且屢娶狹邪，别蓄居之，故貧甚，至絕炊。癸酉典浙試，歸買一船妓，吴人所謂花蒲鞋頭船娘也。入都時，别由水程至路河。及寶廷由京城以車親迎之，則船人俱杳然矣。時傳以爲笑。今由錢唐江入閩，與江山船妓狎，歸途遂娶之。鑒於前失，同行而北，道路指目。至袁浦，有縣令詰其僞，欲留質之。寶廷大懼，且恐疆吏發其事，遂道中上疏，以條陳福建船政爲名，且舉薦落解閩士二人，謂其通算學，請特召試。而附片自陳，言錢唐江有九姓漁船，始自明代。典閩試歸，至衢州，坐江山船，舟人有女年已十八，奴才已故弟兄五人皆無嗣，奴才僅有二子，不敷分繼，遂買爲妾。明目張膽，自供娶妓，不學之弊，一至於此。聞其人面麻，年已二十六七。寶廷嘗以故工部尚書賀壽慈認市儈李春山妻爲義女，及賀復起爲副憲，因附會張佩綸、黄體芳等上疏劾賀去官，故有人爲詩嘲之云：『昔年浙水載空花，又見閩娘上使查。宗室八旗名士草，江山九姓美人麻。曾因義女彈烏柏，慣逐京娼喫白茶。爲報朝廷除屬籍，侍郎今已婿漁家。』一時傳誦，以爲口實云。

光緒九年（一八八三）

光緒九年太歲在昭陽協洽《史記》作『尚章叶洽』。春正月在畢陬元日癸未　晴和，下午微陰。司天言風從艮地起，主人壽年豐。余年五十五歲。是日慈禧端佑康頤昭豫莊誠皇太后懿旨，停止升慈寧宮寶坐，罷筵宴，不設儀仗，樂設而不作。皇帝于養心殿行禮。王公大臣二品以上在慈寧門外行禮，三品以下午門外行禮。内廷宫眷麗皇貴太妃、敦宜皇貴妃以下及公主、福晉、命婦均停止行禮。皇帝不升殿受賀，和碩親王以下文三品、武二品以上官在乾清門外階下行禮，文四品、武三品以下午門外行禮，各衣蟒袍補褂一日。拜竈神，叩先像，供湯圓子。書元勝吉語。光甫來。敦夫來。書玉來。爽秋來。得紱丈書。晡後送陳右銘行，不值。詣周荇丈、潘紱丈賀年。晤荇丈及心雲，久談。傍晚詣劉鎸山師家，即歸。家人聽寓人戲。夜三更雪大作，達旦積三寸許。付寓戲錢九千，馮升叩年四千，劉僕二千，車四千。

初二日甲申　晨雪，旋止，竟日霒陰。叩先像，供包子、饅頭、茗飲。心雲來。沈子培來。陳右銘來辭行，久談，至夜去。

點閱《東都事略》。宋制狀元多授將作監丞通判某州，如呂蒙正、陳堯咨、孫何、李迪、王曾、蔡齊、王拱辰、王堯臣、呂溱、賈黯、鄭獬、馮京等皆然。然亦有以它官爲通判者，如宋庠以大理評事通判襄州是也。有授推官者，如梁顥爲大名府觀察推官，孫僅爲蘇州推官是也。呂蒙正對太宗言：『臣忝甲科及第，釋褐，止授九品京官。』考將作監丞、大理寺丞、光禄寺丞皆京官九品，故陳堯咨之兄堯叟亦以第一人授光禄寺丞。至南宋始授承事郎、簽書節度判官廳公事，爲狀元定制。而北宋時凡進士甲科，皆授將作監丞通判某州，或大理寺丞通判某州，如韓琦、趙概、楊察等，皆第二人。蘇易簡、李至、趙昌言、田錫、宋湜、周起、李沆、王隨、向敏中等皆僅甲科，而俱授將作監丞通判某州；王珪第二人，丁謂第四人，皆授大理評事通判某州；又李昌齡、王化基、夏侯嶠、温仲舒、張齊賢、馮拯、李諮、薛映、孫抃、劉敞等，亦皆以甲科授大理寺丞通判某州；錢易亦第二人，授光禄寺丞通判蘄州；宋祁以第十人授復州推官。吾越如杜正獻以第四人授揚州觀察推官，陸農師以第三人授蔡州推官。凡通判、推官，皆帶京官，史不言者，省文。可知甲科分授通判、推官，無第一第幾之差。惟第一人至次科狀元出，則入爲史職，謂之對花召，是非第二人以下比耳。

梁星海來。

初三日乙酉　竟日霒陰。叩先像，供紗帽餡子、茗飲。作書致敦夫、光甫、心雲，約夜飲。點閱《東都事略》。敦夫來，光甫來，心雲來，夜召甥姪等共飲。一更飯後偕三君共擲采選格四周，余得兩賀，聊以點綴歲朝也。三更散。付陶僕三千，胡僕二千。

初四日丙戌　晨陰，上午後晴旭和麗。叩先像，供炒年糕及酒。紱丈挈其次郎仲午來，傅子蓴來，留共小食。汝翼來。秋田來。夜補寫日記。

初五日丁亥　竟日霠陰。補寫日記。霞芬來。玉仙來。晡祀先，銀杏紅棗湯一巡，特凫一，肉肴三，菜肴四，菜羹一，酒再巡，飯再巡，逮闔畢事。

初六日戊子　晨陰，上午雪大作，至晚稍止，夜復大雪，積四寸許。

點閲《東都事略》。王文穆、丁謂，南人多右之，蓋以宋初北士甚盛而南士少，兩人又俱有文學，故論者頗左袒，然實僉邪，不可掩也。文穆之傾趙安仁、李宗諤，甚可畏，不止軋寇萊公。謂之請劉后專政，罪尤大，然其貶也，乃以庇雷允恭擅移陵寢皇堂二十步，坐以不道，則轉失其平。皇堂之移，欲利天子多子孫耳，而劉后欲併誅之，王沂公等亦以爲意在無君，下流之歸，亦已甚矣。當時如晏元獻草葬李宸妃，志言其無子。仁宗語張士遜云『人言范仲淹嘗欲乞廢朕』，英宗言入立時蔡襄有異議，使在漢唐之世，皆有湛族之禍，彼譖人者亦已太甚。然則謂明肅臨朝時程文簡嘗獻《武後臨朝圖》者，以文簡爲人大概觀之，其事亦烏足信哉？

初七日己丑　晴，下午復陰。以人日，先像前供炒麵及茗飲。剃頭。澆花樹之入室者。心雲書來，言有朝鮮使臣某與荇丈舊識，今日在荇丈家，欲一見余，辭之。點閲《東都事略》。再得心雲書，言朝鮮使臣待余至晚始入城，約後明日復來，必欲見余。因復以書，云海外論交，固是佳事，然非愚所喜也。近來彼邦人物陋甚，不知朝廷之體制，不通古今之文辭。往年如張香濤、吴清卿輩噉名過甚，延接恐後，文酒之燕亦相邀，致蚩詞鄙狀，深可歎笑。而諸君視爲奇貨，明知其陋，姑以爲坐上之觀，博後日之譽，欲强附於白舍人之詩重鷄林，柳誠懸之書傳回鶻，冀增光價，傳播風流。愚嘗告之曰：凡文字之見稱異域者，必非其至也。況今朝鮮爲吾屬國，一年三貢，使人如織。論其遠，不如吾越；計其廣，不及黔南。附此爲名，亦爲已隘。此言深中諸君之忌，後之絶交，亦以此也。自後一二謬稱風雅、逐臭海上者，亦間達殷勤，願接音吐，遂執鄙意，皆拒不見。非矯情也，何所聞而來，何所見而去，自問容貌禄位不足動人，門巷蕭然，居處弇陋，主客童僕，彼又不通語言，既無以厭遠人之觀瞻，亦無可以盡吾意，徒取鬧耳。今日泥淖，實不出門，後若再來，希爲婉謝。荇丈優游緑野，久絶朝謁，春風几杖，延納遠人，耆舊典型，足副所望。此爲通德，不在所論。

夜爲甥姪輩講《史記·荆軻傳》。刺客曹沫事不足信，聶政則盜也，專諸乃亂賊，惟豫讓、荆卿不失爲義。燕，秦敵國也，丹與荆卿出萬死一生之計，冀存社稷，非嚴仲子以一己之憾仇其國相，幾併死其君者可同年語也。故聶政真盜，史公於《六國表》亦明著之。《綱目》以荆卿與政同科，其謬已甚。今之自附講《春秋》之義者，尚拾紫陽之餘唾，是夏蟲之語冰矣。丹與荆卿、田光、漸離諸人事，足以增長氣義，故爲甥姪言之。《史》敘荆卿事較《國策》爲詳，卿與漸離皆具本末。其論曰：『始公孫季功、董生與夏無且游，具知其事，爲余道之如是。』則《史記》此傳非取之《國策》。而中壘《戰國策敘》言取中書餘卷及國別者八篇，以次相補，除其複緟，其書名又有《國策》《國事》《事語》《短長》等之異，是《戰國策》一書本雜掇而成。疑《燕策》此篇即取之《史記》而芟其首尾，以《國策》之體非紀一人之事，故删去荆卿始事，而徑以『燕太子丹質於秦，亡歸』句起耳。《史記索隱》謂此傳雖約《戰國策》而亦別記異聞，非也。史公謂世又言荆軻傷秦王，非也。使《國策》先有明文，何必辨之？

初八日庚寅　復雪。點閱《東都事略》。夜讀《梅村樂府》。雪竟日，至夜益甚。是日順天府奏京師得雪八寸有餘。五更疾動，自去臘二十一日以後至今，凡六七動，不知何故也。

初九日辛卯　積雪，凝陰。先像前供年粽及茗飲。得陳□□去臘十一日書，言近主蕺山書院，且創修《紹興府志》。此人似已病風，故多譫語也。作書致心雲，再言不見朝鮮使客之故，得復。比日苦濕，多熏香辟之。夜有月，點閲《東都事略》。林贄虞編修來。陳伯平來。

邸鈔：初八日。上諭：鴻臚寺少卿延茂奏兵部尚書志和衰庸偷惰，品行卑污，據實糾彈一摺，著派廣壽、張之萬將所參各節秉公確查，據實具奏。吏部員外郎嵩崑授江西督糧道。内閣學士嵩申補正白旗漢軍副都統。

初十日壬辰　晨雪，上午晴，下午有風。閲畢氏《續通鑑》。陳書玉夫人來。盆梅盛開，香溢一室。作片致心雲，辭十五之飲。作片致敦夫，約十三日游廠市且觀燈。得心雲書，并近日所作詩數十首乞閲，且改約十六日飲。付陳氏僕媪賞八千，鮑僕齡兒四千。

十一日癸巳　晨陰，午晴，下午風。先妣生日，供饋，肉肴三豆，牲、雙鷄，爲先君也，菜肴七豆，菜羹一，素餡紗帽一盤，糖餡饅頭兩盤，時果四盤，瀹麵一巡，酒三巡，飯再巡，茗飲再巡，晡後畢事。饋陳氏女食物六榼，且饋書玉生日桃、麵。得敦夫書。沈子培來。新任浙撫劉仲良秉璋來。鄭小渟來。兩夕始有佳月。夜閲《續通鑑》。

邸鈔：初十日。上諭：伯彦訥謨祜、閻敬銘奏查辦要案，牽涉前任總兵，請旨查辦一摺。據稱查辦東陵營房工程一案，現據守備隋登第等呈稱，前任總兵景瑞准向商人借用薪水，並據商人呈出帳本原估、續估兩次，共應領銀二十三萬八千七百五十八兩零，供稱初次領銀十二萬八千三百七十六兩零，内實領到革弁徐永興交給銀九萬九千七百五十六兩零，欠領銀二萬八千六百十九兩零，經前任總兵景瑞交派商人，令將徐永興虧欠銀兩成全辦理，並有虧項甚多，另爲設法等語。此項工程前後撥銀二十三萬餘兩，何以該商人供稱僅過銀九萬九千餘兩？此外虧欠甚鉅。著景瑞按照所奏各節逐款明白回奏，不准稍有欺飾。

十二日甲午　卯正三刻九分雨水，正月中。上午薄晴，下午陰，寒甚。出門答客約四十家，皆北城，坊巷相望里許，而積雪深淖，皷嘔特甚。今年尚以國恤不賀年，執友密親間一過從而已。晤傅子蓴、楊正甫、沈子培。詣書玉家小坐，至晚歸。先像前供藕粉糕。心雲來夜談，至二更後去。

姚姬傳《儀鄭堂記》，爲其門生孔顨軒作也。其文以説經精善爲末，又謂『雖古有賢如康成者，猶未足以限吾搊約』，其言可駭。《儀鄭堂駢文》中有《上座主桐城姚大夫書》，即爲此記而作，其詞頗峻。蓋顨軒學問遠過其師，又服膺高密之書，宜其聞之怫然也。姬傳又爲金輔之作《禮箋序》，有曰『大丈夫寧犯天下之所不韙而不爲吾心之所不安，其治經亦若是』，所言尤誕。儒者於前賢之説有所補正，公是公非，無取忿争，何至犯天下之所不韙？金氏本治《鄭禮》，其書頗有辨正，不過掇拾緒餘以相發明，非顯然背馳，悍然攻擊也。然如陽厭陰厭之義，最違康成，而其説實不然，凌曉樓已駁正之，足知舍鄭言《禮》，所失必多矣。姬傳於學實無所知，恃其齒耄名高，浮游撼樹。今《禮箋》刻本皆無此序，蓋輔之惡而去之也。湘人過尊桐城，賢者不免，曾文正集中有復吴南屏書，極稱惜抱兩作，謂義精詞俊，夐絶塵表，不可解也。付車錢十二千，陳僕六千。

十三日乙未　竟日霒陰。閲錢竹汀氏《宋史考異》，其辨官制極精。書玉來。楊正甫來。夜叩先像，供紅棗扁豆湯、易手合果餌九味及果盤餅，疊燃燈燭，小放花爆。付花爆錢十三千。

邸鈔：十二日。慈禧端佑康頤昭豫莊誠皇太后懿旨：醇親王奕譞之第五子命名載灃。詔：禮部右侍郎寶廷照吏部議即行革職。詔：前福建布政使王德榜發往浙江，交劉秉璋差遣委用。詔：湖北布政使王大經准其因病開缺，以湖北按察使蒯德標爲布政使，以安襄郧荆道黄彭年爲按察使。詔：湖北提督傅振邦傷疾舉發，准其開缺調理。以江西南贛鎮總兵程文炳爲湖北提督。刑部督捕司郎中劉志沂授陝西潼商兵備道。上諭：前據林肇元奏請將降調候補道夏聲律等開復，兹據吏部、兵部核議，分别准駁具奏。縣丞吴雲卿係因公降調，著准其開復。降調道員夏聲律、已革同知蕭兆芬、已革知縣周尚文、已革副將謝世貴、已革武舉羅應堂，均係私罪被參之員，所請開復，著毋庸議。向來私罪降革人員，非異常勞績，不准奏請開復。林肇元於防剿匪徒尋常勞績案内率將夏聲律等違例保奏，著交部議處。

十四日丙申　晨陰，上午晴，下午復陰，寒甚。

尹師魯卒時年僅四十七，而樹立卓然，文章亦底於成，非特論事深切可喜，其言多類知道者，此杜牧之所不及也。集中《答王仲儀書》云：『才者容有小人，而不才者不害爲君子。君子而才不至，其進也於世不甚益，亦不甚損；小人才而進，雖樹功立事，其蠹益深。』《與李仲昌書》云：『賢而適不與己親，不肖而適與己親。足下雖能辨其賢不肖之異，而皆用其親疏而親疏之，豈以人厚己，棄之不祥，不己親而强附之爲佞耶？君子之親賢，非以發其禄仕，振其名譽，蓋將以立身而至於道者也，焉有親賢而爲佞乎？若不肖者業與之厚，不當絶之，毋自昵焉可也。世復有以附己者爲賢，異己者爲不肖，不獨置親疏其間，又從而反其賢不肖之實，此所謂朋黨者也。』皆不刊之論。其答王仲儀又一書云：『某到隨州，城東得一僧居，竹樹甚美，頗有隱者之趣，所愧者以罪來耳。』乃其貶漢東節度副使時，所言灑然，絶無怨尤，非知道者不能也。今日爲書其《好惡解》後云。

書尹河南先生文集好惡解後

余讀尹師魯《好惡解》曰：『甚矣，世人毁譽之亟也。觀人之色辭，則是非紛焉。其色之莊也，譽之則曰重而有守，毁之則曰很而自恃；其色之和也，譽之則曰易而兼容，毁之則曰諂而求合。其辭之寡也，譽之則曰慎而讓善，毁之則曰險而伺過；其辭之博也，譽之則曰通而適理，毁之則曰夸而尚勝。』

烏虖，由尹氏之言，人之處世也，不能無酬酢，一嚬笑，一出口，無不爲世訴者，則君子難乎免於今之世矣。其人而不能自立者與，必將闚覘揣摹，爲戚施之面柔，籧篨之口柔，脂韋巧佞，隨人俯仰。其賢智之過者，必將遁於莊周氏之言，謂彼亦一是非，此亦一是非，終紛然而無所定也。於是曰：爲嬰兒者，吾與之爲嬰兒；爲無町畦者，吾與之爲無町畦；爲無崖者，吾與之爲無崖。一出於陽狂玩世，涣然無禮義之畔，不幸而爲嵇康、王僧達之流，其取禍愈速；即幸而如阮籍、劉伶、畢卓者，亦已爲名教之罪人，身雖完而節裂矣。

然則君子之處世也將奈何？夫子曰：『居處恭，執事敬，與人忠。』卜子曰：『君子敬而無失，與人恭而有禮。』此數言者，持身之要，造次顛沛必於是者也。夫人心之不可測，與所遇之不能一，吾無術以知之，惟竭吾之誠與敬，率性而行之，而一人之好惡，與一時之毁譽，皆可以不計。故孟子言横逆之來，君子必自反曰：『我必不仁也，必無禮也。』至再三自反，而横逆猶是，則君子亦不能不比其人於禽獸。夫以吾相人偶之人而禽獸之，此君子之所甚痛，而聖賢不免爲是言者，誠以吾之事已無可加，而不能不與人相接，使稍移吾意，而冀人之盡吾諒，則必漸變其誠與敬，而高者入於玩世，下者馴至媚世以説人，將日畔於禮而與彼相安者，吾亦儕於馬牛。故不得不以禽獸絶之，而曉然於彼之好惡，於人無與，雖日相接而人禽判焉。所謂君子之異於禽獸者，幾希也。烏虖，可不畏哉。

近日有文三首，并寫出之。

暨艷論

自古君子之勢常絀，小人之勢常贏，故治日少而亂日多。大有爲之君子，知其然也，常有以善持其勢。其進賢也，必歷試諸事，實有以厭衆人之望，而始援以升之。其退不肖也，必明斥其尤，嚴以警比匪之黨，而餘寬以俟之。蓋辨於心者至精，施於事者至公，故進其同類也不爲朋，斥其異己也不爲隘。如是則所與爲君子者，皆得以從容展布，與世相安，而小人之有才者，亦得效一技一長，收其力以爲我用，下者亦得處於冗員末僚，容身以自贍，故怨禍不作，而國家受其福。舜之相堯，流四凶族而已，其實堯之世，此以外亦未必盡人可封也。周公之輔成王，誅三叛而已，當時内外應和，陷於逆黨者，未嘗問也。昧者不察，汲汲以分别邪正爲己任，無論其識之未必精，事之未必公也。即盡出於精與公，而惟恐世之不我知，懸一身以爲衆疾之的，而其禍不可勝言矣。

觀《吴志》所載暨艷與張温之事，可太息也。温、艷當仲謀創業之世，相繼爲選曹尚書。温年少才敏，偏被任用，喜亢臧否之談，效褒貶之議。艷尤狷厲，見時郎署混濁，欲區别賢愚，於是彈射百僚，覈選三署，率皆貶高就下。其守故者，十未能一；貪鄙污卑者，皆置之軍吏營府。怨憤大興，讒構競作，艷及選曹郎徐彪同時自殺。連及於温，廢爲厮吏，至録奪其已嫁之妹。迹其所施爲，無豪芒之裨於世，而禍之來也，若火之燎原，不及旋踵。當時陸瑁以艷頗揚人闇昧之失，與書規之，謂汝潁月旦，事未可行，宜遠模仲尼之泛愛。而諸葛孔明亦言温之取敗，由清濁太明，善惡太分。

烏虖，莊生氏有言：『察見淵魚者不祥。』艷等之所爲，豈不以爲才足匡時，志足厲俗，欲清一世之軌涂，垂百年之典則哉。前乎此者，東漢陳蕃、李膺、范滂、張儉之徒，後乎此者，明季楊漣、左光斗、趙南星、魏大中之輩，皆忼概任事，以激揚名教，扶植人倫爲天下先，而疾惡愈嚴，受禍愈烈。宋之元祐司馬、劉、王、蘇、陳諸君子，力扼熙寧用事諸人，目爲奸邪，惟范堯夫稍寬之。而後人以爲紹聖然灰，由堯夫留其毒焰。至南渡之初，范宗尹以軍興敘人過濫，創討論之説，謗議滋興，遂以去位。

烏虖！暨艷、張温，同志孤而勢寡，禍止及其身家。宗尹無相助之人，創一法而身去，其禍最小。司馬、吕、劉諸公，同志衆而勢盛矣，幸爲之敵者，尚爲士大夫之小人，故其禍止於貶竄，而宋之國事受其大害。漢、明之季，君子之朋，可謂極廣，而爲難之小人，出於宦官婦寺，則諸君子之身家滅而國亦亡。

烏虖，君子之不能勝小人，其害至於如此。不惟君子所不及料，亦豈小人之始計哉！至如北齊祖珽，以小人結小人而進，及秉鈞軸，遂欲沙汰人物，裁革恩濫，官號服章，皆仍故舊，未及設施，遂遭貶謫。北魏張彝父子欲銓别選格，排抑武人，不使得與高品，言甫出口，身焚家毁。夫祖、張之所爲，亦晚世之急務也，而禍已如此。然則後之君子，負澄清之志，而不幸爲世所指目者，尤當審其勢以出之，無沾沾焉自矜其名，而使其禍併中於家國，或反爲小人所藉口也哉。

王曾論

術者，聖人之所不廢，然必盡吾誠以輔之，以吾之仁，用吾之術，而非以吾爲術所用。蓋術者，權是也，事有不得不以委曲出之者，反經而合道，無論其爲正爲變，要必執於人心天理之中，使吾無一豪之歉然，而當之者亦折服而無憾。若誠不至而以吾爲術所用，或故爲詭行巽辭，以正直之公，而效陰私之計。雖幸而勝之，天下後世，亦以其能去一大奸，斥一大佞，喜其成而諒其隱，然終無以服受者之心。而吾之所爲，雖利在國家，其設心之險，當機之詐，有反甚於小人者。此策士之術，非聖人之所取，如王曾之去丁謂是已。

曾之與謂，邪正不待辨也。《謂傳》言真宗崩，遺制軍國事兼取皇太后處分，謂乃增以『權』字。據《曾傳》及李燾《續資治通鑑長編》，則曾草制有『權』字，謂欲去之，以曾言而止。又以《李迪傳》謂與迪爭皇太子止決常務證之，則《謂傳》所載非實。然錢氏大昕言，是時政柄在謂，而能聽用曾言，亦自足多者，其説是也。蓋曾與謂之争論於中書，章獻后所不聞也。謂居政首，而中書進制有『權處分』之語，后必以爲出於謂意，固已陰銜之矣。及后以仁宗卧起晚，令内侍傳旨中書，欲獨受群臣朝，謂陳其不可，且詰馮拯等不即言，於是后滋不悦。謂平生反覆不足取，獨於真、仁之際，持國大事，未有失也。至雷允恭之移陵寢皇堂，固以司天邢中和之言，欲先帝多子孫也。宫奄小人，不知國體，其心本無它也。移穴而入白於后，又承命與山陵使議之，非擅易也。謂以素與允恭相結，依附其議而已。而曾對后言謂包藏禍心，故令允恭擅移絶地，致后怒甚，幾欲誅之。異哉，此豈君子之所爲乎？法官之讞獄也，雖强盗惡逆，必審實其事，明著爰書，既當厥辜，然後治之如法，未有謂其人當死，造一無有之事，傅會以殺之者。

方謂與曾同在朝，曾欲去謂而未得間，一日語謂曰：『曾無子，將以弟之子爲後。明日朝退，當留白此。』謂不疑曾有它意，遂得獨對。此非君子用心之險，甚於小人邪？爰盎之陷鼂錯，范雎之傾魏冉，皆策士之術。而曾效之，雖有公私之不同，亦已肺肝之難語，而况以無爲有，造虚爲實邪！趙高之陷李斯也，弘恭、石顯之陷蕭望之、京房也，孫資、劉放之陷曹宇及肇也，此小人之覆亂邦家者也。以曾之賢，輔政去奸，而用趙高、石顯等之術，難乎其爲曾矣！王允之誅董卓也，以一身而謀去逆亂積威、九鼎在握之劇賊，國之存亡，在此一舉，不得不極其術以用之。徐階之去嚴嵩也，嵩之奸慝，深結主知，柄國久專，黨附者衆，覗隙决釁，非旦夕可計，故亦不得不出於矯詐。若曾之於謂，不特萬萬非卓比，亦豈嵩比哉！大臣之用心，當與天下共見，誠敬孚於人，信義格於衆，潛移默化，不動聲色，而不仁者遠，乃斯以爲善用其術矣。

李沆論

器者生民之所必需，而夫子謂君子不器者，以其大能包萬彙，容衆材，而不得以一器之用概之。下此則以器任矣，以德著，以才呈者，皆器也。故以端木子之賢，而夫子僅以器稱之。下此則奇功顯烈如管仲者，僅以小器目之。至最下而沾沾小有才者，且亟欲自效其才，是諸葛亮之所謂非重器，若遇命世之傑如唐之姚崇、劉晏、李德裕，宋之李綱，明之張居正者，處其上位，亦可收此輩效一職、任一地，以盡物曲之利。其在上而才不勝其德者，則寧抑置之，而不使爲國家生事。

《宋史》言真宗問李沆治道所先，沆曰：『不用浮薄新進喜事之人，如梅詢、曾致堯輩者，此爲最先。』故終真宗之世，皆不進用，所得皆厚重之士，沆之力也。夫致堯與詢，亦一時之隽異。致堯之料李繼遷必叛，刻魏庠之恃舊恩，疏數十上。詢之請自使潘羅支，令攻繼遷。其奮發有爲，皆足以快一時之用。而考沆平日之言行，惟在相位，日取四方水旱、盗賊奏之，凡言利者，無一施行，亦未嘗有卓鑠可紀之事。乃真宗僅欲以致堯與詢召試知制誥，非遽委以大任也。致堯之博學有文，可深稱其職也。而沆以其躁競，必力持之者，何歟？蓋深知宋之立國尚淺，其力必不能大有爲，真宗年少而才不副志，英斷不足，詢等喜事而皆非國器，徒徼幸嘗試，能生邊竟之事而不能成功，又内審諸己，亦無奇謀遠略，足爲國家建非常之業，而使諸人各效其策力，故一切務爲安静，以養元氣俟太平而已。

夫古來少年負瑰異，汲汲思自表見，忼概論列，旁若無人者，其後皆不能以有成。雖以漢之賈生，唐之劉蕡，宋之陳亮，其論議卓立千古，而大率耆進急功，一遭挫抑，鬱鬱以死，况其學識出賈生等下萬萬者哉！昔李衛公籌平澤潞，杜牧上書數萬餘言，衛公置不答。張江陵柄國，凡新進言事者，大半見黜，巡按各行省御史，痛裁抑之，以爲諸少年遇事風生，侵權病政，不可過相假借。當時多議其偏，而綱紀肅然，君尊國富，有明之世，無與比强焉。夫以衛公、江陵之才，足以奔走一世者，猶不敢以言取人以滋流弊，後之才不及二公者，其寧效李文靖之抑曾、梅，而毋爲虚聲所動，猶足以持多故之世矣。

三文古今得失之林也，讀者須深味之。余文皆别存稿，特録於此者，欲與近來邸鈔相發明也。

劉仙洲夫人來。孫鏡江來，以精拓漢上林瓦當文裝作楹聯屬題。沈子培以小琅嬛仙館所刻《述學》等三種見詒。此余舊物，後失之。子培數年前於廠市購得，見有余題識，仍以見反，可感也。夜燃燈叩先像，供茗飲。得心雲書，以杭人許增新刻《納蘭詞》《靈芬館詞》爲贈，即復謝。

十五日丁酉　晨大雪，上午晴，下午復陰。是日本擬入城謁叔平師，且詣徐蔭軒師家投刺，以道濘甚，晚迫家祭，不果往。竟日補寫日記，門庭悄然。夜祀先，肉肴五，菜肴五，菜羹一，浮圓子一巡，酒再巡，飯再巡，一更後畢事，小放花礮。得心雲書，即復。是夕望，無月。付花爆錢二十二千四百。

十六日戊戌　晴，有風，頗寒。剃頭。作書致心雲，辭聽曲之招。陳氏女偕其前室所生三女來，爲設酒食笙樂，令兩姬款之。上午詣廠市，泥淖猶阻，游集漸稀，廠甸前略有車騎一二而已。詣火神廟，略無佳書，以京錢二十四千向舊攤買酒杯十枚而歸。晡後詣楊定旉，不值。詣鐵香新居，久談。盆梅頗爛漫可觀。晚詣聚寶堂心雲之約。夜一更後酒畢，邀心雲、敦夫、光甫、秋田諸君飲霞芬家，招玉仙諸郎。是夕微陰無月，燃燈四照，廊廡綺映，彌覺通明，藏鉤十周，美酒半醉，四鼓時歸。付霞芬酒局四十千，燈燭錢八千，下賞十千，加賞八千，車錢十五千，客車八千，笙樂錢十五千，陳僕媪賞八千。付甥姪等游廠市錢十千。

十七日己亥　晴寒，有風。得紱丈書，索閱日記。閱《三國志》。鐵香來。夜先像前供肉笋餡餃子及茗飲。是夕始有佳月。

邸鈔：以內閣學士貴恒爲禮部右侍郎。上諭：御史劉恩溥奏參給事中張觀準、內務府大臣俊啓劣迹昭著一摺，著派廣壽會同都察堂官按照所參各節確切查明，據實具奏。詔：已革兵部左侍郎胡瑞瀾、已革山西布政使林壽圖、已革安徽布政使傅慶貽，均著來京，交吏部帶領引見。胡瑞瀾，先有疏薦之者。近日鄧承脩疏劾廣東察政馮爾昌，言前學政不肖者吳寶恕等爲最，其有清望者惟胡及劉熙載、章鋆三人。林壽圖以張佩綸疏薦，傅慶貽亦有人保之，而御史洪良品旋劾之。詔：宗人府府丞、總理各國事務衙門章京吳廷芬著在該衙門大臣上行走。以記名提督王得勝爲江西南贛鎮總兵。吏部員外郎盛植型授湖北安襄鄖荊兵備道。以德魁補正黃旗蒙古副都統。上諭：張佩綸奏謹籌停捐善後之法，請旨飭議一摺。所陳停止分發，嚴核保舉銓補，裁併班次署事，變通章程各條，著該部議奏。

十八日庚子　晴，下午有風，仍寒。傅懋元來。汝翼來。午祀先，肉肴四豆，菜肴四豆，菜羹一，饅頭一盤，春餅一盤，時果四盤，栗子湯一巡，酒再巡，飯再巡，至晚畢事，焚楮泉。夜收神位圖。作書致紱丈，得復。夜作片邀心雲同甥姪輩小飲，至三更散。付眼鏡錢十五千，又修舊鏡錢二千五百，春季爵秩録四千。

十九日辛丑　晴。閲《三國志》。比日頗覺勞倦，今日時假寐，讀書不能終卷。孫鏡江來。鐵香來夜談，至三更去。

邸鈔：上諭：東陵營房工程一案，據景瑞明白回奏，當諭令伯彦訥謨祜、閻敬銘提集前後各案，嚴切根究。兹據奏稱，該監督、監修及商人等所供各節，與景瑞回奏種種不符。現據懿綿供稱，上年十二月間，因挂漏工程，景瑞令懿綿先交銀兩，當經面交景瑞銀條一千兩，商人實未收過等語。此案工程銀兩現經查出虧短甚鉅，亟應徹底根究，正黄旗滿洲副都統景瑞著先行解任，迅即前赴東陵，聽候質訊。

二十日壬寅　晴，下午有風。得紱丈書，還日記。閲《大戴禮》。郭子鈞同年來。殷莩庭姬人來。爲鏡江題瓦當楹聯。其『萬歲』『千秋』兩瓦及『上林』兩半瓦皆甚佳。傍晚詣張叔平，不值。晚赴聚寶堂光甫之約，諸君皆已至，招霞芬、玉仙，藏鉤十餘周，分曹大醉，夜二更後歸。復讀《大戴禮》。比苦嗽甚，不能覃思，偶出飲歸，嗽即小止。蓋嗽病全在氣血虧耗，不能生液潤肺，肺金失制，遂犯肝木，肝逆上冲，嗽因之劇。故深戒用心，不得不偶作陶寫耳。付車錢四千，霞車二千。

二十一日癸卯　晴和，始有春光之美。張姬詣陳、劉、殷三家答賀，並過對門鄭、李兩家。買紅梅兩樹，栽之盆。閲樊綽《蠻書》。其敘六詔事，頗有本末，惜多脱佚耳。付五家賞犒錢三十二千，車錢七千，紅梅六千四百。

二十二日甲辰　晴和。

邸鈔：上諭：都察院奏遵旨整肅臺綱一摺。據稱吏科掌印給事中戈靖老而務得，頓改清操；户科給事中周聲澍嗜好已深，頗招物議；掌浙江道御史英俊與庫書往來，殊玷臺職；掌福建道御史劉治平身體軟弱，痼疾難除；福建道御史伊里布前巡城時收受陋規，聲名近劣；掌廣東道御史徐克剛昵比匪人等語。既據該堂官訪查確鑿，應即予以懲處，其所參各節，姑免深究，戈靖、周聲澍、英俊、劉治平、伊里布、徐克剛均著勒令休致，以肅官方。戈靖，雲南保山人，丙辰進士，由禮部郎中入臺，其人年已七十餘，素有足疾。周聲澍，湖南善化人，癸亥翰林；劉治平，順天昌平人，戊辰翰林；徐克剛，山西保德人，癸丑進士，亦由禮部郎中入臺：三人皆以嗜雅片菸聞者。詔：咸齡賞給委散秩大臣。

二十三日乙巳　晨及上午陰，午微晴，下午間晴，多陰。午聞紱丈於昨日寅刻溘逝，即走哭之，則已斂矣。伯寅言前夕之晚猶出至塾，與館師談。至夜加丑，忽淡逆，遂卒。悲哉！余辱丈知最深，近年所作必示余改定，手書間日即至。前日猶以書來，還日記及所借零帙書，字精整如平時。彈指之間，遂成永訣。爲之涕泗，不能自已。去冬今春兩來過余，談笑如少年。方擬俟花開時小治果茗，邀丈及周荇老作花下清言。風燭不恒，已爲隔世人。生露電垂，暮同嗟唁。伯寅後出，見坐客皆不相誰何，昔人所謂令君輩存者也。出詣楊正甫、孫鏡江，皆不值。詣徐壽翁，久談，薄暮歸。書玉來。爽秋來。玟、瑩兩姪以後日赴保定，予以銀六兩并筆紙食物。

二十四日丙午　晴，晨風，上午後稍止。得紹興知府霍順武書。敦夫邀夜飲，并爲兩姪餞，辭之。作片致光甫、心雲，皆爲敦夫辭今夕之飲。閱校《漢官儀》。敦夫來。心雲來。夜敦夫招飲便宜坊，偕心雲及甥姪輩携燈赴之，光甫已至。二更酒畢，復談至三鼓歸。夜月上，頗寒，擁衾讀書。

邸鈔：上諭：軍機大臣、刑部尚書潘祖蔭在南書房行走二十餘年，勤勞匪懈，伊父四品卿銜前任内閣侍讀潘曾綬迎養在京，精神素健。兹聞溘逝，軫惻殊深。加恩追贈三品卿銜，並賞銀二千兩經理喪事，由廣儲司給發，以示優眷。以兵部尚書張之萬調補刑部尚書。以前兵部侍郎彭玉麟爲兵部尚書，未到任時，以户部尚書閻敬銘兼署。命禮部尚書徐桐充國史館正總裁。命侍郎福錕署左副都御史，張佩綸知癸未科貢舉。甘肅寧夏府知府陶模升蘭州兵備道。本任蘭州道曹秉哲丁〈憂〉。

二十五日丁未　晴，頗寒。兩姪早發保定，入余卧裏辭行，擁衾誡之。余年老矣，爲之悵黯。剃頭。汝翼來。陳資泉來。心雲來夜談，與之擲采選格，招敦夫不至，三更後散。

邸鈔：掌京畿道御史梁俊選廣西梧州府知府。

二十六日戊申　晨陰，上午後晴，甚寒。閲《廿二史考異》。作書致楊正甫，爲覓梅卿寓宅。晡後詣敦夫談，偕至張相公廟街看屋，便過其對門袁爽秋小坐。出詣吴介唐，不值，遂歸。

邸鈔：詔：雲南報銷一案，派張之萬會同麟書審辦。詔：刑部奏查訊私行招墾官淀一案。禮部郎中孟傳金著先行解任，聽候訊辦。户部郎中繼良授甘肅寧夏府知府。

二十七日己酉　卯初一刻六分驚蟄，二月節。晨霒陰，上午有微雨，下午晴。楊正甫來。詣荇老，久談。晚詣上虞館赴書玉兄弟之招，敦夫、光甫、介唐諸君已至，心雲後來。談宴甚歡，夜三更後始歸，泥淖頗苦。袁爽秋來。沈子培來。

二十八日庚戌　晨陰，上午後晴。兩姬詣陳氏飲新年酒。下午獨居理詠，晴日滿庭，茶熟花香，始知春麗。敦夫來，偕至瑠璃廠松竹齋買紙。詣光甫，不值，遂歸。何子峨學士來。作片致心雲，約夜談，復書言小恙，不至。敦夫來夜談。付兩日車錢十八千，陳宅犒賞十六千。

邸鈔：以詹事府少詹事周德潤爲内閣學士，兼禮部侍郎銜。以太常寺卿懷塔布爲都察院左副都御史。

二十九日辛亥小盡　晨濛雨，上午後陰晴相間，午後晴。比日咳嗽，頗困。點閱《東都事略》及畢氏《續通鑑》。介唐來，敦夫來，心雲來，偕留暢談，并擲采選圖，至晚散。夜得心雲書，以揚州新刻何願船《一燈精舍甲部稿》見示。願船名秋濤，福建光澤人，道光甲辰進士，官刑部主事。咸豐庚申，尚書陳孚恩進其所著《北徼彙編》八十五卷，晉員外郎，在懋勤殿行走，賜其書名《朔方備乘》。次日詔毋庸入直，旋以憂去官，主保定蓮池書院。同治元年六月卒，年三十有九，所著多散佚。此稿僅五卷，卷一《孟子編年考》；卷二《周易爻辰申鄭義》及《爻辰圖説》；卷三《禹貢鄭氏略例》；卷四《經解五首》，有目無文者五首，其《周禮故書考》一首亦不全。卷五考據雜文九首，有目無文者二首。其《祁大夫黄羊字説》，備載苗先鹿、王菉友、何子貞、陳小蓮瑑，嘉定人。諸家之文，而附以己説。壽陽相國已別刻之。

邸鈔：上諭：廣壽、張之萬奏遵查大員參款，據實覆奏一摺。據稱志和自上年七月後因病請假，數次未能常川進署，到署時降輿處所未能如儀；都察院候補經歷鄭德寛即鄭六曾照料其母舅張瑞興所開裕順木廠，原參係張福乞養子，查無確據。該尚書前充崇文門監督時，曾派鄭德寛爲委員，又派稽查驗貨等語。志和當差有年，近來體弱多病，著即開缺。鄭德寛以市儈捐納官職，種種不安本分，著即行革職。原參志和自任兵部，每月進署不過一二次，甚或一月不至；其管理内務府，與僚屬戲謔，同於市井；至在直廬，卧聽屬員回事，語未畢而鼾睡：此皆共見共聞者。又鄭六者，協辦大學士文煜家丁，張福之乞養子，志和與之來往，蹤跡詭秘云云。上諭：廣壽等奏遵查給事中參款一摺。户科掌印給事中張觀準著先行解任，聽候傳訊。詔：李鴻章賞假兩個月回籍營葬，假滿後即回署任，用資倚畀。

二月壬子朔　竟日陰，傍午微見日景。寫單約傅子蓴、孫鏡江、蔡松甫、書玉、資泉、光甫、敦夫、介唐、心雲明晚飲聚寶堂。作書致心雲。潘孺初來。買緋梅三盆，泉十千。

邸鈔：上諭：陳士杰奏查明庸劣各員，請分別懲處一摺。浙江候補通判汪轂，歸安縣知縣呂懋榮，陽湖，監生。象山縣知縣沈鍾瑞，安徽，監生，前署會稽縣。署青田縣事候補知縣劉維翰，候補知縣陳瀚、朱樸，均即行革職；署台州府同知、候補同知李宮，遂安縣知縣韓聞南，江蘇，監生。均以縣丞降補；黃巖縣知縣馮健，漢軍，進士。金華縣知縣黃紹謀，四川，進士。均以教職選用。吏部驗封司郎中葉毓桐華陽，己未。授甘肅安肅兵備道。本任安肅道沈紘告病。紘，烏程舉人，捐納户部郎中，亦姚覲元、董儁翰之流，今聞風解綬去。

初二日癸丑　晴。上午入城詣徐蔭軒師，投刺。詣朱蓉生談。詣翁叔平師，不值。出城詣何子峨談。傍晚歸，小食。晚詣聚寶堂，同人俱已至，招霞芬、玉仙、月秋諸郎，夜二鼓散。敦夫復邀同光甫、心雲飲霞芬家，再招玉仙、月秋兩飲，皆以藏鉤行酒，醉甚，四鼓歸。聚寶酒保賞六千，客車十三千，霞車四千，車錢十千，徐門三千。

初三日甲寅　晨晴，上午陰，午微見日，下午霃陰，晡後雪，入夜稍止。

閲何願船《禹貢鄭氏略例》。分爲十三門：曰援東漢圖籍，曰駁正班志，曰地理證實，曰地理志疑，曰導山釋義，曰導水釋義，曰言過言會皆水名，曰言至于者或山或澤皆非水名，曰改讀正字，曰明書法，曰政令，曰禮制，曰名物。其所采鄭注，大氐本於王、段、江、孫四家，間有補正，亦多駁王、江、孫之説，而頗取胡氏《錐指》，鉤摘異同，殊爲邃密。又閲《周易爻辰申鄭義》一首，凡列十六難、十六申，於高密之學，可謂盡心焉矣。

買水仙花三叢，泉二千七百。印結局送來兩月公費銀十三兩七錢。

邸鈔：以工部尚書宗室瑞聯爲兵部尚書，以理藩院尚書宗室麟書爲工部尚書，以熱河都統額勒和布爲理藩院尚書，以户部右侍郎恩福爲熱河都統，以刑部右侍郎福錕調補户部右侍郎，以禮部右侍郎貴恒調補刑部右侍郎，以内閣學士嵩申爲禮部右侍郎。命瑞聯充武英殿總裁，烏拉喜崇阿補正白旗蒙古都統。上諭：都察院奏滿洲御史保送升遷，請飭酌改章程一摺，著吏部議奏。疏請嗣後保送滿缺御史，先儘京察一等及科甲五貢出身人員，如正途不敷，始准以文理優長之筆帖式、官學生出身人員保送。仍明定章程，雜流不得過十之三四，並同漢御史例，派大臣考試；其進士出身者，照舊例輪用庶子。又直隸、熱河口北、山西歸綏各道缺出，以科道一體保送，列名六部理藩院人員之前。

初四日乙卯　晴，下午大風。芟垂楊岐枝，別裁之。作書致鐵香，借朝衣冠。作書致蔡松甫學録，得復。晡後過敦夫齋中，適心雲來，遂談至夜歸。自前日去鑪，昨復用之。

初五日丙辰　晴，稍和，仍有風，晡後陰。曾祖妣忌日，上午供饋，肉肴六豆，菜肴四豆，菜羹一，饅頭一盤，春餅一盤，時果四盤，蓮子湯一巡，酒四巡，飯再巡，茗飲兩巡，晡畢事。得雲門去年祭竈日宜昌書，言葬事已畢，并惠銀十六兩。得敦夫書，即復。汝翼來。剃頭。夜洗足，早睡。二更起，坐車入城，詣國子監，恭祀先師，五更畢事，歸。是夕霒陰有風，寒甚，戊夜風益横。付車錢十千，賞升兒二千。

初六日丁巳　晴，風不止，寒甚。得逸梧祭酒去臘二十七日長沙小桃源書，并惠二十金。得心雲書。作書致鐵香，還朝衣冠。作書致荇丈，問徐星伯、宋于廷兩先生卒年，并星伯任湖南學政時以刻書發價被彈謫戍事本末，以荇翁嘗問業兩君也。作書致心雲。得荇丈復。張叔平來，言近日被彈本末，且告張佩綸、劉恩溥兩人平生行事。夜撰紱丈輓聯：『致仕歷三朝，享八坐鼎鐘，依然寒素，方冀大椿不老，有奉親樞輔，宫花常照萊衣，頗聞禁省參承，帝祝長年，每問起居添喜色；締交承兩世，數卅年文酒，倏爾星霜，争傳仲蔚閑居，鄰履道園亭，徑草時延藜杖，詎料人天俄頃，公歸前夕，猶來書札似平生。』

邸鈔：上諭：大理寺卿英煦奏請飭整頓旗務一摺。八旗規制，本極周詳，乃相沿日久，積弊叢生，亟應認真整飭。所奏混入旗籍，侵扣俸餉，頂替挑缺，私賣甲米等弊，應如何設法整頓釐剔之處，著八旗都統嚴定章程，妥議具奏。　命國俊補正藍旗漢軍副都統。

初七日戊午　晴寒，大風。作片致敦夫。授張甥《孝經》。卧閲《廣韵》。是日頗憊。以白綾二丈寫紱丈輓聯，并以藍尼紬幛製『福備哀榮』四金字送之。傍晚風小止，過敦夫齋中談。得雲門正月十六日宜昌書。同年戴彬元以正月廿一日麟太師母八十壽辰公送屏幛如意等物，每人率資二十四千。此人一字不通，而公然撰文，不相告語，其妄已甚。又同年在都者百餘人，當得錢二十九百千，計可侵蝕百餘金。（此處塗抹）今日如所率付之，而於公柬小注數語。此亦余之不廣也。新授安襄道盛蓉洲年丈植型來。署中知會考送通商衙門章京，却之。夜疾動。

邸鈔：上諭：廣壽等奏遵查給事中張觀準、内務府大臣俊啓被參各款，據實覆奏一摺。據稱張觀準曾向俊啓借銀二千兩，俊啓並未借給，呈出往還原信，均屬相符。惟張觀準函内微詞恫嚇，原參謂其意存要挾，實非無據。俊啓廣建房屋，侈於自奉，請旨分别懲處等語。張觀準職居風憲，輒向俊啓借貸多金，意存恫喝，實屬有玷臺班，著即行革職。俊啓諸事不知謹飭，致招物議，著開去總管内務府大臣差使，並交部議處。原參張觀準爲倉匪張六託嵩溥代請開脱罪名，嗣嵩溥革職，觀準以六百金酬之，又向俊啓借銀一萬兩，俊啓饋以千金。俊啓行止不端，玷辱名教，請並懲治，以爲簠簋不飭、帷簿不修者戒云云。聞嵩溥事屬子虚。俊啓嘗任粤海關監督，觀準曾兩書告貸不獲，至俊啓有妻病風，未聞中冓之醜也。

初八日己未　晴，午前有風，頗寒，下午驟暖。得梅卿初五日津門書，言已爲余迎内子北來。作書致敦夫，致心雲，致袁爽秋。敦夫來，偕至潘家河沿爲梅卿定宅。午後邀敦夫、心雲至文昌館聽曲，傍晚歸。作片致荇丈，借騎，爲内子前馬。買一床、一桌、兩杌子，送致所定新宅。得爽秋書。敦夫來，心雲來，留共小飲，夜談。作書致梅卿。付床、桌錢五十七千，定宅錢十千。

初九日庚申　晴和，午後有風。晨遣二車、一騎、一僕、一媪往通州，迎内子於潞河。作片致敦夫。料檢書籍器物，督童僕掃房設具。下午撰荇丈七十壽序，即金箋横幅書之。得敦夫書。得爽秋書。田杏村來自越。席姬生日，予以錢二十千。付通州車馬食料錢十三千五百。

邸鈔：上諭：伯彦訥謨祜、閻敬銘奏查明馬蘭鎮營兵起釁滋事情形，分别定擬各摺片。此案兵丁王殿章等因馬蘭鎮修造營房工程不實，先經匿名呈控，嗣復糾合新舊兵二百餘人呈州控告，總兵桂昂咨請直隸總督派隊查辦。該兵丁等聞信，輒敢聚集多人，圍繞官廳，擅取庫械，並有轟傷官弁，掠取財物各情。現經研訊明確，爲首倡亂之兵丁王殿章、徐文如、李景隆、宋朝林，均著即行正法，以昭炯戒。其餘聽從滋事各兵丁，均照所擬，分别完結。馬蘭鎮總兵桂昂於兵丁呈控時並不妥爲查訊，率請調隊會辦，以致衆情疑懼，釀成重案，實屬昏庸畏葸，著交部嚴加議處。游擊清保辦理不善，任意妄禀，又復飾非諉過；把總閻文選、王貴蔭甘受逼辱，懦劣無耻，均著革職，發往軍臺效力贖罪。外委楊藴秀任意妄爲，王懋印輕躁喜事，均著革去外委，杖一百，徒三年。守備鄧啓華等降革有差。貝子毓橚、公榮毓有守護陵寢之責，乃於兵丁滋事重案，未能即時具奏，均著交宗人府議處。至營房工程款項甚鉅，正黄旗滿洲副都統景瑞前在馬蘭鎮總兵任内，首議建造，身任承修，並不核實經理，任令屬員借支薪水，挪移虧短，迨飭令明白回奏，又復巧爲掩飾，謬妄欺蒙，著即行革職。所有虧短銀兩，除各員弁等借支各款分別追繳外，其已故革弁徐永興所短銀二萬八千六百十九兩零，著責令景瑞與徐永興之子徐晉笏各半賠繳。景瑞應繳銀兩著依限自行交納部庫。如限滿不完，照例監追；儻完不足數，定行從重治罪。守備隋登第，把總李蔭長、段瑞徵支借銀兩爲數最多，著即行革職。其餘借用銀兩之游擊萬禄等革降有差。商人邢錫昌攬修營房，含混草率，工料不實，著革去職銜，仍勒限賠修，如限滿工程不完，或收工時再有弊端，即行從重治罪。東陵工部員外郎懿綿查無倚官壓商情事，惟于應發款項並未全數發給，致令商人挪墊偷減，著交部照例議處。懿綿應交銀一千二百兩，並景瑞應交挂匾銀一千兩，均限於一月内交納。馬蘭鎮員弁兵丁積習甚深，著責成該總兵認真整頓，嚴申紀律，以肅營規。

詔：桂昂來京聽候部議，以右翼總兵文秀爲馬蘭鎮總兵兼總管内務府大臣，以翼尉富森布署理右翼總兵。詔：鑲藍旗滿洲副都統恩全調補正黄旗滿洲副都統，正紅旗蒙古副都統敬信調補鑲藍旗滿洲副都統，□□□□芬車補正紅旗蒙古副都統。陝西巡撫馮譽驥奏請爲已故記名道、前任鳳翔縣知縣唐霈霖於鳳翔府城准士民捐建專祠。許之。唐霈霖，□□□人，由□□□知鳳翔縣。同治元年八月，逆回大股圍鳳翔府城，霈霖督民兵堅守，與賊大小百十餘戰，殺賊數千人，凡十有五月圍始解。二年十月初六日，陝西巡撫瑛棨疏陳守城文武官紳功，詔道員用鳳翔府知府張兆棟記名以按察使遇缺題奏，知府用鳳翔縣知縣唐霈霖記名以道員用。兆棟歷擢至廣東巡撫；而霈霖不被用，今年正月卒。

初十日辛酉　晴和，下午風，微陰。作書致荇翁，問所校補《五代史》已成幾卷，有無書名。得心雲書。得荇翁書，以所著《漢書注校補》等六帙屬閲，即復。上午寫荇丈壽序成，即作書送去。爲心雲撰壽詩小序，即作書致之。敦夫來夜談。作書致鐵香，爲内子入城行李，託其轉告東城葉御史知會崇文門。得心雲書。

邸鈔：上諭：麟書、張之萬奏審辦雲南報銷一案，請將司員革職各摺片。降調户部員外郎福趾、户部主事龍繼棟，均著革職審訊。已革知府潘英章，上年十月由雲南起解，現在尚未解到，實屬遲延，著沿途各省督撫嚴催。詔：正藍旗漢軍副都統額駙札拉豐阿調補正藍旗滿洲副都統，□□□英廉補正藍旗漢軍副都統。命禮親王世鐸管理健鋭營事務。編修徐會澧升國子監司業。翰林院侍講盛昱轉補侍讀，右中允長萃升侍講。御史鄔純嘏升户科給事中。禮科給事中孔憲穀轉補吏科掌印給事中。

十一日壬戌　晴和。鐵香來。内子至京。梅卿及其長郎毓麒來。僧慧書來，言去年臘月初五日申時舉一子，甚可喜，先大夫始有曾孫矣。季弟寄來燕窩三兩，羊豪六枝。大妹寄鮝脯兩肩。二妹寄鮝脯兩肩，龍眼兩簍，眼鏡韜一枚，又詒席姬絨綫一包，踦龍一雙。三妹寄燕窩五兩及冰糖、蓮子，又詒兩姬雪青官紗衫裁兩事，青紗裙裁兩事。詩舫弟寄補服一副，鮝脯兩肩。楚材弟寄燕窩四兩。鳳妹寄香酥餅一簍，鹽鰲一甋。品芳弟寄龍眼一簍，笋尖一簍及乾菜。竹樓弟寄笋乾、乾菜。得仙居老友王月坡書。何子峨學士來。敦夫來。光甫來。心雲來。傍晚偕敦夫、心雲詣梅卿新居，夜步月歸。饋梅卿肴饌。是夕月甚佳。以過勞復咯血，夜又疾動。付梅卿新寓兩月賃銀十四兩。

邸鈔：以光禄寺卿阿克丹爲内閣學士，兼禮部侍郎銜。以太僕寺卿吴大澂爲太常寺卿。上諭：奕劻等奏兩翼幼官學漸形廢弛，請飭整頓一摺，著寶鋆等歸入會議八旗景山官學各摺，一併妥議具奏。

十二日癸亥　晴。書玉饋肴饌一席，犒使八千。介唐來。作書致書玉，饋以鮝脯一肩，龍眼一簍，香酥餅一盤，乳酥兩餅，乾菜一合。以肴饌饋梅卿。湖北人袁嘉麟來求見，故侍郎希祖之嗣孫也，祖籍上虞，其母蔡編修壽祺之女，未昏守志，爲袁氏撫孤，余嘗爲之作《德化蔡氏貞烈録敘》者。今嘉麟持余文乞審定，爲改正誤字十餘處。書玉來。梅卿書約過飲，辭之。敦夫來夜談，月甚佳。是日付通州三日迎車二輛錢九十八千，賞胡氏從僕王元銀二兩，其餘錢二十四千，通州迎騎張升錢十千。

十三日甲子　卯正二刻八分春分，二月中。晴和。剃頭。梅卿饋元翻金刻《五音集韵》一部，東洋鐘一架，龍井茶八瓶，𤎌脯兩肩，青魚腊一尾，西洋餅餌兩匣，東洋縐布一匹，羊豪兩匣。詣荇翁，拜七十壽，晤徐壽翁、徐叔鴻、陳伯平及心雲、爽秋諸君，小飲久談。出詣張叔平，不值。詣梅卿談。詣田杏村，不值。詣李爽階談，傍晚歸。梅卿邀飲霞芬家。夜月皎甚。詣鐵香談，遂赴梅卿之招，霞芬設饌頗美，三更後歸。付車錢十千。

十四日乙丑　上午晴，下午陰。寫單約李爽階、楊正甫、沈子培、敦夫、光甫、心雲明日晚飲。作書致梅卿，謝惠書籍等物，犒使十二千。作書致敦夫，饋以楊梅燒酒一罎，香酥餅一盤。饋仙洲夫人𤎌脯一肩，桂花糖一器。書玉夫人來寧，始見内子也，留之夜飯去，送以番銀四餅，蓮子、冰糖各一合，海上餅餌一匣，都蔗兩枝。梅卿、敦夫來夜談，至三更去。夜微月多雲，三更漸朗。得族弟小帆去年臘月三日南昌書，并寄夏布兩端。

十五日丙寅　竟日陰。閲金韓道昭《五音集韵》。下午詣伯寅尚書，再申吊唁，以訃言明日受吊，恐客多，故先日往也，即歸。詣介唐，不值。詣書玉，久談。傍晚詣聚賓堂，爽階諸君先後至。夜飲至一更後，再邀正甫、敦夫、光甫、心雲飲霞芬家，招月秋、玉仙諸郎，藏鈎十餘周。三更後歸，月色始皎，是夕加丑望。沈子培來。

鄉人何秀才濬爲其子新舉人楙送行卷來。秀才，治鋒之子，竟山之弟也，本峽山村人。其履歷云：六世祖明南京工部尚書贈太子少保詔，詔生官生鎬，鎬生前軍都事景昂，景昂生明萬曆癸未進士江西參政分巡湖西道繼高，繼高生生員光道，光道生明選貢生兵部員外郎育仁及崇禎乙丑進士御史宏仁，育仁生國朝順治甲午科湖廣舉人曾栗，曾栗生康熙丙午舉人浙江嘉興府知府鼎，鼎生貴州黎平府知府經文，經文生總督銜河南巡撫贈太子太保謚恭惠熠及廣西右江兵備道炌，熠生江西巡撫裕城及安徽池州府知府裕均，裕城生山東武定府知府鐘、陝西布政使太僕寺卿銑、乾隆甲辰召試舉人貴州按察使金。自熠始以任杭州府東防同知時引見奏歸浙江原籍。詔歷官有清名。宏仁、育仁明末皆以忠節著。熠、裕城父子皆能吏，皆嘗任東河河道總督，以勞聞，熠尤稱名臣。吾越世家，自餘姚孫氏、會稽陶氏外，推山陰何氏。而孫氏國朝無顯者；陶氏近世科名非明之故家；何氏自按察以後，名位雖微，然尚有咸豐壬子進士廣西梧州府同知謹順，道光癸卯副榜彬，今楙復登科，蓋衣冠莫之先也。

又其履歷載詔三妻唐及孫皆封夫人，郭以子貴，封太夫人。郭蓋明世宗時刑部尚書鰲之母，以司寇頗蒙清議，故不載其名。吾越有明以來，鄉評之嚴如是。司寇爲分宜門生，楊忠愍之獄附會分宜，其實非司寇殺之也，特不能爭耳。司寇少有清望，嘗諫武宗南巡及嘉靖大禮，被廷杖。歷官六卿，以廉幹聞。未老致仕，卒贈太子少保。《世宗實録》稱其忠清公正，有古大臣風。萬曆《紹興志》亦爲立傳。自明季東林、復社諸君子出，清議益嚴，蕺山講學越中，風俗丕變，士夫以名節爲己任，至今雖鄉愚父子皆知司寇爲小人，此則司寇之不幸耳。以司寇平生大略論之，蓋國朝鄉先達中陳尚書大文、余尚書文儀之儔匹，遠在近日譚端恪之上。而越俗愈下，士論不立，今且爲不肖之所群趨矣。使司寇而在今日，有不以名臣碩彦奉之者哉！閲此有感，聊附論之。

邸鈔：浙江鹽運使惠年告病，安徽安廬滁和道覺羅成允升浙江鹽運使。湖北武昌府知府嚴昉以道員用，內閣侍讀額勒恒額授武昌府遺缺知府。

十六日丁卯　晨小雨，竟日霠陰，晡後雨漸密。楊正甫來。袁嘉麟復來，仍不見，以敘付之。夜雨。

十七日戊辰　春社日。晨雪，巳後晴，風，晡微陰，頗寒。作書致梅卿。汝翼來。同邑新舉人章廷爵來，胡紹曾來。江西人廖光來。爲鐵香寫直幅二事，又爲人書楹聯二。得梅卿書。梅卿之子毓麒來。敦夫饋肴饌一席，作片再辭之。夜校馬、陸兩家《南唐書》及陳簡莊《續唐書》。月皎，有風，而寒。

邸鈔：上諭：給事中鄧承脩奏參山西布政使方大湜，請旨懲處等語。方大湜前經降旨令其來京，另候簡用，行至天津，輒以患病請假回籍，殊屬非是。方大湜著交部議處。嗣後來京另行簡用人員，如再有藉端逗留，不即赴闕，或由經過地方督撫代爲陳請者，定將該員及代奏之督撫一併嚴懲不貸。詔：光禄寺卿黎兆棠開去卿缺及督辦福建船政差使。福建按察使張夢元開缺，賞給三品卿銜，督辦福建船政事宜。　安徽安慶府知府沈鎔經升安廬滁和兵備道。

十八日己巳　晴寒。閱陳仲魚《續唐書》。鐵香來。梅卿來。黄同年福楙及其兄子新舉人開甲來。吴介唐夫人來。得汝翼書，饋閩中酸棗糕一匣，福橘十枚，作書復謝。傍晚過敦夫齋中談。夜家人作觀世音生日齋。

邸鈔：詔免江西米穀釐金。從巡撫潘霨請也。右贊善胡喬年轉補左贊善，編修張英麟升右贊善。

十九日庚午　晴暖。山桃花開，丁香亦一二欲華。作書致荇丈，屬題季弟所寄任渭長麻姑坐花小幅。作書致梅卿，送石墨拓本屏幅去，得復。秋田來。爽秋來，談至晚去。得荇翁書并題詩絶句，即復。屠子疇表弟自越來。新舉人朱秉成來，李子達玉來，言賨書來，皆同鄉計偕者。李爽階來辭行。得梅卿書，即復。

邸鈔：以國子監祭酒景善、翰林院侍讀學士陳寶琛俱爲内閣學士，兼禮部侍郎銜。

二十日辛未　晨陰，上午後微晴，晡後晴。祖考鏡齋府君及節孝張太太忌日，上午供饋，肉肴六豆，菜肴六豆，菜羹一，饅頭一大盤，時果四盤，蓮子湯一巡，酒三巡，飯再巡，茗飲再巡，晡後畢事。得梅卿書，饋宜興壺一把，墨四笏，羊豪兩管，三老碑一通，受壺、墨，作書復謝，犒使二千。屠子疇饋鯗脯一肩，松花卵一簍，表姪屠開究饋茄乾、乾菜各一簍，犒使四千。梅卿來。心雲來。作書致汝翼，饋以笋、脯、乾菜。同鄉新舉人何楙、胡炳遠來。得張叔平書，以寓屋有餘，屬爲覓主。叔平長者而擇交不慎，以貧傷廉，致挂彈事。其宅頗華好，花木扶疏，本商城周氏業也。

邸鈔：詔：鑲紅旗漢軍副都統、前總管内務府大臣俊啓，兵部議請革職，著改爲降三級調用。詔：馬蘭鎮總兵兼總管内務府大臣桂昂，著照兵部等議即行革職。　以湖南辰沅永靖兵備道裴蔭森爲福建按察使。編修顧樹屏授安徽安慶府遺缺知府。巡撫裕祿旋奏以鳳陽府知府成善調補安慶府，以顧樹屏補鳳陽府。

二十一日壬申　晴，晨尚寒，午後漸暖，傍晚有風，仍寒。山桃怒放。子疇來。敦夫來，下午偕至文昌聽曲，招子疇，不至，傍晚歸。秦德埏來。心雲來，留之夜飯，談至二更去。有風。

邸鈔：御史葉蔭昉升禮科給事中。

二十二日癸酉　晴，上午大風，下午黄霾，風益甚，晡後稍清曣，復寒。汝翼來。得傅子蓴書，約明日夜飲。爲梅卿書楹帖三事。作書致張叔平，致梅卿。諸暨新舉人陳禹九來。再得子蓴書。得心雲書，言張子頤云後日喀什噶爾摺弁西還，可寄施均甫諸君書。余自去年小除夕作答均甫書，僅三行而輟，至今不增一字，其懶甚矣。夜風。

二十三日甲戌　晴，有風，午後止。外姑馬孺人八十冥壽，内子以持長齋祀其考妣，亦蔬食。余前日再三曉之，不從。婦人之愚，不能以口舌争也。上午供饋，菜肴十豆而外麵果而已，巨燭燒三寸許，蓮子湯一巡，酒三巡，飯再巡，茗飲一巡，晡畢事。作書致子蓴，辭飲。晡後過敦夫齋中談，爲劉氏託借銀交畿莊壓租錢。作復施均甫書，約千餘言，略論近年志事，文頗嚴偉，惜不留稿。又作復蔣子相書，論庚午榜運之厄，亦數百言。晚作書致心雲，屬以兩書交張子頤轉寄。自昨感微寒，兩日覺身熱喉棘，不快。剃頭。

邸鈔：吉林將軍銘安奏病難速痊，請開缺回旗調理。許之。詔：□□□色普徵額補鑲紅旗漢軍副都統。上諭：御史俊乂奏内務府銀庫郎中齊克森布由緞庫郎中賁緣調補，並有把持公事、擅派職官情事，著總管内務府大臣確切查明，據實具奏。

二十四日乙亥　晴暖。比日室中紅梅、水仙盛開，香溢簾檻，庭下丁香、紅杏、李花俱含苞欲放，山桃爛漫，春事正濃。而人事不恒，兼以小疾，裴回花下，時亦擁書而瞑。校閲《九經古義》。敦夫來，晡偕詣介唐，不值。遇汝翼，方見過值於塗，遂偕至其家談。晚詣梅卿，留夜飯，一更後歸。是夕嗽更劇，徹旦罕瞑，有盗入中庭，覺之去。得孺初書，言病甚，求黄菊花。

邸鈔：上諭：本日召見恭親王，病體已愈，深慰廑懷，惟精神尚未復元，再賞假一月，安心調理。以江寧將軍希元一等繼勇侯。調補吉林將軍，以寧夏將軍善慶調補江寧將軍，以寧夏副都統奕榕爲寧夏將軍，以正黄旗漢軍副都統常星阿爲寧夏副都統。詔：文秀仍留京補授右翼總兵兼正黄旗漢軍副都統，以正藍旗漢軍副都統英廉署理馬蘭鎮總兵兼總管内務府大臣。　鴻臚寺少卿延茂升光禄寺少卿。

二十五日丙子　晨及上午澹晴，傍午晴麗。黄同年福楙饋彘脯一肩，黄菊花兩小簍。作書問孺初疾，饋黄菊。敦夫饋摩菌一小笥，武夷茶兩瓶，閩中酸棗糕一匣，作書復謝，犒使三千，反棗糕。梅卿從子煒來。江敬所同年來，饋干棗兩苞。得陳訏堂師正月三日安仁書，并惠銀十六兩，屬敬所寄來。下午詣邑館，訪屠子疇，不值。並答邑子來者十三人。詣郭子鈞，不值。詣伯平、光甫，俱不值。詣田杏村小坐。答朱秉成、黄同年福楙，亦不值。詣江敬所，晤談。答陳禹九，亦不值，遂歸。黄同年維翰來，以新刻黎洲先生《明夷待訪録》《思舊録》爲贈。常州蔣夫人，故給事中彬蔚之室也，遣黄媪來饋湘竹箸二十雙，常州篦六枚，報以乾菜一簍，通州醬乳四瓶，梨十四枚，武夷茶、饒州棗各一苞。敦夫來。校閲《尚書大傳》。付黄媪通州迎内子及補年賞等錢十五千，張甥月費六千，車錢六千。付僕媪等内子至京敬喜錢十千。

邸鈔：上諭：署都察院左副都御史張佩綸奏堂姪張人駿現補御史，應否回避，請旨遵行一摺。張人駿著毋庸回避。　工部郎中沈守廉選四川川南分守永寧道。

二十六日丁丑　晴。迎春試花，柳荑舒緑。王弢夫來，言昨夕至都。曾君表饋彘脯一肩，龍井茶兩瓶，楊濠叟篆書《夏小正》拓本一分，上海胰皂一包，犒使四千。錢孝廉榮祖來。上午過敦夫齋中，即交仙洲夫人銀百兩，託敦夫轉借之陸湘泉者。作復族弟小帆書，付江西差僕張福帶去。手芟花樹枯枝。傍晚坐庭下看桃花，此亦栘桃也，以嘗接榆葉梅，後所接者枯，而桃幹仍茁枝發華，故色態紅艷，與它山桃異，夕陽餘映，倍絶鮮妍。

得何竟山正月晦日福州書，并寄所刻《臺灣雜詠》一册，先爲閩撫王文勤七絶四十四首，閩人馬清樞七律三十首，而附刻竟山七律二十四首，詩皆有注，足備參考，而辭皆不工。惟竟山詩注引夏琳《閩海紀録》，言鄭成功初封延平王，尋晉潮王，爲它書所未載。使果晉潮封，何以鄭氏始終皆以延平自稱？且其晉爵，必出自永曆，不容述桂王事者，於孫可望王封一字二字之分，多詳言之，而於延平之晉潮封，概未之及。况明代一字王封，皆取古名，即郡王亦不取今地，似不得有潮王之稱，疑此不足據。成功於同治十三年以沈文肅之請，賜謚忠節，足稱曠典，惜無人更爲寧靖王朱術桂言之。付。

二十七日戊寅　晨及上午薄晴，下午陰，兩日驟暖。郭子鈞來。黄仲弢庶常紹箕來，其尊人漱蘭侍郎寄贈銀二十兩。以明日清明，祀屋之故主。課庸澆花樹。題阮刻宋畫本《列女傳》書籤。是日寒食春陰，往來花樹下，誦明人『空庭簾卷晝亦暝，隔墻惟見桃花明』二語，真善狀光景。心雲來。書玉來。鄉人秦基來，其刺稱世愚姪，蓋德埏之兄也。晚詣敦夫齋中小坐。夜雨，爲敦夫點閲律賦。吴宗丞廷芬來訃其妻程夫人之喪，送分四千。

邸鈔：前吏部尚書萬青藜卒，遞遺摺。詔：原任吏部尚書萬青藜學問優長，老成練達，由道光年間翰林迭受先朝恩眷，洊陟正卿，宣力有年，屢司文柄。上年降旨令其開缺。兹聞溘逝，軫惻殊深。加恩照尚書例賜恤。旋予謚文敏。詔：陝西布政使王思沂准其開缺，以陝西按察使葉伯英爲布政使，以貴州貴東道張煦爲陝西按察使。　庫倫辦事大臣喜昌奏假期又滿，病未痊癒，仍懇開缺。詔：喜昌准其開缺，俟新任到後，再行交卸回旗。　以太僕寺卿恒明爲太常寺卿。

二十八日己卯　午初初刻四分清明，三月節。晨陰，小雨，上午後晴。祀曾祖考妣、祖考妣、本生祖考妣、先考妣，肉肴六豆，菜肴六豆，菜羹一，饅頭一大盤，時果四盤，杏酪一巡，酒三巡，飯再巡，晡畢事，祔以兩弟，焚楮泉五挂。弢夫惠藍縐紗衫裁一領，燕屑一匣，作書復謝，犒使四千。作書致江敬所，饋以祭餘鷄、鳧、魚、肉四器。弢夫來。作書致敦夫。自昨夕雨後微寒，今日供饋稍勞，餔後憊甚，歐淡升許。卧讀《漢書》。庚午、庚辰同年紀刑部夔母太夫人七十壽，送分四千。

邸鈔：上諭：内閣侍讀學士文碩奏已革給事中張觀準素不相識，輒投名刺請見，稱有要事面談，意存嘗試，請旨飭傳究辦等語。張觀準業經革職，著即飭令回籍，不准在京居住。吏部文選司掌印郎中郅馨授浙江湖州府知府。本任知府署杭州府桂斌勒令告病，以面責署布政使寧紹台道瑞璋惰偷，時布政使德馨護理巡撫，怒而去之也。

二十九日庚辰小盡　晴，晡後陰。得沈子培書，約三月二日飲萬福居。得江敬所復，并還空器。梅卿來。孫鏡江來。下午詣屠子疇，不值。并答拜邑館數客。詣孺初視疾，已悆。並晤鐵香。詣弢夫、光甫、楊正甫，俱小坐歸。閲荇丈《漢書注校補·百官公卿表》《藝文志》《地理志》。荇丈貫洽全書，於表、志甚精，尤用力於地理，可卓然不朽矣。付車錢五千。

邸鈔：上諭：前據刑部奏河南盗犯胡體安臨刑呼冤一案，疑竇甚多，當經降旨提交刑部審訊。兹據該部奏審明確情，按律定擬，並知府王兆蘭遞呈混訴，應否欽派大臣飭提該員，會同覆訊各摺片。王樹汶一犯係被胡廣得誘脅同行，逼令服役。胡廣得行劫張肯堂家，令伊在曠野看守衣服，並未告知搶劫情由。盗犯胡體安另有其人，經差役劉學汰等縱放，教令王樹汶頂替。其程孤堆、王牢夭二犯均係案内正盗。王樹汶與胡體安委係兩人。該省官員原辦錯謬，覆審回護。現已衆供確鑿，毫無疑義，所請欽派大臣會同覆訊，著無庸議。程孤堆、王牢夭聽從胡廣得行劫，把風接贓，同惡相濟，均照所擬斬立決，即行正法。王樹汶既未同謀上盗，亦未分受贓物，著照所擬杖一百，徒三年，不准減免。鎮平縣知縣馬翥初審此案，輒用非刑逼供，率行定案，迨王樹汶呼冤以後，又復捏詞具稟，希圖蒙混，實屬糊塗謬妄。開封府知府王兆蘭、候補知府馬永修覆審此案，於王樹汶呼冤之故，始終並未根究，捏飾各節，一味彌縫，實屬鍛鍊周内。王兆蘭、馬永修、馬翥均著革職，發往軍臺效力贖罪。馬翥據供親老丁單，不准查辦留養。候補同知臧政倬與署鎮平縣知縣鄭子僑向役吏教供，候補知縣丁彦廷教地保捏供並勸事主冒認贓物，均屬巧於逢迎，著一併交部議處。河南巡撫李鶴年、河東河道總督梅啓照以特旨交審要案，於王樹汶冤抑不能據實平反，徒以回護屬員處分，蒙混奏結，迨提京訊問，李鶴年復以毫無根據之詞嘵嘵奏辯，始終固執，實屬有負委任。李鶴年、梅啓照均著即行革職。前署按察使麟椿於招解重囚並未詳加究詰，因犯未翻供，即照擬勘轉，前任巡撫涂宗瀛具題，均屬疏忽，與隨題照覆之刑部堂司各官，著一併交部分別議處察議。

以漕運總督慶裕調補河東河道總督，以甘肅布政使楊昌濬爲漕運總督。以四川布政使鹿傳霖爲河南巡撫。以烏里雅蘇臺參贊大臣桂祥爲庫倫掌印辦事大臣；以新授太常寺卿恒明賞給副都統銜，爲烏里雅蘇臺參贊大臣。翰林院侍講李端棻轉補侍讀，司經局洗馬王邦璽升侍講。

三月辛巳朔　陰，午後微見日，甚寒。屠子疇來。室後墻圮，修復之，移床遷具，塵坋甚擾。作片致弢夫，致敦夫，俱約晚飲。作書致梅卿，作片致黄松泉，亦約飲。陳伯平來。楊家駼、家驥兄弟來，不見，蓋理庵之子也。光甫來。弢夫來。作書致陳伯潛閣學於江西，勸其奏裁捐輸學額也。此事關系學校人才甚鉅，余嘗屬肯夫行之四川，又寓書黄漱蘭詹事於江蘇。去冬鐵香條陳科場積弊，亦草此議，力從臾上之，而皆不見聽。洵乎，深識之難也。今聞伯潛按試所部，多取不足額，故復言之。作書致汝翼，託其轉寄伯潛書。敦夫、弢夫來，晚同詣便宜坊，梅卿諸君亦至。夜飲至二更，復偕弢夫過敦夫齋中，小坐歸。是日迎春盛開，紫丁香試花，紅杏將放，移所收石榴、夾竹桃於庭下。付客車及酒保賞錢十千。

邸鈔：詔：梅啓照、李鶴年均俟新任到後，再行交卸。詔：雲南報銷一案，添派閻敬銘會同查辦。以甘肅按察使魏光燾爲甘肅布政使，以四川按察使張凱嵩爲四川布政使，以甘肅鞏秦階道譚繼洵爲甘肅按察使，以長蘆鹽運使如山爲四川按察使。刑部郎中濮文暹授河南開封府遺缺知府。

初二日壬午　晨及上午晴，下午風，陰。印結局送來二月分公費銀三十八兩。買氈冠一具連頂纓，付錢二十六千五百。是日頗不快，多卧。閲《五音集韵》，其字畫之展轉訛繆，不可究詰。晚詣沈子培萬福居之約，坐客鏡江、心雲等五六人俱已至，招霞芬、玉仙諸郎，夜二更歸。付車錢五千，霞、玉車四千。

邸鈔：兵科給事中劉瑞祺轉户科掌印給事中。

初三日癸未　晨及上午陰，午後薄晴，晡後晴，春光甚媚。杏花盛開，有玉樹玲瓏之觀。午後入城，至半壁街吕祖閣訪黄仲弢，不值。出至餘姚館答黄硯芳，亦不值，遂歸。光甫來。書玉來。是日欲至慈仁諸寺看花，以待食蓮子，未熟，取架上《頤志齋叢書》題籤，遂已過晡，不克留連花下。訪爽秋，不值。携茗及食物過霞芬小坐。詣書玉家，光甫亦來。晚至聚寶堂赴敦夫之飲，始食黄花魚。夜二更邀敦夫、光甫、秋田飲霞芬家，招玉仙，四鼓始歸。付霞芬酒局錢四十千，賞其僕十千，車錢十一千，客車五千。光甫來。弢夫來。徐庶常琪來。剃頭。

邸鈔：編修姚協贊授甘肅鞏秦階兵備道。直隸天津河間兵備道額勒精額升長蘆鹽運使。承德府知府裕長升天津道。

初四日甲申　晴。早起看杏花，飯後倦甚，卧閲《廿二史考異》。爲人草一文字，言餘姚大蘭山近有奸民宋葆華開礦事。

得孫鏡江書，以漢鏡及唐奉國軍節度使印一枚屬轉致梅卿。案《新唐書·方鎮表》，宣宗大中二年置蔡州防禦使兼龍陂監牧使，僖宗中和二年升爲奉國軍節度使。蔡州，今河南汝寧府也。唐自憲宗元和十三年克蔡州，平吴元濟，廢淮西節度使，至此復爲節鎮，以蔡州刺史秦宗權爲之。三年宗權反。昭宗文德元年牙將申藂執宗權降，即以藂權知留後。乾寧二年以壽州團練使朱延壽爲之。又案《吴越備史》，宋太祖建隆元年升明州爲奉國軍節度使。明州，今寧波府也。以錢俶弟弘億爲之，終宋世軍號不革。南渡後，趙鼎以奉國軍節度使出知紹興府，見《宰輔編年録》。

作書致光甫。書玉來。光甫來。得心雲書。

邸鈔：御史嵩林授直隸承德府知府。

初五日乙酉　晴，傍晚陰，有風。王者香庶常來。敦夫來。作書致梅卿，爲孫鏡江送漢鏡、唐印去。偕敦夫詣介唐，又詣汝翼談，傍晚歸。得弢夫書，即復。朱蓉生來。殷蕚庭來。弢夫來。作書致心雲。介唐來。晚偕敦夫赴介唐便宜坊之飲，招霞芬、月秋諸郎，夜二鼓歸。是夕無星。讀《樂記正義》齊氏召南《考證》，駁鄭注鬼神一條、清明人聲廣大鐘鼓一條，皆極可厭。

初六日丙戌　晨及上午陰，午後微晴，下午有風，晡霒陰，晡後溦雨，即止，有雷，傍晚風甚。作書致心雲，饋入闈食物，得復。卧閲《鮚埼亭集》，遂熟睡。比日已覺疲倦，蓋濕疾又發也。心雲來。作書致爽秋。得爽秋書，并近日送總理各國事務衙門章京户部所試《不寶異物論》、總理衙門所試《惟斷乃成論》，皆甚佳。自來試軍機及此衙門，皆限時四刻，以寫字十三行爲入格，行二十字。其文絶不成理。爽秋兩論皆至五百餘字，經史紛綸，蓋絶無僅有者也。户部試者三十四人，得送者八人，爽秋第一。總理衙門試者五十餘人，取廿八人，爽秋第三。其餘殊非佳士，惜哉。以此手試此論，故來書辭甚抑鬱，若不自堪。復書慰之。夜大風。

邸鈔：命禮部尚書徐桐爲會試正考官，兵部尚書宗室瑞聯、刑部尚書張之萬、刑部右侍郎貴恒爲副考官，翰林院侍讀學士錢桂森、侍讀惲彦彬等十八人爲同考官。凡修撰一人，編修十人，御史一人，部曹三人，中書一人。滿人無一與者，浙江惟刑部員外郎章耀廷一人。以翰林院侍讀學士洪鈞爲詹事府詹事。

初七日丁亥　晴，竟日大風。得爽秋書，并所校《四十二章經》及《遺教經》共一册，即復。作書致敦夫，并黄魚麵一器。王廉生庶常來。新選四川分巡永寧道鄉人沈守廉來。梅卿來。閲《舊唐書·地理志》及錢氏《考異》。夜梅卿邀同敦夫、介唐飲便宜坊，二更後歸。是夕無星。

初八日戊子　嫩晴，午前春光甚佳，下午晴麗，小有風。紫丁香、榆葉梅俱華，李花半放，紅杏一樹高枝，花大如杯，輕紅染玉，富艷莫名，海棠紅萼漸坼，柳亦含穗，春事極盛時矣。閲《舊唐書·本紀》及《唐會要》。爽秋來。前日付正月、二月賃屋銀十二兩。付製木小床錢十八千。

邸鈔：詔：刑部左侍郎薛允升署理刑部尚書。雲南報銷一案，派薛允升會同審辦。

初九日己丑　晴，晨及午風，下午稍止。閲《舊唐書·本紀》及《盗賊傳》。作書致爽秋，借浙局新刻《新唐書·方鎮表》《地理志》《藩鎮傳》，得復。下午詣敦夫齋中小坐。向恒春花廠買朱砂欒枝兩樹，栽之外庭東北窗下。敦夫來。夜閲《藩鎮傳》，遂熟寐。是日復咯血。付買花錢十三千五百。

邸鈔：上諭：宗人府、刑部奏審明直隸安州私墾官淀一案，分別定擬一摺。此案王福祥於禁墾淀地起意揑造租册，句串護軍校薩彬投獻溥泰公府，希圖倚勢充當莊頭，實屬膽大妄爲，著照所擬發邊遠充軍。張金謀聽從投獻，往向薩彬説合，著杖一百，徒三年。禮部郎中孟傳金明知淀地禁墾，仍向薩彬告稱可辦，並代溥泰擬札文告示諭帖，復揑名頂冒，希冀分種地畝，殊屬不安本分，著革職發往軍臺效力贖罪。薩彬身充公府包衣，於王福祥等投獻淀地，遽行勘丈，張貼告示，亦屬咎有應得。薩彬即田瑞著革去護衛銜護軍校，杖九十，徒二年半。該犯與王福祥俱供母老丁單，均著不准留養奉恩。鎮國公溥泰於投獻淀地並不查明是否禁墾，輒輕聽孟傳金之言，託擬札文告諭，並親筆標畫，派人前往勘丈，即係已受投獻。溥泰著革去公爵，仍照例折圈禁一年，以示懲儆。

上諭：前因御史俊乂奏參内務府銀庫郎中齊克森布夤緣把持等款，當諭令總管内務府大臣查明具奏。兹據奏稱，内務府銀庫緊要，齊克森布由緞庫郎中調補銀庫，係照例辦理，庫掌文林經前任該管大臣派管各作差使，嗣升員外郎，仍留造辦處當差，旋經廣壽將庫作差使全行開去，均非齊克森布所能干預，並原參夤緣營謀一語，究竟夤緣何人及何人受其夤緣，請飭指實，以憑查辦等語，即著俊乂將所參齊克森布夤緣營謀一節指實具奏。

上諭：前據内閣侍讀學士文碩奏請釐正奏議體裁，當降旨令都察院堂官議奏。兹據該堂官奏稱，所陳各條立言踳駁，不便施行等語。臣工奏議自有體裁，其間偶有錯誤，朝廷意存寛大，原不加之責備；惟陳奏摺件，理應恪慎將事，不得稍形輕率。嗣後建言諸臣務當留心體要，以昭慎重。文碩所奏，著毋庸議。文碩一疏，言章奏中地名、官名不宜割裂，夾片不得過三。而近日地理、銜名任意割省，如吉黑塔訥協佐兵丹之類。黄體芳疏且割裂先朝年號，爲大不敬。中外片奏動至四五。而御史劉恩溥疏劾俊啓帷薄不修，其片奏乃請整飭陪祀坐班諸大典禮，爲謬妄之尤。滿洲、蒙古、漢軍諸臣謝恩摺，舊例用清文，而近概用漢文，且用駢聯。凡劾奏，臣工宜請聖裁，而近輒指名請派，甚且涉部事者，專指請堂官一人，啓擅專之漸。吉林寧古塔爲國家發祥之地，而近日銘安、吳大澂呼籲苦寒，比之戍邊。滿員例無辭官，而前年竇廷由内閣學士升禮部侍郎，虛言飾讓，皆請旨申禁。一疏言疆臣敘述所奉諭旨，皆應載全文，不得用『等因』二字；奏保廢員，宜詳敘獲咎之由，不得以『緣事』二字含糊括之，致明旨甫准開復，彈章旋請徹銷，雖朝廷寬大，不惜反汗，而傷國體實甚。其言皆是也。臺中覆奏，辭甚游移。詔：江西南昌府同知崔國榜、記名提督楊岐珍著潘霨、張樹聲飭令迅赴浙江差委。從劉秉璋請也。

初十日庚寅　晨及上午嫩晴間陰，傍午晴，晡後陰，有風，黃霾。紅杏、紫丁香、李花俱盛開。閱《舊唐書·本紀》。自穆宗以後，時事紛拏，其文甚繁，爲史體所未有，然幸存此紀，尚可考見晚季蒼黃、瓜分瓦解及措置失理之故。使如新史一意苟簡，益錯出不可理矣。是日會試頭場題：『知其説者之於天下也其如示諸斯乎』，『文理密察足以有別也』，『其事則齊桓晉文其文則史』，『賦得花開鳥鳴晨得晨字』。賞僕媪種花錢四千。是日午後驟暖，劣勝重棉。夜風，無星。

十一日辛卯　晨及上午澹晴，午晴，晡陰，竟日有風。讀《論語正義》。晡過敦夫，即偕詣梅卿，留夜飯，至二更後歸。有風，頗寒。剃頭。

邸鈔：上諭：俊乂奏稱夤緣蹤跡，非外人所能得其底蘊，齊克森布優缺要差，莫不兼攝，使非衆論嘩然，何敢無故糾彈等語。銀庫郎中齊克森布被參各款，業據該管大臣確切查明，並無不合，即著毋庸置議。該大臣仍當隨時察看齊克森布能否稱職，毋得稍涉瞻徇。至御史雖准風聞言事，必當詳察確據，方可入告，若以豪無實據之詞，率行參劾，冀博敢言之名，亦難逃朝廷洞鑒也。詔：河南布政使成孚暫行護理河南巡撫。河東河道總督慶裕迅赴新任。江蘇布政使譚鈞培護理漕運總督。聞李鶴年復疏争王樹汶之獄，力詆刑部，故有是命。上諭：翰林院侍講陳學棻奏武英殿書版闕失，請飭查明補刊。著該管王大臣查明現闕書版，先將經籍補刊，餘俟陸續刻全，用備觀覽。　御史李士彬授浙江杭州府遺缺知府。本任杭州府知府龔嘉儁以庶子汪鳴鑾劾其才本平庸，性耽安逸，巡撫劉秉璋覆奏其不勝繁劇，請開缺，酌量另補。

十二日壬辰　晴，微陰，晡後輕陰，有風。　庭花正盛，竟日巡行庭下，時亦讀書，頗覺怡然。　汝翼來。

邸鈔：以詹事府少詹事祥麟爲内閣學士，兼禮部侍郎銜。　詔：湖廣總督、前任河南巡撫涂宗瀛應得降二級調用處分，加恩改爲革職留任；刑部堂司各官應得罰俸處分，均准抵銷；餘如部議。南汝光道麟椿降三級調用，候補同知臧政倬、署鎮平縣知縣鄭子僑、候補知縣丁彦廷均革職。

十三日癸巳　晨陰，上午小雨，午止，竟日輕陰，時有微雨。　海棠試花，紅杏漸落，寂無客至，竟晝讀書。　孫鏡江約十五日飲，以是日擬游極樂，辭之。　晡移几坐花下，閱《兩漢金石記》。　紅英粉瓣，時墜行間，花影書香，極一時之嫵媚，非閑官冷局，誰能領此景光耶？　傍晚循行紫丁香、榆葉梅、海棠下，賞會久之，其綺艷不可言説。　二場經題：『天下何思何慮天下同歸而殊塗一致而百慮』，『九河既道日就月將學有緝熙于光明』，『晉侯使韓起來聘』昭公二年。　『黍曰薌合粱曰薌萁』。　夜閱丁儉卿《禹貢集釋》及《錐指正誤》。　其《集釋》太略，然甚便於初學；駁《錐指》之詞太峻，學者不可因此輕視胡氏也。比夕陰，無月。

邸鈔：欽天監左監副陳希齡升鴻臚寺少卿。　吏部郎中富華授直隸熱河兵備道。左右監副正六品，向例資深優擢者始得員外郎，今驟得京堂，非故事也。

十四日甲午　晴，大風。　酉正二刻十三分穀雨，三月中。　紫丁香盛開，李花漸落，晚桃試花。　内子、張姬詣蘆溝橋蹋青。　讀虞氏《易》消息。　虞氏誠不免支離，然王氏引之謂《易》無旁通，恐非也。　至謂仲翔取象多不合彖、象，實有廓清摧陷之功。夜風止，月晴。付車錢二十一千。

邸鈔：以翰林院侍讀學士錢桂森爲詹事府少詹事。

十五日乙未　晴暖，晡又有風，傍晚陰。海棠盛開，鸞枝試花。讀《易》。作書致敦夫，致梅卿，俱約極樂寺看海棠。下午過敦夫齋中談，晡後同車游慈仁寺，丁香尚未花也。坐禪室觀九蓮菩薩畫像，瀹茗凝香，適李玉舟、龐絅堂兩同年偕俞禮部來，遂留久談。傍晚風起，覺寒而歸。梅卿來。晚坐花下看陳氏《毛詩疏》，餘映已收，晚風益甚。夜初更有急雨，旋止，月出，俄頃又陰。得梅卿書。夜仍讀《易》。是日始召圬人拆宅東偏破屋之已傾者，去其瓦礫積土。付車錢五千，寺傭二千，鼓詞六千。

邸鈔：上諭：彭玉麟奏瀝陳下情，懇請收回成命一摺。彭玉麟宣力有年，聲望夙著，是以簡授兵部尚書，用資倚任。兹據奏陳病狀，廑系良殷。著該尚書加意調理，一俟病體稍愈，即行來京陛見，毋庸開缺。銘安奏請以揀發知府孫堪補授吉林府知府。孫堪，清苑人，丙辰進士，由刑部郎中京察記名道府，揀發吉林。江西巡撫潘霨奏請以候補知府王延長補授南康府知府。王延長，上元人，丙午舉人。閩浙總督何璟等奏請以候補知府、泉州府廈防同知程起鶚補臺灣府知府。程起鶚，山陰監生。

十六日丙申　晴，風，下午稍止。崇效寺僧送折枝海棠、丁香衆花來。晚桃、欒枝俱盛開，白丁香試花。讀《易》。沈子培來。朱桂卿同年自浙來，以番銀三十圓并所刻《疇人傳》《續疇人傳》兩部爲贈，固辭其銀不得。作書致敦夫，約同觴計偕諸君，得復。傍晚坐花下看書。夜加戌月食幾半，是夕望。付圬人庸直四十千。

十七日丁酉　晴，加巳微陰，午後又大風。閲《疇人傳》。得梅卿書，約二十日極樂寺賞海棠，霞芬治具。向寶森書肆取《五代史補注》《十國春秋》，止得吴氏書。剃頭。李玉舟約明日夜飲。汝翼爲弟取婦，東二十二日飲酒。付衣估滕文藻銀二十兩。買灰鼠袍一領，狐腦褂一領，珠皮馬褂一領，銀三十三兩。更製舍利孫褂一領，易段表换絳毛，銀十一兩。

十八日戊戌　晴，有風。作書致梅卿，商觴政主客。弢夫來。心雲來。曾君表來。梅卿來。子培來。爽秋來。午後答客十餘家。晤屠子疇、王者香、孫鏡江、胡光甫、蔡松甫、王廉生。至打磨廠東口山西楊氏園訪朱桂卿新居，歸已暝矣，遂赴玉舟聚寶堂之飲，坐爲君表、李子鈞、龐絅堂、劬庵兄弟及梅卿，招霞芬，夜二更歸。付車錢十千，霞車四千。

十九日己亥　晨雨，竟日輕陰，下午嫩晴。閲《十國春秋》。此書三過閲矣，丙辰讀之尤細，甚薄其體裁之疏。至壬申復閲，始歎其博不可及也。寫簡約朱桂卿、黄仲弢、弢夫、梅卿、心雲、敦夫廿二日飲崇效寺。李子鈞來。梅卿來。敦夫來。傍晚過梅卿寓小坐，使人視子培，已它出，遂歸。作書致弢夫，得復。子培來。

二十日庚子　竟日輕陰，間晴。作書致梅卿，以有生客不赴極樂寺之飲。作書致子培，得復。楊正甫來。徐仲凡來。光甫來。蔡松甫來。庚午同年朱毓廣來，沈瑜竇來。閲《十國春秋》。傍晚霠陰，有風。付圬人庸直三十五千，以是日畢工。

邸鈔：鑲白旗滿洲都統伯彦訥謨祜等奏前任甘肅肅州鎮總兵萬福年屆百齡。萬福生於乾隆四十九年，於嘉慶二年由護軍挑補藍翎侍衛，道光二十二年歷擢至直隸正定鎮總兵，調四川重慶鎮、松潘鎮，擢四川提督，咸豐□年統蜀兵赴黔，兼署貴州提督，以功賞花翎，並訥恩登額巴圖魯，九年以滇匪竄蜀，署四川總督公爵有鳳奏參革職。十年復授甘肅肅州總兵，幫辦陜西漢中軍務，兼署漢中鎮總兵，乞病歸。詔：萬福前在軍營曾著勞績，咸豐年間開缺回旗，賞食全俸。現在年届百齡，精神强固，洵爲熙朝人瑞，著加恩賞給頭品頂帶，所有例應旌表，仍著禮部覈議具奏。□□

黄照臨授山西大同府知府。
是日引見孝廉方正一百三十二人，用知縣者二十人，用直隸州州同、州判者二十一人，用佐雜者三十九人，用教職者三十人。

荀學齋日記戊集上

光緒九年三月二十一日至八月三十日(1883年4月27日—1883年9月30日)

光緒九年癸未三月二十一日辛丑　晨及上午時有小雨，竟日輕陰。敦夫、梅卿俱以昨醉極樂寺辭飲。傍午詣崇效寺，溦雨厭塵，緑野如拭，葦籬瓦屋，時出好花。抵寺，漸晴，玉梨緋棣，香溢一院，粉柰作花，尤爲穠艷，經樓紅映，麗矚彌增。弢夫已至，仲弢、心雲、桂卿次第而來。共讀《青松紅杏卷》。飲于静觀堂。飯畢，已起寺鐘，復坐花下，取卷尾題數字志游迹。仲弢先去。日晚回車，至柳湖，游聖安寺。寺亦前年新修者，興作未已。殿前有瑞像亭。前後海棠、丁香高樹八九株，作花正繁，緋桃一樹，尤稱艷絶。殿壁有舊繪獅、象，頗壯麗。西側一院甚精絜，花樹楚楚。以迫曛暮，不及句留而歸。是日春陰，清游最佳。諸君復欲爲極樂寺之游，期以二十五日。付寺坐錢十四千，廚人賞十二千，客車十千，車錢十千，聖安寺香錢二千。

邸鈔：上諭：前據游百川奏察看黄河酌擬辦法繪圖呈覽，游百川、陳士杰奏查明黄河下游情形各一摺，當經諭令，再行通盤籌畫，會同妥議，詳細具奏。兹據奏稱，擬亟築縷堤，藉資保障；開徒駭、馬頰河，以分水勢；並擬開濬小清河及遥堤窒礙難行各摺片。著户部、工部速議具奏，摺三件、片二件、圖一件併發。　以太常寺少卿白桓爲太僕寺卿。

二十二日壬寅　晨及午晴暖而地潮，下午大風，晡後小雨，傍晚密雨，旋止。心雲來。馬蔚林來。

曾君表來。鍾仲龢來。下午詣汝翼，賀其弟娶婦。又答拜數客，晤李子鈞，風起而歸。頤齶腫痛，不食，多卧。閲《十國春秋》吴越、楚、閩、荆南、北漢訖。付車錢五千，庸僕鉏圃錢五千。

邸鈔：以降調户部侍郎崇禮爲光禄寺卿。

二十三日癸卯　晨小雨，竟日陰，有風，午微晴，傍晚風甚。攝疴謝客，多卧。屠子疇來。張子虞來。君表來。晚霞紅甚，强起，至新治小圃觀之。

閲《十國春秋》吴及南唐。志伊以杭人，懷措大之見，内吴越爲故國，頗右錢氏而薄南唐。凡各國春秋，於它國君皆直稱姓名，惟遇吴越則稱某王，已自亂其例。於南唐從《五代史記》之謬説，以烈祖爲妄祖吴王恪，三代之名，皆有司僞撰，予已於咸豐丙辰日記中論之。至引劉恕《十國紀年》謂烈祖曾祖超、祖志，乃與徐温之曾祖、祖同名，知其皆附會。按舊、新《五代史》，馬、陸《南唐書》皆不載徐温先世名，劉氏不知何所本。且其名果出僞撰，豈難别取二字，何必故同以自彰其缺？當日君臣其拙至此，豈情理所有？此不辯而明者矣。

二十四日甲辰　晴，下午風。得蔡松甫書，并章碩卿所刻叢書《南江札記》等十册，即復。得豉夫書，問明日極樂寺之游，復以花時已過，此飲遂罷。黄硯芳晨來三次，見之，爲其尊人蔚亭同年明年七十求壽幛壽聯，且携金匱鄧石癯秀才濂書，言平生最服膺者會稽李越縵先生，詩、古文、詞實當代第一，惜不得一見，乞以佳紙請書近詩數首，朝夕雒誦，以當晤對。聞秀才年少工詩，書法亦佳，近爲寧波宗太守幕客，固近時之俊也。

閲羅昭諫《讒書》，亦章碩卿所刻者，據海鹽吴氏《愚谷叢書》本重翻。凡五卷，尚少誤字，前後有昭諫自序及宋人方虚谷跋、明人錢叔寶跋、兔床跋。其書乃懿宗咸通八年丁亥留京師時所次雜文，明年戊子落第赴江東，又一年己丑以徐賊龐勛甫平，詔罷科舉，因復序而行之。曰『讒書』者，自謂用其文以困辱，比於自讒，其命名之義已淺。所次論説雜出，間以韵語，大率憤懣不平，議古刺今，多出新意，頗以嶄削自喜，而根柢淺薄，篇幅短狹，所識不高，轉入拙俗，此晚唐文辭之通病。余嘗謂國之將亡，江湖派出，故唐、宋、元、明之季，皆各有一江湖派，爲山林村野畸仄浮淺之人所託。而唐末最詭瑣，故五代之亂最甚。文章之徵運會，豈不信哉！世人偏訾明季，又專以江湖派譏宋人，非知言者也。昭諫文於當時猶爲近古，其《與招討宋將軍書》，謂宋威也，責其養賊釀禍，謂行酷於尚君長、王仙芝，辭甚峻厲。《請追癸巳日詔疏》言用水器、鑪香、蒲篠、絳旛致坊市外門爲禳旱舊法不足恃，其首自稱曰『歲貢賤臣』。二文蓋皆私擬爲之，然足見其心存君國。後之請討賊温，志節皎然。其《説石烈士》記石孝忠推倒淮西碑爲李凉公訟功，得召見；《拾甲子年事》記大和中張谷歌姬李新聲勸谷去劉從諫，爲谷所縊死：兩事爲後人言史者所取。其《風雨對》《蒙叟遺意》《三帝所長》謂堯、舜、禹。《救夏商二帝》謂桀、紂。《伊尹有言》《後雪賦》《荆巫》《蟋蟀詩》《市賦》《二工人語》《書馬嵬驛》《迷樓賦》《吊崔縣令》，凡十三首，皆可觀。文共六十首，缺二首。又《兩同書》二卷，亦昭諫撰。上篇五，末皆引老氏曰；下篇五，末皆引孔子曰。惟第十篇無孔子曰，蓋有脱文。其恉以爲老與儒同歸也。亦章氏所刻叢書之一。

敦夫來。夜雨。

邸鈔：上諭：光禄寺少卿延茂奏八旗舉人請准以六部筆帖式用，並由舉人分部之筆帖式仍准就揀大挑各摺片，著吏部議奏。詔：此次會試取中三百十六名。浙江得二十四名。舉子不及五千人。山東不及二百人而得二十一名，可謂極寬；浙江不及五百人，較之往年亦爲寬矣。

二十五日乙巳　竟日密雨，頗凉。紫藤花開。

閲邵氏晉涵《南江札記》。卷一論《春秋左氏傳》。卷二《儀禮正誤》三十四條，皆摘鄭本之誤。凡鄭言古文作某今文作某者，皆以鄭所從爲不然。《禮記》一條，三《禮》論天帝郊丘之祭七條，亦皆駁鄭君說，其辭頗繁。卷三《論孟子》，蓋即其《孟子正義》之稿本。卷五《史記》九條、《漢書》七條、《後漢書》三條、《三國志》四十九條、《五代史》十七條、《宋史》四十六條。南江經史之學皆深，然吾越學派，皆不爲鄭氏家法，雖賢如南江，亦偏以高密爲非也。

晚雨，入夜益密，有聲。

二十六日丙午　晨陰，上午晴，頗蒸溽，傍晚有風，甚涼。閲《南江札記》。此書於癸亥詳讀一遍，今閲之，尚多未能洞然，可知二十年來學無寸進也。黄硯舫書來，以其尊人所刻《留書種閣集》四種見詒，爲《黄忠端公年譜》二卷、《梨洲先生年譜》二卷、《五緯捷算》四卷、《測地志要》四卷。課庸鉏地種花苗。朱蓉生來，金忠甫來，俱來商庚午同年團拜事。閲《黄忠端年譜》，過於求繁，頗病蕪雜。夜二更後雨作。

二十七日丁未　晨大雨，上午漸霽，竟日陰，凉如深秋。病齒，不能食。寫單約曾君表、李子鈞、李玉舟、王醉香、孫鏡江、田杏村及光甫、梅卿諸君三十日爲送春之飲。作書致鏡江，賀其選知江西宜春縣，得復。沈子培來，言同年屬撰麟太師母八十壽序，久談而去。孺初來。爽秋來，言其配薛宜人病風。下午西北風甚勁而寒，覺小感不快。

聞法蘭夷必欲滅越南，又增兵往矣。李高陽主中外機密，日下兵部，發急，遽詢李合肥、閻尚書攝兵部不知所處分何事也。又聞陳國瑞以去年除夕病卒於黑龍江戍所，署將軍文緒奏報已至。國瑞驍將，死甚可惜。前年俄夷之警，有疏薦之者，廷旨下黑龍江將軍定安察看。定安奏言可用。時曾國荃移駐山海關，詔詢其狀，令酌度差遣。曾疏言其跋扈不可制，遂罷。國家欲辦夷事，非得如國瑞及田興恕者數十奮不顧死之戰將。但今日爲丁壽昌、劉秉琳請祠，明日爲李鶴章、吴毓蘭請傳，淮泗市井，盡享俎豆，恐終坐視屬國之蠶食，漸及於我也。大氐近日湘人已成强弩之末，淮人更暮氣不足用。

邸鈔：上諭：崇綺奏查辦案内應訊職官延不到案請旨飭催一摺。河南候補知府劉光煜係查辦吉林事件案内應訊之員，前經崇綺咨提，迄今尚未到案，殊屬玩延。著直隷總督、河南巡撫飭令沿途地方官嚴催，迅赴奉天，聽候質訊。如尚未起程，即著河南巡撫派員解往，毋任逗留。

二十八日戊申　晴，午陰，下午大風，凉甚。

閲《陶邕州小集》，宋人陶弼所著。弼字商翁，永州祁陽人，官至康州團練使，事蹟見《宋史》本傳。詩僅一卷七十三首，小有風致，如『落照懸漁市，孤烟起戍營』《秋日登南城臺》。『月天高寺影，春雨一橋聲』《東湖》。『樹色纔分楚，江聲未出蠻』《陽朔縣》。『花露生瓶水，松風落架書』《羅秀山》。『瀑布聲中窺案牘，女蘿陰裏勸桑麻』《題陽朔縣舍》。『兵送遠人還海界，吏申遷客入津橋』《天涯亭》。『一區海上神仙宅，數曲人閑水墨屏』《閣皁》。『安城太守知邊計，菡萏花中閲水兵』《安城即事》。皆不失爲佳句也。此亦章氏所刻。

得朱蓉生書，言庚午浙榜同年至者二十四人。得弢夫書，即復。得曾君表書，屬書楹帖。作書致金忠甫。晚風止，課童僕扶藤花架。閲《南江札記》。其論《三國志》四十九條，皆直録《義門讀書記》，蓋邵氏過録所閲書上，後人誤掇入之。庚辰同年李沛琛丁母憂，送奠分四千。

二十九日己酉　晴，自辰至未，北風狂甚而寒，晡後稍止，漸覺和暖。閲苻丈《三國志注證遺》，爲補訂七條。殷尊庭之長郎十歲，詒以湖縐衫裁一領，荷包一對，答連袋、靴夾袋各一枚，及肉、桃糕、麵各一合，張姬往赴其姬人飲席。得沈子培書，并庚午同年沈子美瑜寶兄弟託寄若農師銀四兩，即復，并饋子培桂花越茗一瓶。得孫鏡江書，約四月二日夜飲。得金忠甫書，遂罷團拜之議。作書致蔡松甫，還章氏所刻書。晚過敦夫談。付殷宅媪賞八千。

邸鈔：盛京工部侍郎興恩奏病難速痊，懇請開缺。詔：興恩准其開缺，回旗調理。左春坊左贊善霍穆歡升右春坊右中允。御史李肇錫升兵科給事中。

三十日庚(辰)〔戌〕卯初一刻九分立夏，四月節。晴暖。始見楊花。剃頭。敦夫來，午後偕出近坊閑寫，傍晚歸。嘉興王朝瀚來，爲趙桐孫送函件，即轉交梅卿。晚偕敦夫詣聚寶堂，諸君次第至，主客十人，左觥六人，飲至二更後歸。君表再招飲，辭之。付客車十千，酒保賞六千，車六千。是日以僧蠟故事稱身，重七十七斤。家人移吾卧床置東。得弢夫書。

夏四月辛亥朔　晴，微陰。藤花盛開。抱瓮灌園。閱薑塢《援鶉堂筆記》。薑塢之論史有鑒裁，與《義門讀書記》同一家法。雖考核之精不及後來錢竹汀氏，詁訓之通不及後來王石渠氏，然簡絜足自成一家。夜洗足。

邸鈔：以内閣學士阿克丹爲盛京工部侍郎。詔：甘肅西寧鎮總兵何作霖、雲南普洱鎮總兵王東發、貴州古州鎮總兵江忠朝，均開缺送部引見。詔：江蘇常州府知府英敏、湖南寶慶府知府蔣常垣、雲南普洱府知府孫逢源、東川府知府蔡元燮，均開缺送部引見。上諭：錫珍奏請將已革侍郎寶廷棄瑕録用、湖北荆宜施道于蔭霖改用京秩等語。前因寶廷尚屬敢言，是以不次超擢，簡授侍郎，乃於差次不知檢束，自蹈愆尤，當照部議革職，實屬咎有應得。至獲咎人員棄瑕録用，其權操之自上，錫珍何得遽爲乞恩？于蔭霖以京察一等簡授道員，正所以資歷練，朝廷量材授職，京外皆須得人，所請改授京秩，亦屬非是。錫珍著傳旨申飭。上諭：禮部代遞郎中吴峋奏疏濬黄河敬陳管見一摺，著户部、工部歸入游百川、陳士杰前奏摺片，一併速議具奏。

初二日壬子　多陰間晴。設几藤花下，讀《三國志》。作書致周荇翁，還《三國志證遺》。作書致汝翼，問其疾。作書致爽秋，問其夫人病狀。潘伯馴來。陳書玉來，言其母、夫人及子女三人明日南還。資泉來辭行。印結局送來前月公費銀六十八兩七錢五分。孫鏡江來催飲。夜詣上虞館書玉家送行，以番銀兩圓爲其次女助奩飾。即赴鏡江之約，惡客滿坐，甫入門，即反走，驅車歸。夜疾動。

初三日癸丑　陰，午微見日。

坐藤花下，閲《兩漢金石記》。《吴禪國山碑文》中丞相沇兩見，其紀歲曰『旃蒙協洽』，曰『柔兆涒灘』，則孫晧之天册元年乙未、天璽元年丙申也。所載太尉璆爲弘璆，大司空朝爲董朝，兼太常處爲周處，執金吾脩爲滕脩，屯騎校尉悌爲張悌等，其人多可考，惟沇與大司徒燮不知何姓。考吴自建衡元年己丑左丞相陸凱卒，鳳皇元年壬辰右丞相萬彧卒，至天紀三年八月始書以軍師張悌爲丞相，去凱之卒已十年，彧之卒亦八年，中間不應竟不置相。雖大司空朝《吴志》作兼司徒董朝，孝侯之太常亦是兼官，《吴志》『兼司徒』，『徒』當作『空』。則大司徒燮亦疑非實授。蓋以封禪禮重，故皆假重職行事。然沇既居首，其文又兩見，蓋史之闕佚者多矣。至晧因臨平湖出青石而改元天璽，又因歷陽山石文而詔明年改元天紀，其事皆在丙申之歲，本爲天册二年。其封陽羨石室，乃合諸瑞，而封禪國山以表其盛。史不言封山月日，其上云秋八月者，乃繫京下督孫楷降晉之事。陳氏於此下接書歷陽石文，其事自在八月以後，下又連綴『又吴興陽羨山有空石』云云。時甫改元天璽，故碑言：『柔兆涒灘之歲，欽若上天，紀號天璽，用彰明命，丞相沇等以爲宜先行禪禮也。』《志》系此事於天璽元年，與碑文合。而吴山夫、吴槎客皆自生葛藤，覃谿亦不能辨析，遂游移其辭耳。

心雲來。敦夫來。是日所蓄一鴨死，已六七年矣，本欲埋之，姬侍輩以爲禽牲宜烹宰之免罪過，因賦僕媪等。凌次仲有《瘞鴨銘》，所謂奪人之腹，以予螻蟻，何恩何仇者也。

邸鈔：以通政司副使張緒楷爲光禄寺卿。

初四日甲寅　晨霡陰，上午雨，下午漸晴。讀《三國志》。晡坐藤花下讀書，餘潤在花，暗香動葉，墜英點句，艷粉盈行。吴介唐來。是日山妻作布被，兩姬各製洋紗帳，付錢一百三十六千。今曉夢見西郭故居，廊宇回環，庭院朗暢，大母北堂，嬰然壽樂。予自思曰：『此境不可多得也。』又轉念曰：『平生百憂萃集，尚有此一日邪！』烏虖！此少年膝下所不自知者，今日乃爲幻中之幻，彌可悲矣。

初五日乙卯　晴，傍午後大風。藤花極繁，設几讀《漢書》。弢夫來。殷蓴庭饋食物，遣其姬人來候内子。得朱桂卿書，并前日飲崇效寺五古一首，即復。楊正甫約午飲，不往。昨夕將旦，夢舟行故鄉青田湖，曉日初出，山水照耀，漁舟百十，星散烟波，回顧所乘，無篷一葉，船人蹋槳，其行如飛，心甚樂之，因紀以詩。傍晚弢夫復來，坐藤花下久談，因留夜飯。一更後，弢夫邀同敦夫至霞芬家小飲，三更歸。付酒邊錢八千，車錢四千。

癸未四月五日夢舟行故里青田湖中樂甚醒而賦之次日是湖中競渡日也

故鄉霞川水，南匯青田湖。湖周七八里，四浸山蕟菼。其中多曲港，夾樹楓柏株。霞川爲運河，帆檣如鶩趨。過橋入湖口，頓覺心神殊。清光啓明鏡，千百螺鬟梳。緣堤富菱芡，亦種紅芙蕖。麗景四時足，鬱爲神仙都。昨夢駕一葉，駛入烟波區。其時旭日出，金翠相卷舒。漁舠正四散，點綴鷗與鳧。樹色蔚若薺，下映澄練鋪。嵐光滴曉露，浮青滿衣裾。顧之忻然笑，身復入畫圖。栩蝶忽以覺，蒼碧猶能摹。始悟明日事，競渡相嬉娛。龍舟狎翠浪，出没跳驚魚。汀花岸草間，時時拂旌旗。川驛織錦繡，酒國開枌榆。時適田事隙，清和當夏初。年少隨里集，此樂長無渝。安得附翼歸，簫鼓趁村墟。

初六日丙辰　晴暖，有風。屠子疇來。藤花下讀書。張子虞來。鄞人鄭崇黼同年來，已以道員發廣東。得王廉生書，屬書摺扇，即復。梁星海送來王益吾所刻《魏書校勘記》。再得廉生書，再復。晚過敦夫齋頭小坐，歸。

邸鈔：以左春坊左庶子恩棠爲國子監祭酒。以□□□□□譚上連爲甘肅西寧鎮總兵，□□□□□何秀林爲雲南普洱鎮總兵，□□□□□蕭肇富爲貴州古州鎮總兵。前直隸永平府知府桐澤授江蘇常州府知府。

初七日丁巳　晨及上午微晴多陰，下午晴陰相間。作書致鏡江，致楊正甫，皆與言前日逃飲之故。作書致屠子疇，贈以銅墨合一枚并銘。蔡松甫來。剃頭。午答拜數客，入宣武門，出正陽門，晤何子峨學士，傍晚歸。汝翼來。周孝廉奎吉來。鏡江來。夜雷密雨，至三更後稍止。付車錢六千。

邸鈔：以□□□戴宏勝爲陝西漢中鎮總兵。

初八日戊午　晴，晨及上午凉，午後有風，復暖。田杏村來。作書致周荇翁，得復。作書致鏡江，以玉石小印五枚託代覓篆刻。作書致王廉生，索章碩卿所刻宋于廷《過庭録》，得復。陳伯平來，久談。閲彭文勤《五代史記注》。此書因竹垞朱氏之指，文勤臮劉金門侍郎踵而爲之，歷訪通人，采取極博，大略仿裴世期《三國志注》，雜陳衆説，而不能如裴氏之折衷，頗病複沓，故俞理初不滿其書也。

夜陰。

邸鈔：翰林院侍講學士何如璋轉侍讀學士，以左春坊左庶子張佩綸爲侍講學士。

初九日己未　晴。得弢夫書，即復。吴介唐夫人饋内子米、麵、笋乾、醬乳等物，犒使二千。是日得詩一首，詞二首。

坐藤花下作

種藤十餘年，其高覆我屋。縛架日以長，布蔭滿庭塾。年年春夏交，垂花若毬毱。艷散終朝霞，風摇四阿馥。設几坐其下，攤書字朱緑。時見落英墜，丹粉相句讀。小鳥或經過，綷縩響珠玉。徑寂無人行，惟見蜜蜂逐。夕陽戀餘映，清露喜朝沐。家人顧笑我，謂此非薖軸。辛勤作寓公，種此竟誰屬？余謂人生寄，但取眼前足。我種我譽之，人花兩爲福。不見平泉莊，未得一朝宿。吏部非昔陰，寄園泯曩躅。漁洋暨竹垞，佳事此其續。後人想風流，定入退朝録。

臨江仙詠案頭盆魚

徑尺方盆圜作沿，汲泉小蓄鯈魚。翠痕略借荇絲鋪。兩三文石錯，隨地見蓬壺。　戲捉柳花浮水面，閑看逐隊噞喁。空中游影自如如。須知魚與我，同此一江湖。

减字木蘭花初夏即事

榆錢飛老，過了花時人事少。懶注都梁，風過書籤自在香。　緑陰新雨，閑校丹經消日午。佳墨匀研，莫放楊花入畫簾。

初十日庚申　晴。早起。比日躁熱殊甚，今日稍清和。下午有風。沈子培來，久談。校讀《宋史》及《東都事略》，鈔補《東都事略·循吏傳》一葉，比頗困劣，自力爲之。

邸鈔：上諭：河南王樹汶一案，業經刑部奏結。兹據李鶴年奏强盗案内例無看守衣服專條，請飭妥議罪名等語，著都察院堂官會同刑部詳晰妥議具奏。

十一日辛酉　晴，熱甚。早起。是日會試填榜報紅録。梅卿來，告其子得雋，即往視之。得王醉香書。午後詣琉璃廠寶森書肆，閲明初翻宋本《楊龜山全集》四函，國初真定梁氏藏書，有梁玉立、宋漫堂諸家印記。購得黄氏原刻《小蓬萊閣金石文字·翟云升隸篇》，直銀十兩。旋至廠東門看紅録。晤敦夫、介唐、伯循、醉香，同坐一書肆中。晡歸，小卧。餔後復詣廠肆，晤爽秋、龐絅堂，同坐寶森堂久談。傍晚，知山、會已得三人，遂詣上虞館，晤書玉、光甫。晚詣虎坊橋杭州館賀黄松泉得雋。復詣梅卿小坐。乘月歸，躁熱不可耐。是時紅録已報訖矣，相識中自胡、黄外無一人也。庚午又捷三人，計一百十二人，中歷六科，已得進士二十人，亦不爲少，惟人才殊乏耳。付車錢七千。

邸鈔：上諭：前據給事中鄧承脩奏參修撰黄思永及廣東候補知府方功惠各款，當諭令江蘇、廣東督撫確查。兹據左宗棠、曾國荃等先後奏稱，黄思永並無鑽營猥劣實迹，方功惠亦無重利盤剥、官聲猥鄙等情。惟黄思永在上海置買住房一所，託伊戚朱錫康經手，朱錫康復自買房屋兩處。上年查辦姚寶勳夥置洋房一案，並無黄思永股本在内，其由姚姓代取房租，係朱錫康展轉詭託。黄思永失於檢察，咎實難辭，著交部議處。

十二日壬戌　晨及上午晴，午後微陰，晡鬱熱，陰曀有風，晚晴。早起，遣人至琉璃廠取紅字題名録，閲之。會元休寧人寧本瑜，張子虞中第二，全榜無一知名之士。

閲《宋史》。《劉沆傳》云：『沆既疾言事官，因言：「自慶曆後，臺諫官用事，朝廷命令之出，事無當否悉論之，必勝而後已，專務抉人陰私莫辨之事，以中傷士大夫。執政畏其言，進擢尤速。」沆遂舉行御史遷次之格，滿二歲者與知州。』《張洞傳》云：『洞謂：「諫官持諫以震人主，不數年至顯仕，此何爲者？當重其任而緩其遷，使端良之士不亟易，而浮躁者絶意。」致書歐陽修，極論之。』余嘗謂優容諫官，固朝廷之美事，而諫官之横，必起於柔弱之世，因恃上之容我，遂漸相脅制，黨同娼異，力自要結，而朋黨之禍興，國家之亂成矣。唐之諫官，横於穆宗時；宋之諫官，横於仁宗時；南唐諫官，横於元宗時；明之諫官，横於神宗時：皆柔弱之主也。宋世言路本多君子，而意氣過激，私心生焉，由是真僞雜糅，邪黨乘之。明代正人已不及宋，然其始起，亦尚持公道。即唐與南唐，正不勝邪，其一二矯矯者，始亦未嘗不爲正論所歸。迨至黨局已成，氣力勝於朝廷，而又逆知君相之無如我何，於是本爲小人者，固惟自圖便利，即本爲君子者，亦惟自顧其氣類而不暇爲國事計，甚至壞封疆、壞朝廷、壞社稷而必不肯壞其朋黨。此有國者所宜深察焉。劉冲之之言，深中時病，而卒爲言路所力攻至歿，而天子爲篆思賢之碑，其家終不敢請謚。臺諫之焰，何其盛哉！張仲通重任緩遷之論，真名言也！

《包拯傳》言其權知開封府時，貴戚宦官爲之斂手，聞者憚之。人以拯笑比河清。童稚婦女亦知其名，呼曰『包待制』。京師爲之語曰：『關節不到，有閻羅包老。』然又曰：『惡吏苛刻，務敦厚，雖甚嫉惡，而未嘗不推以忠恕。』是孝肅非任威刑者。其折獄，史惟載其知天長縣察盜割牛舌一事，然此事《穆衍傳》亦載之，又以爲衍宰華池時事。至孝肅因連劾罷三司使張方平、宋祁，遂權使職，歐陽文忠至比之奪蹊田之牛，其詞甚厲。而《胡宿傳》云：『涇州卒以折支不時給，出惡言，且欲相扇爲亂。既置于法，乃命劾三司吏，三司使包拯護弗遣。宿曰：「涇卒固悖慢，然當給之物，越八十五日而不與，計吏安得爲無罪？拯不知自省，公拒制命，紀綱益廢。」拯懼，立遣吏。』則希仁亦非真關節不到者矣。

敦夫來，留共早飯。胡少卿來，言房師爲季士周。此輩富家少年，未嘗作文字，而連捷鄉、會，非後生之福也。會稽人孫□□亦素不讀書，游幕於外，賄賂狼藉，江蘇官吏惡而逐之，在都日狎賤倡，邑館中人皆屏不齒，今亦得捷。敦夫今日過其同年陸修撰，新分校出闈者，言昨填榜，見孫祖英卷面所書三代，其祖名英，知貢舉。張佩綸訝而欲易之，主司及房官陸寶忠必不可。聞其文甚不通，首藝中三用『指』字。科名皆出此曹，鄉里誰復肯讀書？此桑梓之不幸也。聞今年主司不閱二、三場，自三月二十四日後皆高卧，張子青尚書至不閱二、三藝。冬烘如此，負國多矣！

邸鈔：上諭：太僕寺少卿鍾佩賢奏新例盜犯罪名請飭議酌復舊例一摺，著都察院堂官會同刑部歸入李鶴年前奏，一併妥議具奏。

十三日癸亥　晴，午後有風。心雲來。敦夫來。張叔平來，言已奉旨歸渾源原籍，後復入都者，且自辨無見文碩事，可怪也。孫鏡江來。作書致心雲，致屠子疇，皆慰其落第。閱《隸篇》。夜月甚佳。閱《宋史》。

邸鈔：左中允梁耀樞升司經局洗馬。

十四日甲子　晴。作書致弢夫，慰其落第。弢夫來。屠子疇來。剃頭。畜狗死。狗甚俊健，十餘日前一夕，有盜入中庭，猛起吠之。余卧未熟，遂起。盜逸去。蓋爲所毒，因腹張。今日余午飯，尚來摇尾乞食。及余對客，遽僵斃。甚傷之，埋之南下窪，爲之文。晡後詣敦夫齋頭小坐，傍晚歸。鄉人王福播運判來。夜月甚佳。

瘞狗文

嗟爾狗之産獸兮，計及今而五年。高四尺以半𦤎兮，尾揵白而體玄。非康名以善噬兮，時狺狺而守關。戒田果之富出兮，呼觸觸而來前。余偶出而夜歸兮，輒迎門而後先。銜余衣而不去兮，聲嗚嗚以告人。愧畜汝之不至兮，胡感戀於我恩？忽一夕之猛吠兮，似攫搏以追奔。偷越墻以驚逸兮，遂遺毒於爾身。腹彭亨而漸傫兮，形儡傑而不完。見殘食而低頭兮，卧睢盱而不安。詎一旦之立僵兮，枕門椷而踣顛。當是日之向晨兮，猶啀喍以警巡。蓋一息之未死兮，守汝職而不愆。及禺中而余飯兮，尚冀丐夫腥羶。不謂爾之遽化兮，任爾睨而爾蹲。余飯畢而對客兮，爾就斃而無聞。家人不以予告兮，遽棄爾於郊原。舁獨木爲輀車兮，土爲椁而泥棺。悲汝之以勤事而横隕兮，益愧余之不仁。彼凡百之有位兮，盍感發於斯文。

邸鈔：以大理寺少卿鳳秀爲太僕寺卿。

十五日乙丑　酉正三刻三分小滿，四月中。晨薄陰，有小雨，上午晴，晡後有風。早起，閲《宋史》。上午作片邀子疇、心雲、敦夫、介唐、光甫、弢夫午飲便宜坊，招霞芬、玉仙，晡歸。作復陳訏堂師書，略言近年讀書自得之趣，并寄以《續古文辭類纂》等書。作書致江敬所，贈以番銀兩圓，託轉致訏師書於安仁。夜月皎如晝。孺初來。遣僕媪以果物視書玉夫人。付酒保賞五千，霞、玉車四千，客車三千。

十六日丙寅　晨微陰，薄陰，上午晴，下午陰，傍晚雨。江敬所來。作書致屠子疇，以番銀兩圓屬詒其從姪某，夢巖姑夫之孫也。汝翼來。得弢夫書，贈吳中新刻《文選旁證》一部，即復，還之。得荇丈書，即復。徐仲佳來。下午詣伯寅尚書，聞其二十日全家奉喪南下也。詣屠子疇。詣鏡江，不值。詣鐵香球芝街新居。詣江敬所，遇雨，亟歸。得鏡江書。晚雨止。詣梅卿，小坐。敦夫邀飲聚寶堂，即赴之，光甫、介唐、心雲諸君俱已至，招霞芬、玉仙。夜二更，光甫復邀飲玉仙家。玉仙新娶婦，偕新人出拜，延坐洞房。花好香濃，月圓燭艷，繡簾敞幌，金帳藏雲，靨浥緋羅，顰低翠黛，睹玉人之雙笑，觸綺夢於三生矣。贈以纏頭四金，弟子左酒錢十千。招霞芬。四更後歸。雨漸密，達旦有聲。付車錢十二千，霞、玉車四千。是夕望，無月。

邸鈔：通政司使永順奏因病懇請開缺。許之。

十七日丁卯　晨晴，巳後微晴霒靆。得伯寅尚書饋銀三十兩，并《越三子集》二十五部，即復。市店送櫻桃來。作書致梅卿，饋以櫻桃一苞，《越三子集》兩部。作片致敦夫，致介唐，俱贈以《越三子集》。再得伯寅書，言二十日即行。作書致弢夫，爲荇翁取還《漢書注校補》一帙。得梅卿書。得荇丈書，即復。作致伯寅尚書書。自正月紱丈化去，感念平生，愴恨無已。以伯寅貴盛，賓客甚多，素惡見人，故稀吊問。近聞將發，念逝傷離，執分雖懸，交契已舊，故以長牘，略敘所懷。曾君表來。得江敬所書，乞余庚辰行卷。作書致鐵香，以春季奉米票託轉交興平倉支取。閱《過庭録》，章碩卿所刻，誤字甚多。

邸鈔：閩浙總督何璟等奏請以福州遺缺知府光炘補授福州府知府，以候補班前補用知府袁聞柝補授福寧府知府。光炘，桐城人，癸亥二甲六名進士，由庶吉士至户部員外郎。袁聞柝，江西樂平人，由軍功加捐。署雲貴總督岑毓英等奏請以知府用九江直隸州知州傅鳳颺升補永昌府知府。傅鳳颺，山東昌邑人，從一品蔭生。

十八日戊辰　陰，午微晴，下午霒陰，傍晚雨。作書致江敬所，贈以庚辰行卷兩本，《越三子集》兩部。黄硯舫來。弢夫來。心雲來。夜密雨，有雷電。是日始去風門，易以竹簾。付簾錢二十七千五百。

邸鈔：上諭：向來已革人員例不准用頂戴，近有仍行戴用者，殊屬非是。嗣後官員因事降調，如曾經賞加頂戴，仍准戴用；至革職人員，概不准戴；其有棄瑕録用、因案開復及捐復者，均不准仍用前賞頂戴，以肅體制。

十九日己巳　晴，有風，微陰，甚凉。上午詣法源寺，送紱丈靈輀，慰唁伯寅尚書，久談而出。詣心雲、君表、鏡江、醉香，均不值，遂歸。小食。餔復出門詣敦夫，小坐。詣光甫、弢夫、王廉生，均不值。詣子培，久談。詣楊雪漁，不值。詣梅卿、黄硯舫而歸。昨日庚辰庶吉士散館，『六事廉爲本賦以先聖貴廉也如此爲韵』，詩題『清風玉樹鳴得鳴字』。郝陵川《原古・上元學士遺山》詩：『黄山與黄華，雙鳳高蹭蹬。清風玉樹鳴，千古一輝映。』『黄華』指王庭筠，『黄山』不知何人也。閲卷爲景尚書、張之萬、畢道遠、邵亨豫、許應騤、奎潤、錫珍、張家驤等。仲弢一等一名，袁鵬圖三等五名，首尾皆浙人。王醉香、楊正甫、王廉生及浙人盛炳緯、徐琪皆一等。桂卿在二等十九名，於浙人居第五，可望留館。王醉香、濮紫泉皆二等後矣。長洲王頌蔚，於庚辰庶常中文最工，亦在二等後。廣西于式枚、湖北左紹佐，賦皆四紙，較它人倍長。于以詩有『陳宫製曲名』句，左以賦末段用『純亦不已』句雙抬，詩中用『蜚英』字。錫珍以『蜚』字爲仄聲，其實官韵『飛』字下明注通作『蜚』也。于在二等末，左在三等。于有文學，可惜也。袁賦亦盈三紙，以首『聖天子睿鑒』云云，又以『列聖』字三抬、『前光』字三抬，遂居末矣。敦夫來，夜談。付車錢六千。爽秋來。

二十日庚午　晴，晨夕甚凉。作書致弢夫。作片致敦夫、心雲、君表。得弢夫書。得君表書。敦夫來。君表來。心雲來。鐵香來。正甫來。得王子獻四月五日鄞縣書，及沈曉湖兄去年六月三日龍泉學舍書。杭人高駿麟新得直隸試用道，又户部新分陝西司主事劉學愷，俱來投謁。

邸鈔：命協辦大學士李鴻藻，侍郎奎潤、錫珍、貴恒、嵩申，内閣學士張家驤，署侍郎、順天府尹周家楣，署左副都御史、翰林院侍講學士張佩綸，爲癸未殿試讀卷官。翰林院侍講學士温紹棠轉侍讀學士，右庶子汪鳴鑾升侍講學士。

二十一日辛未　晴。弢夫來。敦夫來。下午詣爽秋，小坐。遂詣燕喜堂，赴弢夫、桂卿之約，觀侯拾珊《佘塘》一劇。熱不可耐，至其客坐小憩。窗几雅絜，瀹茗，喫點心。晡邀桂卿、敦夫、弢夫飲玉仙家。再看新人，斜日在簾，愈覺妍媚，繡床側坐，鏡檻寫嬌，蓮曳雙纖，蘭通一笑，足稱燕支仕女圖矣。招霞芬左飲。夜二更後歸。付玉仙酒果筵四十千，賞其僕十千，客車六千，車八千。

二十二日壬（寅）〔申〕 晴。屠子疇來，言明日行。楊雪漁來。作書致梅卿，詢其令郎殿試事狀。以龍眼、茗荈、松花卵、乾菜饋介唐夫人。還茗、菜。作書致敦夫。得敦夫復、梅卿復。書玉來。作書致子疇。心雲昨來，以余所屬陽湖汪學瀚篆『霞川花隱』四字玉章見還。汪君用雙鉤爲之，筆法甚精。今日致書心雲，屬申意也。

吾越章氏皆祖琅邪王。其譜牒云：王名仔鈞，南唐行營招討制置使、金紫光禄大夫、檢校太傅、上柱國、武寧郡開國伯，宋宣和元年追封琅邪王，謚忠獻。其妻楊氏，封勃海郡君、賢德夫人，宋宣和中追封越國夫人，全活建州一城百姓，因世居練湖，故稱練夫人。又云：仔鈞祖及，南唐康州刺史，始遷浦城，爲始祖。父脩，南唐福州軍事判官。又仔鈞妻楊之次尚有黄氏，封魏國夫人。考《東都事略·章得象傳》云：世家泉州。高祖仔事閩爲建州刺史，遂居浦城。其夫人練氏，有智識。仔嘗出兵，二將後期，欲斬之，夫人救之得免。二將後仕南唐爲將，攻破建州。時仔已死矣，夫人居建州。二將遣使厚以金帛遺夫人，并以一白旗授之，曰：『吾屠城，夫人植旗于門，吾以戒士卒勿犯也。』夫人反其金帛并旗，弗受，曰：『君幸思舊德，願全此城；必欲屠之，吾家與衆俱死耳，不願獨生。』二將感其言，遂不屠城。君子知其後必大。《宋史·得象傳》作『高祖仔鈞』，但云『事閩爲建州刺史，遂家浦城』而已。舊、新《五代史》，馬、陸《南唐書》，皆不載其事。惟吴氏志伊《十國春秋·閩》下有章仔鈞及其妻練寯傳云：仔鈞先世居汴，至宋兵部尚書巖，元嘉初守泉州，始家於南安。唐康州刺史及由南安徙浦城。

及生福州軍事判官修，修生仔鈞。王審知鎮閩，奏授高州刺史、檢校太傅、西北面行營招討制置使，屯戍浦城，累加光禄大夫、持節高州諸軍事，卒後贈金紫光禄大夫、上柱國、武寧郡開國伯、忠憲王。弟仔釧。練氏累封勃海郡賢德越國夫人。有子十五人：自注云：《章氏世系碑》云十八子。仁坦、仁嵩、仁燧、仁昉、仁澈、仁郁、仁政、仁愈、仁鑑、仁肇、仁激、仁耀、仁祐、仁聞。仁坦仕南唐至檢校太傅、武都郡開國伯，仁燧至檢校司徒、建州刺史。孫六十八人。其敘釋二將事尤詳，且云二將者，或言一爲行軍招討使邊鎬，一爲先鋒橋道使王建封也。

按吴氏自記所引書目有《章仔鈞族譜》，此蓋即出章譜之文。陳氏仲魚撰《續唐書》因之。然所敘官爵多不足信。劉宋時有七兵尚書，無兵部尚書。其時無汴名，亦無泉州，無南安縣。今之泉州南安縣，時爲晉安郡晉安縣。至隋時始於今之福州置泉州，始改晉安縣爲南安縣。至唐睿宗時始置今之泉州。且劉宋時衹有刺史，無守名。仔鈞在閩，而高州在嶺外，屬南漢，何以得持節高州諸軍事？封爵有縣伯，無郡伯。唐制縣公上始有郡公，宋制始有郡侯。仔鈞止屯浦城，何以加西北面行營招討使？所云西北面者，何地之西北面？行營者，何處之行營？唐制光禄大夫從二品，金紫光禄大夫正三品，歷五代至宋皆然，何以由光禄大夫贈金紫？皆明是後人不識官制、地理者所僞造。至唐自中、晚以後，至五季、宋初，檢校官固極濫，然亦罕加三師者。仔鈞僅一戍將，亦無檢校直加太傅之理。邊鎬，昇州人，陸氏書云金陵人。王建封，上元人，皆南唐土民，未嘗入閩。且鎬起家爲烈祖通事舍人，終始文臣，未嘗爲軍校。蓋仔鈞名當從《宋史》，其事當從《東都事略》，最爲可據。以建州刺史屯浦城，卒後其妻、子居建州。當南唐之破王延政，所釋二校適在行間，遂有反旗免屠之事。賢德夫人之封，或在南唐，由其兩子貴時所得。其時如吴越武肅王夫人吴氏封貞德夫人，文穆王夫人馬氏封莊睦夫人，忠懿王母吴氏封順德太夫人，忠懿王妃孫氏封賢德順睦夫人，又梁朱温封張全義妻儲氏爲賢懿夫人，則當時自有此制。至云宋宣和中仔鈞追封琅邪王，謚忠獻，練追封越國夫人，則不可考矣。

又言練氏本楊姓，則諸書皆不言，章氏世傳私譜或有所據。仔鈞多子，必非練一人所生，譜言更有黄氏，或亦可信。至仔鈞祖、父皆以爲南唐官，則又後人誤加『南』字耳。其它宋人説部若葉夢得《石林燕語》言章郇公高祖母練氏，其夫均爲王審知偏將，領兵守西巖云云；胡錡《耕録稿》言章郇公得象之高祖，建州人，仕王氏爲刺史，號章太傅，其夫人練氏智識過人云云；沈括《夢谿筆談》言王延政據建州，令大將章某守建州城，其妻連氏有賢智云云：所敘釋將全城事，大略相同，其名氏小異，出於傳聞，當以《宋史》及《東都事略》爲正。葉氏謂均十五子，五爲練氏出，郇公與申公皆其後也。胡氏謂太傅十三子，其八子夫人所生也，及宋興，子孫及第至達官者甚衆；餘五房子孫無及第者，其後亦八房子孫出繼五房耳。考申公即子厚惇，《東都事略》惇傳云『族父得象』。《宋史》又有樞密楶、狀元衡，亦皆仔鈞後。楶傳云：『祖頻，爲侍御史，忤章獻后旨黜官。』眉批：考《宋史》卷三百一《章頻傳》，頻爲三司度支判官，以按皇城使劉美事，美爲后家，忤真宗旨，出知宣州。其後始歷遷侍御史，以黨丁謂貶，累遷刑部郎中、度支判官。使契丹，至紫濛館卒。其下不云孫楶自有傳，楶傳本宜正云祖頻自有傳，此修史者彼此不相檢照之故。楶傳所敘頻官，亦與頻傳不合。頻傳不言祖、父，蓋以前無顯者。父封。楶以叔得集蔭，爲孟州司户參軍，試禮部第一。而《事略》楶傳云『世父得象』，《宋史・得象傳》云『父奂』。《宋史》亦有頻傳，云頻有弟頔，無奂名。是楶非得象親兄弟之子，『世父』字誤。《事略》云以得象蔭將作監主簿，與《宋史》互異。疑《宋史》『集』是誤字；至將作監主簿，乃京官虚銜，孟州司户乃差使，互言之耳。其家世約略可得。楶有七子，其第三子綜官龍圖閣直學士，嘗知越州，今會稽章氏，皆綜後也。

要之仔鈞事無可取，練氏自爲奇女子，宋人争相傳説，事必非妄，至今子姓甚盛，科名不絶，食報亦爲豐矣。嘗怪唐初婺人汪華，史亦無傳，其始隋末竊據故郡，不過草澤之雄，而生以降唐，保越國公之封，殁自趙宋膺英顯王之號，今東南汪氏皆祖之。仔鈞霸國偏裨，終於戍將，而亦没享王封，今浙、閩章氏皆祖之。其人出於易姓之際，皆在若存若昧之間，而遺澤至此，不可解也。余戚友多章姓，自幼聞其祖爲琅邪王，而事無所見，即章氏長老亦言王立功時代無可考。書闕有間，數典多忘，故爲博考而詳辨之，將以詒章氏子孫，俾刻之家乘焉。吴氏、陳氏不知別擇，據私譜而筆之書；彭氏雲桐、劉氏金門注《五代史》，遍采《石林燕語》諸説部，而不知引《東都事略》：皆失之疏。

邸鈔：雲貴總督劉長佑至京，奏病難速痊，懇請回籍就醫。詔：劉長佑准其開缺回籍調理，俟病痊後再行來京陛見。户科掌印給事中劉瑞祺授福建督糧道。

二十三日癸酉　晴，晡陰，有風，黄晦。是日熱甚。金銀藤花開。買石榴樹四盆。剃頭。徐仲佳約明午飲。楊正甫約明晚飲。作書致江敬所，饋乾菜煮肉一器。作書致荇翁，還所借書。朱桂卿來。閲《宋史》。夜晴。付石榴花錢十五千。

邸鈔：以内閣侍讀學士熙敬爲太常寺卿。

二十四日甲戌　晨及上午陰，午微晴，下午晴陰相間，有風，晡後陰。上午過敦夫齋頭小坐。作片致徐仲佳辭飲。敦夫來。

閲《宋史》。孫威敏沔，會稽先賢也，仁宗朝治邊，威名最著，其官臺諫及副樞密皆有風節，而晚年坐按劾被廢。《東都事略》但言在杭州貪縱不法，所刺配人以百數。《嘉泰會稽志》則云在杭治奸僧猾民不少貸，怨謗紛起，卒以御史彈奏被責。而《宋史》備載其事，云使者奏：『沔在處州時，於游人中見白牡丹者，遂誘與奸。及在杭州，嘗從蕭山民鄭昊市紗，昊高其直。會昊貿紗有隱而不税者，事覺，沔取其家簿記，積計不税者幾萬端，配隸昊它州。州人許明有大珠百，沔妻弟邊珣以錢三萬三千强市之。沔愛明所藏郭虔暉畫《鷹圖》，明不以獻。初，明父禱水仙大王廟生明，故幼名大王兒。沔即捕按明僭稱王，取其畫鷹，刺配之。及沔罷去，明詣提點刑獄，斷一臂自訟，乃得釋。杭州人金氏女，沔白晝使吏卒輿致亂之。有趙氏女，已許嫁莘旦，沔見之西湖上，遂設計取趙女至州宅，與飲食卧起。所刺配人以百數；及罷，盜去其按，後有訴冤者，多以無按不能自解。在并州，私役使吏卒往來青州、麟州市賣紗、絹、綿、紙、藥物。官庭列大梃，或以暴怒擊訴事者，嘗刖取盜足後筋斷之。』奏至，乃責寧國節度副使，監司坐失察，皆被絀。然又云英宗即位，與執政議守邊者難其人。參知政事歐陽修奏沔向守環慶，養練士卒，招撫蕃夷，恩信最著，今雖七十，心力不衰，中間會以罪廢，然宜棄瑕使過。遂起知河中府。《會稽志》以爲韓琦作相薦之。使其所按果實，則淫戾已甚，韓、歐大賢，何以薦之復起？且《宋史》又云『沔居官以才力聞，彊直少所憚，然喜宴游女色，故中間坐廢。妻邊氏悍妒，爲一時傳』。夫既有悍妻，何以能所至縱淫？蓋當時所按之迹，亦由文致，不皆盡實。大氏元規爲人剛豪自遂，不修小節，或峻法立威，致怨者多。施志之言，雖爲鄉賢諱，亦公論也。《東都事略》盡削奏按事狀，史裁嚴潔，實勝《宋史》。至《宋史》傳末云：『初陝西用兵，朝廷多假邊帥倚以集事，近臣出帥，或驕恣越法。及沔廢後，真定路安撫使呂溱繼得罪，自此守帥之權微矣。』眉批：《宋史》謂『溱豪侈自放，簡忽於事。與都轉運使李參不相能，還，判流内銓。參劾其借官麴作酒，以私貸往河東貿易，及違式受饋贐，事下大理議。溱乃未嘗受，而外廷紛然，謂溱有死罪』。然則觀呂之所坐，則元規之事益明。呂字濟叔，揚州人，仁宗寶元元年狀元。數語則扼要之論，蓋於元規之廢，有深慨於時事焉。此《宋史》佳處。

宋初士夫學者謹守漢、唐諸儒傳注之學，如杜鎬、聶崇義、邢昺、孫奭，以至丁度、賈昌朝、宋祁兄弟皆然。自歐陽文忠、劉原父，始漸變其説。《宋史·楊安國傳》云：『安國講説，一以注疏爲主，無它發明，引喻鄙俚，世或傳以爲笑。尤喜緯書及注疏所引緯，尊之與經等。』夫安國承其父光輔之學，又爲孫宣公所薦，『在經筵二十七年，仁宗稱其淳質』，比崔遵度。傳中載其講《易·鼎卦》『覆餗』及《周官》『大荒大札』兩事，因事納忠，簡而有要，極得漢經師家法，何有鄙俚可笑之事？講經專依注疏，自是正學；取緯裨經，尤是通儒。蓋自歐陽欲删《正義》引緯之説興，馴至南宋，遂視注疏爲土苴，故史家有此等謬説也。安國字君倚，密州安丘人，官至給事中，年七十餘卒，贈尚書禮部侍郎。

是日殿試宣進前十名。狀元陳冕，宛平人，乙亥舉人，祖籍山陰。榜眼壽耆，盛京禮部侍郎宗室松森之子。探花管廷獻，莒州歷城人。二甲一名朱祖謀，歸安人，去年北榜。梅卿來，言其子在三甲一百名外。正甫來，催飲聚寶堂。晚赴之，夜二更後歸。是夕陰。付車錢五千，霞、玉等車八千。

邸鈔：詔：岑毓英實授雲貴總督，張兆棟實授福建巡撫。詔：雲南騰越鎮總兵李文益著即開缺。以岑毓英奏其請假回籍，久未到任，且官聲平常也。以□□□□張松林補授雲南騰越鎮總兵。

二十五日乙亥　晴，微陰，歊熱，晡後陰，傍晚小雨。爽秋來，以滁州石刻歐陽文忠像朱拓本爲贈。馬蔚林來。杭人諸可寶孝廉以庚辰所屬畫摺扇來還，作墨筆水仙數枝，甚劣，不足觀。又以余舊藏岱南閣本《倉頡篇》，二十年前爲譚仲修借去者，今陳藍洲屬其附還余，作書復之。得沈子培書，見示刑部正月廿六日奏河南覆奏王樹汶案隱飾情形疏、二月十三日奏河南審理王樹汶案矛盾情形疏。余昨見邸鈔李鶴年請更定王樹汶罪名疏，負氣强辯，跋扈恣肆，令人髮指。今觀刑部兩疏，其指駁李鶴年詞亦頗峻，惜未提訊王兆蘭、馬永修與鎮平知縣馬翥面質，故致游辭之攻也。即作復書。敦夫來。光甫來。得江敬所書，并近詩一首，殊不工。夜風頗凉。

閱《宋史》。《寇瑊傳》云：『瑊少孤，鞠於祖母王氏。及登朝，以妻封邑回授之，朝臣得回封祖母自瑊始。』《李虚己傳》：『以南郊恩封群臣母、妻，虚己請罷其妻封以授祖母，詔悉封之，世以爲榮。』此後世四品以下貤封祖父母之始。

《余靖傳》云：太常博士茹孝標告靖少時嘗犯法被榜，靖因左遷，分司南京。《章頻傳》云：宜州守訟頻子許嘗被刑而冒奏爲祕書省校書郎，頻坐謫。此後世應試及入貲者保結中例有『未嘗犯事受刑』一語，亦古法也。

《章頻傳》又云：『與弟頔皆以進士試禮部預選，會詔兄弟毋並舉，頻即推其弟，棄去，後六年乃擢第。』案：仁宗後如宋元憲、景文兄弟亦並時擢第，頻事在真宗天禧以前，此制不知何時始弛。然考唐時無兄弟並舉者，五代及宋亦甚鮮，南渡後始屢見之，蓋非古法。今人以此等爲佳話，不知古反以爲禁矣。今科江蘇通州顧曾烜及其子儒基，與弟曾燦同捷進士；嘉定秦綬章、夔揚兄弟亦同捷，殿試二甲第十七、十八連名。丁丑，善化孫宗穀、宗錫兄弟亦二甲第一、第二連名。

《齊廓傳》：廓字公闢，越州會稽人。舉進士第，累遷提點湖南刑獄。弟唐爲吉州司理參軍。知越州蔣堂奏廓及唐父母垂老，窮居鄉里，二子委而之官，唐復久不歸省。於是罷唐，令歸侍養。此後世有兄弟侍養者不去官之制。

《吕端傳》：端由樞密直學士拜參知政事，歲餘，『左諫議大夫寇準亦拜參知政事，端請居準下。太宗即以端爲左諫議大夫，立準上』。案：端先以右諫議大夫爲開封府判官，坐事左遷衛尉少卿，無何，復舊官。復舊官者，即復右諫議大夫，所謂寄禄官也。開封府判官、樞密直學士、參知政事皆職也。

端拜參政而官仍右諫議，故請居左諫議之下。

《張秉傳》云：秉在太宗時以『度支員外郎、知制誥、判吏部銓、知審官院。唐朝故事，南省首曹罕兼掌誥，多退爲行内諸曹郎。至是用此制，其後進改多優遷首曹，遂墮舊制矣。遷工部郎中，依前知制誥。真宗嗣位，進秩兵部郎中』。案：南省首曹，如吏部四曹首爲吏部郎，户部四曹首爲户部郎之類。行内諸曹郎者，如吏部之考功、司勳、司封諸曹郎，户部之度支、金部、倉部諸曹郎之類。行者，如吏部、兵部爲前行，户部、刑部爲中行之類。唐代郎中、員外郎皆執事官，與宋元豐以前皆爲寄禄官者異。首曹事繁，故不兼掌誥。知制誥者退爲行内諸曹郎，如本吏部郎中則退爲司封等郎中，本户部郎中則退爲度支等郎中，本兵部郎中則退爲駕部等郎中是也。首曹謂之頭司，其餘謂之子司。子司事簡，故可兼内職。宋初郎中、員外郎皆寄禄官，止以敘遷，無職事，故不依唐制。至是用此制者，秉以度支員外郎知制誥，蓋本爲户部員外郎也。史少敘此一句，便不可解。至判吏部銓及知審官院，皆所謂差，與官無涉。其後遷工部郎中，依前知制誥，乃遷後行首曹矣；進秩兵部郎中，乃遷前行首曹矣：皆所謂墮舊制也。作史者似沿襲舊文，而未明官制。

《王洙傳》云：『初舉進士，與郭稹同保。人有告稹冒祖母禫，主司欲脱洙連坐之法，召謂曰：「不保，可易也。」洙曰：「保之，不願易。」遂與稹俱罷。』烏虖！後世豈有知此等事者乎？宜風俗日偷而科名愈壞也。古人期喪皆不應舉，明代始弛其禁，而士夫以清議爲重，未敢公然行之。至今日而余同鄉同年中有翰林居父憂滿喪甫三日已在都考試差者，其浙江原籍服闋咨文，於喪中關通書吏豫書年月爲之，巡撫不舉發，吏部、翰林院不駁詰，竟得貴州學政以去。前日陳御史疏請慎簡學臣，有『短喪虧行』之語，指此人也。又辛未探花者，亦此人同縣人，母死不報，其辛未會試日猶在喪期中，鄉里人人能言之。

《張存傳》云：『存性孝友，嘗爲蜀郡，得奇繒文錦以歸，悉布於堂上，恣兄弟擇取。常曰：「兄弟，手足也；妻妾，外舍人耳。奈何先外人而後手足乎？」』『棗彊河決，勢偪冀城，或勸使它徙。曰：「吾家，衆所望也，苟輕舉動，使一州吏民何以自安？」訖不徙。』兩事所言，皆淺而有味。吾越諺有曰：『兄弟如手足，妻妾如衣服。』其語尤名貴。衣服亦人所必需，然可更置，非如手足不可易也。存字誠之，仁宗時官至禮部尚書，卒年八十八，謚恭安。

《張洞傳》云：洞『調潁州推官。民劉甲者，强弟柳使鞭其婦。既而投杖，夫婦相持而泣。甲怒，逼柳使再鞭之。婦以無罪死。吏當夫極法，知州歐陽脩欲從之。洞曰：「律以教令者爲首。夫爲從，且非其意，不當死。」衆不聽，洞即稱疾不出。不得已讞於朝，果如洞言』。奈何以文忠之賢而蔽獄之誤如是？何怪於今日不學徇私之疆吏？使在今日，必坐此婦以忤逆，而甲爲教訓，柳爲過誤，則兄弟皆脱然事外，而婦冤沉黑地矣。洞字仲通，祥符人，論建甚多，仁、英間名臣也，官至工部郎中、淮南轉運使。

邸鈔：上諭：崇綺奏查辦案内職官恃符狡展，請革職嚴訊，並將要證嚴拏解審一摺。河南候補知府劉光煜，著先革職，嚴行審訊；欒亭縣生員趙健邦，著直隸總督飭屬嚴拏解質，毋任遲延。御史李映選湖南寶慶府知府。

二十六日丙子　晴，竟日大風横甚，晚稍止。

閲《宋史》。《蔣堂傳》：堂知益州。『慶曆初，詔天下建學。漢文翁石室在孔子廟中，堂因廣其舍爲學宫，選蜀官以教諸生，士人翕然稱之。』『又建銅壺閣，其制宏敞，而材不豫具，功既半，乃伐喬木於蜀先主惠陵、江瀆祠，又毁后土及劉禪祠，蜀人浸不悦。久之，或以爲私官妓，徙河中府。』然則後主宋以前蜀亦有祠也。

《狄斐傳》云：斐子遵度，字元規，『嗜杜甫詩，嘗讚其集。一夕，夢見甫爲誦世所未見詩，及覺，纔記十餘字，遵度足成之，爲《佳城篇》。後數月卒』。此事徵少陵事者從未言及。

《郎簡傳》云：簡字叔廉，杭州臨安人，以工部侍郎致仕。『喜賓客。即錢唐城北治園廬，自號武林居士，道引服餌，晚歲顔如丹。』『孫沔知杭州，榜其里門曰德壽坊。』『一日謂其子絜曰：「吾退居十五年，未嘗小不懌，今意倦，豈將逝與？」就寢而絶』，年八十有九。考簡與林和靖同時，今西湖處士人皆知之，而武林居士無能言者，此名位不及節行也。

《孫永傳》云：永『十歲而孤，祖給事中冲列爲子行，蔭將作監主簿』。『冲卒，喪除，復列爲孫。』考宋制，凡尚主者，皆升爲父同行；至神宗，始緣英宗意革其制。而非尚主者亦私爲之，如冲、永事，尤可異也。

《蘇頌傳》云：神宗『嘗問宗子主祭、承重之義，頌對曰：「古者貴賤不同禮。諸侯、大夫世有爵禄，故有大宗、小宗、主祭、承重之義，則喪服從而異制；匹夫庶人，亦何預焉？近代不世爵，宗廟因而不立，尊卑亦無所統，其長子孫與衆子孫無以異也。今《五服敕》嫡孫爲祖、父爲長子猶斬衰三年，生而情禮則一，死而喪服獨異，恐非先王制禮之本意。世俗之論，乃以三年之喪爲承重，不知爲承大宗之重也。臣聞慶曆中朝廷議百僚應任子者，長子與長孫差優與官，餘皆降殺，亦近古立宗之法。乞詔禮官、博士參議禮律，合承重者，酌古今收族主祭之禮，立爲宗子繼祖者異於衆子孫之法，士庶人不當同用一律，使人知尊祖不違禮教也。」』案：子容此言，深明禮意。今父爲長子斬衰之服既殺，而適孫爲祖猶稱承重，凡爲訃狀，越列諸父之前，甚非禮也。近儒陳見復等亦嘗論之。余謂去適孫之承重，及沈子敦謂今世出繼者不當降所生服，皆持禮之名言。余又謂凡出繼者，如所繼父母已卒，皆各令追服三年，庶使利寡婦之資者，亦稍申報本之誼，亦厚風俗之一端也。

二十七日丁丑　晴熱。閲《宋史》。取玉人所琢印章，付錢十四千。其所刻失真，拙甚。午入城，拜翁叔平師壽，不晤，送祝敬二金、節敬二金，皆不收。答詣徐仲凡、鄭蓮卿、朱桂卿，皆不值。晡歸。敦夫饋蓮子二匣，松羲四片，作書復謝，犒使三千。付車錢五千。

二十八日戊寅　晴熱，傍晚風。比日辨色即起，坐籬下，聞金銀藤花香清絶，如入薝蔔林。閲《宋史》。作片致敦夫，約乘早凉入寺，爲霞外之游。饋書玉夫人節物。仙洲夫人饋節物。下午詣興勝寺，晤光甫，久談。至台州館訪弢夫，蔚林、敦夫亦來。傍晚答詣兩鄉人。弢夫邀同敦夫夜飲聚寶堂，初更歸。付車錢七千。

邸鈔：命兵部尚書瑞聯、工部尚書翁同龢教習癸未科庶吉士。命侍講學士汪鳴鑾爲山東學政。命革廣東高州鎮總兵莫雲成職，以曾國荃劾其營務廢弛、庸劣不職也。以前貴州古州鎮總兵張得禄爲高州鎮總兵。詔：此次散館，修撰黄思永，編修余聯沅、曹詒孫，業經授職；二甲庶吉士黄紹箕等四十三人，俱授爲編修；三甲庶吉士蔣式芬等三人，俱授爲檢討；武吉祥等二十二人，俱以部屬用；劉焕等十四人，俱以知縣用。浙江留館五人：黄紹箕、盛炳緯、徐琪、褚成博、朱福詵，而湯繩和、王蘭、濮子潼用部屬，袁鵬圖用知縣。江蘇楊崇伊，山東王懿榮，江蘇龐鴻書，廣東梁鼎芬、張鼎華俱留館。江西郭賡平、江蘇王頌蔚、廣西于式枚、湖北左紹佐俱用部屬。四川毛澂用知縣。河南丁象震在二等前，裴維侒在二等後，而丁散裴留。或謂裴與張之萬姻親，故政府右之也。

二十九日己卯小盡　晴。先本生王父忌日，供饋肉肴六豆，菜肴四豆，肉羹一，薄荷冰雪糕一，時果四盤，饅頭一大盤，蓮子湯一巡，酒四巡，飯再巡，晡畢事。梅卿來。作書致敦夫，饋薄荷糕。昨日新進士朝考『叔孫通起朝儀詩得□字』，命李鴻藻等閱卷，擢黄松泉第一。閱卷有徐桐、烏勒喜崇阿、嵩申、錫珍、薛允升、許庚身、張家驤、周德潤、張佩綸、周家楣。鄧鐵香來，久談，留之小食。葉更端自廣東寄來所刻《林和靖像硯題詩拓本》，中模余書一幅，頗能逼真。得弢夫書，惠竹根印章一方，其鄉人陳桂舟篆，刻『霞川老人』四字，即復謝。

五月庚辰朔　晴，微陰，晡後陰。閱《宋史》。君表約明日夜飲，即復。得弢夫書，惠雁山茶、㠯脯、端午餅、角黍，作書復謝，受餅、黍。得心雲書，即復。黄松泉來。傍晚詣敦夫齋中小坐，歸。剃頭。夜初小雨，即止。本約敦夫、君表偕出小飲，以興盡而止。作書致君表。

邸鈔：翰林院侍講學士葉大焯轉侍讀學士，侍讀學士李端棻升侍講學士。

初二日辛巳　巳正一刻六分芒種，五月節。晴，下午有風。早起坐庭中，閱《金石文字》。敦夫來，弢夫來。下午偕至文昌聽曲，頗佳，傍晚歸。得鏡江書，送來所刻印章四方。朱同年毓廣來。沈子培兄弟來。君表來催飲霞芬家，夜赴之，二更後歸。付文昌坐錢八千，車錢五千。饋仙洲夫人節物，饋殷尃庭節物。

初三日壬午　晴，熱甚。作書致鏡江，致君表、正甫，致弢夫，致敦夫，俱約今日夜飲，爲君表、鏡江兩君餞行。得心雲書，饋醉魚、龍眼，即復謝。梅卿來。得弢夫書辭飲，即復。書玉夫人送張姬明日生日禮物，受酒一甕及燭、麵、桃、糕，犒使八千。印結局送來前月公費銀六十六兩。徐仲嘉來。爲君表書新圃虚霩居楹帖。

跋晉爨寶子碑

爨寶子碑，額五行十五字，云：『晉故振威將軍建寧太守爨府君之墓。』碑文十二行，行三十字；末又一行，低四格，云：『大亨四年，歲在乙巳，四月上恂立。』其碑文下空一格，書立碑掾吏姓名，凡主簿一人，録事一人，西曹一人，都督二人，省事二人，書佐二人，幹吏二人，小吏一人，威儀一人。凡十三行，行四字，字皆八分。其文云：『君諱寶子，字寶子，建寧同樂人也。州主簿、治中、別駕，舉秀才，本郡太守。春秋廿五，寢疾没官。』爨氏晉、宋間世守南寧，事無可紀。此碑文甚清雅，字尤遒美，波磔穎發，已開唐隸之風。『旬』借『恂』字，自來未見，不合六書通假之法。大亨爲安帝元興元年之三月，桓玄自爲丞相，改元大亨，識者謂『一人二月了』，是歲在壬寅。至次年十一月，玄篡位，稱大楚皇帝，改元永始。次年，劉裕等誅玄，安帝復位，仍稱元興三年。又次年乙巳，改元義熙。是大亨安得有四年？乃至乙巳四月，寧州猶用大亨之號，亦不可解。晉、宋志皆言郡守下置主簿、録事、書佐、幹、小史等，此作『幹』者，『幹』之省文，猶漢碑之省作『午』也；小史，此作『小吏』，甚分明，容筆畫有誤。《宋志》言今有西曹書佐，即漢之功曹書佐。省事蓋即録事，見於《晉志》。都督之名不可解，而其字兩見，皆明作『督』。《晉志》言荆州有監佃督，此疑是賊曹捕掾及武猛從事、弓馬從事之流，而假督名。《宋志》謂諸郡各有舊俗，諸曹名號往往不同，此類是也。威儀亦不見於史。或以大亨之號疑此碑之僞，則又非也。凡作僞者，必先按考時代年月，依而爲之。《晉·安帝紀》削大亨之號不書，何反取之以自昭其闕乎？碑文先略敘歷官而系以辭，辭皆四言，其末云：『爰銘斯詠，庶存甘棠。』而終以『嗚呼哀哉』，亦它碑所罕見。碑在雲南南寧縣，咸豐初始拓得之，有江寧鄧文懿爾恒跋。

跋魏鄭道忠墓志

後魏鄭道忠墓志，楷書。所見翦褾本，無從得其行款字數。其文曰：『有代正光三年，歲次壬寅，十二月己未朔，十四日壬申，故鎮遠將軍、後軍將軍鄭君墓志。君諱道忠，字周子，熒陽開封人，周文王之裔，鄭桓公之後，魏將作大下有闕。之十世孫也。本枝碩茂，跗蕚下當闕二字。冠冕相仍，風流繼及，清静爲治，化洽枌榆，□考禮鑄，泯疑。案：此數語述其祖父，爲翦褾者割裂，致脱落顛到，其文不全。愛留海曲。君□□粹，載挺珪璋，美行著於下當闕四字。盛於冠□。太和在下當闕『御薄』二字。海斯歸，理翰來儀，擇木以處，下有闕。高陽王國常侍，所奉承相。其人雖義在策名，而醴遨循即『脩』字，古『脩』『循』二字通用。此下當有『敬』字。其下又闕二字。任重，□職惟下有闕。『惟』下當有『勤』字。衛尉丞，加明威將軍，抑而爲之，非所好也。會五營有缺，俄意在焉，事等嗣宗，聊以寄息。徙步兵校尉、本下有闕，或『郡』字，或『邑』字。中正，遷鎮遠將軍、（浚）〔後〕軍將軍。君氣韵恬和，姿望温雅，不以□否滑心、榮辱改慮，徘徊周、孔之門，放暢老、莊之域，澹然莆□，下闕一字。競當塗。天道茫茫，仁壽無證，春秋卅有七，以正光二年十月七日卒於洛陽之安豐里宅。知時識順，臨化靡傷，啓足在言，素儉爲令，古之君子，何以尚兹？越十月廿六日，窆於熒陽山□兆，乃銘石泉塗，式昭不朽。』其下銘辭翦落更多，不及備載。

魏自太祖建國曰魏，而其邦人多沿代名，至今碑刻流傳，魏代、大代之稱屢見。壬寅爲梁武帝普通三年、魏孝明帝正光三年，是年十一月己丑朔，十二月己未朔，與史皆合。惟碑文言道忠以正光二年十月十七日卒，廿六日窆，而此題三年十二月十四日者，當是立石之月日。然標之於首，爲碑例所絶無。道忠事無可考。其字周子，取忠信爲周之誼。『熒陽』字作『熒』，从火，足證古人『熒澤』『泆爲熒』等字，皆不从『水』作『滎』，近儒金壇段氏之説甚確。『魏將作大』下字闕。考《後漢書·鄭泰傳》云：『河南開封人，司農衆之曾孫。』《三國志·魏》：『鄭渾，河南開封人，高祖父衆，兄泰。』范書《泰傳》言『衆曾孫』，此云『高祖父衆』，小不合。渾官至將作大匠。此『大』下當是『匠』字。然則渾之十世孫也。《魏書》《北史·鄭義傳》皆云：滎陽開封人，魏將作大匠渾之八世孫；義子道昭。今山東萊州鄭道昭所書碑甚多。道忠雖同『道』字行，而碑云渾十世孫，與道昭尚差一世。下云『太和在御，薄海斯歸』，是道忠於孝文時由南齊入魏，非幼麟六房世仕北者比矣。承相，高陽王者，文獻王雍也，『丞』『承』古通用。『否』上闕『泰』字。『滑』即『汨』字，古亦通用。《周書》鄭孝穆、鄭偉傳皆云『滎陽開封人，魏將作大匠渾之十一世孫』。孝穆名道邕。據《魏書》《北史》，道邕爲義從曾孫，世次皆合。偉爲義兄連山之曾孫，亦義從曾孫也。

跋北周張端姑墓志

此志楷書，首一行低一格，題『張端姑墓誌』。文云：『端姑姓張氏，原州長城縣人，柱國大將軍澄女孫，郢州刺史用之女也。』案：原州以魏正光時即高平縣置州，《詩》之所謂『太原』也。自是迄元，皆曰原州，今甘肅固原州也。《魏書·地形志》言原州領高平、長城二郡，高平領高平、里亭二縣，長城領黃石、白池二縣，無長城縣。惟《元和郡縣志》云：原州平涼縣，後魏爲長城郡長城縣之地。今此志明作『長城縣』，足見伯起書於地理據武定版籍，所失多矣。周初八柱國、十二大將軍最爲尊顯，其姓名載《周書》《北史》李弼等傳論，後云：其時念賢、王思政亦爲大將軍，而不與此數。厥後拜柱國及大將軍者寖多，要皆以元功積閥得之。張澄姓名獨無可考，爾時張氏顯者甚少，蓋史之佚者，不知其幾也。又云：『刺史有六女，端姑其第四。天和四年二月五日亡於郢州官舍，年十有九。其年十月廿八日歸葬於高平之鎮山。』考天和四年爲武帝即位之九年，歲在己丑，二月辛酉朔，十月丁巳朔也。高平縣爲高平郡所治。《隋志》《元和志》皆云魏太延中改爲平高，據此志則高平之名未嘗改矣。志文簡質，無一儷飾之語，亦無銘辭，猶見古法。其字畫極謹嚴凝重，北碑中所僅見，後來褚、顔兩文忠皆胎息於此。《隋志》：平凉郡、百泉縣，後魏置長城郡及黄石縣，西魏改黄石爲長城縣，大業初改百泉。是長城名縣起於西魏。伯起仇視關中，宜所不録。唐承西魏，故概稱後魏耳。夜君表、正甫、鏡江、敦夫、心雲來，偕梅卿同作主人，招霞芬、玉仙、月秋諸郎，至二更後散。付庖人賞十二千，點心四千，客車九千四百，霞、玉車八千。饋吴介唐節物。汝翼饋節物。

初四日癸未　晴，下午微陰。熱甚，始絺衣。張姬生日，書玉夫人來，設飲款之。龐劬庵同年來。楊孝廉家駷來，理庵之子也。朱蓉生來，弢夫來。胡梅生寄惠松江銀百兩，梅卿之弟也。署吏送來春季養廉銀九兩二錢。楊世講送來《甬上辨志文會課藝初集》，分漢學、宋學、史學、算學、輿地學、詞章學六集，各立一師，郡守主之，其意甚善，文亦粗可觀。然經不必分漢、宋，輿地可併入史學。宜立經、史、文、算四學，而精擇其師。今所延者，黄元同主漢學，黄蔚亭主算學，差得其人。鎮海陳駿孫繼聰主詞章之學，此君亦庚午同年，不知其人。主史學、輿地者慈谿何明經松、馮孝廉一梅，皆非素識宋學，所取一卷甚淺陋，蓋不足論。其實元同亦兼通宋學，此不宜分者耳。付賃屋銀十二兩致季士周，得復。饋汝翼節物。介唐饋節物。

邸鈔：詔：新科進士一甲三名陳冕、壽耆、管廷獻業經授職外，朱祖謀、志鈞等七十八人俱改爲翰林院庶吉士，吕炎律等八十六人俱分部學習，鮑恩綬等十二人俱以内閣中書用，鄭葆清等一百二人俱交吏部掣籤分發各省以知縣即用，刑部候補郎中沈家本等六人仍用原官，餘二十人歸班銓選。浙江得庶吉士八人，黄福楙、張預、童祥熊皆與焉；歸班二人，會稽孫祖華，即祖英改名者，殿試、朝考皆居末。江蘇人劉廷熩，覆試一等十五名，殿試二甲第八名，於江蘇居第一，以朝考卷後面被墨污置三等後十名，亦歸班。殿試自三甲一百六十九名後十三人皆歸班，而一百七十四名方芾林以内閣中書呈明，仍得守故官。安徽蒯光典，覆試三等，殿試三甲，朝考以周家楣識其書，拔置一等第二，得庶吉士。甘肅張琦，朝考三等，以殿試二甲四十九名，引見時居甘肅第一，亦得庶吉士。尚書閻敬銘子迺竹，侍郎邵亨豫子松年，皆得庶吉士。四川總督丁寶楨子壽鶴，本兵部郎中，庚辰會試中式，今年補殿試，仍分部學習。

以山東鹽運使林述訓爲山東按察使。本任按察使潘駿文降三級調用。

初五日甲申　晴，極熱，晡後陰，傍晚雷雨。弢夫來。敦夫來。心雲來。朱桂卿來。田杏村來。書玉來。弢夫以貂抹額一事、甌錦一匹爲張姬壽。小治端午節筵，合家人小飲。霞芬來，予以叩節二金，又錢六十千，賞其僕十千。玉仙來，予以叩節二金，又錢四十千，賞其僕十千。賦家人節錢：内子錢五十千，銀三兩，番銀一圓；席姬錢三十千，銀一兩，番銀一圓；張甥錢二十千；僕人李升錢十六千；王媪、楊媪各十二千；升兒、更夫各十千；廚人司馬士季十四千；鮑僕、林兒五千。付米銀六兩；石炭銀十兩；紬布銀十兩；乾果銀十兩；庖人司馬士容肴席錢二百卅一千；聚寶堂酒食錢百六十千；便宜坊八十千；寶森書坊銀十兩，又錢十六千；松竹齋紙錢一百千，又銀二兩；賣花劉媪銀三兩八錢，又錢七十千；吴旗嫗錢一百千；玉人銀五兩；縫人銀五兩；燈油錢七十千；酒錢卅二千；餅錢卅五千；甜水錢三十千。翁叔平師惠銀十二兩，作書復謝。犒使十千。

邸鈔：以翰林院侍讀學士尚賢爲詹事府少詹事。

初六日乙酉　晴，下午微陰。自昨得雨後少凉。付衣買滕文藻銀十四兩。昨爽秋雨中送詩，并問舊揭《東方朔畫像贊》之直，匆匆未得復之。閲《晉書》本紀及《職官志》、《宋書・百官志》。爽秋來。作書致孫鏡江，并還《晉爨寶子碑》拓本及跋，得復。王廉生來。

初七日丙戌　晴。雜閲《三國志》《魏書》《北史》《北周書》《隋·地理志》《元和郡縣志》。光甫來，以陽湖趙氏活字本番禺李恢垣吏部光廷《漢西域圖考》爲贈。孫鏡江來。書玉來。晚詣敦夫齋中，視其疾。入見仙洲夫人，話其子結姻事，即歸。梅卿挈其子少卿來夜談。剃頭。

初八日丁亥　晴。作書致鏡江，并還北魏鄭道忠、北周張端姑兩志。得弢夫書，屬書紈扇。比夕失睡，困劣不支，多卧。閲李恢垣《漢西域圖考》。凡六卷，又附録晉釋法顯《佛國記》等一卷。首冠以漢西域圖及地球全圖，及凡例十四則。大約證今者多，考古功少。作書致汝翼，致心雲。心雲來。夜早睡，有月頗佳。管惠農來。汝翼來。

邸鈔：上諭：御史萬培因奏請疏通六部正途人員各摺片，著吏部議奏。一請：凡郎中、員外選缺，向章三缺一輪，一留補，二留題，三咨選；今擬照選缺主事章，徑以五缺爲一輪，一留補，二留題，三留補，四留題，五咨選。一請：總理各國事務衙門司員保舉，無論題選咨留，遇缺即補者，照吏部奏定章程，每案不得逾三員之數。一請：六部漢司員題缺，凡特旨即用人員，比照滿員專補選缺，不得壓資深正途。一請：庶吉士改用部曹者，照知縣截取銓選章程，於兩缺後插選庶吉士一人。一請：滿洲進士及散館庶吉士到部者，向章不得補題缺，擬以一缺歸進士，二缺歸筆帖式，以免偏枯。　山東兖沂曹濟道黄大鶴升山東鹽運使。

初九日戊子　晴。弢夫來，言十六日行。黄松泉庶常來。孺初來，言張叔平前日夜出被捉，稱是提督番役奉旨拏人，劫脅銀數千，始得釋。輦轂之下，無賴横行，是可駭也。張此來固非，然謂之潛住京師則可，謂之逋逃則不可，蓋朝旨僅令回籍，不特非戍所潛逃者比，亦非交地方官管束不服管束者比。而市魁閑子，假託隸卒，公相劫詐，是官吏縱弛，法紀蕩然。失此不懲，何以爲國？不必論其人若何，而金吾不戢，驄馬無威，其咎固有所歸矣。得心雲書。下午出門答拜龐劬庵，便過張叔平家視之，其門首環立百餘人，遂却回。答詣潘伯馴，詣汝翼，送孫鏡江行，答拜黄松泉，俱不值。詣朱蓉生、濮紫泉，小坐而歸。張子虞來。

邸鈔：左春坊左贊善胡喬年升右春坊右中允。右庶子裕德轉左庶子。翰林院侍讀會章升右庶子。右贊善貴鐸轉左贊善。□□□□□嵩峋補右贊善。山東濟南府知府李嘉樂升分巡兗沂曹濟道。

初十日己丑　晴，下午微陰，有風。始换泠布窗，易莞席。濮紫泉來。朱溍中書來，修伯大理之子也。作書致鐵香。汝翼來。閲趙氏《金石録》。其録不載元文，致後亡者無從考見梗概，幸無跋者猶存其目耳。汝翼邀同梅卿、弢夫、心雲夜飲便宜坊，一更後歸。付泠布及繩、紙等錢二十一千。

邸鈔：上諭：御史丁振鐸奏請飭嚴拏惡棍一摺，據稱已革給事中張觀準於四月二十六日夜在南横街被惡棍多人持刀闌截，將該革員閉置車中，拉至僻隱地方，考禁勒贖，至本月初二日始行釋放等語。輦轂之下，竟有棍徒横行，藐法已極，該地面官所司何事！著步軍統領衙門、順天府、五城御史飭屬勒限緝拏，務獲究辦，倘限滿無獲，即行嚴參。革員張觀準，前有旨勒令回籍，何以尚未出京？著即勒令迅速回籍，不准再行逗留。上諭：都察院奏江蘇職員王爾玨等呈請永禁勒充甲長一摺。該職員等所稱江陰縣應徵銀糧，勒令甲長分任催追，賠墊苦累等情，著江蘇巡撫查明，如果屬實，即行永遠禁革，以除弊端。另片奏王爾玨等呈内粘附八條，干預地方漕務。傳詢出結官余思詒，據該員與何彦達赴該衙門，聲稱呈係王爾玨所擬，與何彦達等商遞，王爾玨現在患病赴通州就醫，陳熙治、吴德培均已出京，閃爍支離，顯有情弊等語。該職員等所呈各條有無假公濟私情事，著該部即飭教習王爾玨、郎中何彦達回籍，並列名之中書陳熙治、教習吴德培是否與聞，一併由江蘇巡撫傳訊，明確具奏。余思詒於陳熙治等是否在京並未查詢，率行出結，並於王爾玨等遞呈後不候具奏，聽其遠出，殊屬非是，著交部察議。

十一日庚寅　晴，下午陰。作書問敦夫疾。爲心雲書直幀四幅，楹帖一聯，摺扇、紈扇各一。爲弢夫書楹聯一，即作書致之。

十二日辛卯　陰涼，頗佳。作書致心雲，并所書聯、扇等，得復。心雲來，辭行。約心雲、弢夫、管惠農、沈子培、子封兄弟早飲便宜坊，辰刻先往，待至午後始集，下午歸。陳冕狀元來。張筠庶常來。饋敦夫煮笋、杏醬。夜得心雲書，以書箱一、碗筐一寄余寓中。三年一試，其志甚鋭，然余已衰矣，一千一百日，果居然亡恙乎？亦聊以自壯也。付酒保四千，車、飯二千。

邸鈔：上諭：巡視中城給事中安祥等奏拏獲要犯，請飭交刑部嚴訊一摺。所有訛詐已革給事中張觀準案内人犯孫朱氏等三名口，及張文溥、余之淦、張七，並爐房蘇培顯，均著交刑部嚴行審訊，按律懲治。未獲各犯，仍著步軍統領衙門、順天府、五城御史一體嚴拏，務獲歸案究辦。張觀準著聽候傳質，一俟質證明確，即行勒令回籍。詔：委散秩大臣、副都統、世襲三等承恩公文壽，照兵部議革去委散秩大臣、鑲藍旗蒙古副都統，加恩仍留公爵，罰世職公俸二年。以孟夏時享太廟分獻西廡，御史陳啓泰等劾其跪伏失儀也。內務府郎中惠志授山東濟南府遺缺知府。直隸試用知府朱采授山西汾州府知府。本任知府林拱樞告病。

十三日壬辰　晨、上午陰，微有小雨，下午晴。心雲晨來，辭行。遣人至廟市買草、花數種栽之。得弢夫書，以其同邑李藻所饋《紫藤花下讀書圖》爲贈，作書復謝。作懷沈曉湖龍泉詩。爲弢夫書團扇。爲黄仲弢書團扇，即以一詩爲贈。作書問鐵香疾。作書并扇致弢夫，得復。閱《三國志》。是日圃中始聞新蟬。

得曉湖司訓龍泉書却寄

籃輿垂老見風流，佛影經帷兩白頭。澗水西來通殰沼，閩雲南起對書樓。一囷官粟供山縣，來書言歲入穀三千斤，米三百石。千里鄉程入劍州。龍泉宋時曾立劍州，其地有斗入福建浦城縣者，閩中故有南劍州之稱。何日各成歸隱計，湖塘壽勝結盟鷗。

贈同年黃仲弢編修紹箕

今皇三榜啓庚辰，同籍同年廿五人。君有才名傳世學，我於交誼倍情親。汗顔李郃辭華選，作賦黃滔絶等倫。庚辰朝考第一，今年散館復第一。報國文章原易事，無雙江夏出貞臣。

十四日癸巳　晨日出，旋陰，有風竟日，晚霞甚麗。張子虞來，久談。同年褚百約編修成博來。得弢夫書，乞爲管惠農書扇。得馬蔚林書，言前日以入署不赴飲之故。此君篤謹人也，近來台、温殊多善士。夜凉。

邸鈔：上諭：謙德奏佐領在協領私宅自戕一摺，據稱本年四月，鑲藍旗佐領福禄在左翼協領音登安私宅自戕殞命，並據福禄交甲兵講福遞呈一件，取具音登安親供，請旨查辦等語。案關職官自戕，呈訴多款，亟應徹底根究，以成信讞。著直隸總督派委司道大員前往逐款詳查，據實具奏，不得稍涉含混。原呈親供，著發交該督查照辦理。

十五日甲午　晴，有風，下午稍陰。黃仲弢來。爲管惠農書紈扇，即題其扇上所畫古木寒鴉詩二首。晚霞如昨麗。夜微月，多雲。敦夫來夜談。作書并扇致弢夫。

偶題江村古木寒鴉小景二首

小幅江村景最幽，幾間瓦屋俯寒流。稻蓬斜照低眠犢，菱罫輕烟欲渡鷗。水檻平看遥岸樹，風帆峭帶數峰秋。歸鴉似與吟情會，蕭瑟蘆花寫暮愁。

廿載江鄉繫夢思，鏡湖紅樹雁來時。墟烟淡上叉魚艇，山翠寒侵放鴨池。略彴晚霞都入畫，遠村疏柳亦宜詩。不堪俱作承平憶，待月柴門閉每遲。

十六日乙未　微晴間陰，有風。弢夫來，言後明日行。馬蔚林來。閱宋氏《過庭録》。作書致弢夫。晡後過敦夫齋中談。梅卿來。夜有風，甚爽。是夕望，始有佳月。

邸鈔：工科給事中鄧承脩轉户科掌印給事中。

十七日丙申　晴熱，下午有風。庭樹有鳴蟬。汪柳門學士來。兩得敦夫片，約今夕出飲。作書致梅卿，爲其長郎改閫藝前半篇。作書致沈子培。得弢夫書，言十九日行。

錢竹汀氏嘗言，近世有小説之學，凡市井僞造故事，傳之優伶，最足以惑耳目而壞心術。此篤論也。安溪李文貞有《請正樂府疏》，欲選擇翰林諸員能文詞者，取古來可感發之事，被之管弦，令天下傳演，而悉禁誣妄淫褻諸劇。其事若行，誠轉移風俗之大端。而議卒不成。余謂今日它即不能禁，而凡演古帝王聖賢者，會典、律例俱有嚴科。今梨園中於漢世祖、唐太宗、宋太祖、宋仁宗，皆本之市井稗官所謂《東漢》《説唐》諸書，極意誣衊。而於唐僞造薛仁貴家世事，以仁貴爲江夏王道宗所陷；於宋僞造楊業、呼延贊家世事，以潘美爲巨奸：尤爲悖謬。此有地方之責者，出一紙嚴禁，即可立止，而莫之爲意，不可解也。近日俞蔭甫著《湖樓筆談》，謂薛仁貴、楊業兩家子孫於史無聞，則又大誤。仁貴子訥，相高宗、武后，謚昭定，爲名臣。其後薛嵩等又世爲節鎮。《舊唐書》言嵩爲仁貴子楚玉之子，以時代計之差合。此其後最顯。楊業子孫備載《宋史》，其第六子延昭之名尤著，《東都事略》亦載之。今略録《宋史》楊業、呼延贊二傳於此，以兩家爲梨園所盛稱，天下士夫以及婦孺無不知者，而其誣特甚。楊業事見諸家《續通鑑》，略讀書者猶能知之，故録從略。呼延贊名并不載《東都事略》，惟見《宋史》及《隆平集》，世人鮮有讀二書者，故録之稍詳焉。

楊業，《十國春秋》云：業本名繼業，北漢睿宗賜劉姓，比於諸子。及降宋，太宗復其姓，止名業。《續通鑑》云：繼業本名重貴，劉崇改其姓名曰劉繼業。案：崇諸孫名皆有『繼』字，此説是也。并州太原人。父信，爲漢麟州刺史。案：同時有三楊信。一楊承信，《通鑑》亦作楊信，蓋仕漢時避隱帝承祐名去『承』字，如宋承偓亦去『承』止名偓也。又有瀛州楊信，《宋史》皆有傳。今小説以業爲楊袞子。考遼有武定節度使、政事令楊袞，慶曆四年嘗將萬騎援劉崇。高平之戰，軍西偏不動，獨全師而還。後自代州奔歸遼。業任俠，善騎射，弱冠事劉崇，爲保衛指揮使，以驍勇聞。纍遷至建雄軍節度使，屢立戰功，所向克捷，國人號爲『無敵』。《東都事略》『無敵』上有『楊』字。案：業在晉以劉爲氏，安得有『楊無敵』之稱？此當從《宋史》。又《事略・黨進傳》云：開寶二年，太祖征晉陽，分置砦於四面，命進主其東偏。師未成列，太原驍將楊業領突騎數百來犯。進挺身逐業，麾下數人隨之。業走入城壕。援兵至，業援縋入城免。《十國春秋》作：劉繼業等乘晦突門，犯東、西砦，敗，遁歸。

太宗征太原，素聞其名，嘗購求之。既而孤壘甚危，業勸其主繼元降，以保生聚。案：《事略》云：太宗征太原，業捍城之東南面，拒城苦戰。及繼元降，太宗聞其勇，欲生致之，令中使諭繼元以招之。業乃北面再拜，大慟，釋甲來見。《宋史》之文，本之當日國史。據《續資治通鑑長編》引《國史・楊業傳》文與此同；又引《除鄭州防禦使制辭》有云『知金湯之不保，慮玉石以俱焚，定策乞降，委質請命，忠於所事，善自爲謀』，以爲與《九國志》大不同，是李氏亦疑《國史》之非實。《十國春秋》云業捍太原城東南面，殺傷宋師無算。及繼元降，業猶據城苦戰。宋太宗諭繼元招之，隨遣親信往，爲開陳禍福，業乃大慟云云，亦從《九國志》及《事略》。考諸書皆言勸降者爲繼元故樞密使馬峰，無云業者。繼元既降，帝遣中使召見業，大喜，以爲右《事略》及《十國春秋》皆作『左』。領軍衛大將軍。師還，授鄭州刺史。《事略》作『鄭州防禦使』。帝以業老於邊事，復遷代州兼三交駐泊兵馬都部署。會契丹入雁門，業領麾下數千《事略》作『百』。騎，由小陘至雁門北口，南嚮背擊之，契丹大敗。《續通鑑》云殺其駙馬、侍中蕭咄李，獲其都指揮使李重誨。咄李，今改譯作多羅。《十國春秋》惟云殺其將蕭咄李，無李重誨。案其事在太平興國五年三月，即業降之次年。以功遷雲州觀察使，仍判鄭州、代州。自是契丹望見業旌旗即引去。主將戍邊者多忌之，有潛上謗書者，帝皆不問，封其奏以付業。

雍熙三年，大軍北征，以忠武軍節度使潘美爲雲、應路行營都部署，命業副之，以西上閤門使、蔚州刺史王侁，案：侁字祕權，開封浚儀人，周樞密使朴之子，《宋史》有傳。軍器庫使、順州團練使劉文裕護其軍。諸軍連拔雲、應、寰、朔四州，師次桑乾河。會曹彬之師不利，《事略》作『曹彬敗於岐溝』。諸路班師，美等歸代州。詔遷四州之民於内地，令美等以所部之兵護之。時契丹國母蕭氏與其大臣邪律漢寧、南北皮室及五押惕隱領衆十餘萬復陷寰州，侁等逼業赴敵。業將行，泣謂美曰：『此行必不利。業太原一降將，分當死。』因指陳家谷口曰：『諸君於此張步兵强弩，爲左右翼以援，俟業轉戰至此，即以步兵夾擊救之；不然，無遺類矣。』美即與侁領麾下兵陳於谷口。自寅至巳，侁使人登托羅臺望之，以爲契丹敗走，欲争其功，即領兵離谷口。美不能制，乃緣交河西南行二十里。俄聞業敗，即麾兵却走。業力戰至暮，果至谷口，望見無人，即拊膺大慟，再率帳下士力戰，身被數十創，士卒殆盡，業猶手刃數十百人。馬《事略》作『因』。重傷不能進，遂爲契丹所禽，其子延玉亦没焉。業不食三日死。帝聞之，痛惜甚，贈太尉、大同軍節度使，賜其家布帛千匹、粟千石。大將軍潘美降三官；王侁除名，隸金州；劉文裕除名，隸登州。

業不知書，武勇有智謀。練習攻戰，與士卒同甘苦。代北苦寒，人多服氈罽，業但挾纊露坐治軍事，旁不設火，侍者殆僵仆，而業怡然無寒色。朔州之敗，麾下尚百餘人，業謂曰：『汝等各有父母妻子，與我俱死，無益也，可走還報天子。』衆皆感泣，不肯去。淄州刺史王貴殺數十人，矢盡，遂死，附傳：貴，并州太原人。從業，爲遼兵所圍，矢盡，張空弮又擊殺數人，遂遇害，年七（疑字有誤）十三。餘無一生還者。朝廷録業子供奉官延朗爲崇儀副使，次子殿直延浦、延訓並爲供奉官，延環、《十國春秋》作『瓌』。延貴、延彬並爲殿直。業娶府州永安軍節度使折德扆女。今山西保德州折窩村有大中祥符三年折太君碑，即業妻也。西北人讀『折』音如『蛇』，故稗官家作『佘太君』，以折窩村爲『社家村』，又傳會爲蛇太君委蜕不死。

延昭本名延朗，後改焉。《事略》云下一字犯聖祖名改『昭』。幼沉默寡言，爲兒時，多戲爲軍陳。業嘗曰：『此兒類我。』每征行，必以從。業攻應、朔，延昭爲其軍先鋒，戰朔州城下，流矢貫臂，鬥益急。以崇儀副使出知景州，爲江、淮南都巡檢使，改崇儀使，知定遠軍，徙保州緣邊都巡檢使，就加如京使。

咸平二年冬，契丹擾邊，延昭時在遂城。城小無備，契丹攻之甚急，衆心危懼。會大寒，汲水灌城上，旦悉爲冰，堅滑不可上，案：《事略》『城上』作『城外』，『不可上』作『不可近』，是也。惟灌於城外，乃能護城；若灌城上，則己兵亦不能上矣。契丹遂潰去，獲其鎧仗甚衆。以功拜莫州刺史。時真宗駐大名，召延昭赴行在，屢訪以邊要。帝甚悦，指示諸王曰：『延昭父業，爲前朝名將。延昭治兵護塞，有父風，深可嘉也。』厚贈遣還。是冬，契丹南侵，延昭伏鋭兵於羊山西，自北掩擊，且戰且退。及山西，伏發，契丹衆大敗，獲其將，《事略》作『名王』。函首以獻。進本州團練使，與保州楊嗣並命。五年，契丹侵保州，延昭與嗣提兵援之，未成列，爲契丹所襲，軍士多喪失，命代還，宥之。六年夏，復用爲都巡檢使，又徙寧邊軍部署。

景德元年，詔益延昭兵萬人。延昭上言：『契丹頓澶淵，去北境千里，人馬俱乏，雖衆易敗。願飭諸軍扼其要路，衆可殲焉。即幽、易數州，可襲而取。』奏入不報。乃率兵抵遼境，破古城，俘馘甚衆。命知保州，兼沿邊都巡檢使。二年，進本州防禦使，俄徙高陽關副都部署。在屯所九年。延昭不達吏事，軍中牒訴，嘗遣小校周正治之，頗因緣爲奸。帝斥正還營，而戒延昭焉。大中祥符七年卒，年五十七。

延昭智勇善戰，所奉賜悉犒軍，未嘗問家事，出入騎從如小校，號令嚴明，人樂爲用。在邊防二十餘年，契丹憚之，目爲楊六郎。及卒，帝嗟悼之，遣中使護櫬以歸，河朔之人多望柩（雨）〔而〕泣。録其三子官，其常從、門客亦試藝甄敘之。子文廣。

文廣字仲容，以班行討賊張海有功，授殿直。范仲淹宣撫陝西，與語，奇之，置麾下。從狄青南征，知德順軍，爲廣西鈐轄，知宜、邕二州，累遷左藏庫使、帶御器械。治平中，擢成州團練使、龍神衛四廂都指揮使，遷興州防禦使。秦鳳副都總管韓琦使築篳篥城。文廣聲言城噴珠，率衆急趨篳篥，比暮至其所，部分已定。遲明，敵騎大至，知不可犯而去，遺書曰：『當白國主，以數萬精騎逐汝。』文廣遣將襲之，斬獲甚衆。詔書褒諭，賜襲衣、帶、馬。知涇州、鎮戎軍，爲定州路副都總管，遷步軍都虞候。遼人争代州地界，文廣獻陳圖并取幽、燕策，未報而卒，贈同州觀察使。案：《東都事略》無文廣傳。《宋史》卷三百《楊畋傳》云：畋字樂道，保静軍節度使重勳之曾孫。進士及第，歷官至吏部員外郎、三司户部副使。奉使契丹，以曾伯祖業嘗陷虜，辭不行。考重勳《宋史》無傳。錢氏大昕曰：《宋史》二百七十三有楊美，并州文水人，官至保静軍節度使，疑即重勳。慈銘案：史言太祖與美有舊，黨進等征太原，美爲行營馬軍都虞候，未必爲業兄弟也。《畋傳》言畋出於將家，則自爲業子姓後人。

呼延贊，并州太原人。父琮，周淄州馬步都指揮使。贊少爲驍騎卒，太祖以其材勇，補東班長，入承旨，遷驍雄軍使。從王全斌討西川，身當前鋒，中數創，以功補副指揮使。太平興國初，太宗親選軍校，以贊爲鐵騎軍指揮使。從征太原，先登乘城，及堞而墜者數四，面賜金帛獎之。七年，從崔翰戍定州。翰言其勇，擢爲馬軍副都軍頭，稍遷内員（察）〔寮〕直都虞候。雍熙四年，加馬步軍副都軍頭。嘗獻陣圖、兵要及樹營砦之策，求領邊任。召見，令之作武藝。贊具裝執（鍵）〔鞬〕馳騎，揮鐵鞭、棗槊，旋繞廷中數四；又引其四子必興、必改、必求、必顯以入，迭舞劍盤槊。賜白金數百兩，及四子衣、帶。

端拱二年，領富州刺史，俄與輔超並加都軍頭。淳化三年，出爲保州刺史、冀州副都部署。至屯所，以無統御材，改遼州刺史。又以不能治民，復爲都軍頭，領扶州刺史，加康州團練使。咸平二年，從幸大名，爲行宫内外都巡檢。真宗嘗補軍校，皆敘己功，或至讙嘩。贇獨進曰：『臣月奉百千，所用不及半，忝幸多矣。自念無以報國，不敢更求遷擢，將恐福過灾生。』再拜而退，衆嘉其知分。三年，元德皇太后園陵，命掌護儀衛，及還而卒。

贇有膽勇，鷙悍輕率，常言願死於敵。遍文其體爲『赤心殺賊』字，至於妻孥、僕使皆然。諸子耳後別刺字曰：『出門忘家爲國，臨陣忘死爲主。』及作破陣刀、降魔杵，鐵折上巾，兩旁有刃，皆重數十斤。絳帕首，乘騅馬，服飾詭異。案：《隆平集》言贇好以絳帕首，持鐵鞭。嘗請太宗圖其形傳示四方，以威契丹。太宗惡其怪誕，屢欲誅之，惜其勇而止。性復鄙誕不近理，盛冬以水沃孩幼，冀其長能即『耐』字。寒而勁健。其子嘗病，贇刲股爲羹療之。贇卒後，擢必顯爲軍『軍』上當有『馬』字或『步』字。副都軍頭。

敦夫來。傍晚答詣汪柳門，不值。詣張叔平，聞其今日刑部傳訊也，亦不值。詣褚百約，小坐，歸。晚赴敦夫聚寶堂之飲，夜二更歸。月皎如昨，坐庭院納凉，久之。付車錢六千。

邸鈔：詔：吉林地方緊要，新授將軍希元俟百日孝滿後即行迅赴新任，毋稍遲延。以太常寺卿熙敬爲内閣學士兼禮部侍郎銜。内閣學士景善補鑲藍旗蒙古副都統。

十八日丁酉　寅初一刻四分夏至，五月中。晴，熱甚。祀曾祖考妣、祖考妣、本生祖考妣、先考妣，懸神坐圖，醬燒彘一大盤，肉肴五豆，菜肴五豆，薄荷冰雪糕一盤，菜羹一，瓠絲餅一盤，時果四盤，蓮子湯一巡，酒再巡，飯再巡，祔以兩弟，晡後畢事，焚楮泉四挂。先一日亦祀故寓公。以錢五千買草、花一擔，栽之圃中。得敦夫書，即復。作書致鐵香，爲弢夫母夫人病乞沉香。夜弢夫來話別。作書致敦夫，饋以梅糕、瓠餅、乾菜肉。

邸鈔：禮科掌印給事中舒璧升内閣侍讀學士。翰林院侍講長萃轉侍讀。新授編修國炳升翰林院侍講。國炳，丁丑庶吉士，今年散館賦中『廉』字韵誤押『貪』字；又有福楙者，用合浦還珠事爲孟嘗君；而閱卷許侍郎皆置之高等。

十九日戊戌　晴，有風，下午稍陰，是日鬱熱如昨，晚稍凉。

得王廉生書，以蜀漢三闕拓本及唐陀羅尼經幢爲贈，催書摺扇，即書復之。『三闕』者，一『漢侍御史李公之闕』，一『蜀故侍中楊公之闕』，一『蜀中書□賈公之□』，俱已見劉燕庭《三巴金石志》。『侍御史李公』傳爲東漢初李業，然業未嘗爲侍御史。『楊』字僅存『丿』一筆，較劉志所模作『夕』者又少其一；『賈』字僅存『𠃍八』，與劉所模同：亦未知果是『楊』字、『賈』字否。劉氏稱漢，李氏稱成稱漢，皆未嘗自號爲蜀，而八分殊有漢法，不可解也。

介唐來。敦夫來。介唐邀至便宜坊夜飲，一更後歸。閱《宋史》。

邸鈔：上諭：巡視中城給事中安祥等奏續獲要犯一摺。所有訛詐已革給事中張觀準案内人犯德蘇氏、春吉、鄭順、劉子厚、蕭三、芮二、方德、滿十、張松禄、文啓十名口，均著交刑部歸案，嚴行審訊，按律懲辦，毋任狡展。

二十日己亥　晴，酷熱。始嬴處。閱《宋史》及《十國春秋》《東都事略》諸書。富新倉送來奉米七石八斗，稱之，得粗米千斤，付車力錢十千，以易市中白米七百餘斤。庚辰同年伍兆鼇庶常來。郭子鈞□部來。夜雲合，雷電，小雨。

邸鈔：詔：署陝西延榆綏鎮總兵譚仁芳見已服闋，即行實授，暫緩來京陛見。御史魯琪光授山東登州府知府。本任知府賈瑚病故。

二十一日庚子　晨陰，旋晴，上午有雷，微陰，風起，復晴。沈子培、子封兄弟來。沈瘦生自故里來，忽然而至，不可解也。以鯗脯四肩，燕窩四匣，茶葉四瓶，龍眼兩簍，笋乾、乾菜各一簍爲饋。并得鍾慎齋書，以錫香鑪、茗壺各一事爲贈。得沈曉湖書。得伯寅尚書吴中書，屬撰紱丈墓志，以銀二百兩爲潤筆。林國柱編修來。作書致周荇翁，還書。

邸鈔：以内閣侍讀學士沈源深爲太常寺少卿。

二十二日辛丑　晴，下午微陰，有風。買荷花兩盆、草花數種。呼紙潢匠表糊廳事東第一室爲瘦生舍。同年王頌蔚户部來。閱劉燕庭《金石苑》。付糊房錢十八千，荷花七千。

二十三日壬寅　晴，上午微陰。早起，食桑葚，甚佳。

閲李恢垣《漢西域圖考》。以《隋書》所云曹國又誤作『漕』。爲全有漢罽賓、高附二國地，不知曹國與康國、安國、米國、史國、何國、烏那曷國、穆國，《隋書》並言其王姓昭武，乃康居、大宛二國之地，由康分爲八國者。唐時分爲九國，所謂中曹、西曹，即曹國所分，猶史國又分小史國，安國又分東安國，而無烏那曷、穆國之名，亦以譯音無定字也。至《隋書》以安國爲即安息國，則大謬矣。李氏又謂唐西突厥之雷翥海，今名鹹海，亦曰達里岡阿泊，在安息國南界。又謂《後漢書》言從安息陸路繞海北行，出海西至大秦，又有飛橋數百里，可度海北諸國，其繞海即繞黑海之南，出海及渡海即渡他大里尼峽，由黑海通地中海處闊僅數里者。按其圖則鹹海與地中海相距甚遠，鹹海外有裏海，又隔高加薩亦作『索』。山，山之西臨黑海，黑海南爲地中海，而中又隔馬海，則雷翥海安得云在安息國南界？此亦可疑也。余庚辰會試對策，以雷翥海爲即地中海。今以輿圖細覈之，似隋、唐間西突厥之境，不得至今地中海也。

爲梅卿長郎改闈藝第二首，即作片致之。敦夫派分教庶吉士，得十人。故事掌院二人，大教習二人，每人各派翰林官分教習二人，共八員，謂之小教習，按殿試名次輪派之，然所派往往不得人。庶常有不願者，聽其自擇。自丁丑分教有某某者，無人肯仞，由是不聽自擇。今科所派無開坊者。敦夫瑞尚書所派也。鐵香來。是日熱甚，夜有風，稍凉。

邸鈔：湖廣總督涂宗瀛奏請因病開缺。許之。以湖南巡撫卞寶第署理湖廣總督，以前雲南巡撫潘鼎新署理湖南巡撫，均即赴署任，毋庸來京請訓。御史曾鉌授陝西督糧道。本任道善聯丁憂。

二十四日癸卯　晴，酷熱。辨色即起，坐庭中看荷花。作片致敦夫、介唐，邀早飯便宜坊。讀《四十二章經》。其文醇實，有西京遺意，昔人謂由傅武仲輩潤色者，是也。上午偕沈瘦生過敦夫，即偕至便宜坊，介唐已至，復邀光甫，招霞芬、玉仙、月秋諸郎，午後歸。繆小山來。馬蔚林來。夜有微風，小坐即瞑。付霞、玉車六千，酒保賞五千，客車二千。

二十五日甲辰　晴，下午間陰。馬蔚林來，爲弢夫請假事。作書致鐵香。閱《漢西域圖考》。殷萼庭來。敦夫來。夜初有雲，二更星見，甚熱。

邸鈔：詔：本日引見之已革兵部左侍郎胡瑞瀾以四品京堂用，已革安徽布政使傅慶貽以道員用。以太常寺少卿文興爲大理寺少卿。以廣東大鵬協副將賴鎮邊爲廣東瓊州鎮總兵。本任總兵彭玉病故。

二十六日乙巳　晴，酷熱。作書致沈子培，得復。作書致梅卿，詢少卿分何省，得復，言分雲南。下午微陰。付女彈詞錢七千。

二十七日丙午　晨及上午陰，午後晴。敦夫來，邀同瘦生、介唐、光甫午飲便宜坊，招霞芬、玉仙諸郎，下午歸。王醉香同年來。汝翼來。晡後微陰，夜有雨，仍熱甚。付霞、玉車六千。

二十八日丁未　晴，酷熱。張子虞來。比日頗病熱，不能讀書。得沈子培書，即復。印結局送來是月公費銀二十八兩九錢。以錢十三千六百買段雲絢履一雙；又以四十四千定製四層帽合，布表紬裏紙質，先付五千。夜有雹。

二十九日戊申小盡　昧爽雨作，傍午止。久苦歊熱，得雨甚佳，猶未渿沛耳。有震雷，午後晴。病暍，不快，晚令人掐沙，俗作『痧』。不食。

邸鈔：上諭：雲南報銷先後降旨派惇親王、閻敬銘、潘祖蔭、張之萬、麟書、翁同龢、薛允升會同查辦。兹據惇親王等奏查明分别定擬各摺片，此案崔尊彝承辦雲南報銷，潘英章輒爲代託周瑞清轉屬龍繼棟向孫家穆説明，津貼公費銀八萬兩，司員、書吏得受銀數多寡不等。雖經該部覆核，所報均係應銷之款，惟展轉賄託數至盈千纍萬，官吏通同朋分入己，情節較重，自應從重懲辦。已革户部主事孫家穆以主稿司員得銀七千兩之多，實屬貪婪不職。已革太常寺卿周瑞清雖無包攬報銷及分贓情事，惟以三品大員，輒商同説合，過付銀兩，實屬荒謬。孫家穆、周瑞清均著發往黑龍江效力贖罪。周瑞清據供母老丁單，著不准留養。已革户部員外郎福趾於賄辦報銷先不知情，事後分用銀四千兩。已革知府潘英章聽從賄託，明知崔尊彝侵用公款，輒向借銀一千七百餘兩。已革户部主事龍繼棟聽從周瑞清説合過付，事後並得酬謝銀二百兩。已革御史李郁華雖未同辦報銷，惟身任風憲官，輒向各處探問報銷諸事，致人疑畏；又甘爲潘英章代買物件，因得餘剩銀四百兩。福趾、潘英章、龍繼棟、李郁華均著發往軍臺效力贖罪。降調户部主事崔澄寰、周頌向孫家穆借用銀兩，現已歸還，惟究係報銷之款，均著即行革職。得贓之書吏褚世亨、張瀛、吴發林、張兆鴻，均著杖一百，流三千里。已革雲南糧道崔尊彝侵用公款二萬三千二百餘兩，現已病故，著落該故員家屬完繳。至此案牽涉景廉、王文韶一節，現經詢明潘英章、周瑞清及户部司員、書吏，均稱實無關説饋送及分用此款情事，詳核號商帳簿，亦無潘英章等饋送之款。惟現在軍務已平，該省軍需報銷與年例報銷仍前併案辦理，該尚書等未經查出，實屬疏忽；且於司員孫家穆等與保列一等之員外郎福趾得贓均無覺察，亦難辭咎。景廉、王文韶及户部堂官並失察書吏、受贓之工部堂司各官，均著查取職名，交部分别議處。崔尊彝挪移官項至七餘萬兩之多，該督撫毫無覺察，復將該革員保列卓異；崔尊彝、潘英章賄辦報銷發覺後，又未將挪用銀兩查明實數具奏，均屬咎有應得。劉長佑、岑毓英、杜瑞聯均著交部分别照例議處。原任兵部尚書志和卒。詔：志和老成練達，由部曹歷升卿貳，洊擢尚書、都統、總管内務府大臣，宣力有年，本年正月開缺。兹聞溘逝，軫惻殊深，加恩照尚書例賜恤。

六月己酉朔　晴。病暍，不食。作片致介唐，辭今夕之飲。得吴大衡編修書，爲伯寅尚書告紱丈葬期，即復。張叔平來，不見。餔食，不快，服豆蔻湯。梅卿偕其子少卿來。

初二日庚戌　晴。作書致鐵香。介唐來。敦夫來。閲《温熱經緯》。夜凉。

邸鈔：以前大理寺少卿徐樹銘爲通政司副使。上諭：游百川、陳士杰奏五月十八至二十三等日黄水驟漲，湍激異常，齊東利津、歷城等處民埝漫溢，決口二三百丈至數十丈不等，齊河、濟陽、惠民等縣堤工亦均岌岌可危，現在趕緊查勘，設法振撫等語。山東歷城等縣上年水灾甚重，民間困苦情形，朝廷實深軫念。兹復猝遭黄水，灾黎遍野，蕩析離居，覽奏實深憫惻。著游百川、陳士杰迅速寬籌振項，查明被灾輕重，分别認真撫恤，毋任一夫失所。各處決口，並著相機趕籌堵築，毋稍遲延。

初三日辛亥　晴。閲宋氏《過庭録》。有鄉人章鋆通判來謁，稱姻愚姪，不知何人也，不見。剃頭。鐵香來夜談，以文字相商。夜小有凉風。始晚食，尚不快。

初四日壬子　戌正三刻十三分小暑，六月節。晨陰小雨，上午後晴陰相間，晡後陰，傍晚雨，入夜漸密。閲《過庭録》。

《新唐書·食貨志》言：劉晏代第五琦爲江淮鹽鐵鑄錢使，其始江淮鹽利不過四十萬緡，大曆末至六百餘萬緡；至順宗時李巽爲使後，則三倍晏時矣。《李巽傳》又言：巽薦程異爲楊子留後，計校增於巽時，是唐時楊子一院鹽利幾至二千萬緡。《文獻通考》言：宋元祐間，淮鹽歲四百萬緡；紹興末年，秦州海陵一監至六七百萬緡。慈銘案：今制天下鹽課銀共五百七十四萬五千兩有奇，兩淮不過一百餘萬，而積引滯課至不可計。然則劉士安固不可及，即程、李之才，亦豈易言哉！唐時市易未用銀，其銀價不可考，大約所直不過一兩一緡。以《漢書·食貨志》言朱提銀重八兩爲一流，直錢一千五百八十；它銀一流直千。時代遞降，其直漸高，則唐直至貴不過如此。南宋以後，銀始通行，其直益貴。《金史·食貨志》言：舊例銀每鋌五十兩，其直百貫；後鑄『承安寶貨』，亦每兩折錢二貫。宋之銀價，當不相遠，則紹興之六七百萬緡，計銀三四百萬，已遠不如唐矣。地利有贏縮，人事有巧拙，而今之弊尤在於法百密而無一行，奸釐禁而益百出，國計何由裕乎？

偕瘦生過敦夫，小坐，即偕詣介唐談，傍晚歸。新授登州知府魯芝友來。新分刑部主事汪汝綸來。徐壽蘅通副明日六十初度，以描金朱蠟箋楹帖爲壽，撰句書之云：『先究國生，旬又五日；如召公壽，再六十年。』作書致黄松泉，以明日劉鐫山師孫曾枚與周文勤孫女締娉，仙洲夫人請余會親，余轉邀松泉自代。夜雨，徹曉有聲，蕭槭如秋。

邸鈔：詔：初七日親詣大高殿祈雨，分命惇親王等禱時應諸宫廟。以□□□□恒元爲三姓副都統。本任副都統長麟病故。以翰林院侍讀梁仲衡爲右春坊右庶子。山西平陽府知府李秉衡升廣東分巡高廉道，四川候補道馬映奎授分巡川北道。本任高廉道英謙告病，川北道董潤病故。

初五日癸丑　密雨，至晡後稍止，晚霽，凉意如秋。竟日閲《日知録》。

邸鈔：吏部左侍郎邵亨豫卒。詔：邵亨豫由翰林洊擢卿貳，持躬勤慎，宣力有年。兹聞溘逝，軫惜殊深，加恩照侍郎例賜恤。　以光禄寺卿崇禮爲通政使司通政使。右贊善張英麟轉補左贊善。編修崔國因升右贊善。

初六日甲寅　晴。爲張叔平書楹帖訖，即致之。作書致汝翼，得復。閲《日知録》。爲張姬撰方藥。付帽合錢三十九千，付羅冠銀二兩四錢，付定製履錢十千，付賃屋銀六兩。

邸鈔：詔：以得雨初七日親詣大高殿報謝。

初七日乙卯　晨微陰，上午晴陰相間，午後晴，晡後陰，頗苦溽暑。得施敏先正月廿六日興化郡署書。得光甫片，邀早飯聚寳堂。上午往，坐有敦夫、介唐、書玉，招霞芬、玉仙。下午余邀諸君飲霞芬家，并招瘦生。晚繼以燭。夜初更敦夫復邀至聚寳飯，二更後歸。付霞芬酒果錢四十千，僕賞十千，客車四千，霞車四千，玉車四千，車錢十千。

初八日丙辰　晨及上午晴陰相間，下午多陰，傍晚風雨，旋止。爲梅卿長郎行卷弟三藝作後半文字。其事則齊桓、晉文，其文則史。本屬沈子培爲之。經義紛綸，余更作大半，字字有本矣，此亦結習難忘者也。即作書致梅卿。梅卿訂後明日飲天寧寺。得張子虞書，乞作朝考疏，即復。

邸鈔：以吏部右侍郎祁世長轉補左侍郎，以户部左侍郎許應騤爲吏部右侍郎。以户部(左)〔右〕侍郎孫詒經轉補左侍郎，以工部左侍郎孫家鼐爲户部右侍郎。以工部右侍郎孫毓汶轉補左侍郎，以内閣學士張家驤爲工部右侍郎。祁世長未到任以前，以孫家鼐兼署吏部左侍郎。孫詒經未到任以前，以順天府尹周家楣署理户部左侍郎，孫毓汶仍署理倉場侍郎，大理寺卿徐用儀署理工部左侍郎。以□□□□□耆齡補正藍旗蒙古副都統。掌京畿道御史孫紀雲授山西平陽府知府。前湖南衡州府知府劉燡授湖南長沙府遺缺知府。本任長沙府知府何樞升辰沅永靖兵備道。上諭：都察院奏雲南舉人孫士賢以胞兄孫士誠被誣枉發等詞呈訴一摺。前據劉長佑等奏署雲南東川營守備孫士誠挾嫌誣奸，綑毆本管官東川營參將和述廷一案，將該守備審明正法，經刑部核議奏結。兹據該舉人呈訴，各情虚實，均應徹底根究。著派岑毓英將此案情節確切查明，據實具奏。孫士賢該部照例解往備質。

初九日丁巳　晴陰埃㬪。閲《東塾讀書記》。沈子培來。梅卿來。袁爽秋來。得梅卿書，即復。吴介唐邀夜飲聚寶堂，晚赴之，坐有敦夫、書玉、光甫、瘦生，招霞芬、玉仙，夜二鼓歸。付霞、玉車八千。

邸鈔：劉秉璋奏特參庸劣不職各員：浙江署歸安縣知縣李昱，署樂清縣知縣魏明，候補同知余寶森，候補通判汪鈵超、尤鉷，候補知縣黄森南，均請即行革職；桐鄉縣知縣周鋭、太平縣知縣賀允璠，均請開缺留省，遇有無字簡缺，照例補用；慈谿縣知縣裕昌、蒙古，進士。龍游縣知縣陳瑜、江西，戊辰進士。東陽縣知縣胡日宣、貴州，癸亥進士。縉雲縣知縣常吉兆，陝西，舉人。均請以教職按班選用。從之。

初十日戊午　晴，上午酷暑，午後有風，微凉，晡後陰。早起，剃頭。傍午出廣寧門，入天寧寺，主客尚無至者，獨坐山前丈室，聽蟬聲而已。歷兩時許，敦夫、月秋、梅卿父子、霞芬師弟始以次到，朱蓉生、楊正甫後至。飲至日入，始各散歸。付兩日車錢十五千，霞車八千，玉車四千。夜雨，至三更後稍止。

邸鈔：詔：李鴻章署理直隸總督，兼署北洋通商大臣。張樹聲即回兩廣總督本任。曾國荃著來京陛見。

十一日己未　晴。閲俞蔭甫《公羊穀梁平義》。書玉來。

十二日庚申　初伏。晨及上午晴，午後陰，晡後霠陰。以瓜薦先。是日洗象，家人詣宣武門濠上觀之。殷蕚庭饋西瓜八枚。作書問汝翼疾。劉仙洲夫人來。作書致書玉，饋西瓜十枚。閱《東塾讀書記》。敦夫來夜談。是夕倦甚，五更疾動。

十三日辛酉　晨晴，上午陰，午後雨，晡後復晴，旋陰。所畜一牝狗死，已十餘年矣，裹以葦席，送以紙錢，令人埋之南下窪。閱《續漢書·禮儀志》。得馬蔚林書，即復。傍晚偕瘦生過敦夫齋頭小坐。

邸鈔：詔：山東應解京餉項下，截留銀十六萬兩，振濟歷城等縣被水災民。　前左春坊左中允龍湛霖補原官。前山西河東道江人鏡仍以道員選用。

十四日壬戌　晨及上午陰，午雨，至下午止，竟日陰。

邸鈔：詔：哈密札薩克回子親王沙木胡索特因兵燹之後修理墳墓，呈請借支俸銀。著照所請，准其借支十年奉銀二萬兩，以示體恤。從哈密辦事大臣明春請也。　翰林院侍講學士烏拉布轉侍讀學士，右春坊右庶子裕德升侍講學士。

十五日癸亥　晴，微陰。得袁爽秋書，并李壬叔事略。得張子虞書，催一文字。爲紱丈撰墓志。作書復爽秋，復子虞。夜月甚佳，一更後華彩忽發，五色六重，凡三四見，平生所未睹也。

邸鈔：上諭：署左副都御史張佩綸奏河南王樹汶一案，二次會審之臬司豫山、前任河北道陳寶箴，應照初次勘轉之署臬司麟椿議處等語。豫山、陳寶箴應得處分，著吏部詳查案情，照例議奏。上諭：張佩綸奏總理各國事務衙門章京、刑部郎中張賡颺小有材能，迹近招摇，請飭察看等語。張賡颺著回刑部當差，毋庸在總理各國事務衙門行走，並著刑部堂官隨時察看，如有劣迹，據實具奏。詔：甘肅甘涼道鐵珊開缺，交吏部帶領引見。　□□□□□龍錫慶授甘肅甘涼道。□□□□□蒲蔭枚授貴州安順府知府。本任安順府尹蕭怡病故。

十六日甲子　晨及上午晴陰相間，午陰，下午密雨，至晚少止。節孝張太太生日，供饋菜肴十器，時果四盤，西瓜兩盤，饅頭一盤，麵一盤，蓮子湯一巡，清茗飲一巡，酒三巡，飯再巡。又亡弟勉齋五十生日，饋以醬燒鳧一大盤，肉肴四大碗，菜羹一，蟹肉紗帽兩盤，饅頭一盤，卵黄糕一盤，時果三色，西瓜兩盤，麵一盤，蓮子、茗飲、酒、飯如故事。晡後畢。夜雨，淋浪達旦，枕簟凉瑟，檐霤蕭然，頗有秋思。

十七日乙丑　雨，至午後少止，微見日景，下午雨又數作，晚晴，見星。是夕望，月出佳甚。二更後又密雨聲緊，四更稍止，復晴。比日潮濕蒸淫，黴氣甚重，時熏香辟之。腹痛屢下近利，自撰方藥服之。張子虞約十九日飲。

邸鈔：李鴻章疏辭署命，不許。

十八日丙寅　晨晴，上午微陰，小雨，午晴雨相間，下午陰，蒸燠特甚，傍晚晴，有晚霞。昨於圃中種竹十餘竿，今日復買花一擔栽之，付錢十六千，頗粲爛滿園矣。今年秋海棠一本須錢一千三四百，幾兩倍往年。聞十三日右安門外雨雹，瓜卉多壞。前數日撰紱丈墓志，數行而輟，今日續成之。得沈子培書，并朱桂卿書，以諸同年屬撰麟太師母八秩壽序也，即復。是日仍病利，服方藥。夜月頗佳。敦夫來。

十九日丁卯　晴。爲梅卿長郎作行卷試律詩『賦得花開鳥鳴晨得晨字』五言八韵，即作書致梅卿。爲張子虞作朝考卷《天道至教聖人至德疏》，即作書致子虞，并辭今日之飲，得復。光甫來。介唐來。書玉夫人饋饌。利小愈，尚腹痛。夜月殊佳。洗足。

邸鈔：詔：原任廣東提督劉松山之母、現任通政使司通政使劉錦棠之祖母，年近八旬，親見七代五世同堂，洵爲熙朝人瑞，賞給御書扁額，以示殊榮，所有例應旌賞，著禮部議奏。從湖南巡撫卞寶第請也。詔：廣西提督馮子材假期已滿，病仍未痊，准其開缺回籍調理。以黄桂蘭爲廣西提督。

二十日戊辰　未正一刻八分大暑，六月中。晨陰，上午晴，傍午雨，午後晴陰不定。沈子培來久談。剃頭。録紱丈墓志，以文稍長，稿中稍有節改也。取所製黑段雲絇淡黄履來，再付錢五千。夜雨。

二十一日己巳　埃𣋟，蒸溽，晨晚有雨，熱甚。作書并志銘致伯寅尚書，作片致吴大衡編修，屬轉寄。爲瘦生書楹聯。又爲寓山寺僧不緣書禪室聯。不緣本名本源，居柯山石佛寺，余改字之曰鉢圓，今復改爲不緣。又爲朱姓書聯，皆瘦生轉乞者。得子培書，以其同邑錢辛甫明經所贈《衎石齋記事稿》十卷，《續稿》十卷，《刻楮集詩》四卷，《旅逸小稿》一卷，共廿二册，爲之轉送。即作書復謝，并還所借江晉三《音學十書》，且以楊農先《孟鄰堂集》借之。夜雷電辟歷大雨，自黄昏起，至二更稍止，三更復大雨，猛甚，達旦喧騰。

二十二日庚午　雨勢晨少殺，上午後晴雨不定，晡後雨又大作，至夜益甚，終夕傾盆，四更有震霆。閲祁忠惠公《寓山注》《越中園亭記》。爲王醉香書楹帖，朱子涵書直幅，沈瘦生書翠壺琴隱樓額。得朱桂卿同年書，并見贈《用山谷上蘇子瞻古詩二首韵》，風格辭恉俱佳，又爲珊姬便面書曾子固《列女傳目録序》一首。前日黄仲弢爲席姬便面書《列女傳贊》小楷，皆精絶可寶也。即作書復謝。買木箱二，付錢四十千。

邸鈔：上諭：吏部等衙門奏遵議處分一摺。户部尚書景廉，前户部左侍郎王文韶，調任吏部左侍郎、前署户部左侍郎奎潤，及前任户部尚書董恂，將已革員外郎福趾京察保列一等，均著照部議降二級調用，不准抵銷。景廉著仍在軍機大臣、總理各國事務衙門大臣上行走。前任雲貴總督劉長佑、雲南巡撫杜瑞聯，任聽屬員挪用公項，均著照部議降三級調用，不准抵銷。該省督撫於崔尊彝保列卓異，應得降二級調用公罪處分；景廉、王文韶、奎潤，前署户部左侍郎、吏部右侍郎許應騤，前户部右侍郎、通政使司通政使崇禮，應得罰俸，降級留任；及工部尚書翁同龢，前工部左侍郎、調任兵部右侍郎師曾，前工部右侍郎、調任户部右侍郎孫家鼐，前署工部右侍郎、現署左侍郎徐用儀，工部郎中福志、蔡世傑，應得罰俸；岑毓英、杜瑞聯應得降級留任處分，均著准其抵銷。上諭：吏部奏遵議會審王樹汶案内各員處分一摺。河南按察使豫山，前任河北道、升任浙江按察使陳寶箴，均照部議降三級調用，不准抵銷。　以理藩院尚書額勒和布爲户部尚書，以都察院左都御史烏勒喜崇阿爲理藩院尚書，以前熱河都統延煦爲都察院左都御史。以吏部右侍郎錫珍轉補左侍郎，以户部左侍郎崑岡爲吏部右侍郎，以户部右侍郎福錕轉補左侍郎，以工部左侍郎敬信爲户部右侍郎，以工部右侍郎興廉轉補左侍郎，以内閣學士景善爲工部右侍郎。以額勒和布補正白旗漢軍都統。

二十三日辛未　晨雨，至上午稍止，午後晴雨不定，傍晚有霽色。以連夕大雨，床床屋漏，早起移書避濕。閲《衎石齋記事續稿》。其文頗病沓拖，亦有牽率應酬之作。蓋於衎石没後四年，咸豐甲寅，海寧蔣寅昉光焴刻之，故遠不及其前稿。甚矣，文之須手定也。爲瘦生柯山石佛寺新起山樓篆書『削雲』二字，以樓對寺前奇石，孤峙數十仞，頂有危石如冠狀，側生一松，亭亭雲際。瘦生嘗取余《柯巖銘》中『雲骨』二字鐫於上，故今以目其樓。爲張姬、席姬畫扇上各題一絶句，一爲絡緯秋花，一爲緋桃花，皆臨海人李藻所繪。比日潺雨悶苦，今午聞蟬聲，覺復有槐夏清蔭光景。夜又陰。

邸鈔：以雲南布政使唐炯爲雲南巡撫。以太僕寺卿鳳秀爲太常寺卿。以内閣侍讀學士志元爲太常寺少卿。詔：直隸正定鎮總兵婁雲慶准其告病開缺，以□□□□葉志超補之。

二十四日壬申　晨陰，小雨，上午後晴陰埃⿱能日。張子虞來。得朱桂卿書，見示新作用『堪』字韵《感畿備水利》七律一首，以許周生言京城外廂雨後流潦，無能治之，以例郊畿，知潞水客談之説不可行也。其論余所不取，而詩固可傳。又以嶺南烹茶錫銅具及化州橘皮四束爲贈。作書復謝，犒使三千。沈子培來。得光甫書，改明日十刹海觀蓮之約。閲《寓山注》。偕瘦生坐新疏小圃，話故鄉山水。晚有霞采，夜晴見星，後復陰。

邸鈔：詔：截留江北漕糧五萬石，接濟山東災黎。

二十五日癸酉　昧爽雨，晨稍止，上午雨數作，傍午後晴陰不定，晡有遠雷，蒸溽鬱暑，傍晚密雨，入夜益甚。景秋坪師壽日，送祝儀二金，閽禮四千，作書致其嗣君舜臣司業治麟，以腹疾兼阻潦爲辭。比日潢潦滿街，實艱於行。師居新街口戛戛胡衕，在神武門外三四里，去余寓幾二十里，而近日左降，尚未過慰，禮又不可廢也。爲介唐書團扇，即作古詩二首。

癸未六月京師苦雨有柯山戚友來與談故山之勝適吳編修講索書團扇編修故家州山與柯山鄰也其地尤佳因題其扇二首

吾越山水窟，西南尤翠峋。道出湖桑埭，窈窕如美人。曉鏡滴眉黛，淡笑無含顰。時花簇巖際，螺鬟亦争新。流鶯哢雲裏，偶出銜紅巾。誰家好樓閣，嵐光浮碧筠。朱闌一倚笑，溪聲千古春。

春山固云好，尤愛初夏妍。緑蔭已如幄，餘花綴連錢。自入第五橋，夾嶂飛清泉。州山最秀絶，圖經名弗傳。我於甲寅夏，落日嘗放船。金碧深色畫，絳麗參諸天。濃黛窅無際，極目惟蒼烟。此景刻胸臆，息壤期何年？

夜大雨數作，檐霤不絶，五更傾盆，狂甚。

邸鈔：上諭：李鴻章奏仍懇收回成命一摺。從前大臣如孫嘉淦、朱軾、嵇曾筠、蔣炳、于敏中、曾國藩、胡林翼等皆遵旨在任守制，該署督惟當以國事爲重，力任艱難，其不得已之苦衷，自爲天下後世所共諒，毋得再行固辭。上諭：都察院奏京師捕務廢弛，請飭會議緝捕章程一摺。輦轂重地，近來劫竊之案層見迭出，捕務實屬廢弛。著步軍統領衙門、順天府、五城御史會同妥議緝捕章程，實力奉行，即將著名匪首迅速緝拏，務獲懲辦。據奏匪類受庇於番役，番役受庇於營員，貪利營私，豢奸養賊等語，著步軍統領衙門力除積弊，查明聲名素劣之營員，據實參奏；番役人等如有交通匪類、詐害良民情事，即行徹底嚴究懲治。翰林院侍讀惲彦彬升右春坊右庶子。以廣東按察使龔易圖爲雲南布政使。以安徽安廬滁和道沈鎔經爲廣東按察使。以直隸大順廣道劉盛藻爲浙江按察使。以山西河東道唐咸仰爲河南按察使。

二十六日甲戌　大雨，自昧爽至日昳滂沱如注，晡時少止，加酉見日景，傍晚復雨。是日上萬壽慶節，辰初受賀，以雨甚，免。水驟長，没階入室，街市成河，墻傾四聞，寓中外垣、馬廄皆圮，房室處處穿漏，内外驚恐，人憂厭死。幸午後雷聲遠聞，旋有西風，雲開雨止。若再雨一時，成巨灾矣。新疏小圃短墻亦壞，薜荔、蜀葵、雁來紅皆死。傍晚小整書畫几案，拂拭泥污。夜復密雨，終夕滴瀝有聲。

二十七日乙亥　昧爽雨，至辰止，上午晴陰埃䨲，下午晴。整理書籍。作片致介唐，還所書扇。作書致敦夫。閲《衎石續稿》。敦夫來，留之夜飯小飲。

邸鈔：詔：於二十九日親詣大高殿祈晴，并命惇親王、恭親王等分禱時應諸宫廟。

二十八日丙子　晴，下午微陰。作書致季士周，屬其修我墻屋。作書致梅卿，爲張甥謀習經紀地。此輩不肖子，不能以力自食，可恨！得梅卿書。爽秋來。剃頭。夜加丑雨，加寅益密，數頃止。

二十九日丁丑　西風，晴爽。閲《衎石續稿》。是日得詩四首，其一謝鄧鐵香饋荷花七古，不存稿，即爲鐵香寫紈扇，作書致之。得馬蔚林書，以台州士夫公函送閲，言巡撫劉秉璋聽黄巖舉人王佑孫之言，招降金滿，月給其黨口糧百名，聽駐臨海北岸，給以後膛開花槍百桿，接濟火藥不絶。金滿不肯出巢，要署台州知府郭式昌携親隨十人，於是月十日往北岸相見，授以五品功牌及戰馬一匹矣。劉撫庸而憍，全不知兵，亦全不知吏，大抵皖人無一可用。今新授按察使劉盛藻亦皖人。劉撫又請以嚴州知府吴世榮調杭州，吴亦皖人，出身小吏，卑污無藉，浙人皆鄙笑之。

近感二首

聞説昆崙外，干戈尚未休。周藩勤職貢，漢郡本交州。俗自曲承美，人思悉怛謀。蛟涎何日饜，前事有流求。

未有填堤術，先謀築室人。九河隨處指，三策任心陳。斥地嗤新進，增卑主重臣。魚鹽千乘富，畢計集茭薪。

癸未六月之末連雨猛甚墻屋多圮二十九日得晴戲書一絶

西風一夜免排墻，又送蟬聲過夕陽。飯後不知明日事，樹陰移榻飽新凉。

三十日戊寅　晴，晡微陰。馬蔚林來。作七古二首，酬桂卿、梅卿。鐵香來。寫詩并書致梅卿，得復。印結局送來是月公費銀十六兩。梅卿挈其子少卿來。

同年朱桂卿編修用山谷上蘇子瞻古詩二首韻見贈用山谷次鼂補之廖正一贈答詩韻報之

世間萬事競鷄口，秭屑散材論升斗。蒙然雲霧擁九關，鷄犬䑛釜丹大還。天馬蹄躅棧秅下，黄鐘瘖啞村鐃間。朱游氣概萬夫上，雍門一遇獨心賞。庚辰之榜天下名，煇煌桃李春滿城。君對大廷擢高甲，稽古所致無凡榮。我亦蹴蹢隨貢士，漫郎仍署聱隅子。入刺屢索閽人還，拄笏不爲長官喜。朱弦三歎知音難，少年吹笛工譏彈。晨星數照相嫵媚，寒松千尺誰躋攀？自慚凡骨不能换，看君游戲蓬萊山。

胡匡伯以與朱桂卿酬唱詩見寄中有同事李夫子語再用山谷次鼂廖贈答詩韻酬之並賀令嗣毓麒登第出宰滇南便道歸侍

以田易官贍八口，垂老始能博升斗。口中無齒髮被肩，經年車轍絶往還。銷聲自匿百僚底，潛精亦敞群書間。看花偶出雒市上，濁酒素筝一時賞。胡君鄉里最有情，十年同住長安城。歲寒松柏自相悦，不隨桃李爲枯榮。别去三期復來止，眼前突兀見驥子。雛鳳一鳴天下驚，萬里除書鵲聲喜。少年民牧良是難，朱琴先向書城彈。泥金已足動鄉國，五雲喬梓争援攀。作吏何如膝下樂，且侍鉛槧勤名山。

秋七月己卯朔　終日凉陰，下午有小雨。作詩問汝翼疾。寫感事諸詩示爽秋。作書致桂卿，并寫詩致之。黄仲弢送來弢夫六月中滬上書，即作書復仲弢。梅卿以書屬改近作，即書復之。得桂卿復。夜初更密雨，二更後止。感凉鼽涕，夜身熱，大嗽。

邸鈔：直隸保定府知府恭鈞升大順廣道。安徽候補道丁峻補安廬滁和道。山西委用道員高崇基補河東道。

初二日庚辰　晴，有風。介唐來。桂卿來。得張子虞書，以楚中新刻《張太岳集》見詒，作書復謝。付張甥銀廿二兩有奇，爲南還之資。閲《衎石記事續稿》。梅卿詒所畫團扇三柄。傷風嚏嗽，罕食多卧，夜身熱畏寒，病甚。

邸鈔：上諭：給事中鄧承脩奏已故戍員戰功卓著，請量予褒恤一摺。已革前任總兵、降補都司陳國瑞隨同僧格林沁轉戰數省，曾著勞績，嗣緣案遣戍，上年傷發身故，著加恩開復原官，並將戰績宣付史館，以獎前勞。上諭：昨據給事中鄧承脩奏陳國瑞請恤一摺，並非迫不及待之事，輒於花衣期内呈遞，殊屬不諳體制。鄧承脩著交部議處。

初三日辛巳　晴。身熱，病甚。作書致梅卿。得周荇翁書，送來益吾祭酒所寄《道光朝東華續録》六十卷，共二十册，即復荇翁。敦夫來。屬瘦生撰薄荷、澤瀉、橘紅、厚朴、防風、荆芥等方藥服之。《御覽》引《神農本草》云：『厚朴生交阯。』《别録》引《名醫》曰：『生交阯、冤句。』《范子計然》云：『出弘農。』今安南出者已久絶；以雲南爲最佳，來亦甚稀；於是改用川朴，而亦罕得。都中多以温州出者代之，且有僞作者。温朴性温，而有小毒，不可用也。厚朴即《説文》之榛，今日易以神麯。朱桂卿來，再爲診脉，改撰方。

邸鈔：直隸深州知州朱靖旬授保定府遺缺知府。

初四日壬午　晴。病不愈，服桂卿方藥。胡少卿來。閲《道光續東華録》。是日小有風。圃中添栽木槿、美人蕉、玉簪、紫薇。

邸鈔：翰林院侍講陳學棻轉侍讀，司經局洗馬梁耀樞升侍講。

初五日癸未　晨及上午晴，下午晴陰相間，晡後陰，酷熱，傍晚雲合，有雷，晚暴風密雨，至夜初更止。病少愈，小食，不復藥。瘦生、張甥定初七日行，今日爲料檢賮行食物，又寄張氏妹食物，及甥女荷姑花綫；寄僧慧書籍、衣帽及其婦花綫、布匹，及所生男頸貝一具；寄仲弟婦番銀兩圓，及姪女冰玉姑首飾、花綫。作書致謝惺齋，以瘦生有所求也。作諭僧慧，書以修身讀書家法。寄鍾慎齋團扇一柄，爲兩面書近詩，并寄以花箋字册，託瘦生附去。得桂卿書，饋藥，并和予《用山谷次韻廖詩韻》見贈，即復謝。

初六日甲申　卯正二刻十四分立秋，七月節。晴，酷暑，晡益甚。剃頭。邀敦夫、介唐、書玉、光甫早飲聚寶堂，爲瘦生及張甥餞行。力疾冒暑，至午始散。下午歸，咳嗽大劇。沈子培來。胡少卿來。爲瘦生題嚴青梧泓曾《水亭仕女圖》七絶兩首。作致鍾慎齋書。晚復詣聚寶堂，赴敦夫、介唐之招，夜一更後歸。自昨夕患嗽，達旦不瞑，今日又過勞，遂苦委頓。付車錢十千，酒保賞五千，客車四千。

邸鈔：已革兩淮鹽運使洪汝奎發往廣東，交張樹聲、裕寬差遣委用。從張樹聲請也。

初七日乙酉　晴，酷暑益熾。先君子生日，供饋肉肴五豆，菜肴五豆，菜羹一器，冰雪梅糕一盤，饅頭一大盤，時果四盤，蓮子茶一巡，瀹麵一巡，酒三巡，飯再巡，茗飲再巡。早起，視瘦生及張甥登車。此甥雖不材，而二妹衹有此子，早孤失學，家又貧寠。其父兄弟四人，相繼夭折，亦惟此子在矣。念其單寒，觸暑遠行，今日又是先大夫生日，其來也，適以去年七月十五日先大夫忌日至，爲之黯然流涕。作書致殷蕚庭，饋粉蒸肉、紅燒魚、東瓜煮脯、薄荷梅糕。作書致梅卿。蕚庭來。得梅卿書，并和予《用山谷次韻廖詩韻》三首見贈。

邸鈔：以詹事府少詹事尚賢爲光禄寺卿。以候補四品京堂鄭藻如爲内閣侍讀學士。山西絳州直隸州知州沈晉祥升蒲州府知府。本任知府博啓以巡撫張之洞劾其信任門丁，不勤政事，治獄粗率，教戒不悛，開缺另補。沈晉祥，歸安監生，之洞於劾疏後附片特保之，以去年所薦五十九人擢用將盡也。之洞又參即用知縣施朝銓心地茫昧，不曉官方，請以教職銓選。朝銓，福清人，庚辰進士，年已七十矣。兵部員外郎常灝授雲南昭通府知府。本任知府景維以總督岑毓英等劾其不勝邊要，開缺另補。

初八日丙戌　晴，酷暑。病甚，以感冒未愈，力疾過勞，咳嗽氣逆，殆不可支。作片致介唐，以光甫約今日飲十刹海酒樓賞荷花，病不能往，託介唐代辭也。作片致敦夫，得復。得爽秋書，并近詩五首。

初九日丁亥　晴，酷暑。病，嗽甚。介唐來。寄大妹、三妹、四弟、鳳妹、穎唐弟各食物、服用、首飾，寫清單兩紙，將託梅卿附回。閱《道光續東華録》。梅卿來，言十五日行。

初十日戊子　晴，酷暑。作書致敦夫，約十二日天寧寺偕介唐、光甫醵餞梅卿，邀子虞、秋田作陪也，得復。作書致張子虞。爲竹樓書團扇。爲族姪女采姑書金面團扇。采姑適諸善衖陳氏，比年王氏妹與之同居，以女許字其子矣。采姑書來，欲事余爲父，故書扇以詒之。再用山谷《次黿廖韵》書扇以贈梅卿，即作書致之，得復。

邸鈔：上諭：恩福奏熱河被水情形一摺。六月下旬連日大雨，山水暴注迎水埧等處，冲塌房屋甚多，灾黎無所栖止。現經設法拯救。著恩福會商李鴻章，趕緊籌款撫恤，並將漫溢積水設法疏濬，務使貧民復業，毋任一夫失所。上諭：翰林院侍讀陳學棻奏山東現辦振捐，請飭發貢監執照，並准捐輸米穀照銀抵算一摺，著户部議奏。詔：此次江北糧米，除撥抵山東振需五萬石外，尚有米六萬六千七十餘石，現已運抵天津，著李鴻章就近截留，督飭各屬查明順天、直隸窪區積水被灾輕重，覈實散放。此係初八日諭，補録。近日西山諸泉大發，谿澗邕閼，水高没樹，建瓴而下，通惠諸河，漫溢四旁，村鎮田廬，皆可行船。通州北門外當水之衝，數村皆没，溺死五六百人。黄村、采育諸鎮亦皆淹没。詔：現在近城一帶，多有匪徒銷毁官錢改鑄漁利，以致私錢充斥，著步軍統領衙門、順天府、五城御史一體嚴密查拏，務獲按律懲治。自六月下旬户部尚書閻敬銘私議欲改復銅制錢，於是銀價驟賤，錢鋪廢歇三十餘家。詔：各部院司員見該管堂官，向不准屈膝請安，著該管堂官懔遵乾隆、嘉慶年間歷次諭旨，恪守遵行。近年司官一足跪之禮，起於工部，而兵部效之，户部繼效之，皆貲郎、任子以此獻媚，一二自好者尚不屑也。去年閻尚書涖户部，即嚴禁之。兹以御史文海疏言也。

十一日己丑　晨及上午陰晴相間，下午驟雨數作。作書致爽秋，并還近詩，得復。爲鳳妹以泥金字書團扇寄之。久不作小楷矣，昨覺手生，今日復熟。敦夫來。

邸鈔：前任湖北提督傅振邦卒。詔：傅振邦由侍衛洊升提督，前在各路軍營帶兵剿賊，迭著戰功，宣力有年，克稱厥職。本年正月因傷病舉發，准其開缺調理。兹聞溘逝，軫惜殊深，加恩照提督例賜恤。傅振邦旋予謚剛勇。詔：千總銜候補把總、山東齊東汛經制外委金玉璽於六月間因齊東縣東關外堤埧被黄水衝激，異常險要，冒險搶工，被溺殞命，深堪憫惻，交部照軍營陣亡例從優議恤。從游百川等請也。

十二日庚寅　末伏。晨陰，上午陰晴相間，午晴。剃頭。敦夫來。傍午偕出廣寧門，至天寧寺，集於塔射山房，秋田、介唐、子虞、光甫、梅卿父子先後至。下午設飲，日落而歸。付寺坐八千，茶庯八千，庖人賞十二千，車錢九千，客車、僕十六千。

十三日辛卯　晴，微陰，酷暑。爲楚材、彦僑、穎唐諸弟書摺扇寄之。爲胡少卿書摺扇雙面，屏幅四紙。爲王元書摺扇。作書致鐵香。作致三妹書，凡七紙。書八言描金赤蠟紙楹帖贈梅卿。爲王元作書致孫鏡江江西。作書致梅卿，以寄親族等食物一大苞，用物五匣，扇一匣，託其附致。

邸鈔：詔：協辦大學士、刑部尚書文煜，禮部右侍郎嵩申，均授總管内務府大臣。上諭：光禄寺卿尚賢奏盛京五部筆帖式請推廣新章，間用正途一摺，著吏部議奏。上諭：尚賢奏八旗都統衙門送考中書等官，辦理未能畫一，請申明章程等語，著禮部議奏。詔：已故總兵陳國瑞，准其於山東立功地方建立專祠。以都察院奏，編修尹琳基等聯名呈請也。詔：福建臺灣府知府，准其以候補知府、泉州府廈防同知程起鶚補授。以前經總督何璟等請補，吏部議駁，兹璟等復執奏也。

十四日壬辰　晨陰，上午微晴，午後晴，下午復陰，有雷，晚晴。書玉饋肴饌八器，收其半以饋梅卿。昨日酷熱，夜尤甚，余體中未悆，又作書過勞，今日復苦歐逆眩瞀，多卧。胡少卿來辭行，以銀四十兩爲别敬。得梅卿書，饋龍井茗六瓶，泥金畫梅四幅。傍晚詣梅卿父子送行，即歸。夜月甚佳，頗涼爽。二更時梅卿來話别。

邸鈔：上諭：前因浙江台州土匪金滿糾黨滋事，迭經嚴諭該督撫派兵剿辦。兹據何璟、劉秉璋奏，該匪悔過自新，情願立功贖罪，由台州紳民稟請彭玉麟轉商劉秉璋，具奏乞恩，懇准留營效力等語。金滿稔惡有年，種種不法，核其罪狀，實屬死有餘辜，本應立正典刑，以伸國法。惟朝廷除殘去惡，無非爲綏靖地方、安輯良民起見。既據奏稱真心悔悟，率衆來營，並拏獲要犯，送官究辦，以抒其畏罪自贖之誠，而該郡士民又爲瀝情懇請，尚可網開一面，以示法外之仁。金滿著從寬免死，准其留營效力。金守龍及餘衆百人，均著照所議一併留營，責令戴罪自效。該督撫務當隨時嚴加約束。如再有不法情事，定當從重懲辦，並惟彭玉麟、何璟、劉秉璋及該紳士等是問。上諭：署吉林將軍、副都統玉亮由護軍校洊升今職，前在廣西、直隸、山東、江南等省打仗受傷，著有勞績。兹聞溘逝，軫惻殊深，加恩照副都統賜恤。

十五日癸巳　晨至午晴，午後微陰，晡陰，有溦雨，即止。先君子忌日，供饋雙燒鷄、雙燖鳧，加乾菜江瑶柱一器，菜肴六器，冰雪梅糕一器，燒瓜餅一器，菜羹一，時果四盤，西瓜兩盤，饅頭一大盤，新蓮子藕絲茶一巡，酒三巡，飯再巡，茗飲再巡。以釋氏中元節祀故寓公，皆菜肴。得伯寅尚書是月五日吴門書，言所寄墓志已到。書玉夫人明日生日，遣僕媪饋以生雙鳧、雙鷄、桃、藕、糕、麵。作書致敦夫，饋祭饌三器，得復。夜風雨，頓凉，秋聲滿庭，羈思坌集。

邸鈔：上諭：畢道遠、周家楣奏順天府屬被水情形，亟籌拯濟一摺。本年雨水過多，河水漫溢，通州等州縣所屬村莊田廬被淹，並有傷斃人口，京畿一帶地方被灾甚重，著李鴻章、畢道遠、周家楣迅速籌款，派員詳查，妥爲振撫。

十六日甲午　凉，陰，薄晴，時有溦雨。作片致光甫、金忠甫，爲梅卿送别敬去，俱得復。夜月殊佳，是夕望。

十七日乙未　晨及上午陰，午晴。補祀曾祖考妣、祖考妣、本生祖考妣、先考妣中元節，以菜肴、果餌，芡實羹一巡，酒三巡，飯再巡，楮泉四挂。得爽秋書，即復。郭子鈞同年來。

十八日丙申　晨陰，巳後晴。上午過敦夫齋中談。閲《東塾讀書記·諸子》一卷，所言皆大義醇實，不捃摭瑣碎。敦夫來，餔後偕視汝翼病，瘠甚而腹張，甚可危。生也有涯，支離如此，爲之流涕。鄞人謝輔濂吏部乞書扇。朱桂卿來，以銀爲饋，固辭之，即請其往診汝翼。比日吃燕窩，咳嗽稍差。桂卿言以麥冬、半夏、陳皮煎湯頻服之，亦有益。徐洄溪謂咳嗽由於風寒入肺，最忌用麥冬等滋膩之品補住外邪，此專主風火之嗽；言余之久嗽，由於氣血虧損，故用麥冬爲宜，惟半夏太辛燥，不如以橘紅左之。凡治暑治疫，宜用清凉解散之藥，最忌附子、薑、桂，此定法也。桂卿言今年不然。比日京師疾役流行，死喪相踵，城東尤甚。其發也，即厥冷不能言，一日輒死，不可救。桂卿以附、桂、薑、朮治之，多活。蓋今年六月，陰雨連旬，陽鬱不舒，三伏之中，凉不發汗，重以大雨，墻屋傾漏，内外沾濡，七月上旬，忽復蒸暑，寒錮不出，陽絶化陰，再以凉齊投之，則立死矣。此治病貴乎審時也。今日見萊邑張廷瑞所擬方，亦用白朮、蒼朮、天麻、邊桂、乾姜、烏梅、甘草、茱萸。剃頭。

邸鈔：以降調户部尚書景廉爲内閣學士，兼禮部侍郎銜。以□□□□恩澤爲吉林副都統。上諭：翰林院侍讀盛昱奏兵部尚書彭玉麟奉命數月，延不到任，該尚書抗詔鳴高，不足勵仕途退讓之風，反以開功臣驕蹇之漸，請飭迅速來京等語。前據彭玉麟奏請收回成命，諭令俟病體稍愈，即行來京。日久未據奏摺北上，該尚書當已就痊，著遵前旨即行來京，毋再遲延。以通政司副使明桂爲太僕寺卿。翰林院侍講楊頤轉侍讀，左春坊左贊善胡喬年升侍講。

十九日丁酉　晨小雨，上午陰，傍午薄晴，午晴。雜閲方書。張叔平來，不見。

二十日戊戌　晴，復熱。敦夫來，偕之同視汝翼，已不甚知人矣，悲夫！出詣介唐而歸。郭子鈞來，言散館分得户部陝西司。

邸鈔：上諭：前據已革御史載彩、大理寺少卿劉緒先後奏參呼蘭協領巴彦孟庫於滋墾地畝一案，設局斂資，恣意誅求各節，當諭令文緒確查。業據奏請，將巴彦孟庫先行解任，歸案質訊。兹據文緒奏稱，究出已革鄉約潘廷恩，於光緒五年九月間斂錢進京，面見御史英俊，交付銀兩，商辦條奏，並有部書金姓設法求免花利各事。民人張作霖呈出信件，附有英俊奏底，核與六年九月間該御史奏請查辦開禁通肯荒場鈔給定安閲看之件相符。案關言官得賄句件,亟應徹底根究。著刑部於要犯潘廷恩等解到時確切嚴訊。休致御史英俊,著該旗即行看管,聽候質訊。載彩、劉緒有無别項情節,並著聽候傳質。

二十一日己亥　亥初一刻處暑,七月中。晴,熱甚。早起盥漱方畢,欲往視汝翼,則已來訃,云辰刻逝矣。即偕敦夫往哭之,悲甚。其妾號泣云:『主人見李公來,目復啓矣。』哀哉!出與其鄉人陳編修與冏、陳户部寶〈瑨〉、周中書雲章等略商後事而歸,復順道詣介唐小坐。作復王益吾長沙書,後半論故鄉買宅營壙之願,及平生著述未成之隱,凡八百餘言。即作書致周荇翁,託其附寄。作書致沈子培,爲胡少卿送别金去,得復。傍晚過敦夫齋中談,即歸。夜半後陰。

邸鈔:兵部郎中豐烈升内閣侍讀學士。詹事府右庶子會章轉左庶子,左贊善霍穆歡升右庶子。

二十二日庚子　晨陰,上午後晴陰相間,下午多陰,時有小雨。得敦夫書,約作閑寫,復辭之。作復子縝書,唁其太夫人殯棺被斲。作復王子獻書,唁其丁内艱。兩書之作,懷之數月,心重語長,因病輒廢。今以汝翼之慟,展念平生,哀緒萬端,故復益吾、子縝、子獻三書,以抒悲感,其詞皆甚慘戚不能自已也。子縝、子獻書後皆及吾越修志事略,舉體要,并論得失及先後之序、取裁之法,於子獻書尤詳。寧紹台兵備瑞璋送來别敬銀一流,亦可謂無因至前矣,然其數微,却之不可也,即以付衣賈鄧姓。潘伯馴來,傍晚偕過汝翼家,撫柩再哭之,晚歸。夜初小雨,四更漸密有聲。買棉半臂一,直銀一兩八錢。

二十三日辛丑　晨密雨,上午少止,午後數雨,晡後益密,入夜有聲。作復鄭盦尚書吴門書,復趙桐孫津門書。得梅卿十八日津門書,言數日前天津俱傳言余死蘇二海外。陽五古人,擾擾群兒,蚍蠹何與邪!得徐花農書。命張姬往唁汝翼之妾,且致燭、楮。以其妾有從死之言,屬慰喻之。果能如是，亦難能矣。閲《惲子居集》。夜雨聲淒苦，達旦瀧瀧不絶。

二十四日壬寅　晨大雨，上午少止，傍午日見，午後雨，下午又止，晡晴，晡後復霃陰，傍晚小雨。作復沈曉湖龍泉學舍書，亦八百餘言，并録《擬修紹興府志略例》八條寄之。夜雨。

邸鈔：詔：於二十六日親詣大高殿祈晴，分命惇親王、恭親王等禱時應諸宫廟。詔：以京師雨水過多，物價昂貴，兵民人等，生計維艱，所有八旗及緑、步各營官兵，及食餉之閑散宗室覺羅人等，並宗室覺羅孤寡，均加恩照現放章程賞給半月錢糧。其五城粥廠，並加展兩月，先期開放。命户部尚書額勒和布、署左副都御史張佩綸馳驛往陝西查辦事件，隨帶司員一并馳驛。此御史劉恩溥劾巡撫馮譽驥以銀三千兩賄署糧道缺，又賄息命案也。上諭：御史劉恩溥奏編修林國柱前于光緒五年丁憂服闋，先期請咨，經吏部駁斥後，乃於考試試差時，面求收考，請飭查參等語，著吏部查明具奏。國柱，蕭山人。其父式恭，以光緒三年歿於貴州銅仁府任。國柱以父死日爲聞訃之日。至五年四月考差時先入京，其服闋咨文賄巡撫院吏豫填年月爲之，至試日，計服闋止三日耳。吏部司吏欲斥之，署侍郎張澐卿、徐致祥許入試，竟得貴州學政。上諭：前因張樹聲奏調已革鹽運使洪汝奎差委，當經允准；旋據張之洞奏調，仍諭令發往廣東差遣。兹復據光禄寺少卿延茂、户科給事中鄔純嘏先後奏稱，廢員棄瑕録用，臣下不得奏請；並據鄔純嘏奏，該革員釋回後，潛赴天津，急於奔競等語，洪汝奎著毋庸發往廣東差遣。上諭：科道爲朝廷耳目之官，宜如何砥厲廉隅，束身自愛。兹據御史劉恩溥奏，滿漢科道賢否不齊，難保無宵小私作摺底，借名撞騙等語，嗣後如有携帶摺底，向人恐嚇者，准將原人原稿扣住，立即送交該地方官，從嚴懲辦，以儆刁風。該科道等亦當各加慎密，自顧聲名，不致爲人影射。

二十五日癸卯　晴陰埃[illegible]，酷暑，蒸溽。得心雲六月二十八日里中書。光甫來。敦夫來。子培來。撰《越志略例》，於『山水』『先賢』兩條言之甚詳。夜雷雨，不久止，溽暑益甚。

邸鈔：命兵部尚書瑞聯充崇文門正監督，都統克蒙額充副監督。

二十六日甲辰　陰，溽，微晴，時有溦雨。張叔平來，告初三日行。介唐來。作書致子培，以復桐孫、曉湖、鄭盦三書託其弟子封録稿，得復。得楊正甫書，饋蘇州蝦子鹽鲞十八包，頻婆果十八枚，即復謝。得爽秋書。前日遣庸媪以桃問遺汝翼之姬，則已吞鴉片菸矣。今晚來告，以酉時毒發死。烈哉！姬氏吴，河南人，年三十，性頗强悍，而能以烈終，士大夫可愧矣！夜雨疏密達旦，中夜有風。

邸鈔：以詹事府詹事洪鈞爲内閣學士，兼禮部侍郎銜。

二十七日乙巳　陰，午前晡後微有日景。汝翼七日，送以燭、楮。又崇效寺僧祥生涅槃，送香資四千。蔡備臣喪耦，送奠分四千。姬人等以佛經、紙錁致汝翼之姬。剃頭。王醉香來。

閲江陵《張文忠公文集》。凡詩六卷，文十四卷，書牘十五卷，奏對十一卷。萬曆四十年壬子其第三子修撰懋修所編，時去文忠之没三十年矣。前有沈鯉、吕坤兩序，及懋修所撰凡例兩則，又述先公致禍之由一篇。末有其長子禮部主事敬修等所撰《行實》一卷，則文忠初喪時也。有荆州高以儉後序。文忠相業，爲有明第一人，任事過竱，身後遂中奇禍。後之秉政者，才既相去遠甚，而又鑒於前車，務爲保身，相率推諉，於是明遂不振，陵夷以至於亡矣。讀是集者，令人歎息於神宗之昏，真下愚也。書牘十五卷，字字老謀，最爲可觀，近日胡文忠所不能及。

傍晚頓凉，夜西北風起，凉甚。

二十八日丙午　晨晴，旋陰，竟日微晴多陰，甚凉。閲《張太岳集》。其雜著言秦之治勝於周，此文忠雜霸之術，有激言之，不可以訓。得沈子培書，還書稿三件，即復。作書致吴大衡編修，以復鄭盦書託寄。作片致桐孫，以致曉湖書託其交長蘆運同沈永泉轉寄。孺初來，言定計九月初南歸。比日京師坊市相率祀神過年，延僧禮懺，驅鬼送瘟，燈燭爆杖，晝夜不絶，多以紙爲人，具鐃鼓、楮錢，送之城外曠野。此漢制逐疫傳火投洛水之意也。聞一月來都城内外死者已萬餘人，天津尤甚。今年北地雨水横暴，順天、熱河、東陵奏報皆言五十年來所未有，又重以厲疾，人心惴惴，亦可危矣。

二十九日丁未小盡　晴。

閲《張太岳集》。文忠於徐文貞、顧華玉感恩知己，惓惓畢生。即於高文襄，雖始合終隙，然與文貞書，極稱中玄明白爽直，舉動極合人心；於止開泇河之議，亦稱其公心虚受，易於轉圜。其奔父喪及奉母入都時，兩次道過新鄭，與高相見，至於涕泣。及高没後，與其弟書，爲之畫策，令文襄夫人具書請恤，又爲之陳乞於上，其言肫摯，皆見由衷之誠。王大臣之獄，亦數與人書，言極力調護，至以百口保之，則文忠之心，千載如見。蓋新鄭之逐，以欲去馮保而反爲所乘，實以『十歲天子』改爲『十歲孩子』之言，激慈聖怒，故没後神宗猶銜之，謂其『欺侮朕躬』。文忠當是時，不免以權勢相軋，幸其去而不救；若謂其與馮保合謀，已非事實。至大臣之獄，全由馮保所構，文忠無與也，因楊博、葛守禮之言，即力救之。而今《明史》諸書，乃謂文忠謀陷高。《紀事本末》等書至云文忠改錦衣揭帖中『䥴䥴有據』四字。葛守禮識之，笑而納諸袖。文忠覺之，曰：『彼不諳體裁，我爲潤色之耳。』則誣甚矣。文忠果改揭帖，何肯出以示人？葛方請救於文忠，何敢納帖於袖？其將以爲劫制耶？文忠何如人，而險忮如是又粗疏如是耶？

至奪情時吴中行、趙用賢等疏上，爾時文忠盛怒欲杖之者，蓋實有是事也。其時學士王錫爵等請之而不得，亦實事也。而《紀事本末》等乃增飾之云：尚書馬自强爲之解，居正跪而撚鬚曰：『公饒我！公饒我！』錫爵造喪次請之，居正索刀作自剄狀曰：『爾殺我！爾殺我！』徑入不顧。此等形狀，直市井亡賴之所爲，而謂文忠有是耶？文忠之奪情，當日纍疏乞歸，言甚哀懇，朝廷詔慰，部院疏留，亦皆往復數番。而史乃云朝廷亦無意留之，居正謀之馮保，且諷其所薦吏部尚書張瀚乞留，而瀚不肯，其事已不可信。又造爲此言，蓋出吳、趙等怨者之口。文忠旋敗，仇怨愈多，人主積嫌，朋黨日盛，皆以江陵爲口實，然其誣誕，亦何能欺三尺童子哉！唐時牛、李分黨，既衛公敗，而宣宗銜之不已，僧孺後人皆貴，其黨益盛，遂造爲衛公聞御史大夫之命，驚喜泣下，至對杜悰稱『小子』。王氏應麟謂以文饒爲人大概觀之，必無是事，蓋僧孺之黨誣之。余謂文饒已嘗爲相，時以節鎮入覲，何至驚喜於一御史大夫？且杜悰膏粱駑材，文饒視之，奚啻涕唾？而造爲『小子』之稱，此不出悰等奴儈之識見。史官無識，野乘多誣，古今若此等者，何可勝道哉！

國初王尚書鴻緒修《明史》時，東林、復社餘焰未熄，尚書吳人，所任萬季野等皆黨人弟子，追原禍始，歸咎江陵。季野著《群書辨疑》，列其二十四大罪，則當日之議論偏畸可想。乾隆時張文和重加刊修，稍爲持平，故如改錦衣揭帖、跪言『饒我』等事，皆欽定《明史》所不載。近日陳稽亭《明紀》亦不取，而夏嗛父《明通鑑》載之，陳之識勝於夏矣。

究而論之，文忠之才及任事之勇、謀國之勤，有明第一人也。其量狹而少容，知進而不知退，則學不足也。劉臺之劾文忠，本以私恨激而爲之，非出於公。文忠遽謂國朝二百年來無門生劾座師者，怒遂不可解，然尚曲意救之。及御史傅應禎亦以門生劾之，於是怒益甚，以爲天下無一人諒其心者。其《與司空陸五臺光祖書》，極言國事之不可一日無己，而以陸爲應禎解者庸人之常言。至奪情事起，而吳、趙皆以門生劾之，則益憤怒横決，幾欲死之。而文忠之禍，遂中於是，明之黨禍，亦由此起矣。使文忠能容吴、趙等而堅請奔喪，主眷未移，朝局未改，其所設施，未必有人變更也。奈何不審於輕重之間，犯不韙以爲衆的乎？其後莊烈時，楊武陵亦任事才也，而亦以奪情嬰衆怒，然則後之人有不幸直此而才萬萬不逮江陵者，其戒之哉！其戒之哉！

過敦夫齋中談。書玉來，光甫來。譚硯孫來。

邸鈔：上諭：御史丁振鐸奏考場頂替等弊仍復未改一摺，據稱此次考取宗學教習之吴恩照，係中書馬星聯頂名入場，出結官爲陳鴻年，請飭查辦等語。著禮部飭傳陳鴻年帶同吴恩照赴部，另繕試卷，核對筆迹，是否馬星聯冒名頂替之處，一併查明具奏。

八月戊申朔　晴。馬蔚林來。周荇翁來。介唐來。敦夫來。得陳晝卿七月十六日山左書。印結局送來前月公費銀十五兩。

邸鈔：翰林院侍讀學士承翰升詹事府少詹事。

初二日己酉　陰。撰肯夫輓聯，以屈絢布書之，云：『平步致青雲方看閣綸代掌踵謝木齋王海日諸老而興拒知禮殿談經遽見緋衣歸玉局；盟心期白水相慨越紐文衰勉振黃梨洲邵南江先賢之緒何意牙琴絶響空餘繐布老金門。』并以奠銀四兩，託光甫轉交餘姚孝廉韓子喬附去。韓爲肯夫同村人也。金忠甫來。得周荇老書，并傷汝翼姬人《摸魚兒》詞一闋，即復。得光甫書，即復。爽秋來。晡後詣敦夫，即偕過介唐，不值。詣伯循小坐，晚歸。付賃屋銀十二兩。以食物六合饋書玉夫人。殷蕚庭饋食物。夜小雨。祀門行户竈毆厲之神。五更放爆鞭。

初三日庚戌　晨及上午陰，傍午微見日，午陰，晡後晴。鐵香來。作復陳晝卿書，與論修志之難及吾鄉風俗之敝，凡數千言。此君拙於文辭，曹於考據，而又輕視志事，兩與余書，皆纍纍千餘言，意似求教，而實自負。念其老矣，故舉以答之。夜小雨，有風，旋止。桑叔雅告婦喪，送奠分四千。

邸鈔：詔：額勒和布出差，以工部尚書麟書兼署户部尚書。

初四日辛亥　晨陰，巳晴，頗熱。再作致書卿書，與言『詩巢』緣起，亦千餘言。作書致敦夫，託代録與書卿兩書稿。晡後步詣張叔平送行，不值。詣周荇翁談，至晚歸。夜三更後大雨驟作，旋止。

邸鈔：詔：李鴻章等奏順天、直隸所屬武清等州縣被水成災，加恩再撥京倉米四萬石振濟順天各屬，再撥奉天運通粟米一萬四千七百八十餘石振濟直隸所屬。至所請撥給順屬部庫銀五萬兩，奉皇太后懿旨，著户部將此次中秋節應進宫内款項撥抵，毋庸呈進。

初五日壬子　晨陰，上午微晴，午晴，晡後復陰。伯循來。得子虞書，言明日南還。作片致子培，得復。作片致子虞，致介唐，致潘伯循，致黄松泉，致朱蓉生，俱約今日晚飲。下午過敦夫齋中談。得子培書，即復。剃頭。介唐來。爽秋來。敦夫來。晚偕敦夫、朱、潘諸君飲便宜坊，子虞、松泉不至，夜二更歸。甚熱，三更風，四更雨，頓凉。付酒保三千，客車三千。

邸鈔：詔：卞寶第等奏本年六月間湖北長陽、興山、宜都等縣蛟水斗發，沿河民田廬舍淹灌冲塌甚多，雲夢、潛江、江陵等縣亦同時被淹。著照所請，截留湖北冬漕采運米三萬石并隨漕耗米等項，俾作振需。其餘被淹之孝感等州縣，仍著察看情形，分别辦理。

初六日癸丑　密雨竟日，至晚少歇，復雨，有風，凉甚，始衣綿。得子虞書，告已行。得王廉生書，即復。作片致子培，得復。傅節子自閩來，卅年舊雨，萬里遠來，適以今日風雨中至，而爲閽人辭去，悵恨竟日。得孫子宜中元日書，并番銀三十圓。得何竟山七夕書，并所刻《雙鉤漢碑篆額》一部，共三册，寫槧皆工。

閲節子所刻《揅經室經進書録》，即阮文達《揅經室外集》之《四庫未收書提要》也，爲之按四部排比目録，以便檢閲，間訂正其誤。然阮氏惟嚴氏《明理論》一書，誤據《宋史》題嚴器之名，而不知即成無己《傷寒明理論》，《四庫》已收之。此一條爲最疏，餘皆無關大恉。而節子載歸安陸心源一跋極詆之，且爲改題書名，皆非也。

夜雨止，凉甚。

邸鈔：上諭：李鴻章奏七月二十五日卯刻，永定河南五工十七號以連日大雨，水勢斗長，奪溜成口，在工各員分别參處，並自請議處一摺。南五工永清縣縣丞沈培源即行革職；三角淀通判李占春、永定河道游智開均革職留任；李鴻章督率無方，交部議處。上諭：禮部奏傳查考試教習頂名入場一案，舉人吴恩照現已回籍，查覆試試卷字迹與正場不符，顯有槍代情事。吴恩照著先行斥革，並著浙江巡撫即行解送刑部嚴訊，出結官陳鴻年、中書馬星聯一併先交刑部傳訊，試卷併發。上諭：侍郎張澐卿奏自請議處一摺。此次考取宗學漢教習吴恩照，覆試筆迹與原卷不符，張澐卿、景善於校閲時未能看出，實屬疏忽，均交部照例議處。詔：御史謝謙亨奏請旌表烈婦陳吴氏，著准其旌表。此即汝翼之妾也。

初七日甲寅　晴陰相間。作書致傅節子，得復。發晝卿書，交山東提塘寄去。

作書致荇翁，還其鄉人寶慶李洽《丁壬烟語》一册。洽，道光丙午舉人，有文辭，而好冶游。丁壬者，洎丁未至壬子。所記皆都中北里事也，文筆頗潔，間載詩詞，亦頗清雅，其議論往往歸之於正，雖諷一勸百，尚不涉於淫媟。其紀河南李仁元事，李嘗自號倩芙，生於曲中，娶楊姬爲妾，赴官江西。李旋以知樂平縣死粵寇之難，楊亦殉節。李工詩，余嘗采其集中佳句，載庚申日記中。

初八日乙卯　巳初一刻三分白露，八月節。微晴，多陰。陳伯平來。鄞人張肖庵編修嘉禄來，乞爲其母夫人作傳。傍晚詣敦夫齋中談。汝翼之弟來，以其兄訃狀中須述烈婦事，爲擬狀付之。烈婦自以汝翼有立適之言，遂衣命服。余深惡之，嘗屬弢夫、雲門以語汝翼當禁止也。烈婦以此甚怨余。然其瀕死也，烈婦曰：『主人將屬纊，告我以三事，曰嫁，曰守，曰死。我念既受主人恩，以我爲適，服其服矣，胡可嫁？守則無兒，又無寸椽尺土，不可守也。計惟有死耳！死則當以命服斂我，我以此報主人，無它計也。』余嘗語荇老、鐵香諸君：汝翼久喪偶，且固以名與服假之矣，今烈婦又以此死，是當加等以寵之者也。其訃以嗣子名，父命之爲適，而子妾之言不順也。禮律：有子者，適子、衆子名以『庶母』。烈婦既無子而名以『庶母』，名亦不正也。既從其請，斂以命服，當援干戈勿殤之誼，没其以妾爲妻之嫌。訃狀徑稱『繼母』，所以勸烈也。夫重視一章服而以身殉之，亦可以勸忠也。諸君皆韙余言，而其鄉人不然之，則視父妾加一等，稱『庶母』可矣。存余此論可也。夜半後雨，有聲。

邸鈔：翰林院侍講王邦璽轉侍讀，左中允龍湛霖升侍講。

初九日丙辰　終日凉陰，時有小雨。得傅子蓴書，約明日飲。閲《嘯亭雜録》。夜撰宗室尚書麟太師母棟鄂太夫人八十壽序。太翁，故御史宜齋先生，諱善循。

初十日丁巳　晨陰，上午晴，下午陰。撰壽序訖。作書致爽秋。下午詣譚硯孫，不值。詣郭子鈞，又答拜數客。赴子蓴餘慶堂之飲，節子日晚始至，黄昏歸。陳伯平來，乞爲其太夫人撰七十壽序。饋殷蓴庭節物、吴介唐節物。仙洲夫人饋節物。閲《舊唐書》及《廿二史考異》。得爽秋書。夜半雷雨。

十一日戊午　晨陰，比日霧，巳西北風起，晴，下午間陰，晡後陰，晚晴，有霞甚麗。閲勞氏《讀書雜識》。書玉饋節物，犒使七千。再和桂卿，用山谷《次鼂廖韵詩》。得孺初書，以將行，屬書扇四柄，即復。作書致桂卿，并詩及麟太師母壽序。作書致書玉，還雙鳧、鳬脯。敦夫來。得桂卿書。夜始食蟹，飲微醉。

邸鈔：上諭：倉場侍郎游百川著即回任。山東黄河工程即著陳士杰認真辦理，以專責成。降調山東按察使潘駿文交陳士杰差遣委用。此以鐵香疏，言游百川不知河務，惟徇鄉里之私，敷衍縷堤之説，請别簡大員也。

十二日己未　晴。敦夫來。下午偕詣介唐，即同至三慶園觀劇。晚至太和樓食蟹飲酒。夜詣書玉談，一更後歸。月甚佳。付車錢八千，園坐八千，書玉夫人節禮錢四十千，張媪四千。

邸鈔：上諭：浙江降調按察使陳寶箴奏交卸臬篆並瀝陳愚悃一摺，據稱張佩綸所奏該員到京，日營營於承審各官之門，彌縫掩飾一節，懇請飭查等語。降調人員本不應嘵嘵瀆辯，惟所稱名節有關，若不查詢明確，無以折服其心。著派閻敬銘查傳承審各員有無與陳寶箴往來情事，據實具奏。陳疏有云：『法司者，天下之平也；是非者，朝廷之公也。苟不考事實，憑勢恣意變亂黑白，惟其所指，獨立之士，孰不寒心？』其詞甚直。二十二日，閻敬銘覆奏：傳到員外郎廷杰、趙舒翹等呈遞親供，並無與陳寶箴往來情事。詔毋庸置議。

十三日庚申　晴。作書致爽秋，致子培。作致楊雲乘布衣吴門書，并五古一章。書玉來。晚過敦夫齋中談。得爽秋書。夜月甚佳。閲《舊唐書》。五更小雨。

感都門近事答桂卿四疊山谷次鼂无咎廖明略贈答詩韵

世事到前總緘口，但顧肘間印如斗。四塞以外紛觸蠻，日望玉門生得還。東南一侯西北尉，何如移置眉睫間？白面少年書纍上，禁幄頗聞屢稱賞。常僚驟擢躋公卿，或馳虎節莅百城。朱厓棄地師賈策，阿佟駁議無周榮。我曹竊食百僚底，不能去逐玄真子。著書相戒絶罪譏，高歌互答寓憂喜。清流湛湛無激湍，修竹寧受甘蔗彈。老樹著花自嫵媚，孤桐半死無援攀。君不見十丈東華軟紅外，照人爽朗有西山。

京邸秋晴寄懷彤山人楊云乘吳下

秋風起庭柯，曉日在窗户。郊畿遍積水，黯黮匝月雨。自今喜得晴，西山納我宇。因之懷故鄉，家家熟禾黍。金粟香風巖，紅菱界烟渚。楊子湛冥徒，長年賃皋廡。薄田尚可耕，胡爲久羈旅？彤山萬竿竹，烟深憺無主。壽勝好婿鄉，三里通一浦。時當春秋交，往來篾船艣。山妻安紡車，稚子理釣罟。清谿動林影，仙眷盡吟侶。嗟我無家歸，亦冀息倦羽。會當租白雲，荷臿從學圃。

十四日辛酉　晨陰，有小雨，上午陰，傍午後晴陰相間，晡後晴熱。午詣傅節子，觀明拓石鼓文，郭蘭石家物也。入城詣光甫，不值。詣東單牌樓二條胡衕翁叔平師賀節，三條胡衕麟芝庵師賀節，送禮二金。詣西交米巷答拜張肖庵。出城詣鐵香，不值。詣房師林贊虞，送節禮二金。晡後歸。署中送來秋季養廉銀九兩六錢，秋奉銀十六兩。作書致爽秋，得復。晚過敦夫齋中談。剃頭。付車錢六千五百，翁門茶四千，麟、林門茶各二千，送廉銀二千，送奉銀三千。

邸鈔：上諭：直隸被灾甚重，著户部再撥庫款銀五萬兩，解交李鴻章，即委賢員，會同地方官趕緊確查被灾户口，核實散放。儻有不敷，著於藩庫無論何款酌量提撥接濟。上諭：内閣奏職官在逃，請革職嚴緝一摺。中書馬星聯，於刑部片傳之時，竟敢潛避無蹤，顯係情虚畏罪，著先行革職，交步軍統領衙門、順天府、五城御史一體嚴拏務獲，並著浙江巡撫行令該原籍地方官嚴密查拏，一經訪獲，即行送交刑部歸案審辦。

十五日壬戌　晨晴，上午微晴，多陰，下午陰，晚雨。敦夫饋蜜棗一匣，杏人一匣，作書復謝。犒使三千。詣景秋坪師，送節禮二金。門茶三千。翁叔平師饋銀十二兩，作書復謝，犒使十千。敦夫來，介唐來，潘伯循來。得趙桐孫同年天津書，論洋務至千餘言，皆爲合肥辯者，以駢儷文行之，其文甚美。敦夫邀至廣德樓觀三慶部，傍晚歸。付車錢七千。是節付衣賈滕文藻銀十兩，製湖縐袷衣一領，銀七兩；内子紗衫一，銀二兩。庖人司馬士容肴饌錢一百五十千，石炭錢九十一千，米銀三兩，松竹齋錢七十五千，便宜坊錢八十千，布鋪銀二兩二錢五分又四十千，酒鋪銀三兩五錢，寶森書鋪銀二兩五錢，茶食錢三十二千，聚寶堂錢三十四千，香油錢五十三千，絨綫錢廿五千，銀飾、花草錢五十四千，内子節費番銀五圓又錢二十千，席姬番銀三圓，霞芬銀二兩又錢十千，玉仙銀二兩又錢十千，李升十三千，更夫、升兒各八千，王媪、楊媪各九千，張升三千，鮑僕、齡兒六千。夜密雨，滴歷至旦。

十六日癸亥　晨小雨，巳後晴。閱吴頊儒《喪禮約》。作書致敦夫，饋蒸鳧一器；昨亨此，本以待小飲也。

邸鈔：上諭：吏部奏遵議處分一摺。翰林院編修林國柱於光緒五年服滿起復到京，浙江巡撫所給咨文填寫『四月十一日』，該員即於是日在翰林院投遞，復於十五日在吏部散卷之堂官處面遞文結，得與考試。其爲先期請咨，豫填月日，情弊顯然。林國柱著照部議即行革職。前浙江蕭山縣知縣龔鳳岐開缺，浙江巡撫、前浙江布政使任道鎔已革，河東河道總督、前浙江巡撫梅啓照應得降一級調用處分，均照所議辦理。前署吏部左侍郎、内閣學士徐致祥應得降二級留任處分，著准其抵銷。

十七日甲子　晴。先妣忌日，供饋菜肴八豆；又燒鳧一，魚翅蟹羹一，爲先君設也；饅頭一盤，栗糕一盤，時果四盤，蓮子湯一巡，酒四巡，飯再巡，茗飲再巡，祔以兩弟。夜月甚皎，是日望。鐵香來夜談，至三更去。

近日法夷之攻越南也，有劉義者，本名永福，廣西人，入雲南邊徼爲商販，適杜文秀亂滇中，遂亦起爲盜，號黑旗賊。杜逆平，劉降於廣西，授武職，展轉入交趾，亦受官。自爲一軍，屢與法夷戰，屢捷。法夷纍致書通商衙門詰劉事，劉亦抗書自陳。朝廷不能助越南，亦不能討劉，下其事於北洋大臣。合肥駐上海月餘，左湘陰、彭尚書皆會，無所決。越南纍請救，法夷纍訹我誅劉，且以所折兵責我償。廷臣纍疏争，朝旨依違而已。近聞彼國東京已降於法夷。東京阮氏所都，唐之安南都護府治也，其地臨富良江，與海口通，城庳薄，僅土壘數尺，不可守。其國貧弱甚，兵寡而怯，劉義所統帥曰黄佐賢，亦柔懦，惟義尚率所部粤人萬餘，力戰不屈。鐵香前日上疏言法夷據越南，則與我爲鄰，輪船至廣東廉州不半日，且其地沃饒，有金、鐵礦，此其事勢非琉球比也，不宜置不問，請付廷臣會議。不報。余謂越南既折入於法夷，不數年中朝鮮亦必折入於倭或英夷，是則我之東三省、南三省皆與醜類壤地毗連。中國之禍，其可問乎！

十八日乙丑　陰，上午微見日景，下午霒陰。閲《十國春秋》。書玉夫人來寧。張叔平爲其兄伯崧太守名觀岳，己酉優貢。開吊，送奠分八千。庚午同年知會二十八日才盛館團拜，演四喜部。傍晚過敦夫齋中談。夜風起月出，頗寒。閲《太平廣記》『貢舉』『銓選』諸門。

邸鈔：太僕寺少卿鍾佩賢奏請因病開缺。許之。國子監司業徐會灃升司經局洗馬。

十九日丙寅　晴暖。作書致傅節子，約今日晚飲，得復。節子贈閩中新校正翁覃谿《復初齋文集》。是集本覃谿門人侯官李蘭卿兵備彦章所校刻，未半而殁，故集無序跋。近年兵備子以烜於錢唐丁松生丙處得所藏覃谿詩文手稿三十六巨册，屬仁和魏稼孫錫曾補校印行，惜其詩尚未刻也。又白壽山印石三方，永春織紙對畫一副，賓榔葉扇一柄。敦夫來。再作書致節子，還織紙畫聯，改約明日晚飲。作片致子蓴、秋田、敦夫、介唐、伯循，俱約明日夜飲。伯循約後明日飲。署中告二十三日夕月壇陪祀。方勉夫爲其繼室吴開吊，送奠分四千。夜初小雨，即止。光甫來。爽秋來。夜頗熱，不快。

邸鈔：浙江巡撫劉秉璋奏七月初二日至初六日狂風大雨，晝夜不息，沿海各屬，往往成灾。海寧州大小山圩及頭二圩、碎石塘衝决數處，田廬民舍多被淹浸。海鹽縣土塘冲决十餘丈，鹹潮倒灌，一片汪洋，居民紛竄，童稚有淹斃者。寧波府之鄞縣、鎮海、慈谿、奉化、象山各屬，沿河一帶同時被灾，淹斃人口。此外各屬被風之處輕重不等。詔：此次浙省沿海州縣猝遇風潮，漫决塘堤，田廬受傷，情形甚重，殊深廑念。所有冲塌塘工，著即迅速籌款修築，以資保衛。其被灾地方應行撫恤之處，並著查明辦理。　署河南巡撫成孚奏請以河陝汝道賈致恩調補南汝光道，以南陽府知府鞠捷昌調補開封府知府。

二十日丁卯　晴暖。閲《復初齋文集》。梳頭。伯循邀同敦夫、介唐至慶和園觀劇。晚詣聚寶堂，秋田、子蓴、節子繼至，談笑甚暢。余令設蟹黄魚翅羹、鷄湆江瑶柱湯、燖鴨肉，味亦頗佳。夜三鼓歸。大風自西，四更稍止。付客車錢十一千，車錢八千，酒保賞七千。

邸鈔：上諭：御史劉恩溥奏京堂衰庸戀棧，請旨休致一摺。大理寺少卿劉緒著即休致。其前參呼蘭協領巴彦孟庫一案，有無别項情節，仍著聽候傳質。　御史王麟祥授四川敘州府知府。本任知府史崧秀丁憂。

二十一日戊辰　晴寒，有風。作書致爽秋。閲《復初齋集》。子培來，久談。晚詣便宜坊，赴伯循之飲，夜一更後歸。五更疾大動。

邸鈔：編修志鋭升詹事府右中允。

二十二日己巳　晴，下午有風。得伯寅尚書十四日吴門書。撰汝翼輓聯，以屈絢布書之，云：『傾襟逾八稔，平生風義，謬承師友之間，詎知先我歸真，垂死猶聞憂國語；繞膝乏孤雛，事迹烟雲，同付杳冥而已，所喜殉君有伴，靡笄難得侍書人。』書楹聯贈楊雲乘，云：『雨後谿聲添茗鼎；林間山翠濕詩燈。』又書楹聯贈人，云：『壽鏡銜花，卷簾勝月；春風在箑，入座如秋。』得爽秋書，即復。近日聞廣東南海之沙面地有英夷人與粵民鬥鬨，殺粵民二人，粵人因焚洋房十三家，連及法、德、米諸夷房。前日召見侍郎許應騤，今日召見副都陳蘭彬，皆粵人，蓋詢此事也。

二十三日庚午　酉正一刻十分秋分，八月中。晴，風，凉甚。以松竹三套花卉箋四匣，并昨書楹帖、前日所作詩牘，寄楊雲乘於蘇州曹家巷，作片託吴編修大衡附去。下午出吊汝翼，送奠儀四金，歸。餔後詣潘孺初、陳伯平、殷蕚庭，俱久談，晚歸。夜風勁，益凉，須重衾。是日剃頭。光甫來。付車錢五千。

二十四日辛未　晴。早起，敬懸三代神位圖，以昨日秋分，祀曾祖考妣、祖考妣、本生祖考妣、先考妣，肉肴六豆，菜肴六豆，菜羹一，饅頭一大盤，栗糕一盤，時果五盤，栗子湯一巡，酒三巡，飯再巡，晡後畢事，焚楮泉。作書致楊正甫，饋蒸鳬，蟹二十敖，梨十枚，得復。作書致敦夫，饋以祭餘兩器。鐵香約廿八日夜飲。

閲《復初齋集》。覃谿於汪容甫、戴東原醜辭妄訐，於惠定宇氏之《周易述》、張皋文氏之《儀禮圖》，亦深詆之，此由未窺門徑，老羞變怒，不足深責。其爲《錢梅谿金石圖》序云：『鄭氏之説經也，曰《易》《詩》《書》《禮》《樂》《春秋》策皆四尺四寸；《孝經》謙，半之；《論語》八寸策者，三分居一，又謙焉。』案此文出《儀禮·聘禮》疏引鄭君《論語序》，本《孝經鉤命決》之辭，作『《易》《詩》《書》《禮》《樂》《春秋》策皆尺二寸』，而《左傳序》正義亦引鄭注《論語序》作『《春秋》二尺四寸，《孝經》一尺二寸』，則《儀禮》疏『尺二寸』乃誤文。覃谿作『四尺四寸』，不知何據矣。『三分居一』當作『三分居二』，段氏《説文注》已正之。

得同年朱偉軒成烈新竹縣署書，并銀四兩。

二十五日壬申　晴。敦夫來。作《五疊山谷用黿廖贈答韵》詩柬朱桂卿。作片致潘伯循，爲汝翼訃告同里諸同志事。作書致鐵香，催書楹帖，以後日有同鄉公車南歸，將分寄諸弟也。得伯循復書，并汝翼赴狀八函，即作片致敦夫，託轉屬邑子附去。作書致桂卿。

簡朱桂卿五疊山谷次无咎明略贈答詩韵

黄流倒注礫谿口，石水難勝泥六斗。腐儒不知時勢艱，高談欲挽河南還。齊東士夫惜地力，東之北注瀛莫間。朝廷焦勞竭内帑，畚土未得一錢賞。況今陽侯屢震驚，䲡俌鱻鱻無完城。未聞尹忠責疏闊，但有延世希褒榮。浙中海颶吹鬼市，居民萬家作魚子。使者告灾恐主憂，惟言秋禾翠堪喜。君家武原古鹽官，揚航東渡一指彈。秋深相期剡中去，板輿紅樹堪扶攀。莫問横流遍南北，聽泉洗耳雲中山。海鹽與上虞隔海相對，近有風潮之變，朱君母夫人移家避水，故爲剡中山居約云。

二十六日癸酉　晴暖。作書致梅卿，致心雲，俱爲汝翼賻事。敦夫來。介唐來。敦夫邀至廣德樓觀劇。夜同介唐、書玉飲聚寶堂，招霞芬，二更後歸。得桂卿書。鐵香送楹聯來。付車錢七千。以粉地藍雲鶴紙表糊聽事三間，錢三十五千，有補舊者。

邸鈔：上諭：前據御史劉恩溥奏貴州學政孫宗錫嗜好甚重，場規鬆弛，於新進童生填寫親供，索取規費等款，當諭令岑毓英查明具奏。兹復據林肇元奏，該學政性情剛愎，防檢不嚴，按試安順、興義兩府，不遵成例等語。孫宗錫著開缺，在貴州聽候查辦。編修楊文瑩爲貴州學政。詔：京城外定福莊、黄村、龐閣莊、采育、孫河、清河各鄉鎮添設粥廠六處，賞給粟米一萬石，自九月十五日起開廠散放，派大理寺卿英煦，太僕寺卿白桓，通政司副使徐樹銘，内閣侍讀學士文碩、奕年，光禄寺少卿延茂分駐稽查，彈壓監放。

二十七日甲戌　晴暖。

閲宋氏《過庭録》。于廷承其舅氏莊葆琛之學，專爲《公羊》家言，而不菲薄《左氏》。其於漢學，亦尊西京而多回護鄭君，此足見其實事求是。然如謂《左氏》首言惠公元妃孟子暨聲子、仲子之事，以明隱之所以讓，桓之所以立，至元年歸惠公、仲子之賵，二年夫人子氏薨，三年尹氏卒，皆本無傳，今傳文乃劉歆之徒竄入，欲尊《左氏》，與《公羊》立異，則憑臆武斷，蹈於方望谿、姚姬傳一輩人語矣。惟《左傳》歸惠公、仲子之賵，云子氏未薨，則理甚可疑。左氏雖親見各國寶書，况於魯史，宜無不審。然惠、隱之間，不免傳聞。其記此事及二年夫人子氏薨事，蓋《春秋》舊文，本無詳説，子氏又不書葬，無號謚可稽，遂因『夫人』之文，以爲必是桓母仲子，則歸仲子之賵時，子氏未薨，是豫凶事耳。嘗以情事折衷三傳，仲子之殁，必在春秋以前。諸侯不再娶，仲子當是孟子之右媵，聲子是左媵，以孟、仲字次言之，孟子卒，當以仲子繼室，而以聲子者，則仲子卒於孟子之前可知也。《左傳》言隱公元年冬十月改葬惠公，惠公之薨也，有宋師，太子少，葬故有闕，是以改葬。《公羊》云隱爲桓立，故以桓母之喪告于諸侯。蓋桓母既早卒，并無繼室之名，其始卒也，不赴於諸侯，不告於天子，正也。至是隱欲成讓桓之意，因惠之改葬，始并以仲子之喪告天子，赴諸侯，故天王使宰咺歸惠公、仲子之賵。致車馬曰賵，車馬所以送葬者也。惠之葬有宋師，蓋王亦未及賵，所謂葬有闕也。妾子爲君母得稱夫人；此不曰夫人者，厭於惠公，且桓未爲君也。桓未爲君，而王歸賵以夫人禮之者，隱自以爲攝，其立也所以奉桓，故以夫人之禮禮仲子，而王成其意也。惠既改葬，則仲子改葬可知。當時天王歸賵、衛侯會葬，皆儼然以君夫人事之。隱不臨葬，不見衛侯，嗛不敢當喪主，則當日桓爲喪主可知。而仲子終不稱夫人者，禮無未爲君而可虚當君位者。故《春秋》書王之歸賵，所以紀實，亦以見隱之讓爲過嗛，桓之立爲非正，而王不能以禮正諸侯，成隱之讓，所以成魯之亂，故書以示譏也。曰歸惠公、仲子之賵，不曰及夫人子氏者，明妾不得爲夫人也。曰歸僖公、成風之禭，不曰歸夫人風氏者，明母以子貴，故系之子也。此《春秋》之别嫌明微。孔子之必也正名，言各有當。《穀梁》以僖公、成風例之，而以仲子爲惠公之母、孝公之妾，此意必之詞。婦姑不當同謚，果爾，則考仲子之宫者，爲惠公母乎？爲桓公母乎？將何以别也？至二年之夫人子氏薨，當從《穀梁》隱之妻也。隱既爲公，則妻爲夫人；隱將不終爲君，則妻亦不終爲夫人。其書夫人薨，猶隱之書公薨也。不書葬者，成公意也。隱公之不書葬，固以不討賊，亦以當日實未成喪。蓋魯之臣子成公之讓，故殺葬禮以示美，亦所以掩桓之惡。故謚曰隱者，明不尸其位之本意也。隱不書葬，故夫人亦先不書葬，所謂『微而顯，志而晦』也。三年之尹氏卒，當從《左氏》作君氏卒，聲子也。定公十五年姒氏卒，《穀梁》作弋氏卒，以爲妾辭，哀公之母也；《左氏》家以爲定公夫人。哀公十二年孟子卒，三傳皆以爲昭公夫人。蓋當日有此變禮之稱，而史文因之。君氏猶姒氏也。姒氏當以《公》《穀》妾母之説爲正；《左氏》但言不稱小君不成喪，亦未嘗明云定公夫人。蓋聲子本爲繼室，又生隱公，魯之臣子自當以君母奉之；其卒也稱夫人，則隱公嗛不敢當。稱君母則不辭，稱子氏則無以别於仲子，且前年於隱公夫人稱夫人子氏薨，次年於隱公母則稱子氏卒，言亦不順，故變文而曰君氏，禮之所不得已也。《公》《穀》於『君』字滅去『口』字，遂附會以爲周之尹氏，譏世卿矣。隱母因嗛不居夫人，而曰君氏；哀母因定始薨未葬，哀未成爲君，而稱姒氏；昭夫人因諱娶同姓殺其禮，而曰孟子：事例異而其義一也。周之世卿，不止尹氏，且無故書王朝大夫之卒，而又不記其名，無此例也。

介唐來，邀同敦夫至慶樂園觀劇。光甫、書玉亦來。晚又邀飲聚寶堂，招霞芬。夜一更後余邀諸君飲霞芬家，四更歸。楊雪漁來。付霞芬酒果錢四十千，犒其僕十千，霞車四千，車錢十千。

邸鈔：右春坊右贊善張英麟升右中允。

二十八日乙亥　晨及上午晴，午後多陰，晚陰，有電。閲《過庭録》。介唐來。下午答拜雪漁，不值。詣介唐，不值。晚赴鐵香之飲，爲孺初餞行也，坐有何子峨學士、費芸舫中允、楊蓉浦侍讀，張研秋、梁星海兩編修，夜二更歸。

邸鈔：山西大同鎮總兵馬陞請終養開缺，以太原鎮總兵張樹屏調補大同鎮總兵，以□□□□□何鳴高爲太原鎮總兵。□□□□□□□賀搢紳爲湖北宜昌鎮總兵。

二十九日丙子　晴，風，下午稍止。曉卧中疾大動，憊甚。雜閲小學諸書。作片致介唐，託代取銀。傍晚詣敦夫齋中談。李升罷庸，顧升代。

三十日丁丑　晴。讀《穀梁補注》。表糊房室，塵坋雜擾，付紙潢匠錢七十千。孺初來。

邸鈔：上諭：給事中鄧承脩奏已故知府不宜濫膺祀典一摺。祠祀之典，所以報功。嗣後中外臣工，務當詳核事實，不得濫請。其有奏請建立專祠及附祀者，著禮部悉心核議，分別准駁，候旨施行。鄧承脩所請將已故知府馬繩武附祀徹銷之處，著禮部議奏。詔：圖什業圖汗那遜綽克圖補授庫倫辦事大臣。

荀學齋日記戊集下

光緒九年九月初一日至光緒十年二月二十九日(1883年10月1日—1884年3月26日)

光緒九年癸未九月戊寅朔　晴。

《春秋·昭元年》:『晉荀吴率師敗狄于大原。』《公羊傳》云:『此大鹵也,曷爲謂之大原?地物從中國,邑人名從主人。』何氏《解詁》云:『古史文及夷狄之人皆謂之大鹵,而今經與師讀皆謂之大原。』『地物從中國』者,『以中國形名言之,所以曉中國,教殊俗也』。『此地形勢高大而廣平,故謂之大原。』『邑人名從主人』者,『不若地物有形名可得正,故從夷狄辭言之』。《穀梁傳》云:『中國曰大原,夷狄曰大鹵,號從中國,名從主人。』又《穀梁·襄五年》:『仲孫蔑、衛孫林父會吴于善稻。』傳云:『吴謂善伊謂稻緩,號從中國,名從主人。』范氏《集解》云:『夷狄所號地形及物類,當從中國言之,以教殊俗』,『人名當從其本俗言』。又《昭五年》:『叔弓帥師敗莒師于賁泉。』狄人謂賁泉失台,號從中國,名從主人。』又《公羊·桓二年》:『取郜大鼎于宋。』傳云:『此取之宋,其謂之郜鼎何?器從名,地從主人。』《穀梁》云:『郜鼎者,郜之所爲也;曰宋,取之宋也,以是爲討之鼎也。孔子曰:「名從主人,物從中國。」故曰郜大鼎也。』

慈銘案:《公》《穀》於此屢發傳者,七十子所受夫子之微言,正名之學也。地物從中國者,如東曰夷,西曰羌,南曰蠻,北曰狄,其字皆有義,此中國名之,非彼所自名也。肅慎之矢,越裳之雉,以及《周書・王會解》所言義渠之駮，渠叟之犬，規規之麟，西申之鳳，其矢也、雉也、駮也、犬也、麟也、鳳也，亦皆從中國之名，非彼所自名也。此地物從中國也。邑人名從主人者，如東則曰朝鮮，曰樂浪，曰穢貊，曰辰韓；西則曰林氏，亦曰央林，亦曰於陵，曰渠搜即渠叟，曰康，曰僥；南則曰甌，曰僬僥，曰共人，曰自深，曰旁春；北則曰匈奴，曰玁狁，亦曰獯鬻，曰肅慎，亦曰稷慎，亦曰息慎。其名皆無義，從其國自名名之，其音或轉而無定。故楚之封本曰荆，《書》曰荆州，《詩》曰蠻荆，曰荆舒，此中國之所名也，楚則其所自名也，後即從而稱之。推之而句吴也，於越也，皆其所自名也，其後能以名自通於上國，則止曰吴曰越。《公羊・定五年》傳云：『於越者，未能以其名通也；越者，能以其名通也。』此邑名之從主人也。人名則如介之葛盧也；長狄之僑如也；戎之駒支也；即莒之渠丘也，犂比也，庚輿也；吴之壽夢、諸樊、餘祭等也；越之句踐也，適郢也，鼫與也：其名皆無義，皆其所以自名也。此邑人名從主人也。鮮虞者，其國名也；白狄者，中國號之也。中山者，因其地形名之也。瞍瞞者，其國名也；長狄者，中國號之也。能以其名通於中國，則楚之、吴之、越之；不能以其名通於中國，則狄之而已，不稱其國名也。壽夢一名乘，諸樊一名謁，闔閭一名光，此以其名之通於中國者也。然《春秋》於壽夢不書吴子乘者，吴未能以名通中國也；於闔閭書吴子光者，能以名通於中國，故進之也。王莽改匈奴曰降奴，改其單于名皆一字，此莽之愚也。魏太武改柔然曰蠕蠕，宋、齊、梁稱魏爲索虜，魏稱宋、齊、梁爲島夷，此當日諸國君臣之妄也，皆不知《春秋》之義者也。金太祖、太宗及諸王，皆別一名以同諸華，此金之速變舊俗，故其弱易，其亡亦速。南宋於金，始君事之，後父事之，伯叔父事之，而境内之文，則概斥爲虜。其先於遼也，亦早爲兄弟之國，是遼於宋，如楚、吴、越之名通上國矣。金於宋，始則如共主，後則如盟主矣，而宋人紀載皆虜之，是妄而無耻，皆不知《春秋》之義者也。是皆夫子所謂『名不正則言不順』者也。

烏虖！今之與西洋交也，其物皆從中國號之矣，其地則不從中國，不從主人，而概曰各國也。記載文移，諱莫如深，不敢直稱其國名，而舉首一字以名之，記載則曰某國，文移則曰大某。是豈《春秋》之始所及料者哉！至《春秋·昭元年》之文，《左氏》經作『大鹵』，傳作『大原』。大鹵者，今甘肅之固原直隸州，舊屬平凉府，《漢志》之安定郡鹵縣也，此當從宋氏翔鳳《過庭録》之説，鍾氏文烝《穀梁補注》駁之，非。本狄地，則邑名當從主人作大鹵矣。地者據其大言之，如曰夷曰狄是也；邑者據其小言之，各國有方言，即以名其邑，如今之土名。中國亦有方言，故邑名地名多不可解，非止四夷也。凡如越之禦兒、檇李，皆方言也；即諸暨、餘暨、餘姚、上虞，亦方言也。後來地志，㝁以文意傅會之，後人之陋也。會稽爲揚州之山鎮，地之大名也，故有文意可繹，所謂號從中國也。《左氏春秋》經，古文也，故作『大鹵』；後之經師，以地形知之，讀曰『大原』。三傳皆同，而《公》《穀》經亦作『大原』。此《公》《穀》非親受於孔門，其經至漢始著竹帛，皆今文，固不如《左氏》之顯證也。至善稻，吴地也，『善』與『伊』，『稻』與『緩』，皆聲之相轉。善稻、伊緩皆方言，吴之所自名，無義可繹，急言之則曰善稻，緩言之則曰伊緩。譯音無定字，亦所謂邑名從主人，非中國謂之善稻，吴謂之伊緩也。賁泉者，魯地也，狄人謂之失台，『失台』當從楊疏作『矢胎』，段氏玉裁謂讀『賁』爲『矢』，猶今俗語謂糞爲矢，『矢胎』狄語之『賁泉』也。至郜大鼎，則史之常文，其鼎本郜所作，而取之宋，則曰取郜大鼎于宋，此古今通語，本無經恉也。二傳曲求經文，無理而發難，自取糾纏，如石五、六鷁之比，遂亦以孔子名從主人、物從中國之言傳之，於是有謂中國指魯言者，有謂主人指後所屬者，異説滋紛，皆二傳瑣屑之病。而以郜大鼎及大原兩傳觀之，則《穀梁》明見《公羊》之文而從之，劉原父謂《穀梁》在《公羊》之後者，是也。

剃頭。得光甫書。下午詣爽秋，不值。詣傅節子晤談。光甫邀至三慶園觀劇。晚邀飲聚寶堂，招霞芬，夜二更後歸。爽秋來。付車錢八千，霞車四千。是日買菊花廿二盆，直八千。

邸鈔：以詹事府少詹事錢桂森爲詹事。以内閣侍讀學士宗室志元爲通政司副使。

初二日己卯　晴和。得沈子培書并《用山谷次晁廖贈答韵》詩一首，即復。作書致爽秋，得復。閱畢《通鑑》。楊雪漁來。爽秋來夜談。付顧升傭直十千。

初三日庚辰　晴。閱畢《通鑑》。蔡松甫來。作書致爽秋，約重九日於崇效寺同餞孺初也。遣人至寺定坐。楊定旉來。孺初來夜談，言定於初八日行，余堅留之過重九。印結局送來前月公費銀七兩八錢。得爽秋書，即復。

初四日辛巳　晨陰，巳晴，午後間陰即晴。陳伯平來。爲孺初書團扇二。朱蓉生來。比日讀書頗凌雜，故昨昔閱畢氏《續通鑑·南宋高宗紀》，以朱筆圈識之，冀漸治心之棼，而爲人事所擾，不能終卷，今日遂輟。夜讀《淮南子》。作書致傅節子。作片致潘伯循。

初五日壬午　晴暖，日中如夏，聞寒暑表到暑度八十分。得沈子培書，并贈隋行軍長史劉珍墓志拓本，即復謝。讀《淮南子》。下午詣孺初，還昔年所借三十金，贈以内城段靴一雙，仙居朮一匣，黄菊花一簍，杏仁、蜜棗各一簏。孺初固不收金，且言行資甚裕。此老苦心，知我貧也。余力却，還之而出。書玉邀至廣德樓觀劇。晚復邀同敦夫、介唐、書玉、光甫飲聚寶堂，招霞芬，夜二更後歸。付賃屋銀六兩，車錢七千，前日車錢五千。買康熙窑翠龍盤一，錢七千。

初六日癸未　晨陰，巳晴暖如昨。得節子書，以所得明拓石鼓文及近年所收金石拓本屬題。得伯循復。作書致節子。作書致孺初。作書致爽秋、伯循。今日書室内外裱糊墻宇俱訖。晡後小理書籍，位置几案。得姪孝玟、孝瑩保定書。夜得爽秋書并近詩數首，即復。得伯循復。讀《韓詩外傳》。夜初更有雹自北，旋陰，二更雷漸動，三更大雷雹，雨作，四更辟歷屢震，五更稍止。付紙潢匠錢四十六千，十一日又付二十千，付童僕輩汎掃錢三千八百。

邸鈔：户部郎中恒齡授四川重慶府知府。□□□□□夏毓秀補四川松潘鎮總兵。本任重慶府丁鶴年、本任松潘鎮李培榮俱丁憂。培榮穿孝百日，仍署四川提督。

初七日甲申　晨雨雹，已晴陰相間，午晴，晡復陰，傍晚晴。作書致繆筱珊，乞其新刻《萬善花室文集》、洪幼懷符孫《齊雲山人文集》、蔣生沐光煦《東湖叢記》三種，得復并書。作書致朱蓉生，爲廿一日崇效寺公餞楊雪漁也。剃頭。陳雲舫侍御移居椿樹頭條胡衕，邀同孺初、鐵香、右臣、爽秋、費雲舫夜飲。傍晚赴之，夜二更歸。撰《送孺初南歸序》，至三鼓後訖，并録稿於此。

送潘孺初歸文昌序

夫蠶絲於堂則弦絶於空，曜轉於宇則丸鳴於銅。是以有識均形，含生共氣。横目雖一，而明者獨殊；吹萬不同，而巧者見異。然則求合景於罔兩，覓葉律於伶倫，自古爲難，非天能定。而况習毌追於倮國，奏疏越於巴渝。乃能睹影知姝，聆聲識契。則儵魚相呴，寧足喻其情親；蟨駏依行，非能方斯交密。而遏襟忽告，轢牲在門。玄雲動於哀緘，疾雷催其徂轂。參晨寥野，約盡於百年；溟勃窮涂，别將以萬里。此則蕭蕭落木，鴻雁爲之悲鳴；沉沉夕陽，風塵以之黯色。

瓊海老友存之潘子，與慈銘交十餘年矣。潘子家文昌，幼孤寒，兩節母撫之以立。荻筆之畫，依紡績於一燈；《柏舟》之詩，瘁束脩於十指。而重規之生善病，敬通之儷不諧。一衿未青，兩髦已脱。五父有問，哀感於路人；孤兒之行，酸編於樂府。洎咸豐辛亥登鄉書，以丙辰官農部。

顔駟所好，不偶於三朝；匡衡射科，倍差於六試。不夷不惠，爲拙爲工。塞翁無馬，何占於吉凶；愚公有山，不忘乎畚臿。守卅年之不調，縱一弦之哀歌。白髮有期，滄海將盡，遂以今年癸未九月促裝南還。弱累一舟，陳編三篋。赤脚之婢，病魋胸而娉從；長鬚之僕，畏繭足而辭去。布衾在襆，凌雜於雨風；疲羸不綱，蹇局於泥潦。落魄高陽之侶，挾斯桑户之徒，裹飯相邀，挈尊爲祖。薊門衰柳，向征車而不黄；碣石早霜，迎駛帆而先白。横流三輔，載道監門之圖；傳烽五羊，滔天羯夷之寇。歸無一椽之芘，羸無千里之糧。極行旅之蕭條，備生人之艱苦。臨歧珍重，揮手凄迷。然而禽鳥有知，以歸爲樂；山川無限，得故而安。故雖縱横九州，揮斥八極，考其魂夢，多在釣游。而或廷尉山頭，徒勞瞻望；玉關都護，絶意生還。况乎際百六之期，遘中衰之會。兵死之鬼，倍於牖間；遘轉之瘠，夥於土著。

今吾子系朝籍，睹中興。受六品之官，不禄而能活；過下壽之歲，不杖而能行。添丁兩男，傳經一女。曳柴鄉里，待樊英之歸來；擁楫江湖，有清娱之婉孌。則此歸也，江楓初赤，山橘將黄，父老扶迎，兒童笑問。沙頭舟泊，則黎人聚觀；市尾舁行，則蜑娘指點。問州校之舊友，或有老符；見名氏於故書，驚傳陽五。墻頭過饌，荔碧蕉丹；社集開筵，棕鞋桐帽。漁樵闐席，半屬孫行；鷄犬知家，依然里巷。歧巾折角，見者以爲朝儀；洛詠燕談，後生録爲掌故。松楸展兆，疑夢裏之神游；桑竹成林，記兒時之手插。話昆明之劫，老淚猶零；尋楊僕之艛，青山無恙。桃林秋翠，選試鳩筇；梅雪冬霏，增鮮鶴鬢。田園之樂，補鐘鼎於潁箕；杶蓍之年，極神明於彭老。

至於離别之感，朋友之情，又有説焉：君漸稀齡，我將耆齒。蘭膏共保，可期禽向之游；太虚爲鄰，豈隔元真之處。即或成公有館，白傅當龕。冥漠合丘，將窮乎倚杵；雲風速駕，更捷於摶沙。尚何恨於君在珠崖，我栖會稽乎？是則五色雖明，有時而晦；千縷雖密，歷久而疏。惟此性真，混然終古。道我而噓，知子之來。深護波濤，厚衛眠食。有風南至，即空谷之足音；一字相詒，勝屋梁之顔色。

初八日乙酉　晴。得朱蓉生書，并前日所上陳越南事宜疏稿。自法夷去冬與越南構釁，以劉永福殺其統帥李威利爲名，而陽致我書，詢越南屬我始末。北洋大臣及總理衙門皆依違其詞，不敢直言。於是夷遂訟言越南非中國屬。先是南圻六郡，越南膏腴也，夷久踞之，遂連破河内、南定、海陽三郡。永福拒之。夷以兵綴永福，而偏師襲其東京，克之。時越南王新殁，其嗣孫孱甚，夷遂要挾條款，脅以更立王、設夷官、誅永福等事。廷臣交上疏争之。粤督張樹聲亦疏請决戰。滇撫唐炯、廣西布政使徐延旭俱率師駐越南境，主戰尤力。翰林編檢諸年少，喜博言事名，亦頗皮傅影響之談，剿襲故紙之語，多草疏乞掌院代奏。蓉生今陳不能不戰之勢四，必當急戰之機三，制敵之策五，言多近理，合乎事會，而亦多人所已言，且前後顧瞻，畏首畏尾；又其文筆素弱，枝辭太多，近於囁嚅。自洋務交涉以來，人以上書爲捷徑，庶僚往往驟致貴要。去年浙人某編修以條陳洋務，遂得甘肅學政。蹊田之戒，瓜李有嫌；出位之思，尸祝所慎。君子處此，嘿焉而已。其『圖進取』策云：『以水師雄海外。今據河内，陷南定，襲海陽，以拒劉永福，其安邦、神符兩海口防守必堅。以我所短，攻彼所長，非計也。倘欲畫洮江而守，則左、右、南三圻拱手而授之法，北圻十六省存者亦不及半。河内去鎮南關僅四百里而遥，彼以保護東京爲名，治舟師，據險要，邊患將自此始。爲今之計，惟飭滇撫臣乘秋高瘴落之時，出洮江以拊其背，飭徐延旭循富良江直搗東京，而檄劉永福進取海陽、南定、興安三郡以爲屏蔽。三郡既得，駐之重兵，進可以撼南圻，退可以扼越海，庶爲一勞永逸。瓊州距西貢，輪船兩日可達，西距神符海口尤近，或時出奇兵擾其後路，要不必與之角勝也。』其言殊謬。朝廷之憚用兵，正以夷强之故。今請決戰，而極陳敵之不可勝，則何以戰爲！既云不可以我短攻彼長，則所籌三路出師者，皆我長攻彼短乎？即得三郡，敵所必争，用兵方始，安得云一勞永逸乎？神符防守既堅，瓊州偏師擾之何益？而又云不必與之角勝，我既挑之，安能禁彼之不角乎？此其立言矛盾，進退無據，書生之見，徒爲有識所笑而已。

作書致敦夫，得復。同邑陳麗莊如金來，以廣西百色直隸廳同知奉滿卓異引見入都，廿年前舊識也。族孫阿榮來見，予以錢五千。庚午同年唐遠皋來見，貴州人，以丙子進士主事改官，新選四川榮縣知縣。孺初來。作書致楊雪漁，約廿一日公餞崇效寺。爲孺初書摺扇。鐵香來。爽秋來。得節子書，并送内子壽儀，即却還之。得雪漁復。夜詣聚寶堂，偕介唐、敦夫爲蔡松甫洗塵也，邀書玉、光甫作陪，招霞芬，食魚翅蟹羹，甚佳，二更歸。付車錢四千，霞車四千。

初九日丙戌　子正一刻三分寒露，九月節。晴暖如春。買菊花三十一盆，頗有佳種，付值十三千。午詣崇效寺，偕爽秋治具餞孺初，邀朱蓉生、黄仲弢、梁星海、沈子培、子封作陪，諸君皆已至。午後登藏經閣，有温惠皇貴太妃長生禄位。其經紙印皆已舊，蓋北藏本也。其《華嚴經》有一卷後題云：『嘉靖三年七月，宫内信女苗氏敬施。』崇效寺諸經槧式不一，亦有寫本。僧貧寺老，頗有散佚矣。又登寺西偏之西來閣，中祀文昌神。觀《青松紅杏卷》於静觀堂。晡在堂設飲，日暮始散。潘伯循邀至安徽館觀燈劇，其丁丑同年團拜也。敦夫、書玉、光甫、松甫、介堂先後至，四鼓始歸。甘肅按察使譚敬甫繼洵來，户部同寮也。付廚賞十二千，寺坐十二千，車錢十一千。

邸鈔：廣東巡撫裕寬奏病仍未痊，懇請開缺。詔：裕寬准其開缺，回旗調理。　以廣西巡撫倪文蔚調補廣東巡撫，以廣西布政使徐延旭爲廣西巡撫，以三品卿銜督辦福建船政張夢元爲廣西布政使。詔：翰林院侍讀學士何如璋督辦福建船政事宜。

初十日丁亥　晴。孺初贈瓷花盆一對，作書復謝。孺老來話别，談一時許。臨行叩辭，淚落盈襟。白髮蒼顔，何時復見邪！　夜飯後步詣雷陽館送孺老行，爽秋亦來，久談至更深燭灺，悵然言别。少陵詩云：『今夕復何夕，共此燈燭光。』余舉似二君，益增凄黯。乃復舉少陵詩云：『清夜沉沉動春酌，燈前細雨檐花落。』天涯翦韭，安知不尚有時邪！　且以久客窮子，歸吃故鄉飯，飲故鄉水，必增老健，穌宿疾。余所見士夫挈眷入都，有五六人或八九人甚或十餘人而無一人歸者，有數十人而祇一二人歸者，其舉家不歸者無論矣。今君以貧瘁一人入京師，而歸時眷屬五人，不大可賀邪！　孺初爲之破涕。遂坐車還寓。凉月在樹，蕭森滿懷，此别茫茫，遂當千古。同司員外郎余九穀妻喪來赴，送分四千。

十一日戊子　晴。桂浩亭文燦偕其子舉人壇來。伯循來，以張肖庵編修潤筆銀五十兩見交。作書致爽秋，以廿一日改訂陶然亭。作書致朱蓉生，還其疏稿。敦夫來。晚詣敦夫齋中談。得爽秋書。邸鈔：翰林院侍講學士良貴轉補侍讀學士，侍讀會章升侍講學士。

十二日己丑　晴。

閲蔣生沐《東湖叢鈔》。六卷，共一百四十一則，雜舉秘籍佚文，載其序跋，間及古碑，略如盧抱經氏《群書拾補》、張月霄《愛日精廬藏書志》之例，而不分門類，多綴纖瑣，更出吴兔床、袁壽楷諸君之下，蓋近於收藏骨董家，非真知學者也。然區區補葺，自有苦心，一二異聞，亦資考證，不止可供談助耳。

洗足。菊蕊漸舒，躬自料檢，摘去細小數百枚。

邸鈔：上諭：御史黄兆檉奏已革河南候補道啓續，前經御史余上華、邵積誠先後參劾。該革員前在户部司員時，遇事講求，任勞任怨。請飭將該革員在部所辦各事及被參各款一併確查。户部員外郎恩泰，嗜好多端，不知自愛，請飭查參等語。著户部堂官分別查明，據實具奏。以□□□□曹志忠爲福建福寧鎮總兵。編修胡勝授湖北襄陽府知府。署福建陸路提督、福寧鎮總兵關鎮國病故。本任襄陽府知府恩聯亦病殁。

十三日庚寅　晨晴，旋陰，巳晴，復暖。午後詣錢辛伯，賀升詹事。答拜高青田積勳、唐榮縣遠臯、陳麗莊、傅節子，俱不值。詣楊定旉晤談。詣伯平，不值。詣鐵香晤談。詣何子峨，賀得船政差，不值。答拜桂浩亭父子。傍晚歸。書玉、光甫、敦夫邀夜飲聚寳堂，晚赴之。夜一更後雨作。敦夫復邀飲月秋家，雨止，四更歸。五更密雨。節子來。付車錢十一千。

邸鈔：命工部右侍郎張家驤爲武會試正考官，内閣學士周德潤爲副考官。右春坊右中允張英麟轉左春坊左中允，右贊善崔國因升右中允。

十四日辛卯　晨至午密雨，下午稍晴。閲《漢書藝文志考證》。夜得署中知會，言自十六日起，闔署司員以次牙參。蓋近日熊御史景釗疏請甄别部員，謝御史謙亨又言内閣部院人員多不告假，私自出京，請飭嚴查。於是刑部以是月初一日起每日見一司，它部院皆有此舉矣。余老，何所求，尚持此面目向人邪？即作書致爽秋，屬其入曹注感冒假。夜咳嗽甚，比日又感寒也。

十五日壬辰　晴暖。内子以六十生辰，率家人詣朝陽門外東嶽廟祈福。得爽秋書，言七日内外不得告假。傅節子來。敦夫來。再作書致爽秋，得復。鐵香來夜談。付車錢十八千，隨僕賞六千。剃頭。

邸鈔：詔：革任浙江巡撫任道鎔著吏部帶領引見。

十六日癸巳　晴，暖甚。晨起，上午入署晤同司余石生九穀、吴心齋協中員外，吴鑑堂汝霖、趙心泉、郭子鈞主事。新署掌印員外世杰故直隸布政文謙之子，字振之。甚致傾挹。余屏迹已久，於公曹如方外，諸君相待，亦有情也。午飯於署。晡始謁見署滿尚書麟芝庵師、漢尚書閻丹初先生，止兩堂耳。是日十四司畢見矣。晡後歸。敦夫、介唐、松甫、光甫、秋田、伯循饋内子生日紅尼壽障一軸，酒兩罎，燭六斤，肴饌一席。作書復謝，犒使十六千。劉曾枚饋酒、燭、桃、麵。付車錢十千。是夕望。

十七日甲午　陰，午後微雨，即止，晡微晴，復陰。鐵香來。書玉饋紅尼壽障一軸，暖壽肴饌兩席，錢二百千，酒兩罎，燒脯兩肩，八仙慶壽麵山桃一盤，燭二斤，麵五斤。犒使十六千，僕力七千，反酒一罎及燒脯。買波黎燈四盞，錢三十五千；瑠璃燈一對，錢十八千。汝翼之弟季煇來辭行，不晤，作書致之，贈以番銀一圓。書玉夫人偕兩子一女來。書玉、敦夫、光甫、介唐、秋田、伯循來，共夜宴。一更後雨，逾頃止。三更客散。四更影戲畢。付陳氏孩嬰番銀三圓，僕媪賞十六千，廚賞二十千，客車、僕飯十七千，影戲錢四十四千。

邸鈔：上諭：前據雲南糧儲道、前詹事府右贊善劉海鼇奏參前吉林將軍銘安貪濫恣横，聲名惡劣，及啓秀查辦代爲彌縫各節，當諭令崇綺確查具奏。兹據奏稱查明具實覆陳各摺片，此案已革知府劉光煜，前在吉林，奉派查辦燒鍋酒税及錢當等行釐捐，輒收受商人饋送謝儀錢文合銀七千兩之多，情節較重，著照所擬杖一百，流三千里，照例依限追繳完贓後，發往軍臺效力贖罪。通判劉維楨、州同朱文卿、府經歷王謙，各因事收受饋送謝儀，著一併革職。知縣李宴卿於劉光煜等辦理税釐，輒代各商請託，迭次承辦謝儀，實屬有玷官箴，著即行革職。縣丞趙維藩，即趙健邦，因事請託，收受謝儀，著即行革職，並著直隸總督飭屬嚴拏，解交吉林將軍訊辦。銘安於劉光煜等實犯贓私，失於覺察，著交部議處。啓秀被參各情，既據查明均無其事，即毋庸議。

十八日乙未　晨陰，上午微見日，旋陰，午後雨，下午益密，傍晚止，微寒。內子六十生日，上午祀神，率兩姬拜壽。蔡松甫來。光甫來。敦夫來，秋田來。蓴庭來，饋桃、麵、燭、果。節子饋酒一壜，桃十斤，麵十斤，燭二斤。書玉來。介唐來。書玉夫人偕其三子來。蓴庭姬人來，饋紬段、佩飾、帊花等十事，反其紬。介唐夫人來，饋佩飾等四事。鄭德霖户部饋糕、桃、燭、麵，反其燭。伯循來。下午陪諸君吃麵。夜共諸君飲，招霞芬、月秋，四鼓始散。付陳僕媪賞九千二百，殷僕媪賞十千，吴僕媪四千六百，殷禮使十二千，傅使四千，吴使四千，陳車錢十千，客車飯十二千，霞芬叩壽二十千，霞車八千，月車四千，鼓詞錢二十八千，廚人賞三十千，貫大堂絨地衣及錫五事兩副錢十二千。

邸鈔：錦州副都統珠爾遜保告病，以正紅旗漢軍副都統維慶調補錦州副都統。

十九日丙申　晨雨，上午晴。料檢器物，汛掃室宇，賦僕媪等錢。顧升八千，張升八千，玲兒八千，全兒六千，王媪八千，楊媪八千，蔡升六千，老王六千。

二十日丁酉　晨及午晴，下午微陰，傍晚晴。坐車出門，詣敦夫謝，不值。答拜譚敬甫。詣蓴庭謝。入城，詣光甫謝。出城，詣節子、陳麗莊，俱晤談。詣書玉謝。夜歸。付車錢七千。庚辰同年蔣艮編修之祖父子林秀才，年八十一卒，來赴，送奠分四千。

邸鈔：上諭：李鴻章奏遵查職官自戕一案，分别參辦一摺。此案山海關左翼協領音登安，因事將佐領福禄蒙混記過，並傳見申飭，致福禄因被凌逼，赴音登安宅自戕殞命，實屬罪有應得。音登安著即行革職。副都統謙德，辦理案件過當，並任聽音登安將福禄記過，及失察親隨家人招摇，亦有應得之咎，著交部議處。

二十一日戊戌　陰，晡後晴。昨夕倦甚，早卧。五更夢還越泛舟，西興以東，柯橋以西，山水蕭疏，林樾秀發，篷窗四啓，秋色蔚然。顧謂座人：『此故鄉一年最佳處。久倦羈旅，幸得遄反，當領略景光，勿匆匆也。』遽然而寤，歸思彌深。余性嗜泉石，每至秋冬之間，倍難爲懷耳。作書致爽秋。午詣介唐、詣伯循謝，皆不值。下午詣陶然亭，公餞雪漁也。雪漁、介唐、光甫、蓉生俱已至，爽秋後來。晡設飲，清談甚歡。酒半，夕陽忽晴，野色彌秀，縱覽百頃，盡納一窗。日落飲畢，循西廊，倚平檻，流連眺望，至晚而歸。付廚人賞十二千，車錢七千。

二十二日己亥　晨陰，傍午小雨，竟日霡陰，晚西風，頓寒。作書致伯循。閱《癸巳存稿》。敦夫來。

邸鈔：詔：本日引見之革任浙江巡撫任道鎔，以道員選用。

二十三日庚子　晴寒，晨霜甚重，有冰。是日上换革皮冠，黑絨領珍珠毛褂，白袖頭。讀杜詩。作書致孺初，託瓊州人黄培芝附去。朱桂卿來。書玉來。移置菊花二十餘盆於客坐。介唐來夜談。

邸鈔：編修潘衍桐南海，戊辰。升國子監司業。欽天監左監副閻綬曾升監正。前甘肅甘凉道鐵珊以道員選用。

前見發鈔，張之洞奏六月二十五日山西崞縣之銅川等八村山水暴發，淹斃男婦五十二人。今日發鈔，左宗棠奏七月二十二日暴雨烈風連宵達旦，發屋拔木，平地成渠，通州之大興縣衝決圩岸多處，淹斃七十餘人；常州之靖江縣衝漫堤岸八十餘里，淹没田禾三十餘圖，淹斃男婦八十餘人；武進縣衝塌圩岸數十處，冲倒廬舍二百餘間，淹斃二十餘人，災黎約計數千人；鎮江之丹陽縣冲倒江岸八九十丈，淹没田畝二十餘村，人畜淹斃不少；丹徒縣冲破沿江圩岸數十處；徐州府之碭山、邳州、宿遷被災皆重；淮安府之山陽、阜寧、清河、安東、鹽城、桃源及海州之沭陽各縣輕重有重；揚州之江都縣田廬亦有被淹者；太倉州之鎮洋縣棉稻皆重傷。均有旨妥籌撫恤。今年水患半天下，蓋去年彗沴見矣。自畿輔至山東、河南皆驛路阻絶，湖北亦然，浙之嘉興、湖州略與江蘇等。吾越餘姚、蕭山、上虞、山陰、會稽沿海沙地廬舍多没，棉稻一空，人畜亦有死者。哀鴻遍野，不知何日得安集也！

二十四日辛丑　寅初初刻霜降，九月中。晴寒。作書致介唐。午後詣陶然亭，敦夫、介唐、秋田已至，節子、陳麗莊、伯循後來。是日與鮑、吴、任、潘四君公餞傅、陳兩君也。晡設飲，至晚散。是日天高氣晶，西山朗若列眉。節子來。黄讓卿御史來。譚敬甫按察來。得陶仲彝書并其母趙淑人訃狀、哀啓。内子、張姬詣吴、陳、劉、鄭、殷五家謝爲壽。付客車飯六千，車錢八千。

二十五日壬寅　陰，寒甚，下午微晴。題王石谷畫『停車坐愛楓林晚』詩意，得五古一首。作書致書玉，爲其從人南歸事。作書致伯循，爲書玉欲賃鐵門一宅事。傍晚詣敦夫齋中談。作片致楊正甫，爲仲彝送訃。得伯循復。作書致節子。得金華太守張仲模書。剃頭。

題王石谷畫停車坐愛楓林晚詩意畫右有跋甚佳，下題『康熙丙辰八月畫於虎丘精舍』。

往聞鵲華勝，秋色逾春妍。耕烟嘗畫《鵲華秋色》，漁洋有詩。兹圖更明瑟，冷艷無浮鮮。詩寫小杜意，身落中吴天。細磴罥白雲，疏林界清泉。點綴在静深，蕭森出豪顛。霜紅借落照，晚景俱來前。自惟巖壑僻，霞采尤所憐。鏡湖十萬樹，處處可放船。水窮入林去，夾嶂如錦懸。何時畫中屋，落我秋笻邊。隨意置籬落，錯雜松與楩。上以環先壟，下自營墓田。坐對不知返，庶幾息殘年。

邸鈔：上諭：麟書等奏甄劾司員一摺。户部郎中裕溥，鑲黄旗滿洲人，山東司。辦事草率，隨人作計；

汪樹堂，浙江餘杭人，故左都御史、軍機大臣元方子，恩賞主事，升江西司郎中。事無定見，隨意起滅；員外郎沈鳴珂，直隸祁州人，壬戌進士，貴州司。行有苟且，物議繁興；程秀，江蘇吴縣人，故左副都御史、賞七品銜庭桂子，甲戌進士，山西司。刻薄輕鄙，指摘交加；崔國慶，正白旗漢軍人，庚申進士，廣東司。形貌黧枯，嗜好痼蔽；主事俞恒治，順天大興監生，祖籍浙江人，年已七十七，江西司。力衰年老，廢事曠官；候補員外郎恩泰，品污習錮，文理不通；候補主事張棨，河南人，壬戌舉人，乙丑進士。曖昧巧譎，習染尤深；華光藻，天津人，辛亥舉人。疏惰顢頇，亦有嗜好：均著勒令休致，以肅官方。主事朱學籛，山東聊城人，壬戌進士，江南司。染有痰疾，著即開缺。刑部郎中李洊河南河内人，故禮部尚書、軍機大臣棠階子，恩賞舉人。選江西袁州府知府。

二十六日癸卯　晴，稍和。寫單約書玉、敦夫、介唐、光甫、伯循、秋田、松甫、桂卿以廿九日夜飲。作書致松甫，致書玉、秋田。族孫將入汴，覓棲止，來求作書致族弟小圃，即草三紙付之，予以京錢十千。敦夫來，介唐來。江蘇人屠庾來。下午偕敦夫、介唐至廣德樓觀劇，晚邀兩君及書玉飲聚寶堂，招霞芬，夜二更歸。得羊辛楣四月望日豫章書，辛楣近襄潘惠如中丞文案也，并寄所刻羅鏡泉《七十二候表》及吴中新刻《文選旁證》各一部。付客車飯五千，霞車八千，酒保四千，車三千。

二十七日甲辰　晨雨，上午後晴間陰。松甫來。閲歸安董氏增齡《國語正義》。共二十一卷，前有自序，庚辰冬章碩卿所刻。得楊正甫書。夜得詩二首，皆補作也。

同年沈子培比部曾植**次山谷用鼂廖贈答韵見贈且約重九之游六疊前韵酬之并柬令弟子封**

人生難得笑開口，壓帽黄花大如斗。古重此節良可歎，東流之水何時還？百年能作幾重九，聖愚一揑炊黍間。吾曹不幸落塵鞅，濁酒狂歌自相賞。百錢挂杖萬事輕，犢轅遍縱長安城。

詒曹聊亦逐蕭育，覓伴何可無公榮？ 柴立中央孰牛李，富貴紛紛八關子。痛飲遑顧尚書期，高論寧知府公喜？ 置身幸未矢在弦，有琴不受王門彈。城南地僻少官府，寺樓處處堪躋攀。乘時當得一日醉，爲約君家大小山。

癸未九月偕爽秋携酒邀同年朱蓉生黄仲弢梁星海三編修沈子培子封兄弟集崇效寺餞孺初歸文昌

今年積潦彌郊坰，徭陽玄月猶驕燕。强名重九作高會，分曹賭酒吾猶能。爰絲勤吏兼好事，日治官書夜文字。謂我送别兼登臨，淋漓詩酒實職志。逍遥潘叟南荒賢，貲郎七十髮披肩。一朝掉頭欲歸去，笑看鴻鵠横秋天。與君同作司徒屬，不肯抱關常録録。世人隨俗爲毁譽，誰向窮途慰歌哭？ 朱游言事氣慨忼，黄香東觀稱無雙。梁竦英英出南海，吴興二沈皆瘦狂。白紙坊南崇效寺，傳自有唐劉濟置。朱樓十丈掌秋空，藏經猶出前朝賜。嘉靖三載苗宫人，手題貝葉華嚴文。是日登藏經閣閲經，内《華嚴》卷尾有『嘉靖三年七月宫内信女苗氏敬施』字。闍黎貧老失年代，鐘魚過盡楸花春。大雄慈力亦何有，今日一尊落吾手。眼看身世如浮烟，祇有青山未衰朽。染須大半事後生，那有虎賁思典型？ 草木摇落鳥獸怨，雨雪將至天地冥。送君且盡此中酒，時事不須復開口。斜陽肯爲吾輩留，曠莽郊原一回首。瓊海萬里鯨濤程，樓船帶甲南交行。祝君安歸長子孫，長爲王人輸税耕。

二十八日乙巳　微晴，多陰，下午間晴。陳麗莊來辭行。作書并詩致沈子培。得節子書，贈番席一領，即復謝。作書致桂卿，致節子，俱約明日夜飲。閲花延年室金石拓本。麗莊饋别敬十六金，作書復謝，犒使六千。夜痔發。

二十九日丙午　霒陰，晚雨，入夜漸密，一更後止。閲節子所得金石，其秦度漢李氏竟、藏山陰朱之琛家。新始建國三年竟在閩中。諸拓本，皆平生所僅見也。節子來。桂卿來。書玉、光甫來。敦夫來。介唐來。秋田來。伯循來。夜祀先，後設飲，招霞芬左酒，張燈賞菊，補作重九，當紀以詩，屬桂卿和之。黄讓卿來。是日病痔甚。夜三更後風起，晴，頓寒。付庖人賞十二千，點心四千，客車飯十二千，霞車八千，手燈二千四百。

邸鈔：以候補四品京堂胡瑞瀾爲太僕寺少卿。

三十日丁未　晴，大風，甚寒。作書并詩致爽秋。閲明拓石鼓文。較近拓多十餘字，本郭蘭石大理尚先舊藏。依《金石萃編》本，以泥金旁釋楷字，以墨筆添注闕文，有梁山舟書觀、何子貞題籤。近年大理之子以贈節子。節子更考定排比之，屬余題款。爲跋數語。梁星海來，以近詩數十首求正。爲節子金石拓本題七古一首。晚答拜黄讓卿，言樓廣侯於昨夕病殁。廣侯與讓卿同官刑科也。廣侯自去冬移居包頭張胡衕，與余卧室比鄰，而不相往來，故其病亦不知之。其人貧而愿，以窮悴死，年未六十，嵊人官京師者惟此君。吾越氣運之衰亦甚矣！夜詣福星店，送節子、麗莊行。晤麗莊，久談而歸。寒甚。付車錢四千。作復孫子宜書、何竟山書，作片致節子，屬其附去。夜風不絶。

題傅節子花延年室金石拓本即送其赴閩補官用册首朱茮堂侍郎題金氏咸悦齋鐘鼎款識次飲丁香花下作韵

有花延年日鑄黄，矻矻一室有底忙？官貧家罄俱不計，吉金樂石生煇光。鍵户惟聞硾榻響，發篋欲飽尊彝香。我始識君道咸際，其時年少氣發揚。買書鬥富極精力，對酒論古傾肺腸。方謂百年盡此樂，鑱鏤越紐無去鄉。晴窗翠墨春日澹，燈花檐雨秋宵長。中間離别更兵亂，歸來上壽無北堂。君走楚閩我京國，鬢髮各已成老蒼。沉沉溷迹百僚底，入貲聊博升斗償。君歷繁劇擢五馬，南天頗已成甘棠。今年入都更相見，秋雨打頭驚壞墻。亟營一弓下榻地，冀連日夕傾百觴。落葉蕭蕭復言別，欲留驪駒無藿場。幸君金薤日益富，寠人衣珠如欲狂。何年抱册共歸老，種菊釀秫過重陽。

余雅不喜用韵和韵，凡爲此者，或一時興到，與人角勝，或實不欲爲，牽率應酬。此詩以節子戒淥相索甚急，一炊黍時數事交并，遂不能擇韵，即依册首題詩信手次成，同於擊鉢催鼓而已。然交情離合，一一傳出，首尾井然，不爲韵縛，此老年進境，波瀾自成，不易到也。節子所得，即咸悦齋本耳。

邸鈔：熱河都統恩福卒。詔：恩福由户部司員外任道府，洊升卿貳，宣力有年，克勤厥職。兹聞溘逝，軫惜殊深，加恩照都統例賜恤，准其入城治喪。伊子松年、柏年、有年，均俟及歲時由該旗帶領引見。以倉場侍郎繼格爲熱河都統，以吏部左侍郎錫珍爲倉場侍郎，以内閣學士景廉爲吏部左侍郎。上諭：光禄寺卿尚賢奏崇文門正監督所派驗貨之委員烗揚阿家丁任福通同作弊，訛索馱夫吴大等六人梨税，刑求不遂，株連利興果行等五家，勒令封閉，並將該店馱夫等數十名交東城吏目看押，勒罰銀一千五百兩，又罰洋紙鋪銀三千兩，未經繳結，額駙符珍亦被勒罰銀四百兩，此外尚有因訛索不遂押禁者若干案，種種情形，均聞之於副監督克蒙額等語。著克蒙額明白回奏，並派寶鋆、閻敬銘確切查明，據實具奏。所請詳定章程之處，著一併議奏。詔：截留山東新漕五萬石，並隨漕輕齎等銀，爲歷城等處冬振之需。從巡撫陳士杰請也。詔：江寧布政使梁肇煌，歷年籌解西征饟需，均足十成，賞加頭品頂帶，以示鼓勵。從劉錦棠請也。

是日上换江獺皮冠、貂爪仁領、灰鼠袍、黑袖頭。

冬十月戊申朔　晴，有風，甚寒。得節子書，言今晨行。得爽秋書，并和重九之作。閱董氏《國語正義》。張肖庵編修來。楊正甫來，言將暫假南歸。是日加寅日食。

初二日己酉　晴。祖妣倪太恭人忌日，又初六日祖妣余太恭人忌日，今日并饋食，肉肴七器，菜肴七器，饅頭一盤，春餅一盤，時果四盤，芡實湯一巡，酒三巡，飯再巡，茗飲再巡，晡後畢事，焚楮泉兩挂。印結局送來前月公費銀十六兩。署中知會明日早衙以閻尚書定期，自今月朔起，每日接見一司，凡十四司，皆一月兩衙矣。作書致爽秋。

初三日庚戌　晴，稍和。得爽秋書。上午入署。午飯於署中。晡衙畢，至東四牌樓二巷謁翁叔平師，不值。謁光甫，亦不值。出城答拜屠庾，送楊正甫行，皆不晤。傍晚歸。得沈子培書，言兩次過余，皆不值。閱董氏《國語正義》。付裝褾楊濠叟篆書《夏小正》朱拓本屏幅錢十四千四百，車錢十千。

邸鈔：上諭：前據御史黃兆檉奏請飭查已革道員啓續各款，當諭户部堂官查奏。嗣據給事中鄧承脩奏參黃兆檉罔上徇私，請旨嚴懲等語。兹據麟書等奏稱，啓續在部所辦各事，前經寶鋆等查辦，有錯誤延遲之處。該員旋即捐升道員，此後並未承辦部務。其人心性伶利，語言便捷，並非精實正大之才。自其被參，亦不聞有惜此人材者。革員啓續，既據查明被參，並無屈抑，著毋庸置議。至御史爲廢員乞恩，迹近徇私，此風斷不可長。黃兆檉著交部議處。此以八月間啓續以所輯山西司章程四册謁見閻尚書，閻頗稱之。黃兆檉故與啓續同司相比，其人素齷齪，無士行，以閻之許之也，遂悍然上書稱薦之，其中自供朋比之醜，又詞理蠢拙，人傳爲笑。鐵香嚴劾之，謂其爲啓續嗾使，徇私受賄，變亂黑白，爲臺中之玷云云。上諭：御史劉恩溥奏崇文門監督瑞聯之家人田姓擅坐前堂，提責漏稅小販；福建道員解煜之眷屬來京，指爲包攬稅務，勒罰銀二千兩；並請飭該監督等嗣後按日分往該衙門嚴切稽查等語。著寶鋆、閻敬銘歸入尚賢所奏，一併確切查明，妥議具奏。　額駙扎拉豐阿調補鑲黄旗滿洲副都統，秀吉補正藍旗滿洲副都統。詹事府右庶子霍穆歡轉補左庶子，侍讀盛昱升右庶子，修撰陸潤庠升左贊善，編修樊恭煦升右贊善。吏部郎中方汝紹，員外郎周信之、錢應溥，户部郎中貴賢，户部寶泉局監督、吏部郎中王琛，户部員外郎吴協中、李芳柳、徐樹鈞，禮部員外郎汪鑑、魏迺勷、黄煦，刑部郎中陸光祖、張元普、趙時熙，員外郎童毓英、馮芳緝、何玉福、胡泰福、殷如璋，内閣侍讀馬恩培，俱記名以御史用。前月十八日，試『九族既睦平章百姓論』，保送者二十七人，無知百姓爲百官者。取殷如璋第一，用二十人。兵部員外郎董韞琦在第九，不用。自第一至二十名外，惟吴協中以第二十六得之。馬恩培，直隸優貢。　禮部左侍郎張澐卿卒。澐卿，雲南泰和人，壬子進士，由禮部主事至今官。其人庸猥無學術，士論賤之。詔：張澐卿由部屬洊升卿貳，持躬謹慎，克勤厥職。兹聞溘逝，軫惜殊深，加恩照侍郎例賜恤。上諭：克蒙額奏遵旨明白回奏一摺。據稱委員炦揚阿辦理税務，勒罰各款，實係曾向尚賢言及等語。著寶鋆、閻敬銘歸入尚賢前摺查明具奏。

初四日辛亥　晴。菊花盛開，頗供欣賞。得王弢夫江陰書，并詒巖衣一器。作書致子培。光甫來。敦夫來，言將擬南歸。張甥書來，言已於八月初歸里，已定姻於師子街李氏。此子□□，所務□□耳，奈何！　黄仲弢來，言近購得元槧李心傳《道命録》，較知不足齋本多程榮秀一序，直至二十四金。付庖人司馬士容錢四百五十九千，尚欠二百千；付顧升本月工食錢十千。

邸鈔：以兵部右侍郎徐郙調補禮部左侍郎，未到任時，以左副都御史陳蘭彬署理。以通政使司通政使劉錦棠爲兵部右侍郎，未到任時，以大理寺卿徐用儀署理。

初五日壬子　晴，傍晚微陰。剃頭。坐廳事南榮向日看菊花。書玉夫人將臨蓐房，詒以小兒衣絝、繈緥等一箱，共四十二件，又食物六合。下午詣敦夫齋中談。作書致鐵香。朱桂卿來，言明早南歸，以前日寓齋補作重九詩見示。鐵香來夜談。夜和桂卿詩，即作書送行。

癸未十月二十九日寓齋菊花始盛點燈觴客即餞朱桂卿乞假歸省北堂桂卿復次山谷用鼂廖韻志別七疊前韻酬之

金門隱居儗谷口，量粟論囊酒論斗。廿年不調五品官，猨啼鶴怨客不還。力營隙壤作籬落，置身常若山林間。三徑霜風掃秋莽，西嶺翠來暫供賞。展重陽後十日晴，黃花盆盎堆書城。據梧瞑坐不得意，欲向畏壘招南榮。吴越之間幾環士，公叔英英照餘子。醇醪不敵清言温，空谷自爲足音喜。明眸行酒敲玉盤，不須雜遝箏琵彈。燭花數跋四坐散，路河秋柳明當攀。君歸正及香稻熟，宫花上壽賡南山。

邸鈔：上諭：鑲藍旗蒙古都統穆隆阿奏病未就痊，准其開缺，並開去所兼世襲散秩大臣、勳舊佐領，安心調理。以左都御史延煦補鑲藍旗蒙古都統。詔：本年沁、黃兩河防護出力，開歸陳許道陳彝賞給曾祖父母、祖父母二品封典；河北道許振禕賞加二品頂帶。從河東河道總督慶裕請也。

初六日癸丑　晨陰，上午後晴。署中送來秋季奉米票七石六斗，札儲濟倉支發。閱《史通通釋》，浦起龍所評釋，殊不可耐。得黃漱蘭侍郎江陰學署書，并惠銀五十兩。即復書致仲弢，稿使十千。書玉來。何子峨學士來。族弟慧叔來。

邸鈔：上諭：前據御史劉恩溥奏參陝西巡撫馮譽驥聲名平常等情，當派額勒和布、張佩綸前往查辦。兹據奏稱，按照原參各款詳細查明，馮譽驥不能禁絶饋送，不知約束家丁，尚無賄賂公行顯證。同知張兆蓉，廣東，監生。知縣汪鳳棽、浙江，監生。朱兆鴻，江蘇元和人，庚辰進士。皆爲馮譽驥所信昵，與該撫戚誼何姓、門丁劉姓，均有招摇聲氣。知縣羅驤四川，增生。庇縱匪首駱洪剛，及通判王炳煋四川，監生。在署任内婪索各節，該撫並不參奏。該省釐卡過密，委員中飽，辦理營田，始勤終怠，作輟因循。署糧道常瑛滿洲，監生。查無索賄拜門、虧短倉儲情事，惟與該撫之子馮詠蘐往來，致送撫署禮物，並於餘米折徵一項貪多務得等語。馮譽驥於吏治、差徭、釐捐、墾荒諸要政，任用非人，粉飾廢弛，以致屬吏家丁因緣爲奸，弊端雜出，實屬有負委任，著開缺交部嚴加議處。候補同知張兆蓉，逞才粗獷，苛虐病民；臨潼縣知縣汪鳳橒，奔競既工，嗜好尤重；渭南縣知縣朱兆鴻，以内營務處爲名，出入撫署，與充當幕友無異；且均有招摇情弊。前南鄭縣知縣羅驤、候補通判王炳煋，均著即行革職。前鳳翔府知府、營田局提調王贊襄甘肅，進士。篤老多病，著勒令休致。鹽法道常瑛，貪婪卑鄙，有玷官箴，著開缺交部議處。馮譽驥，字仲良，一字展雲，高要人，甲辰翰林。有文名，而性簡傲，嗜鴉片菸，任用非人，亦頗以賄聞。

上諭：額勒和布、張佩綸奏訪聞沈應奎等劣迹，請旨懲處等語。升任貴州布政使沈應奎前在陜西按察使任内，專事逢迎，浮侈驕倨；於奉委巡邊時，需索供應，擾累地方；實屬任意妄爲、貪鄙不職，著即行革職。前臨潼縣知縣沈家楨會稽，監生。歷任繁劇，貪穢營私；已故知府張國鈞與沈應奎换帖，結納穢鄙；甘肅丹噶爾同知王恩海，順天，監生。陜西候補知縣史悠順，諂媚招摇，聲名狼籍，著一併革職，以儆官邪。沈應奎，浙江平湖人，由附貢爲教官。革職，加捐福建候補同知。左湘陰調至陜甘，遂至今官。以江西布政使邊寶泉爲陜西巡撫，未到任時，陜西布政使葉伯英暫署。以江西按察使劉瑞棻爲布政使，以江西鹽法道王嵩齡爲按察使。以貴州貴西道李用清爲貴州布政使。上諭：額勒和布、張佩綸奏特參陜西醴泉縣相沅杰故殺鐵匠張姓一案，該撫定擬具題，前經刑部議駁，檢閲全案，供招與原題不符，有删改供招、徇庇僚屬情事，請飭提訊一摺。著葉伯英督同新任臬司張煦虚衷訊鞫，據實具奏，毋得稍有回護。

詔：福建道監察御史黄兆檉照吏部議降三級調用。

初七日甲寅　晨陰，上午後晴，下午微陰。上午過敦夫齋中小坐。入見仙洲夫人，略商家事。敦夫邀至廣德樓觀劇。夜復邀同書玉、介唐飲聚賓堂，招霞芬，二叟歸。聶濟時來。付車錢七千。

邸鈔：兵科給事中李肇錫授貴州貴西兵備道。

初八日乙卯　晨陰，上午後晴，下午多陰。傅子蓴來，以内子生日，饋二十金，又爲其甥馬工部錫祺饋二金。固辭之，强置而去。此真非分之贈矣，明日當專往還璧耳。周介甫來。得何子峨學士書，贈武夷崇巖茶葉一瓶，漳州印泥兩匣，作書復謝。作書致鐵香，託轉領奉米。付賃屋銀六兩。買明年新曆。

邸鈔：以太常寺少卿沈源深爲大理寺少卿。

初九日丙辰　丑正二刻九分立冬，十月節。竟日霒陰，晡後雨。閲《史通通釋》。得趙桐孫是月五日天津書，言天津問津書院新設北學海堂，合肥使相欲延余主講席，歲脩約千餘金。然既去官，而仍住津門，非所願也。梁星海來。作復潄蘭侍郎書、復弢夫書。弢夫近復依侍郎幕也。夜雨，廉纖時作。

初十日丁巳　雨，至午後漸密，入夜稍止。慈禧端佑康頤昭豫莊誠皇太后萬壽節。作書致仲弢，屬寄江陰書。讀《吴越春秋》。夜半後大風。

邸鈔：劉錦棠奏請以二品頂帶、按察使銜陝西題奏道羅長祐署理分巡甘肅、阿克蘇等處地方兵備道，三品銜甘肅遇缺題奏道、補用知府、委署鎮迪道陳寶善調署分巡甘肅、喀什噶爾等處地方兵備道，兼管通商事宜，各刊給木質關防；三品銜升用道、甘肅候補知府陳名鈺署理温宿直隸州知州，道銜甘肅補用知府蔣誥署理疏勒直隸州知州，分省補用知縣許鼎九署理疏附縣知縣，各刊給木質鈐記。

十一日戊午　晴，微陰，大風，寒甚。作復趙桐孫書，辭講席之招，以津沽地囂，性耽山水，所不耐也。蕚庭姬人生日，饋以桃、麵。書玉來。光甫來。夜光甫邀飲聚寶堂，并約敦夫同往，招霞芬。二更邀諸君飲霞芬家，四更歸。付霞芬酒果錢四十千，賞其僕十千，車六千，霞車四千。

十二日己未　晴，風，寒甚。雜校金石。爲朱子涵書摺扇，即作片付去。

夜閱《國朝館選爵里謚法考》。共六卷，翰林官書也，本曰《詞垣考鏡》，嘉慶間光州吴樸園鼎雯所輯。凡教習、庶吉士及散館皆記之，每人名下詳注其字號、籍貫、官階及家世。有入館者，自七世以下，即堂從亦載之。頗便考索，然亦不能備。道光末許吉齋乃安等續之，有掌院潘文恭、穆相國、賽文莊三序，然搜輯漸疏。其後至咸豐壬子止，更無續者矣。今入館者，院吏送《進士題名碑録》一部，《館選録》兩册，僅有歷科庶常姓名而已。

介唐、伯循今日移寓潘家河沿，各以糕、桃賀之。得伯循復。

十三日庚申　晴，風稍止，寒甚。是日上御白風毛褂。

道光以前，庶吉士散館，三等者歸班。嘉慶二十四年閏四月戊戌，詔本年庶吉士散館考列三等者，俱歸原班銓選。内强望泰係强克捷之子，趙榮係趙文哲之孫。强克捷前於滑縣殉難，趙文哲前於木果木陣亡，均係歿於王事。加恩將强望泰、趙榮俱用爲内閣中書，此優忠特典也。今閲《國朝館選爵里考》，康熙戊辰張尚瑗、江南吴江人。梁佩蘭，廣東南海人。辛未狄億，江南溧陽人。甲戌李暄亨、直隸蔚州人。吴隆元，浙江仁和人。後官至左僉都御史，改太常少卿。丁丑許琳、山西曲沃人。朱啓昆、湖廣漢陽人。吴宗豐、漢陽人。甄昭、山西平定人。郭于蕃、四川富順人。歐陽齊，江西廬陵人。庚辰李楷、浙江桐鄉人。後官至江西饒州府知府。許穀、江南常熟人。王開泰、湖廣江夏人。蔡彬、浙江德清人。梁棠蔭、陝西涇陽人。李夢昺、山西大同人。李棟、山東德州人。韓遇春、陝西清水人。王允猷、漢軍人。閻瑜、山東樂昌人。王士儀、貴州銅川人。晁子管、江西臨川人。欽士佃、湖廣江夏人。瓦爾達、滿洲人。韓孝基、江南長洲人，菼子。後授內閣中書，復改庶吉士。郭杞、陝西耀州人。張象蒲、山西臨汾人。高其倬、漢軍人。革庶吉士，留進士。陳若沂，廣西臨桂人。案：是科館選四十六人，而歸班至十九人，又革退者一人，江南靖江人盛度，其留館者僅十九人。又四川合江人董新策，由庶吉士特授甘肅寧夏道。而大學士、太保、三等伯張文和公，大將軍、太保、一等公年羹堯，皆於是科授檢討。大學士史文清公、吏部尚書勵文恭公，皆於是科授編修。亦可謂盛矣！自後凡七科，皆有革退而無歸班，別詳於後。雍正甲辰周廷燮、江南吳縣人。後官至陝西延綏道。諸錦、浙江秀水人。周長發、浙江會稽人。改教諭。二人後皆舉鴻博科，復入翰林。陳璟，浙江錢唐人。癸丑李修卿、福建侯官人。李天秀、陝西華陰人。于開泰，陝西扶風人。乾隆丙辰方簡、安徽懷遠人。孫略、安徽全椒人。金門詔、江蘇江都人。張尹、安徽桐城人。郝世正、湖北雲夢人。羅世芳、順天大興籍，浙江會稽人。蔣拭之、全祖望、皆浙江鄞縣人。吳喬齡，江蘇吳縣人。丁巳王士瀚、陝西咸寧人。黃宮、江蘇陽湖人。劉炯、山西安邑人。林維雍、福建福清人。莫世忠，廣東高明人。己未孫拱極、福建連江人。軒轅誥、山東汶上人。會元。唐炳，浙江歸安人。壬戌丁居信、江蘇儀徵人。金洪、順天大興人。蔣辰祥，河南睢州人。乙丑冀文錦，山西平陸人。戊辰王恒、山東郯城人。荆如棠、山西平陸人。洪其哲，貴州玉屏人。辛未郭兆、滿洲人。李方泰、陝西安化人。高辰、四川金堂人。孫昭，奉天海城人。壬申朱陽，福建漳平人。董元度、山東平原人。龍煜岷，四川華陽人。甲戌尹均、雲南蒙自人。張鵬雲，山西樂平人。丁丑劉成駒，江西南昌人。庚辰謝敦源，廣東番禺人。辛巳馮昌紳、廣西象州人。楊中選，雲南尋甸人。癸未劉徵泰，直隸臨榆人。丙戌宋仁溥、貴州天柱人。林時藩，廣西義寧人。己丑朱紉蘭，江西南昌人。乙未毛鳳儀，江南吳縣人。戊戌吳紹浣、江南儀徵人。汪泩、江西浮梁人。竇汝翼、山東諸城人，光鼐子。薛翊清，雲南昆明人。庚子李銘、順天大興人。吳樹萱、江蘇吳縣人。柴模、浙江山陰人。後改内閣中書，充軍機章京。周之適、廣西臨桂人。温聞源、廣東順德人。鍾文韞、四川華陽人。楊嘉材，雲南昆明人。辛丑祝德全、直隸吴橋人。印鴻經、江南寶山人。鄭應元，廣東香山人。丁未謝恭銘、浙江嘉善人，墉子。任銜蕙，江南蕭縣人。嘉慶辛酉王以鋙，浙江歸安人。乾隆乙卯會元。以磨勘罰停殿試四科，至辛酉得入館。壬戌歸班，尋特旨仍留庶吉士。案：自乾隆己酉至嘉慶丙辰凡五科，館選皆不過二十餘人；乙卯止十八人，而散館無歸班者，其時皆大學士和珅爲教習也。壬戌鍾慶、滿洲人。王鋌、陝西南鄭人。柳減、河南偃師人。陳銘、四川綦江人。謝幹、順天大興人。常山，滿州人。乙丑費卿庭、江蘇震澤人。徐鑑、順天大興人。倪思蓮、雲南建水人。周尚蓮、江西弋陽人。姚原紱、安徽桐城。張光燾、浙江仁和人。徐學晉、江西南昌人。張濂堂，河南原武人。戊辰邵鳳依、江南通州人。徐步雲，貴州安化人。甲戌强上林、江蘇溧陽人。黄暄，廣西臨桂人。丁丑章棨、浙江會稽人。龐大奎，江蘇常熟人。會元。己卯王寶華，浙江錢唐人。庚辰劉師陸、山西洪洞人。張兆衡、甘肅武威人。張德鳳，江蘇江寧人。道光壬午赫特赫訥，滿洲人。癸未丁鎧、甘肅武威人。和色本，滿洲人。丙戌鄧錫疇，廣西臨桂人。癸巳劉德熙，江西長寧人。皆庶吉士散館歸班者也。其革退者：康熙庚辰盛度，癸未耿古德、滿洲人。董泰、滿洲人。阿進泰、滿洲人。李堂、順天大興人。才住，滿洲人。丙戌顧秉直、江南長洲人。杭宜禄、滿洲人。常生、滿洲人。韓鳳聲、陝西涇陽人。尚彤庭、陝西長武人。徐能容、江西南城人。楊標，浙江海鹽人。己丑李中，河南睢州人。壬辰王晦，江南嘉定人，癸巳狀元敬銘之兄。癸巳唐建中、湖廣景陵人。莊論，廣東海陽人。戊戌李洵、廣西蒼梧人。解震泰、甘肅寧夏人。雷天鐸、湖廣羅田人。李士元，陝西蒲城人。雍正甲辰舒明。滿洲人。自道光乙未後，散館無歸班者，人遂不知有此故事。近來所選益寬，才品猥雜，其務財利者欲速得縣令，往往故爲疵病，必居末等，此其設心同於作奸犯科。余特録出之，使人知戒焉。

鄭户部大人來。夜有風。

十四日辛酉　晴，晨有風，上午後稍止。午後答拜廣東沈按察鎔經。詣子蓴，不值。入城詣秋田晤談。出城詣鐵香。再詣子蓴，仍不值。詣黄仲弢，亦不晤。詣介唐、伯循，賀新居，夜歸。敦夫來。朱蓉生來。夜閲《道光續東華録》。付車錢五千。

邸鈔：詔：户部尚書額勒和布、理藩院尚書烏勒喜崇阿、都察院左都御史延煦、總管内務府大臣廣順，均加恩在紫禁城内騎馬。詔：大理寺少卿沈源深仍在軍機章京上行走。

十五日壬戌　晴，風。閲《續東華録》。子蓴來，言潘家河沿魏吏部迺勷家菊花爲京城第一，暇日當往觀之。

十六日癸亥　晴。上午坐客次南窗看菊花。作書致敦夫。剃頭。敦夫來，午後偕過介唐，遂同東至廣德樓觀劇。夜介唐邀飲聚寶堂，招霞芬，二更後歸。朱蓉生來。四更後風。是日望。付車錢七千，樓坐錢八千。

十七日甲子　晴，風，午後稍止。曾祖考忌日，供饋肉肴六豆，菜肴四豆，火鍋一器，饅頭一盤，春餅一盤，時果四盤，栗子湯一巡，酒四巡，飯再巡，茗飲再巡，晡後畢事。得黄仲弢書，以所購《道命録》送閲，即復。介唐來。閲《道命録》。共十卷，元至順四年翻宋淳祐江州本，有江浙儒學提舉新安程榮秀序，言行省相君刻之龜山書院者，綿紙密行，古香可愛。

邸鈔：詔：崇文門委員、内務府郎中炆揚阿先行解任徹委，嚴行質訊。以寶鋆、閻敬銘奏其被參妄拏勒罰各節，查有確據，該員供詞狡展也。

十八日乙丑　晴。作片致敦夫。作片致介唐，饋蒸鴨、燖鷄。下午入署。晡散，出城赴秋田聚寶堂之約，已酒闌矣，晚歸。夜約諸君至霞芬家爲敦夫餞行，且酬子蓴也。酒果以後，小設肴饌，餅餤頗極精絜，四鼓始歸。付霞芬銀四兩，賞其僕二十二千，車錢九千。

邸鈔：詔：陝西巡撫馮譽驥、鹽法道常瑛，均照吏部議即行革職。

十九日丙寅　晴。陳芰聲同年來，言庚午同年朝邑霍編修爲楙乞撰其母夫人壽文，潤筆五十金，欲爲儷體，且致其同邑閻尚書意，以此見推也。余壽文駢體定例二百金，近并絶之矣，因屬芰生婉辭。上午過敦夫齋中談。作書致書玉，爲商再公餞敦夫也。鐵香來夜談。

邸鈔：以翰林院侍讀學士何如璋爲詹事府少詹事，以内閣侍讀學士文碩爲太常寺少卿。翰林院侍講國炳轉侍讀，右中允志鋭升侍講。掌雲南道御史洪良品升兵科給事中。

二十日丁卯　晴。

《道命録》載兵部侍郎林簡肅栗劾朱子除兵部郎官，已受省劄，不伏赴部供職，不肯收受四司郎官廳印記，令送長貳廳臣。『緣長貳不合管郎官廳印記，再令送還，仍加鐫諭』，而堅執不從。『臣爲貳卿，不能率屬，致其偃蹇，拒違君命，實負慚懼。』『陛下愛惜名器，館學寺監，久次當遷郎官者，只令兼權，其視郎選亦不輕矣。』『職制者，朝廷之紀綱。既除兵部，在臣合有統攝，若不舉劾，厥罪惟均。乞將新、舊任指揮並且停罷，姑令循省，以爲事君無禮者之戒。』其後太常博士葉正則適上書爲朱子辨，謂『唐以左右丞進退郎官，本朝故事，未之或聞。惟臺諫彈劾，有停斥之請；給舍繳駁，有寢罷之文。至於六部寺監舉劾其屬，必曰乞行回避，微其文，婉其義，所以重臺綱而尊國體也。今熹得爲栗之屬，尚未供職，而栗望風劾之，且兼用給舍、臺諫繳劾百官之例，是栗以職制紀綱劾熹而先自亂之也』。

案：此兩疏可以略知唐、宋尚書省官故事。蓋唐以尚書左右丞主糾轄省事，故可舉劾郎官。宋以左右丞爲執政，不知省事矣。元豐以前，尚書、侍郎、郎中、員外郎皆寄禄官，爲文臣敘遷之階，不事事；既改官制，始爲職事官，而尚書不常置，多以侍郎統之。如簡肅此事，固時所僅見者。先是林疏入，孝宗已以爲過，而詔朱子仍以直徽猷閣還任江西提刑。及葉疏上，侍御史胡晉臣繼言之，乃罷林出知泉州。其實林疏中言固有過當者，其申明職制，未爲失也。蓋郎官之卑屈，實始於明洪武、永樂兩朝。主既猜暴，喜任酷吏爲六官長，争以法律束屬，然主事以上，皆得上疏言事。弘、正以後，郎官漸振。至萬曆時，則争與長抗衡，間有以言事過激，詔責尚書不能約束者，而諸曹鋒發，不爲少止。洎我朝，法令益明，郎官驟多，其選益衰，而品益賤。乾隆以前，又多以諸王筦部，於是部屬自視如奴隸矣。積威所劫，遷流不反，然二百餘年來猶未有聯群甄劾者，則又自今日始也。余前日入署，在司中大聲言之，且曰：『諸君宜自愛！兩年以賄下獄者數人，連章追劾者數人，近又甄别十餘人，撤差者數人，而一月兩卯，如呼囚點卒者，它部皆不然，則户部誠下流之歸矣。我不能忍此垢污，當遠去耳。』曹中皆赧然冷笑，或有背而怒目者，可歎！

得書玉書，即復。作書致敦夫，詒以平金段褏一雙，顧繡綯褏一雙，繡綯蹄襱一雙，絲帶一緣，爲其愛女添奩也；又桃脯一匣，杏人一匣。

邸鈔：予告禮部左侍郎殷兆鏞卒於籍。兆鏞字譜經，吴江人，道光庚子進士。詔：殷兆鏞由翰林洊升卿貳，在上書房行走有年，迭掌文衡，克勤厥職。前因患病，准其開缺回籍。兹聞溘逝，軫惜殊深，加恩照侍郎例賜恤。上諭：瑞聯奏崇文門委員烒揚阿因案徹差派員接辦並自請議處一摺。瑞聯失於覺察，著俟定案時再降諭旨。瑞聯言烒揚阿者，其幼從讀書人，素謹飭令，亦無營私之事，可謂喪心者矣。其師弟所讀之書，亦不知何書也。

二十一日戊辰　晨霧，上午陰，傍午後晴。得敦夫書，言明日移寓東頭治行。作片致介唐。作片致子尊，還馬工部銀，得復。作書致敦夫。得許竹篔書，言昨日至京，以桐孫書見示，再致問津書院之請，即復書堅辭之。作致陶仲彝書，并賻銀二兩。作致族弟品芳書；致三弟書，詒以蜜棗三斤，杏仁四斤；致五弟書；以銀四兩寄九弟婦；致季弟書，寄回天山府君家訓楹聯及《鑑湖垂釣圖記》拓本橫幅；又以楹帖三分詒楚材、潁唐、品芳三弟：俱託敦夫附去。介唐來。敦夫來。作書致書玉，約後日寓齋公餞敦夫。夜過敦夫齋中談，即歸。是日地潮濕。四更後有風。

二十二日己巳　晨風，上午稍止，午微晴，下午仍多陰。得敦夫書，饋燒腩、茶葉。楊定甹來。敦夫來。鐵香來。書楹帖一聯，寄贈牧莊之子伯音秀才以此紙，猶是牧莊託書者也。又贈敦夫描金鵝黄蠟箋八言楹帖，寓壽意。介唐來。夜又作寄南兩書，託敦夫附去。聽文安女子弦索詞。付錢八千。

二十三日庚午　夜子初二刻十分小雪，十月中。薄晴，微風，下午多陰。予藕甥書，屬以安靜，學爲好人，善事兩嫠嬸。此子□□，深可憂也。作書致敦夫，託寄諸書。許竹篔來。介唐來，書玉、光甫來。夜偕三君餞敦夫，并爲豫祝五十之壽，招霞芬、月秋、玉仙、儷秋四人，燒燭圍花，藏鉤行酒，三更始散。付廚賞十二千，點心賞四千，霞、玉車八千，齡兒二千。庚辰同年宋户部淑信母八十壽，送禮錢四千。

二十四日辛未　晴，有風，甚寒。敦夫以今早行，饋以燖雀、鯗、鷄、凍肉。讀《史記》。自十餘日來，五更東南或西南有光甚赤而流。聞海上人言，八月下旬即見之。比更鮮赫，漸且竟天。近三四日中黄昏亦見，蓋赤眚也。夜得沈子培書，問姑母而兼外姑者壽文當何稱。略以意答之云：古人禁姑舅子女爲昏姻，然世家大族亦時有之，《南》《北史》諸書可證。其文之稱謂，則無徵也。以鄙意論之，姑之服重於外姑，其黨亦尊於外姑。而自唐以後，婦爲舅姑遞增至服斬，稱情以報婿之服緦，非也。故議禮家皆有加隆之議，亦從宜從俗意也。《禮》言：姑姊妹有受我而厚之者，則妻者我受而厚之者也。

妻之父母，《禮》亦有舅姑之稱，其名亦尊矣。姑本無母稱，其恩亦稍殺矣。今者之議，似宜稱外姑而不必兼及姑，至見面相稱，各從其俗，其服則從姑之本服，庶乎情禮兼致也。

邸鈔：吏部尚書廣壽奏請因病續假並開所兼要差。詔：准其開去總管内務府大臣差使。户部右侍郎敬信奏再請假一月。詔：吏部右侍郎崑岡兼署户部右侍郎，户部左侍郎福錕兼署左翼總兵。詔：太常寺卿吴大澂尚未到任，太常寺少卿文碩見在出差，以宗人府府丞吴廷芬兼署太常寺卿，通政司副使志元兼署太常寺少卿。工部郎中陳欽銘授江蘇常鎮通海兵備道。陳敬銘，福建長樂人，戊辰庶常。以通商衙門章京得之。其在工部，亦有要人之目。上諭：光禄寺少卿延茂奏特參宗室騷擾賑廠，請旨嚴禁拏辦，並請飭量撥營兵彈壓各摺片。據稱本月二十一日，清河鎮地方突有宗室二人帶領悍奴在廠門肆擾，並聲稱係宗室公，載姓，住太公府等語。著宗人府查明具奏。嗣後各廠如有騷擾情事，無論宗室及旗民人等，即拏交各該衙門照例懲辦。所請撥營兵彈壓，著順天府酌核辦理。

二十五日壬申　晴，上午有風，寒甚。始用鑪。坐客次南窗看菊花。剃頭。作書致從姪孝玟、孝瑩保定。雲門來，自宜昌入都，甫税駕於客邸。别去三年，天涯重聚，喜可知也。作書致竹質。夜邀雲門、竹質、書玉飲聚寶堂，招霞芬、玉仙，三鼓歸。四鼓後忽腹痛而病。付客車五千，酒保賞三千，車四千，霞、玉車四千。

邸鈔：上諭：陳士杰奏黄水復漲一摺。據稱九月二十八至十月初一等日，風雨大作，無異伏秋大汛，濟陽、齊東、蒲臺等處堤埝均有冲决，利津縣近海村莊淹斃人口甚衆。覽奏實深憫惻。著陳士杰飭屬迅速查明被灾户口，認真撫恤，工賑兼施，以副朝廷軫念灾黎至意。工科掌印給事中吴鎮選陝西鹽法兼巡鳳邠道。長禄選江西鹽法兼巡瑞袁臨道。户部江南司郎中李恩熙選湖北安陸府知府。

前庶吉士袁鵬圖選福建建安縣知縣。吴鎮，四川達縣人，庚申翰林。長禄，正紅旗□□人，舉人。李恩熙，河南舉人。袁鵬圖，天台人，庚辰進士。

二十六日癸酉　晴。竟日病甚，不能興，自撰方藥服之，屢歐。夜四鼓後腹痛稍止。沈鎔經按察饋銀八兩。

邸鈔：詔：户部尚書額勒和布補授總管内務府大臣。

二十七日甲戌　晴。病小愈。强起坐客次，閲《史記·扁鵲倉公列傳》。劉仙洲夫人來。雲門來，饋銀十二兩，又携交陳藍洲所寄八金。得竹篔書，饋銀十二兩，并惠羗脯一肩，醩鷄卵一甀，青豆一苞，桂糖一匣，作書復謝。鐵香來夜談。許仙坪自河北寄饋歲五十金。夜始强飯。從衣賈滕文藻買羊皮褂一領，狐腦袍一領，共銀十三兩，先付八金。

邸鈔：内閣學士洪鈞奏請開缺省親。許之。

二十八日乙亥　晴。作書致黄仲弢，還元槧《道命録》，得復。得子縝兩書，言已由鄂反吴，并鈔寄黎莼齋刻《日本佚存叢書》三十種之目。中有正平本《論語集解》，尚根於隋、唐鈔本，與今本字句多異。又《文館詞林》六卷，在阮文達所進《四庫未收書》之外。又高似孫《史略》、邵思纂《姓解》、張麟之《韵鏡》、唐道士徐靈府《天台山記》、蔡夢弼《杜工部草堂詩箋》，皆逸書也。影宋槧本《太平寰宇記》，其卷一百十三至十九皆存，尤爲可寶。樓廣侯開吊，送奠分十二千。閲《館選考》《貢舉考》《謚法考》諸書，隨手訂正之，亦識小之一，聊以遣日也。

二十九日丙子　晴。病愈。仍訂正諸書。作片致介唐。介唐來，以敦夫爲劉氏轉借陸姓百金交還之。雲門來。

邸鈔：司經局洗馬徐會灃升翰林院侍講。此侍講胡喬年缺。喬年，湖北人。會灃，山東人。

三十日丁丑　晴，稍和，地氣微潮。竹篔來。得桐孫書，言合肥使相必欲延主問津，桐孫爲陳五可就之説，其文甚美。余初復桐孫書，言天津無山水之好，有酬應之煩，相國非素識，運使非同道，又向主席者大興李鐵梅中丞，以二十六科前翰林揚歷中外，北地耆宿，卅年專講，足稱達尊，繼者望輕，津士難喻爲辭。今來書一一釋之。其實五者，特託辭耳，非本意也。下午詣竹篔久談。竹篔又出桐孫昨致彼書，言合肥之意甚切，且據余前書所難者，申釋甚力，此亦可感。自問所學無以過人，亦恐有辱謬知，彌慚多士耳。桐孫又附書力辨運使額君之爲人。傍晚答詣沈子培、周介甫、子蕙、鐵香、陳芰聲，俱不值。詣族弟慧叔，夜歸。得雲門書，饋井西八兩，菊花二瓶，洋毯花罽一床。雲門來。付車錢五千。

邸鈔：以降調吏部左侍郎奎潤爲内閣學士，兼禮部侍郎銜。詔：前任吉林將軍銘安照兵部議降二級調用。上諭：前據給事中鄭溥元奏宗室婦人控案，請飭議章程，非有抱告，概不准收受原呈，原告不到，不拘兩月之限，即爲銷案等語，當諭令該衙門議奏。兹據宗人府、刑部會議具奏，宗室覺羅婦女呈控案件，仍應遣人抱告，不准自行出名。至該給事中所請不拘兩月之限，即爲銷案，原爲免累平民起見。惟嚴懲於已准之後，不若詳慎於未准之先。嗣後宗室覺羅婦女具控，仍照例令，成丁弟兄子姪或母家至戚抱告，無親丁者令家人抱告，限十日到案，同被告一併送部。如逾限並無抱告投到，或非例應抱告之人，概不准理，並將被告之人開釋，以省拖累。鄭溥元所奏，著毋庸議。

十一月戊寅朔　晨霧雺塞，上午始散，午後晴。作書致雲門。閲《四庫提要·史部·傳記類》。

下午答客數家。至蓮花寺訪朱蓉生，爽秋亦來，談至晚歸。付車錢五千。

邸鈔：以廣東高廉兵備道李秉衡奉天海城，監生。爲浙江按察使。本任按察使劉盛藻病故。詔：廣西右江鎮總兵李維述著即開缺。以張樹聲奏其營務懈弛也。以□□□□□王孝祺爲廣西右江鎮總兵。

初二日己卯　晴。讀《孟子正義》。雲門來，共飯，久談。是日咳嗽頓劇，蓋又感寒矣。夜大風。

邸鈔：吏科給事中鄭溥元轉刑科掌印給事中。

初三日庚辰　晴，風，至午稍止，嚴寒。身熱，大嗽，病，不能興。季士周爲子娶婦，送賀分八千。署中告今日復接見堂上官。作書致爽秋，屬代注病假，得復。作書致雲門。得梁星海書，乞書屏幅，并約後日晚飲。午後强起，注小書，自撰方藥服之。

初四日辛巳　晴。病嗽甚。雲門來。梁星海來。作書致書玉，以糟鴨、金橘等問其夫人。遣人至故漕督恩錫所置萬元蘇州南物鋪購枇杷葉露，京錢五千僅得二兩；適舊僕王元自越寄一瓶來，約可得一斤，今日恰至，亦天幸也。夜嗽，復咯血。

邸鈔：詔：都察院左副都御史張佩綸在總理各國事務衙門行走。工部鉛子庫員外郎益齡授廣東高廉兵備道。上諭：御史張人駿奏此次記名御史之吏部郎中王琛，沾染市習，性習樗蒲。著吏部堂官察看，如果聲名平常，即行據實參奏。

初五日壬午　晴。咯血，劈飯。得家書。作書致雲門，致爽秋，致星海，俱約初八日夜飲。陸學源主事來，不見。書玉來，光甫來。爽秋來。作書致王氏妹，致僧慧。

邸鈔：工部製造庫郎中志顔升内閣侍讀學士。編修宗室溥良庚辰。升右春坊右中允。志顔，協辦大學士文煜子。溥良，和恪郡王曾孫，前吏部侍郎、輔國將軍載崇子。

初六日癸未　晴。嗽甚。得雲門書。作書致竹篔，借日本刻唐慧琳《大藏經音義》及黎庶昌新刻《映日本舊鈔卷子原本玉篇殘帙》。馬蔚林來。作書致雲門，得復。以病不能即愈，作片致爽秋、星海，改後日飲期。

初七日甲申　晴。得竹篔書并所借書。得爽初書，言已約定金華龔藕田孝廉假館劉氏課徒，以後日上學。復竹篔、爽秋書。作片致介唐。得星海書，即復。作書致雲門。介唐來。沈子培來。昨日杭人胡光墉所設阜康錢鋪忽閉。光墉者，東南大俠，與西洋諸夷交。國家所借夷銀曰洋款，其息甚重，皆光墉主之。左湘陰西征軍餉，皆倚光墉以辦。凡江浙諸行省有大役，有大賑事，非屬光墉，若弗克舉者。故以小販賤豎，官至江西候補道，銜至布政使，階至頭品頂帶，服至黄馬褂，累賞御書。營大宅於杭州城中，連亘數坊，皆規禁籞，參西法而爲之，屢毁屢造。所畜良賤婦女以百數，多出劫敚。亦頗爲小惠，置藥肆，設善局，施棺衣，爲饘粥。時出微利，以餌杭士大夫。杭士大夫尊之如父，有翰林而稱門生者。其邸店遍於南北，阜康之號，杭州、上海、寧波皆有之，其出入皆千萬計。都中富者，自王公以下，争寄重資爲奇贏。前日之晡，忽天津電報言其南中有虧折，都人聞之，競往取所寄者，一時無以應，夜半遂潰，劫攘一空。聞恭邸、文協揆等皆折閲百餘萬，亦有寒士得數百金託權子母爲生命者同歸於盡。今日聞内城錢鋪曰四大恒者，京師貨殖之總會也，以阜康故，亦被擠，危甚。此亦都市之變故矣。是日付吉慶乾果鋪銀二十兩，隆興紬布鋪銀十二兩。

邸鈔：上諭：前據光禄寺卿尚賢、御史劉恩溥奏參崇文門委員家丁勒罰妄拏各節，旋據御史張人駿奏瑞聯自請議處派員接充、意存嘗試等語，兹據寶鋆、閻敬銘奏遵旨查明覆陳並審明援案暨酌議章程各摺片，此案海巡任福於已經納稅之吴大等梨馱及洋紙行貨車輒行妄拏，並敢幫同委員問案，著照所擬，杖六十，徒一年，在崇文門枷號兩月。委員、解任内務府郎中炦揚阿任聽海巡妄拏，復於並未漏税之果行、洋紙行及漏税之自鳴鐘等案，濫押多人，用刑勒罰，實屬荒謬，著即行革職。正監督、兵部尚書瑞聯，於海巡妄拏防範不嚴，並於炦揚阿違例勒罰、聲名惡劣，未能查明揭參。該尚書前奏炦揚阿無營私情弊，意存開脱，並派寶鋆之姪、兵部員外郎恩壽接充委員，殊屬不知遠嫌。副監督、鑲黄旗蒙古都統克蒙額，雖曾諭令炦揚阿不可任意勒罰，惟未經即行查明，亦難辭咎。瑞聯、克蒙額著交部分别議處。委員、印務章京玉祥，於炦揚阿勒罰各節，雖經回明副監督，究未能阻止。伊犂委員、護軍參領英聯携帶皮貨進城，並未報門。玉祥、英聯著交部分别察議。嗣後崇文門驗貨收税，該監督務當飭令委員躬親其事，毋得假手書役人等。儻有貪婪劣迹，定將該員及監督照現定章程分别懲處。至商人漏税，自應照例議罰，豈容任意勒索？其肩挑貿易及眷屬車輛，如查無應税貨物，概不准留難擾累。著五城、江南道各御史隨時查察，並著該監督常川到署嚴切稽查，無稍疏縱。寶鋆等所擬章程十六條，係爲裕課恤商起見，即著該監督飭委員認真辦理，力除弊端，毋得仍蹈積習，致干咎戾。

初八日乙酉　酉正二刻八分大雪，十一月節。晴。外祖母孫太恭人忌日，以前四日爲外祖仁甫倪公忌日，今日并供饋，祔以三舅、四舅，肉肴六豆，菜肴三豆，火鍋一器，點心四盤，饅頭一盤，春餅一盤，時果四盤，蓮子湯一巡，酒三巡，飯再巡，茗飲再巡。是日力疾將事，逮晡畢後憊甚。得雲門書。作書致朱蓉生，爲明日劉宅請陪先生上學酒。作片致介唐，饋祭餘兩器。

初九日丙戌　晴。得介唐書，惠仙居朮一匣，紫霞杯一對，笋乾一簍，醬菽乳一瓶，及堅餳、甜醬。作書復謝，反笋乾，犒使四千。作書致爽秋，爲劉宅請陪上學酒。

觀楊濠叟所書《夏小正》經文，其二月『來降燕乃睇』下增一『室』字。案：《大戴禮》各本及傅崧卿本并注所引關本、集賢本、朱子《儀禮經傳通解》本、王氏《玉海》本皆無『室』字。惟傳文盧氏雅雨堂本作：『睇者，盼也。盼者，視可爲室者也。百鳥皆曰巢。室，穴也。諸本此三字皆作『突』『穴』『取』三字；宋本『突』作『窔』，『穴』作『宂』。莊氏述祖謂此三字是衍文。孔氏廣森謂『取』字是『其』字之誤。與之室何也？摻泥而就家入人内也。』孔氏云：與之猶謂之，正月傳『其必與之獸』義同。慈銘案：與猶許也。鳥皆曰巢，而此獨許之室，爲異也。『摻』即『操』字。盧本之説皆出於惠定宇氏，其言本宋本，雖未可信，然亦必有據。以傳文推之，似經文當有『室』字。

又七月『斗柄縣在下則旦』，於『則旦』上增『參中』二字，而於八月末去『參中則旦』四字。案：《新唐書・曆志》載《大衍術議》，一行推《夏小正》躔宿以八月。『參中則旦』爲失其傳。孔氏謂蓋本七月經文，寫者失之，誤綴八月之末，遂於七月末複衍『則旦』二字，是所改亦有本。

又十月『初昏南門見』，集賢本無『見』字，莊氏因之。其下云『織女正北鄉則旦』，改作『初昏，織女正，北鄉南門，見則旦』。案：《大衍術議》亦疑十月定星方中南門昏伏，不當言見。莊氏謂十月初昏南門不見，而記南門者，聖人以天地之心爲心，南門有不見之時，天之明威無不見也。其説甚曲。孔氏謂初昏爲一事，南門見爲一事。初昏者，始令民昏姻也；南門見者，見於晨也。南門以九月末始見，十月旦已在隅，此記候之晚者。然正月云初昏參中，四月云初昏南門正，六月云初昏斗柄正在上，文法一例，不應此處獨異。且記旦見南門，何不於九月中時而於十月隅時？是其説亦非，此改亦不知所本。

又十有一月『嗇人不從』下有『於是時也萬物不通』八字。案傳文：嗇人不從，『不從者弗行於時月也萬物不通』，諸家多讀『弗行於時月也』爲句。孔氏謂當讀『行』字絶句，『於時月也，萬物不通』二句經文別爲一事。『時』即『是』字，『於時月也』，猶《月令》之屢言『是月』也；『萬物不通』，即《月令》之『天氣上騰，地氣下降，天地不通，閉塞而成冬』也。其説甚確。此所增與孔氏説合。《玉海》本『嗇人不從』下亦有『萬物不通』一句，惟諸本皆作『於時月也』，此作『於是時也』，則無此句法。

又十有二月『鳴弋』，此作『鳴鴪』。案：『弋』不知何鳥。金氏履祥《通鑑前編》謂當作『鳶』，莊氏謂當作『隼』，皆以爲脱半而成『弋』。然《説文》無『鳶』字。《詩·小雅·四月》『匪鶉匪鳶』，《説文》作『匪鷻匪鴪』，正義本作『鴞』而亦引《説文》作『鴪』。今本注疏亦同。釋文作『鳶，以專反』，蓋後人所改。孔氏謂蓋此記已經隸寫，以『鴪』作『鳶』，後又誤脱其半。則此『鴪』字正同孔説。

又《小正》於十一月、十二月兩云『隕麋角』，傳文於十一月云『陽氣至，始動』，於十二月云『陽氣旦傳本作『且』。睹也』。《禮記正義》謂節氣早，則十一月解；節氣晚，則十二月解。孔氏廣森引姜上均曰：旦睹，猶言明見也。向始動，今明見，始終之辭。其説皆牽强。莊氏謂十二月再記隕麋角者，戒失閏，所以示持盈守成，故於終篇著之。説尤迂曲。傅氏謂十二月是衍文，大戴誤爲之傳者，是也。今此於十二月作隕鹿角，則謬之甚矣，豈并《月令》以下諸書俱未讀耶？

濠叟名沂孫，字詠春，常熟人。道光癸卯舉人，官安徽鳳陽府知府。其人不以學著，而篆法高古，一時無兩，實出鄧完白之上。此是辛巳閏七月所書，去其卒時不過兩月。用筆渾厚，尤近石鼓，中用古文，亦多不苟。書已刻石，世所傳貴。余以《小正》經文足爲大法，自鄉先哲傅子駿給事別出後，始有專本，而近儒説者紛紜，多出臆定，因附論其得失，并指楊書之是非，使學者毋惑焉。

是日坐客次南窗讀書。朱蓉生、袁爽秋來夜談，至三更後去。咳嗽達旦。

初十日丁亥　晴。作片致介唐，屬代取見銀，以今日聞四恒號將閉，山西人所設匯局皆被擠危甚也。使諸肆盡閉，京師無富商大賈，外内貨貝不通，劫奪將起，司農仰屋之籌益無可爲矣。是日咳嗽，羸瘠益甚，買河南白花百合食之。介唐來。龔藕田來。晚日入後半時許，西南隅赤甚如絳霞。雲門來夜談。

邸鈔：以太常寺卿吴大澂爲通政使司通政使。

十一日戊子　晴。

閲日本原本《玉篇》零卷，黎氏所刻《古逸叢書》之第十一種也。言部自『話』字至末三百十二字；誩部六字；曰部十一字；乃部五字；丂部四字；可部四字；兮部六字；号部存『號』半字；亏部六字；云部二字；音部十六字；告部二字；凵部一字；吅部十三字；品部四字；喿部三字；龠部九字；册部存一字；欠部存『歠』字，至末六十一字；食部一百四十四字；甘部十字；旨部三字；次部五字；中『羡』字蝕，而說解存。幸女涉反，本作『㚔』。部三字：以上共爲一卷。又水部『淦』字至『洗』字共存一百四十四字，爲一卷。又糸部自『經』字至末一百十九字，系部五字，素部八字，絲部七字，黹部七字，其字皆作『黹』，殊不體。率部一字，索部三字：以上共爲一卷，皆本藏其國之高山寺、東大寺、崇蘭館及佐佐木宗四郎家。又放部三字，丌部十一字，左部三字，工部存三字，卜部八字，首『卜』字缺，而說解存。兆部二字，用部七字，爻部三字，字皆作『叉』，成『友』字矣，殊誤。㸚部四字，車部存九十七字，舟部存二十七字，方部四字：以上共爲一卷，藏其國人柏木探古家，相傳爲唐、宋間寫本。今楊星吾借於探古，以西洋影相法寫之。其前三卷，亦從探古所仿副本寫出，而黎蒓齋刻諸版。其注徵引極詳，較中華行本多至數倍，又每有野王案語，其切皆作反，蓋真希馮元本也。考今本首載希馮自序，言總會衆篇，校讎群籍，成一家之製，備文字之訓，而所注殊簡略，不稱所言，以此證之，足云晐洽。其大加删減，不知出於何時。

又車部下標題云凡一百七十五字，而今張本云凡二百四十八字，計多七十三字。舟部下標題云凡六十四字，而今張本云凡一百十字，計多四十六字。其放部之上，尚有部目一行，寫在方部之下，蓋其卷有移割，而仍注明。云金部第二百六十九凡三百卌九字，考今張本標題云凡四百七十三字，計多一百二十四字。則自宋陳彭年等遞加以後，所謂《大廣益會玉篇》者，其數猶可推知。惜此本車、舟二部已殘缺，金部并無一字，無由考所增者何等字耳。又其誤文、奪字、脱簡甚多，當細校而更刻之，始爲善也。國家通廣互市，海舶如織，耗財屈體，爲辱已多，而得此數種異書，亦差强人意矣。

傅子尊來。伯循來。鐵香來。是日句到市中决者六人，其宗室德蘇氏及余之淦，皆以光棍爲從絞，即五月間詐劫張叔平案也。余之淦，浙之仁和人，以諸生爲江蘇知縣，解餉銀入京，流落不歸，遂起此獄。首從凡十四人，七月間已决兩人，叔平之一僕一廚人也。都中事變百出，而如余之淦者，尤自來所罕聞。捐納雜流，其弊至此，可勝嘅哉！是日復咯血，而精神稍佳，能讀書。

十二日己丑　晴。書玉饋百合茶糕、蜜棗、玫瑰餅，犒使五千。坐客次南窗閲書。得梁星海問疾書。雲門來。朱蓉生來。濮紫泉來，言隨額尚書等按陝西獄事。

邸鈔：上諭：游百川奏山東河工亟宜妥籌良策及請改築縷堤各摺片，著户部、工部堂官速議具奏。其疏以近日山東撫臣遵照部議修築長堤，長幾千有餘里，防汛難周，且去河三四百丈或五百丈，其間城郭村鎮不可勝計，不如開通支河武定之徒駭、馬頰，明有故道，開之甚易，且去直隸黄河尚數百里，萬不致灌及畿輔云云。上諭：吏部奏遵旨察看司員，據實覆陳一摺。據稱吏部郎中王琛被參性好樗蒲一節，遍加訪察，不爲無因，該員近來頗知收斂，不聞有别項劣迹等語。王琛著將記名御史徹銷。王琛，河南人，休致四川布政使德固之子。壬戌庶吉士，改知縣，加捐郎中，分户部行走，旋請歸吏部候選，前年選補吏部稽勳司郎中。其人嗜鴉片菸，好狹邪樗博，非端士也。署湖廣總督卞寶第等奏湖北候補按察司經歷、署京山縣多寶灣縣丞張福鐄，督修該縣張壁口新堤，工竣後欲引水至新堤，以淤泥固堤脚，遂聽縣人生員吴道源之言，將老堤挖口，又於堤内開溝引水，紳民力阻，不從。五月以後，大雨連宵，襄水盛漲。六月初七夜，風雨震撼，水由決口灌入，老堤沖去一百七十餘丈，新堤沖去一百五十餘丈，淹斃大小男婦七十六名，尚有不知下落者，沖壞墳墓不知其數。張福鐄業已革職，請依故決河防因而殺傷人者以故殺論斬監候律，擬斬監候。詔刑部議奏。

十三日庚寅　晴。

閱日本《玉篇》。其中有可疑者，如『曰』字下云：《夏小正》『時有養日』。養，長也；日，之也。『之也』蓋『云也』之誤。然《小正》於五月言『時有養日』，於十月言『時有養夜』，則日爲日月之日甚明。故『時有養日』，傳云：『養，長也。一則在本，一則在末。』一則在本者，謂『養夜』記於十月不記於十一月者，系之始長之時，爲在本也；一則在末者，謂『養日』記於五月不記於四月者，系之極長之時，爲在末也。其文亦甚明。因諸家過求深曲，皆不得其解。又因下文，故其記曰『有養日云也』，而各本或誤作『時養日之也』，或誤作『時養曰之也』，或誤作『時養白之也』。烏焉轉誤，遂滋怪説。要之，《小正》此文爲日月之日，非云曰之曰，自無異説，何得引之於『曰』字之下乎？其下又云：《説文》曰『詞也』。野王案：書籍説將語之詞也。《尚書》『帝曰咨四岳』『益贊于禹曰』並是也。此亦不可解。其『可』字下云：口我反。《周易》『天地萬物之情可見矣』，野王案又曰：有親則可久，有功則可大；可久則賢人之德，可大則賢人之業。《論語・雍也》『可使南面』『雖百世可知』並是也。《禮記》曰：『體物而弗可遺。』鄭玄曰：『可，猶所也。』又曰：『始入而辭矣，即席曰可矣。』鄭玄曰：『可，猶止此誤作『上』。也。』《説文》：『可，肯也。』其『野王案』下蓋有脱文，當作『野王案：可，堪也』。《文選》司馬子長《難蜀父老》注：『不可，猶不堪也。』《周易》又曰云云，今脱五字耳。其餘多有可取，非彼國人所能僞爲。惟脱誤別體之字，連篇接簡，幾不可讀。

其龠部較今張本多一『龥』字，注云：魚斤反。《爾雅》：『大籥謂之龥。』郭璞曰：『龥，以竹爲之，長一尺四寸，圍三寸，孔上出寸三分，橫吹之，小者尺二寸也。』案：《爾雅》祇作『沂』。《廣韵》《集韵》『二十一欣』、《類篇·龠部》，俱有『龥』字，疑是唐以後滋生之字，未必野王本有也。陸氏《爾雅釋文》云：沂郭，魚斤反，又魚斳反。李孫云：篪聲悲。沂，悲也。或作龥，又作笵，音宜肌反。案：《集韵·六脂》『牛肌切』亦有『笵』字，云大篪也。《廣韵》尚無『笵』，足證『龥』『笵』皆後出字。以李孫舊注『沂，悲也』推之，則漢魏本讀宜肌反。其實篪亦籥類。《爾雅》又云『大簫謂之言』，『言』『沂』一聲之轉，蓋皆象音以爲名，不必有定字定義也。

竹篔來。沈子培、子封兄弟來，談至晚去。得謝惺齋里中書。

邸鈔：劉秉璋奏特參庸劣不職各員：鹽運使銜浙江候補道王維沂、試用同知揭裕鎔、候補知縣張升猷等五人。詔：王維沂革去鹽運使銜，以同知歸選；揭裕鎔革職查辦；餘均革職。京畿道御史萬培因升吏科給事中。

十四日辛卯　晴。剃頭。

閲慧琳《大藏經音義》。共一百卷，唐西明寺翻經沙門慧琳撰。前有開成五年九月十日處士顧齊之序，言慧琳俗姓裴氏，疏勒國人，爲不空三藏弟子，建中末著《經音義》一百卷，約六十萬言，始於《大般若經》，終於《小乘記傳》。又有試太常寺奉禮郎景審序，言慧琳本住大興善寺，以玄應《一切經音義》、慧苑《華嚴音義》尚有未備，於建中末年創製，至元和二祀方就，凡一百軸，具釋衆經，始於《大般若》，終於《護命法》，總一千三百部，五千七百餘卷。舊兩家音義，合而次之。大略以《玉篇》《説文》《字林》《字統》《古今正字》《文字典説》《開元文字音義》七家字書釋詛，七書不該百氏，咸討訓解之，末兼辯六書。其書則取元庭堅《韵英》及張戩《考聲切韵》。以元和十二年二月三十日絶筆於西明寺焉。

又有日本元文二禩丁巳仲秋雒東獅谷白蓮社杜多鶴、寶洲槃譚所撰新雕此書紀事，引《宋高僧傳》卷五云：慧琳此書成於元和五載，貯其本於西明藏中。以元和十五年庚子卒於所住，春秋八十有四。大中五年，有人奏請入藏流行。周顯德中，高麗國遣使齎金入浙中求此書，不獲。又引其國《善鄰國寶記》云：後高麗求得於契丹，鋟梓，置之海印寺。本邦大將軍源義滿公嘗請大藏於朝鮮，逮義政公時，如請送達，今雒東建仁禪刹大藏是也。時琳《音》在藏中，同來貯秇州宮嶋及江州北野寺，而闕卷蠹蝕，漫滅尤多，其完本僅留建仁及武之緣山。先師忍澂老人始謀寫布於世，登梓十餘卷，而師遷寂，弟子等勠力成之。雒西五智峰如幻空、大德東都敬首律師嘗竭心思爲之校閲，於高麗原本字句訛脱倒置衍剩者，概存其舊，不妄點竄，别有校訛，將嗣刊焉。其論是書源流甚悉。又云：聞朝鮮海印藏版近罹兵燹散亡，則此刊本益爲奇寶。是知朝鮮本有刻板。故日本求得數本，不知朝鮮今尚有傳本否耳。又引《佛祖統紀》卷四十二云：河中府沙門慧琳撰《一切經音義》一百三卷，詣闕上進，敕入大藏，賜紫衣、縑、幣、茶、藥。是亦名《一切經音義》，其卷數頗不符。既入大藏，何以後遂湮没？皆不可解。此刻顧、景兩序首行亦皆題《一切經音義》，又有元文二歲鎌倉府天照山方丈賜紫老納真察序。每册之首，皆有籤題云三緣山慧照院常住物。其卷一《大般若波羅蜜多經》之前，冠以《大唐太宗文皇帝聖教序》《高宗皇帝在春宫述三藏記》。注中引古經子注、古字書甚多，其辨别字之正俗，學識似在玄應之上。

雲門來。介唐來。夜月暈，有風，旋止。

十五日壬辰　晴。書玉移寓鐵門，饋以桃糕、頻果、燖凫。閲《大藏經音義》。作書致鐵香。下午詣書玉新居，久坐。詣介唐、伯循談。晚詣爽秋而歸。是夕望。比夜皆有佳月，氣和如春時。

十六日癸巳　晨及上午陰，傍午漸晴。閱《大藏經音義》。比來久病，竟夕咳嗽，亦時咯血，所恃精神尚佳耳。作片致介唐，得復。洗足。書玉來。介唐來。付賃屋銀六兩。

邸鈔：上諭：御史吴峋奏酌擬河工辦法請旨飭議一摺，著户部、工部歸入游百川前奏，一併速議具奏。峋所陳十事：一築縷堤；一築遥堤；一於遥堤、縷堤之間築土圍，以衛臨河之城郭村鎮；一令遥堤内之民修守縷堤，令遥堤外之民修守遥堤；一請免遥堤内之錢漕；一請勘定海口一處，如去年南北嶺決口入海甚便，今又有十四户及牡蠣嘴決口，愈分愈緩，亟宜堵截；一河身宜取直，從前黄河百里一曲，今海口以上河身六百里凡數十曲，宜效前大學士張鵬翮逢灣出直之法；一請勘核舊河已徙亡地墾田升科。其餘二事，敷衍之言。而力持游百川請開武定之徒駭、馬頰兩河，引河減水之議。峋，海豐人，廣有田産，如開馬頰，正直其地。故以海豐與直隸天津府之慶雲連界，恐波及畿輔爲言，非爲公也。峋爲侍郎式芬之孫，乙丑進士，浮險不學，其疏文多不通。

十七日甲午　晴。祖妣倪太恭人生日，供饋菜肴七豆，火鍋一，肉肴四豆，饅頭一盤，麵一盤，點心兩盤，時果五盤，杏酪一巡，酒三巡，飯再巡，茗飲再巡。鐵香來。楊定旉來。光甫來。以祭餘四器饋劉宅。得書玉書，并爲余撰藥方。

《大藏經音義》獅谷寶洲獅谷，蓋寺名；寶洲，其僧之號；槃譚，蓋其名也。真察序止稱獅谷寶洲。紀事有云：經典音義之作，如玄應、《衆經》。雲公、《涅槃》。慧苑、《華嚴》。基師《法華》。等，至慧琳始集大成。其前後亦有數家，如唐太原處士郭迻、著《新定一切經類音》八卷，見智證《請來録》，今缺本。周霅川西谿行瑫律師、撰《大藏經音疏》五百卷，今絶而不行。晉漢中沙門可洪、著《新集藏經音義隨函録》三十卷，今見在高麗藏，然《統紀》四十三曰『可洪進《大藏音義》四百八十卷，敕入大藏』，可疑。燕京崇仁寺沙門希麟、述《續一切經音義》十卷，亦見在高麗藏。《開元録》後續慧琳未音經論。宋沙門處觀著《紹興大藏音》三卷，甚疏略，見在明藏。等，並無出其右者。又引《宋高僧傳》卷廿五《後周會稽郡大善寺行蹈傳》云：『慨其郭迻音義疏略，慧琳音義不傳，遂述《大藏經音疏》五百許卷，今行于江浙左右僧坊。』按此傳則琳《音》中華早絶不傳云云，所考甚爲分晰。　蓋此書以石晉滅時遷入契丹，故中國遂絶。　行蹈在後周，以琳《音》已亡而別撰；高麗亦於顯德中求之浙而不獲；而希麟爲遼僧，故得見琳書，而續其所未音，此淵源可尋者也。　行蹈爲吾越叢林古德，著書等身，其事甚雅，而書既不傳，自《嘉泰志》以來亦無紀其事者，《乾隆志・經籍門》亦不載，當亟補入吾鄉志乘耳。

邸鈔：劉錦棠奏新疆鎮迪道所屬廳縣員缺，遵照變通章程，請以甘肅候補班前先補用直隸州知州甘承謨補授鎮西廳直隸撫民同知，以甘肅候補直隸州知州黄丙焜補授吐魯番同知，以候補知縣方希林補授昌吉縣知縣，李原彬補授綏來縣知縣。　詔吏部議奏。

十八日乙未　晴。　賦七律一首，謝書玉饋方并賀其新居及分教庶吉士。　梁星海來。　譚研孫來。郭子鈞來。　竹篔來，以日本細紙一卷爲贈。　雲門來夜談。

邸鈔：上諭：吏部等衙門奏尊旨分別議處一摺，瑞聯著開去兵部尚書並崇文門正監督差使，仍留正藍旗漢軍都統之任，所有應得降三級調用處分，加恩改爲革職留任；崇文門副監督、鑲黄旗蒙古都統克蒙額，著照部議降二級留任，准其抵銷。　西安將軍宗室恒訓卒。　詔：恒訓老成勤慎，由侍衛洊升副都統，歷任將軍，宣力有年，克稱厥職。　兹聞溘逝，軫惜殊深，加恩照將軍例賜恤。　伊子盛昆賞給主事，俟及歲時分部行走。　以吏部左侍郎景廉爲兵部尚書。　詔：都察院左都御史宗室延煦充崇文門正監督。

以烏魯木齊都統恭鏜爲西安將軍，以哈密幫辦大臣長順爲西安將軍。

十九日丙申　晴。　始服湯藥。　閲《萬善花室文鈔》。　得沈子培書，并見贈七律一章，即復謝。　爲内子買段褂一領，付銀八兩，又付銀一兩三錢。

邸鈔：上諭：給事中鄧承脩奏請旨責令貪吏罰捐巨款以濟要需一摺。據稱所聞贓私最著者，如已故總督瑞麟，學政何廷謙，前任粵海關崇禮、俊啓，學政吴寶恕，水師提督翟國彦，鹽運使何兆瀛，江寧舉人。肇羅道方濬師，定遠舉人。廣州府知府馮端本，祥符人，丙辰進士。潮州府知府劉湝年，大城人，庚申翰林。廉州府知府張丙炎，儀徵人，己未翰林。南海縣知縣杜鳳治，山陰舉人。順德縣知縣林灼三，閩人，戊辰進士。現任南海縣知縣盧樂戌，山東人，丙子進士。皆自官廣東後得有巨資，若非民膏，即是國帑等語。著派彭玉麟將各該員在廣東居官聲名若何確切查明，據實具奏。另片奏阜康銀號關閉，協辦大學士、刑部尚書文煜所存該號銀數至七十餘萬之多，請旨查明確數，究所從來，據實參處等語，著順天府確查具奏。　予告大學士載齡卒。載齡，字鶴峰，咸豐二年進士。詔旨褒惜，賞給陀羅經被，派輔國公載濂帶領侍衛十員即日前往奠醊，贈太子太保銜，照大學士例賜恤，入祀賢良祠。旋予謚文恪。吏部右侍郎宗室崑岡轉補左侍郎，以内閣學士宗室奎潤爲吏部右侍郎。命大學士寶鋆教習庶吉士，靈桂充武英殿總裁。皆瑞聯缺。詔：前署兩廣總督曾國荃加恩在紫禁城内騎馬。詔：内閣學士祥麟賞給副都統銜，爲哈密幫辦大臣。

二十日丁酉　晴，有風，頗寒。作致閻丹初尚書書，言署中接見唱名之非禮，約數千言。尚書性長厚，亦廉介，善吏事，而闇於大體，頗喜操切，其於余亦知愛慕，而不能重其禮。此舉也，署中諸司亦頗有怨怒之者，故作書規之，自盡其忠告之道，以酬一日之知，彼之德我仇我，所不計也。作復桐孫書，言問津講席事。余既决計去官，遂不能堅辭此席矣。文亦數千言。書玉來。夜録存兩書稿。

邸鈔：唐炯奏特參庸劣不職各員，雲南候補道劉鳳苞、候補知府蕭錫齡等十一人均即行革職。

二十一日戊戌　晴。作書致竹篔，以致桐孫書託轉寄，并還《大藏經音義》及《玉篇》。作書致周荇翁。午詣龔藕田孝廉小坐。詣鐵香，久談。詣子蓴，不值，遂歸。介唐來，告昨得一嬰。送洗兒果卵，饋以食物四事。得雲門書。張姬往視書玉夫人，饋食物兩合。晚詣聚寶堂，雲門邀作消寒第一集也，坐有竹篔、書玉、伯循、朱蓉生、濮紫泉諸君。余不能飲食，清談而已，夜二更歸。得爽秋書。付車錢七千。

邸鈔：以内閣侍讀學士邵曰濂爲太常寺少卿。

二十二日己亥　晴。是日復覺不快。讀《莊子》自遣。以明日冬至，夜祀竈及屋之故主。雲門來。

邸鈔：上諭：前因御史熊景釗、署都察院左副都御史張佩綸先後奏參貴州庫儲空虛，林肇元貪黷營私等款，迭經諭令岑毓英確查具奏。兹據覆奏，貴州巡撫林肇元賦性優柔，遇事遷就，與署藩司、糧儲道松長，當餉需奇絀之際，支發款項不能破除情面，以致庫儲空虛，均屬咎無可辭。林肇元、松長均著交部嚴加議處。貴州候補道羅應旒素性誇詐，派辦局務，頗有虚糜，委署貴東道，措施未能裕如，致招物議。貴州貴陽府知府汪元慶與本省巡撫胞弟聯姻，迹近夤緣，不知遠嫌。候補知府曾彦銓勸辦捐輸，携照在京，因緣罔利。江西南安府知府林戴亨係林肇元胞弟，前與曾彦銓同辦捐務，並不辭差回避。郎岱同知蕭榮椿聲名平常，雖無招摇實據，亦屬不能稱職。羅應旒、汪元慶、曾彦銓、林戴亨、蕭榮椿著交部分别議處。上諭：前據御史劉恩溥奏參貴州學政孫宗錫、前任學政林國柱考試需索各款，當諭令岑毓英確查具奏。兹據奏稱，委員詳查，孫宗錫考試安順府時，輒因供給，將普定縣知縣彭億清之子鎖押；並索取童生規費，濫責生員龍登衢；復因考棚朽壞，勒令各新生捐銀修理。實屬不知檢束。開缺貴州學政、翰林院編修孫宗錫著即行革職。前貴州學政林國柱，雖查無濫收冒考情事，惟於家丁需索供應未能覺察，亦屬不合，業經另案革職，著毋庸議。

二十三日庚子　午正初刻十二分冬至，十一月中。晴。祀曾祖考妣、祖考妣、本生祖考妣、先考妣，肉肴六豆，素肴六豆，百合羹一器，火鍋一具，餛飩四盤，饅頭兩盤，時果四盤，栗子湯一巡，酒三巡，飯再巡，傍晚畢事。孫福寶來，言是鄉人，自江西來者。書玉來。作書致雲門，饋以祭餘鷄、鳧。作書致爽秋。夜陰，三更後風起。

邸鈔：上諭：朕奉慈禧端佑康頤昭豫莊誠皇太后懿旨，本日據左宗棠、楊昌濬奏清江設廠收養各路灾民一摺，據稱清江爲南北水路通衢，灾民紛紛南下，每日扶老携幼，不絶於途。覽奏實深憫惻，加恩撥給銀一萬兩，俾資接濟。因思本年順天、直隸等省灾區甚廣，深宫廑念，寢饋難安，自應特沛恩施。順天、直隸著撥給銀四萬兩，山東著撥給銀四萬兩，湖北著撥給銀三萬兩，安徽著撥給銀二萬兩，該部即迅速撥發，該督撫、府尹嚴飭所屬核實散放。

二十四日辛丑　晨陰，上午微晴，旋陰，午後晴，竟日風，寒甚。得雲門書。陳雲舫侍御來，久談。爽秋來。閲《癸巳存稿》。夜風。

邸鈔：户部右侍郎宗室敬信奏請因病開缺。許之。敬信，由宗人府理事官調户部銀庫郎中，派充定東陵監督，未及一年，驟至閣學，遂遷侍郎兼左翼總兵。其人蚩鄙，專交市儈，聚寶堂酒食館其所設也，去年臺中有欲劾之者，始以館屬所親。及調户部，以畏閻尚書，不敢履任，屢移病請假，今遂開缺云。

二十五日壬寅　風，陰，微晴。閲《癸巳存稿》。黄讓卿給事來。余前日與閻尚書書，聞尚書閲之頗動，遂議罷接見之舉，且以書示署中諸司。尚書固君子人也，而外間遂傳余書，或以爲痛快，或以爲婉妙，豈知余心者哉！比日頗有來索觀者，何足與議也！夜半風狂甚。

邸鈔：以禮部右侍郎嵩申爲户部右侍郎，兼管錢法堂事務。以内閣學士熙敬爲禮部右侍郎。以户部左侍郎福錕兼左翼總兵。上諭：畢道遠、周家楣奏遵查阜康銀號文煜存款一摺。據稱查核該號票根簿，正有聯號開列銀四十六萬兩，第一號上註明『文宅』字樣；除前江西布政使文輝呈請究追阜康銀款十萬兩，稱由文煜代爲經手外，其餘三十六萬兩，簿中祇注『文宅』字樣等語。著文煜明白回奏。

二十六日癸卯　晨及上午風，陰，午後晴，風亦稍止。閲《癸巳存稿》。雲門來。蘇玉霖來，言是廣西人官户部者。介唐來。作復提盦豫章書。

聞近日劉永福爲法夷所敗，逃入雲南竟，越南之山西省已失，北圻全竟皆入法夷。徐延旭亦退入廣西。張樹聲畏懦，不敢出廣東。吴大澂首鼠津門，不敢復言赴粤。其白面少年如張佩綸輩，皆神氣沮喪。昨日召見，佩綸不能出一辭，惟請赴天津自效。要之，此輩皆李元平耳，豈足望劉秩哉！徐延旭者，鹿傳霖之親家；鹿傳霖者，張之洞之姊夫，亦與高陽有親；唐炯者，張之洞之婦兄，皆以冗員下吏，互相汲引，高自標置。新進浮薄如陳寶琛等，依附推薦，大言不慚，不一二年，皆驟躋開府。浮游鼓翼，自以爲親黨遍於天下，翕翕自矜。未及旬時，唐炯即棄關外新安所行營，亟履滇撫任。張人駿、盛昱、洪鈞等連章嚴劾之，請旨軍前正法。朝廷依違，僅令革職留任。而張樹聲者，連上兩疏，主戰甚力，詞若甚壯者。及朝命彭玉麟赴粤查辦沙面焚夷房事，而法夷屢濟師至越南，總理各國事務衙門移文詰之，勢將決戰，有旨集兵三萬於廣東，樹聲遂規避事，諉彭任其責。吴大澂者，吴人，清客材也。向爲潘尚書效奔走，浮躁嗜進，遂附張之洞，又呈身於合肥，驟得以三品卿督辦寧古塔事宜。地苦寒思歸，又與署吉林將軍、副都統玉亮不合，誣劾之，朝廷下其事於盛京將軍崇綺，按之皆非實，大澂益窘。玉亮者，頗得軍民心，旋以憤恚發病卒。寧古、琿春諸屯營士皆不直大澂，大澂遂請假省母，未得報，而越南事起，大澂遂妄言寧、琿三姓等處佈置已訖，請赴廣西關外助平越難，徑至天津矣。方今天子幼冲，東朝從諫如轉圜，而樞臣泄沓無能爲者，乃付其事於二三纖兒，號召朋徒，輕險敗事，可勝歎哉！

邸鈔：上諭：文煜明白回奏，稱由道員升至督撫，屢管税務，所得廉俸，歷年積至三十六萬兩，陸續交阜康號存放等語。所奏尚無掩飾，惟爲數較多，著責令捐銀十萬兩，即由順天府向該號商按照官款如數追出，以充公用。

二十七日甲辰　晴。閱《癸巳存稿》。剃頭。晡詣書玉，坐半時許。詣虎坊橋東萬明寺訪雲門，已曛暮矣，即歸。作書約朱蓉生、濮紫泉小飲，得紫泉復。夜飯後詣霞芬家，作片邀雲門、竹篔過談，蓉生亦來，并招玉仙、月秋、荔秋。二更設飲，藏鉤數匝，繼以肴饌，余久不飲，且絶肉味，今夕始勉進一二，四更始歸。付霞芬銀六兩，賞其僕十八千，車錢八千。

二十八日乙巳　晴。書玉書來，告夜得一女。閱《衎石齋記事續稿》。潘伯循來。嚴六谿來，言自河南入都者。鐵香來。夜閱《復初齋文集》。

邸鈔：詔：貴州巡撫林肇元，署布政使、糧儲道松長，候補道羅應旒，候補知府曾彦銓，郎岱同知蕭榮椿，均照吏部議即行革職。貴陽府知府汪元慶、江西南安府知府林戴亨，均照部議降三級調用，不准抵銷。林肇元，廣西賀縣附生。松長，滿洲監生。羅應旒，四川監生。汪元慶，江西優貢。林戴亨、蕭榮椿，皆賀縣監生。以四川布政使張凱嵩爲貴州巡撫。貴州候補道吴自發授貴州糧儲道。前紹興府知府恩綸授貴州貴陽府遺缺知府。以記名副都統協領春滿加副都統銜爲伊犁索倫領隊大臣。詔：刑部右侍郎許庚身克承先志，率族捐置義田二千余畝，義莊一所，養贍宗族，古誼可風。著南書房翰林恭書扁額一方，賞給該侍郎祗領，以示嘉奬。浙江巡撫劉秉璋奏許庚身呈稱世居杭州省城横河橋，胞伯原任廣西賓州知州許乃來、原任江蘇海州直隸州知州許乃大、原任太常寺卿許乃濟，故父甘肅敦煌縣知縣許乃穀，胞叔原任吏部尚書許乃普、原任江蘇巡撫許乃釗、原任山東掖縣知縣許乃恩，曾擬置立義田，有志未遂，今倡率族人傳承先志云云。詔：十二月初二日親詣大高殿祈雪，分遣親王、貝勒禱時應諸宫廟。

二十九日丙午小盡　雰陰釀雪。閲《衎石齋記事續稿》。其文頗疏冗，遠不及其前稿，蓋晚年漸近頽率之故，然多格言至理，可以書紳。龔藕田來，言劉氏學生不率教，今日辭館矣。藕田名啓蓀，金華舉人，有學問者也。余石生九穀來。石生，江西人，己未進士，户部陝西同司也。自去年以前，尚書景廉公，侍郎王文韶、奎潤，皆其辛亥鄉榜同年，頗信任之，遂爲派辦處總辦，驟擢員外郎，熱炙用事。及閻尚書莅任，有擠之者，適派辦處以雲南報銷事連及，又書吏脱逃，遂徹所兼差，降二級留任，六年無過，方得開復。近日閻尚書以其覆奏新疆屯田事擬疏遲鈍，詞亦支絀，遂徹去陝西司主稿，調河南小司。其人録録，無足稱也。夜大風，復晴。

邸鈔：翰林院侍講學士李端棻轉補侍讀學士，左春坊左庶子梁仲衡升侍講學士。

十二月丁未朔　晴，有風。余石生復來。以畫采鷄卵、果餌等八合爲書玉夫人洗兒。書玉轉饋果、卵等物。作致伯寅尚書吴門書。夜又大風。印結局送來前月公費銀十二兩。

邸鈔：以山西布政使易佩紳湖南，舉人。調補四川布政使，以山西按察使奎斌蒙古，生員。爲山西布政使，以山西河東道高崇基直隸静海人，庚戌進士。爲山西按察使，之洞初撫山西，以張佩綸等言，必去布政使紹諴方可爲治，會御史邵積誠、陳啓泰連劾，紹諴罷去。之洞寫書高陽，請得方大湜爲布政。後以查辦王定安虧空事不合，復劾大湜，罷之，而請易佩紳。佩紳老吏，輕洞，屢相忤。之洞畏之，不敢發。適張佩綸以查辦陝西事過晉，之洞屬其陰告高陽爲二心，遂有此改調矣。以廣西按察使國英滿州，生員。調補浙江按察使，以新授浙江按察使李秉衡調補廣西按察使，均即赴新任，毋庸來京請訓。山西大同府知府黃照臨湖南石門人，己未。升河東鹽法道，掌河南道御史陳啓泰授大同府知府。

初二日戊申　晴，有風。讀《左傳正義》。介唐來。作致子縝里中書，促其入都，且屬代購日本佚存書數種。以奉米易得白米八百餘斤。

閲前日御史屠仁守《請申嚴門禁疏》。大恉以近年視朝太早，内城正陽門、紫禁城東華門子刻即啓，乾清宫門丑刻即啓，百爾執事，通夕奔走，昏夜之中，重門洞開，莫能誰何。既違興居之節，亦非思患之道。因援引《周禮》司門以時啓閉，宫正時禁出入。《禮記》：『朝辨色始入。君日出而視之。』陳祥道謂『辨色始入，所以防微；日出而視之，所以優尊』。宋嘉祐時，偶夜啓宫門，王陶有禁嚴固衛杜絶非常之奏，司馬光有深慮安危防微杜漸之言。明萬曆間視朝太早，給事中王三餘疏請從日出爲準，既得調養聖躬，保和元氣，且於門禁、朝儀俱爲便益。《大清通禮》載御門聽政部院寺奏事官暨侍班官，春冬辰正初刻，夏秋辰初二刻，至後左門祗候。《會典》載凡城門朝啓以昧爽，夕閉以日入。《皇朝文獻通考》載凡内外城門，每日黎明啓。正陽門遇御門聽政日，外城居住官員應早入者，於曉鐘後啓；正陽門遇壇廟祭祀日，内外城陪祀官有應早出入者，於五鼓後啓門。康熙二十一年聖祖仁皇帝諭：『自今以後，每日御朝聽政，春夏以辰初二刻，秋冬以辰正初刻爲期，各官從容入奏。』此皆足爲萬世法者。今内外城門啓於子丑之交，誠恐宵小生心，恣其出入，肆惡藏奸，可慮者大。且圖事貴乘朝氣昧爽，丕顯志氣清明，則事理昭著。伏請申明成憲，損過就中，順陰陽之宜，適晝夜之制。其博證古今，深切事勢，近來章疏中所僅見也。比兩月來，早晚赤氣亘西南，其占主兵，又彗星復出於西方，故人抱杞憂耳。御史孝感人，甲戌翰林。

初三日己酉　晴。午飯後入署，晡詣堂畫到，以改接見，爲此舉也。出詣光甫談。晡後出城答詣黄讓卿、陳雲舫。晚詣書玉小坐，夜歸。得周荇翁書，辭恉甚美，此老精神，自勝人也。雲門來。夜作書致敦夫里中。付車錢六千，同年范德鎔户部母夫人六十壽禮錢四千，陳宅庸媪叩喜錢四千。

初四日庚戌　晴，兩日無風，頗暖。得雲門書，邀同竹篔觀劇，即復。沈子培來。下午詣介唐，答拜余石生，不值。詣雲門，同至三慶園觀劇。夜飲聚寶堂，招霞芬、玉仙，二更歸。

邸鈔：上諭：給事中孔憲穀奏參順天府府尹周家楣徇私妄爲各款一摺，著派額勒和布、張之萬查明具奏。

初五日辛亥　晴。作書致書玉。雲門來談竟日。剃頭。書玉來。傍晚偕雲門、書玉詣介唐。夜介唐邀飲便宜坊，招霞芬，二更歸。是夕陰，頗苦疲倦，夜歸甚憊。

初六日壬子　薄晴，有風。竟日不快，閲雜文。夜患咽痛，都中今冬不甚寒，民間頗有此證也。是夕復苦嗽。

初七日癸丑　晴，有風。喉楚失音，牙車浮腫，病甚，多卧。作書致鐵香。殷蕚庭來。作書致書玉，言病狀。謝文翹來，言是刑部郎，求見，辭之。書玉來夜談，診脉。

初八日甲寅　晴。病少愈，仍讀書。煮臘八粥，供先人。蕚庭生日，饋以酒、燭、桃、麵。作書致雲門。蕚庭來。

邸鈔：以前丁憂内閣學士徐致祥、太常寺卿鳳秀、光禄寺卿尚賢俱爲内閣學士，兼禮部侍郎銜。

工部郎中文光授陜西潼商兵備道。

初九日乙卯　卯初初刻十分小寒，十二月節。晴，風。咳嗽，牙痛，兼昨夕舊疾大發，甚憊。傅子尊來。得書玉書并藥方。雲門來。得爽秋書，并《署中見懷》七律一章，又近詩七絶四首，皆無烟火氣。付衣賈滕文藻銀三十兩。夜大風。

邸鈔：上諭：前駐藏幫辦大臣錫縝奏報捐八旗官學用款，請將阜康商號存銀萬兩飭追歸公一摺。錫縝所奏，殊屬取巧，著將原摺擲還。詔：以節届小寒，尚未得雪，於十二日再親詣大高殿祈禱，仍命諸王、貝勒分禱時應諸宫廟。　刑科給事中黄元善轉工科掌印給事中。

初十日丙辰　晴，風。嗽甚，不快，服書玉方。所畜一貓死，埋之馬廄桑樹下。陳伯平來。以食物四合饋書玉夫人蓐房。夜病腹痛。三更後有大風。付署中茶房皮衣賞四千。

十一日丁巳　晴，風，下午稍止。嚴鹿谿來，以北齊敬顯儁碑拓本爲贈。雲門來。

邸鈔：新授西安將軍恭鏜奏假期已滿，病尚未痊，懇請開缺。許之。以察哈爾都統吉和爲西安將軍，以泰寧鎮總兵紹祺爲察哈爾都統，以都察院左副都御史懷塔布爲泰寧鎮總兵兼總管内務府大臣。左中允張英麟升司經局洗馬。

十二日戊午　晴。比日嗽劇淡涌，疲瘵殊甚，今日覺精神稍佳。同司吴時齋協中來。同年黄慎之修撰來。作書致雲門。夜作酬爽秋詩二首。

袁爽秋以冬夜直理俄館賦詩見懷並示館中即事四絶句酬以二首

自笑人間七不堪，那知轍北與轅南。軀形争見全藏六，臧耳何須説有三。偶與高門無字刺，亦聽海客大瀛談。一瓢尚仰天家粟，許結東鄰恐未甘。

絶倒袁宏作奏工，一官鑾府寄壺中。心殫筦算編平準，牒領山川極大蒙。君近爲閻尚書編國計簿，又在通商署領俄羅斯文案。鳥語戲聽夷隸譯，竹聲清引越吟風。君言署中東廨有竹石之勝。却思九里梅花舍，多待桐江理釣篷。

十三日己未　晨陰，上午微雪，午微晴，下午陰。終日苦嗽，不能讀書，作詩自遣。得爽秋書。作書致書玉。

病中待雪寄沈子培子封兄弟

與病浮休自在眠，温鑪擁褐過殘年。方書肘後横斜草，經卷床頭繚繞烟。半畝山林如世外，多時鷄犬亦神仙。遥知待雪珠巢巷，臘酒梅花起誦弦。

書感次子培柬余病中韵再示子培

何曾當道卧王羆，電掣明駝十二時。下瀨樓船徒設險，叩囊金匱已無奇。胸中華嶽晨澆酒，夢裏昆侖夜出師。日食猪肝吾事了，不須凿齒樹頤而。

附子培原作：

依然談笑却熊羆，誰識先生示疾時？肝膽輪囷老逾熱，奇胲形色候方奇。稽山未許歸狂客，稷下新聞迓老師。却笑畫人窮慕想，尋常驚怪見之而。

附録爽秋見懷作：

聞説帶圍移舊孔，三旬九爨閉紫荆。豈知鱗甲胸中有，更挾風霆筆下生。花亞紫藤燕市飲，葉飛黄槲越鄉情。每懷閭巷經過熟，甚欲遮留碣石行。

沈詩雋峭，袁詩清勁，皆善學山谷者。

嚴鹿谿自汳入都以魏齊碑數種爲贈時寓丞相巷僧寺酬之以詩

嚴子關中溯洛歸，行囊多打北朝碑。一官仍署司徒屬，半榻新依佛火炊。落葉積時敷坐具，暝鐘有意繞經帷。向禽劇甚烟霞約，五嶽何年策杖隨？

十四日庚申　陰。雲門來，竹筼來，清談竟日。得桐孫十一日津門書，并合肥使相書，長蘆額玉如運使額爾經額關書聘金十二兩，此席一定，遂爾去官，亦殊非本意也。雲門邀同竹筼、朱蓉生夜飲便宜坊，二更歸。相去數十武，而往反必以車，老病龍鍾，遂至此乎！明歲東行，漸爲歸計，宦途盡處是青山，可爲一歎！

邸鈔：前任户部右侍郎温葆深卒於籍。葆深，本名下一字犯穆宗諱，上元人。道光二年進士，深於曆算之學。詔：温葆深由翰林洊升卿貳，學問淹通，持躬謹慎。前因患病，開缺回籍，重遇鹿鳴恩榮筵宴，賞加頭品頂帶、太子少保銜。兹聞溘逝，軫惜殊深，著照侍郎例賜恤。上諭：左宗棠代遞温葆深遺摺，輒爲請謚，並敘及與該侍郎係屬師弟等語。易名之典，出自特恩，前於同治十二年奉旨不准臣下奏請，左宗棠豈不之知？乃竟率行具奏，且措詞殊多不合，著交部議處。宗棠疏惟言應否加恩予謚，出自聖裁，未嘗竟請謚也，蓋政府惡而傾之。上諭：給事中鄭溥元奏告病駐藏幫辦大臣錫縝前在户部，與姚覲元、董儁翰、啓續等表裏爲奸，家稱巨富，請派員查參等語。錫縝久經告病開缺，已往之事，姑免深究；惟該給事中稱其任意瀆奏，實屬咎無可辭。錫縝著交部嚴加議處。至所稱告病未經銷假人員應否呈遞奏摺之處，著該部查明具奏。上諭：給事中秦鍾簡奏吏部例章繁多，請飭删减歸併，並飭各部院衙門一律照辦等語，著該部議奏。　御史方學伊升刑科給事中。

十五日辛酉　晴，晨及上午有風，午稍止。剃頭。書玉來。鐵香來。同年新授哈密幫辦大臣祥閣學祥麟來。周荇翁柬訂十八日飲。得書玉書。是夕望，月皎甚。作書致閻丹翁。

邸鈔：以翰林院侍讀學士烏拉布爲内閣學士，兼禮部侍郎銜。以光禄寺卿張緒楷爲太常寺卿。以通政司參議馮爾昌爲内閣侍讀學士。

十六日壬戌　晴，大風。閲《衎石齋記事續稿》。伯循來。得陸漁笙學使十一月九日蘭州書，并惠銀二十兩。以酒一壜，燭二斤，桃、麵各十斤，繡段袖一雙，貂抹額一事，繡踦襪一雙，錦單一方，爲介唐夫人五十壽。夜讀書，精神稍佳。是日買素心蠟梅花三盆，紅梅兩盆，計直二十七千，置之室中，聊志歲華。

邸鈔：新授貴州糧儲道吴自發調補貴東兵備道。工科掌印給事中黄元善授貴州糧儲道。

十七日癸亥　晴。上午答拜施主事典章、傅子蓴、吴時齋、譚研孫、嚴六谿，俱不值。詣介唐家拜壽，下午歸。雲門來，余誠格户部來。介唐生女彌月，詒以嬰帽嫈衣四事。

十八日甲子　晴。作書致雲門。余壽平誠格來。晡赴周荇老之招，同席爲陳伯平、繆筱珊、朱蓉生、陳懋侯、羅忠節之子某等，夜歸。得陶心雲十一月十七日里中書。

邸鈔：詔：禮部奏明年三月初十日孝貞顯皇后三周年忌辰，應否遣王恭代行禮一摺。遣恭親王奕訢敬詣普祥峪定東陵恭代行禮，並於初九日清明行敷土禮。詔：本月二十一日仍親詣大高殿祈雪，仍命惇親王等禱時應諸宫廟。上諭：鑲紅旗滿洲奏和碩額駙品級人員應歸何處當差請旨遵行一摺。壽臧和碩公主承繼子、和碩額駙品級文熙，著於明年開印後交侍衛處帶領引見。給事中松林授雲南臨安府知府。

十九日乙丑　大風，陰霾，晡後稍霽。先本生祖考生日，供饋肉肴七，菜肴三，火鍋一，點心兩盤，春餅一盤，時果四盤，紅棗銀杏湯一巡，酒三巡，飯再巡，茗飲再巡。雲門贈詩一章，甚佳。介唐來謝。以燖鳧、蒸豚饋書玉夫人。作書致竹篔。夜竹篔來，雲門來，留之小飲，談至二更散。風猶不止。

邸鈔：詔：禮部尚書徐桐、刑部左侍郎薛允升馳驛往奉天查辦事件。　以太僕寺卿明桂爲太常寺卿。以通政司副使志元爲光禄寺卿。

二十日丙寅　晴，有風，寒甚。讀《國語》。和雲門詩兩首，即作書致之。爽秋來夜談。是日封印。

和雲門見贈詩韵

一去蓬瀛更愛閑，暫從冬集選人班。居僑京國無名寺，君寓虎坊橋東萬明寺，都人無知之者。段柯古言長安無名小寺以千數，此類是也。看遍南朝著色山。此來遍游楚、越名山水。家世自傳文武略，才稱兼在俠儒間。歲寒寂寞常相慰，莫爲長纓請出關。

癸未東坡生日竹篔雲門見過夜留小飲再次雲門韵

鶴飛曲裏過冬閑，珂繖稀隨半仗班。小室甕香千日酒，寒林燈影一房山。語參許掾烟霞外，文在樊川伯仲間。故事從容三白飯，瑠璃匕箸不相關。

附雲門見贈作：

郎署公移只等閑，懶隨珂佩閤門班。官清爲抱神仙骨，屋小能移宛委山。不著緇塵腰扇底，小回風氣角巾間。譚經苦被平章慕，書幣尋常到竹關。

附雲門和東坡生日詩：

蘗茶皛飯遺蕭閑，爲酹前朝侍從班。地僻便如紗縠巷，酒行同話雪堂山。優游陽羨求田後，榮遇宣仁賜燭間。今日朝廷相司馬，底教夫子掩苔關。

二十一日丁卯　晴。雲門來，久談。家人裹過年角黍。夜嗽又劇，閱《校禮堂集》，不能竟卷。

二十二日戊辰　晴，下午多陰。劉仙洲夫人饋年禮。蠟梅花盛開，移置室内。作復合肥相國書、復桐孫書。介唐來。饋殷蕚庭年禮。夜閱徐星伯《唐兩京城坊考》。嗽劇甚。

二十三日己巳　亥正一刻十分大寒，十二月中。晨微雪，上午微見日，午後雪稍大。作書致雲門。作片致介唐。閱陳蘭浦《聲律通考》，其中極多名論。買紅梅四盆。得介唐書，即復。夜祀竈。得雲門書，即復。比日與雲門、介唐往復，皆爲余作生日事也。是夕復歐血，甚困，此疾屢作，生事可危矣。閱《太平廣記》以自遣。

邸鈔：盛京將軍崇綺奏假期已滿，病尚未痊，懇請開缺。許之。以河東河道總督慶裕爲盛京將軍，以河南布政使成孚爲河東河道總督，以安徽按察使孫鳳翔爲河南布政使，以陝西陝安道張端卿爲安徽按察使。和碩額駙公景壽奏假期已滿，病仍未痊，懇請開缺。詔：景壽著開去御前大臣鑾儀衛掌衛事差使。以科爾沁親王伯彦訥謨祜補授鑾儀衛掌衛事大臣。上諭：兵部奏已故總兵陳國瑞可否賞還世職一摺。陳國瑞前已加恩開復原官，著賞還雲騎尉世職。

二十四日庚午　晴。雲門來。得益吾祭酒十一月八日長沙書，并惠寄銀三十兩。祭酒鄉居營葬，而念及歲寒，遠分筆墨之潤，甚可感也。閱陳氏《聲律通考》。

二十五日辛未　晴，下午微陰。兩日來病甚，作書致竹篔，致介唐，致雲門，辭免生日之飲。雲門來。介唐來。黄慎之同年來。夜覺精神稍佳，閱《愛日精廬讀書志》。

邸鈔：上諭：前據給事中孔憲穀奏參順天府府尹周家楣徇私妄爲各款，當派額勒和布、張之萬查明。茲據奏稱，詳查平糶局、資善堂立章，俱極妥協，並無辦理不善之處。通州糧店一案，該府尹批詞俱甚平允。即著毋庸置議。惟查封阜康銀號，將數年前寄存書箱携回，致啓浮言；前户部員外郎賈孝彤照料平糶局，雖係襄理善事，惟該員尚在服中，該府尹再三勸令從事，賈孝彤未能固却：均有不合。周家楣、賈孝彤著交部分別議處。順天府糧馬通判周之辰，雖訊無卑鄙實據，惟係出身市廛，著畢道遠隨時察看，如果不能勝任，即行據實奏參。兵科掌印給事中唐樹楠授陝西陝安兵備道。上諭：前駐藏幫辦大臣錫縝著照兵部議降四級調用，不准抵銷，並折罰所兼世職半俸九年，免其降調世職。至告病人員，雖據查無不准遞摺明文，惟究於體制未合，嗣後凡告病未經銷假者，概不准自行遞摺奏事。

二十六日壬申　晴，稍和。書玉新得女彌月，詒以嬰兒花帽四事，錦襖兩領，繡緥一事，涂金銀頸賏一具，食物八合。得書玉書，饋歲物四合，酒一罈，燭一對，爲余生日也。殷萼庭饋生日桃、麵、燭、爆。黄慎之來。作書致書玉。得竹篔書、介唐書，皆以今日風日晴曣，必欲爲余作生日，枉問病狀，詞意肫然。知好之情，稍能自力，何敢却也？即作書復介唐，并饋年禮。晡初詣雲門談，旋詣霞芬，與訂今夕之飲，以竹篔、介唐、書玉、雲門、秋田、光甫約醵資爲余作暖壽筵也。傍晚歸，柬致諸君。沈子培來。夜詣霞芬，秋田已先在矣，竹篔、書玉、介唐、雲門繼至。二更設飲，華燈四周，艷徹内外，肴饌精潔，清談彌永，三更後散，以詩紀之。是夕陰。付霞芬酒饌銀十二兩，犒其僕二十四千，廚賞十二千，客車飯十四千，車錢十千。是日剃頭。

二十七日癸酉　四更後雪，至晨稍止，上午復雪，旋止，午微晴，晡後陰，傍晚復雪，漸密。余生日，四更具牲醴果脯，祀歲神及門、行、户、井、中霤之神，放爆鞭，飲福胙，五更始睡，上午起。竹篔來。雲門來，介唐來，留之小飲。朱蓉生來。夜雪，積至二寸許，可稱嘉瑞。族弟王節婦之子來叩壽，贈以銀二兩及食物。託介唐轉借銀五十兩供歲事。夜復咯血。翁叔平師饋歲十二金，作書陳謝，犒使十千。

二十八日甲戌　晴，有風，下午稍陰。復覺體劣，閱唐人詩自遣。介唐來。得子培書，并和前病中待雪詩韵，即復。夜力疾書春聯，大門云：『一畝賃人亦安宅；十年樹木爲皇州。』聽事云：『欲借年華供炳燭；不將官職累虛車。』中堂云：『迎春花竹詩心境；不老烟霞佛影臺。』東箱爲內人誦經精舍。內堂云：『七寶祥風占佩裹；百花春色在釵頭。』門匡篆書云：『甲宅皆作；申甫應生。』又爲雲門、子培書楹帖各一。

二十九日乙亥　晴，微和。昧爽忽患胸背牽痛，脅幹不舒，蓋久嗽過勞，掣動肝氣也。家人惶懼，以銀託介唐購東洋參。介唐來。河南開歸道陳六舟饋炭銀十二兩。午後體中平復，遂入城詣翁叔平師賀歲。詣麟芝庵師，饋銀二兩。詣徐蔭軒師賀歲。詣毗盧庵視光甫疾。遂出城詣雲門，不值。詣介唐、竹篔，皆謝作生日也。詣李蘭孫師賀歲。傍晚歸。遣人至房師林編修家送饋歲銀二兩。付賃屋銀六兩，車錢二十千，翁、麟、徐、李、林五家門茶十三千。

邸鈔：河南巡撫鹿傳霖奏特參河南候補道王文錦粗鄙嗜利，前署開歸陳許道時剋扣河工發款，物議沸騰；許州直隸州知州孫嘉臻老而務得，民情怨憤；署息縣事候補同知陳席珍讞獄草率，聲名平常：均請即行革職。從之。

三十日丙子　上午晴，下午陰。遣人至景秋坪師家送饋歲銀二兩。雲門來。霞芬來，予以四金，賞其僕十千。祀竈。得介唐問疾書，即復。敬懸三代神坐圖。夜祀先，肉肴九豆，素肴六豆，果羹一，火鍋一，年糕、年粽各一盤，時果四盤，酒三巡，飯再巡。是日還各店帳，石炭銀十五兩，米銀十三兩，廣厚乾果銀十三兩，司馬士容看饌錢二百三千，賣花媼銀二十兩，紬布銀十六兩，酒肉、點心、油燭、井泉、絨綫等銀二十兩，衣估滕文藻銀十兩，聚寶酒食錢七十千，松竹齋紙錢三十六千，内子節銀四兩，席姬節銀二兩。

癸未生日竹篔書玉介唐光甫秋田雲門醵筵爲壽賦詩志懷

今年百病攻腐儒，何暇謀樂惟憂虞。麟閣禮堂兩未就，已看斜日侵桑榆。爆竹漸繁蠟鼓急，案頭殘曆剩三日。同人知我覽揆辰，醵錢二萬祝增齡。城東小史斟流霞，金屏寶勝香爲家。春燈璀粲玉闌角，蜜梅四照人如花。玳筵樺燭映眉嫵，遍酌銀罌佐行脯。自知醇酎輸清談，何事黄金買歌舞。南交十萬屯邊兵，黑山苦戰都護城。大帥椎牛自行賞，笙歌高擁中軍營。況復黄流十州没，層冰峨峨萬人骨。須知移此一醉資，足濟百家一朝活。諸君相顧意氣真，半登館閣稱近臣。或屈朝官作民牧，蒼生責望行在身。慈也衰疾已頭白，行就諸侯作賓客。出門一笑雪滿天，明年斗米易錢百。

臨江仙癸未除夕作

翠柏紅梅圍小室，歲筵未是全貧。蠟鵝花下燭如銀。釵符金勝，又見一家春。　　自寫好宜祛百病，非官非隱閑身。屠蘇醉醒已三更。一聲鷄唱，五十六年人。

光緒十年（一八八四）

光緒十年太歲在閼逢涒灘春正月在修陬元日丁丑　晴，有風自巽。予年五十六歲。叩歲神、竈神。叩先像，供湯圓子。介唐來。沈子培來。朱蓉生來。得雲門書，并以昨作守歲絶句六首、元日試筆長句一首送閲，即復。作詩致荇翁。

甲申元日柬周荇丈

公今開八髪垂肩，愧我遲生十五年。已歎櫟樗形悴甚，始知松柏色蒼然。四朝老見中興日，二品歸無半頃田。手定等身三史學，桑榆光滿楚南天。

初二日戊寅　晴。叩先像，供炒年糕三盤及酒。雲門來。介唐來。王信甫郎中來。鐵香來。是日對客竟日，未飯。作書致爽秋。

初三日己卯　晴。叩先像，供紗帽餡子三盤及茗飲。書玉來。曾丙熙同司來。余石生來。徐亞陶同年來。屠秀才庚來。晡時出門，拜客三十餘家，晤黄慎之同年，傍晚歸。得爽秋書，并豫作送余赴天津講席七古一章。作書問荇老疾。夜風。

初四日庚辰　晴，風甚寒。叩先像，供炒面三盤及酒。黄慎之來。潘伯循來。翁叔平師來。林贊虞房師來。寫詩分致雲門、竹質。得書玉書，饋東洋參十枝，即復，犒使四千。夜風。讀《易》。

初五日辛巳　晴。上午有風，嚴寒。得雲門書，并和予生日詩、除夕詞，皆絶佳，即復。午後答客三十餘家。晤蘇員外玉霖，字器之，廣西鬱林州人，乙卯舉人，癸未進士，年五十矣。詣書玉、光甫、雲門，俱久坐，傍晚歸。霞芬來。夜祀先，肉肴四，菜肴四，火鍋一，酒一巡，飯再巡，焚楮錁。作書復爽秋。

邸鈔：詔：曾國荃署理禮部尚書。徐桐出差缺。孫毓汶兼署刑部左侍郎。許應騤兼署兵部左侍郎。薛允升出差缺。上諭：倪文蔚奏廣西臬司國英自兼理藩司篆務，頗形竭蹷，入秋以來，精神恍忽，公事遲延，時復舛謬等語。調任浙江按察使國英著開缺來京，另候簡用。上諭：張樹聲奏監司大員才力不稱一摺。廣東鹽運使周星譽、督糧道李培祜年力就衰，不能勝任，均著即行開缺。

初六日壬午　晴，下午間有風，嚴寒。署中送來去冬養廉銀十二兩有奇，將爲小吏乾没矣，再索之始獲。作書致書玉，致光甫。屠秀才庾來，以所作古今體詩一册送閲，中多佳什，可愛也。前涼州知府冶軒太守文良開吊，前同司掌印郎中廣西思恩府知府廷俊之父也，送奠分四千。太守嘗守成都，喜購書，所藏甚富，多精本，八旗中無與比者。殷蕚庭來。是日復覺體中不適。

初七日癸未　晴，風甚寒。伯寅尚書寄來紱丈墓志石本四通。作片致介唐，贈以潘志一分，得復。下午出門答客十餘家，晤朱蓉生，晡歸。復出，詣介唐、雲門，俱不值。詣書玉、光甫小坐，晚歸。得荇老書，并和與余元日詩、除夕詞各一首，且言當取『二品歸無半頃田』句刻一印章，此亦後來故事也。雲門來夜談。夜作人日寄荇老詩。比日頗閲諸子。

甲申人日荇老枉和元日詩韵用高常侍人日寄杜拾遺詩韵再簡荇老次日立春

沅江無地營茆堂，十年致政留帝鄉。閉門過冬息老物，五千文字能撑腸。白雲變幻一無預，閑理琴書消百慮。人日枉和歲朝詩，想見花飛墨凝處。明朝又見甲申春，紅梅壓几清無塵。須令世上小兒識，百歲金門游戲人。

邸鈔：以兩淮鹽運使孫翼謀福建侯官人，壬子翰林。爲浙江按察使。以江寧鹽運巡道德壽漢軍，生員。爲兩淮鹽運使。以浙江寧紹台道瑞璋爲廣東鹽運使。王之春爲廣東督糧道。

初八日甲申　申正二刻十二分立春，正月節。晴。叩先像，供饅頭三盤及茗飲。得梅卿去年十一月廿六日書，并寄銀五十兩。書玉來。庚午同年祥閣學祥麟明日爲子娶婦，送賀分六千，作片致介唐，屬其附去。子培來。夜自寫新年七日來門簿。余罕接人事，凡門簿率四五年一易。其初易也，率手書數葉，以僕輩多拙甚不知書也。古人於賀柬，皆自書彼此稱謂，宋人蘇、黄、米、蔡諸公多有手迹流傳，明代人尚如此。今則惟屬吏致長官、門生致老師用手書矣！先輩詣人，多有自書姓名於門簿者，亦古風可思也。余無雜交，來者率鄉年僚友，七日中賀客僅逾百人，然尚有不識姓名者，因遍考單簡，手注官職、里址、交誼於下，凡作二千餘字，亦欲後人知此故事耳。

初九日乙酉　晴。作書并詩致荇翁，并贈以潘志一分。姬人隨内子詣知好數家賀年。閱《靈樞》。浙局新刻本，與《素問》總題《黄帝内經》，云據明武陵顧氏影宋嘉祐本刻。然嘉祐時林億等校上者有《素問》無《靈樞》也。所刻無序跋，亦無音釋，爲補書《郡齋讀書志》《四庫提要》於卷端。作片致書玉，贈以潘志一通。

初十日丙戌　晴，大風，嚴寒。得敦夫臘八日里中書。明日爲先妣八十冥壽之辰，懸去年所得光緒七年孝貞顯皇后升祔覃恩誥命於中堂之楣，汛掃鋪席，夜焚巨燭，供鮮果、乾果八盤，點心、粉餈、糕餅之屬八盤，肴饌四器，炒麵一大盤，酒四巡，茗飲兩巡，如生時暖壽禮也。廿年風木，虚想稱觴，燭影鑪香，泫然悲感。以兩弟配食。二更畢事，焚楮鏍千，即於几筵前共家人食祭餘麵。

十一日丁亥　晴，風。先妣几筵前供饌十二豆，麵牲三事，炒麵一大盤，饅頭一大盤，酒四巡，飯再巡，茗飲再巡，蓮子湯一巡。書玉夫人饋蓮子湯兩碗來與祭。書玉、光甫詒燭一對，金書曰『千秋聖善，百世馨香』，可感也；又楮鏍兩箱。晚畢事，焚楮鏍紙泉。蔡松甫來。得雲門書，約明日游廠市。得爽秋書。

邸鈔：以直隸候補道薛福成爲浙江寧紹台兵備道。上諭：給事中鄭溥元奏參編修尹琳基貪鄙苛刻、縱酒滋事各節一摺，著翰林院掌院學士查明，據實參奏。鄭溥元，山東樂陵人，乙丑翰林。尹琳基，山東日照人，癸亥翰林。同鄉相狎，尹嗜酒粗率，鄭猥鄙，文理不甚通，尹頗輕笑之，遂成隙。而尹性木强，爲掌院大學士寶鋆所不喜。尹在編修，資最深，去年屢以坊缺引見，皆不得升。鄭遂迎合，訐其使酒詈人，包攬閑事，及分門錢，增書價，減塾師之脩脯，各醫生之馬錢，摭拾瑣碎，列款劾之。疏出，衆論嘩然。十九日，給事中鄧承脩疏參鄭溥元挾私逞忿，摭拾揣摩，恐開攻訐之漸，且妄意寶鋆素惡琳基，曲相迎合。上諭：著都察院堂官按照鄧承脩所奏各節查明具奏。

十二日戊子　晴。雲門來，竹篔來，朱蓉生來。書玉生日，餽以酒一壜，蘋果二十枚，冬笋一合，麵十斤，麵桃五斤，燭二斤。光甫來。下午偕竹篔、蓉生、雲門游廠市，至寄觀閣閱書畫。有苦瓜和尚山水、朱浣岳雪景，皆直幀大幅，高三丈餘，筆力奇偉，索價至四百金。至經香閣閱書，購得明刻《考古圖》，十卷本，曹楝亭家物也，價六金。至翰文齋閱書，購得南監本《陳書》，其順治補刊者僅四葉，惜紙印俱劣耳；又汲本《五代史記》，尚是初印，惜爲俗儈點壞；又吴枚庵《梅村詩集箋注》；又湖南龍氏新翻刻《潛研叢書》四種：《通鑑注辯正》《三統術衍》《三統術鈐》《陸放翁等五家年譜》。又江寧新刻上元朱述之郡丞緒曾《開有益齋讀書志》六卷，《續志》一卷，價六金五錢。詣火神廟閱書畫，已日昳矣。傍晚詣雲藻舫閱書畫。夜竹篔邀飲聚寶堂，二更歸。爽秋來。

十三日己丑　晴，微有風。書玉夫人偕其子女來。下午復閱廠市，至火神廟，閱長沙袁氏所售書，無秘籍精本，而索價甚侈。有明刻《新序説苑》，索價至二十四金；鈔本《劉賓客集》，索價三十金。晤陳伯平、龔主事鎮湘、馬蔚林、郭子鈞、霞芬、秋菱，傍晚歸。先像前供紅棗銀杏湯及茗飲，燃燈數枝。月皎甚。

邸鈔：上諭：左宗棠奏假期届滿，病尚未痊，仍懇開缺回籍一摺。左宗棠宣力疆圻，勞勩懋著，朝廷深資倚畀，屢次陳請開缺，均經賞假調理。兹復迭據奏稱目疾增劇，氣血漸衰，非静心調攝，斷難奏效，情詞懇摯，不得不勉如所奏。左宗棠著准其開缺，賞假四月，安心調理。十八日復諭：左宗棠勤勞懋著，朝廷倚任方殷，當此時局艱難，尤賴二三勳舊之臣竭誠幹濟。因兩江政務殷煩，是以准開總督之缺，原欲其早日就痊，出膺重寄。該大學士素著公忠，一俟稍愈，不必拘定日期，即行銷假。以安徽巡撫裕祿署理兩江總督兼通商事務大臣，以安徽布政使盧士杰暫護安徽巡撫。

十四日庚寅　晴。作片致介唐，作書致雲門。介唐來。鐵香來。雲門來。仙洲夫人來。介唐夫人來。潘伯循夫人來。夜先像前供杏酪。月皎於晝。

十五日辛卯　晴。剃頭。沈子封來。午入城，至西單牌樓靈清宮答拜許侍郎庚身；新街口嘎嘎胡同謁秋坪尚書師景廉，答拜舜臣司業治麟；東單牌樓栖鳳樓答拜梁星海；二條胡衕謁翁尚書師；西江米巷答拜張肖庵編修、徐亞陶同年。復出宣武門，答客數家而歸。是日行遍内城，西華、景山、神武諸門，時見香車寶馬。過十刹海，高樹夾行，湖闊里許，積冰瑩澈，極目蕭森，軟紅塵中所罕見也。工部及吏部後門俱有燈。作書致雲門，約同出游，得復。夜祀先，肉肴、菜肴各四豆，火鍋一，湯圓子各一碗，春餅一盤，酒三巡，飯再巡，點燈數盞，小放花爆。二更飲酒微醉，遂不復出。是夕望，月甚佳。

十六日壬辰　上午晴，下午陰。出門答客二十餘家，東至打磨廠，西至牛街，北至香鑪營，外城之客已略遍矣。過廊房胡衕，賣燈尚盛；過瑠璃廠，已攤收人散矣。傍晚歸。得家書，知二伯母於去年十一月十八日去世。伯母孫氏，會稽之孫墩俗作『塹』。人，嘉慶庚申舉人雲錦之從女，歸二伯父少泉府君，先大夫之本生胞兄也。伯父早卒，伯母守節五十餘年，以節孝旌。去年八十一歲，有子一人，孫四人，曾孫一人。余於族屬，已爲緦服，出繼者之嗣亦無本生之名。光緒元年，今上登極，余仍稱胞伯母，請推恩貤封恭人，固知不應禮典，欲以慰桑榆之心也。去冬敦夫歸里，余託寄奉食物。今來書言以十一月十九日到，而伯母已於是日琀斂矣。悲哉！得蘇松邵兵備友濂書，惠銀十六兩。夜先像前供茗飲，小放烟火合子。

十七日癸巳　晴，稍和，地潤。繆筱珊約飲期，即復。傅子蓴夫人來。李瓊池夫人來。秋田來。雲門來。

閲《開有益齋讀書志》。分經、史、子、集爲六卷，其後附《金石記》，自魏《曹真碑》至錢文端公書《耕織圖詩》，僅二十九種，無一漢碑，亦無一北朝碑。蓋至光緒庚辰其子桂模始搜輯成編，去述之殁已久，故散佚者多耳。述之究心目録，藏書甚富，其學長於經部、集部，志中考證，極有可觀。自言所著有《爾雅集釋》及《曹子建集考異》十卷，《敘録》一卷，《年譜》一卷，今皆未見。《續志》一卷，乃從其《研漁筆記》中録出者，本非目録之作，故體例與原書異。述之久官吾浙，多見文瀾閣、天一閣及汪振綺、吴拜經諸家藏書，又交錢警石、蔣生沐、勞季言諸人，故所收多秘籍。有南唐祕書監陳致雍《曲臺奏議》十卷，周雪客在浚《陸氏南唐書注》十八卷，《宋詔令》一百卷，考南唐事者莫備於此。又言其師曹寶書森嘗見胡恢《南唐書》十卷；又言《大唐郊祀録》中有《南唐祭禮》，亦陳致雍所定；又言游簡言、孫晟皆謚忠，見《曲臺奏議》，而馬、陸書本傳中皆不載：安得覽諸書而觀之也！陸書《孫晟傳》載謚文忠，此偶失考。

十八日甲午　晨微晴，上午陰，午後微晴，傍晚陰。祀先，肉肴五豆，菜肴五豆，菜羹一，饅頭一盤，春餅一盤，杏酪一巡，酒再巡，飯再巡，茗飲一巡，晡後畢事，焚楮泉、楮鏁，收神坐圖，徹几筵。書玉來。閲梅村詩。夜霒陰。

十九日乙未　晴，大風。作書致從姪孝瑩、孝玟保定，寄以銀四兩。

二十日丙申　晴。午出門答客數家。晤屠秀才，知爲武進人，字敬山，年未三十也。詣介唐，不值，作片託其代寄保定書。下午詣東升堂赴郭子鈞之飲，晤同司謝主事啓華、萬主事秉鑑。晚始設坐，俗客甚多，酒一行而歸。

邸鈔：詔：曾國荃署理兩江總督兼辦理通商事務大臣，裕禄毋庸署理。以左都御史畢道遠署理禮部尚書。十八日，内閣學士周德潤疏言勳臣不宜引退，請旨責左宗棠以大義，令其在任調理，而言裕禄不勝署理之任，御史張人駿復劾之，故有是命。

二十一日丁酉　晴。作片致介唐，得復。作書致雲門，得復。歸安人陸學源主事來，以其從兄心源所刻吾丘衍《周秦刻石釋即『釋』。音》一卷、董逌《廣川畫跋》六卷、張南軒《諸葛武侯傳》一卷、徐勉之《保越録》一卷及新翻宋拓《聖教序》一通，即作片還之。雲門來。介唐來。殷萼庭姬人來。晡後偕介唐、雲門至米市胡衕一錢肆换銀，遇書玉、光甫，邀飲便宜坊。夜一更後余邀諸君飲霞芬家，三更後歸。沈子培來。是日付經香閣《考古圖》銀六兩，季士周賃屋銀六兩，霞芬酒席錢四十千、叩歲銀二兩，賞其僕十千，客車八千，車五千。

二十二日戊戌　晴。朱蓉生來。黄仲弢來。得趙桐孫十九日天津書，并運使額勒精額書。午後答拜客兩家。即赴繆筱珊之飲，坐晴漪閣，朱茮堂侍郎所題也。晡設飲，肴核頗精，坐有竹篔、雲門、仲弢、王廉生、梁星海，傍晚歸。

邸鈔：詔：和碩額駙品級文熙加恩賞給委散秩大臣，鍾秀、明勛、恩輝、黄永安均賞給委散秩大臣。

二十三日己亥　午正二刻十四分雨水，正月中。上午晴，下午澹晴，傍晚陰寒。作復桐孫書，約二月望前後到院開課。剃頭。殷萼庭來。光甫約廿六日夜飲。得陸學源書，乞題圖卷。

二十四庚子　晴，大風。

閲《考古圖》。十卷本，明人新安汪氏翻刻元大德己亥茶陵陳氏本，每卷首題曰『泊如齋重修考古圖』。據陳才序言，其弟翼屬羅更翁臨本，并采諸老辨證附左方。今觀圖説下往往采《集古録》劉原父説，間有駁正，蓋皆羅氏所加。其稱『泊如齋重修』者，即陳氏所題也。有汪昌業、陳才、陳翼三序及吕氏原序，銘文傳寫多失真，釋文尤多誤字。明人校刻粗疏，訛舛百出，今日略隨手校正一二，惜不得《敏求記》所稱宋刻十五卷本《續考》五卷，又《釋文》一卷。對勘之。《四庫》所收，即錢氏本也。

得周荇翁書并和人日詩韵，即復。荇老寄閲粵東鈔寄廣州府縣稟文告示一册，中言去年英人囉近鎗斃番禺縣幼孩白華景及刃傷伍十五兩名口一案，廣督派候補道彭姓及英國領事官所派駐滬按察使某會審。某謂彼國律例，誤殺不抵，應帶回本國，充當苦差。彭姓遂據以定讞，廣督如其請。郡縣官兩上書争之，言粵民强悍，必致報復，將詒地方之禍。廣督皆不聽。又札延英國律師伊尹氏隨同司道辦理洋務，月給薪水銀一百兩；又劄福建候補同知余貞祥充洋務委員。郡守又力言隨同司道辦事，此端萬不可開；余貞祥小人之尤，嘗充美國翻譯官，構釁生事，必不可用。廣督皆置不理。張樹聲之肉，其足食乎！

邸鈔：詔：順天府府丞胡義質奏病難速痊，准其開缺。詔：開復按察使陳湜著發往江南，交曾國荃差遣委用。

二十五日辛丑　晴。署中送來春季奉米票，劄禄米倉支給，以今年米貴，故較往年先兩月發也。潘伯循來。雲門來。得朱蓉生書，約同詣國學訪蔡松甫。朱子涵來，不見。得爽秋書，即復。比日復感寒，夜身熱，咽中不快。雲門選陝西宜川縣知縣，屬延安府，已界北山矣，南與同州之韓城接壤，去其宜昌本籍已二千餘里，爲之不樂。

邸鈔：工部員外郎田國俊選江寧鹽巡道。

二十六日壬寅　晴。晨卧中汗發，嗽甚，上午稍愈。午後入署，接見尚書額勒和布公。日昳答拜金忠甫、王信甫。晡後出宣武門，詣鐵香，答黄仲弢，俱不值。傍晚歸。光甫來。鐵香來。爽秋來。晚詣雲門，即赴聚寶堂光甫之飲，坐爲雲門、秋田、介唐、書玉，招霞芬。夜二更時，秋田復邀飲霞芬家，四鼓歸。

二十七日癸卯　晴，風。竟日困劣，多卧。

二十八日甲辰　晴。傅懋元來。雲門來，談竟日，至夜飯後去。竹篔來。梁星海來。

邸鈔：上諭：翰林院奏稱尹琳基被參各款雖無實據，惟其人性情粗慢，細行不矜，致招物議；都察院奏鄭溥元參奏尹琳基一疏任意吹求，迹涉私嫌各等語。尹琳基、鄭溥元名列清班，宜如何束身寡過，乃種種謬妄，實屬不能稱職，均著休致。　右春坊右庶子惲彦彬轉左春坊左庶子，翰林院侍讀陳學棻升右庶子。陳學棻，安陸人，乙丑進士。

二十九日乙巳　晴，午前後微陰。得朱蓉生書。鐵香來。于晦若式枚來。得苻老書，以七十歲小像屬題。作書復蓉生，得復；作書致竹篔，得復，俱爲明日游國學、觀上丁禮器也。復苻老書。閲錢竹汀氏所輯放翁、盤洲、野處、深寧、弇州五家年譜，放翁譜可與《甌北詩話》參看。

邸鈔：上諭：御史劉恩溥奏科道歷俸，請比照郎中，二年即予截取，宗人府起居注主事向無截取之例，請飭議章程，各直省首府首縣，非正途出身人員不得署理各等語，著吏部議奏。　以大理寺卿英煦爲都察院左副都御史。

三十日丙午　晴。得雲門書，約爲晦日之飲，即復辭之。朱蓉生來。下午入城，至石大人胡衕詣傅懋元。相傳石大人爲明石亨，此其第宅也。今睿王府、工部、寶源局，敕建駐藏大臣贈一等伯傅襄烈傅清、拉壯果拉布敦雙忠祠，皆在此巷内。復偕蓉生詣國子監南學訪蔡松甫。沿途士女甚盛，香車寶馬，百戲貨擔，闐咽不絶，蓋雍和宫刺麻歲以是日演打鬼之技，故傾城往觀也。日晚出城。書玉來。爽秋來。

去冬張之洞覆奏查辦葆亨等濫發朦銷一疏，其夾片言：山西道府等三十餘人，公捐貢院工程銀二萬兩，自甘報效，以助公需。當葆亨署撫之時，吏治昏荒，浮侈成習。自微臣到晉，公論大明，人知愧悔。此次捐款，如數驗收，仰懇聖恩，免其開列銜名，以全廉耻。奉旨：知道。此疏以有密旨查拏之人不發鈔，而鈔片既出，都下嘩然。御史章耀廷疏劾之，謂藉營私趨利之資，爲贖過匿非之舉，此後簠簋不飭者，皆將恃以無恐，吏治之壞，伊於何底？該撫夙負盛名，乃爲此閃爍之詞，漸染消弭瞻徇之習，未免有負委任。請嚴飭該撫，將此三十餘人究竟有無劣迹，據實參奏。有旨諭之洞查明覆奏，毋稍徇隱。之洞覆疏，盛氣詬厲，力辨諸人並無劣迹，不過多得薪水，亦由藩司議發，撫臣批准，不在應參之列，已與前疏自相矛盾。且盛自誇詡，責問朝廷，無人臣禮。有云：晉省自大祲以來，法紀廢壞，貪蠹成風，然而各種弊端，各員罪狀，民間無一紙之告發，言路無一疏之糾彈，歷任撫臣無一款之參辦，事隔四年，官經三任。微臣到晉，既無隨員，亦無幕友，官皆舊日在事之官，案皆彌縫無迹之案，冥心鉤索，百計參稽，于是舉發，于是嚴劾，于是窮治追繳，計兩年來，遣戍參劾，自藩司以至州縣十有餘員，拏辦逮乎家丁，監追及乎商賈，顯著劣迹者已加嚴懲，僅蒙濫惠者亦須捐繳，此可謂極力從嚴、充類至盡之辦法。蓋微臣之力止於此，而國家之法亦止於此。今言者乃深文巧詆，臣所辦諸事是否消弭瞻徇，今日山西吏治是否較從前日見其壞，聖朝自有天鑒，天下自有公評。又謂此次正摺内尚有參劾拏辦之人。摺尾陳明：此後晉省官吏仰懇天恩，但責實政，不究前失。當奉諭旨，是已鑒其並無重情，許其補過。請將此旨宣示中外，並將臣疏付之邸鈔，以息苛論。是謂朝廷已許之而復詰之，指斥乘輿，跋扈如此！使在先帝時，鼠輩敢爾耶！甚矣，之洞小器易盈，不學無術，而盈廷之無人也！（二句塗抹可辨）

二月丁未朔　晴，午前後微陰。得黄仲弢書，贈元代李字銅押一方，并絶句二首。光甫來，乞撰其母夫人八十壽序。馬蔚林來，邀明日晚飲，辭之。金忠甫來。屠秀才庚來。同年祥副都統祥麟以赴哈密任來辭行。得周荇老書。爲荇老題小像一詞，即作書還之。和仲弢兩詩。夜作書致書玉，并還其前年所乞題兩圖卷。其一託名山谷書，而所書乃康伯可在南渡行在所賦《瑞鶴仙》元夕詞，其中『蛾兒滿路，成團打塊』，『路』誤作『洛』，『團』誤作『圑』，可發笑也。名書玉幼女曰萃嘉，小字嬰梅。

初二日戊申　陰。得爽秋書，再約初四日之飲。爲屠秀才詩册首書數語，還之。其詩五律如《孝哲毅皇后輓詞》三首，七律如《邊愁》九首、《越南雜詠》八首、《癸未雜感》四首，采高意警，實爲名作，其運格用字，每於結聯有含蓄，得少陵之法，亦居然老成。跋爽秋所校《四十二章經》《遺教經》各一通，即作書還之。得山西汾州守朱亮生書，并惠銀十二兩。沈子培來。書玉來，借去《後漢書》十八册。得荇翁書，即復。夜讀《五代史記》。

邸鈔：翰林院侍講學士裕德轉侍讀學士，左春坊左庶子宗室霍穆歡升侍講學士。

初三日己酉　晨陰，上午微雪，午後微見日景，下午復陰。書玉約觀劇。得爽秋書，敘昨題梵經，讚歎歡喜，此君語言之妙，固可愛也。介唐來，言今日偕書玉、光甫、秋田約余樂飲。得馬蔚林書，并饋㸌脯、龍井茶，作書復謝，還㸌脯。作書致子培，致雲門。得黄仲弢送行七言長句一首，詞意親切，作書酬之。書玉來。得雲門復。下午詣同司吴時齋，屬其告假，不值。詣傅子蕁小坐。遂至三慶園，赴書玉、介唐、秋田諸君之約。傍晚諸君邀同雲門飲聚寶堂，二更歸。夜雪。

初四日庚戌　晨雪，積二寸許，上午稍止，午晴，下午復陰。得子培書，約明日晚飲，即復。楊定旉來。仲弢來，以廣州橙一苞，蜜棗、桃脯各一匣，甌紬被裁一事爲贈，久談，至晚而去。夜赴鐵香、爽秋之約，坐有洪右臣、陳雲舫、竹篔、雲門，二更後歸。

初五日辛亥　晨陰，上午微晴，傍午復陰，下午薄晴。曾祖妣倪太淑人忌日，供饋肉肴六豆，菜肴四豆，菜羹一，饅頭一盤，春餅一盤，時果四盤，酒四巡，飯再巡，茗飲再巡，晡畢事，焚楮泉，楮錁。夜詣書玉家話别。一更時赴珠巢街沈子培兄弟之招，竹篔、蓉生、仲弢、爽秋、定旉諸君俱已至，而有廣西人于式枚，狀似風狂，舉坐笑之，亦不知也。此人庚辰榜下，頗有才名，余曾兩遇之，恂恂自下，三年不見，怪狀如此。聞其歷游合肥督相及粤督張樹聲幕下，去年詒書都門，極稱王文韶侍郎才器爲當今第一人，而以攻擊者爲小人。性識善變，遂爾披猖，惜哉！三更歸。

邸鈔：上諭：前據給事中鄧承脩奏廣東高州匪徒竊發，由於地方官諱盜養奸，並知府鍾秀與知縣王之澍互相稟訐各情，當諭令該督撫查明。兹據張樹聲、裕寬據實覆奏，此案高州匪徒莫毓林等糾衆聯盟，圖襲郡城，並分竄電白縣城，當經文武各員拏獲匪首，不致蔓延爲患。高州府知府鍾秀於匪徒滋事未能弭患事先，且將屬員負氣毆辱，殊屬躁妄。前署茂名縣知縣、候補通判王之澍於查辦會匪重案漫不經心，致貽後患，實屬庸懦不職。鍾秀著交部嚴加議處，王之澍著即行革職。

初六日壬子　晴，午後微有風，甚寒。剃頭。周介甫來。金忠甫來。雲門來。内子、席姬爲余設餞。晡後詣同年郭子鈞，不值。詣介唐、伯循，亦不值。詣瑠璃廠松竹齋，買箋紙。夜赴朱蓉生聚寶堂之飲，雲門、龔藕田、沈子培、子封俱已至，招霞芬，二更後歸。作片致同司吴時齋，託其署中告資斧假。閲董增齡《國語正義》。

邸鈔：詔：額駙公景壽加恩毋庸進領侍衛内大臣班，免帶豹尾槍差使。以貝勒載漪補領侍衛内大臣，並帶豹尾槍。

初七日癸丑　陰，寒甚，午稍見日。得伯寅尚書去年十二月二十七日書，并寄銀三十兩，言近病胃痛日劇，恐不復相見，可念也。繆筱珊來。雲門來。蘇户部玉霖約初十日飲，辭之。本戒期初十日出京，今日往定自通州赴津門船，牙人言路河尚冰，須月望後方開，改期十六日行，作書告竹篔、雲門、介唐、書玉。印結局送來十二月、正月公費銀十二兩六錢。吴時齋來。作片致潘伯循，取告假小結，得復。夜作復胡梅卿書，以梅卿去冬别有五十金由阜康錢鋪寄余，今抵還介唐也。五更雨。

邸鈔：右春坊右中允崔國因轉左春坊左中允，左贊善陸潤庠升右中允。

初八日甲寅　午初初刻十分驚蟄，二月節。晨雨，上午晴，下午陰，有風，寒甚，如嚴冬。作復敦夫書。竹篔約明日晚飲。秋田來。殷蕚庭來。子蓴來。介唐來。伯循來。夜偕介唐、秋田小飲，伯循共談，至二更始散。風勁，益寒。

初九日乙卯　陰，嚴寒，午微有日景。作復益吾祭酒書。仲弢來，以瑞安項叔明霽《且甌集》爲贈。嘉、道間布衣也，爲詩十卷，頗老成。朱蓉生來。袁爽秋來。郭子鈞來。雲門來，以所購吴梅村、徐俟齋所畫小幅山水，崔不雕小幅花卉，陳恭甫所書詩册送閲。恭甫詩七古兩首，五、七律數首，皆甚佳。晚詣竹篔之飲，坐惟鐵香、雲門，劇談至夜三鼓歸。席姬生日，予以銀一兩。

初十日丙辰　晨晴，旋陰，傍午後澹晴。作片致介唐，託買小皮篋。得沈子培書，爲其兄乞書。作書致荇老，託轉寄逸梧書。作片致書玉，致光甫，俱約爲花朝之飲。兩得介唐書，俱復。爲雲門題子縝所繪《鴛湖放櫂圖》七律三首，爲陸篤齋題費曉樓丹旭所畫《西湖秋泛圖》，中作一女士抱膝倚舷小影，或言是道光中江山船女狀元林若華也，系以二絶。作書致雲門。是日復感寒，不快，夜嗽甚。付小皮箱九千，板箱錢七千。

十一日丁巳　晴。作片致子尊。作書致竹篔，得復。作書并圖卷還雲門。

作書致黄仲弢，凡數百言。仲弢才質之美，庚辰同榜中第一，文章學問俱卓然有老成風。近甚厚予，以予與其仲父卣香比部有交誼，持後生禮甚謹，予辭之不得。其尊人漱蘭侍郎亦甚致禮敬，見必稱先生，書問亦然。予愧無以稱其橋梓意也。念近日都門，自北人二張以諫書爲捷徑，鼓扇浮薄，漸成門户。仲弢喪耦後，南皮兩以兄女妻之。而皖人張某者，粵督張樹聲子也，爲二張效奔走，藉以招摇聲氣，妄議朝局，世以火逼鼓上蚤目之，近與仲弢同居。又齊人王懿榮者，素附南皮，竊浮譽，後以妹妻南皮，益翕熱，其父以龍州僻小郡守驟擢成都道，致富鉅萬。懿榮既入翰林，侈然自滿，揮斥萬金，買骨董書畫。昨忽上書争京官津貼事，又請復古本《尚書》與今本並行，言甚詭誕，人皆傳笑。兩人者皆素與仲弢習，故作書勸其閉門自守，勿爲人所牽引，而痛言浮俗子弟噉名競進，干豫朝事，不祥莫大，害家凶國，皆此輩爲之，欲仲弢早絶之，以自立於學，所以效忠告也。

余所用書包布，是道光乙未春，余時七歲，始就外傅，先君子所賜也，僅方尺餘，疊之爲複。至丁西受《詩經》，書册稍寬，先君子欲爲易之，先妣不可，曰：『童子書包，不宜數易也。』至今五十年，竟不敢易。朝夕對之，幅敝縫裂，色黯如漆。昨日始以縑爲之裹，今日爲之銘，以八分書之。子蓴來。介唐來。雲門來。書玉來。蓴庭來。

邸鈔：以大理寺少卿文興爲太僕寺卿。以太常寺少卿文碩爲通政使司副使。太常寺卿張緒楷奏病難速痊，懇請開缺。許之。

十二日戊午　晴。衣賈滕文藻來，爲買鼲鼠馬褂一領，直銀八兩二錢。秋田來。下午力疾出門，詣沈子培、沈子封、朱蓉生話别。詣仲弢，不值。送陳伯平行。答詣蓴庭、楊定旉、章黼卿侍御。詣霞芬，與訂今夕之飲。詣雲門，閲所購書畫，有陳老蓮《聽松圖》《馬負圖》《指畫美人》，張宏字君度。《靈椿紫蓉圖》，珠明上人際本，本明末諸生。所畫子母牛，錢籜石畫墨蘭、昌蒲，皆佳。竹篔亦來，日已入矣。遂同詣霞芬家，介唐已至，秋田、書玉、光甫先後來。以今日花朝，夙約諸君，小設芳勺。而比又感疾，嗽劇咽傷，劣不可支，是夕疲羸，遂發喘逆。衰年綺節，强欲爲歡，亦可笑矣。夜三更後歸。付霞芬銀十兩，賞其僕二十二千，廚人十二千，客車飯十六千，王坎車錢十九千。翁叔平師來。光甫來。得傅子蓴書。夜月甚佳。

十三日己未　晨大雪，上午稍止，已積二寸許，午後晴陰相間。病甚，子蓴兩次催飲餘慶堂，固辭之。作書致書玉，請診脉。作書致雲門，得復。署吏送來春季奉銀十六兩。書玉來診，爲撰方，服藥。殷蓴庭來。雲門來。余本擬十六日行，今日病嗽甚，一發急促，四肢厥冷，殆不可持，改以十九日行。作書致鐵香。閲《容齋隨筆》十六卷訖。其中惟説經者鮮可取，論史紀時政多有可觀。晚風起，竟夕有聲。秋田饋酒一壜。

邸鈔：以通政司副使徐樹銘爲光禄寺卿。以光禄寺少卿延茂爲通政司參議。

十四日庚申　晴，大風，寒甚，復冰。得竹篔書，并寫所作贈行序。永寶齋畫估送陳老蓮所繪《右軍籠鵝圖》直幅來，索銀十六兩，贋作也。得雲門書，即復。嗽甚，咽中梗楚，再服書玉方。雲門來，以書包屬其題詩。鐵香饋棗糕。沈子培、子封兄弟來。夜風稍止，月皎。

十五日辛酉　晴，下午有風。咽痛嗽劇如故。作書致書玉，乞改方。鐵香再饋棗糕，作書復謝。作書致雲門，致竹篔。雲門送來題余書包七律兩章，極佳。又余壽平爲余寫舊文四十首，共一百數十番，可感。書玉來。雲門來。介唐來。光甫來。仲弢來。子蕁來。雲門以今日爲大花朝，花朝本在二月十二日，出陶朱公書，其説最古，然唐人無稱之者。至洛陽以二月二日爲花朝，浙湖以二月十五日爲花朝，蓋皆興於宋世。今俗以初二爲小花朝，十二爲正花朝，十五爲大花朝。先數日約飲月秋家爲余餞，以余本克十六日行也。昨雲門請改期，余止之。今日告以不能往，雲門欲移饌就余寓，不得已扶病而往。竹篔、介唐、書玉、光甫、秋田已俱在矣，馬蔚林亦來。初夜命酌，夜分始散。是夕望，月皎如晝。付賃屋銀六兩，香油銀四兩二錢，石炭銀三兩。

邸鈔：壽莊固倫公主薨。宣宗第九女也。詔旨褒悼，以二十二日臨奠。

十六日壬戌　晴，午前微陰。得書玉書，饋藥方。蔡松甫來。鐵香來。急喘稍平，仍患咽痛，服書玉方。雲門來。

閲《容齋續筆》十六卷訖。其辨《唐書》謂張鷟八應制舉皆甲科云：按《登科記》，鷟上元二年登進士第，是年進士四十五人，鷟名在二十九；神龍元年中才膺管樂科，於九人中爲第五；景雲二年中賢良方正科，於二十人中爲第三。所謂八中甲科者，不可信也。足證余昔年日記謂甲科特入等之稱，唐人所云甲科皆此類。

邸鈔：上諭：前據給事中鄧承脩奏請責令貪吏罰捐巨款，當諭令彭玉麟確查具奏。茲據該尚書覆奏，已故總督瑞麟在任有年，剿平匪黨，曾著勞績，並無貪私實迹，自可毋庸置議。已故學政何廷謙、前任粤海關監督崇禮等，或業經病故，或早經離任，既無丁書可訊，亦無專案可推，均難指其贓私確據，朝廷政尚寬大，既往不究，均著免其置議。現任南海縣知縣盧樂戌前在東莞縣任内被參有案，其調任南海縣亦多物議，著改以教職銓選。玉麟原疏備列何廷謙、崇禮、俊啓、吴寶恕、翟國彦、何兆瀛、方濬師、馮端本、劉湝年、杜鳳治、林灼三等聲名之劣，而尤言崇禮、方濬師、杜鳳治三人之貪，惟言瑞麟能辦事，然亦未能峻絶饋遺，其詞甚直。

十七日癸亥　晨晴，上午微陰，午晴，下午微陰，晡後陰。

《容齋續筆》中『姑舅爲婚』一條云：『姑舅兄弟爲婚，在禮法不禁，而世俗不曉。按《刑統・户婚律》云：「父母之姑舅、兩姨姊妹及姨若堂姨，案：父母之姑舅、兩姨姊妹者，謂父母之姑所生女、舅所生女、兩姨所生女，皆於父母爲姊妹也。凡姨字皆指從母。母之姑、堂姑，己之堂姨及再從姨、堂外甥女、女婿姊妹，並不得爲婚姻。」議曰：父母姑舅、兩姨姊妹，於身無服，乃是父母緦麻，據身是尊，故不合娶。及姨，又是父母小功尊；若堂姨，雖於父母無服，亦是尊屬。母之姑、堂姑，並是母之小功以上尊。己之堂姨及再從姨。案：此下當云『並是母之緦麻以上親，據身是尊』。今有脱文，《唐律疏義》亦如是，不可曉。堂外甥女，亦謂堂姊妹所生者。女婿姊妹，於身雖並無服，據理不可爲婚。並爲尊卑混亂、人倫失序之故。然則中表兄弟姊妹，正是一等，其於婚娶，了無所妨。政和八年知漢陽軍王大夫申明此項，敕局看詳，以爲如表叔取表姪女、從甥女嫁從舅之類，甚爲明白。今州縣官書判至有將姑舅兄弟成婚而斷離之者，皆失於不能細讀律令也。』慈銘案：此所引《刑統》自『父母之姑舅』至『人倫失序』，皆本《唐律疏義》之文，《疏義》此上一條明注云『其外姻雖有服非尊卑者爲婚不禁』，可無疑於姑舅兄弟之爲婚矣。周道百世婚姻不通，是周制爲婚最嚴，而《召南・何彼襛矣》之詩，美王姬下嫁，云『平王之孫，齊侯之子』，毛傳：『平，正也。武王女、文王孫適齊侯之子。』齊侯當是吕伋，蓋武王女適丁公子乙公得，正是姑舅兄弟爲婚也。

宋南渡以前，進士甲科授官之制無一定，故史志不詳。余去年日記所考，亦尚未盡。《容齋隨筆》卷九『高科得人』一條，《續筆》卷十三『科舉恩數』一條，合之足補史所不備。《隨筆》云：國朝自太平興國以來，以科舉羅天下士，士之策名前列者，或不十年而至公輔，吕文穆公蒙正、張文定公齊賢之徒是也。及嘉祐以前，亦指日在清顯。東坡《送章子平序》以爲仁宗一朝十有三榜，數其上之三人，凡三十有九，其不至於公卿者五人而已。至嘉祐四年之制，前三名始不爲通判，第一人才得評事簽判，代還升通判，又任滿始除館職。王安石爲政，又殺其法，恩數既削，得人亦衰矣。觀天聖初榜，宋鄭公郊、葉清臣、鄭文肅公戩、高文莊公若訥、曾魯公公亮五人連名，二宰相、二執政、一三司使；第二榜，王文忠公堯臣、韓魏公琦、趙康靖公概連名；第三榜，王宣徽拱辰、劉相沆、孫文懿公抃連名；楊寘榜，寘不幸即死，王岐公珪、韓康公絳、王荆公安石連名；劉煇榜，煇不顯，胡右丞宗愈、安門下燾、劉忠肅公摯、章申公惇連名：其盛如此。治平以後，第一人作侍從，蓋可數矣。《續筆》云：國朝科舉取士，自太平興國以來，恩典始重，然各出一時，制旨未嘗輒同，士子隨所得而受之，初不以官之大小有所祈訴也。太平之二年，進士一百九人，吕蒙正以下四人得將作丞，餘皆大理評事，充諸州通判。三年，七十四人，胡旦以下四人將作丞，餘並爲評事，充通判及監當。五年，一百二十一人，蘇易簡以下二十三人皆將作丞、通判。八年，二百三十九人，自王世則以下十八人以評事、知縣，餘授判、司、簿、尉，未幾世則等移通判，簿、尉改知令、録，明年並遷守評事。雍熙二年，二百五十八人，自梁顥以下二十一人纔得節察推官。端拱元年，二十八人，自程宿以下但權知諸縣簿、尉。二年，一百八十六人，陳堯叟、曾會至得光禄丞、直史館，而第三人姚揆但防禦推官。淳化三年，三百五十三人，孫何以下二人將作丞，二人評事，第五人以下皆吏部注擬。咸平元年，孫僅但得防推；二年，孫暨以下但免選注官：蓋此兩榜，真宗在諒闇，禮部所放，故殺其禮。及三年，陳堯咨登第，然後六人將作丞，四十二人評事，第二甲一百三十四人節度推官、軍事判官，第三甲八十人防團軍事推官。

又『下第再試』一條云：太宗雍熙二年，已放進士百七十九人，或云下第中甚有可取者，乃令復試，又得洪湛等七十六人，而以湛文采遒麗，特升正榜第三。端拱元年，禮部放程宿等二十八人進士，葉齊打鼓論榜，遂再試，復放三十一人，而諸科因此得官者至於七百，一時待士，可謂至矣。

又『金花帖子』一條云：唐進士登科有金花帖子，相傳已久，而世不多見。予家藏咸平元年孫僅榜盛京所得小録，猶用唐制，以素綾爲軸，帖以金花。先列主司四人銜，曰『翰林學士、給事中楊，兵部郎中、知制誥李，右司諫、直史館梁，祕書丞、直史館朱』，皆押字，次書四人甲子年若干某月某日生，祖諱某，父諱某，私忌某日，然後書狀元孫僅，以下。别用高四寸綾，闊二寸，書『盛京』二字，四主司花書於下，粘於卷首。其規範如此，不知以何年而廢也。但此榜五十人，自第一至十四人，惟第九名劉燁爲河南人，餘俱貫開封府，其下又二十五人亦然，不應都人士中選若是之多，疑外人寄名託籍，以爲進取之便耳。四主司乃楊礪、李若拙、梁顥、朱台符，皆祇爲同知舉。

合此數則觀之，可略知北宋待進士之制。案：《宋史》雍熙二年，先放百七十九人，復放七十六人，與所記『下第再試』一條數同，共得二百五十五人，《隨筆》『八』字誤。至史言端拱元年先放程宿等二十八人榜，既出，謗議蜂起，或擊登聞鼓求別試，乃覆試於崇政殿，得進士馬國祥以下及諸科凡七百人，越月再試詩賦，又得進士葉齊以下三十一人，諸科八十九人，並賜及第，與《續筆》所記小異。

是日咳嗽稍愈，仍服書玉方。陸篤齋來。作書致書玉。作書致子培，以楊濠叟篆書《漢藝文志敘》四幅借之，得復。作片致陸篤齋，還其《西湖秋泛圖》，篤齋以其家所刻宋本史氏炤《通鑑釋文》三十卷見詒。

邸鈔：奉慈禧端佑康頤昭豫莊誠皇太后懿旨，三月初九日親往壽莊固倫公主府第賜奠。

十八日甲子　陰，晨小雨。精神小佳，仍服書玉方。作片致介唐。得光甫書，饋老山高麗參一斤，廣州橙二十枚，作書復謝，受橙反參。介唐來。作片致書玉，得復。

十九日乙丑　晴，下午有風。是日春寒，復覺小極，咽中仍痛，服書玉方。作書致長蘆額玉如運使額爾經額，告以久病，不能遽赴講席。介唐來。秋田來。朱蓉生來。雲門來。書玉來。閱《容齋三筆》十六卷訖。其中言宋官制甚詳，多可補正史志。而論經數則則皆非，其首條『晁景迂經説』尤謬。

邸鈔：上諭：總管内務府奏據二等侍衛德峰呈稱伊兄固倫額駙德徽承祧無人，情願將伊子頭品蔭生阿克東阿承繼爲嗣一摺。德峰之子阿克東阿著繼與壽莊固倫公主爲嗣，加恩給予固倫額駙品級。　御史李璲授廣東高州府知府。

二十日丙寅　陰寒，午前微見日景。先祖考忌日，又節孝張太太忌日，上午合饋於堂，肉肴六豆，菜肴八豆，饅頭一大盤，菜羹一，時果五盤，春餅一盤，酒四巡，飯再巡，茗飲再巡，晡後畢事，焚楮泉。沈子培來。黄讓卿兵備來辭行。作書致書玉，乞改方，得復。是日疲劣甚，仍服書玉前方。

二十一日丁卯　上午陰寒，下午晴。病不愈，服書玉前方。介唐來。作書致雲門。作片致書玉。閱《容齋四筆》十六卷訖。其『范曄《漢志》』一條，言不知劉昭爲何代人，則洪氏所見本無劉昭《注補自序》一篇，明代南監本所刻始有之，其所據底本勝於洪氏所見也。『鈔傳文書之誤』一條，言《蘇魏公集·東山長老語録序》『廁足致泉，無用所以爲用；因蹄得兔，忘言而後可言』，『廁足致泉』二語用

《莊子》文，案：見《外物》篇。厠音則。本亦可作『側足』。而誤『厠足致泉』作『側定政宗』，陶淵明《讀山海經詩》『刑天舞干戚』誤作『形夭無千歲』。『歲陽歲名』一條，《史記・曆書》『赤奮若』，『奮』誤作『奪』。可知宋時校刻甚多粗疏，今之矜言宋槧者亦可悟矣。其以《通鑑》取歲陽歲名冠年爲不可曉，謂不若用甲子爲明白，不知古人止以幹支紀日，不以紀歲也。

其『唐人官稱別名』一條，所載尚未盡。如户部尚書爲大農，刑部侍郎爲少秋官，尚書左丞爲左轄，右丞爲右轄，吏部郎中爲小天，六部員外郎爲外郎，節鎮掌書記爲外三字，此類甚多，皆屢見唐人紀載。惟少秋官止見韓昌黎文。至起居郎曰左史，起居舍人曰右史，至宋猶沿其稱，然實爲高宗龍朔二年所改官名，未幾復舊，而此兩官沿稱不改。若洪氏所舉御史大夫爲司憲，亦龍朔改制之名。又言侍御史曰脆梨，殿中御史曰開口椒，監察御史曰合口椒。案：此出唐人《御史臺記》云：御史裏行及試員外者爲合口椒，最有毒；監察爲開口椒，毒微歇；殿中爲蘆菔，本作『蘿蔔』，誤。亦曰生薑，雖辛辣而不爲患；侍御史爲脆梨，漸入佳味；遷員外郎爲甘子。蓋言官漸達則緘默也。乃當時謿誚之辭，未嘗爲官稱。又曰比部郎官爲比盤，亦曰昆脚皆頭。案：李肇《國史補》云：『比部得廊下食，以飯從者，號比盤。』乃指其所食而言，猶國初六科給事中有『吏科官，户科飯，兵科紙，工科炭』之謡，非以比盤稱郎官也。昆脚皆頭是『比』字隱語，亦未嘗以稱官。又曰諸部郎通曰哀烏依烏。案：《漢書・天文志》云『哀烏郎位』，《晉志》作『依烏』，唐人詩有用之者，亦非以爲官稱。又曰光禄爲飽卿，鴻臚爲睡卿，司農爲走卿。案：此亦是一時謔語，猶呼散騎常侍爲貂脚，祕書監爲病坊之比，明代及今號禮部精膳司曰飽官餓做，祠祭司曰鬼官人做，皆非以是稱居官之人也。

其它記兩宋官制沿革遷改及掌故之失，皆詳盡可觀。其『實年官年』一條，謂布衣應舉者必減小，公卿任子者必增抬，南渡時遂公見章奏，曰實年若干，官年若干，於是形於制書，播告中外，知此事由來久矣。

雲門來，留共夜飯，談至二更去。

邸鈔：詔：廣東布政使剛毅、雲南布政使龔易圖對調。詔：内閣部院京察一等未記名人員，再遴選才具優長者加考保送引見。户科給事中鄔純嘏轉工科掌印給事中。

二十二日戊辰　春社日。晴和。上午詣浙紹鄉祠，以鍾六英太僕掌祠交代也。書玉、介唐、伯循、周介甫、婁秉衡、朱少萊皆已至，秋田後來。太僕欲以屬介甫，而諸君以推余，不得已受之。六英交出乾盛亨錢鋪存銀九百四十兩，有券一紙；又銀五百三十四兩一錢，京錢六十六千；施敏先借票一紙，銀百五十兩。敏先今守興化，此銀當仍向六英追還也。凡移交簿籍一册，捐銀簿三册，共以一小箱扃之。鄉祠在虎坊橋東，西珠市口之西，臨南大街，北向，有屋數十間，本曰稽山會館，創始於明代，不知何時改此名也。有戲臺，前廳供先賢栗主，中廳爲神祠，有塐像，不知何神也。旁爲眼藥庵，亦有塐像，蓋里俗以爲療眼疾之神。神龕前室供觀音大士像，高三四尺，與所侍善才、龍女像皆銅質，甚古，相傳自潘家河沿晉陽庵移奉者。屋皆敝漏，神像猥雜，等於叢祠，圍墻基址多被民家侵占，吾鄉士夫因陋就簡，不學之弊，一至於此！同治辛未歲，蕭山鍾學士寶華掌祠，忽議修整，耗公費銀一千七百餘兩，而以屬一酒保，令開肆賣飯，收其租息。予時力沮之，不從，既而息無所入，屋益污壞。適遭穆宗國恤，復以戲臺付優人爨演，名曰清唱，於是市兒喧雜，什器俱毁。國家科目，付之此輩，玷及鄉里，可勝歎哉！偕六英、伯循周視一匝而歸。子培來。作書致竹篔，致子培，致荇丈。得書玉書。作片致介唐，得復。服書玉知母、山梔、麥冬、半夏、歸芎、桑皮、天花粉方。夜得雲門書，并近作《浣溪紗》詞六闋，即復。作書致書玉。夜陰，驟暖，三更後大風，四更雨。

二十三日己巳　午正一刻十三分春分，二月中。晨大雪，上午稍止，竟日霠陰，溦雨，頓寒，晚又雪。書玉來。朱少萊來。介唐來。伯循來。雲門來。仍服書玉方。夜雪徹旦，積七八寸。

二十四日庚午　晨雪，至傍午稍止，午晴，寒甚。作書致書玉，以其幼女患驚風，遣僕媪持果餌問其夫人，得復。於昨方去知母、山梔、麥冬，易以於朮、雲苓、杏仁，以咽中漸愈而腹小瀉也。

閱《容齋五筆》十卷訖。此書予於癸丑、丁巳、庚申三次閱之，今年甲申已四遍，余年亦五十六矣，隙駒不留，磨牛如故，曷勝黯悵！洪氏最留心官制，其考核年月，辨正俗説，於唐人事迹、史册傳訛極爲有功，所記見聞，多足裨掌故，資談柄，宋人説部中最爲可觀。世以與《困學紀聞》並稱，則非其倫也。其《二筆》有云：黄魯直嘗書太公《丹書》諸銘，言得於《禮書》中，今讀《大戴禮》始見之。則其先未嘗見《大戴禮》也。其《四筆》有云：漢高帝祖號豐公，讀《漢書》數十過而幾忘之。則自言於史學甚疏也。《五筆》有云：檢書得晉代遺文一册，内有張敏《頭責秦子羽文》，甚尖新，此文《藝文類聚》《太平御覽》或當采之，而世無知者，爲載之於此。案：此文見《世説·排調》篇及注，而洪氏不能知，且明言未讀《藝文類聚》《太平御覽》兩書。又云：古人以通名書者，自《易》有漢人洼丹《洼君通》，後如班固《白虎通》，應劭《風俗通》，唐劉知幾《史通》，韓滉《春秋通》，今惟《白虎通》《風俗通》僅存。則洪氏未嘗見《史通》也。此等人人習見之書，而絶不自諱，亦足以見其爲學之不欺。今日小夫豎子略窺一二目録者，尚肯爲此言哉！至洪氏於經學、小學，皆所不講。如疑《周禮》，疑《左傳》，疑《詩序》；以《尚書·洪範》爲有錯簡；謂『廿』『卅』『卌』皆《説文》正字，而不知《説文》無『卌』字；謂《左傳》『楄柎藉幹』，《説文》作『楄部薦幹』，與傳文異，而不知『幹』乃俗字。其最謬者，謂真宗諱从心从亘，音胡登切，若缺其一畫，則爲『恒』，遂并『恒』字不敢用而易爲『常』矣。蓋其意以真宗諱爲本作『恒』，从亘，與『桓』『洹』等字偏旁同，與『恆常』之『恆』字从亙者異，而不知字書並無从心从亘之字。《集韻》：『恒，胡登切，國諱。』《説文》：『常也，从心从舟，在二之間。』古作『㮓』。《廣韻》：『恒，常也，胡登切。』㮓，古文。《類篇》亦同。蓋隸寫『㮓』作『恆』，又轉作『恒』，遂與从亘之字『桓』『洹』『垣』『宣』等皆無别，洪氏又誤以『恒』『恒』爲兩字耳。

二十五日辛未　晴和。沈子培來。光甫來。始剃頭，已二十日矣。仍服昨方。雲門來。得族弟小帆去冬十月南昌書。

邸鈔：御史光熙選湖南永州府知府。工部郎中朱其煊選四川嘉定府知府。右庶子盛昱轉左庶子，洗馬錫鈞升右庶子。右贊善樊恭煦轉左贊善，編修許有麟升右贊善。掌山東道御史李鴻逵升户科給事中。

二十六日壬申　晴。作書致書玉，乞改方。得雲門書。書玉來，久談。閲《養新録》。日下看乳貓曝。斫去碧桃、白丁香枯枝。雲門來。服昨方，去於朮、苦桔梗，加生地黄、淮山藥、粉丹皮。夜得書玉書，言去冬所生女以驚風殤，詞甚悲惋，作書慰之。

二十七日癸酉　晴，下午微有朔風。上午遣車逆書玉夫人，則言所生女復穌，能啼矣。爲之失喜，遣張姬往視之。季士周來。介唐來。昏時書玉來，言女竟殤。向傳治小兒驚風方：青蒿梗中蟲焙乾研末，和燈心灰開水調下，奇效。此蟲在梗中，立秋後始有，每梗一蟲，至處暑後即飛去，須及時收之，拌以丹砂，儲瓷瓶中，臨用時焙研。此神方也，藥肆中無之。仍服昨方。

邸鈔：詔：工部左侍郎孫毓汶、内閣學士烏拉布馳驛往湖北查辦事件。以鄖西縣廩生余瓊芳身死一案也。

二十八日甲戌　晴，午有風。作書致書玉。仍服昨方。書玉夫人來寧。得沈子培書，即復。介唐來。

二十九日乙亥小盡　晴，大風竟日夜。自服地黄、山藥，覺胃濾脾濕體羸，去兩味及雲苓，改清木香、黑棗仁、於朮、杭芍、陳皮。作書致書玉。介唐來。爲雲門近年詩集題七律一首，還之。

浪淘沙甲申花朝病中飲霞芬室

紅纈上花梢，柳漸垂絲。暫辭藥裏理金蕉。又見白頭扶杖出，沽酒旗招。　簾影卷紅綃，月妒燈嬌。人生能醉幾良宵。記取甲申春二月，第一花朝。

荀學齋日記己集上

光緒十年三月初一日至七月二十一日(1884年3月27日—1884年9月10日)

光緒十年甲申三月丙子朔　晴，寒甚，如中冬。柳乃稊，山桃將華。郭子鈞來。雲門來。書玉來。金忠甫來。朱蓉生來。書玉邀夜飲，二更歸。

唐代朝官奉禄最薄，然白樂天爲校書郎，正九品也，而其詩曰：『俸錢萬六千，月給亦有餘。』及兼京兆府户曹參軍，正八品下階也，而其詩曰：『俸錢四五萬，月可奉晨昏。廩禄二百石，歲可盈倉囷。』宋初州縣小官俸亦至薄，然黄亞夫庶《伐檀集自序》云：歷佐一府三州，皆爲從事，月廩於官，粟麥常兩斛，錢常七千。洪容齋謂今之簿、尉蓋七八倍於此，若兩斛、七千祇可禄一書吏、小校。蓋南宋奉禄優厚如此。以視今日五品朝官，歲奉米十五石六斗，尚須關説倉官，至優者一石可得百二十斤，外又奉銀六十四兩而已。

初二日丁丑　晴，下午又風。買牡丹兩本，花八朵，付錢七千。付浙紹鄉祠長班曹興三月工食錢二十八千。嚴鹿谿來。得書玉書，即復。仍服前日方藥。

聞前日有旨，廣西巡撫徐延旭、雲南巡撫唐炯俱革任逮問，以署湖南巡撫潘鼎新調廣西，以貴州巡撫張凱嵩調雲南，以貴州布政使李用清進貴州巡撫。自去冬越南之山西失守，廣西提督黄桂蘭、候補道趙沃駐兵北寧，不能救，徐延旭駐鎮南關外百餘里之諒山。朝命雲貴總督岑毓英節制諸軍，岑屢檄延旭益兵嚴守北寧。及今年二月初旬，法夷兵至北寧，桂蘭等不戰而潰。十五日電報至，有旨延旭、桂蘭皆革職留任，命潘鼎新馳赴廣西督防務，而湖南布政使龐際雲護巡撫任。侍講志鋭、御史黄自元、馮應壽連章劾延旭，請治罪。近日法夷由北寧進陷太原。二十九日，鐵香疏請嚴治炯、延旭罪，而立誅桂蘭、沃，亟飭潘鼎新馳出關，起前提督馮子材與張樹聲駐南寧爲後路聲援。故有此處分，而外廷鮮知之者。

《容齋三筆》云：國朝官稱，謂大學士至待制爲侍從，謂翰林學士、中書舍人爲兩制；舍人官未至者則云知制誥，故稱美之爲三字；謂尚書、侍郎爲六部長貳，謂散騎常侍、給事、諫議爲大（案：此字疑衍。）兩省。今盡以在京職事官自尚書至權侍郎及學士、待制均爲侍從，蓋相承不深考耳。

又云：元豐未改官制以前，用職事官寄禄，自諫議大夫轉給事中，（學士轉中書舍人。）歷三侍郎，（學士轉左曹禮、户、吏部，餘人轉右曹工、刑、兵部。）左右丞，（吏侍轉左，兵侍轉右。）然後轉六尚書，各爲一官。（案：謂自左右丞轉工尚，次轉禮尚，次轉刑尚，次轉户尚，次轉兵尚，次轉吏尚。）尚書轉僕射，非曾任宰相者不許轉，今之特進是也。故侍從止於吏書，由諫議至此，凡十一（案：當作『二』。）轉。其庶僚久於卿列者，則自光禄卿轉祕書監，繼歷太子賓客，遂得工部侍郎，蓋以不帶待制以上職，不許入兩省給諫耳。元豐改諫議爲太中大夫，給舍爲通議，六侍郎同爲正議，左右丞爲光禄，兵、户、刑、禮、工書同爲銀青，吏書金紫，但六轉，視舊法損其五。元祐中，以爲太簡，增正議、光禄、銀青爲左右，然亦纔九資。大觀二年，置通奉以易右正議，正奉以易右光禄，宣奉以易左光禄，以右銀青爲光禄，而至銀青者去其『左』字，今皆仍之。比仿舊制，今之通奉乃工、禮侍郎，正議乃刑、户，正奉乃兵、吏，宣奉乃左右丞，三光禄乃六尚書也。凡侍從序遷至金紫無止法，建炎以前多有之；紹興以來階官到此絶少，惟梁揚祖、（案：字□□。）葛勝仲（案：字魯卿。）致仕得之。

又《四筆》云：治平以前，自翰林學士罷補外者，得端明殿學士，謂之换職。熙寧之後，乃始爲龍圖。紹興以來愈不及矣。修起居注者序遷知制誥，其次及辭不爲者乃爲待制，趙康靖、馮文簡、曾魯公、司馬公、吕正獻公是也。學士闕則次補，案：此謂知制誥及補内制。或爲宰相所不樂者，猶得侍讀學士，劉原甫即原父。是也。在職未久而外除者，爲樞密直學士，韓魏公是也；亦爲龍圖直學士，歐陽公是也。後來詞臣益輕，褒擢者僅得待制，餘以善去者，集英修撰而止耳。

又云：國朝儒館仍唐制，有四，曰昭文館，曰史館，曰集賢院，曰祕閣。率以上相領昭文大學士，其次監修國史，其次領集賢。若祇兩相，則首廳秉國史。唯祕閣最低，故但以兩制判之。四局各置直官，均謂之館職，皆稱學士。其下則爲校理、檢討。校勘地望清切，非名流不得處。范景仁爲館閣校勘，當遷校理，宰相龐籍言范鎮有異才，恬於進取，乃除直祕閣，司馬公作詩賀之。元豐官制行，不置昭文、集賢，以史館入著作局，而直祕閣祇爲貼職。至崇寧、政、宣以處大臣子弟姻戚，其濫及於錢穀文俗吏，士大夫不復貴重矣。眉批：《隨筆》云：國朝館閣之選，其高者曰集賢殿修撰、史館修撰、直龍圖閣、直昭文館、直史館、直集賢院、直祕閣，次曰集賢、祕閣校理，官卑者曰館閣校勘、史館檢討，均謂之館職。記注官缺，必於此取之，非經修注，未有直除知制誥者。官至員外郎則任子，中外皆稱爲學士。及元豐官制行，凡帶職者，皆遷一官而罷之。而置祕書省官，大抵與職事官等，反爲留滯。南渡初，除校書、正字，往往召試，雖曰館職不輕畀，然其遷敘，反不若寺監之徑捷矣。

又曰：蔣魏公之奇《逸史》二十卷，穎叔所著也。中有云：舊制，執政雙轉，謂自工部侍郎轉刑部，刑部轉兵部，兵部轉工部尚書。惟宰相對轉，工部侍郎直轉工書，比執政爲三遷。予考舊制，執政轉官，與學士等。六侍郎則升案：二字有誤，當改一『分』字。兩曹，以工、禮、刑、户、兵、吏爲敘，至兵侍者轉右丞，至吏侍者轉左丞，皆轉工書，然後細案：當是『累』之誤。遷。今言兵侍即轉工書，非也。宰相爲侍郎者，升三曹；爲尚書者，雙轉，如工侍轉户侍，禮侍轉兵侍；若係户侍，當改二丞。而宰相故事不歷丞，故直遷尚書。今言工侍對轉工書，非也。

其言官制沿革遷轉，皆史志所未詳。它如『樞密名稱更易』一條，謂：國朝樞密之名，其長爲使，則其貳爲副使；其長爲知院，則其貳爲同知院。惟大中祥符時，王繼英由知院改使，陳堯叟由同知院改簽書院事，而恩例同副使。王欽若、陳堯叟知院，馬知節簽書。熙寧初，文彦博、吕公弼已爲使，而陳升之除知院。知院與使並置，非故事也。紹興以來唯韓世忠、張俊爲使，岳飛爲副使。此後除使固多，而其貳祇爲同知，亦非故事也。見《三筆》。

『祖宗朝宰輔』一條，謂：祖宗朝宰輔，名爲禮絶百僚，雖樞密副使亦在太師一品之上，然至其罷免歸班，則與庶僚等。李崇矩自樞密使罷爲鎮國軍節度使，旋改左衛大將軍，遂爲廣南西道都巡檢使，徙海南四州都巡檢使，皆非降黜。在南累年，入判金吾街仗司而卒，猶贈太尉。趙安仁嘗參知政事而判登聞鼓院，張鎔嘗知樞密院而監諸司庫務，曾孝寬以簽書樞密服闋而判司農寺，張宏、李惟清皆自見任樞密副使徙御史中丞，其他以前執政而爲三司使、中丞者數人。官制既行，猶多除六曹尚書；自崇寧以來，乃始不然。見《續筆》。

『文臣换武使』一條，謂：祖宗之世，文臣换授武使，皆不越級。錢若水自樞密副使罷守工部侍郎，後除帥并州，乃换鄧州觀察使。王嗣宗以中書侍郎，李士衡以三司使，李維以尚書，王素以端明左丞，亦皆觀察。慶曆初，以陝西四帥方禦夏羌，欲優其俸賜，故韓琦、范仲淹、王沿、龐籍皆以樞密、龍圖直學士换爲廉車。即觀察。自南渡以來，始大不然。張澄以端明學士，楊倓以敷文學士，便爲節度。近者趙師夔、吴琚以待制而换承宣使，不數月間，遇恩即建節鉞；師揆、師垂以祕閣修撰换觀察使：皆度越彝憲，誠異恩也。見《三筆》。

又『帶職人轉官』一條，謂：故事，官制未行時，前行郎中遷少卿，有出身得太常，無出身司農，繼轉光禄，即今奉直朝議也。自少卿遷大卿監，有出身得光禄卿，無出身歷司農卿、少府監、衛尉卿，然後至光禄。若帶職，則自少農以上徑得光禄，不涉餘級，至有超五資者。見《隨筆》。

『元豐官制』一條，謂：元豐官制初成，欲以司馬公爲御史大夫；元祐初，起文潞公，擬處以侍中、中書令：皆不果。自後不復除此等官，以爲前無故事，其實不然也。紹興二十五年，中批右正言張扶除太常卿，執政言自來太常不置卿，遂改宗正；復言之，乃以爲國子祭酒。近歲除莫濟祕書監，濟辭避累日，然後就職。已而李燾、陳騤、鄭丙皆爲之，均曰：『職事官，何不可除之有？』同上。

『郎中用資序』一條，謂：官制既行，郎中、員外郎爲兩等，因履歷而授之。後來相承，必已升知州資序者爲郎中，於是拜員外郎者，吏部通理累滿八考則升知州，乃正作郎中，别命詞給告。頃嘗有旨，初除郎官者，雖資歷已高，且爲員外，候吏部再申，然後升作郎中。近歲掌故失之。故李大性自浙東提刑除吏部，岳震自將作少監除度支，其告内即云郎中，與元指揮戾矣。見《四筆》。

『臺諫不相見』一條，謂：國朝故實，臺諫官不相見。嘉祐六年，司馬公同知諫院，上章乞立宗室爲繼嗣。宰相韓公問侍御史陳洙：『聞殿院與司馬舍人甚熟，近日上殿言何事？』洙答以『頃年曾同爲直講，近以彼此臺諫官不相往來，不知言何事』。趙清獻公爲御史，論陳恭公，而范蜀公以諫官與之争。元祐中，諫官劉器之、梁况之等論蔡新州，而御史中丞以下，皆以無章疏罷黜。靖康中，諫議大夫馮澥論時政失當，爲侍御史李光所駁。今兩者合爲一府，居同門，出同幕，與故事異。見《續筆》。

又《四筆》云：臺諫分職不同，各自有故實。元豐中，趙彦若爲諫議大夫，論門下侍郎章子厚、左丞王安禮不宜處位。神宗以彦若侵御史論事，左轉祕書監，蓋許其論議而責其彈擊爲非也。唐人朝制，大率薄御史而重諫官。中丞温造道遇左補闕李虞，恚不避，捕從者笞擊。左拾遺舒元褒等言：『故事，供奉官，宰相外無屈避。遺、補雖卑，侍臣也；中丞雖高，法吏也。侍臣見陵，法吏日恣，請得論罪。』乃詔臺官、供奉官共道路，聽先後行，相值則揖。然則唐時二職了不相謀云。『臺諫分職』條。

『周蜀九經』一條，謂：成都石經《春秋三傳》皇祐元年畢工，後列知益州、樞密直學士、右諫議大夫田况銜，大書爲三行；而轉運使、直史館曹穎叔，提點刑獄、屯田員外郎孫長卿，各細字一行，又差低於况。今雖執政作牧，監司亦與之雁行。見《續筆》。

『知州、轉運使爲通判』一條，謂：今世士大夫既貴，不可復賤。淳化中，趙安易以宗正少卿知定州，就徙通判。羅延吉既知彭、祁、絳三州而除通判廣州。滕中正知興元府而通判河南。袁郭知楚、鄆二州而除通判房州。范正辭知戎、淄二州而通判棣、深。陳若拙歷知單州、殿中侍御史、西川轉運使，召歸，會李至守洛都，表爲通判；久之，柴禹錫鎮涇州，復表爲通判。皆非貶降，近不復有矣。見《四筆》。

『神宗待文武臣』一條，謂：元豐三年，詔知州、軍不應舉京官職官者，許通判舉之。蓋諸州守臣有以小使臣爲之，而通判官入京朝，故許之薦舉。今以小使臣守沿邊小郡，而公然薦人改官，蓋有司不舉行故事也。見《三筆》。

『文潞公奏除改官制』一條，謂：元祐中，潞公進呈除改舊制節目，言：吏部選兩任親民，有舉主，升通判。通判兩任滿，有舉主，升知州、軍，謂之常調。知州、軍有績效，或有舉薦名實相副者，特擢升轉運使、副、判官或提點刑獄、推、判官，謂之出常調。轉運使有路分遠近輕重之差，由遠小路二廣，福建，梓、利、夔三路。任滿，移上次等路，成都路爲次重路，京東西、淮南次之，江東西、荆湖、兩浙又次之，河北、陝西、河東爲重路。或歸任省、府判官，漸次擢充三路重任。謂河北等三路。潞公所奏，乃是治平以前常行，今一切蕩然矣。見《四筆》。

『唐御史遷轉定限』一條，謂：唐制，監察御史在任二十五月轉，殿中侍御史十八月轉，侍御史十三月轉。國朝元豐以前，監察滿四年轉殿中，又四年轉侍御史，又四年解臺職，始轉司封員外郎。元豐五年以後，升沉迴判矣。同上。

其言封贈之制，《四筆》云：封贈先世，自晉、宋以來有之，迨唐始備，然率不過一代，其恩及祖廟者絶鮮，亦未嘗至極品。郭汾陽二十四考中書令，而其父贈止太保；權德輿位宰相，其祖贈止郎中。唐末五季，宰輔貴臣始追榮三代，國朝因之。李文正公昉本工部郎中超之子，出繼從叔紹。昉再入相，求贈所生父、祖官封，詔贈祖温太子太保，祖母權氏莒國太夫人，父超太子太師，母謝氏鄭國太夫人，可謂異數，後不聞繼之者。

《五筆》云：唐世贈典，惟一品乃及祖，餘官衹贈父。而長慶中恩澤頗異。白樂天制集有户部尚書楊於陵，回贈其祖爲吏部郎中，祖母崔氏爲郡夫人；馬總准制贈亡父，亦請回其祖及祖母；散騎常侍張惟素亦然：非常制也。是時崔植爲相，亦有陳情表云：『亡父嬰甫，是臣本生；亡伯祐甫，臣今承後。自去年以來，累有慶澤，或有陳乞，皆許回授。今請以在身官秩，并前後合敘勳封，特乞回充追贈。』則知其時一切之制如此。伯兄文惠公執政，乞以己合轉官回贈高祖；既已得旨，而爲後省封還。固近無此比，且失於考引唐時故事也。

《三筆》云：舊法，大卿、監以上贈父至太尉止，餘官至吏部尚書止。今司封法，餘官至金紫光禄大夫，蓋昔之吏書也；而中散以上贈父至少師止。舊法，生爲執政，其身後但有子升朝，則累贈可至極品大國公。歐陽公位參知政事、太子太師，後以諸子恩至太師、兖國公，而其子棐亦不過朝奉大夫耳。比年汪莊敏公任樞密使，以子贈太師，當封國公，而司封以爲須一子爲侍從乃可，竟不肯施行。不知其説載於何法也。朱漢章倬却以子贈至大國公。

《隨筆》云：國朝未改官制以前，從官丞、郎、直學士以降，身没大抵無贈典，唯尚書、學士有之，然亦甚薄，余襄公、王素自工書得刑書，蔡君謨自端明、禮侍得吏侍耳。元豐以後，待制以上皆有四官之恩，後遂以爲常典，而致仕又遷一秩。梁揚祖終寶文學士、宣奉大夫，既以致仕轉光禄，遂贈特進龍圖學士，蓋以爲銀青、金紫、特進衹三官，故增其職，是從左丞得僕射也。節度使，舊制贈侍中或太尉；官制行，多贈開府。秦檜創立檢校少保之例，以贈王德、葉夢得、張澄。近歲王彦遂用之，實無所益也。元祐中，王巖叟終於朝奉郎、端明殿學士，以嘗簽書樞密院，故超贈正議大夫。楊愿終於朝奉郎、資政殿學士，但贈朝請大夫。以執政而贈郎秩，案：朝請大夫本爲前行郎中，故云贈郎秩。輕重不侔，皆掌故之失也。

凡此皆兩宋故事，尤史所不能具，故彙而次之，以便檢閲。其屢引《唐五代科名記》以證史誤，亦皆精確。間及當時風俗，如冗官之多，服章之濫，稱官之僭妄，相謂之輕率，頗與今日相似。

邸鈔：以翰林院侍讀楊頤爲順天府府丞。以太常寺卿明桂爲大理寺卿。

初三日戊寅　晨陰，上午晴，有風，比日寒，有薄冰。

《容齋隨筆》卷一云：唐開成二年三月三日，河南尹李待價將褉於洛濱，前一日啓留守裴令公。公明日召太子少傅白居易，太子賓客蕭籍、李仍叔、劉禹錫，中書舍人鄭居中等十五人，合宴于舟中，自晨及暮，前水嬉而後妓樂，左筆硯而右壺觴，望之若仙，觀者如堵。裴公首賦一章，四坐繼和，樂天爲十二韵以獻，見於集中。今人賦上巳，鮮有用其事者。裴公是年起節度河東，樂天又有《奉和裴令公三月上巳日游太原龍泉憶去歲禊洛》之作。是開成三年上巳。裴以四年三月始薨。《新史》度傳乃云：三年，以病丐還東都。文宗上巳宴群臣曲江，度不赴。帝賜以詩，使者及門而度薨。似以爲三年，誤也。《宰相表》却載其三年十二月爲中書令，四年三月薨。而帝紀全失書，獨《舊史》紀傳爲是。慈銘案：《舊唐書・裴度傳》云：開成二年五月，復以本官案：本官謂司徒、中書令。兼太原尹、北都留守、河東節度使。三年冬，病甚，乞還東都養病。四年正月，詔許還京，拜中書令。案：前是使相兼職，此是真拜。以疾未任朝謝。屬上巳曲江賜宴，群臣賦詩，度以疾不能赴。文宗遣中使賜度詩，曰：『注想待元老，識君恨不早。我家柱石衰，憂來學丘禱。』仍賜御札，曰：『朕詩集中欲得見卿唱和詩，故令示此。卿疾恙未痊，固無心力，但異日進來。春時俗説難於將攝，勉加調護，速就和平。千百胸懷，不具一二。藥物所須，無憚奏請之煩也。』御札及門，而度已薨，四年三月四日也。上重令繕寫，置之靈坐。時年七十五。所敘至爲明晰。《新書》惟『以病丐還東都』，下失書『四年』二字耳。

介唐生日，作書，饋以酒、燭、桃、麵。書玉書來，告昨夕被盜胠篋。作書致雲門。下午詣書玉、光甫、介唐，雲門亦來。晡後詣傅子蓴，不值，遂歸。雲門來，夜同詣聚寶堂赴光甫之約，爲介唐壽也，二更後歸。付車錢十千，霞、玉車四千。仍服昨方。閲《續通鑑》哲宗、徽宗紀。

邸鈔：内閣侍讀學士宗室奕年升太常寺少卿。鴻臚寺少卿陳希齡升光禄寺少卿。欽天監左監副朱呈瑞升監正。右中允溥良升司經局洗馬。編修王賡榮補山東道御史。編修謝祖源、吴兆泰、張炳琳、馮金鑑、劉綸襄、朱一新、黄群杰、王會英、陳琇瑩、牟蔭喬、高燮曾、余聯沅、林啓、丁立瀛、孫宗縠、何福堃、何榮階、陳懋侯、楊晨、于鐘霖俱記名以御史用。

初四日己卯　陰寒。閲《續通鑑・徽宗紀》。寫《容齋三筆》中唐夜試進士一則，唐昭宗恤録寒儒、恤録諫臣各一則。得書玉書。作書致鐵香，又致竹篔。介唐來。作書致雲門。於昨方中去清木香、陳皮，加甘桔湯及於朮。得雲門書。以食物問遺書玉夫人。得書玉書，饋東洋參五枝，即復。鐵香來夜談。付衣賈滕文藻鑪銀色摩本緞夾袍銀六兩，又去冬餘欠銀六兩。

邸鈔：江西南昌府督捕同知崔國榜升建昌府知府。崔國榜，安徽太平人，進士。今年自正月十七、十八兩日連放湖南候補知府李有棻爲湖北襄陽府知府，陝西候補知府饒應祺爲甘肅甘州府知府，以本任襄陽知府胡勝丁憂，本任甘州知府奎光降調也。有棻，江西舉人，由内閣中書截取同知外擢。應祺，湖北舉人，投效左湘陰甘肅軍營得官，曾署同州府。二人皆録録奔走材，以督撫保薦得之。二月十二日，河南巡撫鹿傳霖疏劾汝寧府知府周冠審理教匪謀逆一案草率支離，調省會訊，抗辯不赴。有旨革職，而以新補山西隰州直隸知州杜崧年升汝寧府，亦以張之洞保薦也。於是都下喧然，有外京察之稱矣。

初五日庚辰　陰寒，晡時微晴。作書致書玉。竹篔來，久談。子蓴來。殷蕚庭來。仍服昨方，覺咽中益梗，氣益弱，蓋甘桔湯主升提以治少陰之喉痛，余病雖由陰虚，而兼風火，故非宜也。閲《續通鑑》哲宗、徽宗紀。

初六日辛巳　晴暖。雲門來。剃頭。殷蕚庭來，饋銀十兩，明日當還之。得桐孫三日津門書。得竹篔書，饋東洋參十二枝。得周荇老書，并所著《後漢書注補正》《三國志注證遺》一帙，以二書新刻成也，即復。晡時雲門招同介唐至慶樂園聽春臺部。夜同介唐、書玉、竹篔飲聚寶堂，二更後歸。是日咽痛，不服藥。付許使二千，車六千，霞車二千。山桃華，柳有細葉。

邸鈔：二十二日換戴凉帽。

初七日壬午　晴，驟暖，晡後陰。答客十餘家。晤殷萼庭、季士周、朱蓉生、郭子鈞。賀鐵香移居醋張胡同，晚歸。雲門來。張肖庵來。作書致書玉。倉官送來春奉米。

初八日癸未　晨微陰，巳後澹晴，晡後陰。作片致子鈞。得大妹夫鄭清標書，寄來枇杷露膏一合，三妹寄來枇杷露四瓶，鯗脯三段，鮝六片，淡菜□苞，蝦子一苞，龍眼肉一瓶，桂花糖一碗。作書致傅子尊，饋以書兩帙，印泥兩合，魚麵兩苞，龍井茗兩瓶。濮紫泉來。楊定旉來。秋田來。子培來。以奉米一千斤易得白米七百五十斤。夜洗足。

邸鈔：翰林院侍講梁耀樞轉侍讀，洗馬張英麟升侍講。

初九日甲申　申正三刻九分清明節。竟日大風，陰寒。祀曾祖考妣、祖考妣、本生祖考妣、先考妣，祔以兩弟。早起，敬懸三代神位圖，親滌杯盤匕箸，肉肴六豆，菜肴六豆，菜羹一，饅頭兩大盤，時果四盤，杏酪一巡，酒三巡，飯再巡，晡後畢事，焚楮錁、楮泉。是日榹桃盛開，迎春、紫丁香俱試花，柳葉翠茁。得子縝滬上書，二月十八日發也。得子培書，即復。得雲門書。介唐來。潘伯循來。謝惺齋自里中來。校閱勞氏格《讀書雜識》。夜風不絶。

初十日乙酉　晨微晴，旋陰，傍午後薄晴，竟日狂風，寒甚。作書致秋田，得復。作書致光甫，致書玉。方勉夫户部來。濮紫泉來。雲門來。令僕人毛升回去，付工食錢十一千；廚人司馬升上庸，付銀五兩。

十一日丙戌　晴，下午微陰，有風。得雲門書，并七律一章，其頸聯云：『莫嫌鬢髮參差白，且喜庭花次第紅。』感概系之，即復。秋田來。介唐來。竹篔來。書玉來。光甫來。新選四川嘉定知府朱少桐來，蕭山桐軒相國嗣子也。遣人至通州定路河船。令庸媪至隔巷江寧陳氏家，爲雲門相攸朱少桐之妻姪也，不得當。夜秋田邀同介唐、書玉、光甫飲聚寶堂，二更歸。

邸鈔：前任成都將軍魁玉卒。詔旨褒惜，賞其孫一品蔭生文冲以郎中分部行走。魁玉旋予謚果肅。禮科給事中葉蔭昉轉禮科掌印給事中。

十二日丁亥　晴，午後又風，晡後風益甚，復陰。作書致雲門。午後答客八九家。晤謝惺齋、竹篔。詣荇老别，病甚，可念。雲門來。吴時齋來。諸暨人陳孝基孝廉來。晡後詣書玉，雲門亦在焉，入視其夫人。又詣劉仙洲夫人而歸。理行李箱篋。作書致翁叔平師。付賃屋銀七兩。作片致季士周。付車錢六千。

十三日戊子　晴。早起。剃頭。介唐來送行。子蕁饋山查蜜糕一匣，河南百合粉一匣，浄絲水菸一匣，彘脯一肩；作片復謝，還彘脯。雲門來。子蕁來。得敦夫二月二十日里中書。伯循來送行。午赴天津，僱大鞍車一，敞車一，携一僕、一童、一廚人，子蕁、雲門相送登車。自辛未二月入都，忽忽十四年，不出國門一步。朝夕之景，近視階庭；行坐之蹤，不離咫尺。竹樹日長，鷄犬相忘。履屐皆得所安，匕箸亦授以節。至寢食之早晚，書策之從横，尤有常程，勿容少變。今雖近出，且定歸期，而新柳方韶，初花漸發，雛狸能戲，好鳥來歌，撫景慨然，不能自已。出東便門觀閘流，以郊外尚有積水，繞道而行二十餘里，憩車於定府莊，今訛爲定福莊，有粥廠，京卿駐之。平疇夕陽，時有田作，麥小不翠，榆長欲英。過八里橋，已月上矣。燈火中過通州北關，廛市頗盛。抵東門外，下如意船，將二更矣。作書付車夫陸四持歸，付以京錢十千，賞飯錢三千。船價銀六兩五錢，車兩日二十五千，廠車兩日十六千。夜半大風。

十四日己丑　晴，下午又風。早起。鄰船櫛比，婦女相聞，帆檣往來，水聲蕩激，便悠然有江湖之思。傍午開船，行不數里，以縴夫落水添雇，復停兩時許。夜一更時抵學院莊泊，今訛爲姚辛莊，爲漷縣分司屬地。漷縣本漢泉州地，遼至國初爲縣，順治六年省屬通州，設管河州判駐之。莊去州判署尚十余里，去張家灣尚一二里，曠野無人家，依糧艘而泊。遥聞犬吠，便觸歸思。是日舟行多以艣，其聲伊亞，又如入鄉國矣。

十五日庚寅　晨雨，上午漸止，又風，午微晴。舟人五鼓開行，過張家灣，入新河，去年大水暴決所開者，逢灣取直，較舊河近五十餘里。午泊橋莊飯。下午日晴，而風甚寒，浪大於鵝，帆輕似葉。過香河縣，小泊孫家府前。漁子罟師，小艇出没，然無榔鼓之響、蓑笠之觀焉。以銅錢六十買一鯉魚，烹之。傍晚開窗看夕陽，烟水空明，雲樹晻藹，京華塵土，所浣已多。比出都時柳栽吐葉，今日沿村列植，一望青青矣。夜一更許至武清所屬之土門樓泊。是夕望，天陰無月，益寒。

十六日辛卯　晨陰，甚寒，上午晴。昧爽開船行，曉過河西務。午後過楊村廛市，頗繁，有大姓郝氏，連墻亘宇，甚爲華絜。自離通州，所見人家大率泥墉茆蓋，周以葭籬。迨入武清，稍見瓦屋。北土貧陋，即此可知。沿途列植竿繩，去年合肥使相所造西洋電綫也。晚過曹家莊。夜一更至天津之北倉泊，有墟店燈火，月在船頭，艫聲雅軋，清流瀌瀌，烟思彌深。終日閲《水經注・河水》《易水》《沽水》諸篇。是日曉起甚寒，午後漸暖，至夜驟熱。

十七日壬辰　晴。晨泊天津北關，礮城巋立，夷樂鼓喧，廂市陛鱗，舟檣集鶩，十餘年來，改變非一。趙桐孫同年以輿來迎。上午卸裝其寓，始知十三日朝廷有大處分，樞府五公悉從貶黜，而易中駟以駑産，代蘆菔以柴胡，所不解也。余瀕行時，寓書常熟師言時局可危，門户漸啓，規以堅持戰議，力矯衆違，抑朋黨以張主威，誅失律以振國法。不料言甫著於紙上，機已發於廷中，晴天震雷，不及掩耳，可深駭矣。先是初八日，同年盛庶子疏言法夷事因，劾樞臣之壅閉諱飾，一日逮兩巡撫，易兩疆臣，而不見明詔；亦言及張樹聲之疏防邊警，張佩綸之濫保非人。次日又聞東朝幸九公主府賜奠，召見醇邸，奏對甚久。是日恭邸以祭孝貞顯皇后三周年在東陵，至十三日甫回京覆命，而嚴旨遂下。萌兆之成，其由來者漸乎！繆恒庵彝來，直隸候補知府，現管天津官書局；其尊人南卿都轉梓，咸豐初曾署紹興知府。額玉如都轉來談一時許，其人亦誠篤，而務於節嗇，故極稱閻尚書之爲人。付船人酒錢一千三百。自出國門，皆以制錢五百爲千。付舟中三日又半飯錢二千弍百。

邸鈔：十三日召見軍機大臣、御前大臣、六部尚書。硃諭：欽奉慈禧端佑康頤昭豫莊誠皇太后懿旨：現值國家元氣未充，時艱猶鉅，政多叢脞，民未敉安，内外事務，必須得人而理，而軍機處實爲内外用人行政之樞紐。恭親王奕訢等始尚小心匡弼，繼則委蛇保榮。近年爵禄日崇，因循日甚，每於朝廷振作求治之意，謬執成見，不肯實力奉行。屢經言者論列，或目爲壅蔽，或劾其委靡，或謂簠簋不飾，或謂昧於知人。本朝家法綦嚴，若謂其如前代之竊權亂政，不惟居心所不敢，亦實法律所不容。祇以上數端，貽誤已非淺鮮，若仍不改圖，專務姑息，何以仰副列聖之偉烈貽謀？將來皇帝親政，又安能諸臻上理？若竟照彈章一一宣示，即不能復議親貴，亦不能曲全耆舊，是豈朝廷寬大之政所忍爲哉！言念及此，良用惻然。恭親王奕訢、大學士寶鋆入直最久，責備宜嚴，姑念一係多病，一係年老，兹特録其前勞，全其末路。奕訢著加恩仍留世襲罔替親王，賞食親王全俸，開去一切差使，並撤去恩加雙俸，家居養疾；寶鋆著原品休致。協辦大學士、吏部尚書李鴻藻，内廷當差有年，祇爲囿於才識，遂致辦事竭蹷；兵部尚書景廉，祇能循分供職，經濟非其所長：均著開去一切差使，降二級調用。工部尚書翁同龢，甫直樞廷，適當多事，惟既别無建白，亦有應得之咎，著加恩革職留任，退出軍機處，仍在毓慶宮行走，以示區別。朝廷於該王大臣之居心辦事，默察已久，知其決難振作，誠恐貽誤愈深，則獲咎愈重，是以曲示矜全，從輕予譴，初不因尋常一眚之微，小臣一疏之劾，遽將親藩大臣投閑降級也。嗣後内外臣工，務當痛戒因循，各攄忠悃，建言者秉公獻替，務期遠大，朝廷但察其心，不責其迹，苟於國事有補，無不虛衷嘉納。儻有門户之弊、標榜之風，假公濟私，傾軋攻訐，甚至品行卑鄙，爲人驅使，就中受賄漁利，必當立抉其隱，按法懲治不貸。將此通諭知之。十三日。硃諭：禮親王世鐸著在軍機大臣上行走，毋庸學習御前大臣，並毋庸帶領豹尾槍。户部尚書額勒和布、閻敬銘，刑部尚書張之萬，均著在軍機大臣上行走。工部左侍郎孫毓汶著在軍機大臣上學習行走。十三日。

皇太后懿旨：軍機處緊要事件，會同醇親王商辦。俟皇帝親政後，再降諭旨。十四日。聞是日禮王疏辭新命，不許，故額尚書等皆以十五日謝恩。又聞是日庶子盛昱又有封奏。

以禮部尚書徐桐調補吏部尚書，以都察院左都御史畢道遠爲禮部尚書，以吏部左侍郎祁世長爲左都御史，吏部右侍郎許應騤轉左侍郎，以工部右侍郎張家驤調補吏部右侍郎，以大理寺卿徐用儀爲工部右侍郎。十五日。以豫親王本格爲宗人府左宗正。恭王缺。命麟書暫行佩帶總理各國事務衙門印鑰。以理藩院尚書烏拉喜崇阿調補兵部尚書，以都察院左都御史宗室延煦爲理藩院尚書，以吏部左侍郎宗室崑岡爲左都御史，吏部右侍郎宗室奎潤轉左侍郎，以刑部左侍郎宗室松溎調補吏部右侍郎，刑部右侍郎貴恒轉左侍郎，以左副都御史文暉爲刑部右侍郎。命大學士宗室靈桂充翰林院掌院學士。寶鋆缺。以伯彦訥謨祜調補正白旗滿洲都統。以惠郡王奕祥調補鑲白旗滿洲都統。以輔國公奕謨補鑲紅旗漢軍都統。恭王缺。以恩承調補鑲藍旗滿洲都統。以江寧將軍善慶補正紅旗漢軍都統。寶鋆缺。以光禄寺卿徐樹銘爲太常寺卿。以上皆十五日旨。

十八日癸巳　晴暖。上午謁合肥督相，坐談一時許，出。答詣額運使，亦久談。午歸，詣桐孫寓中飯。下午出，詣天津府縣官。詣同邑朱伯華福榮，以直隸候補道在津管支應局，晤談。詣書局，答拜繆恒庵太守。遂至問津書院，閱視居室。書局本借書院東偏地也。是日移居院中雙槐書屋，床几粗具，井竈不完，苟安而已。天津府縣學官來謁，即答拜之。家人寄朝珠來。得介唐書。夜作家書、致介唐書。近日聞電報言，岑總督大捷於興化，且收復山西。今日質之合肥，言此是兩廣張總督所寄電信，云是去年臘月十五日，而是日岑彦卿有書來，不言此事，恐未確也。夜風，獨居一院，萬竅怒號，孤燭魂魂，羈愁頓集。付轎錢二千，賞趙宅從人一千，閽人五百。桐孫同年饋醬鴨夜飯，犒使一千。付移具足力錢一千。

邸鈔：上諭：額勒和布現在軍機大臣上行走，事務較繁，著開總管内務府大臣之缺。命靈桂教習庶吉士，文煜稽察。欽奉上諭，事件處廣壽充國史館正總裁。皆寶鋆缺。命畢道遠充武英殿總裁。李鴻藻缺。命徐用儀仍兼署兵部右侍郎。以上皆十六日旨。

十九日甲午　晴，午後大風。桐孫來。合肥相國來，久談。朱伯華來。繆恒庵來。伯華饋龍井茗兩瓶，洋燭四封，作書復謝。玉如運使送春季束脩酒饌銀二百十六兩，即作書復。相國饋米四苞，彘脯四肩，龍井茗四瓶，新杏葉笋兩匣，作書復謝。桐孫來夜談。付額使四千，李使四千，米使四百。

邸鈔：上諭：前因法國越南挑衅交兵，廣西邊防緊要，諭令徐延旭出關督率防軍，嚴密扼守，以固邊疆門户。乃該撫遷延不進，株守諒山，僅令提督黄桂蘭、道員趙沃等帶兵駐守越南之北寧，於法人撲犯，該提督等防禦不力，竟行潰退，以致北寧失守，實堪痛恨。兹據徐延旭、張樹聲先後奏到失守情形，並據徐延旭自請從重治罪，張樹聲自請嚴加議處，前已有密旨，令潘鼎新馳赴廣西鎮南關外，傳旨將徐延旭革職拏問，並令王德榜傳旨將黄桂蘭、趙沃革職拏問。現計潘鼎新應已抵廣西，著該撫派員迅將徐延旭解京交刑部治罪，並著潘鼎新會同王德榜將黄桂蘭、趙沃潰敗情形切實查訊，如係棄地奔逃，即行具奏，請旨懲辦，毋庸解交刑部。已革總兵陳德貴防守扶良礮臺，首被攻破；副將党敏宣帶隊落後，畏縮不前：均著即在軍前正法。其餘潰敗將弁，一併查明，分别定擬請旨辦理，毋稍徇隱。張樹聲職任兼圻，咎有應得，究屬鞭長莫及，加恩改爲交部議處。廣西巡撫著潘鼎新補授，湖南巡撫著龐際雲署理，廣西提督著王德榜署理。黄桂蘭，安徽人，旋服毒自盡。上諭：前因法國越南構衅交兵，雲南邊防緊要，迭經諭令唐炯出關督率防軍，固守邊疆門户。乃該撫並未奉有諭旨，率行回省，置邊事於不顧，以致官軍退劄，山西失守。唐炯不知緩急，遇事退縮，殊堪痛恨。前已密諭張凱嵩馳赴雲南，傳旨將唐炯革職拏問。現計張凱嵩應已至滇，即著派員將該革員迅速解京交刑部治罪。雲南巡撫著張凱嵩補授，貴州巡撫著李用清署理。

命郡王銜貝勒奕劻管理總理各國事務衙門事務，内閣學士兼禮部侍郎銜周德潤在總理各國事務衙門行走。命奕劻總理行營事務。怡親王載敦補閲兵大臣。以正藍旗漢軍都統宗室瑞聯爲江寧將軍。命順承郡王晉祺、科爾沁鎮國公棍楚克林沁均在御前大臣上學習行走。詔：山西巡撫張之洞來京陛見，山西布政使奎斌護理巡撫。詔：祁世長來京供職，國子監祭酒劉廷枚爲浙江學政。以上皆十七日旨。

二十日乙未　晨及午輕陰，甚佳，下午澹晴。是日課士。晨起，天津教諭韓來賀來見。巳刻額運使來請。出北門，至三取書院，行釋菜禮。晤運使及府學訓導武汝繩、縣學訓導王清林。三取書院者，爲問津分設以課河以東士子也。生童皆各命題。入城回問津，行釋菜禮，復命生童題。此地士子皆訓謹知禮法。兩處各扃門試，逮夜二更始放畢，逾於江浙士習多矣。作致書玉書、雲門書、沈子培書。沈松亭運同來，汪子常郡守來，皆以扃試不得入。汪名守正，杭州人，今爲天津知府。

邸鈔：命貝勒那爾蘇代進惇親王領侍衛内大臣班，并帶豹尾槍。那爾蘇，科爾沁親王伯彦納謨祜子也。以崑岡補正藍旗漢軍都統。以上十八日旨。

二十一日丙申　晨及上午薄陰，午後澹晴。得桐孫書，言以今日赴機器局，即復。上海人王寶善兩次來見，今日往答之，言是菽畦之從孫，以鹽大使需次於津，携眷居書局中，即院之東箱也。晤繆恒庵，久談。錢藩卿孝廉來見，館天津令署中，携眷寓院之門外南鄰。沈松亭來。天津令陳以培來，不見。於書局買得湖北刻《舊五代史》，閲之。自前日患左髀痛，今早起右髀痛更甚，夜忽腹痛暴下。蓋津門庳濕，河海交縈，院中久無居人，蒸鬱潮濕，遂中於不覺耳。聞法夷陷越南之興化，城中盡被礮火轟毁。岑總督本駐城外三十五里之某嶺，今又退營三十餘里。法夷遣其兵官孤拔以鐵甲船一、輪船五載兵來北，聲言辦事，且索兵費，不日當至大沽。中外無人，國事至此，可憤懣也。

邸鈔：欽奉慈禧端佑康頤昭豫莊誠皇太后懿旨：本日據左庶子盛昱、右庶子錫鈞、御史趙爾巽等奏醇親王不宜參預軍機事務各一摺。並據盛昱奏稱，嘉慶四年十月仁宗睿皇帝聖訓：本朝自設立軍機以來，向無諸王在軍機處行走，等因欽此。聖謨深遠，允宜永遵。惟自垂簾以來，揆度時勢，不能不用親藩進參機務。此不得已之深衷，當爲在廷諸臣所共諒。本月十四日，諭令醇親王與諸軍機大臣會商事件，本爲軍機處現辦緊要事件而言，並非尋常諸事，概令與聞，亦斷不能另派差使。醇親王再四堅辭，碰頭懇恩，當經曲加勉勵，並諭俟皇帝親政後再降懿旨，始暫時奉命。此中曲折，爾諸臣豈能盡知耶？至軍機處政事，委任樞臣不准推諉希圖卸肩，以專責成。經此次剴切曉諭，在廷諸臣自當仰體上意，毋再多瀆。盛昱等所奏，應毋庸議。命刑部右侍郎許庚身在軍機大臣上學習行走。詔：

奉天府府尹松林來京另候簡用。協領董永春、知府高同善、城守尉崇善均交部議處。協領佛爾精額革去協領，仍留世管佐領之職。防禦哈福、景安，署防禦貴廉等均革職。先是升任光禄寺卿尚賢，御史桂霖、曾培祺，先後奏陳奉天吏治疲玩，並參劾貪劣不職各員。命徐桐、薛允升往查。兹先覆奏所參各員抑勒婪索及陋習差規分別虛實，并永春、同善等審訊失平也。以直隸通永鎮總兵唐仁廉署理廣西提督；貴州安義鎮總兵周壽昌發往廣西軍營，交潘鼎新差遣委用：均著迅速前往，毋稍遲延。唐仁廉未到任以前，廣西提督仍著王德榜署理。以□□□□吳育仁爲直隸通永鎮總兵。詔：降調河南按察使豫山發往山東，交陳士杰差遣委用。從士杰請也。命翰林院侍讀學士李端棻署理國子監祭酒。以上皆十九日旨。

二十二日丁酉　晴，大風，甚寒。作書致額運使，屬撥夫役二名，供院中掃地挑水打更之用，得復。繆恒庵贈上海同文書局石刻殿本《陳書》、宋本《切韵指掌圖》，均極精工可愛，較之點石齋尤遠勝矣。作書復謝，并還《舊五代史》直津錢四千五百十八文。錢藩卿贈樂亭史香厓夢蘭《疊雅》十三卷，附《雙名録》一卷。《疊雅》取『疊』字，仿《爾雅》之體，而不分門類。《雙名録》分男女爲次，然如《舊五代史·王都傳》載唐莊宗養子李繼陶初名得得，而此書不載，知其所遺者多矣。史年七十餘，尚在，其書搜輯亦具有苦心。於書局買得蘇州刻仿宋《資治通鑑目録》一部；錢竹汀氏《補元史氏族表藝文志》；揚州刻汪士鐸《南北史補志》，其樂律、刑法、職官、食貨、輿服、氏族、釋老、藝文八志皆闕，又有世系、大事、封爵、百官四表亦佚。梅橋此書，是道光末童石塘濂署兩淮運使設局注《南》《北史》時所爲，經亂久亡，其稿同治壬申方子貞爲運使復購得之，故多闕亡。然卷首梅橋自序本末甚詳，不言有脱失，不可解也。今存天文、地理、五行、禮儀耳。汪子常來，其人老吏，倨而猾，以後不必見之。

邸鈔：以直隸天津道裕長爲奉天府府尹。二十日旨。

二十三日戊戌　晴，晨寒甚，午後稍暖。錢藩卿來。上午答詣沈松亭、朱味笙，皆晤談。午後詣藩卿而歸。恒庵來，久談。恒庵饋醩魚、風鷄、乾菜餅、糖酥餅，作書復謝。得桐孫書。夜聞蛙聲甚鬧，遠過都門，春草池塘，彌縈鄉夢。

邸鈔：兵部郎中季邦楨授直隸天津道。二十一日旨。

二十四日己亥　晴暖。得家書及雲門書。復雲門書。復桐孫書。明日北學海堂小課，命題爲『九族考』，『張居正論』，『竹外桃花三兩枝賦以題爲韵』，『擬唐懿宗追謚李德裕衛國忠公制』，『路水新開直河櫂歌』。

二十五日庚子　子正二刻一分穀雨，三月中。晨及午輕陰，午後晴暖。室中鋪板作地。藩卿送蓮子。朱味笙來。下午詣恒庵，久談。夜閱《通鑑目録》。此仿宋本，誤字甚多。是日過東院，見桃花盡落，杏花亦過，念寓廬花事，不勝黯然。

二十六日辛丑　晴，午後微陰，有風。閱課卷。晡後額玉如招飲，坐有桐孫、恒庵，夜一更後歸。付轎錢一千二百。

邸鈔：命户部尚書閻敬銘、刑部右侍郎許庚身均在總理各國事務衙門行走。二十四日旨。

二十七日壬寅　晴。閱《舊五代史》。恒庵來。晡後桐孫招飲，肴饌甚精，坐有朱瑞生、勞玉初。瑞生，亮生之兄，篤謹人也。夜一更後歸。是日聞越南邊事甚亟，有傳岑總督已陣亡者。新授粤西提戎唐仁廉已來津門，言非得百萬金之餉，往必不濟，徒死無益，固求合肥爲之陳請，否則請收回成命。以唐爲合肥所薦也。朝邑新當國，壹以節費爲務，其能從所請乎？中外縮手蒿目而已。作片致恒庵，付《通鑑目録》《元史補氏族表》《藝文志》《南北史補志》等津錢七千九百四十二文。夜二鼓大風，達旦稍止。付轎錢一千五百。

二十八日癸卯　晨陰，旋微晴，上午後又陰，甚寒。閲課卷。得介唐書。得心雲書，并燕窩一匣，於朮一匣，黎庶昌新刻日本舊鈔《琱玉集》一册，無撰人姓名，乃類事之書，拙陋無謂。作書致桐孫，致錢藩卿。作片致沈松亭辭飲。作復介唐書。

邸鈔：前任湖北巡撫郭柏蔭卒。詔旨褒惜，照巡撫例賜恤。以太僕寺少卿胡瑞瀾爲通政司副使。皆二十六日旨。

二十九日甲辰小盡　晴，微陰，有風。得桐孫書，即復。沈松亭來。

閲汪梅橋《南北史志》。其《禮儀》大率鈔撮《宋》《齊》《魏》《隋》四志，《地理》稍見用心，而出入紛拏，於魏不能取正光極盛以前參稽補志，而仍襲伯起，專主武定，以媚高齊之謬。南朝惟梁、陳無志，梁以中大同以前爲極盛，陳以光大以前爲稍廣，宜分兩朝，疆域各以盛時爲主，而注其變更。今乃混合梁、陳，於州郡分合，進退無據，是何取乎補邪？其各縣下雜載古蹟，然如於山陰下載禦兒鄉、柴辟、柤瀆，則考訂之疏，他可知矣。

夏四月乙巳朔　晴，比日甚寒。得桐孫書，還日記，即復。得沈子培書。錢藩卿饋肴饌兩器。朱伯華饋肴饌一品鍋，饅頭兩盤。作書致桐孫，以一品鍋及饅頭轉饋之。剃頭。晚作片致藩卿，邀共夜飯小飲。夜又風。付朱使五百，錢使四百。

初二日丙午　晴，大風，寒如初春。是日院中復鎖門課士。余早出詣桐孫，未歸；遂謁合肥使相，久談。出，至津海關道署，訪其幕客勞玉初乃宣，前南皮令，吾浙桐鄉人也。又詣朱瑞生禾孝廉。午詣桐孫飯。使相饋鰣魚。傍晚偕桐孫赴松亭之招，坐有恒庵、汪子常及杭人徐翰臣，肴饌甚美，食器皆精，夜二更歸。稍暖。付轎錢二千三百，提燈人二百。

初三日丁未　晴和。天津令陳序東以培送海棠兩盆，緋桃兩盆。海棠高五尺餘，西府穠艷，花蕊繁密，惜已盛開。緋桃高四尺許，花大如杯，絳艷照人，平生所未見也。得書玉二十九日書，并王子獻三月朔日里中書、族弟品芳三月九日書。藩卿來，留共早飯，吃鰣魚，甚美。桐孫來，以近文一帙見示。兩日與桐孫快談，客中至樂也。得雲門三月廿六日書。夜作家書、復書玉書。閱雲門游西山詩。玉如送來夏季束脩并春夏歲修涼棚等銀三百四十三兩，即復。

初四日戊申　晴。庭槐吐翠。作復雲門書。朱瑞生來。勞玉初來。評閱課卷。付額使一千，陳使八百。

邸鈔：户部員外郎鳳山升内閣侍讀學士。刑科給事中方學伊升鴻臚寺少卿。編修福楙庚辰。升詹事府右中允。初二日旨。

初五日己酉　晴暖。是日始有夏意，可衣袷。評閱課卷。繆恒庵來，久談。傍晚立庭際看燕子交飛，有南中故園風景，都門所罕見也。夜風，四鼓後益横。

初六日庚戌　南風狂甚，驟熱，午前晴，午後陰霾。合肥相國饋肴饌四十四器，燒猪等四事，酒一甕，受其半及酒，作書陳謝，犒使三千。廚人不能治饌，以轉饋沈松亭。閱課卷畢，約三百卷，津士制藝甚劣，不堪注目，爲一一評抹之，間加删潤，亦良苦矣。夜一更時雷電驟雨，旋止，又大風，三更大雷電，復雨風不絶。付顧升工食錢二千，升兒一千五百。

邸鈔：上諭：張之洞奏歸化城副都統奎英於地方公事多有意見，民蒙交涉事件，偏袒徇庇，有意阻撓，不知大體等語。著派察哈爾都統紹祺於到任後將所奏各節確切查明，據實具奏，毋稍徇隱。初四日旨。

初七日辛亥　晴，風，微寒。作書致玉如，交課卷，屬其飭吏書榜，以明日揭之。作致伯寅尚書吳門書。得玉如復，并託出學海堂經古題。晡後詣書局，與恒庵談。

邸鈔：詔：直隸廣平府知府長啓、湖南寶慶府知府李映、廣東廉州府知府蘇佩訓、雲南雲南府知府毛慶麟、澂江府知府王堃均開缺送部引見。翰林院侍講龍湛霖轉侍讀，候補侍講許景澄補侍講。上諭：工部代遞主事余思詒奏請開餉源以濟要需一摺，著户部議奏。皆初五日旨。所陳如鹽每斤加錢二文，先扣商税；凡捐納人員，無論已補已升、候補候税，皆照原數補足；種洋藥之處，先收落地税；廣開金、銀、銅、鐵諸礦，令士民以銀五兩爲一股；官造鈔票，發商行用：皆瑣屑猥鄙。此人江蘇監生也。

初八日壬子　晴和。桐孫來。剃頭。閲厲太鴻《遼史拾遺》。錢藩卿來。袁秉楨自紫竹林送來明初仿宋刻《新序》《説苑》，共八册，價十金。袁，長沙人，湘鄉相國之婿。其父□□，丙申翰林，嘗守松江，頗喜儲書，有善本，去年忽盡輦運入都求售，今年正月置瑠璃廠火神廟中，其直甚昂。此兩書皆標曰宋槧，直銀五十兩。余與之諧價，減至二十四兩。後託周荇丈詢之，許以十金。旋聞其隨曾威毅伯赴江寧。今忽以荇丈言送來，亦可喜也。書已渝敝，有蟲食處。從姪孝玟自保定來。桐孫午後復來，久談。是日爲浴佛節，津俗以此前後三日盛賽會城隍廟，燈花幡節，士女如雲。廟左爲謝公祠，祀故天津知縣忠愍公子澄，香火亦盛，因約桐孫、恒庵、藩卿偕往觀之。謝公塐像白皙如生。人物喧闐，道路爲塞。略一游歷而歸，仍卧閲書。夜又風。是日聞竹篔奉出使德、法二國之命，德使李鳳苞已滿六年矣。

邸鈔：前山西蒲州府知府謝鉞授廣東廉州府知府。湖廣道御史桂霖授雲南雲南府遺缺知府。初六日旨。

初九日癸丑　晴。合肥相國來。午赴恒庵之飲，坐爲桐孫、沈松亭、蕭知府世本及候補知府粤人郝某，下午散。作復敦夫書、復心雲書、復王子獻書、復族弟品芳書、復妹夫鄭子霞書，俱寄敦夫分致。作片致袁秉楨，還書價銀十兩。

邸鈔：以太僕寺少卿愛廉爲大理寺少卿。上諭：張樹聲等奏知縣在任服毒自盡一摺。據稱廣東樂會縣知縣徐漢章於上年四月在任自盡，該縣典史禀報因素患肝疾，服毒殞命，該故員之子在府呈訴係教官、典史挾忿逼斃，現在行提人證，來省集訊等語。究竟徐漢章因何服毒自盡，教官、典史有無逼斃改報情事，亟應徹底根究，以成信讞。著張樹聲、倪文蔚飭司趕緊提集人證，研訊確情，據實具奏。上諭：陳士杰奏山東利津縣十四户决口於四月初二日合龍，小李家莊口門二處亦先後堵合，辦理尚爲妥速，即著將未竣各工加築堅固，並將卞家莊决口趕緊修築，克日蕆工。皆初七日旨。

初十日甲寅　晴暖。作書問藩卿疾。藩卿來。作書致恒庵，得復。閲《遼史拾遺》。夜月頗佳，獨行庭院，久之。比夕三更後有風。

十一日乙卯　午初初刻十三分立夏，四月節。晴。槐緑滿窗，漸有清陰。沈子封曾桐自都門來，余薦之合肥相國司筆札也，得子培書。得書玉書，并家人寄來藥餌兩匣。朱伯華來。繆恒庵來。子封來，言合肥屬其今日即入幕。子封之大父、故工部侍郎鼎甫先生維鐈，合肥之太翁愚荃先生入學座師也。侍郎有清節，合肥言初入翰林時，嘗隨太翁數謁見之。夜坐庭下看月，久之，聞蛙聲甚鬧。二更後風。

邸鈔：上諭：左宗棠奏目疾稍愈，遵旨銷假一摺。大學士左宗棠素著公忠，不辭勞瘁，朝廷深資倚任，覽奏深慰廑懷，著即來京陛見。上諭：李鴻章奏開馬頰河分減黄流於地勢民情不宜一摺。據稱派員查勘，自長清縣黄河北岸五龍潭，開至馬頰河，抵沙土河海口，共長十萬餘丈，計六百三里，淺狹處約十分之七，應占民田廬舍共數萬畝，其不可開引黄流入馬頰者約有七端，委員經過時，沿河紳民紛紛呈請免辦等語。山東黄河連年潰決，小民蕩析離居，時廑宵旰。如果開河分減黄流，實於民生有裨，朝廷亦不惜重帑。現據李鴻章會同查勘明確，地勢民情均屬不便，即著毋庸置議。詔：記名提督、陝西延綏鎮總兵譚仁芳，久歷戎行，戰功素著，在陝十餘年，訓練防軍，控捕餘匪。兹以積勞病故，加恩照提督軍營立功後病故例賜恤。從陝甘總督譚鍾麟請也。以□□□□巢端南爲陝西延綏鎮總兵。命右翼總兵文秀充左翼監督，吏部右侍郎松溎充右翼監督。工科給事中秦鍾簡轉刑科掌印給事中。

十二日丙辰　晴暖。讀《説文》。玉如饋粉麵、酒母。族姪孝玟回保定，予以銀四兩有奇。作片致恒庵，得復。夜月甚佳而有風。

十三日丁巳　晴，有風。閲院中經古卷，多爲删改。讀《大戴禮》。夜月佳甚，坐賞久之。仍有風。付浣衣津錢八百。

十四日戊午　晨陰，上午薄晴，下午陰。閲經古卷。錢藩卿來。得恒庵書，即復。沈松亭饋羗脯兩肩，臘鴨一雙，羞脯四尾，楊梅燒酒兩小瓿，作片復謝，犒使六百。藩卿饋海魚翅羹，作書復謝，犒使二百。閲《明史·兵志》。《志》云：『宣德四年，上虞人李志道充楚雄軍，死，有孫宗皋宜繼，時已中鄉試，尚書張本言於帝，得免。如此者絶少。』案：志道爲吾山陰第三世祖洪一府君志善之從晜弟。

邸鈔：詔：已革二等侍衛、庫倫辦事大臣文格，著盛京將軍飭令即行來京，交兵部帶領引見。詔：前陝西候補道孫毓林，著曾國荃、衛榮光飭令即行來京，交吏部帶領引見。右春坊右中允陸潤庠升司經局洗馬。以上十二日旨。

十五日己未　薄晴，多陰。閲《明史·選舉》《職官志》《兵志》《刑法志》。新署天津道劉觀察樹堂來。得恒庵書，即復。剃頭。初夜陰，一更後月出，甚佳。

十六日庚申　晴。院中扃門課士，已刻命題，寫學規兩紙諭諸生。晡後與監課天津韓教諭略談數語。時肄業生中有李秉鐸册年五十四，李廷琛册年五十二，蓋皆將六十矣，閔其貧老而文不工。院中生員分内課、外課、附課，列附課前十名者尚有膏火銀五錢。前月之課，兩生皆置附課之末。今日各予以津錢二千，遣吏諭之，兩生叩謝而去。傍晚坐槐陰下，催諸生繳卷，逮闇皆畢。是夕望，初有微雲，人定月出。

邸鈔：詔：通政使司通政使吴大澂大澂時駐營口，旋疏辭，嚴旨責其取巧規卸；又請餉三百萬，亦不許。會辦北洋事宜，内閣學士陳寶琛會辦南洋事宜，翰林院侍講學士張佩綸會辦福建海疆事宜，均准其專摺奏事。十四日旨。

十七日辛酉　晴。桐孫來。恒庵來。作書致恒庵，得復。夜腹痛，四更歐吐達旦。付升兒工食錢一千。

邸鈔：詔：廣州將軍長善來京當差，以熱河都統繼格爲廣州將軍，以青州副都統謙禧爲熱河都統。詔：署黑龍江將軍、副都統文緒實授將軍。次日以□□□成慶爲黑龍江副都統。以光禄寺卿志元爲太常寺卿。命翰林院侍講學士梁仲衡爲江西學政。以上十五日旨。

十八日壬戌　晴。病不愈，食稀粥。作書致恒庵。得桐孫書。得恒庵書。夜始飯。聞昨日合肥與法使福禄諾定和約五條。

邸鈔：上諭：御史吴峋奏編修王濂及朱一新等呈遞章奏，掌院學士有意阻遏一摺，著靈桂明白回奏。十六日旨。

十九日癸亥　晴熱。閲經古課卷畢。生員于克勤第一，童生顧文敏第一，『九族解』，『張居正論』，『竹外桃花三兩枝賦』，『擬唐懿宗追謚李德裕衛國忠公制』，『路水新開直河櫂歌』。其經解皆出鈔襲，論制亦無合作，賦尤劣，詩小有思致。爲卷卷細評，稍可取者改潤之，餘亦多加鉤乙。於張生大仕卷全改，擬制一首，似遠勝郝文忠《陵川集》中所擬也。文饒謚忠，惟見《唐會要》，陵川所不能知。作書致玉如。閲《通鑑紀事本末》。

邸鈔：上諭：靈桂奏遵旨明白回奏一摺，據稱各衙門代遞封章，皆由堂官公同閲看，必無違悖字句，方准代遞。編修王濂摺件，於十四日交閲，即於十六日代遞。朱一新等之摺，因語涉激烈，令其妥爲斟酌，再行代遞，並非有意阻遏等語。吴峋所奏，即著毋庸置議。　以太僕寺卿白桓爲大理寺卿。以上皆十七日旨。

二十日甲子　晴熱，下午風。玉如來，久談。恒庵來。閲《通鑑紀事本末》。此書如能於原書之外，采《通鑑》所未及者，爲之補注，折衷得失，則盡善矣。事體重大，余老矣，無能爲也。夜有風。

邸鈔：詔：二十一日親詣大高殿祈雨，命惇親王等分禱時應諸宫廟。十八日旨。

二十一日乙丑　晴。徐薇垣太守翰臣來。杭州人，辛酉壬戌舉人。午詣合肥相國、海關道周玉山馥、天津道劉景韓樹堂、額玉如運使，俱晤談。詣沈松亭。答拜徐薇垣。午後歸，甚熱。沈子封來。付轎從錢二千。傍晚詣恒庵談。閲《通鑑紀事本末》。得沈松亭書，言今日入都領營餉銀。

二十二日丙寅　晴熱。劉景韓、周玉山兩觀察來，俱久談。劉，雲南保山人，年五十四；周，安徽建德人，年四十八。得沈子封書，即復。作書致書玉，凡兩緘，其一是前日尚擬涉帑來津也。作家書。恒庵來。得雲門十六日書，言不復議姻事矣。作書致桐孫，并還近文一帙。

邸鈔：前任雲南提督胡中和卒。詔旨褒惜，照提督軍營立功後病故例賜恤，將戰功事迹宣付史館。從署湖南巡撫龐際雲請也。二十日旨。

二十三日丁卯　晨及上午晴，甚熱，下午陰，晡後雨，傍晚止，有風，涼如暮秋。沈恒農晉蕃來。得介唐二十日書。周玉山觀察命其三子來執贄門下，呈所業文字。長學海，字澄之，年二十六，去年已得選拔貢生；次學銘，字紳之，年二十四，已補廩生；季學熙，字緝之，年二十，去年亦食餼矣。額玉如送來書院節敬十六金，即復。晡後過恒庵談。傍晚玉山招飲，令其三子侍坐，深談至夜二更歸。付轎錢一千六百，提燈人四百。作書致恒庵。付書局《通鑑紀事本末》《遼史拾遺》錢七千六百六十，《兩漢紀》銀一兩四錢三分，《爾雅圖》銀四錢四分。付顧升工食錢五千，升兒二千，廚人六千。

邸鈔：上諭：衛榮光奏特參在籍道員虧倒鉅款，請旨革職追究一摺，據稱福建候補道劉翊宸曾署鹽法道篆務，同治初年回籍，歷在江陰、丹陽、溧陽、江寧、揚州等府縣開設典鋪二十餘處，均係他人存項，又在各典私用匯票數十萬金，於本年二月間倒閉，共虧欠八十一萬有奇，内有公款五萬餘金等語。奸商湊集資本，開設典鋪，稍一虧耗，即將餘資席捲逃匿，甚有並未虧耗，意圖侵吞，紛紛倒閉。似此情同誆騙，敗壞市風，亟應從嚴懲辦。福建候補道劉翊宸著先行革職，交衛榮光查明該革員資財房産有無寄頓隱匿，勒提到案，嚴行究追，分別抵銷，以示儆戒。上諭：希元奏甄别不職各員一摺。吉林前署雙城廳通判、委用通判陳治居心貪詐，任意妄爲，著即行革職。署賓州廳同知、委用同知李增光信任書差，怙惡不悛，著降爲州同，歸部銓選。伯都訥廳同知邵守正閲歷未深，不諳政體；五常廳教諭張箴士論未洽，人地不宜：均著開缺，以原班歸部銓選。皆二十一日旨。

二十四日戊辰　晴，晨至上午大風，甚涼，午後風稍止。桐孫來。沈子封來。恒庵來。桐孫再來談。爲三周生改文字四首訖，即作書致玉山。晚赴天津觀察劉景韓之招，坐有桐孫、恒庵及候選道皖人張姓，合肥之甥也，又候補知府吴人某姓，肴饌甚精，夜二鼓後歸。付轎錢一千七百，提燈人二百。

邸鈔：上諭：前據岑毓英奏請全師徹回，扼守要隘等語。該督未奉諭旨，輒即退紮館司，殊屬不合機宜。岑毓英著交部議處。詔：雲南昭通鎮總兵何雄輝發往廣東軍營，交彭玉麟差遣委用。皆二十二日旨。

二十五日己巳　晴。得桐孫書，惠磨菌、柰脯及紈扇一柄，作書復謝，還柰脯及扇，於扇上書三詩媵之，犒使五百。額玉如來送行。桐孫來。下午詣玉如及劉景韓、朱伯華、恒庵、桐孫，晤玉如、桐孫。沈恒農來。王楚臣來。傍晚天津守汪子常招飲，坐有桐孫、恒庵，肴饌甚盛，夜二更歸。恒庵饋肴饌點心，犒使五百。徐翰臣薇垣饋羗脯、龍井茗，犒使四百。付轎錢二千，提燈人三百。

二十六日庚午　晴，午後甚熱。早起，料檢行李。周玉山觀察爲具湖廣船一，天津令陳以培具縴夫五人，力却之。以酒一瓮饋錢藩卿。藩卿來送行，并饋食物兩合，辭之。恒庵來送行。王楚臣來送行。玉山來送行。上午肩輿出東門，至三汊口下船。三汊口即三岔河，衛、白兩河至此合流入海也。夷人之居，錯峙闤市；番輪之船，雜出估檣。傍午開船行，過新營城軍器局，白石十雉，亦設旌門，紅墻四阿，題曰『武庫』。是日使相方將閲兵，緑樹青疇，朱旗立表，營壘之士，十百爲儔，軍實既饒，邊聲亦壯。而醜類鼾於卧榻，魋椎恣其跳梁，和好僅成，歲幣幸免，國威之振，河清幾時，可太息也！比日田事方興，麥翠盈尺，清流曲折，村落回環。順風挂帆，行九十餘里，黄昏過楊村，市火映星，酒旗猶颭，林垣翳水，樹色彌幽。晚坐船頭，看落日色赤如燕支，其占當有風雨也。一更抵一小村，依糧艘而泊。付轎錢一千八百，挑夫、車錢一千八百，院役張興賞錢二千六百，廚役王升六百，更夫八百，趙僕五百，周兵四百，轎頭二百。

二十七日辛未　晴，午後甚熱，傍晚陰。早起，過大榆莊，天甫明已行十餘里矣。晨過蔡村。上午過河西務，以在白河之西也，地屬武清縣。北運河同知駐此榷税，稱務關同知；又有主簿一，巡檢一，分駐之輨鎋漕渠。雲萃檣轂，爲京東第一鎮，而市店蕭條，泥墻土銼，惟見驛人旁午，亭吏譏呵，臨水設關，舟車如織而已。是日仍得順風。夜泊香河馬頭，離縣城四五里，小有村店。二更有疾風小雨。是日子正二刻七分小滿，四月中。

二十八日壬申　昧爽復小雨，旋止，晨陰，上午晴，甚熱，晡後大雨雹雷電，傍晚晴。舟人辨色行，早過和合驛，入通州境。午後抵漷縣馬頭，僕人顧升登岸僦驢，先由張灣入京。下午過新開河，遇雨，小泊野岸，舟中盡漏，行李皆濕。晡後夕陽啓晴，村樹蔚碧，河流緑净，晚霞絳鮮，夾岸糧艘，帆檣林立，婦子笑語，各起晚炊，以水爲家，宛同村落矣。晚過張家灣。夜泊戴家花園。

二十九日癸酉　晴。晨泊通州東門外。竟日待車不至，舟中閲《通鑑紀事本末》，并揭《通鑑目録》《遼史拾遺》諸書籤。剃頭。

三十日甲戌　晴。上午僕輩以車一乘至，遂行。一路樹色蔚濃，水流彌漫。知前日張灣以西雨雹更大，過八里橋，雨即漸稀，都門惟數點耳。入通州南門，州人方賽城隍祠，士女奔湊，夾道植竿懸燈。過倉場侍郎署，出西門。一路青青，田疇如畫，郊外多都中貴游冢地，宰樹千行，得雨翠滴。有授詩堂，某姓阡，蠣墻四周，旁立丙舍數楹，華絜敞爽。院有凉棚，是知廬墓有人，松楸益整。自悲久旅，久缺椒漿，柳州有言，誠愧馬醫之子矣。過文相國墓，與豫王墓鄰，地名王府墳，高原竦起，林樾尤盛，野花紅紫，多不知名，每遇曲水回塘，低塍盡罫，高柳夾徑，茂榆接籬，下俯一泓，深碧十丈，放佛稽、陰之勝，時有濠、濮之思。午後至雙橋，憩車小食。旅店之右爲藥王廟，門前古槐雙峙，蔭匝廣庭，婆娑久之。店後隔坡，新緑萬樹，挈童步往，則翠柏喬松，中圍十畝，旁爲舍宇，後圃前園，垂楊繞門，能帶遠水，灌藤倚户，猶有晚花，其額題曰『張氏花園』。有嫗守門，詢之，則京師正陽門内賣布張儈塋地也。叩門欲入，嫗辭以扃鎖，且花時已過，無可觀者。遂復登車行。夕陽時過二閘，方塘數十區，引水種荷，小葉浮青，間以蘆葦，沿堤放鴨，時避行舟，撒罟兜魚，亂牽落日，蕢緑上袂，莎平藉輪，鳳城晚霞，相映增麗，彌令騷人飫目，羈客醉心矣。傍晚入東便門。曛暮抵家，庭樹過花，緑陰如幄，竹簾紗幌，夏景宜人。是日先本生王父忌日，家人設肴饌几筵，燃燭以待，行禮奠醑，遂團坐小飲。介唐來。雲門來。書玉來。沈子培來。付賞舟人錢二千四百，旗燈錢八百，舟中飯錢二千一百，顧升前日入城騎驢食宿錢一千一百。以前所用，皆以銅制錢五百爲一貫。付車錢六十五千，雙橋尖頓錢八千二百。

邸鈔：以太常寺卿志元爲都察院左副都御史。以大理寺少卿沈源深爲光禄寺卿。上諭：劉錦棠奏道員立功後積勞病故，懇恩優恤建祠，將戰績事實宣付史館一摺。署甘肅阿克蘇道羅長祜隨同劉錦棠辦理新疆軍務，決策制勝，所嚮有功，籌辦善後事宜，亦能盡心區畫，深資得力。茲以積勞病故，加恩交部從優議恤，並將戰績事實宣付史館，以彰勞勩。至建立專祠，前經降旨，不准擅行奏請，所請於阿克蘇建祠，著不准行。以上皆二十五日旨。　前陝西延榆綏道佛爾恭額選直隸廣平府知府。前湖南沅州府知府豫章選湖南寶慶府知府。刑部陝西司郎中彭澤春選雲南澂江府知府。二十五日。

御史邵積誠升禮科給事中，胡隆洵升刑科給事中。二十六日。

上諭：張樹聲奏因病籲懇開缺，專治軍事一摺。兩廣事繁任重，現在辦理防務，恐難兼顧。張樹聲著開兩廣總督之缺，仍著督率所部，辦理廣東防務。以山西巡撫張之洞署理兩廣總督，以山西布政使奎斌暫署巡撫。詔：五月二日再親詣大高殿祈雨，仍命惇親王等分禱時應諸宮廟。以上皆二十八日旨。

以山西按察使高崇基署理布政使，河東道黄照臨署理按察使。

甲申三月十三日出都小住津門四月三十日還京絶句五十首

一自乘槎到日邊，不知官簿幾推遷。閉門日月今多少，記種垂楊十四年。

果巷西連米市斜，巷南老屋當浮家。叩門絶少公庭吏，長有園丁報送花。

喜讀朱公種樹書，一庭花竹漸扶疏。路人指説墻頭杏，此是當今庾信居。

絶倒虚名比郭隗，故將羔雁款蒿萊。山桃似欲留人住，獨向春風冷處開。

似説皋比拂坐塵，昨來雙鯉下通津。郎中三影關何事，一語胡盧足了人。

管領山奴赤脚蠻，一門僕婢仰眉端。邇來始信京師大，容得聲隅五品官。

自課長罌汲井華，丁香含萼柳初芽。白頭尚領春光幾，剛及花時不在家。

夢裏山陰一畝園，老來賃廡傍修門。須知白柄長鑱外，生計都無一事存。

平生營構愛精嚴，茗鼎書床事事諳。想到白雲帷帳語，那知硯北更香南。

東頭屋倒自成園，縛架編籬也自寬。鷄犬不知人賃廡，花陰鳴吠各相安。

跛驢薄笨告臨岐，丁倒圖書間酒瓻。一幅青門真祖帳，山妻扶杖病姬炊。

丁卯才華錦不如，玉堂宣講待熏鑪。他年編到題襟集，一首文成萬顆珠。許竹篔侍講贈序，甚佳。

風義長儵擅俠名，鳴琴百里動邊聲。臨行笑約垂楊説，待我歸來唱渭城。謂雲門。

漫郎相顧各蒼然，少壯論交老更憐。腹痛逍遥潘叟語，今朝喜見傅延年。謂子尊。去年正月三日，潘紱庭丈過余，遇子尊，喜曰：『新歲見傅君，延年之兆也。』時去丈殁十餘日耳。

伯玉文推禁省雄，歐陽三娶事偏同。一經欲慰商瞿恨，故遣佳兒祝草翁。陳書玉編修，其夫人錢，呼余爲父。

酒債時時貰玉甖，虎坊橋北屢經行。韓家潭畔朱霞影，小别東風也有情。

道出東門賭茗杯，觚棱回首一徘徊。年來朝事營營甚，負手城闉聽水來。

誰言清淺是蓬瀛，時有風波起玉溟。陛楯歲星方一覺，層城三度换真靈。

可笑當年吕步舒，五行平議事何如。豈真朱烏窗窺得，先遞青桐一葉書。

豈有連錢避障泥，故教迂轍轉東西。老農新碾春疇熟，一片柔茵待馬蹄。

斜日停車定府莊，風吹村店柳初黄。却憐一出長安道，每見青帘覺酒香。

已看明月影當頭，八里橋邊水自流。郵吏排籤行更急，滿街燈火過通州。

郭門繚繞俯平川，塔影依稀遠帶烟。十里檣竿旗獵獵，一燈初下潞河船。

夢醒依約水聲撞，曉日曈曨照並艭。婦女隔船相問訊，衹無吴語到篷窗。

道出泉州有漷城，罟師漁子掠舟行。烟波安隱平生夢，欹枕明窗聽艣聲。

野岸星沉繫纜遲，林中犬吠有茅茨。客心悵觸孤舟夢，四十年前夜泊詩。余十六歲時，冬夜侍本生王父自樊浦歸，舟遇風，泊石瀆，賦詩有云：『雲裏鐘鳴知野刹，林中犬吠有茅茨。』又云：『燈從矮屋遠穿樹，船與斷冰争過橋。』皆爲當時傳誦。其稿久不存矣。

張灣南畔改新流，直接香河減水郵。知有船娘偏愛惜，別開明鏡照梳頭。
三五成村映柳林，征塗漸次覺春深。如何纔茁鵝黄葉，三日青青遍緑陰。
堤入楊村覺漸高，稻秔縮轂萬吴艘。畿南文物徵何限，只説朱家雪字糕。
曉卸征帆丁字沽，新營壁壘扼津衢。和門鼓譟花門角，此是華蕃合樂圖。
趙侯五十早專城，説士時時到禰衡。廿載題名同白首，喜分輿蓋遠相迎。桐孫以肩輿來迓。
百戰功成使相尊，海師十萬虎貔屯。令嚴夜半傳軍號，不許潮來碣石門。
洱海新傳逮仲通，樓船楊僕總無功。漢家銅柱標天半，未畫朱鳶入界中。
都護安南舊有城，未聞墨守已投兵。誤人一紙行師地，莫似唐家怨蔡京。
六詔烽烟接點蒼，誤傳銅壁作彭亡。唐蒙鑿空真何苦，緹騎飛龍過夜郎。
日夜飈輪警報來，春風依舊講堂開。頗聞舍菜迎師暇，出看犀軍演水雷。
渤海經師著漢京，鴛湖題額尚峥嶸。如何七十三年後，輪與南州獨擅名。問津書院創於乾隆十二年盧雅雨先生任長蘆運使時，錢香樹尚書題學海堂額。後至嘉慶二十四年，阮文達總督兩廣，始開學海堂於廣州，人不知津門有此名矣。
雅雨風流久渺茫，列葭環海屢生桑。談經幾輩松枝麈，祇有雙槐閲世長。院有雙槐書屋。
東海鰣魚舶棹登，細鱗盈丈雪花凝。軍中知是先生饌，彍騎飛傳一榼冰。謝合肥相國饋鰣魚。
吾家寳鼎號儒宗，愧繼先賢領學僮。使者雍容車騎美，雅歌賓主禮三終。二十日偕運使額勒精額君率諸生釋奠兩書院。
東風紅紫出新裁，雪柰緋桃次第開。消得三蕉藍尾酒，天津賢令送花來。謝縣令陳君以培饋海棠、碧桃各兩樹。

蘭陵繆襲領官書，隔院牙籤甲乙廚。卅載泉明風木感，覆巢流涙話銜鬚。溧陽繆恒庵太守彝時領官書局，借院中東屋以居，尊人武烈公以署浙江運使殉庚申杭州之難。

金花寶蓋滿城中，浴佛先期賽謝公。猶説裂裳馳一騎，大呼殺賊渡河東。津人歲以四月六日至八日賽會城隍神及故天津令謝忠愍公子澄，祠中燈樂，晝夜不絶，旌旗簫鼓，導迎甚盛。

庭前日數緑槐芽，燕雀相依共一家。忽覺天涯春去盡，隔墻風裏見楊花。

開到庭中安石榴，連朝山信報花稠。翠筵次第開賓館，再作平原十日留。運使額君、天津道劉觀察樹堂、海關道周觀察馥、天津知府汪君守正、長蘆運同沈君永泉及桐孫、恒庵諸君排日設飲。

夜下船符三汊河，又聽擊汰榜人歌。揚帆直出桃花口，歸路清陰一倍多。周玉山觀察具舟送歸。

隴麥青青覆黍秧，桔槔碾磑一時忙。東風五兩乘飛綄，脱帽船頭看夕陽。

新河纔過有風霆，未到張灣急繫舲。雨後遥天青欲滴，夕陽一鷺下前汀。

策馬雙橋二閘邊，沿流樹影緑連天。入都更有江湖思，放鴨紅裙六柱船。

日落争城趁晚鴉，遠看高柳出檐牙。可憐越客安燕久，但認長安是到家。

五月乙亥朔　晴。雲門來。介唐來。劉生曾枚來。書玉來。蕚庭來。小理書籍。子蕁來。蕚庭饋節物。以食物八合問書玉夫人。

初二日丙子　晴。始循行舍圃。鐵香來。季士周來。楊定旉來。雲門來。作書致沈子培，爲桐孫送函件去，得復。袁爽秋來。（此處塗抹）劉仙洲夫人饋節物。饋子蕁粉麵、蝦米、臘鴨、五毒餅。

饋介唐節物。

初三日丁丑　晴，有風，下午陰。朱蓉生來。沈子培來。介唐饋節物。饋仙洲夫人節物。雲門來，留共夜飯。得書玉書，言令弟資泉已到京，饋枇杷、鮮荷花露各一瓶，湘蓮、蜜棗各一簍，鯗脯兩肩，越餅四合，醃鰣魚一尾，甘蔗四枝，廣橘十二枚，洋餅一瓶，作書復謝，還其蓮、棗、鯗脯，犒使八千。

邸鈔：上諭：徐桐、薛允升奏奉天東邊道有練兵籌餉之責，及兼管中江通商事務，員缺緊要，可否令該將軍等會同北洋大臣，於奉天、直隸兩省道員内揀選請補，抑或特旨簡放等語。著吏部議奏。本任東邊道陳本植，四川舉人，由直隸候補知府擢任，頗清强，有政聲，以創收山貨等税，浮議紛起，御史曾培祺劾之，徹任聽勘，憤恚而卒。崇綺等請以奉天委用道奎訓補授。

初四日戊寅　晨及午晴，下午微陰，小雨，傍晚晴。張姬生日，介唐夫人饋桃、麪。書玉夫人饋桃、麪、酒、燭、蓮子，反燭。整理書架几案。書玉夫人來。秋田來。王子裳同年來。馬蔚林禮部來。得雲門書，饋柑子、端午餅，作書復謝。付吉慶昌乾果銀十四兩五錢，廣厚乾果錢百千，隆興紬布銀十五兩六錢，石炭銀十四兩三錢，米錢六十四千三百，寶森書銀十兩，松竹齋紙錢九十五千二百六十，翰文齋書銀六兩五錢，京兆酒銀二兩二錢，燈油銀四兩二錢，廚人司馬士容銀七兩二錢四分，衣估滕文藻銀十四兩四錢，僕媪等節賞、生日等賞一百二十六千，頻婆果樹錢十六千。內子節銀十二兩，席姬八兩，書玉夫人四兩五錢。

邸鈔：詔：會辦福建海疆事宜、翰林院侍講學士張佩綸賞加三品卿銜。命通政司副使胡瑞瀾署理都察院左副都御史。

初五日己卯　晴，下午微陰，有小雨，甚涼。雲門來。小設昌蒲飲。傍晚坐東圃看花樹。閲彭文勤《五代史記注》。

初六日庚辰　上午陰晴不定，下午小雨，有雷，傍晚密雨數作，晚大雷雨。潘伯循來。介唐來。周星譼來，言以安徽直隸州開復入都驗看者，本名灝孫，字素人，三十年前舊交也，然其諸弟皆無行，得罪於余，余久絶之，自不便與之見，固謝之去。追念平生，爲之耿然。光甫來。作書致額玉如，寄五月小課經古題。剃頭。

初七日辛巳　竟日輕陰，時有小雨。補寫日記。得雲門書，并津門寄懷七律二章，其詩甚工，即復。王子裳來。

初八日壬午　晨至晡晴，晡後小雨，虹見，比日甚凉。郭子鈞同年來。蔣同年艮來。雲門來。下午詣介唐，伯循、竹篔、鐵香、楊正甫、調甫、季士周、子蓴、書玉、資泉，晤伯循、子蓴、士周、書玉，夜歸。

初九日癸未　晴。沈曾桀來，不見，子培之兄也。黄仲弢來。竹篔來。晚詣聚寶堂赴朱蓉生之飲，坐有仲弢、王醉香、鍾仲龢、陸篤齋、龔藕田、沈子承。即曾桀也。藕田新選貴州修文縣令。夜二更歸。

邸鈔：詔：十二日仍親詣大高殿祈雨。　以〈内〉閣侍讀學士鄭藻如爲鴻臚寺卿。

初十日甲申　晨及上午晴，下午微陰，霢霂，晚雨。周素人來，不得已見之。其人老矣，衰尫骩骳，意甚憐之。而語次屢及其弟星譽，余遂怒甚，不能自制，出言無次，狼狽走出，深悔學問不充，忿不思難，辱及人親君子，所深戒也！　昨劉仙洲夫人來，爲雲門議祝氏姻事；今日作書致雲門。作書問荇老疾。作書致王子常，得復。子蓴第三郎娶婦，賀以酒兩甕，彘脯兩肩，紅燭十斤，鞭爆一千。季士周來辭行。書玉、資泉來。買香圓兩盆，西洋海棠紅繡球花四盆，栽之圃中。夜得雲門書。

邸鈔：詔：雲南布政使剛毅即迅速赴任，不得稍涉遲延。從巡撫張凱嵩請也。上諭：前據給事中鄧承脩奏參廣東鹽運使周星譽嗜好甚深，在廣西左江道任内侵蝕甚鉅，赴運使任時有私携税貨等情，當諭令張樹聲等確查具奏。兹據張樹聲、倪文蔚奏，周星譽被參各款，或并無其事，或查無確據，惟精力漸敝，任事爲難等語，周星譽前已開缺，著即休致。

十一日乙酉　晴熱。得荇老書，以益吾祭酒新刻《雍正東華録》二十六卷，新校正晁氏《郡齋讀書志》二十卷、趙氏《附志》二卷，《魏鄭公諫録校注》五卷、《續録》二卷，《魏文貞故事拾遺》三卷、附《新舊唐書本傳合注》一卷，《鮮虞中山國事表疆域圖説》一卷，皆校刻精工。《魏鄭公諫録校注》，祭酒弟諸生禮吾先恭所著；《故事拾遺》，亦禮吾所集。祭酒收其遺稿刻之。即復書謝。王子常來。秋田來。雲門來。晡後偕秋田詣子蕁家賀喜。答詣蓴庭、楊定甹、馬蔚林、王子常。賀謝惺齋得廉州守，晚歸。

邸鈔：詔：本日引見之江蘇江安糧道張富年、浙江寧紹台道薛福成、安徽寧池太廣道張蔭桓，著本月十三日爲始，每日一員，豫備召見。

十二日丙戌　申正初刻九分芒種，五月節。晴，驟熱。閲《雍正東華録》。作書致額玉如，寄十六日齋課題。作片致介唐。楊正甫同年來，以其曾大父所著《籌濟編》及常熟《三陶文集》爲贈。介唐來。雲門來，共夜飯。

十三日丁亥　晴，鬱熱之甚，下午微陰，傍晚陰。濮紫泉來。剃頭。閲益吾所校《郡齋讀書志》。陳雲舫來。萬户部本敦來，藕舲尚書之子也。答拜黄仲弢，不值。本欲詣朱蓉生、沈子培，以熱甚，即歸。作片致郭子鈞，以湖北同年杜吏部炳珩奠銀四兩，託交同司黄岡萬佩珊錫珩轉寄其家。杜亦黄岡人也。霞芬來。作書致竹篔，致書玉兄弟，皆約明夕之飲。付賃屋銀六兩。四月間家人已先付六兩，此後季士周以屋乞其婦家萬氏兄弟。

邸鈔：以協辦大學士、刑部尚書文煜爲大學士。

十四日戊子　晨及上午晴，午後微陰，躁熱殊甚，下午大風，傍晚雨，即止。辨色即起，料檢花圃。作書致雲門，致介唐，皆訂今夕之飲。雲門來。晡後詣劉仙洲夫人，以雲門與祝氏締姻，定於二十一日下娉，二十八日迎婦矣。傍晚答拜郭子鈞，即歸。晚詣霞芬家，秋田、介唐、竹篔、雲門、書玉、資泉繼至，是日爲竹篔餞也。夜雨數作，肴饌甚精，酒醲香濃，藏鉤數十匝，至五更始散歸，天明始睡。付霞芬酒食銀二十兩，下賞六十千，客車飯二十二千，車八千。製璊玉色庫紗袍一領，付衣估滕文藻銀七兩，又夾綺銀二兩。謝惺齋來。

邸鈔：詔：體仁閣大學士靈桂管理吏部事務。新授大學士文煜管理工部事務。吏部尚書廣壽管理理藩院事務。詔：額勒和布、閻敬銘均以户部尚書協辦大學士。以禮部尚書恩承調補刑部尚書，以理藩院尚書延煦爲禮部尚書，以都察院左都御史崑岡爲理藩院尚書，以倉場侍郎錫珍爲都察院左都御史，以工部左侍郎興廉爲倉場侍郎。刑部左侍郎貴恒奏病難速痊，懇請開缺。許之。以内閣侍讀學士榮惠爲太僕寺少卿。

十五日己丑　竟日微晴，多陰，凉如秋中。早起。終日倦甚，腹瀉多卧。閲《魏鄭公諫録》及《續録》。文貞不足稱純臣，其《諫録》事難盡信，然有益於政治甚大，故此書與《貞觀政要》皆爲後世人君必讀之書。荀子所謂『法後王者』，此類是也。

作書致雲門，并祝氏女年庚。雲門來。子蕁來。下午閲《五代史注》。夜早卧。

邸鈔：以禮部左侍郎桂全調補刑部左侍郎，以工部右侍郎景善轉左侍郎，以内閣學士慶麟爲禮部左侍郎，烏拉布爲工部右侍郎。以巴克坦布補授總管内務府大臣。詔：安徽徽寧池太廣道張蔭桓開缺，賞給三品卿銜，在總理各國事務衙門學習行走。

十六日庚寅　晴，晡後陰。腹寫不愈。閲《五代史注》。周介甫來。得雲門書。是夕望，無月。

邸鈔：兵部郎中梁欽辰閩縣，癸亥。授安徽徽寧池太廣道。

十七日辛卯　晨及上午陰，午後晴，稍熱。閲書院課卷。雲門來。董金門拔貢來。殷蕚庭來。腹寫不止。夜讀《韓非子》内、外《儲説》諸篇。

邸鈔：詔：大學士、六部、九卿、各直省將軍督撫再舉人才。詔：奉天奉錦山海道續昌來京豫備召見。

十八日壬辰　晨及午晴，下午陰，復熱悶。朱味笙來，以大挑甘肅知縣服闋，今從竹篔赴法、德各國爲三等參贊。席姬患喉證，爲定藥方。作書致書玉，得復。作書致雲門，爲二十一日下娉禮物事。再得書玉書，惠朝天子一粒。此産於吴越深山柴棘中，爲治七十二喉證之上藥。爲席姬料檢燈草、指甲、冰片、麝香等吹藥，此亦喉證要方也。如成喉蛾，當加蠆蟲十枚，火煏爲末，吹之。再作書致書玉。閲《水經注·江水》諸篇。黄昏小雨，即止。

邸鈔：以内閣侍讀學士馮爾昌爲太僕寺少卿。

十九日癸巳　晨日出，上午微晴，多陰，午後晴，晡陰，小雨，有雷，傍晚霽。楊調甫來，正甫之弟，新選山東蒲臺知縣。雲門來。作書致王子裳，約今日晚飲。

閲《水經注·沔水》篇。《水經》既不見淮水，而江水至下雉縣屬江夏郡，今湖北武昌府興國州地。以下皆闕。酈注敘至青林湖而止，而其末云：『自富口迄此五十餘里，岸阻江山。』其文氣亦尚不完。沔水，《經》雖敘至過毗陵縣北爲北江，而其文復倒亂。酈注因《沔水》之文，歷敘毗陵今常州武進縣治。至鹽官今海寧州治。入海，經流於宣城、吴國諸郡，如陵陽、落星、包山、洞庭之山，旋谿、具區、三江、五湖之水，皖南、浙西勝蹟略見，而江州、揚州、南徐、淮州今之淮安府，劉宋、蕭齊之北兖州。概從闕如。故當時如尋陽、姑熟之重鎮，廣陵、山陽之繁富，北固、瓜步之形勝，而秣陵爲南朝歷姓帝王所都，皆付之俄空，略無逸簡，末由循繹古蹟，摩挲藻采。名寰麗矚，不著於鴻篇；秘笈邃聞，並窮於芳擷。甚可惜也。安得好事者據魏、齊以前之書，擬唐、宋諸家所采，放佛麗藻，補綴舊文，亦志地之必需，續酈之不朽矣。

晚詣聚寶堂，邀楊正甫、調甫、朱味笙、王子常、沈子承、子培飲，招霞芬、儷秋，夜三鼓歸。付客車飯十千，車六千，酒保賞五千，霞車飯四千。剃頭。

邸鈔：上諭：奎斌奏遵旨察看道員，據實覆奏一摺。山西冀寧道左雋沾染嗜好，處事優柔，未能振作有爲，著即行革職。　户部郎中福通授江蘇蘇州府遺缺知府。

二十日甲午　晴熱。竹篔來辭行。竹篔好學有文，篤於交誼，翰林中所僅見。以昔年爲故相文文忠薦其熟悉洋務，庚辰冬命出使東洋，行抵上海，聞外艱歸，今復命往德國代李鳳苞。又以曾紀澤在法國錚錚執持，屢與夷之外部争，夷人甚忿之。當和約之未成也，夷目屢移文總理各國衙門，必先徹紀澤。朝廷恐致釁，亟命鳳苞往代。而紀澤本兼充英國、俄國使臣，命移駐英國。遂命竹篔兼法國、德國及意大里亞諸小國之使。德與法本仇也，法又貧而凶狡，和約粗定，一切善後，事目甚繁。竹篔有老母，無兄弟子姓，遠適數萬里外，歷紅海、地中海，炎熱瘴癘，居輪船中幾兩月程。臨岐愴然，不忍言别。然其去冬服闋入都時，余曾微諷以繳還二品頂帶，辭侍講之擢，陳情政府，以親老不忍遠出，丐其轉奏，未必不蒙嘉許也。下午詣萬福居赴沈子培之飲。晤庚辰同年徐亞陶刑部，其人年七十餘，龍鍾老甚，而日趨衙參，雖病不止，可歎也。晡後歸。黄仲弢來。得弢夫去冬江陰書。傍晚答客數家。送竹篔行，不值，晚歸。夜閲《水經注》。介唐來。

邸鈔：詔：本年十月初十日恭遇慈禧端佑康頤昭豫莊誠皇太后五旬萬壽慶辰，所有在京八旗官員及男婦、太監等年六十以上者均加恩賞，今年秋審情實人犯停止句決。詔：遴選光明殿道衆於大高殿禱雨，遴選僧衆於覺生寺諷經，均於二十四日開壇。親詣大高殿及時應宫拈香。派睿親王魁斌、鎮國公溥芸、鍾秀、恩輝輪直大高殿齋宿行禮，巴克坦布常川住宿。派豫親王本格、鎮國公溥廉、英俊、廷禎輪直覺生寺齋宿行禮，文璧常川住宿。並派莊親王載勳拈香。分命惇親王禱昭顯廟，惠郡王奕詳禱宣仁廟，貝勒載瀅禱凝和廟，貝勒載漪禱黑龍潭。以内務府郎中崇光爲奉宸苑卿。翰林院編修陳文騄授浙江金華府知府。上諭：龐際雲奏調員辦理營務。降調浙江按察使陳寶箴，著發往湖南，交龐際雲差遣委用。

二十一日乙未　晴。早起。雲門來。梁星海來。鐵香來，久談，至夜二更去。鐵香深惡洋務，又以其鄉人劉雲生言外夷屢欲推奉合肥，合肥挾以自重，故百計媚夷，遂甚不滿之。及雲生以劾合肥罷官，尤致憤憾，屢疏攻擊。今年和議之成，鐵香又過信人言，謂法夷將有内變故，欲求和，我能稍持其議，可以唯我所爲；更嚴劾合肥，言之憤絶。然劉之説極爲無稽，其罷官也咎由自取。合肥受北洋之寄，極使相之尊，其深信夷人，動效夷法，廣作機器，久縻鉅資，又委任非人，開招商局，以厚資付粤僧唐廷樞、徐潤等，擅入肥己，虧耗巨萬，誠亦無解人言。然身處危疑，事叢責備，力分勢掣，財匱兵驕，局外之言，不中事會。近日法夷和約五事，不償兵費，不增難端，越南之朝貢如常，滇桂之邊防如故。自由法之總兵福禄諾尚識恩威，德之税司德璀琳素承指使，故得無傷國體，速定盟言。自來款議，此舉差優，平情論之，功不可泯。而中朝士夫揣聽虚聲，囂張浮氣，覬敵人之有釁，謂越地之可分。鐵香又據新聞紙之讏言，信劉永福之忠勇，以潢池爲長城，以困獸爲卧虎，遂因合肥定和之疏，述及永福騷動之情，以爲合肥嫉其有功，惡其敢戰，乘間媒孽，因事驅除，大聲疾呼，深致痛恨。豈知永福本一草賊，驅烏合之衆，效鋌走之鬥，白徒亡命，誠何能爲？ 唐景崧一潦倒酒徒，亡賴措大，仕宦不遂，行險儌幸，豈能激厲債將，墨守窮邊？ 去年之冬，山西未失，余屢語知好，謂此兩人必不可恃，亦嘗爲鐵香言之，此亦不幸而中者也。 鐵香以此數事，頗與齟齬；然能深知二張之奸，列數諸人之佞，雖爲小張所薦，厚與締交，而亦謂此輩譸張，未可盡信，朋黨輕薄，事甚可憂，是則雅合吾心，無慚君子矣。

邸鈔：詔：吏部尚書徐桐兼署兵部尚書，閻敬銘無庸兼署。徐桐及薛允升以是日由奉天讞獄還京。 大學士左宗棠到京。

二十二日丙申　晨及午晴，下午陰，微雷，有雨數點，旋霽，大風。 作書致梁星海。 星海少年喜事，四月間疏劾合肥，言有可殺之罪八。 東朝大怒，幾罹重譴，閻敬銘持之而免，然中外傳以爲駭。 此血氣之過，亦近日風氣使然也。 張之洞僉壬首禍，李鴻藻要結取名，遂使纖人小夫，皆以上書爲捷徑矣。 余於三月十二日之夜與翁尚書師牋，曾痛言積弊，望其挽回。 乃書甫投，而朝局已變，其害何日除哉！ 書玉來。 光甫來。 得額玉如二十日書，并是月齋課小課卷。 其書言朝廷近召前提督劉銘傳，將至，必力主開鐵路之議，將淪中國爲戎狄。 又妄人張佩綸議設海師，廣購鐵甲輪船，分搤各海口。 竭中華凋敝之賦，買狡夷窳下之船，用我之短，争彼之長，其愚已甚。 然張之洞等群邪交煽，併爲一談，國家不悉誅此輩，禍未已也。

二十三日丁酉　晴熱。 閲課卷。 楊定旉邀飲，辭之。 張叔平來。 朱蓉生來。 雲門來夜談。 近日南皮、豐潤兩豎，以朋黨要結，報復恩怨，惡余之力持清議，深折奸萌，二憾相尋，欲致死力於我，遂廣引纖子，誘以美官。南皮儉腹高談，怪文醜札，冀以炫惑一時聾瞽，尤惡余之燭其隱也，故日尋干戈。以雲門盛氣負才，益籠絡之，誘以隨往粵東，爲掌書記，甘言重幣，煽惑百端，許以捐升同知，或登之薦牘，擢以不次，幸其叛我，多樹敵仇。豐潤宵人，弄姿自昵，承南皮之餘竅，假高陽之下風，依附虎皮，張歙虺螫，屢發狂譫，甘作戎首。既知得罪於余，亦力挽雲門，以爲余難。陝西巡撫邊寶泉者，漢軍旗人也，亦巧宦而不學，與南皮同年同鄉，夙相樛附。豐潤因娶其女爲後妻，而女醜甚。豐潤初娶吾鄉朱修伯大理女也。昔年豐潤之生母死，旋又喪妻，未及小祥，娶一妾，惑之甚。及服闋，而娶邊女。邊女既陋，豐潤不禮之，懼寶泉之怒也，因謀之南皮，合力推輓於高陽，擢之爲秦撫。因語雲門曰：『邊公唯我所爲也。已爲若先容，當留置幕府，擇善地，或即權首邑。』雲門既惡所選宜川，山北苦寒，且荒瘠甚，聞豐潤言，不能無動，繼入南皮餌，遂欲從之過嶺。余謂之曰：『仕宦惟州縣可爲，舍自有之官，而入它人之幕，已爲非計。且君以有母呈請近地，今遠適嶺外，必致人言，即吏部亦必格之。雖南皮悍然不顧律令，君何苦以自累？見在朝廷既停事例，何例可捐？况不就真除之縣令，而求銅臭之冗丞，毋乃詩乎？定制，凡實授官必到任，始許捐升。南皮固全不識吏事，君何昧耶？』雲門雖不然余言，然亦因此自阻。觀於交際之變幻，可以驗世會之睢剌。世無尼父，豈有顔回？况余與雲門，本無定分。翟公署户，豈争一雀之入羅；陰生授徒，未有雙鳳之投贄。既欲割寧之席，不彎彀羿之弓。我豈容心，彼何過計？

邸鈔：上諭：前據内閣學士周德潤奏參倪文蔚在廣西巡撫任内濫保徇私並收受季規各款，當經諭令張樹聲查奏。兹據奏稱，廣東試用知府邵觀臯奉委赴廣西查辦案件，倪文蔚因其條陳邊事，飭赴防營察看，適遇匪黨出擾，該員隨營邀擊，殄獲首要，在事出力，並無欺罔攙保情事。梧州府撥解辦公經費，資給親兵食用等款，係循舊章辦理，此外未有收受季規之事。至核辦保舉三案，所保各員，皆據軍營及地方官摺開酌保，並未濫保多人。湖北試用州判倪文寀與倪文蔚服屬疏遠，投效潯州防營，在該撫未到廣西之前，著有勞績，是以列保等語。倪文蔚被參各節，既據查明，並無情弊，即著毋庸置議。文蔚亦小人也。久任湖北荆州知府，以貪黷聞。自媚於總督李瀚章，力薦之。己卯冬以卓異入都引見。厚結其同年生李高陽，又託人以重資進恭邸，遂不一年擢至布政，旋晉桂撫。以張之洞爲高陽所寵，方驟用事，文蔚欲結之洞，因厚待雲門。吾鄉潘某者，以庶常散主事，託雲門言之文蔚，求調赴廣西差遣。會有旨疆吏不得請調京官，文蔚遂因遵旨密保人才，入潘某薦牘，其徇私罔上如此。德潤所劾，事事皆實。

二十四日戊戌　晴，熱甚。雲門來。方勉夫來。閱課卷。

二十五日己亥　晨晴，上午微陰，下午晴，熱甚。閱課卷。介唐來。謝惺齋來。晚閱《舊五代史志》。

邸鈔：詔：左宗棠仍在軍機大臣上行走。該大學士卓著勳績，年逾七旬，加恩毋庸常以入直，遇有緊要事件，豫備傳問，並管理神機營事務應派各項差使，均毋庸開列，以示體恤。

二十六日庚子　晴，酷熱，始絺衣。閱《四書釋地》。得介唐書，約明夕之飲，即復。晚有風。

邸鈔：上諭：前有旨令中外大臣保舉人才，以備任使。兹據右庶子錫鈞奏密保人材，易滋流弊，宜核其品，而杜倖進等語，嗣後内外臣工遴才薦舉，著臚陳實事，切實具考。其未經召對人員，均著送部引見。上諭：陳士杰奏四月十六、三十及本月十七等日，將卞家莊決口三處先後合龍，其十四户、李家莊各工亦均次第報竣，辦理尚爲迅速，在工員弁，獎擢有差。上諭：御史王賡榮奏山西邊外七廳未議學校，請飭酌定庠額等語，著山西巡撫、山西學政、綏遠城將軍會同妥議具奏。

二十七日辛丑　晴，下午微陰，熱甚。閲《四庫提要》。剃頭。雲門來。嚴鹿谿來。晚赴介唐聚寶堂之飲，坐有書玉、資泉、雲門，招霞芬。夜二更後歸，有小雨，四更有風，頗凉。易卧床。

邸鈔：詔：琿春副都統依克唐阿隨同吉林將軍希元幫辦吉林一切事宜。

二十八日壬寅　巳初初刻七分夏至，五月中。晨日出，旋陰，有微雨，上午薄晴，頗凉，午後晴，下午有風。祀曾祖考妣、祖考妣、本生祖考妣、先考妣。早起敬懸神位圖，午供饋肉肴四豆，特凫一豆，菜肴六豆，瓠絲餅一豆，冰雪梅糕一盤，饅頭一盤，菜羹一器，時果四盤，杏酪一巡，酒再巡，飯再巡，茗飲再巡，祔以兩弟，并祀竈及屋之故主，晡後畢事。新授安徽按察使張端卿來。季士周來，久談。得介唐書，即復。作書致書玉，饋肴饌三器，得復。作書致沈子培。

邸鈔：工部尚書、步軍統領麟書奏病仍未痊，懇請開缺。許之。上諭：張樹聲奏瀝陳粵事大概情形一摺。所稱吏治、軍政、財用、民風各端，該省積弊至此，張樹聲在任數年，何以不早爲整頓？直至交替在即，始行陳奏，實屬任意諉卸。著張之洞於到任後，將一切應辦事宜認真經理，總期有利必興，無弊不革，以資治理，而重地方。詔：管理宗人府王公、八旗都統、各直省將軍督撫悉心訪察，自不入八分公以下至閑散宗室，並旗漢各世職人員，如有志行才識，或嫻習兵事，驍勇出衆者，出具切實考語，分别保奏，以備器使。

二十九日癸卯小盡　晴。作書致介唐，致書玉，致雲門，俱約午後聽曲。作書致秋田，得復。秋田今年四十九，尚無子，以今日納姬。得李爽階秦中書，并惠銀十兩，言近攝蒲城令，尚未至懷遠任也。書由陳雲舫遞來，即作書復雲舫。得桐孫二十七日津門書。作書致玉如，并閏五月學海堂經古題一紙。得沈子培書。雲門來。下午詣慶和園，邀書玉、資泉、光甫、介唐、雲門聽春臺部，爨演頗佳，朱蓮芬演《雙奇會》一齣，亦近日之《廣陵散》矣。曲罷，書玉兄弟邀飲聚寶堂，招霞芬，夜二更後歸。付樓坐十六千，點心三千，車錢九千。聞近日張之洞、張佩綸、吴大澂隨合肥由天津赴旅順口履視礮臺。近議於旅順及威海衛設守禦，與烟臺相掎角，大澂移駐烟臺也。

邸鈔：以户部左侍郎宗室福錕爲工部尚書兼步軍統領。以克勤郡王晉祺爲鑲白旗漢軍都統。以通政司副使文碩爲光禄寺卿。上諭：明春奏請將知府革職訊追一摺。前在哈密軍營之鹽運使銜候選知府周士适離營後仍寓哈密，句通已革委員文秀，侵挪軍餉，營利分肥，以致虧空鉅款，延不完繳，實屬有干法紀。周士适著即革職，歸案訊追，以重公款。上諭：鴻臚寺少卿方學伊奏保薦真才一摺。前署順天香河縣知縣嚴暄，著直隸總督、順天府府尹查明事迹，出具切實考語，送部帶領引見。嚴暄，湖北監生，以佐雜至直隸，夤緣充總督巡捕，合肥以廝役畜之，送迎賓客者數年，遂敘勞得知縣，補懷柔令，蓋奔走捷給之材也。方學伊者，寶坻人，録録措大，蓋藉此以結納地方官吏。然前旨令大學士、六部、九卿保舉人才，所云九卿者，指都察院堂官言之，故外省惟及將軍、督撫。二十六日復有旨云中外大臣，未嘗及小九卿也。凡諭旨云六部九卿、翰詹科道者，始包小九卿言之。鴻少特小卿之末，豈大臣乎？而公然薦人，樞府亦不置問，上下相蒙而已。左春坊左贊善樊恭煦升右春坊右中允。

閏五月甲辰朔　晴。得雲門書，以初四日詣祝氏迎婦，今日移寓棉花第八巷，屬向霞芬借冠帔送婦家。霞芬送冠帔來，賞其使四千。作書致雲門，并紗袿羅襦縠裙一襲，得復。聞法夷與我争越南之諒山，又將討劉永福，遂欲敗盟。粤西撫潘鼎新已出關，王德榜已接廣西提督印，率所部與法人戰，得捷。法人遂來索兵費矣。左湘陰以今日召見。前直隸提督劉銘傳亦奉召至京。

邸鈔：詔：文煜爲武英殿大學士。故事，大學士必由閣轉殿。此宜靈桂以體仁轉武英。而文煜以初命躐得之，蓋靈桂耳目僅存，户居充位，内中亦厭之。然文煜不免銅臭之譏矣。以户部右侍郎嵩申轉户部左侍郎，以工部左侍郎景善調户部右侍郎。命蘇元春署理廣西提督，王德榜毋庸署理。王德榜初拜署命，恐遂以文吏改武官，不肯接印。繼聞有唐仁廉之授，張樹聲固勸之，始强受事。仁廉旋以鐵香疏，仍留直隸，德榜復固辭，故有此旨云。以□□□□容貴爲左翼總兵。

初二日乙巳　陰晴不定，下午多陰。爲雲門書喜聯一，朱子涵母夫人六十壽聯一，余壽平宣紙長聯、陳雲舫直幀各一。雲門來。以酒兩罎，描金蠟箋楹帖一副，金面牙柄團扇一柄，《郡齋讀書志》一帙，爆仗四千枚，燭十斤賀雲門，作書致之，得復，其文甚婉麗。

邸鈔：詔：工部尚書福錕、理藩院尚書崑岡、都察院左都御史錫珍、工部右侍郎徐用儀、内閣學士兼禮部侍郎銜廖壽恒，均在總理各國事務衙門行走。此署遂有堂官十四人。以工部右侍郎烏拉布轉左侍郎，以禮部右侍郎熙敬調工部右侍郎，以内閣學士慶福署禮部右侍郎。以通政司副使胡瑞瀾爲太僕寺卿。詔：初六日仍親詣大高殿祈雨，并詣昭顯廟拈香，仍命莊親王載勛禱覺生寺，惇親王等分禱時應諸宫廟。

初三日丙午　微晴，多陰，下午頗凉。閲《明詩綜》。仲弢來，致其尊人漱蘭侍郎書，并惠銀五十兩。得弢夫書。作書致仲弢，辭所饋。感凉，衄涕。

邸鈔：上諭：光禄寺卿沈源深奏遵旨保薦人才，河南開歸陳許道陳彝著交軍機處存記。上諭：沈源深奏前詹事府少詹事文治内行肫篤，澹於榮利，著該旗傳知文治豫備召見。

初四日丁未　晨陰，巳晴，極熱。感凉，不快。梳頭。仲弢來。雲門今日娶婦，張姬偕劉仙洲夫人先往，爲會諸親眷屬也。上午往賀，觀花燭祝壽，午後歸。周荇丈來。鍾編修德祥來。袁爽秋來。

子培來。秋田來。朱子涵饋龍井茗兩瓶。晡後答詣季士周，不值。復詣雲門家夜宴，看新人，一更後歸。印結局送來前月公費銀六兩五錢。付車錢十三千。

邸鈔：詔：前直隸提督劉銘傳賞給巡撫銜，督辦臺灣事務，所有臺灣鎮、道以下各官，均歸節制。以□□□□鄭金華爲甘肅肅州鎮總兵。湖北荆門直隸州知州恒琛授荆州府知府。

初五日戊申　竟日陰。病寒，兼中暍積食，悶甚。雲門來。光甫來，資泉來，以閏端陽約爲諸寺之游，病不能往。光甫邀午飲，辭之。作書致仲弢，得復。作書致荇丈。

邸鈔：上諭：順天府奏請旨催解充公銀兩一摺。現在順天辦理振務，所有阜康銀號應交充公銀十萬兩，著撥給順天以充振需，即由劉秉璋嚴行催追，如數解交順天府，毋稍遲延。此即文煜之銀也。文煜所寄存阜康者，實不下百萬，胡光墉已稍稍還之，且以杭州所置藥肆名慶餘堂者抵償，亦不下二十萬兩，朝廷所索者不顧。府尹周家楣與胡深交，特以此奏掩外人耳目耳。

初六日己酉　晴，熱甚。病甚，自撰方藥服之，多用清涼解散氣分之劑，一投而愈。凡夏中患暑暍熱悶煩躁之證，宜以涼藥如霜桑葉、苦杏仁、通草、連翹、桑皮、竹葉、飛滑石、金銀花等，清其熱毒，解其結滯。若熱已深，氣已閉，狂躁昏迷，譫語發斑，則邪火内陷，疫毒傳胃，宜用石膏以重降之，萬不可用麻黄、柴胡、葛根、羌活等藥升提發汗，尤大忌用薑。其證尚輕而有暑邪者，不得不用香薷，然宜輕至一二錢。蓋香薷辛烈，外表不如用清木香能通中去穢也。名士涉獵醫書，持論誤人，徐洄谿以爲深戒。余之此論，實深有鑒於近世醫生專以發表誤治温熱，致汗出神散，毒益内攻，南北皆然，而庸醫尤惡言石膏，以爲寒凝重滯，服之爲害不淺耳。閲《明詩綜》。雲門新夫人惠絺繡十二事，受扇、韜等四事，犒使四千。得仲弢書。夜舊疾復動，蓋涼劑濕熱盡去，然氣亦耗矣。

初七日庚戌　晴，晡後陰。病小愈，復咳嗽，不喜食。內子、張姬詣傅子蓴家看新婦，送四金爲覿；又詣書玉夫人，饋果餌兩合。得雲門書，送還霞芬冠帔，即復。改學海堂李鳳池、華承勛兩生課卷，一賦一露布。余誨人不倦，未知諸生能啓發否耳。聞王德榜、方翼升亦湖南人，記名總兵。等及法人戰，大破之，德榜所部殺千餘人，翼升所部殺四千人。有旨命左都御史錫珍、內閣學士廖壽恒赴天津與合肥議和戰事，且召吴大澂、陳寶琛會議。錫珍、壽恒以今日召見。

初八日辛亥　陰晴霿靆。遣人還霞芬冠帔。

病羸，不能閱卷，卧看《明詩綜》。竹垞此書，精心貫擇，與史相輔。余自十七歲即喜閱之，平生得詩法之正，實由於此。惟其議論，先懲王、李，後惡鍾、譚，故於滄溟、弇州七律、七絶諸名作，概從汰置。即子相之五古、七古、七律、七絶，明卿七絶，亦大有佳篇，而於子相尚有恕辭，明卿置之不齒。其於公安，略有采取，而集中五律、七律，名句駱驛，十不存一。伯敬、友夏五古、近體，亦有佳者，竟以妖孽絶之。而嘉定四先生以牧齋表章太過，亦等之自鄶。長蘅五古，如《南歸》諸詩，豈在四皇甫下？亦慭置之。子柔五言，入選尤稀。又以牧齋力推孟陽，稱爲松圓詩老，故訾之尤力，集中五古深秀之作，以及七律之高婉，七絶之温麗，世所傳誦者，一首不登。此則選政之失平，矯枉之過正，故爲異議，遂近褊衷，致一代之製作不完，使所選之常留遺恨，是可惜也。有人能爲補之，且補注晚明諸人仕三王後官職出處、殉國降竄及乾隆時之追謚，則盡善矣。桑海諸公遺集，其時尚多忌諱，十九不出，尤宜搜輯存之也。

邸鈔：上諭：前據張樹聲覆奏，内閣學士周德潤所參倪文蔚濫保徇私各款，並無情弊。兹復據周德潤奏督臣覆奏欺飾，請旨嚴議等語。廣東試用知府鄒覲皋經張樹聲委赴廣西查辦案件，綜計該員往返程途日期，何能遠至關外，著有勞績？ 其爲徇私濫保，有心回護，豪無疑義。 鄒觀皋保案著即徹銷，張樹聲、倪文蔚均著交部議處。 上諭：內閣學士尚賢奏遵旨保薦人才一摺。 湖北荆宜施道于蔭霖著交軍機處存記。 刑部郎中王應孚著該堂官出具切實考語，由吏部帶領引見。 至已革禮部侍郎寶廷，前因差次不自檢束，厥咎甚重；已革河南巡撫李鶴年辦理命案，有意羅織。 該學士率請將該革員等量予起用，殊屬冒昧，著傳旨嚴行申飭。 觀此則人才可概見也。 其後吴大澂舉直隸知州戴宗騫、羅豐禄，一皖之市儈，一閩之洋廝；吴廷芬舉中允崔國因，其人庸鄙，亦著衆口；至太僕少卿馮爾昌者，奴隸不如，亦公然薦賢。 於是魑魅畢出，吾不忍言矣。

上諭：都察院奏已革雲南補用道劉鳳苞遣抱以被參冤抑等詞赴該衙門呈訴，據稱該革員在滇服官十有餘年，豪無貽誤，上年告病後，唐炯以居心鄙詐、惟利是圖參劾，名節所關，不得不辨等語。 著岑毓英、張凱嵩確切查明該革員是否有鄙詐圖利實迹，奏明辦理。 嗣後各省督撫甄別屬員，務當據實糾參，不得僅以空言彈劾。 至被參人員紛紛呈訴，亦屬不成事體，如查無冤抑，定當照例懲辦。

初九日壬子　晴陰埃𣅜，下午尤鬱悶，晚陰，夜疾霆，電也。 有雷，雨作，旋止。 作書致介唐，得復。作書致書玉。 雲門來。 是日極熱，自煎酸梅冰飲服之。 付季士周賃屋銀二兩，還介唐公款錢二十八千。

初十日癸丑　晨陰，已晴，極熱，下午陰，有暴風急雨，旋止，夜有雨。 剃頭。 閱卷。 傅子尊第三郎新婦來覿，大興李氏女也，年十九，華美有士風，姬人詒以帊佩四事。 夜得雲門書，并所撰尊人故永州鎮總兵子重先生墓碑，其文以駢儷行之，甚高警。

十一日甲寅　晨小雨，上午輕陰，時有澂雨，午微晴，下午晴，晡密雨，至晚稍止。 閱學海堂經古卷畢。『五畝之宅解』、『馬援論』、『浴佛散花賦以金花映日寶塔浮雲爲韵』、『擬蘇定方擒百濟王義慈露布』、『送春詞七絶』，生員取朱壿第一。 閱三取書院諸生文。 作書致雲門，得復。 得書玉書，即復。

得介唐書。比託書玉、介唐、雲門代閱兩書院及學海堂諸童課卷也。買草花一儋，栽之圃中。

邸鈔：以太常寺少卿邵曰濂爲大理寺少卿。

十二日乙卯　晨陰，上午小雨，午後密雨，入夜益潺潺，嚮晨凄苦如秋。繆恒庵自津門來。得雲門書。作致額玉如書，并十六日課題一紙。是夕甚凉。

十三日丙辰　昧爽雨稍止，晨霒陰，上午漸霽，尚有溦雨，午後晴。作書致恒庵及繆筱珊，均約今日晚飲，并約書玉、資泉、介唐、潘伯循。以新刻《疇人傳》一部贈恒庵。以書院課卷一箱交鹽局寄天津。作致桐孫書，并贈以《東塾讀書記》。晚詣聚寶堂，邀諸君飲，夜二更歸，月甚佳。

十四日丁巳　晨日出，旋陰，復晴，上午微陰，輕雷，時有小雨，午後陰，雷，有雨，晡晴。得王子獻四月二十四日書及五月五日書，惠羊豪筆四枝，天童白山茶一銙。陸學源刑部以其從兄心源所刻宋本《爾雅單疏》見詒，即復書謝。作書致雲門，得復。雲門來，晡後偕詣書玉談，晚歸。得恒庵書，饋肴饌一席，即轉饋謝惺齋。夜雲門邀同書玉兄弟飲聚寶堂，招霞芬，二更歸，月甚佳。

十五日戊午　丑正三刻小暑，六月節。晨及午晴，下午陰，驟雷，密雨，晡晴。庭樹始有蟬鳴。作書致書玉，致雲門，以昨日本欲就霞芬賞月故，更期今夕之飲。以象牙環邊竹柄團扇寫津門絶句八首贈恒庵，即作書致之。周荇丈來。浙江按察使孫翼謀來。得沈瘦生五月二十四日里中書及僧慧書。得雲門書。得荇老書，以廣州紗扇索書，并以一柄見贈，即復謝。光甫來。雲門來。晚詣恒庵談。光甫邀飲聚寶堂，招霞芬，夜二更歸，月甚佳。以倦甚，復罷月下之飲。付霞芬、荔秋車錢八千。

十六日己未　晴。爲荇丈書紗扇，又別以紈扇書津門絶句爲贈，即作書致之。雲門新夫人來見，娟潔如玉，茗樓詩格，足稱佳耦矣。是夕望，有佳月。

邸鈔：上諭：吏部奏遵議大員處分一摺。前兩廣總督張樹聲應得革職處分，加恩改爲革職留任，仍遵前旨，督率所部，辦理廣東防務，力圖自贖。廣東巡撫倪文蔚應得降二級調用處分，加恩改爲革職留任。

十七日庚申　晨及午晴，下午微陰，晡後雲合，復晴，夜月出，旋小雨。

閲《俞樓雜（著）〔纂〕》中諸經説。其言『大戰于甘，乃召六卿』是戰敗而申儆之辭；《君奭》之『召公不説』，是召公以主少國疑，欲周公循殷家兄終弟及之制：説皆極確。乃者，難辭也。既云『大戰于甘』，而又加『乃』辭，則既戰而召可知。其下祇數不共命，則戰敗可知也。《吕氏春秋·先己》篇云『夏后伯啓各本誤作夏后相，據高注及《御覽》引改正。與有扈戰於甘澤而不勝，六卿請復之，夏后不可』云云，可知古解本如是。《君奭》正義引鄭、王皆云周公既攝王政，不宜復列於臣職。夫曰不宜復爲臣，是即欲其爲君也，知鄭君及王子雝所見皆同。必如此解，則篇中歷數殷時代有重臣保乂王家皆終臣節，所以釋其疑者至矣。至曰『我則鳴鳥不聞，矧曰其有能格』，則其意更顯也。此皆由熟繹經文而得，所以有功經學。

作書致恒庵，饋以乾芥菜煮燒鴨及玉麵饅頭。子培來，談至晚去。恒庵來。對門鄭德霖主事爲其婦開吊，送錢四千。

十八日辛酉　晨雨，至午更密，下午益甚，凉如秋中。得恒庵書，饋新茗兩瓶，即復還之。夜雨，至二更後稍止。

十九日壬戌　晴，熱暑蒸溽。剃頭。介唐來。得敦夫是月九日書。兩日檢閲歷年日記。

邸鈔：上諭：左宗棠奏遵旨保薦人才一摺。都察院左副都御史曾紀澤、浙江布政使德馨、江寧布政使梁肇煌、甘肅布政使魏光燾、署直隸津海關道盛宣懷、降調山西布政使方大湜均交軍機處存記，四川候補道劉麟祥著吏部帶領引見。湘陰近頗老悖，此疏人材尤爲怪異。紀澤近争法夷事，極爲錚錚，然官至中丞，出膺重使，名位已顯，何待薦揭？德馨、肇煌，奔走俗吏，承宣之任，負乘已譏。宣懷，武進人，浙江候補道康之子，浮薄夸詐，著名小人，久在天津，虧耗（以下塗抹）。上諭：國子監司業潘衍桐奏請特開藝學一科以儲人才一摺，著大學士、六部、九卿會同總理各國事務衙門妥議具奏。所陳凡十二條，言今所急者洋務，洋務所急者製造器械。請以能製器兼通文字者爲東學，授文職；不通文字者爲西學，授武職。其人材凡生監、童生、俊秀，皆許投考。一年一鄉試，三年一會試。殿試甲第、傳臚皆如武進士例，各以知縣分發各省。其言皆絶荒誕。衍桐，南海人，蓋西洋習俗所移也。聞其疏草出於編修譚宗浚，宗浚亦南海人。

二十日癸亥　晴，微陰，溽暑。介唐來。作片致書玉。秋田來。雲門來。

邸鈔：翰林院侍讀國炳、户科掌印給事中鄧承修、刑部郎中馮光勳均升内閣侍讀學士。詹事府右贊善許有麟轉左贊善，編修朱琛升右贊善。

二十一日甲子　竟日陰，午微見日，鬱暑，甚熱。以乾芥菜煮燒鴨及喜字饅頭分饋雲門、書玉。晡詣苻丈談，賀鐵香擢學士，俱晤。詣仲弢、謝惺齋，俱不值，傍晚歸。書玉來。寶森堂書賈送來《史記》一部，共五十二册，以秦刻、柯刻、王刻三本殘帙湊成者，有季滄葦及雲間朱氏、高郵王氏等收藏印；又原印本《咸淳臨安志》，亦可愛，索價俱數十金。擬以十金買《臨安志》，諧價不成，此在咸豐末不過番銀二餅可得耳。

邸鈔：以光禄寺卿文碩、國子監祭酒恩棠俱爲内閣學士，兼禮部侍郎銜。

二十二日乙丑　晨及上午輕陰，傍午後晴，熱甚。得爽秋書，贈揚州李氏新刻柳興恩《穀梁大義述》，歸安石氏新刻高郵夏寶晉《山右金石録》，杭州丁氏新刻周淙《乾道臨安志》三卷、宋人董嗣杲《西湖百詠》、厲樊榭《湖船録》，即復書謝。作書致雲門，得復。朱蓉生來。馬蔚林來。雲門來。作書致書玉。晚偕介唐、雲門詣霞芬飲，小設肴饌，至夜三更後歸，月甚佳。付霞芬銀四兩六錢，賞其僕二十千，客車錢六千，車錢六千。

邸鈔：上諭：御史趙爾巽奏親信大員，非臣下所應論薦，昨左宗棠保薦曾紀澤，實於體制不合，請將左宗棠申儆，並將曾紀澤存記徹銷等語。從前保薦人才，曾有將一二品大員列保者，朝廷因材器使，自有權衡。若謂身膺峻秩，即不宜再行論薦，殊屬拘泥。該御史所請，著毋庸議。爾巽疏專劾盛宣懷而略及紀澤。上諭：趙爾巽奏捐納保舉到省人員，請特沛恩綸，准其應試等語。此事前經尚賢條奏，經部議駁；近日陳學棻復以爲請，又降旨交部議奏。應准應駁，自應聽候部議，何得率行瀆請？殊屬非是。趙爾巽著交部議處。詔：昨日召見之刑部郎中王應孚，著交軍機處存記。詔：本日召見之陝西試用道孫毓林，著仍回原省以道員補用，並交軍機處存記。此閻敬銘所薦也。詔：本年恭逢慈禧端佑康頤昭豫莊誠皇太后五旬萬壽，著翰林院恭撰《喜起舞》樂章二十章呈進。

二十三日丙寅　晴，酷暑，傍晚有雷，夜初雷電密雨，旋止。作書致書玉，託其答拜孫按察也。向來本省大吏及鄉人任兩司以上者入都，主會館者例約同鄉宴之，則客必送數十金，名曰團拜費，以充館中公用。余近主鄉祠，而素不與此輩作周旋，前日屬介唐書公柬，屬書玉代送，此等舉動，亦馬非馬、驢非驢矣。得書玉書。殷蕚庭饋西瓜。鐵香來。病腹，不食。

邸鈔：上諭：瑞聯奏假期届滿，病仍未痊，請開缺調理一摺。江寧將軍瑞聯著准其開缺，安心調理。上諭：大理寺少卿邵曰濂奏遵旨保薦人才一摺。前陝西道員李羲鈞、前刑部郎中敖册賢著各該督撫給咨送部引見。

二十四日丁卯　晴溽鬱暑，晡後稍陰。閲畢氏《續通鑑·宋孝宗紀》。比夕疾動。

邸鈔：上諭：前據李鴻章奏與福禄諾於四月間議定簡明條約五款，聲明三月後將所定各節詳細會議。現在已將届期，所有第二款北圻各防營調回邊界一節，應即如約照行。著岑毓英、潘鼎新將保勝、諒山各處防營徹回滇粵關内駐劄，並於一月内全數撤竣，以昭大信。以綏遠城將軍豐紳調補江寧將軍，以鑲黄旗蒙古都統、崇文門副監督克蒙額爲綏遠城將軍。上諭：徐桐奏遵旨保薦人才一摺。在籍刑部主事黄詒楫著該督撫給咨送部引見，四川候補道黄雲鵠著交軍機處存記。

二十五日戊辰　竟日凉陰，上午小雨，晡止。補寫日記。閲學海堂經古卷。五月課也，『蒹葭解』，『龍舟競渡賦以果然奪得錦標歸爲韵』，『宋紹興隆興兩次和戰論』，『問津書院增祀漢唐經師議』，『擬范石湖田園雜興詩』。得雲門書，餽藕十二雙，緑豆糕五斤，即復謝。作片致殷蕚庭，以糕、藕轉餽之。蕚庭姬人來。夜甚凉。

邸鈔：尚宗瑞補鑲黄旗蒙古都統。崑岡充崇文門副監督。

二十六日己巳　晨雨，已稍止，上午微晴，竟日凉陰，時有小雨。閲《續通鑑》高宗、孝宗紀。始食新蓮子。

二十七日庚午　初伏。晨陰，已微晴，傍午後晴。以瓜薦先。改撰院中肄業生張大仕《問津書院增祀漢唐經師議》一首，約二千餘言，示以北學源流、經師升降，欲使津士略知師法。光甫來。傍晚詣書玉。晚邀光甫及書玉兄弟飲聚賓堂，以光甫六月一日生日，是夕入直，不得出也，邀介唐、雲門，不至，招霞芬，夜二更歸。得雲門書。

邸鈔：奉天奉錦山海道續昌升兩准鹽運使。

二十八日辛未　晴，熱甚。作書致雲門，致書玉，皆饋以西瓜。作書致介唐，約六月六日偕餞雲門。得書玉復、雲門復、介唐復。張肖庵編修來。介唐來，雲門來，談至晚去。

聞法夷初索兵費三百五十兆，其酋使巴德諾脱不肯至天津，謂須在上海與南洋曾大臣定約，錫珍輩不足與議。通商衙門諸貴懼甚，力請朝廷依之，遂詔曾威毅以全權大臣赴滬，陳寶琛、許竹筼隨之。寶琛懼甚，先以其祖父故廣東鹽運使景亮死疏請期喪假，不許；復請假省其父，又不許；乃疏言口訥不善辯論，請别簡人。朝廷怒，嚴旨詰責，不許。蓋寶琛本輕險之士，無膽識，又戀江西學差也。朝廷亦知其規避取巧，而猶以其年少喜言事爲可用，不知其鄙詐外無一能也。纖兒小夫，平日捕風捉影，鼓扇聲氣，自負如虎，一遇緩急，則藏頭縮足，曾狐鼠之不若，取笑天下，見侮外夷，深可歎耳。法夷内已不振，兵勢亦弱，其越南所駐各營聞已悉拔而來，分駐福建、上海等艘大半裹脅，且多商船，非悉載兵者，其水師提督孤拔亦非健將，張皇佈置，巴德諾脱大言恫嚇。朝廷但飭通商衙門明告彼國公使及税務司赫德，以敗約攻營，釁自彼始，諒山之役，我兵傷亡亦足相抵，何得反索償費？并飭合肥嚴責彼國領事官無故渝盟，惟有一戰，先折其氣，然後申警備禦。彼雖丑類，亦必不敢遽肆。乃總理各國諸臣奉之如天帝，當國如閻、許等心膽俱破，急屬赫德赴滬請命；又以彼言四月間李合肥和約不信，此次不復與之議，須改命南洋大臣，遂亟以全權畀曾帥，此輩豈有人心者乎！諒山之役，夷兵實止傷數十人，而索費至三百五十兆福郎，覈之中國，爲銀五千六百萬兩。幸東朝聽左湘陰言法夷不足畏，力持不許也。

邸鈔：詔：金州副都統恩合來京豫備召見；以前庫倫辦事大臣文格賞三品頂帶，署理金州副都統。以山西雁平道廣蔭調補奉天奉錦山海道，兼按察使銜。右春坊右中允樊恭煦轉左春坊左中允，左贊善許有麟升右中允。

二十九日壬申小盡　晴溽酷暑，下午微陰，夜陰，有零雨，四更有雷，密雨。作書致仲弢，得復。

邸鈔：以前浙江糧儲道胡毓筠補山西雁平道。

六月癸酉朔　戌正初刻十一分大暑，六月中。晨震雷大雨，上午密雨數作，下午稍止，晡後霽。是日潮溽，頗倦，多卧。閲畢氏《續通鑑·宋高宗紀》。黄仲弢來。

初二日甲戌　陰，上午微晴，午陰，下午間晴，傍晚雲合。是日鬱溽特甚。晚雨，有雷電，夜一更後益密。是日點改學海堂經古課卷訖，生員取趙士琛第一。介唐饋西瓜、新藕。作片致介唐、書玉。

邸鈔：上諭：前據御史屠仁守奏湖北鄖西縣廪生余瓊芳身死一案，疑竇多端，顯有冤抑，當派卞寶第詳加檢驗，悉心覆鞫。旋據卞寶第奏稱，調到江西仵作檢驗屍骨，與原驗不符，請另派仵作覆驗。復據屠仁守奏督臣瞻徇回護，請另派大員查辦，當派侍郎孫毓汶、烏拉布馳赴該省查辦。嗣據該侍郎等先後奏陳檢驗有傷，並搜獲串供信函多件及現訊情形，迭經諭令，詳細推求，以成信讞。兹據該侍郎等審明定擬具奏，此案鄖西縣書吏干瑞堂，因余瓊芳在捐局查問欠帳，不服口角，余瓊芳向前毆打，干瑞堂將其推跌倒地，用拳連毆，並踢傷左後脅殞命。檢驗屍骨，應傷相符。該犯供認不諱，衆供亦均確鑿。干瑞堂著照所擬絞監候，歸入下届秋審辦理。書吏王士俊於干瑞堂毆打余瓊芳，輒用拳幫毆，著照所擬革去書吏，杖一百。干必達代作詞狀，添砌妄控，復串唆教供，實屬生事擾害，著照所擬發極邊足四千里充軍。已革鄖西縣知縣謝翼清於人命重案報驗，擲禀不收，復於會驗後揑改傷（恩）〔單〕，並呈遞親供，嘵嘵置辯，輒以豪無根據之詞，任意狡賴，玩視人命，袒護書吏，釀成蒸檢之案，情即尤重，著發往軍臺效力贖罪。已革鄖縣知縣彭世翰於原驗拳踢各傷尚無錯誤，惟任聽仵作喝報填註有毒，會審時又復幫同拷訊，非尋常疏忽可比，業經革職，著毋庸議。鄖陽府知府承禄、竹谿縣知縣周益承審此案，並不虛衷研鞫，用刑拷訊，致王士俊誣認重罪，雖未定案，究屬草率；候補知縣柳玉麟、邵承灝於屍子稟請免檢，雖無抑勒情事，惟輒令改具確係病死切結，殊屬不合；武昌府知府王庭楨寫給屍子『據實陳情』四字，令其照繕代詳，亦有不合。承禄、周益、柳玉麟、邵承灝、王庭楨均著交部議處。按察使黄彭年、道員嚴昉覆審犯供翻異，未能嚴切根究及檢有應傷，復專執成案，屢加詳駁，殊屬拘牽。黄彭年、嚴昉著交部議處。署湖廣總督卞寶第於王庭楨稟詳免檢，並不批駁，及檢出應傷，又不詳究供情，輒行奏提仵作覆檢辦理，究屬未當；湖北巡撫彭祖賢於免檢詳文未經批駁，亦有不合：著交部分別議處。此案之冤，時閱四載，展轉翻異，化有爲無，幸知府承禄力持之。聞卞寶第、黄彭年之調江西仵作覆檢也，啓棺時屍尚未腐，傷痕已見，官吏承卞、黄指言須檢骨，遂悉剮其肉、裂其骨而蒸之。屍親大號，觀者淚下。今不過責卞以『究屬未當』，坐黄以『未免拘牽』，蓋卞眷方隆，黄党甚盛。烏孫之肉，其足食乎！吾嘗謂不誅楊昌濬、胡瑞瀾、洪汝奎、李鶴年四人，而欲求天下之無冤獄，不可得也！

初三日乙亥　晨及上午陰，午後霒霴鬱溽。剃頭。遣人至南花泡子定觀荷之屋及湖船，以飲謝惺齋及雲門也。得書玉書、介唐書，二君皆同餞者。雲門來。鐵香來，言及鄖西之獄，以謝翼清爲循吏，所定爲鐵案，以平反者爲挾私，而極言隨帶司員刑部主事周景曾酷刑鍛鍊，皆爲承禄地。余甚色然駭，與之力争；繼細叩之，則謝其鄉人，近有書致鐵香，自辯甚力也。然則都中士大夫之議論皆如是哉！作書致書玉。寫柬數通，爲閨人邀女伴看荷花。

邸鈔：上諭：内閣學士陳寶琛奏江西寧都直隸州知州韓懿章骫法殃民，上控京控案牘累累；候補知府榮綬招權納賄，專善逢迎；九江府知府達春布偏執昏庸，顢頇恇怯；吉安府知府鍾珂辦理案件不能持平，結怨釀患：請旨嚴查徹參等語。澄清吏治，首在嚴劾劣員。該學士在江西學政任内，采訪衆論，證以實事，所參韓懿章等各款，見聞確鑿，必應從嚴懲處。韓懿章劣跡尤多，著即行革職，與榮綬、達春布、鍾珂三員，均交潘霨按照所奏各節分别查參。陳寶琛奏參片内聲明，韓懿章、榮綬二員，該撫未令赴任，亦未派差，是已知其不堪任使，何以不即奏參？現經飭令查辦，儻該撫稍有瞻徇回護，定即一併嚴懲。懔之。

上諭：陳士杰奏黄水盛漲，各州縣險工迭出，設法搶堵一摺。據稱前月初九等日，黄水陡漲，風雨交作，民埝大堤，節節生險。齊東縣蕭家莊、閻家莊，歷城縣下游霍家溜、河套圈，利津南岸下游等處，民埝被水，漫決成口，大堤内外，均被冲刷。照例賠修，請旨交部嚴議，並請將承修各員暫行革職，留任留工督修等語。山東黄河新築長堤甫經告竣，何以民埝又被冲決？雖據稱埝工未竣，猝不及防，而一切堡房防勇均未布置周密，究屬咎無可辭。陳士杰著交部嚴加議處。承修即委各員署歷城縣知縣程兆祥、候補知縣汪麗金、署齊東縣知縣張鴻鈞、候補知縣文琦均著暫行革職，分别留任留工，責令督修。仍著陳士杰認真督飭各員設法堵築；被淹各村有無損傷人口，並著確實查明，妥爲撫恤，毋任失所。部議陳士杰革職留任，從之。

上諭：前因太常寺卿徐樹銘奏直隸獻縣城西陳家莊等村，自新開横河及堵塞古洋河後，河流倒灌，淹漬成災，請飭妥籌保衛，當令該京卿馳往該縣查勘。兹據奏稱，馳抵該縣，詳加相度，擬將古洋河堵塞之處恢復深通，由東北引入子牙河，下游仍别濬支河以泄子牙巨漲，所有築堤、建閘、開河、購料等事，酌擬辦法，請飭趕辦等語。所奏查勘獻縣河務情形，尚屬詳盡，即著李鴻章、畢道遠、周家楣按照所擬各節核實估計，趕緊籌款，妥爲辦理。上諭：徐樹銘奏續勘子牙減河分途入海情形繪圖呈覽一摺，著李鴻章等一併確實估核，次第辦理。上諭：徐樹銘奏直隸清河道史克寬所挑子牙、古洋、新河水勢不順，子牙河南岸低窪，因頂托浪激，民房傾陷甚多。本年該道復於北岸加高，而南岸並未培修，致南岸各村雨後復被水災。請將該道嚴議等語。據奏情形，實屬辦理乖方，玩視民瘼，史克寬著交部嚴加議處。至上年挖堤釀命一案，礮船員弁不即勸阻，反助村民開礮，轟斃多命，殊堪痛恨，著李鴻章查取職名交部議處，以示懲儆。史克寬旋革職。

上諭：潘霨奏已故督臣沈葆楨之妻林氏乞援守城，保全闔郡，請祔祀沈葆楨專祠，並鈔録該氏書稿呈覽一摺。據稱咸豐六年，賊匪竄擾江西，時沈葆楨爲廣信府知府，赴鄉籌餉，其妻林氏因郡城危急，作書乞援於已故總兵饒廷選。沈葆楨旋即回署，與饒廷選同守郡城。該氏躬親執爨，以犒將士。用是連戰皆捷，郡城得全。實屬深明大義。沈林氏著准其附祀沈葆楨廣信府城專祠。林氏，故雲貴總督則徐女也。向傳丙辰廣信之役，葆楨束手，欲棄城走，其妻林固勸之守，作書乞援，蓋實事也，江西人深感之。然顯白其事，無以爲葆楨地矣。

初四日丙子　晴，熱暑溽蒸。謝惺齋來。得雲門書，爲其夫人辭飲，即復。作書致書玉，爲惺齋具柬。浙江孫按察送來別敬銀八兩，而不送紹郡團拜費，可謂真廉使矣。馬蔚林來。作書致雲門，得復。閲問津書院課卷。

邸鈔：上諭：前據張之洞奏歸化城副都統奎英阻撓公事各節，當諭令察哈爾都統紹祺就近確查具奏。兹據查明覆奏，奎英於山西辦理邊務，尚無授意阻撓情事。至私栽罌粟，令解户司懲辦，清丈糧地，迭次行文，先造底册，辦理均無錯謬。惟於蒙古五十窩盜分贓一案，地方官審有確據，該衙門兵司尚以現有要差咨提會審，該副都統失於覺察，咎實難辭。副都統奎英著交部照例議處。另片奏土默特蒙兵向賴游牧養贍，現經編立客民户籍，報地升科，蒙古不免失牧之憂等語。即著綏遠城將軍督率土默特參領按照當年界址，無論已開未開，挖濠立界，繪圖貼説，辦理明確；並著咨照山西巡撫，於升科時不得令客民任意指報，以清牧界而安蒙民。紹祺疏言蒙古之以牧地賃客民私墾，利其租也。今許客民編户升科，則成官地，蒙失其業矣。又言歸綏道阿克達春附會巡撫，事事與奎英爲難，甚非所宜。上諭：張佩綸奏鎮將難期得力，據實糾參一摺。據稱署福建臺灣鎮總兵楊在元前於同治年間在臺灣鎮署任，曾因濫委營缺、侵冒營餉，革職勒追，嗣以銀兩賠繳奏結。此次重至臺南，軍民無不忿詈。並查參將楊在田上年兩次丁憂，該員係其胞弟，並未聲明丁憂等語。臺灣地方緊要，似此貪謬不肖之員，豈能得力？楊在元著即行革職，勒令回籍。臺灣鎮總兵著何璟遴委妥員署理。以鴻臚寺卿鄭藻如爲通政司副使。

初五日丁丑　晴熱，有西風，頗爽。作片致書玉，得復。子培來，久談。近日法夷翻覆，中外疑訌，上海至天津輪船已停，張家灣已分駐神機營兵，而夷艘屯福建虎門者至二十餘。閩人惶駭，福州城中遷徙一空。都中士夫泄泄如故。閻朝邑力主和議。前日通商總署公疏極言不可戰，其稿朝邑所定，未上而稱病請假，欲諉之他人也。其曹司冗員，日營營於保舉，薦牘累上，鬼怪百出。子培言及人情之變幻，因舉似東坡詩云：『微波偶摇人，小立待其定。』爲我輩今日説法也。余曰：『此爲君等盛年有才氣者言也。柳柳州詩云：「迴風一披拂，林影久參差。」爲今之二張以下及呈身走捷者言之也。王江寧詩云：「空山多雨雪，獨立君始悟。」爲它日當國者言之也。韋蘇州詩云：「落葉滿空山，何處尋行迹？」爲僕今日言之也。詩中比興之恉，即此可喻矣。』得雲門書，即復。作書致額玉如，并學海堂課卷及是月課題。晚忽雨，夜一更後漸密，徹旦瀧瀧。

邸鈔：上諭：李鴻章奏統兵大員積勞在營病故，臚陳事迹，請旨優恤一摺。廣東水師提督吳長慶前因痛父殉難，矢志剿賊，隨同李鴻章轉戰江蘇、浙江、山東、直隸、河南等省，迭克名城，嘉興之役，戰績尤多。駐劄江南辦理水利、江防，百廢具舉。光緒八年率營馳赴朝鮮，戡定亂民，勞勩卓著。前因在防患病，迭經賞假調理。兹聞溘逝，軫惜殊深。著照提督軍營立功後病故例從優議恤；戰功事迹，宣付史館立傳；加恩予謚，並於立功地方建立專祠；伊子吳葆初著賞給主事，俟服闋後分部學習行走，用示眷念勛臣至意。吳長慶旋予謚武壯。以前□□□□□曹克忠爲廣東水師提督。

初六日戊寅　大雨，至午稍止，午後晴。是日以六月六曬書故事，陳《周易》《尚書》《儀禮》《禮記》《論語》《説文》《經典釋文》《史記》《漢書》於庭曝之，取平生最所服習者也。得書玉書，即復。作片致介唐，皆爲明日游南濼事。雲門賦《角招》一曲，代其夫人謝招看南濼荷花不往，詞甚婉麗，律吕尤諧切，此等置之南宋，亦曼聲之極擅場者。竟日閲卷，多爲改竄，非曰好勞，聊比於無行不與耳。

初七日己卯　晴，有爽氣。上午出廣寧門，行野田中二里餘，高樹垂滴，衆緑出洗，循徑傍畦，時遇積水。至南濼下車，俗所謂南花泡子也。紅蕖千柄，大半近堤；翠蓋萬重，周回抱岸。其地舊止楙木一亭，傳是高宗臨幸處也。前年土人構北屋三間，爲游賞地；近又營西屋兩楹，更增華好。介唐偕其夫人已先至，萼庭姬人亦來，皆占西屋列坐。余同介唐泛舟看花。舟僅受四五人，新設青幔。由南步泝洄轉至北步，雲門、書玉、光甫、資泉皆已至，遂上岸，謝惺齋亦來，各踞湖瀕選石而坐。日影將午，余招霞芬，亦至，遂設飲於北屋後，開北窗，臨水俯流，清風時來，樹緑入坐。内子、姬人等約劉夫人、傅家三婦，亦俱至，觴之於西屋。三面倚水，兩窗當花，較北屋尤勝矣。日落客散，再同雲門、資泉泛舟。餘映在花，紅深於染；暝色入水，碧浄若凝。沿緣葉間，凉沁衣袂。曛暮始反，驅車入城。付坐錢十六千，舟錢四千，廚人賞十六千，茶人賞四千，車錢二十千。

邸鈔：翰林院侍講志銳轉侍讀，右春坊右中允福楙升侍講。

初八日庚辰　中伏。晨至午凉陰，微晴，午後陰，晡後雨，至晚漸密。竟日閱卷。得介唐書，即復。得書玉書，即復。夜密雨，徹曉不絶聲。

邸鈔：命都統善慶、工部右侍郎熙敬管理神機營事務。

初九日辛巳　晴陰埃䨲，蒸溽，復熱。閱問津書院卷畢。朱蓉生來。故鄉鄰人張雲卿來。付寶森書賈《宋詩鈔》《明詩綜》直銀八兩。

初十日壬午　晴，比日早晚皆甚凉。閱三取書院課卷。州山人吴士麟書來，寄贈醉魚一坩，内子之姪婿也，付郵錢七千。作片致介唐、蓴庭，分餽醉魚。得雲門書，餽燒肉、燒茄，皆有吴味。得頟玉如津門書。

十一日癸未　晨晴陰相間，上午晴，午後埃䨲，溽暑，晡後陰，傍晚雨。閱課卷畢。作書致頟玉如，并十六日課題兩紙。得介唐書，即復。雲門夫人來。介唐夫人來。光甫來。是日浴，兩年無此事矣。夜小雨時作。

邸鈔：上諭：前因國子監司業潘衍桐奏請持開藝學一科，當令大學士、六部、九卿會同總理各國事務衙門妥議具奏。嗣據御史方汝紹奏請特開實學科，並據翰林院侍讀王邦璽奏瀝陳藝學開科流弊，御史唐椿森奏曲藝不宜設科，先後諭令大學士等一併妥議。兹據會議具奏，國家造就人材，不拘一格，設科取士，原爲遴選實學起見，即講求藝學，亦未嘗不可兼收並取，正不必别立科目，致涉紛歧。嗣後如有精於西法之人，在京著各大臣保送同文館考試，在外著各該督撫收入機器局當差。其無機器局省分，分別咨送南、北洋大臣，核其學術技藝，切實保薦。庶於因時制宜之中，仍不失實事求是之意。潘衍桐、方汝紹所請，均著毋庸置議。上諭：内閣學士徐致祥奏遵旨保薦人才。翰林院編修鍾德祥著吏部帶領引見，直隸試用道吕耀斗、署天津道劉樹堂均交軍機處存記。至已革廣西西隆州知州龔其藩，前因裁減累民土例，既未遵飭張貼告示，又復藉詞飾禀，經慶裕以罔恤民艱等詞奏參革職，情節較重，徐致祥率行奏保，殊屬非是，著傳旨申飭。上諭：御史吴壽齡奏内外候補人員，請按缺酌留，飭令回籍，聽候咨取，並裁徹各局等語，著該部議奏。

十二日甲申　晨大雨，已稍止，午漸霽，下午晴。作書致雲門，以今日山谷生日，欲同詣野寺作瓜果茗飲之敘。雲門已出，遂罷。剃頭。雲門書來，欲東出小飲，辭不往。晚凉甚，月出，頗佳。

十三日乙酉　晨及午晴陰相間，下午晴。補寫日記。雲門來。鄉人陸薌泉開吊，送奠分八千。作書致介唐，得復。聞法夷本期以十一日定約償兵費，過此即交兵。曾威毅許以銀五十萬，蓋所索百分之一也。夷酋不肯。威毅以疏聞，廷寄責讓威毅不應擅許予銀。威毅以示夷酋曰：『若訴我靳與，朝廷且以嚴旨責我。若能聽我，我私予若巨萬，不以聞。否則戰耳！』夷酋實不欲戰，詭曰當請之國王，蓋以緩我也，其兵船皆集福建之馬尾鎮，逼近船政局。近有米國使人來和説，不知若何耳。印結局送來閏月公費銀八兩。

十四日丙戌　晴熱。補寫日記。作致敦夫書，賀其令嗣舉拔萃科。今年祁左都以五月試紹郡，山陰拔貢取敦夫之子，會稽拔貢取陳葉封次子。兩家夾河而居，又爲姻婭，葉封與余家比鄰，亦里閭之佳話，它日志城坊者所宜及也。余賀之辭云：『以朱、陳之新特，居周、張之夾漳。青楊白楊，作並巷之佳話；望計望孝，冠兩邑之譽髦。後之傳者，可爲故實矣。』又作致梅卿書，復王子獻書，俱託鄰人張雲卿附去，張與敦夫比鄰也。傍晚陰。

十五日丁亥　晴熱，晡微陰。爲光甫撰其母郭太宜人八十壽序，即作書致之。作書致書玉，得復。得桐孫初九日津門書，繆恒庵十一日津門書。作書致荇老。

邸鈔：上諭：内閣學士文碩奏疆臣玩忽闒寄，請旨懲處一摺。前據張佩綸奏遵查署總兵楊在元貪謬各款，當將該署總兵革職。臺灣鎮總兵員缺緊要，該督率將楊在元派署，殊屬疏忽。何璟著交部議處。

十六日戊子　晨至午晴陰不定，下午陰，晡雨，旋止，晚有霽景，午極溽熱。竟日鬱煩。節孝張太太生日，供饋菜肴十器，羹一，瓜果四，饅頭一盤，麵一盤，酒三巡，飯再，茗飲再巡。爲内子作持齋報德小疏云：『適長孫婦馬稽首謹告節孝張太恭人神坐：惟太恭人，節並女貞，清逾姑射，含冰茹蘖，懷雪孚筠。綺年謝桃李之華，晚節促松柏之壽。菩提是樹，早登般若之臺；明鏡無塵，永證圓靈之月。竊氏持戒，清浄四紀；於兹繡佛，精勤五衍。匪解爲繼阼之冢婦，本自出之外孫，感念幼時，嘗依膝下。一燈針黹，憶夢影之分明；三世滄桑，悲人天之曠絶。兹謹以癸未六月十六日始，至今年甲申六月十六日訖，一周歲中，虔絜長齋，回充功德。伏願超離塵濁，浴八水以生天；解絶聲聞，持一花而見佛。俯垂靈諾，少答恩慈。謹疏。』作片致潘伯循，得復。介唐來。雲門來。夜初有微月，二更後雨，達旦瀟瀟。

邸鈔：上諭：裕禄現在丁憂，安徽巡撫著盧士杰暫行署理。内閣侍讀恩興授湖北武昌府遺缺知府。右春坊右中允許有麟授鄖陽府知府。吏部議覆湖北余瓊芳一案，署總督卞寶第等罰俸；按察使黃彭年等降一級調，准其抵銷；武昌知府王庭楨革職；鄖陽府知府承禄及周益等皆革。

十七日己丑　午正二刻二分立秋，七月節。晨密雨，巳漸澂，午更密，下午稍止。爲張肖庵編修撰其母節孝李孺人墓志，下午成，即作書致伯循，屬其轉交。有族妹夫任則仁自九江寄來是月二日書，及族妹薌手書，再從伯父硯香翁之第四女也。平生未嘗識任，亦從無書問。其書言佐九江府幕十餘年，今知府達春布被劾，將去館，因求爲道地，亦可笑矣。妹書言有三子三女，其大男文詔年已二十二，授室矣，不喜制藝，而好泛覽群書，近年凡有自江西入都者，必託其物色余所著書，此則聞之而喜者也。夜凉甚，是夕望，無月。

十八日庚寅　昧爽又雨，晨陰，巳後晴。光甫來，謝爲壽序。秋田來。午後詣陶然亭，光甫期飲於此也。雲門、介唐、書玉、秋田諸君已至。下午命酌，余招霞芬，共坐檻外看西山，雨後翠深，朗若列眉，嶺岫之際，白雲時出，天寧一塔，靚見樹間，平疇葦光，緑涌無際，此都市之佳觀也。曛暮始散。付車錢六千，霞車六千。得朱蓉生書。是日末伏。

十九日辛卯　薄晴，時陰，凉意可繪。復朱蓉生書。余本與蓉生期乘雨後泛舟二閘，今約其改游十刹海，泛舟秦家花園之北湖。閲《文選旁證》。付擴義、同義兩園中元楮鏹錢四千。

邸鈔：兵科給事中洪良品轉户科掌印給事中。

二十日壬辰　晴熱。作書致秋田。作書致雲門，擬明日作歐陽文忠生日也。雲門復書，以與人期飲辭。周荇丈來。書玉來。得額玉如十七日津門書。是日晡後更熱，感凉，小極，服蘇薄荷湯。昨聞電報有法夷奪據臺灣鷄籠山之信。巴德諾忒所索兵費先減至二千萬，近祇求三百萬。東朝謂此費無名，其端不可開，必不許。而通商衙門諸臣惟周德潤力主戰，餘皆務張夷焰以脅朝廷。閻朝邑與許侍郎謀之尤詭秘，且深惡湘陰之日至軍機房梗和議也，皆相約不與言。今日朝邑銷假，東朝又悉召總理衙門大臣入對，不知如何處置耳。

二十一日癸巳　晨及午晴，下午陰。身熱不快。作書致書玉，借閲是月《申報》，得復。書光甫太夫人郭太宜人八豒壽聯，撰句云：『汾陽慶鍾，千齡翟茀；武平世掌，四見絲綸。』又書兩聯贈仲弢，云：『西垣著作推經法；東浙文章見老成。』又云：『永嘉學派繼呂葉；詞林尊宿希王錢。』書聯贈霞芬，云：『霞扶緑綺簾前月；芬度紅綾扇底風。』夜小雨。

二十二日甲午　晨及上午陰，時有小雨，傍午微晴，下午晴間陰。作書致仲弢。午後詣安徽館，拜光甫太夫人壽。晡時小立池橋山石間，竹樹清陰，頗饒佳趣，傍晚歸。得仲弢書。張肖庵來謝。朱蓉生來。是日身熱，咳嗽大作，歸後困劣，殆不可支，夜嗽益劇，病甚。是日命大學士、六部、九卿、翰詹科道會議法夷和戰，不知處分若何也。

二十三日乙未　晴熱。身熱病甚，畏寒多卧。仲弢來，不能見。聞劉提督銘傳以十八日法夷襲踞鷄籠，今改爲基隆。即率兵攻之，得捷。前日收復電報已至，而昨日會議，中旨主和，以吴淞口招商局，北洋、南洋大臣合議鬻於米里堅國，得銀五百二十五萬，蓋已儲爲償法夷兵費之用。僉人陳寶琛遂上疏恫喝，謂吴淞之船局已失，福建之船廠瀕危，時勢棘手萬分，和亦悔，不和亦悔。政府及總局得其疏大喜，遂擬集議旨，責臣下有主戰者，當備陳若何用兵，若何取餉，若何調發應禦，但空言者，即將原摺擲還。由是昨日王公大僚靡然一詞，極稱寶琛之言籌畫精詳而已。其自具摺專奏者，自左湘陰外，聞卿貳中亦有一二人；左都御史祁世長，内閣學士周德潤，尚賢、徐致祥，太常寺卿徐樹銘。科道中頗多，然大率措大空言，不足動聽也。招商局之設，本以奪米國旗昌洋行輪船之利，爲自强計也，十餘年來購買輪船至十八艘，他物稱是，糜費至不可計，主是局者粤儈唐廷樞、徐某等虧耗數百萬。昔年劉坤一爲南洋大臣，深知其弊，疏請裁徹。時張之洞、陳寶琛等方附合肥，轟然詆之。去年合肥察知唐、沈之奸蠹，易以馬建忠、盛宣懷。馬，皖之廝豎，尤貪狡；盛亦小人，無忌憚。兩人耗侵如故，勢岌岌且倒，故乘此隙急議賣之。而時方用兵，吳淞江海之咽，輪艘戰守之恃，忽舉而棄之米夷，當國者聽之而不疑，此何異將禦盜而自縛其手也！又聞曾國荃之許法夷銀，實張蔭桓私發電信從臾之，而陳寶琛力贊成之。張蔭桓者，亦粵之洋廝，不知其何以進，恭鏜保薦之，驟擢蕪湖道。國家以此輩羅列内外要津，不必待外侮矣。

二十四日丙申　晴熱。病小愈。作書致雲門，致書玉，致仲弢。得雲門復。閲《五代史補注》。雲門來。書玉來。夜電，有小雨。服甘桔、木瓜、黄柏湯。夜仍嗽甚，淡中有血。

邸鈔：三品卿銜張蔭桓補太常寺少卿。

二十五日丁酉　晴熱。始男飯。沈子封來。聞前日具摺專奏者，庶僚中有翰林院侍讀學士温紹棠，侍讀王邦璽，左庶子盛昱偕右庶子錫鈞合疏，盛昱又别具一疏，署國子監祭酒、侍講學士李端棻偕司業治麟、潘衍桐合疏，内閣侍讀學士鄧承脩；科道中有洪良品、陳錦、張人駿等二十八人。翰林院侍讀志鋭以未得講官不與議，具疏由掌院代奏。俱以昨日上。獨召見盛昱。或言招商局之售，朝廷不知，盛昱疏中及之，然陳寶琛之電奏已云商局既售矣，弈棋兒戲，以君父爲傀儡，柄國當事者罪可勝誅耶！此次浙人無有自具摺者，可耻也。作書致傅子蓴，取浙紹鄉祠半年來外官捐款。夜三更後忽大雨，四更止，有雷電，小雨。

二十六日戊戌　晨及上午陰，時有溦雨，午後微見日景，傍晚小雨。皇上萬壽賀節。剃頭。子蓴來，言銀須緩交。王醉香同年來。光甫來。是日嗽甚。夜三更後雨，四更震雷，大雨如注，五更後稍止。

二十七日己亥　晨微晴，旋陰，上午時有小雨，下午晴陰相間，傍晚微雨，夜雨，三更後大雨。

二十八日庚子　晨小雨，上午稍止，傍午微見日景，午後大雨，下午密雨。得雲門書，并近作南濼江亭紀游七律二首。得徐亞陶同年書，邀飲，作書辭以疾。內子、張姬詣天寧寺，赴仙洲夫人之飲。補作南濼江亭兩詩，又和雲門韵一首。閲《吕氏春秋》。夜又密雨。是日主上誕辰，推班。

六月七日同人出城至南荷花泊餞雲門遂泛舟花中至日暮而歸

廣寧門外多林原，桑乾隨處泉源穿。居人瀦水種荷芰，南濼北濼名争傳。土人呼南花泡子、北花泡子。泡即『泊』音之轉也。南濼花深更林密，泛水有舟飲有室。樊子觸熱將西征，相約同人載殽出。綺窗三面皆當花，玲瓏舟屋如浮家。酒氣薄花萬香迸，花光入水蒸紅霞。荷葉裁裙翠羅色，環佩琤瑽午風織。新妝誰與花争妍，一水迴舟作香國。朱郎宛宛雙翠蛾，玉缸爲我斟紅螺。窈娘善舞躡利蹤，翻身玉鶻凌金波。皆是日飲間事。眼前快意莫輕擲，一醉千金亦何惜。烽烟炎海日百驚，流汗殿廬視駒隙。謀國有人無我譏，日落柳風吹葛衣。刺舟更入花中去，月上烟深一櫂歸。

後十日光甫招集陶然亭餞雲門

相携蠻榼就郊坰，野寺江郎舊有亭。萬樹自銜孤塔出，遠山不隔帝城青。昇平官樂生何幸，康熙中，江魚依工部建此亭。老病愁多酒易醒。最是玉人能惜别，卷簾長得夕陽停。

再後十日齋中坐雨適雲門詩來即用其韵

閑庭積水寫微波，簾隙愔愔上緑莎。花裏房櫳催暝早，柳邊窗几得秋多。離襟河曲千重嶂，雲門所宰宜川，在龍門孟門之西。歸夢山陰一領蓑。却想北湖樓下飲，快看驟雨打新荷。昨有十刹海飲酒泛舟之約。

雨中聞蟬有感

一雨新凉已滿城，秋蟬猶趁樹間鳴。垂楊撩亂千枝滴，爲爾頻添斷續聲。

二十九日辛丑　晴，晡後稍熱。作書并昨詩稿致雲門，得復。寫兩詩致書玉。得秋田書，即復。比日咳嗽，困甚，閲學海堂經古卷，不可耐也。印結局送來是月公費銀八兩，即付廚人司馬士容，又錢一（錢）〔千〕六百。聞法夷復奪據鷄籠，劉銘傳焚煤廠以走。朝廷遂決計用兵，昨發電信廷寄八道：一諭各省海疆督撫嚴兵決戰；一諭岑毓英督率劉永福攻取山西；一諭潘鼎新、王德榜規復北寧；一諭張佩綸嚴備閩洋；一諭法人決戰；一諭西洋各國以法人凌暴，不得講和；一諭李鳳苞告絶法廷；一諭米利堅人不必復議和好。此舉王赫斯怒，如雷如霆，列祖列宗之靈當默相之矣。

三十日壬寅　晴，晨輕陰，甚佳，午後漸熱，傍晚有西南風，夜有電。謝悜齊來。得雲門六月七日《南花濼日落泛舟》五古一章。得書玉書，惠枇杷露、百合、糖霜、鲞魚，作書復謝，并詩一章。得金忠甫書，爲黄慰農催請七十壽文，即復。忠甫春間以叔父喪，兼祧奉諱歸杭，比復入都。向例，兼祧伯叔父者開缺丁憂一年。近來士夫多不行之。忠甫此舉，猶有古道也。聞法夷復陷基隆之事，乃諸洋人電報僞傳之以誤中國者。此曹犬羊相顧，自張醜類，詆諆之勢，固不足怪；而中朝獸心狗冠如閻、周家楣、張蔭桓之徒，盛相告語，深幸其言之中，乃夷獠之奴隸，鬼蜮之子孫矣。前日御史吴峋欲重劾閻，不果，復於會議法夷事具摺附劾之。給事中秦鍾簡亦疏言其主國計而辦夷務，尚不及衆所唾罵之董恂。聞閻頗怒甚，使其稍有人心，當汗顔入地耳。

秋七月癸卯朔　晴，熱甚。繆筱山來。得錢笣仙書。寄贈南匯張嘯山所著《舒藝室隨筆》六卷，《續筆》一卷，《餘筆》三卷，《雜著甲》《雜著乙》《賸稿》共五卷，《詩存》七卷，《索笑詞》二卷；儀徵劉孟瞻《青谿舊屋文集》十卷，詩一卷。閲《舒藝室續筆》《餘筆》。付衣賈滕錢十千，髮辮采錢四千。

初二日甲辰　晴，極熱，復衣絺。作書致雲門，得復；致書玉，得復。秋田、伯循約五日飲十刹海。坐雲門來，下午偕入宣武門十五里至德勝門，游積水潭。荷花已盡，翠蓋接天，菱芡間之，一緑無際。坐潭北匯通祠，明之鎮水觀音庵也，石磴數十級，環以槐榆，依樹陰而坐，盡攬全湖之勝。復循堤而東，至潭南普濟寺，蓋即古之浄業寺，俗所謂高廟也。寺甚幽邃，面湖有樓五楹，高出林端，眺望尤美，董恂尚書題曰『日下第一樓』。樓之西有水榭五間，其東面湖，闌檻清深，花樹窈窕，有酒家居此賣肴核，士女萃至，珂幰不絶，往往紅妝出幔，翠褎臨窗，瑽釧調冰，横釵雪藕，烟水綺麗，增佳觀焉。明季此地園亭甚多，今潭側惟有兩三家瓦屋，楚楚林墅，勝蹟不復可尋。余謂兹榭可目爲蝦菜亭矣。雲門邀小飲。日落烟深，湖翠欲染。傍晚回車，過西安門外，街市已上燈矣。黄昏出城。沈子培來。晚雲起，有電，熱益甚，夜仍晴。以蟹、鷄、果餅問書玉夫人。

邸鈔：上諭：劉銘傳奏臺北基隆礮臺爲敵攻陷，我軍復蹈毁敵營獲勝情形一摺。法國兵船駛至臺北基隆口岸，於六月十五日迭開巨礮，將該處礮臺擊毁。十六日法兵上岸，直撲營壘，經劉銘傳及總兵曹志忠等督軍迎擊獲勝，敵兵潰敗。劉銘傳調度有方，深堪嘉尚，著交部從優議敘；尤爲出力之記名提督、福建福寧鎮總兵曹志忠賞穿黄馬褂；提督章高元、蘇得勝均著遇有海疆總兵缺出，即行簡放，章高元並賞换年昌阿巴圖魯名號，蘇得勝並賞换西林巴圖魯名號；餘升賞有差。至基隆礮臺，前據劉銘傳奏修築未能合法，本不足恃，此次失事，員弁免其置議。嗣後儻有守禦不力，以致挫失情事，定當按照軍律從嚴懲辦，決不寬貸。所有傷亡弁勇，即著查明請恤。慈禧端佑康頤昭豫莊誠皇太后懿旨：著於內帑節省項下發去銀三千兩，賞給此次出力兵勇。著劉銘傳查明尤爲奮勇者，傳旨賞給。

初三日乙巳　寅初初刻五分處暑，七月中。晨微陰，巳後晴熱，晡後極鬱煩，傍晚晦冥，大雨，有雷，夜初更雨止。是日都統善慶帥神機營兵赴津防。楊定旉來。殷蕚庭來。聞法夷駐京公使以前日行，臨去時致書通商衙門云限四十八刻定議去留，總署置不答，始倉黃去。蓋彼夷之意，實不欲戰也。然我即勝夷，亦不能振。蓋我之患，首在無人，次在無餉。以閻、額、張、許等當國，而總署則用周家楣、張蔭桓諸小人，或委鄙苟安，或譸張爲幻，欲以制御六合，鞭撻四夷，雖婦人孺子亦笑之矣。近日張佩綸欲調南洋兵輪船赴閩，陳寶琛不可，二人交惡，馳疏互訐，而曾威毅亦劾寶琛年少妄動，遇事把持。朝廷既以庸猥主國是，而復以干櫓付一二纖兒，其堪再壞耶！東朝憂勤圖治，百倍於女中堯舜。自二月法夷事起，壹意主戰，嘗召對樞臣，諭之曰：『庚申之役，顯皇帝以爲大憾，賫志賓天。今當爲先帝雪恥。』而諸臣一味苟安，無肯任者。及易置政府，額、張諸公尤巽懦委卸，而朝邑力主和，求所以媚夷者無不至。閏五月間，於其私宅盛設，請夷稅務司赫德，卑辭厚禮，乞其緩頰彼國外部諸酋，且問計所出。赫德言須下明詔徹諒山、保勝兵，餘俟至滬與巴德諾脱議之。赫德抵滬，與巴酋比，益要挾恐脅。及徹兵旨下，夷遂據爲口實，言中國自知理屈而服罪，非多償兵費不可。許庚身、周家楣、張蔭桓日以危言動朝廷，謂法之盛强，萬不可敵。蔭桓呈身於朝邑，與庚身時密議，所以怵慈寧回聖意者。前月二十四日，東朝召諭盛昱曰：『爾等外廷諫官，所言多與予意合，而軍機、總署諸臣皆不然。予初以前當國者不善，故更易之，而復如此！爾等有所聞見，其盡言之；雖或非是，必不汝責也。』又曰：『與予意合者，惟醇親王耳，他無一人任戰事者！』烏虖！有此聖母，有此賢王，而諸臣喪心昧良，併爲一談，牢不可破，可爲痛哭者矣！

邸鈔：上諭：延煦奏六月二十六日萬壽聖節行禮，左宗棠秩居文職首列，並不隨班叩拜，據實糾參一摺。左宗棠著交部議處。詔：張之洞實授兩廣總督。詔：前江蘇巡撫吴元炳赴山東查勘河工海防，即行具摺請訓。詔：左都御史錫珍、内閣學士廖壽恒馳驛往山東查辦事件，隨帶司員一併馳驛。此以御史張人駿疏劾陳士杰也。錫珍、壽恒甫自天津查辦道員盛宣懷、總兵周盛傳事畢還都，未復命，即奉此使，其爲盛宣懷辨甚力，惟欠繳礦務銀一萬餘兩，交部議處。旋部議降三級調。　以(此處塗抹)治麟爲鑲黄旗蒙古副都統。

初四日丙午　晴陰溽熱。閲劉孟瞻《青谿舊屋文集》，其序、跋、書後考辨之作皆精密有據。有鄉人趙鴻自粵來，附到族姪恩圭書，苦求道地，覓一旅食處。此子浮家海隅，屢有書來，未嘗答之，然其情可閔。介唐來。

邸鈔：詔：記名提督、安徽皖南鎮總兵潘鼎立照提督軍營積勞病故例從優議恤。從張樹聲請也。鼎立，廬江人，廣西巡撫鼎新從弟。五月命調赴廣西關外防營，以閏五月行抵廣州，一日遽卒。　以太常寺少卿宗室奕年爲通政司副使。

初五日丁未　晨陰，微晴，上午陰，傍午晴，極熱，下午雷，大雨雹，以風，傍晚稍止，仍雨，晚復密，至夜一更後止。剃頭。傍午入宣武門，至白米斜街，赴秋田、伯循慶和堂之飲。其後即臨十刹海也，舊爲某氏園亭，室宇周匝，樓閣華好。去年有滿洲大姓購之，更事改築，臨流爲閣五楹、樓五楹，翼以回廊，間以曲樹，闌檻四合，花木相交，後爲平臺，外蔭高柳，荷池百頃，盡在窗前，綺紗緑疏，金碧相映，都中酒家第一處也。隔岸多貴家邸第，粉垣朱户，迤邐對峙。西爲鐘鼓樓，增妍益觀，足稱麗矚。惜荷花已盡，惟見田田積翠而已。雨作以後，萬緑飛舞，烟景出没，樓墅迷離，尤極眺望之美。傍晚回車，積水彌漫，街衢成沼。薄暮出城。閲閏五月學海堂經古課卷訖。『爾雅岵峐與毛傳説文岵屺異義解』，『魏華歆王朗蜀許靖優劣論』，『唐德宗詔罷枇杷甘橘賦』，『以時逢閏五月初九日爲韵』，『擬九成宫銘』，『擬老杜諸將詩』，多加評改，生員取李鳳池第一，張大仕第二，孟繼壿第三，朱墉第四，趙士琛第五，皆有可觀。鄧鐵香來。付車錢九千。

邸鈔：以□□□史宏祖爲安徽皖南鎮總兵。

初六日戊申　陰。

閲張孟彪《舒藝室雜著》。甲編上、下卷，皆説經及考據之文。孟彪精於律算，爲專門之學。又少長吴松盛時，多見故家藏書，校讎目録，尤所長也。乙編上、下卷，多志傳紀事之作，文不能工。其《署浙江寧波府知府林鈞家傳》，林曾爲山陰縣丞，後又署縣事，貪競巧滑，衆所共知，而傳極稱其賢。諛墓之文，大率如是。至敘山陰林烈婦李氏事，誤以爲李烈婦林氏，且謂請旌及立祠墓，皆稱林烈女所以絶之於李，則大謬矣。墓碑祠額大書『林烈婦』，爾時余嘗争之於邑紳，謂烈女爲林童養之媳，未嘗合巹成婦，而爲林逼奸，不從以死，宜以李烈女請旌，而絶之於林，諸紳不能用。余因爲傳及詩以志之，今皆存集中。此事本與官無涉，孟彪蓋據鈞家所作行述書之，而姓氏顛倒，可知鈞之作吏，全無心肝矣。

得介唐書，即復。得書玉書，約明日夜飲，即復。聞初三日法夷攻踞福州船廠，焚毁我兵輪艘一，蚊子船五，我擊毁其大兵船一，鐵甲船二。夷人言法酋水師提督孤拔已擊斃，不知果否也。又聞廷寄，以張佩綸不親督戰嚴飭之。此是佩綸既覆師後，先僞疏告捷，以初五日至，而初六日旋以敗聞。

初七日己酉　薄晴，時陰。先君子生日，供饋肉肴五豆，菜肴五豆，百合羹一，菜羹一，饅頭一盤，麵一盤，時果四盤，蓮子湯一巡，酒三巡，飯再，茗飲再，哺後畢事。雲門來。朱蓉生來。作書致額玉如，并是月望課題兩紙。傍晚詣鐵香談。夜赴書玉之飲，雲門、介唐、楊定旉已俱至。夜一更後散歸，雲合，有雹，旋密雨。作書致雲門，饋肴饌兩器。

邸鈔：上諭：越南爲我大清封貢之國二百餘年，載在典册，中外咸知。法人狡焉思逞，肆意鯨吞，先據南圻各省，旋又進據河内等處，戕其民人，利其土地，奪其賦税。越南君臣闇懦苟安，私與立約，並未奏聞。法國無理，越亦與有罪焉，是以姑予包涵，不加詰問。光緒八年冬間，法使寶海在天津與李鴻章議約三條，正飭總理各國事務衙門會商妥籌，法人又徹使翻議。我存寬大，彼益驕貪。越之山西、北寧等省，爲我軍駐劄之地，清查越匪，保護屬藩，與法國絶不相涉。本年二月間，法兵竟來撲犯防營。當經降旨宣示，正擬派兵進取，忽據該國總兵福禄諾先向中國議和。其時該國因埃及之事岌岌可危，中國明知其勢處迫蹙，本可峻詞拒絶，而仍示以大度，許其行成，特命李鴻章與議簡明條約五款，互相畫押。諒山、保勝等軍應照議於定約三月後調回，迭經諭飭各該防軍扼劄原處，不准輕動生衅，帶兵各官奉令維謹。乃該國不遵定約，忽於閏五月初一、初二等日，以巡邊爲名，在諒山地方直撲防營，先行開礮轟擊我軍，始與接仗，互有殺傷。法人違背條約，無端開衅，傷我官兵，本應以干戈從事，因念訂約和好二十餘年，亦不必因此盡棄前盟，仍准總理各國事務衙門與在京法使往返照會，情喻理曉，至再至三。閏五月二十四日，復明降諭旨，照約徹兵，明示大信。所有保全和局者，實已仁至義盡。如果法人稍知禮義，自當翻然改悔。乃竟始終怙過，飾詞狡賴，横索無名兵費，恣意要求。輒於六月十五日占據臺北基隆山礮臺，經劉銘傳迎剿獲勝，立即擊退。本月初三日，何璟等甫接法領事照會開戰，而法兵已在馬尾先期攻擊，傷壞兵商各船，轟毁船廠。雖經官軍焚毁法船二隻，擊壞雷船一隻，並陣斃法國兵官，尚未大加懲創。該國專行詭計，反覆無常，先啓兵端，若再曲予含容，何以伸公論而順人心？用特揭其無理情節，佈告天下，俾曉然於法人有意廢約，衅自彼開。各路統兵大臣及各該督撫整軍經武，備禦有年。沿海各口，如有法國兵輪駛入，著即督飭防軍合力攻擊，悉數驅除；其陸路各軍，有應行進兵之處，亦即迅速前進。劉永福雖抱忠懷，而越南昧於知人，未加拔擢；該員本係中國之人，即可收爲我用，著以提督記名簡放，並賞戴花翎，統率所部，出奇制勝，將法人侵占越南各城迅圖恢復。凡我將士奮勇立功者，破格施恩，並特頒内帑獎賞；退縮貽誤者，立即軍前正法。朝廷於此事審慎權衡，總因動衆興師，難免震驚百姓，故不輕於一發。此次法人背約失信，衆怒難平，不得已而用兵。各省團練衆志成城，定能同仇敵愾，並著各該督撫督率戰守，共建殊勳，同膺懋賞。此外通商各國與中國訂約已久，豪無嫌隙，斷不可因法人之事，有傷和好。著沿海各督撫嚴飭地方官及各營統領，將各國商民一律保護；即法國官商教民有願留内地安分守業者，亦當一律保衛。儻有干預軍事等情，一經查出，即照公例懲治。各該督撫即曉諭軍民人等知悉：儻有藉端滋擾情事，則是故違詔旨，妄生事端，我忠義兵民必不出此，此等匪徒，即著嚴拏正法，毋稍寬貸。用示朝廷保全大局至意。將此通諭知之。法夷本約初四日辰時開戰，以初三日巳時投書總督衙門，何璟急以電信致張佩綸於馬尾船廠，而法夷已於是日未時開礮轟擊。法國狡夷，亦不應無禮至此，或有他説。

慈禧端佑康頤昭豫莊誠皇太后懿旨：前據延煦奏萬壽聖節行禮，左宗棠並不隨班叩拜，當將左宗棠交部議處。茲據醇親王奕〈譞〉奏稱，延煦糾參左宗棠，並不就事論事，飾詞傾軋，藉端訾毁，甚至斥爲蔑禮不臣，肆口妄陳，任意顛倒，恐此風一開，流弊滋大等語。延煦著交部議處。上諭：潘霨奏江西浮梁等縣被水，分別撫恤查辦一摺。本年六月間，江西浮梁縣連日大雨，河水斗漲，衝毁城垣、衙署、民房，淹斃人口。景德鎮被水，漂流人口數千，民房鋪屋被冲者不下數千家。餘干、鄱陽、樂平等縣田畝亦多被淹。覽奏實深憫惻。業經潘霨籌撥款項，動碾積穀，核實散放。仍著該撫飭屬確查被灾户口，迅速撥款，妥爲振撫。六月間，河南巡撫鹿傳霖奏閏五月十二日，葉縣暴雨，水冲二十一村，壞民房五千餘間，淹斃百餘人；南召縣水冲斃數十人，壞民房甚多；寶豐縣水冲四十四村，壞房屋九千餘間，溺斃八十六人，牲畜死者無算。山東巡撫陳士杰奏閏五月間，齊東縣水冲六十餘村。近日兩江總督曾國荃奏五月間，青浦縣大風，吹壞金澤港等十一村田禾，倒屋二百餘間，壓斃受傷者七百餘人。俱詔妥爲撫恤。

初八日庚戌　晴，微陰，鬱溽。小極，不快。雜校《後漢書》《三國志》。聞福州實以初三日接仗，張佩綸先駐船廠，氣驕甚，有告法夷來攻者，皆不信。繼有告曰：『夷人已乘樓墻立矣。』叱之。又曰：『已舉紅旗以摩矣。』猶叱之。夷忽以礮中廠之洋樓，佩綸亟倉黄遁，所部五營悉潰，其三營殲焉。其營務處揚武輪船管駕游擊張成者，廣東人，本船政學生，能諂事佩綸，佩綸極賞之，令諸船悉聽其號令。是日夷人登望臺，執兩旗而舞，遂鳴礮，成猶寂然。及夷礮聚轟，成遽駕舢板船遁。福星、振威兩船管駕陳英、許壽山最勇果，急帥諸艘開礮抵禦。夷乘潮猛進，擊壞九艘，英等皆死之。佩綸退守鼓山，夷遂奪據船廠。何如璋已先入城，督撫皆城守，將軍穆圖善扼長門。長門者，在五虎門之東，馬尾鎮之西，地險，搤控海口，礮臺夾列。初五日，夷攻長門，其大輪艘烟囪粗叢切。忽炸裂，夷兵多死，孤拔傷。我軍乘勢攻之，壞其兩艘。先是船政局之失，有旨切責佩綸、穆圖善及何璟、張兆棟、何如璋。近聞佩綸等已收復船廠，詔發内帑銀十萬兩，給穆圖善、佩綸所部各四萬，璟、兆棟所部各一萬。而兆棟疏奏有大員以防堵爲名，出城謀遁，不實言何人，或謂指何璟也。詔令兆棟指實以聞。璟、兆棟皆闒冗，御史有劾其不守五虎門縱夷闌入者，已交部嚴議。然佩綸大言誤國，先逃覆軍，何以不問其罪？吾謂不先誅閻敬銘、周家楣、張蔭桓、張佩綸、陳寶琛等五鬼，及李鳳苞、馬建忠、盛宣懷、唐廷樞、徐潤諸無賴，必不能以有爲也。數日前，御史劉恩溥疏言蔭桓、鳳苞天下切齒；近日，内閣學士徐致祥嚴劾蔭桓，備列其先爲洋廝及在山東、湖北、蕪湖諸穢迹。而疏留中。馬蔚林來。作書致鐵香。

初九日辛亥　晴，下午微陰，甚熱。閲《青谿舊屋文集》。張肖庵來。書玉、資泉來。介唐來。沈子培、子封來談，留共夜飯，至二更去。是日種紅蓼三株、鴨葵四株於小圃中。

初十日壬子　微晴，多陰，晡後雲合。得繆恒庵初八日津門書。雲門來，晡後偕詣書玉，晚同赴馬蔚林福興居之飲。夜晴，有月，一更後歸。

邸鈔：江蘇江寧府知府趙佑宸升直隸大順廣道。

十一日癸丑　晴熱。閲問津、三取兩書院課卷。得沈子封書，并贈震澤楊列歐復吉《遼史拾遺補》五卷，上海同文書局石印，内府本《家語》一帙，作書復謝。

十二日甲寅　晴，熱甚。

閲《遼史拾遺補》。楊復吉以厲氏未曾見《舊五代史》，因剌取薛史之涉遼事者，更搜輯《契丹國志》《大金國志》，薛、徐兩家《續通鑑》，及近儒錢竹汀氏《考異》諸書，依厲氏體例，以紀、志、表、傳爲次，而多采宋人説部，故瑣碎益甚，然於樊榭書不爲無補也。

得周荇丈書，送還所繪『白沙翠竹江村暮，相送柴門月色新』詩意團扇，并饋細夏布一匹，竹布一匹，天山新出碑拓本三通，寶慶界亭峒茶兩瓶，魚麵兩匣。書言近日病甚，恐此後不能再畫。讀之愴然，不能自勝。作書復謝，并還雙布，犒使四千。光甫來，以鵰翎牙柄扇爲贈。是日頗小極，不快。作書致雲門，致書玉。得書玉復。作書致仲弢，約十六日小飲，得復。作書致朱蓉生。聞法夷兵船悉退出閩洋，不知何往，或云赴粤東矣。張之洞馳疏告急，且留張樹聲自助。比日南北洋、閩、粤電報日數十至，言人人殊，大率捕風捉影，故作張皇而已。作書致秋田，勸其改就教授。

邸鈔：上諭：前據給事中孔憲穀奏太常寺少卿張蔭桓有私行函致上海道情事，當諭令總理各國事務衙門大臣明白回奏。茲據奏稱，所覆上海道電信，皆係公同商辦等語。查閲所寄電信，内有措詞未當。除彼時閻敬銘、徐用儀因病請假，錫珍、廖壽恒出差外，奕劻、福錕、崑岡、許庚身、周德潤、陳蘭彬、周家楣、吴廷芬、張蔭桓均著交該衙門議處。總理各國事務衙門從前辦事，每有不能詳慎之處，嗣後該大臣等務當加意慎重，不得仍蹈前轍，致干重戾。憲穀疏劾蔭桓及李鳳苞、陳寶琛，請亟斥蔭桓；召還寶琛，無使掣曾國荃之肘；徵鳳苞於法夷，重論其罪。言皆甚切。上諭：御史劉恩溥奏請於劉銘傳、張佩綸二員中簡任一人暫權閩督等語。封疆大吏，出自朝廷特簡，豈臣下所能擅請？該御史所奏，實屬冒昧。劉恩溥著交部議處。劉恩溥，北人，昏狂，爲二張死黨，致敢妄言至此。若援祖制交通之律，當身首異處；即從輕以違制論，亦應革職。而吏部畏其勢，僅援不應輕公罪，議降一級留任。是言官罔上，銓曹舞文，其罪皆當誅也。詔：候選知府徐承祖發往福建，交何璟差遣委用。徐承祖，六合人，故贊善鼒之子。素險譎，與洋人洋商昵，昔年或以熟悉洋務保薦。近日屢以條陳干閻朝邑得之，未幾擢道員，加二品頂帶，爲出使日本大臣，代徐庶昌。詔：本日引見之翰林院編修鍾德祥，於十三日豫備召見。編修長麟庚辰。升右中允，右贊善朱琛轉左贊善，編修歐德芳升右贊善。御史汪仲洵升兵科給事中。

十三日乙卯　晴熱。作書致趙桐孫，致繆恒庵，致錢藩卿天津，俱寄恒庵許。荇丈來談，且仍以布一端見詒。書玉來。作致敦夫書，致沈瘦生書，以閩中海警，寧、紹戒嚴，先人墓殯，不克守視，故託敦夫以告親族先事綢繆也。作書致雲門，得復。

十四日丙辰　晴，微陰。閲卷。剃頭。秋田來。雲門來。傍晚偕雲門詣書玉談。夜書玉兄弟邀飲義勝居酒家，在校場胡衕口，鋪坐逼仄，而烹饌甘脆，有南味之美，近來士大夫往往解貂，余未嘗至也。二更歸，月甚佳而涼。付借書玉京平足銀五十三兩，中有十七兩八錢應抵還。

邸鈔：以前户部右侍郎宗室敬信爲禮部右侍郎。以内閣侍讀學士鄧承脩爲鴻臚寺卿。

十五日丁巳　晨日出，旋陰，上午陰晴相間，下午陰。先君子忌日。以中元節，祀曾祖考妣、祖考妣、本生祖考妣、先考妣，素饌十器，玉麵饅頭兩大盤，果四盤，杏酪一巡，酒三，飯再，懸三代神坐圖，焚楮泉四挂。雲門來。周介甫來，言將上封事，請閱疏稿，以先忌辭之。祀竈及屋之故主。得爽秋書，并見懷七古短歌一章。書玉夫人明日生日，今日遣僕媪往饋桃、麵、食物、果餌。夜點荷葉燈，蒿幹香毬，都門中元故事也。先像前供香茗。是夕陰，二更後小雨。

邸鈔：上諭：御史吴峋奏樞臣聲名日敗，懇予矜全一摺。據稱籌兵籌餉，責在軍機，閻敬銘專俟諭旨，並不豫爲區畫等語。前因恭親王等辦事因循，不能振作，欽奉慈禧端佑康頤昭豫莊誠皇太后懿旨，分別開去差使，休致降調，特簡禮親王世鐸等入直樞廷。當積習之餘，又值多事之際，内外大臣間有游移顧忌，所見未能遠大，不能專責閻敬銘一人。嗣後務各殫竭忠誠，於一切事宜實心實力，妥籌辦理，和衷商榷，共濟艱難，不得稍有疏懈。此次法人肆意要挾，先開兵釁，中國屢予優容，已屬仁至義盡。現在戰局已成，儻再有以賠償等詞進者，即交刑部治罪。總理各國事務衙門大臣辦理中外交涉事件，必須體用兼備、能持大體之員，方足勝任。周家楣、吴廷芬在該衙門行走年久，辦事未能合宜；崑岡於洋務未能講求；周德潤於應行公商事件，輒單銜陳奏，其爲不能和衷，已可概見；張蔭桓屢經參奏，衆望不孚；陳蘭彬年力漸衰，難勝繁劇：均著毋庸在總理各國事務衙門行走。至閻敬銘，辦事練達，清操久著，吴峋輒以執拗剛愎、怙過任性等語形諸奏牘，實屬措詞過當。吴峋著傳旨申飭。
上諭：吏部奏遵議大員處分一摺。禮部尚書延煦應得降三級調用處分，加恩改爲革職留任，仍罰奉一年。上諭：楊昌濬奏遵旨督師前往福建，請派署理漕運總督一摺。漕運總督著河南布政使孫鳳翔馳驛前往署理，未到任以前，著江南淮揚海道王嘉敏暫行護理。

十六日戊午　晨及午小雨，下午稍止。晨起，謹收三代神坐圖，更饋先君子。以昨日素食，今日取《禮》之繹祭，存古意，申罔極也。配以先妣，肉肴六豆，菜肴三豆，菜羹一，饅頭一盤，糕餅兩盤，果四盤，蓮子湯一巡，酒三，飯再，茗飲再，祔以仲弟、叔弟，各焚楮泉。雲門來。朱蓉生來。夜邀仲弢、雲門、蓉生小飲，爲樊、黄兩君餞也。寓齋張燈烹茗，清談而已，二更後散。是夕望。

十七日己未　晴熱。閲卷。光甫邀午飲，辭之。夜月甚佳。

十八日庚申　申初初刻七分白露，八月節。晴熱。閲問津課卷訖。生員百餘人，試『或問子産』兩節題文，無一合作。取李家駒第一，尚暢滿，首尾亦整齊耳。有鄧生霖，卌年已六十四，其文作兩比，以子西爲鄭公孫夏，謂上章言鄭之爲命，此章不當及楚子西，况楚有鬬宜申，亦字子西，不必定爲王子申也。頗能據漢注，與余意合，而文甚粗率，爲改潤之，置之第五，可得膏火銀八錢，獎賞銀一兩。雲門夫人來辭行。遣齡兒至東城藥市買藥。得書玉書，送來所閲三取書院生員課卷，共五十本。余已略閲一過，且評定十餘卷，取張偉第一，此生卌年亦已五十四矣。題爲『樂道人之善』兩句，佳卷頗多於問津。夜月出，頗皎，旋雲，有電。雲門來。

十九日辛酉　晨及午晴陰相間，下午陰，晡雲合，有雷，旋雨，至夜止。閲三取生童課卷訖。爲仲弢尊人漱蘭侍郎書楹聯。仲弢來辭行。賦七律兩章送仲弢行，且書扇贈之，并錦韜一枚，魚麵兩匣。作致漱蘭侍郎書。作書致仲弢，得復。夜賦七律一章酬爽秋。

邸鈔：詔：授大學士左宗棠爲欽差大臣，督辦福建軍務。福州將軍穆圖善、漕運總督楊昌濬均幫辦軍務。三品卿銜翰林院侍講學士張佩綸以會辦大臣兼署船政大臣。詹事府少詹事何如璋著來京。詔：曾國荃補授兩江總督，兼充辦理通商事務大臣。詔：已革山西布政使林壽圖賞給四品頂帶，作爲福建團練大臣。詔：改派禮部尚書延煦、左都御史祁世長馳驛前往山東查辦事件，隨帶司員一併馳驛，錫珍、廖壽恒無庸前往。詔：翰林院編修鍾德祥賞加侍講銜，前往廣西潘鼎新軍營隨同辦事。慈禧端佑康頤昭豫莊誠皇太后懿旨：前據御史吴峋奏參閻敬銘執拗剛愎等情一摺，朝廷以所奏牽涉軍機大臣，當令醇親王奕〈譞〉遵照面諭繕旨宣示，並諭嗣後如再有以賠償之説進者，交刑部治罪。乃該御史誤會此意，本日復以軍機大臣擬旨抑揚其詞，恐爲議和賠償地步，具摺陳奏，立論紕繆，迹近深文周内，所奏著毋庸議。以大理寺少卿愛廉爲太僕寺卿。以□□□□高光效爲湖北漢陽鎮總兵。

二十日壬戌　晴熱。補寫日記。書玉夫人來寧。額運使送來秋季脩脯等銀二百四十一兩。作書致玉如，并閏五月課卷，犒使銀一兩二錢，京錢六千。作書問雲門行期。

邸鈔：上諭：太常寺卿徐樹銘奏漕糧宜全歸河運，請於運道經行之處疏濬河流，修治閘垻，並擬選雇民船，照海運章程核實經理一摺，著該部議奏。樹銘疏言：現因法逆構衅，海道梗阻，中國斷無議和之理，即使迭挫凶鋒，亦必續圖報復。自蘇達津，海道遠闊，設有疏虞，豈堪設想？爲今之計，萬不能不復河運。查前漕臣吴棠試辦河運，以民船載米十萬石，運濟來通，及今二十餘年，從無貽誤。請復昔人建閘蓄水之法，通盤籌畫。如陶城埠之候黄，臨清州之候清，及東昌等淤淺之處，大加疏濬，修治閘垻。將江浙漕糧全歸河運，僱堅固民船，比照海運章程，核實經理。或謂海運經費較少，不知海道既梗，僱運他國商船，則運價巨萬，散歸外商，何如與内地商民，以實中國之爲愈也。其言頗爲切要。詔：凉州副都統崇志來京另候簡用。左贊善朱琛升右春坊右中允。

二十一日癸亥　晴，微陰，晨起頗凉爽，上午燠熱，午後熱甚，晚雲合，雷電，夜有小雨。作書致雲門、介唐、書玉，俱約今日觀劇。比日困於文字，久不出門，雲門即日入秦，故謀一作閑寫也。得雲門復、介唐復。下午詣慶樂園聽春臺部。晚邀諸君飲霞芬家，小設肴饌，夜二更後歸。付霞芬銀六兩，賞其僕二十千，客車飯十六千，樓坐十千，車錢十千。付借劉仙洲夫人京平足銀五十兩。

邸鈔：上諭：翰林院侍讀學士温紹棠奏請飭知府何隆簡募勇赴閩一摺。何隆簡係發往福建差委之員，自應前赴閩省，聽候該督撫差遣委用，若任其自行招募勇營，尚復成何政體？所請殊屬冒昧，著不准行。

聞馬江之敗三首

誰揖開門盜，虛乘下瀨船。單身亡節鉞，六鷁殉熛烟。露布猶馳景，鍾官曲賚錢。始知誅馬謖，流涕武鄉賢。

獨辟盈廷議，軍諮屬老成。廿年持節監，百練習流兵。儲庤徒齎盜，佽飛盡結纓。自强原有術，屯戍重農耕。

争望黃龍艦，清河是水神。旌旗團黑霧，山海亂青燐。見敵思劉秩，臨危愧令贇。八閩天險地，太息付斯人。

荀學齋日記己集下

光緒十年七月二十二日至十二月十八日(1884年9月11日—1885年2月2日)

光緒十年甲申七月二十二日甲子　晨有小雨,竟日凉陰。得書玉書,以是月朔至十六日滬報送閲。滬上申報館是英吉利國所設,延中國之潦倒秀才,爲撰文字。比日所述法夷之詭狡百出,言之無忌,而深歎中國之事事失策,步步落後,極言閩之先不守長門海口,縱夷深入,後又不先爲戰備,夷以礮擊,而我船尚未起碇,至爲彼之射的,不過一時有半,而我之兵輪九艘,及廣艇、礮船、木泭、載油薪備火攻之小船共五六十,一時盡壞,兵士死者幾三千人,船廠、礮臺、水雷、軍火,二十餘年之所經營布置,蕩焉澌滅。其以礮回擊者,僅有一揚武輪船,沉夷船一,毁之二,夷兵死者僅七人,傷者十四人。我之長門、金派、閩安各海口水師不聞還救,陸營各師無一應援。及夷船揚輪出口,亦無阻搤之者。督撫城守不出,張、何相繼退遁。所述情形,歷歷如繪。諸帥之肉,其足食乎!而朝廷尚發帑十萬以犒之。近復議借兵餉於米利堅,銀二千萬,每月息銀五釐,以六年爲期,由各海關洋税按月拔還。於是樞臣主國計者遂議盡裁外官養廉、京官月費錢、米折銀,又於兵勇餉銀湘平每百兩扣出一兩,又准報捐分發、指省、過班、花翎四項。其臺諫之條陳者猶請重用正途,分别科目。而冗散之京官,無賴之選人,或求保人材,或争上封事。魑魅罔蜽,變幻百出,上下夢寐,厝火卧薪。雖以東朝之憂勤,朱邸之協德,而大臣非闒陋則偏愎,小臣非猥鄙則譸張,罔上營私,如出一轍,可勝痛哉!作書致雲門,贈以甌紬被裁、紫貂帽檐，武夷崇巖茶一瓶，食物兩匣，得復。夜陰，涼甚。

二十三日乙丑　晨陰，上午微晴，下午晴陰相間，晡後晴。得介唐書，即復。雲門來辭行，相對累欷。鄉人沈松亭運同丁母艱來訃，送藍尼金字輓幛一軸。傍晚詣介唐，不值。詣書玉談。書玉兄弟邀同雲門飲義勝居，招霞芬，夜二更後歸。付尼幛銀二兩，金字錢四千，車錢四千五百，霞車四千。

二十四日丙寅　晨陰，上午晴熱，午有小雨，財零即晴，下午晴，傍晚陰，復有零雨。得雲門書，以酒兩罎、夷糖四瓶留別，即復。上午送雲門行，其夫人出拜，雲門涕泣言别，慘然久之，午後視其登車而歸。得朱蓉生書，即復。下午覺不快，夜復咯血。夜雷電，大雨，一更後稍止。

邸鈔：上諭：潘鼎新奏遵查越南北寧失事情形，將各將弁分别擬辦各摺片。本年二月十一、十五等日，法兵至越南扶良江登岸，撲犯防營，陳得貴等首先敗潰。法兵分犯慈山、新河、江口等處，黄桂蘭、趙沃分路迎敵。迨陳朝綱、周炳林等營敗後，黄桂蘭聞警回城，越南各官已開城逃遁。黄桂蘭、趙沃即往太原一路，各路營勇亦潰。各將弁防禦不力，實堪痛恨。除黄桂蘭畏罪自盡應毋庸議外，已革道員趙沃、已革提督陳朝綱本應軍前正法，惟念北寧被陷，係越官開門迎敵，該革員回救不及，尚有一綫可原，所請發往黑龍江充當苦差，著改爲斬監候，秋後處決，即解交刑部監禁。已革副將周炳林不能聯絡列團，以致僨事軍功；覃志成所部騷擾地方，情節較重：均著改爲發往黑龍江效力贖罪。所請革職之游擊謝洲、田福志、參將蔣大章、守備賈文貴、副將李石秀，均著改爲發往軍臺效力贖罪。所請以都司降調之總兵陳德朝、副將黄才貴，均著改爲革職。此次潘鼎新酌擬懲辦失事員弁，殊多輕縱。軍政首在賞罰嚴明，何得輕率瞻徇？著傳旨申飭。前任山西巡撫鮑源深卒。詔照巡撫例賜恤。

二十五日丁卯　晴。族姪恩圭，渭亭四兄之子也，贅於廣州有年，未嘗見其人，比年屢次來書，乞爲覓一糊口之地，其詞甚苦。余不得已，前日屬雲門致書粤撫，求一州縣書識小席。以此瑣瑣瓜葛，委曲干人，深可恨也。今日作書，諭以安分自守，勿更營求取辱，且爲書先莊簡公家訓於團扇上寄之。作書致書玉，得復。得爽秋見和前日七律一章。

邸鈔：工部尚書福錕充崇文門正監督，都統尚宗瑞充副監督。

二十六日戊辰　晴熱。閲《廿二史考異》。作片致介唐。介唐來，以鄉祠所存乾亨盛銀號公項銀九百四十兩一券，託其取質。晡後詣荇老久談。晚詣繆筱珊，小坐而歸。今日左湘陰陛辭出都。外間傳其日告醇邸，求出督師，實欲回任兩江也。朝廷知其意，故督師命下，即日實授曾威毅兩江總督。余謂湘陰雖老耄，何至如此？今日荇老言沅圃實授之命，湘陰屢言之醇邸，始有此旨。蓋二張之党，狂且少年，深忌湘陰，狎侮老成，造爲此語。然湘陰此出，欲仍駐江寧，荇老勸其駐温州或寧波，不從。又聞其派胡光墉、盛宣懷爲後路，則誠耄矣。今日繆筱珊言吏部議御史劉恩溥處分，僅降一級留任，蓋深畏北黨，故從輕議。國法森嚴，爲一二孅猥小兒劫持至此，朝廷尚得爲有人乎！

二十七日己巳　晴熱。

閲《梁》《陳書》。《華皎傳》云：『皎陣於巴州之白螺，列舟艦』，『因便風下戰。淳于量、吴明徹等募軍中小艦，多賞金銀，令先出當賊大艦，受其拍。賊艦發拍皆盡。然官軍以大艦拍之，賊艦皆碎，没於中流。』案：此所謂拍，即今之礮也，彼時皆以石爲之。《説文》謂之『旝』。《詩·大雅》之『其會如林』，《左傳》之『旝動而鼓』，皆是也。

近日福州馬尾江之戰，法夷先以鐵頭小輪艘，擊撞我之艇船、礮船及竹箄、木箄、載油薪之小船，覆壞殆盡，然後以礮擊我之兵輪船。然則我既有廣艇等數十，何不先以衝夷之輪艘？彼止七艘，我捨小船二十餘以擊之，彼礮雖利，能及遠而不能擊近，則其七艘必盡破壞，而我制其死命矣。而乃安舵不動，坐待敵礮，喪師辱國，費逾千萬。書生僨事，可痛恨也！

得趙桐孫二十四日天津書，中言：『自古水戰與陸異，外夷海戰尤與中國異，老於兵事者猶難言之，而高論之士意氣無前，布置未周，分合未當，爲敵所乘，墮其術中而不悟。既敗以後，陸師在岸，寇烽遠城，而馳電憂惶，豫愁不保。』因録示其感憤詩兩首，其一云：『張湯挾詐誤宸聽，廷辨居然烈士風。到底不能乘〈一〉障，狄山雖死亦愚忠。』此二十八字，可以定豐潤小人罪案，然猶不能死，而靦顏劾人，真無賴之尤矣。

作書致荇老。昨見荇老有已畫山水摺扇數事，其一絶似越之郭外及杭之西湖，中有一舟，坐三四人，載兩甕，因乞題爲春湖采蓴圖見惠，且以咸豐壬子《暮秋雜憶》一絶句寫致之，云：『記曾賽廟過蕭山，回泊湘湖第幾灣。怪底夕陽紅袖濕，桃花塢口采蓴還。』蕭山湘湖桃花塢下蓴采爲越中第一，勝於西湖也。詩已久删，以有童時影事，故尚能記之。夜作詩答爽秋。夜陰，四更後雷，五更雨。

再酬爽秋詩道會稽富春之勝

富陽至桐廬，山水世獨絶。每誦叔庠書，行間見峥泂。余生會稽郡，百里即溯江。屢問錢唐渡，未買富春艭。君生桐君山，每談九里勝。層林蔭深潭，蒼翠若可聽。睦州隸於浙，東西無定尊。君之扁所居，偏曰漸西村。越州統浙東，巖壑實尤異。佳境隨步變，麗矚四時備。比屆秋氣至，菱芡彌平川。松竹相映發，雲霞交澄鮮。巖桂初過黄，江楓亦漸赤。浦帆出烟晨，寺鐘澹霜夕。安得綄五兩，與君窮幽妍。朝發剡谿日，暮宿嚴灘烟。碧照魚行空，紅分鳥穿樹。笑謝京西山，翠微鎖寒霧。

邸鈔：詔：閩浙總督何璟來京另候簡用。以漕運總督楊昌濬爲閩浙總督，未到任時，以福建巡撫張兆棟兼署。以前江蘇巡撫吴元炳爲漕運總督，俟查勘河工完竣，詳細具奏後再行赴任；未到任時，仍著孫鳳翔署理。以左春坊左庶子宗室盛昱爲國子監祭酒。以通政司副使宗室奕年爲光禄寺卿。

二十八日庚午　晨雨，竟日霔陰，午後微見日。介唐來。秋田來，言以下月初四日南還。作書致光甫，賀其升起居注主事，并約公餞秋田之期。陸傳奎饋茶葉、筍尖。作復桐孫書，并八月學海堂課題致額玉如。夜雨，蕭瑟達旦。

二十九日辛未小盡　密雨，至午稍止，下午間有溦雨，晡後止。閲朱述之《開有益齋讀書志》。詞雖簡略，書亦奇零，然是真讀書人語。光甫來。夜凉甚，須重衾。

八月壬申朔　凉陰，間微晴。讀《周禮》。作書致秋田，訂初三日公餞之天寧寺。作片致介唐。介唐來，以鄉祠公款銀九百九十七兩有奇，鍾佩賢太僕向存之乾亨盛錢鋪，今一年期滿，託介唐以質齊取銀。而鄉人陸傳奎者，有其父薌泉所置棉花三巷一宅，直銀七百兩，欲減一百，售之山會邑館。介唐掌邑館而猝不得銀，因請余買置之鄉祠。余以祠款衹此數，不願買。介唐更爲之請，以五百金暫質，及稔而贖。余不得已而諾之，今日來交契莂。印結局送來前月公費銀六兩。

邸鈔：上諭：穆圖善等及張佩綸、何如璋先後具奏法兵攻擊船廠、礮臺，官軍接仗情形，自請議處治罪各摺片。法人乘上海議和之際，潛駛兵船入泊福建馬尾等處，中國素重誠信，並未即行驅逐。乃該國包藏禍心，不顧信義，七月初三日何璟等甫接法領事照會開戰，而馬尾法船乘我猝不及防，先行開礮攻擊。我軍合力抵敵，兵、商各船多被擊毁。各軍於瀕危之際，猶復奮勇接戰，擊壞該國兵船、雷船三隻。初四等日，法兵猛攻登岸，經提督黄超群、道員方勳、都司陸桂山督隊擊退。法兵旋攻館頭、田螺灣、閩安等處，希圖上岸踞擾，經張世興、蔡傳業、劉光明督軍擊却。穆圖善駐守長門等處，督飭總兵張得勝、副將洪永安、守備康長慶等率隊截剿，斃敵甚多，擊翻敵船二隻。以礮臺門皆外向，敵由内擊，致爲所毁。此次因議和之際，未便阻擊，致法人得遂狡謀。各營將士倉猝抵禦，猶能殄斃敵人多名，並傷其統帥，其同心效命之忱，實堪嘉憫。所有擊退上岸法兵出奇制勝之提督黄超群，著以提督遇缺題奏，並賞穿黄馬褂；道員方勳，著以道員遇缺題奏，並賞給達春巴圖魯名號；都司陸桂山，著以游擊儘先升用，並賞給捷勇巴圖魯名號；擊翻敵船，奪獲軍器之副將洪永安，著以總兵記名簡放，並賞給鏗陞額巴圖魯名號；其餘出力之水陸將弁，著穆圖善、張佩綸先行傳旨嘉獎，並從優保奏，候旨施恩。力戰受傷之都司孫思敬，著以游擊補用；陣亡之高騰雲，及受傷之宋錦元、洗懿林，及其餘陣亡、受傷各將弁，均著查明分别奏請奬恤。並著穆圖善、張佩綸於前頒内帑備賞項下，擇其尤爲出力兵勇及陣亡之官弁兵勇家屬，分别核實賞給，毋稍疏漏。閩浙總督何璟在任最久，平日於防守事宜漫無布置，臨時又未能速籌援救，著即行革職。福建巡撫張兆棟株守省垣，一籌莫展，著交部嚴加議處。翰林院侍講學士張佩綸統率兵船，與敵相持，於議和時屢請先發，及奉有允戰之旨，又未能力踐前言。朝廷前撥援兵，張佩綸輒以援兵敷用爲詞。迨省城戒嚴，徒事張皇，豪無定見，實屬措置無方，意氣用事。本應從嚴懲辦，姑念其力守船廠，尚屬勇於任事，從寬革去三品卿銜，仍交部議處，以示薄懲。船政大臣、詹事府少詹事何如璋，守廠是其專責，乃接仗吃緊之際，遽行回省，實屬畏葸無能，著交部嚴加議處。福州將軍穆圖善駐守長門，因敵船内外夾攻，未能堵其出口，而督軍力戰，尚能轟船殺敵，功過尚足相抵，加恩免其置議。嗣後閩省防務，左宗棠未到以前，著責成穆圖善、楊昌濬、張佩綸和衷商辦，務臻周密，毋稍疏虞。至沿海戰守事宜，各該督撫務當懍遵迭次諭旨，督飭各營認真戒備，不得稍涉大意，致干重咎。

詔：克勤郡王晉祺、科爾沁鎮國公棍楚克林沁均補授御前大臣。詔：軍機大臣上學習行走侍郎許庚身補授軍機大臣。詔：鴻臚寺卿鄧承脩在總理各國事務衙門行走。

初二日癸酉　晴，頗熱。讀《周禮》。作書致光甫。得錢藩卿前月杪津門書。書玉來。夜雷電，有雨，旋止。

邸鈔：通政司參議延茂升內閣侍讀學士。

初三日甲戌　晴熱，微陰。剃頭。蔡枚盦編修來，不見。此君耄矣，久不相聞，忽爾見存，徒擾人耳。秋田來辭行。所畜一牝貓死，埋之馬廄桑下。午出廣寧門，至天寧寺，偕光甫、介唐、伯循集於塔射山房，公餞秋田也，招霞芬、儷秋。遍游僧院，桂花正放，香滿一寺，美樅三四，清蔭猶繁，西山夕晴，烟翠彌朗。晚歸。得桐孫朔日津門書。付霞車八千，車六千。

邸鈔：宗人府府丞吳廷芳奏請賞假兩月，回籍修墓。許之。鄧承脩疏辭總理各國衙門行走之命，請改武職，不允。二君不平，見於詞氣，然其趣異也，我輩何處著議論？

初四日乙亥　晴，稍熱。讀《周禮》。郭子鈞來。買桂花六盆，分置室中，蘸硯點書，香盈几席，此所謂鼻功德也。

邸鈔：兵部尚書烏拉喜崇阿兼署禮部尚書。延煦差缺。禮部尚書畢道遠兼署左都御史。祁世長差缺。內閣學士廖壽恒署理工部左侍郎。

初五日丙子　子正初刻十三分秋分，八月中。晴暖，晡後陰。讀《周禮》，久不温燖，竟如隔世，老將至而耄及之，可悲也。作者致子培，詢子封赴津之期，以近頗思先詣津門小駐開講，即泛海南歸省視先壟也，得復。夜作復桐孫書。

邸鈔：詔：本年恭逢慈禧端佑康頤昭豫莊誠皇太后五旬萬壽，普免光緒五年以前民欠錢糧。詔：署直隸總督李鴻章仍補授大學士、直隸總督兼辦理通商事務大臣。旋有旨，左宗棠在李鴻章之次。詔：户部奏員外郎張蔭清、主事趙濱彦呈請投效軍營，均著發往廣東，交彭玉麟、張之洞差遣委用。蔭清，國樑子；濱彦，景賢子。然兩人皆少年，嗜好甚重，浮薄紈絝也。

初六日丁丑　薄晴，多陰，傍晚霃陰。補寫日記。作書致書玉。夜雨。得書玉書，惠贈青田印石兩方，蒼潤通明，黄中耀白，佳品也，浙俗謂之白果青田，取喻銀杏人色耳，作書復謝。蓴庭饋節物，即以饋仙洲夫人。付内子等車錢五十三千。

邸鈔：詔：四川保寧府知府許景福、潼川府知府廉恩均以同知降補。總督丁寶楨劾景福任聽家丁游蕩招摇，復有被人禀控情事；廉恩於交審案件未能秉公審斷，又於盜劫重案含糊禀辦也。

初七日戊寅　晨陰，上午微晴，午仍陰，下午霃陰，間有日景。閲問津諸生課卷。試『一不朝則貶其爵』三句題文，凡百餘人，鮮有合作。取朱墉第一，杜彤第二。劉生曾枚來，以三品蔭生考取一等，昨日驗放，得外用知縣。此次考者五人，皆顧人代試。閻朝邑之子以二品蔭生列二等第二，竟得内用，此老爲營求得之也。

邸鈔：皇太后懿旨：醇親王之子載灃賞給不入八分輔國公。　大學士文煜奏假期届滿，病仍未痊，懇請開缺。詔准其開缺，安心調理。前任兩江總督李宗羲卒於四川原籍。詔：李宗羲由州縣洊擢封圻，勤勞素著。兹聞溘逝，悼惜殊深，照總督例賜恤。

初八日己卯　晴，上午微陰。沈子培、子封來，久談。鐵香來，久談，言以後明日至總理衙門任，來商進退之宜。告以遇大事力持國體，小事諉之它人而已。近日法夷兵船久離閩洋，初泊芭蕉嶼，後聞泊日本之長崎島，蓋修整毁壞之船。而米國爲之説和，法夷亦繼來請。閻朝邑輩以賣國爲事，深幸其成，日從臾醇邸許之。其實夷意詭譎，覗隙抵釁，不可測也。吴淞招商局之鬻於米夷也，合肥信匪人馬建忠之言，以海洋有警，舟行非便，商人惴恐，争欲自託於米夷，謂不得已而順商情也。其實諸大商皆不願，而乾没小股諸商銀數百萬。建中又私取米夷銀五六十萬。而利器授人，中外歸咎，聞合肥意甚悔。建忠素事英夷領事官威妥馬爲父，與李鳳苞、唐廷樞等皆世所謂漢奸也。近日黄漱蘭侍郎馳疏請誅建忠，臺諫之請嚴治建中及鳳苞等者。疏累上，而朝廷疑不能决，合肥意亦終庇之。御史吴峋疏請斥張蔭桓，又聞有人疏請治何隆簡、温紹棠交通欺罔之罪，皆留中不下。此曹子鬼蜮變幻，何可姑息也！近日閩中京官四十餘人合疏呈都察院，請治張佩綸、何如璋之罪，而言佩綸始則驕愎自用，狀類風狂，抑制將弁，不許爲戰備，而潛令人乞和於孤拔，繼則聞礮先逃，節節退守，而妄稱力保船廠，委罪於人，因備陳其奔遁之倉黄，奏報之欺罔，歷歷如繪。都察院以初六日上聞。而給事中萬培因既於公疏列名，復專摺參劾。有旨命左宗棠、楊昌濬查辦。閩人此疏具已經月，佩綸死黨力沮搤之，不使上核其罪狀，百死不足贖也。僉壬么髍，布滿内外，天日何時澄霽乎！以鷄、魚、肉、月餅、石榴、栗子饋書玉夫人。

邸鈔：上諭：張佩綸奏整頓陸防，並查明失事及陣亡之將弁，請分别懲辦優恤各摺片。閩省防務緊要，著穆圖善等會同張佩綸嚴督各軍實力布置；左宗棠、楊昌濬陸續率師到防，並著統籌全局，務臻周密。馬尾失事之游擊張成暗中敵計，致令全軍氣沮，著革職留營效力。副將張陞楷聞警退走，荒謬畏葸，著即行革職，交楊昌濬審訊明確，照例治罪。陣亡之參將高騰雲死事慘烈，著照總兵例從優議恤。餘優恤有差。

上諭：前因翰林院侍讀王邦璽、給事中秦鍾簡先後奏參江西廣信府知府董兆奎勒捐多金，虐用非刑，性情暴戾，贓私狼籍，迭經諭令孫毓汶、烏拉布確查參辦。茲據該侍郎等查明覆奏，董兆奎被參各節，雖查無侵蝕捐款、藉端得賄等情，其平日辦事亦尚認真，惟於商民犯罪，不論重輕，任意科罰，雖爲充公起見，究屬有違定例；至審理案犯，並不虛衷研鞫，擅用非刑，尤屬有干例禁。董兆奎著交部嚴加議處。旋依部議革職。上諭：前據給事中秦鍾簡奏參江西巡撫潘霨庸劣不職，翰林院侍讀王邦璽奏參潘霨覆奏粉飾、任用劣員各節，先後諭令孫毓汶、烏拉布馳往查辦。茲據該侍郎等確切查明，餘干、德興兩案：鄒頤所欠丁漕，係屬己户，並非勒令包完；楊之望欠糧無措，愁急自盡，實非委員逼勒。九江閱兵，查無家丁嚇跌、抬夫落水之事。贛關撥解撫署公費，係道光年間奏定有案，該撫並未格外需索。其覆奏催漕辦災各節，並非粉飾欺罔。伊子潘志俊，本未干預公事，交結屬員。其餘信任劣員、廣通賄賂各節，亦均查無其事。即著毋庸置議。惟原奏楊姓欠糧之案，聲敘錯誤；新喻縣滋事一案，未將實在情形先行奏聞，係屬疏漏。潘霨著交部議處。劣幕高隆譢，雖據查明業經回籍，仍著該撫飭屬隨時查察，不准再行潛赴江西。

詔：刑部尚書恩承補授內大臣。户部尚書額勒和布調補正紅旗滿洲都統。皆文煜缺。以烏魯木齊都統長順調補正白旗漢軍都統。額勒和布缺。以伊犁參贊大臣升泰署理烏魯木齊都統。詔：吏部尚書廣壽補授總管內務府大臣。詔：河南汝寧府知府杜崧年調補太原府遺缺知府，户部郎中李德洞授河南汝寧府知府。

初九日庚辰　晴。閲問津諸童課卷，評改訖。饋蕚庭節禮。介唐饋節禮。書玉來。錢藩卿自天津來。夜書玉兄弟邀同藩卿、介唐飲義勝居，二更歸。

邸鈔：以内閣侍讀學士郭勒敏布爲太常寺少卿。欽天監左監副杜春融升監正。詹事府右贊善歐德芳轉左贊善，編修王文錦升右贊善。

初十日辛巳　雨。閲三取書院生卷，評改訖。介唐來。

十一日壬午　晴，風，頗寒。閲三取書院童卷訖。作書致玉如，并是月望課題兩紙。饋介唐節物。劉仙洲夫人饋節物。夜閲《論語正義》。

邸鈔：上諭：前因法人背約失信，衅自彼開，諭令沿海統兵大臣及各督撫督率防軍將法兵合力攻擊，仍將各國商民一律保護，即法國官商教民安分守業者，亦在保衛之列。朝廷辦理此事，堂堂正正，無非相待以誠。近聞廣東督撫等出示曉諭沿海居民忠義報效，令在海面將法船帶水淺閣，食置毒物等語，並將新嘉坡、檳榔嶼等處華人一併諭及。此等告示，在内地張貼，該督撫等意在以大義激勵人民，原無不可，惟食置毒物等語，措詞轉失正大，况敘及新嘉坡、檳榔嶼等處，非我屬地，恐傳聞失實，輾轉沿訛，或至别生事端，與七月初六日諭旨不合。彭玉麟、張之洞、張樹聲、倪文蔚均著傳旨申飭。法人渝盟無理，凡我中華人民，自能衆志成城，同仇敵愾，正不必藉秘計詭謀，致失中國仗義興師之意。至海外各島嶼寓居華人，均不必與聞軍事，以免歧誤。

十二日癸未　晴，有風。

閲《論語正義》。近儒説經，過求證據，或反失之轇轕。如『有子曰禮之用』一章，此自以『禮之用，和爲貴』爲一節，一節猶俗言一層。『先王之道，斯爲美，小大由之，有所不行』爲一節，『知和而和，不以禮節之，亦不可行也』爲一節。首二句總冒，言禮雖以嚴整約束爲節目，其用實主於和也。『先王之道，斯爲美』，『斯』指禮；『小大由之，有所不行』，言事事必拘以禮文，則情或反離，所謂至敬無文、至親無文也。『知和而和』，則情過乎禮而流於褻，故亦不可行。其義本極明晰。馬注：『人知禮貴和，而每事從和，不以禮爲節，亦不可行。』所言亦甚分明。自朱注誤分『有所不行』以下爲一節，遂致迂折費解。而劉氏謂此章發明《中庸》之義，用即庸也，雖合古訓，而詞反支矣。

得敦夫七月廿五日里中書，言寧人多避兵來紹，而紹郡不設警備。殷萼庭來。董金門來。作書致書玉，得復。得朱蓉生書，即復，并付以黄福楙同年尊人輓障公分錢十二千。付賃屋銀六兩。

邸鈔：吏部尚書廣壽卒。詔：廣壽老成練達，學問優長，由繙譯、翰林洊擢詹事，供職内廷，在弘德殿行走，升授尚書，補總管内務府大臣，宣力有年，克盡厥職。前因患病，迭次給假。兹聞溘逝，悼惜殊深。加恩追贈太子少保銜，賞給陀羅經被，派貝勒載漪帶領侍衛十員即日往奠，照尚書例賜恤，賞銀一千兩，由廣儲司給發經理喪事；伊子恩聯賞給員外郎，俟及歲時分部學習行走，用示篤念藎臣至意。詔：協辦大學士、户部尚書額勒和布稽察欽奉上諭事件處。

十三日甲申　晴。早起，讀書。剃頭。書玉饋節物，受燖鱉、頻果，作書復謝。夜食鱉，甚佳。賦僕媪中秋節賞錢。

十四日乙酉　竟日澹晴，秋陰可繪。閲學海堂諸生經古卷。還各店鋪節帳：隆興厚紬布銀二十八兩，吉慶、廣厚兩家乾果銀十兩，衣賈滕文藻銀九兩八錢，新買璊玉色江紬大裁單袍一領，直銀八兩。石炭銀八兩，米銀六兩，松竹齋紙銀六兩，聚寶酒食銀六兩，俱合作錢一百千，酒肉、蒸餅、絨綫等銀十兩，寶森書鋪銀二兩，燈油銀四兩十二錢，甜水銀二兩二錢，京兆榮記酒銀一兩八錢。嚴鹿谿來。同年柏翰林錦林來。

邸鈔：以刑部尚書恩承調補吏部尚書，以都察院左都御史錫珍爲刑部尚書，以吏部左侍郎奎潤爲左都御史。工部尚書福錕、兵部左侍郎耀年俱補授總管内務府大臣。錫珍補鑲黄旗漢軍都統。額勒和布充國史館正總裁。克勤郡王晉祺補閲兵大臣。

十五日丙戌　晴。作書致敦夫，致王子獻。祀竈。霞芬來叩節，予以六金，賞其僕十千。書玉來。余主事誠格來。得額玉如書，并兩書院節敬十六金，即復。書玉再饋炰鼈，報以蒸凫。夜月，微雲，有風，小作月筵。

邸鈔：以吏部右侍郎松溎轉補左侍郎；以工部右侍郎熙敬調補吏部右侍郎；以科布多參贊大臣清安爲工部右侍郎，兼管錢法堂事務；未到任時，以禮部右侍郎敬信兼署。以巴里坤領隊大臣沙克都林扎布爲科布多參贊大臣。雲南按察使李德莪告病開缺，以前甘肅按察使史念祖爲雲南按察使。

十六日丁亥　晨及上午晴，傍午後有風，時陰，晡後陰。閲《古文尚書撰異》。錢藩卿來。晡後詣書玉，至晚而歸。近日户部請裁八旗孤寡養贍錢糧及兵丁養育銀，員外郎文悌、主事施典章主稿，而閻朝邑定其議。内閣侍讀學士延茂疏劾文悌、典章皆刻薄小人，以此迎合閻敬銘，户部各堂官皆不謂然，而敬銘力主之，敗壞國體，貽笑天下。其詞甚峻。聞文、施皆請假求去，朝邑歎曰：『我躬不閲，遑惜爾躬。』一時傳爲笑柄。是夕五更至昧爽月食既，次日卯正初刻五分望。

十七日戊子　微晴，多陰。先妣忌日，供饋菜肴八器；菜羹加魚翅蟹黄瑶柱羹一，㸆羊一，爲先君子也；饅頭兩盤，時果四盤，栗子湯一巡，酒三巡，飯再，茗飲再，晡後畢事。

十八日己丑　晴。書玉太夫人六十壽辰，送紅尼壽字幛一，描金蠟箋楹帖一聯，及桃、麵、壽燭。書聯語云：『貞柏孚筠，凌霜千歲；玉堂粉署，愛日三堯。』介唐來。是日評改學海堂六月經古課卷訖。『堯典東作南訛西成朔易解』，『徐光啓論』，『洗象賦以朱旗引隊畫鼓沿流爲韵』，『擬宋侍從官謝太宗賜親書紅綾扇表』，『水精鹽得晶字五排十六韵』，生員取孟繼壿第一，陳澤霖第二。西法於曆學固爲便捷，徐光啓之取利瑪竇等書，首譯《幾何》原本，闡明諸術，以正《授時》之誤，非無功也；而必稱之曰『利先生，利先生』，甚至請許其行天主教，以爲不悖於聖人，則喪心病狂矣！今之泰西諸國，惟法蘭西專務行教，英吉利專賣鴉片，厥禍維均。諸生試論，多識此意，所取自孟繼壿至李家駒十卷，皆能極言其弊，而不論西法之當否，以題是論光啓，非論西法也。夜洗足。

十九日庚寅　晨及上午微晴，多陰，下午間晴。作書致額玉如。詣安徽館拜書玉太夫人壽，晚歸。是日裴回池亭間，林木蕭疏，秋陰如繪，惟垂柳依依，流連風色耳。

二十日辛卯　卯正初刻八分寒露，九月節。薄晴多陰。子培來。作書致書玉、光甫，致錢藩卿，俱約今日晚飲。讀《周禮·春官》。藩卿來。晡後詣書玉談，晚邀其兄弟及藩卿飲義勝居，招霞芬。夜二更散，復詣書玉齋中談，至夜分歸。付酒保賞及客車飯七千，霞車四千。

閲書玉所藏乾隆中諸老致邵二雲先生尺牘一册。凡段茂堂書三通，周書倉書三通，盧抱經、兩書署名之側皆有墨印八字，云：『相約從古，但各稱名。』王石渠、李南澗、邵楚帆自昌、曹地山、二雲乙酉鄉試座主。王爾烈辛卯傳臚，二雲同年。書各二通。姚姬傳、劉端臨、紀文達、朱文正、金海住、名下鈐一印云：『住金剛堅固海。』魯山木、平餘山、家松雲先生、邵海圖洪，鄞人。書各一通。又一書失去尾葉，似是翁覃谿。一書僅署『花間堂手札』，似是成哲親王。一書只署『太平使院字』，似是朱笥河。其書云：『初九日晚，五百里文從道臺處奉聞足下與戴東垣、周舒蒼同調取入《四庫全書》館，須此間給咨即行。連日佇望，何以未至？沿途見此字，驅輿放帆，毋太遲留也。切切。』下署『十六日』。此乾隆三十八年笥河任安徽學政時事。笥河爲二雲辛卯會試房師也。又羅臺山一紙，只末葉。又一紙，無稱謂姓名，只鈐一小印曰：『西霞手書。』吾鄉王方川先生增也，辛卯榜眼，與二雲同年。書云：『穉存札中皆泛文，畏衡只淡淡一語。其實緊要，恐將來得罪人。若前任交代語亦不露，恐穉存爲我心急也。至禱至切。』蓋是書之别紙，所云乃西霞由翰林出爲河南知縣時事。洪穉存是西霞辛丑會試分房所薦士也。

茂堂兩書、端臨書、山木書、松雲書皆長牘。楚帆總憲兩書，一言邵氏修譜事，一言博西齋所著《偶得》四卷，屬二雲校定及作序事，皆呼二雲爲姪。海圖亦辛卯進士。侍郎呼爲五哥而不字，又於二雲尊人稱伯父大人萬福，是於二雲爲近支。其書言『金壇相國致屬王撫軍，以五哥爲言。相國爲朝廷培植善士之義，可謂深篤。王撫軍兩浙福星，非不知好士者，其所以相持之處，宜於相國安帖中委悉言之。五哥違都門久，而竟若憺怕不存于心。本房李老師關注殷切，而五哥嗣後無安帖來，似覺太闊，此不可也』云云。王撫軍者王亶望。而兩『王』字後皆磨去，其中直改作『三』字，蓋王獲罪後，邵氏諱之，遂移之文敬公三寶，以王於丁酉歲代三公撫浙也。書倉兩書，言文安陳氏時文稿事，極推重之。抱經一札言《玉藻》『行容愓愓』，《釋文》音傷，今小版秦刻誤作『惕』，以二雲所著《爾雅正義》爲其所誤。案：今《正義》釋訓『怟怟愓愓』下並不引《玉藻》文，則二雲後已改正矣。南澗一札言僞《斜川集》，望而知其非真，然不知即龍洲詩也；又一札言捧讀改本《爾雅正義》，精而益精，中間删節處亦更簡當。石渠一札是借《開元占經》。一札言《廣雅》『葆，本也』，『本』即《玉篇》之『蕁』字，亦作『苯』。《詩》毛傳之『苞，本也』，『本』亦即『苯』字，訓草叢生，非『根本』之『本』。而謂李氏《周易集解》『繫于苞桑』下所引古訓，必有與《爾雅》《毛詩》相發明者，祈録示。案：《集解》惟陸績云『苞，本也』，而下云：『言其堅固不亡，如以巽繩繫也。』則亦仞爲『本根』之『本』，不知即『蕁』字矣。端臨書言《爾雅·釋山》山『左右有岸，厒』，《廣韵》作『⿸厂⿱人正』。《玉篇》有『⿱人正』字，古文『法』。《説文》『正』，古文『正』，是⿱人正从正、⿸厂⿱人正从⿱人正得聲。『⿱人正』『⿸厂⿱人正』二字，雖不見於《説文》，而由古文『正』字孳生，即不可謂非六書之正體。案：今邵氏《正義》仍不用其説，劉氏所著《經傳小記》中亦無之。郝氏《義疏》引《龍龕手鏡》云：『「厒」爲「⿸厂⿱人正」之或體。』是劉説極可據矣。朱文正札是問《明史》洪武初遺文原吉、詹同、魏觀、吴輔道、趙壽等訪求遺文。詹、魏自有傳。文原吉官侍御史，不知其字與里。吴、趙二君官職、字里俱無考。紀文達札是借沈冠雲《左傳小疏》。金海住札言『舍姪質乎文淳《易解》一種，曾懇帶赴書局，公酌去取，如不足采，即求擲付小婿汪雲倬日章寄還』。覃谿書是託代訪童君二樹所藏古泉古碑，懇借其數事，爲之考索題識。時二雲已由翰林丁父憂歸矣。茂堂一書言章實齋所撰《史集考》，不知已成若干。又言『《爾雅正義》高於邢氏萬萬，此有目所共見。汪容夫最佩服此書，近得其信否？』案：實齋未聞著《史集考》，蓋即《文史通義》之初名也。

尋繹諸書，想見一時儒林紛觥往還，商榷古義，行間字裏，古色照人。其稱謂款式，謹而不侈，約而不率，雖或亦潦草不經意，而言無俗塵，皆足見先輩典刑，存爲掌故。

吾家松雲中丞及平寬夫侍郎兩書，皆賀二雲初入翰林。中丞時以中允出守常州，調江寧。侍郎時以少詹事憂歸，札中言李太守延修郡志事。兩公手迹，向藏余家頗多。中丞爲族曾祖行，與先曾祖同補諸生，學政爲安溪李侍郎宗文。試『子男同一位』至『元士受地視子男』題文，中丞時年十三，爲山陰縣學第一名。自道光初以湖南巡撫罷爲三品京堂，歸後居蘇州，今其後無有聞者。所著《寫十四經室文鈔》未刊；詩集早刻板，亦久燬，印本亦極難得矣。兹録茂堂兩書、石渠一書、松雲先生一書於後。其字體正俗、筆畫多少俱依原本。

段玉裁頓首上二雲先生座右：客冬得晤，數年契闊，得以稍暢，飫聞妙論，深叨雅誼，大快事也。惠賜《爾雅正義》，元元本本，既贍且確，什百邢氏，何待言矣！裁自客冬歸，匆擾多端，未能詳讀一過，深以爲歉。近者索居無俚，乃泝江至秋帆先生所一行，月内當即歸，不能久滯也。拙著《尚書考讀》將成，詳於古文、今文之别及衛、包之妄，行且梓政。先生遂於史學，聞實齋先生云有《宋史》之舉，但此事非先生莫能爲，則日中必熭，尚勿遲緩。實齋神交已久，今始得見，其於史學，可謂得其本源。抑實齋先生云，甲辰、乙巳間，先生款門，舍下無應者。聞甚駴異，去冬何未談及？甲辰一年，舍間多故，裁必出門，開罪也。裁自回壇，種種不得意。近者覓館地坐之，倘其不得，當入都請業耳。蘭泉先生向所仰望，去年承諭，本欲叩見而未暇，今輒具稟，伏冀轉達。《説文》『㒳』字下曰：『五行之數，二十分爲一辰。』此語未詳，求示之。每以獨學無友爲苦，故有入都請業之志也。秋帆先生云相屬纂《宋元明通鑑》，此事亦天地間不可少之事，何日成之？敬請近安，不戩。四月十六日武昌幕中。

蘭泉先生處稟竟未繕，惟祈晤時道及玉裁卅年仰慕之忱，是感。又啓。

愚弟段玉裁頓首上二雲大兄先生閣下：上年舍親史名瑾者入都，曾奉書并《戴東原集》，曾否收到？邇來想新祉便蕃，起居萬安。著述之閎富，玉裁愧不能親炙細讀也。聞以《宋史》自任，不知何日可成。令郎於宋史之學亦深，想必相得益彰。將來删削繁蕪，繼踪馬、班，能令鄙人苟及見否？玉裁前年八月跌壞右足，至今成廢疾，加之以瘖，學問荒落。去冬始悉力於《説文解字》，刪繁就簡，正其譌字，通其例，搜轉注、假借之微言，備故訓之大義，三年必可有成，亦左氏失明、孫子臏足之意也。小婿龔麗正者，屺懷之子，考據之學，生而精通，大兄年家子也，更得大兄教誨之，庶可成良玉。蘇州有博而且精之顧廣圻，字千里，欲得尊著《爾雅疏》一部，望乞之爲禱，即交小婿郵寄可也。《東原集》三部附上。丁小山兄去冬於杭城乃得相識。抱經先生已歸道山，可歎可歎！梁伯子著《人表考》《史記質疑》二書，該洽之至，想已看過矣。肅候近安，諸惟丙鑒，不一。玉裁頓首。

周書昌先生無恙否？朱少伯兄乞叱致。章實齋亦不得其消息。正月九日。

《知不足齋叢書》一套繳上。曩注《廣雅》『葆，本也』，而不解其義。又讀《詩傳》『苞，本也』，亦不解其義。竊疑『浸彼苞稂』『如竹苞矣』『實方實苞』『苞有三蘖』，皆不當訓爲本。昨偶閲《玉篇·艸部》，『䔿』字注云：『本䔿，草叢生。』字或作『苯』。《西京賦》：『苯䔿蓬茸。』始知《傳》訓苞爲本者，乃叢生之義，非根本之義也。《斯干》箋云：『言時民殷衆，如竹之本生。』本生，猶言叢生，故以比民之殷衆。故孫炎云『物叢生曰苞』，非根本之義明矣。《生民》箋云：『豐，苞，亦茂也。』《長發》箋云：『苞，豐也。』皆是增成傳義，而《正義》以爲易傳，失其旨矣。《廣雅》云：『葆、科，本也。』又云：『科，叢也。』『菽，葆也。』《説文》：『葆，草盛貌。』『菽，細草叢生也。』則『葆』『苞』古蓋通用。未知有當與否，唯先生裁之。又李氏《周易集解》『繫于苞桑』下所列古訓，必有與《爾雅》《毛詩》相發明者，并祈録示。餘不一。年侍王念孫頓首。案：王氏所著《廣雅疏證·釋詁三》已用此義，惟未言及《詩傳》鄭箋，即此可知鄭箋之不易讀。而傳箋異同之故，可輕言哉！

別來一載，曾于去冬附入寬夫信中寄奉懷之作，比到都，而寬夫已旋里，竟持此信而歸，以致不得呈左右，至今耿耿。刻于役淮陰，又未携此稿來，暇時當補録呈教也。冬間一接手書，以尊紀相委屬，已爲轉薦屬邑，較弟冷泊衙中，或略生色。此月内又接劉孝廉携來書，隔年始到。然館事極難，此時書院焉有空缺？劉本敝門人，况重以台命，寧不爲留意耶？春殿宣毫，詞曹文戰，後來居上，自古積薪，豈必飛騰？屬諸前輩，不謂拔幟，亦有康節，奪經神之席，亦登詞客之壇。除目傳來，喜生望外。坊階迅轉，行到頭廳，不特士論翕然，亦且一破省例，使伏處江湖、遠觀壁上者，若老馬聞鼙鼓之聲，自忘駑鈍也。弟自知荒落，甘作粗材，但到江南，又存舊習，自甘淡泊，空處脂膏。毗陵七月，艱鉅難肩，乃新參忘其迂拙，不以爲不才，返量移白下。四月到此，已及數旬。幸民俗稍淳，案牘稍簡，而上游孤介，酬應都捐，或堪藏拙。第麋鹿之性，不能奔走馬牛。閣下視僕，豈治繁理劇才耶？終朝牽率，事與性違，空負江山，無情遊攬，其意緒可知矣。范士恒案：士恒名衷，上虞人，辛卯探花，與二雲同年。三兄貧態可念，頃以舟次無物携來，未能多寄下，遇便再當寄意，煩爲致聲。昨見邸鈔南昌事内，其令郎名字相同者，豈亦牽涉耶？數行寄意，恭賀新除，并問近安。不一。愚弟李堯棟頓首二雲先生閣下。六月十三日淮陰舟次。

二十一日壬辰　晨陰，上午薄晴，下午復陰，傍晚晴，色甚綺。内子、兩姬俱赴書玉家飲，貽書玉夫人玉搔頭五事，其弟四女蟾佩玉一枚。閲《陶子師文集》。天津寄來八月經古課卷。書玉來。同邑光禄寺卿沈叔美爲子娶婦，送賀分四千。近日中旨命旗員捐助軍餉，已革左都御史崇厚派銀三十萬，通政使崇禮二十萬，已革内務府大臣文錫十五萬，前粤海關監督文銛十萬。聞臺灣基隆危急，廣東香港土民殺英夷酋目十餘人。付鄉祠辦祭牲果等錢五十四千，付陳宅犒賞十二千。

二十二日癸巳　晴和，微陰，傍晚陰。閲《洪北江文集》。得同年柏昀青編修書，即復。得書玉書，以仇十洲白描應真横卷、金冬心墨畫蔬果卷乞題跋，即復。夜小雨。作書致介唐。介唐來，以鄉祠新典陸氏屋，乃一無賴賃居，爲聚博之場，今日遣人收租錢，爲所毒毆。此屋之置，本出介唐意，由其過信陸氏之言，甥爲作合，致此無妄。士大夫不可與小人作緣，正爲此也。

邸鈔：上諭：潘霨奏稱遵查寧都州知州韓懿章，雖無縱容子弟不法及與劣紳結婚情事，原參苞苴請託各款亦無實據，惟年力漸衰，聽信門丁衙蠹，遂致事多骫法。韓懿章業經革職，所有京控及部駁各案，著潘霨即行審明定擬，並將該革員應議之處奏明請旨。候補知府榮綬雖無諂事上司、傾陷寅僚、招權納賄、税銀加平入己確據，惟久擅利權，聲名甚劣。榮綬著即革職。九江府知府達春布所歷各任，尚無貽誤，惟性情偏執，辦事迂遲，不勝煩劇。吉安府知府鍾珂居官尚屬謹慎，惟辦理各案，未能持平。達春布、鍾珂均著開缺另補。

二十三日甲午　竟日霒陰，下午一見日景。閲《周禮疏》。作片致介唐。光甫來。資泉來。藩卿來。傍晚詣鐵香，不值。夜赴義勝居光甫之飲，二更歸。三更後風。

二十四日乙未　晴，有風。介唐來。剃頭。

閲陶子師《南崖集》。前有趙執信序。皆其知廣東昌化縣時公私文書，詞旨悱惻，而反覆詳盡，藹然仁者之用心。其末一卷爲《浮糧考》。子師以名進士遠宰瓊海荒邑，而壹意除害，如處家事，此吾輩爲牧令者所宜人置一本也。首尾五年，屢以母老乞歸，未及行，而以勞瘁卒官。今國史入之循吏，可謂無愧矣。

作書致鐵香。爲劉生曾枚改課文。

邸鈔：上諭：張佩綸等奏留閩補用游擊楊金寶扼守金牌地方，七月初間與法人接仗，擊沉法船一隻，旋因火藥窖被轟，輒即棄臺退走，尚復委稟邀功，實屬恇怯荒謬。楊金寶著即行革職，永不敘用，並不准投效他處軍營，以示懲儆。佩綸蒙面先逃，大言罔上，死有餘責，乃不自劾，而以劾人，顔甲千重，代爲入地。近日都中傳有一對云：『堂堂乎張也，是亦走也；倀倀其何之，我將去之。』謂佩綸與何子峨也。又有集唐句一聯嘲閻丹初、張子青、烏少雲（烏勒布）、孫萊山云：『丹青不知老將至，雲山況是客中過。』蓋三吴士夫口舌尖新，喜爲謿弄，都門每歲必出數對，或亦傅會，近於輕薄，且多鄙俚之詞，然言之無罪，亦有足裨勸戒者。如同治甲戌之冬，有一對云：『弘德殿，廣德樓，德行何居，慣唱曲兒鈔曲本；獻春方，進春册，春光能幾，可憐天子出天花。』指王慶祺也。慶祺之召入弘德殿，外間傳言以嘗在廣德樓歌院唱曲，遇穆宗微行，識之，又素與内監交結，遂得供奉。惟日寫里俗曲本進御，且時以市畫春册獻。既聖躬不豫，人無不歸咎慶祺者。龍馭上賓，此對盛傳一時，言路聞之，遂入彈事矣。近又有譏朝邑者，云：『辭小官，受大官，自畫供招王介甫；舍戰局，附和局，毫無把握秦會之。』『辭小官』三語，前年朝邑授户部尚書謝恩疏中所引用也。

二十五日丙申　晴，午後有風，晡後大風，至晚狂甚。詣浙紹鄉祠秋祭，到者二十人。下午飲胙畢，與鍾六英太僕及同年陳心齋吏部談。心齋名應禧，山陰人，大興籍，由庚辰庶常散館，篤厚人也。晡偕書玉、介唐、介甫巡視祠屋，敝漏已甚，土偶猥雜，等於叢祠。西偏舊有眼藥祠，今其正龕至奉三教堂，蓋昔年曾有惡僧居之，而吾鄉士夫從不一過問，可歎也。傍晚歸。夜大風，徹旦震撼，寒甚，須重衾。以祀神牲果分詒書玉、介唐、伯循家。付廚賞錢九千，長班賞四千，茶葉二千，水錢一千七百。

邸鈔：給事中額勒經額授江西廣信府知府。禮部郎中許道培授吉安府知府。刑部郎中王應孚授九江府知府。御史魏邦翰選四川潼川府知府，賀爾昌選保寧府知府。

二十六日丁酉　晴寒，有風，午後稍止。

閱金冬心《蔬果十種》。卷首蘆菔三枚，左題云：『山蘿菔，割玉之腴味最清；譜食經，東坡居士骨董羹。心出家盦僧并題。』次大芋一，小芋三，題云：『雪夜深，煨芋之味何處尋？ 啖一半，領取十年宰相看。稽留山民畫于佛家無憂林中并題。』次蒲桃一串，左題云：『蒲桃，北地産者稱第一，釀酒甜美，色奪琥珀，飲流渴吻，不易嘗也。予終年不識杯鐺爲何物，偶無然寫此佳果，以志昔游所見。至于冬醅法製，只可託之想像而已。蘇伐羅吉蘇伐羅畫記。』次笋二爲一束，左題云：『夜打春雷第一聲，滿山新笋玉稜稜。買來配煑花猪肉，不問廚娘問老僧。昔耶居士并題。』次荔支一串，左題云：『夜潮纔落清曉忙，摘來剿剿含甘漿。登盤此是楊家果，消受山中五月涼。稽留山民畫畢又題。』次蓮蓬二，左題云：『荷花開了，銀塘悄悄新涼早，碧翅蜻蜓多少。六六水窗通，扇底微風。記得那人同坐，纖手剥蓮蓬。龍梭舊客寫意并填小詞。』次西瓜一片，上題云：『行人午熱，此物能消渴。想著青門門外路，涼亭側，瓜新切，一錢便買得。百二硯田富翁游戲之筆并題二十七字。』次菱三，左題云：『兩頭纖纖出水新，無浪無風少婦津。斜陽依舊，偏不見、采菱人。曲江外史漫筆并題長短句。』次胡盧一，左題八分四字云：『一壺千金。』下云：『用《焦氏易林》中語代題。十九松長者記。』次枇杷八枚，左題云：『橛頭船，昨日到，洞庭枇杷天下少。額黄顔色真個好，我與山翁同一飽。曲江外史小筆并題。』末署：『乾隆二十四年三月在揚州客舍畫此蔬果長卷十種。七十三翁杭郡金農記。』其印記有作錢形，曰吉金，有曰生於丁卯，有曰金氏壽門，有曰冬心先生，有曰金農。印信皆朱文。有白文一印，曰金印吉金。其畫著墨不多，而天趣盎然，是其晚年之筆。詩詞小跋，皆風致雋永，姿逸横生。特録存之，并字體筆畫，悉仍其舊。前賢涉筆不落凡俗，其中增消，皆有意義，可俾後生思其風流焉。

錢藩卿來。沈子培來。内子、兩姬邀介唐夫人詣大外郎營毛姓京官家觀綵觴之劇，付坐席錢三十六千，夜燈果錢十四千，廚賞八千，車錢十二千。

二十七日戊戌　晴。閱《湖海文傳》。跋邵南江尺牘册子。聞劉提督銘傳大捷於基隆。其初，劉致書南洋各督撫，言法夷兵船大集，乞援甚殷。至十六日，移書至廈門，言法人已登岸，力不能拒，臺灣必不可守，祗以一死報國。十七日，法夷以十七艘全力攻鷄籠，機器畢集。劉激厲兵勇鏖戰，歷五時，大破之，殺法兵五六百人、酋帥一人；臨陣降者千餘人，皆中國及諸小國人爲所募者；壞其三舟，奪礮數十尊，槍械無算。二十日，復戰於淡水，殺夷百餘人，夷船悉退出。又聞粤西軍出諒山者亦大捷，然我軍染瘴癘傷亡亦多。近命鮑超由四川募勇出雲南，楊岳斌由湖南募水師援臺灣。介唐來，與商修葺鄉祠，啓塞門户，移置神偶，改祀先賢之事。

二十八日己亥　晴，下午有風，微陰，晡後晴和。作書致子培。沈瘦生之子又自山東寄書求考供事，即紙尾批數行復之。作片致柏眴青，託其附寄，得眴青復。跋冬心蔬果卷，即致書玉書，并邵氏尺牘還之。得荇丈書，并以所繪春湖采蓴圖摺扇見詒，且寫余舊詩於上，即復書陳謝，犒使二千。書玉來。付對門玉皇廟僧鐘關募修錢五十千，此内子等所施者，余擬移鄉祠中老君像、真武像於此。付鄉祠酒席等錢一百二十千。

二十九日庚子　晴。沈子封來。鐵香來。下午詣書玉談，傍晚歸。兩得介唐書。夜復介唐書，致書玉書，爲明日相度鄉祠事。閱《潛研堂文集》。

邸鈔：都察院左副都御史陳蘭彬奏請因病開缺。許之。

三十日辛丑　晴。介唐來，書玉來，下午偕詣桑叔雅，以修鄉祠事屬其經理。遂偕三君同詣鄉祠相度，一周敞漏，蓋半將圮。循視後垣外，見南窪積水，一頃空明，風吹粼粼，微波如畫，塵思爲之一滌。傍晚偕書玉、介唐詣霞芬家，更招資泉及錢藩卿，小設肴饌，夜三鼓後歸。付霞芬酒食銀四兩，賞其僕廚二十千，客車飯十三千，車八千。

邸鈔：上諭：前據翰林院侍讀學士溫紹棠奏保候選知府何隆簡。茲據御史丁振鐸奏何隆簡僅止捐職府經歷，並非候選知府，迹涉假冒等語，著吏部查明具奏。以內閣學士徐致祥署禮部左侍郎。本徐郙差缺，陳蘭彬署。

九月壬寅朔　晴。日本人岡振衣千仞來訪，携有湖北楊惺吾閏五月八日書，並所刻景宋紹熙本《穀梁傳》。書中言岡君爲彼國博洽之士，著述甚衆，早歲挂冠來游中國，欲一見余爲幸。前日鐵香又爲之先容。不得已見之。其人年五十餘矣，號鹿門，本仙臺藩籍，維新以後，維新者，其國今王以同治丙寅歲即位，年十四，次年其臣德川始歸政，改元明治，遂改制度，稱維新。廢藩鎮爲郡縣，今爲宮城縣人，居東京。嘗入史館，因病辭職。嘗欲撰英、法、普、俄、米五國志，先成《米利堅志》《法蘭西志》，已刊行，英志亦屬草矣。又有詩文諸集。人亦誠篤，見余始終去冠。久談而出，以《米利堅志》爲摯。錢藩卿來。光甫來，夜邀同書玉、資泉、藩卿飲義勝居。酒畢，復詣書玉家談，至三更歸。是日疾發，身熱咽痛，齒浮痔腫。沈子封來，言明日詣津門。

初二日癸卯　晴。早得岡千仞書，以所著《法蘭西志》及《藏名山房雜著》第一集爲獻。岡鹿門來，言將以明日游西山，至居庸。得陸漁笙八月三日蘭州書，言十月中歲科試可畢。得子培書，即復。桑叔雅來，言修祠費須千餘金。新授九江知府王信甫來。傅懋元來。錢藩卿來。是日病，始不食。

邸鈔：上諭：刑部奏已革雲南巡撫唐炯押解到部，請派大員會同審訊一摺。著派軍機大臣、大學士會同刑部審訊，按律定擬具奏。詔：兩淮鹽運使續昌即赴奉天，隨同慶裕辦理海防事務。詔：四川忠州直隸州知州吴炳麒發往福建軍營，交穆圖善等差遣委用。炳麒，故川督棠之兄子，旋卒於道中。以通政司參議和竇爲内閣侍讀學士。前直隸大順廣道黄槐森爲四川川北道。

初三日甲辰　晴。身熱，痔劇，不能出户。藩卿來，告明日赴津；不見，饋以杏人、桃人、重陽花糕及燒鷄雙，作書致之。評改學海堂經古卷訖。『旂旗解』，『唐藩鎮功罪論』，『克敵弓賦以神臂舊弓更名克敵爲韵』，『擬蕭大圜言志』，『平海鐃歌十章』，生員取陳澤霖第一，李家駒第二，李鳳池第三，姜秉善第四。陳生經解及賦甚佳。李生家駒論分上、中、下三首，由肅宗至昭宗，按切時勢，言之有物。李生鳳池及姜生賦皆工。姜生經解亦佳。而以陳生賦爲第一，援宋事以儗今，胎息於《子虚》《上林》，立言得體，氣亦浩瀚，可稱名作。書玉來。介唐來。錢藩卿來。

初四日乙巳　晴。病不愈。閲《廿二史劄記》。得桑叔雅書，并木石工程細帳，即復。作書致書玉。

邸鈔：詔：四川補用道劉麒祥、江蘇候補道陳鳴志、前廣東連州直隸州知州曾紀渠、浙江候補道黎福昌，分發四川補用知縣高維寅均交左宗棠差遣委用。

初五日丙午　辰正三刻五分霜降，九月中。晴寒，有風。小愈而齒痛，勉進飯一器。閲《廿二史劄記》。是日偶至室東小圃，秋色盡萎，敗葉滿地。鳳尾蕉三本，昨日翠竦紅翹，花猶出屋，今遂枯黯委瘁，不復可識。風霜之苦，薄植易零，乃若是乎！　再得叔雅書，并油漆工料帳，即復。作書致介唐。

同年黄思永修撰喪偶，送奠分四千。

初六日丁未　晴，晨寒甚，有冰甚厚，有風。聞陳寶琛丁母憂，且疏劾南洋大臣統領、前山西按察使陳湜盤踞擅權，有旨令曾國荃徹去差使。又聞臺灣危急，李合肥進盛宣懷所上與法夷私議和約七條，詔初八日內閣、六部、九卿、翰詹科道集議，惟軍機大臣、總理各國事務大臣不必與議。其五條仍四月原約，一條法夷借我銀二千萬兩，須有息銀，限四十年中分次歸還，其一千萬以其在閩擊壞之兵輪、鐵甲等船作抵，一千萬用彼國人爲中國開鐵路；其一條我駐兵於越南之諒山、保勝兩路，彼駐兵於臺灣之鷄籠、淡水兩路，各按營不動。又聞蘇元春兵之出諒山者，亦不得勢。我實不競，爲之奈何！作書致陳雲舫。作復李爽階懷遠書，託雲舫轉寄。介唐來。書玉來。比以痔痛，不思食，屬書玉診脉撰方。夜患腹痛，飲午時茶，覺胸中閟逆，五更歐吐藥茶。歸安沈子敦刑部家本來。子培來。

初七日戊申　晴。病卧不能起，腹右下有小塊，痛甚，時時上沖。請書玉來，更撰延胡索、小青皮、桂枝、山查炭、炮薑、枳殼、白芍湯。夜服書玉藥，仍痛甚，竟日夕惟稍飲龍井茗、青果藕汁而已。是日以鄉祠鞠棍賃屋事，遣長班等赴西城孔憲穀給事遞呈，付飯錢八千。

初八日己酉　晴。早大溲後覺痛少差，甥起。作書致書玉。下午書玉來診，復覺腹痛，飲藕汁，亦不能進。夜初痛甚，肝疝交發，上攻心背，牽掣腰呂，連屬右頸，遍體痛不可觸，遂不自持，目瞪口開，危在頃刻。家人環泣，書玉、資泉、沈子培皆趨至相視。以青橘皮拌鹽及茶葉乘熱數十次迭熨之，覺胸背間稍平。三更後脣吻渴甚，屢進玫瑰花露，呻吟待旦。是日岡鹿門自西山歸，來訪，欲作重九之會，辭以病甚。譚硯孫侍御來。

邸鈔：詔：吏部左侍郎松溎在毓慶宮行走。詔：吏部尚書徐桐、刑部尚書張之萬充上書房總師傅。詔：直隸大順廣道趙佑宸開缺來京，在上書房行走。

初九日庚戌　陰。病甚，腹脅穿痛，遍體如僵，不可觸。得金忠甫書，送來沈東甫《唐書合訂》八十册，索直足銀九兩，此書版近歸其婦翁吴煦家也。書玉、資泉來。子培延江西人汪幹庭吏部文樞來診，云是賁豚證，須服人參，初擬理中湯，復欲改五苓散，後定用賁豚湯，桂枝、於朮、人參、雲苓、歸身、澤瀉、川芎、木香、茴香、川楝、甘李根白皮。書玉夫人饋糖薑、青果、藕粉、鷄卵卷。夜肝疝氣攻右脅，復危甚，竟夕以橘皮拌茶鹽熨之。付汪吏部馬錢八千八百。夜雨。

邸鈔：翰林院侍講福楙升内閣侍讀學士。右庶子錫鈞轉補左庶子，工部屯田司郎中宗室岳琪乙丑。升右庶子。

初十日辛亥　晴。病甚。書玉夫人來視。徐亞陶同年來診。介唐來。書玉來。光甫來。子培來。服幹庭藥。夜腹仍痛甚，不能進勺飲。書玉復來視。得子培書，饋人參兩枝。

十一日壬子　晴。氣仍上攻，孱令人扶起，敧坐床上，覺腰吕及腹牽掣甚苦。雜取書一册閱之，漸劣可支。延内城旗人普涵齋來診，云是竭蹶之證，已不可治。書玉來。介唐來。潘伯循來。傍晚復偃卧，被中出手作書致子培，屬代閲學海堂童卷十本；作書致伯循，屬轉乞閩中酸棗糕。

邸鈔：詔：福建巡撫張兆棟，前船政大臣、詹事府少詹事何如璋，均照吏部議即行革職。吏部議上已二十餘日矣，兹以楊昌濬已抵閩接督印，故始降旨。詔：劉銘傳補授福建巡撫，仍駐劄臺灣督辦防務。旋以銘傳未能離臺，有旨張兆棟暫緩交卸。

以太常寺少卿張蔭桓爲直隸大順廣道。

十二日癸丑　晴陰不定。令人扶起於軟藤椅上，敷衾褥偃坐，覺精神少佳。閲《神農本草》。力疾寫問津、三取課題兩紙，作書一紙，致額玉如。徐亞陶來診。子培來。介唐來。鐵香來。蔡松甫來。書玉來。夜雨。聞今夕各衙門會議，疏上專摺甚多，科道八十人合疏，大率參盛宣懷及樞臣之委卸而已；周家楣及庶子惲彦彬各專疏請和；餘亦有請停戰者。

邸鈔：以翰林院侍讀學士李端棻爲詹事府少詹事。上諭：前據御史丁振鐸奏翰林院侍讀學士温紹棠奏保之候選知府何隆簡僅止捐職府經歷，當諭令吏部查明具奏。嗣據奏稱，該員候選知府之案，查無實據。兹查何隆簡謝恩履歷，竟敢將同治六年兩次保舉從九品府經歷、縣丞捏造爲保换花翎知府，肆行欺罔，藐法妄爲，情殊可惡。何隆簡著革職拏問，解交刑部治罪。温紹棠保薦人才，宜如何慎重，乃竟保此等匪人，且於何隆簡官階尚未知悉，輒以候選知府登諸奏牘，並請飭令募勇赴閩，殊屬荒謬。温紹棠著交部嚴加議處。朝廷詔舉賢才，原期得人而理，前降諭旨，極爲諄切。爾中外大臣務當秉公確查，必須灼見真知，方可入奏。儻有率行列保及徇私冒濫等情，一經發覺，定當分别從重懲治，決不寬貸。所有保舉各員，著該部將官階、履歷詳細查明，儻有不符，即行奏参，毋稍疏漏。温紹棠旋照部議降五級調用，吏部籤掣，得兵馬司副指揮。

十三日甲寅　竟日雨。仍扶起偃坐，閲《唐書合訂·方鎮表》，覺倦甚。得伯循書，即復。是日仍不能食，甥飲焦米汁而已。夜作書致書玉，商方藥，以自撫兩髀，肌肉盡落，且時覺氣陷穀道，上下掣痛，恐遂萎謝不能復起也。書玉來。

十四日乙卯　陰，微晴。得袁爽秋書。甥起支坐，閲《素問》。介唐來。書玉來。光甫來。是日覺稍有生意，然仍不能食，夜半甥以蘆菔煮白粥灌之，使臟腑微潤。

十五日丙辰　晴和。病能自力强坐，小進飯數匕。作書致書玉。朱蓉生來。付賃屋銀六兩。夜月甚佳。補寫日記數葉。五更夢泄。

邸鈔：御前大臣、正黄旗漢軍都統、科爾沁貝子銜鎮國公棍楚克林沁卒。詔旨褒惜，賞給陀羅經被，命貝勒載漪帶領侍衛十員即日往奠，賞銀一千兩經理喪事，伊子那蘇圖即承襲輔國公，以示眷念蒙古旗僕至意。旋予謚勤恪。

十六日丁巳　晨小雨，竟日霒陰，時有溦雨。病小愈，能以魚下飯。介唐來。得岡鹿門書，言將還國，以素絹四方乞書詩文爲别，告以病甚不能。子培來。作書致書玉，饋以炰鼈一器。夜甥飯，覺不佳。得書玉書。是夕望，雨聲析歷達旦。比夕又苦嗽。

邸鈔：以光禄寺少卿陳希齡爲通政司參議。近日張蔭桓爲常少，及希齡皆雜流也。

十七日戊午　雨。閲《廣雅釋草疏證》。甥出室户，至堂料檢書籍。書玉來診，言胃甚弱，中有淡，擬方藥，用款冬花、半夏、雲苓、丹皮、澤瀉、蒼朮、紫朴。兩日皆補寫日記。夜復覺腰腹牽痛。

邸鈔：詔：江西巡撫潘霨來京另候簡用。以浙江布政使德馨爲江西巡撫，未到任時，以江西布政使劉瑞棻暫行護理。以江蘇按察使許振鑅爲浙江布政使，以山東兖沂曹濟道李嘉樂爲江蘇按察使。貝勒載漪補正黄旗漢軍都統。

十八日己未　晴，有風。内子生日，書玉、介唐各饋糕、桃、燭、酒，俱反其酒。殷萼庭饋糕、桃。書玉夫人饋蓮子。光甫來。是日覺腰腹酸痛，精神轉更殗殜，多卧。夜苦腰痛劇，小食始差。蓋秏損極矣，而腹下氣塊未平，胃亦弱甚，不能滋補。神在形亡，其若是乎！

邸鈔：以太常寺少卿郭勒敏布爲大理寺少卿。前陝西督糧道善聯授山東兖沂曹濟道。

十九日庚申　陰，下午微見日景。是日覺精神小佳，而胃氣未動，亦苦腰痛。

閲沈東甫《唐書宰相世系表訂譌》。沈氏謂此書有謬誤，而無可取，其實可廢，然所訂不及十分之一。余嘗疑歐公既作此表，當時必聚譜牒，何以所載寥寥？凡名位顯著之人，往往下無子姓，即有，亦不過一二傳，豈其後皆盡絶乎？疑文忠意在謹嚴，凡所見譜牒，不盡以爲可信，故存其父祖而删其子孫。《宗室世系表》亦然，防五季散亂之後，人多假託華胄也。然因噎廢食，何足以存譜學？疑其初稿必不如此。今但取《全唐文》中碑志考之，其可補者甚多，惜沈氏之未及也。至謂其無益可廢，則亦不然。

閲問津生員課卷，仍加改削。介唐來。得族妹薌是月三日南昌書。

邸鈔：詔：翰林院侍讀王邦璽、詹事府右贊善王文錦、翰林院編修張仁黼均在上書房行走。王邦璽，江西安福人，乙丑進士。王文錦，天津人，辛未進士。張仁黼，本名世恩，河南固始人，丙子進士。

二十日辛酉　辰正一刻十三分立冬，十月節。晴，晡後陰。汪幹庭吏部來診，擬東洋參、於朮、建蓮子、雲苓、淮山藥、牡蠣、枸杞、紫石英方，治脾土以生肺金也。伯循來。評改問津課卷。作書致書玉。服藥。得書玉書。殷蕚庭來。

邸鈔：上諭：劉銘傳奏法軍攻撲滬尾，官軍接仗獲勝情形一摺。法船分泊臺北、滬尾等處。八月二十日，法兵猛撲上岸，提督孫開華督軍分路迎擊，提督章高元等亦帶隊進剿。法兵挫而復進者數次，我軍短兵相接。孫開華率隊直前，陣斬執旗法將一名，並奪其旗，斃敵約三百名。敵勢不支，紛紛潰敗，其退至海邊争渡覆溺者無算。在事尤爲出力各員，自應優予獎勵。署福建陸路提督、記名提督、漳州鎮總兵孫開華身先士卒，忠勇善戰，深堪嘉尚，加恩賞給騎都尉世職，並賞給白玉翎管一枝，白玉搬指一個，白玉柄小刀一把，火鐮一把，大荷包一對，小荷包二個，以示優奬。提督章高元，總兵劉朝祜係該撫姪孫，均著戰績，著各賞給白玉翎管一枝，白玉搬指一個，白玉柄小刀一把，大荷包一對，小荷包二個。章高元並交部從優議敘，劉朝祜並賞加提督銜。提督龔占鼇冲鋒陷陣，卓著戰功，著賞穿黃馬褂。總兵李定明、提督朱煥明均著交軍機處存記，遇有各省總兵缺出，先行請旨簡放。李定明並以提督記名，賞換依博德恩巴圖魯名號。餘升賞有差。欽奉慈禧端佑康頤昭豫莊誠皇太后懿旨，發去內帑銀一萬兩，賞給此次出力兵勇，著劉銘傳查明尤爲奮勇者，傳旨賞給。該撫務當激勵將士，同心禦侮，共奏膚公，渥膺懋賞。此即前日各路電報所傳二十日淡水之捷也。滬尾去淡水三四十里，有港可入。其先傳十七日基隆大捷，則並無其事，聞法夷實已占據基隆矣。近日電報虛誑皆如是。

二十一日壬戌　陰，午後微晴。作書致子培，得復。額玉如送冬季脩金、飯銀、炭銀、歲脩銀及明年聘金來，犒使者銀二兩一錢。閱問津課卷訖。試『周公成文武之德追王太王王季』題文，生員取劉嘉琛第一，朱墉第二。是日食八寶豬胃，覺飯量小佳，而疲乏如故。仍服幹庭藥。介唐來。書玉來。作書致介唐。下午見木葉脱墜，積滿庭階，蕭颯之聲，病懷增感。夜有風，覺甚寒。是日有旨張佩綸撤去會辦大臣，以穆圖善疏頗言其牽掣無益也。

二十二日癸亥　晴，有風，下午微陰。得子培書，即復。略改閱學海堂諸童經古卷，即并課文寄天津，作書致額玉如。岡鹿門偕其國人中島雄來，且告後日行，不能見，作書予之。饋介唐燖凫、菰鷄。閱《新唐書·地理志》及《方鎮表》。得介唐書。夜風益甚。比夕苦腰痛。

二十三日甲子　晴，下午有風。岡鹿門以明日行，即其所持素縑書三詩送之。閱《新唐書·地理志》。其末載從邊州入四夷之路與關戍走集最要者凡七道，爲它志所不詳。其六曰安南通天竺道，載自交阯由雲南入印度之路，尤今日之切要，所宜考究者也。此歐公本之賈耽《皇華四達記》等書，《通典》亦采之。考《舊唐書·賈耽傳》載，耽於貞元九年上關中、隴右及山南九州等圖一軸，《別録》六卷，《黃河西戎録》四卷；十七年又上《海內華夷圖》及《古今郡國縣道四夷述》四十卷。《新書·藝文志》載賈耽《地圖》十卷,《皇華四達記》十卷,《古今郡國縣道四夷述》四十卷,《關中隴右山南九州别録》六卷,《貞元十道録》四卷,《吐蕃黄河録》四卷。而南宋時晁、陳兩家書目已無一載者,蓋久亡矣。耽字敦詩,滄州南皮人,官至檢校司徒、左僕射、同中書門下平章事,封魏國公,卒年七十六,贈太傅,謚元靖,《太平廣記》載其佚事頗多。

子培來。朱蓉生來。服藥,於汪幹庭方中加肉從容、杜仲。夜覺腰痛漸差。

日本仙臺人岡鹿門名千仞字振衣舊直史館來游中國持湖北人楊惺吾書介鄧鐵香來訪於其行也持絹索書爲詩三首送之

萬里行歸國,三秋氣正高。魚龍看戰鬥,詩卷壓波濤。月照雙輪艦,霜飛百淬刀。中華山色好,蒼翠上征袍。

自愧蕭夫子,文章海外通。身閑征戰後,詩富亂離中。談笑無西極,衣冠見古風。所嗟逢老病,尊酒莫相同。

足利千秋學,傳多古本藏。况君精乙部,此業冠東方。著有《法蘭西志》《米利堅志》;又欲撰英、俄、普三國志,已屬草。系纂吾妻鏡,經馱大寶王。仙臺舊雄鎮,碑版有隋唐。

邸鈔:詔:協辦大學士、户部尚書額勒和布授大學士。

二十四日乙丑　晴。

閲福建人所著《馬江記略》四篇,詳載近日馬尾、長門等處戰事。其言張佩綸之驕愎僨事、奏報欺飾,張成及督帶陸營廣勇、道員方勳之首先潰逃,固皆罪不容誅;而總督何璟愚懦玩泄,事事失機,縱夷出入自如,略無籌防,惟偏袒廣勇,逃亦不問;布政使沈保靖沮撓海防,閣截軍火,亦皆死有餘責。

朝廷寬大，又爲佩綸死黨造言熒惑，不置此五人於法，失刑甚矣，何以爲國？其言振威、福星、建勝、福勝四船管駕官許壽山、陳英、林森林、葉琛四人死事之慘烈，言之有餘痛焉。佩綸及何子峨遁竄情形、地址時日，歷歷如繪。佩綸不足責，子峨何亦如此？

金忠甫來。作書致王信甫。介唐來。得書玉書。

得子培書，以日本物茂卿所著《蘐園隨筆》五卷送閱。其言頗平實近理，所論陰陽、理氣、性質、教化、六經、佛老之恉，皆有特識。其言《周官》有哲蔟氏、翦氏、赤犮氏、蟈氏、壺涿氏、庭氏，後儒吴草廬輩皆疑其不經，非周公舊。不知此必古洪荒世以此得民心者，子孫世守其業，以至周代，故周公存其官。觀於伯益烈山澤，驅猛獸龍蛇，皆爲當世大政，掌以大臣者。何哉？大氏上古民極醇樸，智慧未開，百爾器械未作，以一倮蟲而處乎角牙蹄翼狺狺相争之中，其所苦可知。當時有一智慧人，能祛民所疾苦，則群奉之弗替。善哉晦庵先生曰：『《周禮》一書，皆從廣大心中流出也。』此段議論，頗爲正大。其論學極取程朱，而力闢其同時人伊仁齋藤以宋儒爲禪儒、以朱子爲不仁之説。其論僧徒醫卜之術，亦有名理。蓋彼國之儒而能辯者也。言伊仁齋所著有《語孟字義》《童子問》《大學辨》諸書，其駁天地開闢之説，及非鬼神，非卜筮，辨仁義，亦彼中之雄桀者。其《童子問》援荀子道經之言，而謂『危微精一』，老氏之訓也。又譏朱子以誠意正心之説告孝宗，而曰：『庸暗之主，豈能受之？正所謂欲其入而閉之門也。惟當如孟子説齊、梁君可也。』其言亦甚犀利。

是日剃頭，已一月餘矣，以燒酒洗而薙之。買米六百斤，付銀十兩七錢八釐。

邸鈔：詔：額勒和布管理户部事務。恩承以吏部尚書協辦大學士。以前盛京將軍、承恩公崇綺爲户部尚書。以通政使司通政使吴大澂爲都察院左副都御史，未到任以前，以光禄寺卿沈源深署理。上諭：吏部奏遵旨嚴議處分一摺。兩江總督曾國荃應得革職處分，著加恩改爲革職留任。此以左宗棠奏撥南洋師船五艘援閩，曾國荃稱惟三艘行駛足用，餘恐不堪遠援臺灣。有旨責國荃膜視臺事，遲緩沮撓，交部嚴加議處。上諭：李鴻章奏耆員重遇鹿鳴筵宴一摺。前刑部員外郎武汝清早年登第，迭因在籍辦團，剿匪出力，賞加知府銜並三品銜。現在年近八旬，鄉舉重逢，洵屬藝林盛事，著加恩賞加二品銜，准其重赴鹿鳴筵宴，以惠耆年。詔：本年恭逢慈禧端佑康頤昭豫莊誠皇太后五旬萬壽，加恩豁免直隸各州縣光緒五年以前民欠各項旗地官租。從李鴻章請也。

二十五日丙寅　澮晴，下午後風，陰，入晚風益甚。㝵行至聽事料檢花樹。作復陸漁笙蘭州書，託張子騰侍郎寄去。作唁楊理庵丁母憂書，託慈谿洪雲軒舍人寄去。作致金忠甫書，并還《唐書合訂》足銀九兩。

閱《蘐園隨筆》。其卷二《論樂之爲教》一首，文極醇實，得教化之本。卷四論詩文，論樂律，論黍尺，論數，論占，論天學家，論五行，論天地生人，論中國夷狄，論祭祀，論三公變理陰陽，皆有名理。其一條云：此方樂唯五調，乃隋世所傳，漢之舊法所謂清、平、瑟、楚、側也。清爲雙，瑟爲黄鐘，楚爲越，側爲般涉，唯平名不易。而所謂黄鐘調宫，即周、漢黄鐘。其謂之林鐘者，緣琴法一字，必兼散、實二聲，故誤耳。其一條云：《扶桑名賢傳》載小河君雅尊經籍，嗜倭歌，尤好聚奇書。此方稱『倭』，本非佳稱，故本邦自以『和』代之。其一條云：文字皆華人言語，此方迺有和訓顛倒之讀，是配和語於華言者。而中華、此方語言本自不同，不可得而配，故此方學者不知字義，皆由此作累。又云：此方讀字有音、有和訓，和訓又與和歌語、俚語不同。蓋以音讀之，大覺高遠艱深，遠於人情；以和訓讀之，迺覺其平易近於人情；更换以俚語，愈益平易。同一字而其殊如此者，皆聲響所使，如華人於其語，亦皆義由音響而殊也。此方學者誤會聖賢之言,皆多此累。予近學華音,識彼方俗語,而後所見悆轉平易。又云:文章非它也,中華人語言也。中華語言與此方不同,先脩有作爲和訓顛倒之讀以通之者,是蓋當時一切苟且之制,要非其至者。故和訓所牽,字非其字,語理錯迕,句非其句。

凡此諸條,皆足考彼國制度,爲自來志日本者所不詳。余見日本所刻書,行字之旁,皆有鉤勒,或小注數目字。前日嘗以詢岡鹿門,鹿門笑曰:『此敝邦之所以不免爲東夷也。凡書須回環讀之,其義方明。如《大學》「在親民」,須先讀「民」,後讀「親」,方讀「在」。若如中國順文讀之,則不能解。譬言「吃飯」,先言「飯」,後言「吃」。方俗如此。』今讀茂卿書,乃知由語言不通,音聲各别,故此和訓顛倒讀之,亦猶之翻譯有三合、還音諸法,此亦後之史志所宜詳也。

族弟慧叔來,告今日芸圃二伯母十周之忌。遣人送銀楮兩紙箱,蠟二斤。夜大風。

二十六日丁卯　晴,風,冰,甚寒。作書致介唐,爲鞠棍昨已交屋,須賞城坊諸役之費。作致桐孫書。得馬蔚林書,送來弢夫重九日江南書。得金忠甫書。夜作復弢夫書,仍作片託蔚林轉寄。

邸鈔:上諭:岑毓英奏提督劉永福叩謝天恩,並將所部出力陣亡員弁開單,懇請獎恤一摺。提督劉永福前在越南帶勇剿平各股匪徒,本年復與敵人接仗,迭次獲勝。所部員弁,隨同該提督轉戰多年,均屬著有勞績,自應優予鼓勵,以昭激勸。欽奉慈禧端佑康頤昭豫莊誠皇太后懿旨,發去内帑銀五千兩,賞給劉永福所部尤爲出力兵勇。即著岑毓英傳知該提督,務當仰體朝廷德意,激勸弁兵,同心禦侮,共奏膚公,渥膺懋賞。上諭:張佩綸奏查明馬江之戰管駕輪船、哨船各員弁,請旨分别辦理等語。管駕游擊吕文經於輪船中礮,輒即先退,僅予革職,不足蔽辜,著發往軍臺效力贖罪。統帶哨船總兵翁炳南恇怯譎詐,著即革職。

二十七日戊辰　晴。作書致荇老，言病狀。作書致鐵香，屬向出使日本徐承祖索其尊人彝舟太守所著《小腆紀傳》。作書致書玉，商改藥方，去紫石英。介唐來。殷蓴庭來。

《蘐國隨筆》卷四云：近歲僧玄光博學，涉古書，能屬文，此方諸儒所不及。其《諳語》中論《孟子》『弟子齋宿而後敢言』，『宿』讀作『肅』。《坤・文言》『陰疑於陽，必戰』，『疑』與『擬』通。《中孚》六三『或鼓或罷』，引《儀禮》『朝廷曰退，燕游曰歸，師役曰罷』。《明夷》六四『獲心意』，『意』與『臆』通。《詩・鄘風》『升彼虛矣』，引《管子》注：『虛，地名。』《彤弓》『燕饗之別』，『右』與『侑』通。醻，引《儀禮》注：『以財貨曰酬。』《左傳・昭元年》『酬幣』。案：《毛傳》：右，勸也；醻，報也。是亦讀『右』爲『侑』，讀『醻』爲『酬』。《大雅・大明》『造舟爲梁』，引《爾雅》注：『比船爲橋。』案：《正義》已引孫炎《爾雅注》及杜預《左傳注》。《瞻卬》之章『懿厥哲婦』，『懿』與『噫』通。及摘林希逸《莊子注》之誤，皆鑿鑿有據。又言《論語》孟懿子問孝，樊遲御爲侍御。引十三證譏朱子以一時之問對，爲數日之論議；一坐之問辨，爲行路之街談。『祭於公，不宿肉』，援《韓非子》及《漢書》以宿爲久留之義。其所訓釋，雖中國諸儒多已及之，而出於彼國緇流，實爲難得。卷一又引玄光《溲勃》中載客有從佛法未來中國之前，人死或甦，而未嘗夢見其所謂閻羅十王者。玄光答以譬之僻邑無醫之地，愚樸之氓食堇而死，不識其爲毒，謂爲偶然。及良醫來，指示其孰爲良孰毒也，始識其爲毒中。迺以祖考時未嘗有所謂良毒，而疑醫之妄，豈理乎？此論茂卿雖以如巫之占夢駁之，然亦可謂能辯矣。

閱《唐書合鈔》。《新唐書》突厥、西戎諸傳，較《舊書》爲詳。西突厥後事《舊書》甚闕略，《新書》亦不能備。然於突騎施蘇祿一種，猶載至大曆以後；西戎於康國下補安者、東安喝汗、案：即今浩罕。東曹、西曹、中曹、石國、米國、何國、火尋、史國、小史國；頗詳自蜀入藏通印度之路，而印度通今新疆南北路之道，亦略有可考；又補摩揭它、寧遠、大勃律、吐火羅、謝颶、識匿、個失密、骨咄、蘇毗、師子等十國：足見當日歐、宋二公搜輯之功，實爲周至。自云事增文省，夫豈偶然！

二十八日己巳　晴。作書致桑叔雅，爲修鄉祠已於前曰開工，恐迫冰凍，不宜圬墁也。作書致書玉，饋以醰魚、松蕭、吐鐵、黄糕，得復。作書致子培，還《蔆園隨筆》，饋以鯗脯一肩，得復。得額玉如書，以所著《駁開鐵路説》一册送閲，并惠高麗參四兩。即復，犒其使八千。其説力闢中允崔國因奏疏之謬，深知西夷情狀，言之切至，必傳作也。書玉來。閲《唐書合鈔》。是日方藥加杏仁、款冬花，去牡蠣。夜患疾動，五更復覺腰痛。

邸鈔：上諭：已革江西廣信府知府董兆奎，前經潘霨保薦卓異，實屬保非其人。江西巡撫潘霨著交部議處。上諭：前據翰林院侍讀王邦璽奏保直隸候補道黄瑞蘭熟習營務，堪以任用，當諭令李鴻章將該員前在直隸是否得力、有無劣迹，據實具奏。兹據李鴻章奏稱黄瑞蘭曾經委辦營務處等項差使，並未專辦水師營務，於兵船規制、用法懵無所知，貌似質直，舉動任性，辦事糊塗，語言狂妄，似有心疾，前已徹去差使，雖無實在劣迹，其人實不堪任用等語。黄瑞蘭著即勒令回籍，交地方官嚴加管束。王邦璽濫保非人，著交部議處。黄瑞蘭，合肥人，甲子江南舉人。

二十九日庚午　晴。得桑叔雅書，即復。閲《唐書合鈔》。是日方藥去顆凍，加牡蠣。夜題揚州李梅生育《焦山圖》詩一首。

題揚州李梅生育焦山圖儀徵嚴鹿谿所贈也

平生兩見焦山面，未及尋僧一曳筇。聞説雲泉滿松桂，參差樓觀隱芙蓉。吾家自寫胸中壑，逸侶相貽壁上峰。安得聳身蒼翠去，夜潮落葉打秋鐘。

邸鈔：上諭：兵部奏遵旨嚴議處分一摺。正藍旗護軍統領清凱，值班章京、正黄旗司鑰長、護軍參領若麟，失察紫禁城内有放爆竹情事，非尋常疏忽可比。清凱著降二級調用，不准抵銷。若麟著革職。上諭：都察院奏直隸生員楊廷昕等呈訴毁垻改河，關係民生利害，請飭覆勘一摺。前據太常寺卿徐樹銘奏獻縣新開横河，並堵塞古洋河，該處淹灌成灾等情，當諭令該京卿馳往履勘。旋據勘明覆奏，擬將古洋河堵塞之處恢復深通，由東北引入子牙河，下游仍别濬支河，以洩子牙巨漲。即經諭令李鴻章等按照所擬各節撥款籌辦。兹據生員楊廷昕等呈稱，此次改挑新河，地勢不宜，築堤必漕潰决，爲南岸三百餘村及下游九州縣之患，繪圖瀝陳。又據民人宋宅三等呈稱，前濬朱家口至臧家橋深河一道，首尾絶無壅滯，北岸堤垻足資保障，南岸决口洩水，田禾成熟，懇仍留新河各等語。所呈各節，是否於地勢民情實有窒礙，抑係藉詞阻撓，著李鴻章、畢道遠、周家楣確查實在情形，即行具奏。圖併發。

三十日辛未　澹晴，有風。閲《唐書合鈔》。更於《焦山圖》系一跋，并王石谷《秋山紅樹圖》，付松竹齋裝池。得桐孫二十八日津門書。作書致介唐，得復。夜風，閲《明詩綜》，覺小感寒。

邸鈔：上諭：潘鼎新奏官軍接仗迭獲大勝一摺。八月十四日，署提督蘇元春督飭將士，在越南陸岸縣對河與敵接仗，槍礮齊施，斬殺殆盡。南岸亦經我軍轟擊，毁船一艘，當將陸岸礮臺平毁。十八日，敵船駛至陸岸船頭地方，水陸撲犯。蘇元春與總兵陳嘉分兵兩路，鏖戰數時，乘勝進撲。陳嘉裹創力戰，挫其凶鋒，擊斃甚衆。十九至二十二等日，各營設伏包抄，斬獲敵人頭目，死傷尤多。提督方官升、總兵周壽昌亦於二十日各出隊伍，在屯牙、郎甲一帶率營力戰，士氣不衰。署提督蘇元春身先士卒，勇略冠群，深堪嘉尚，加恩賞給騎都尉世職，並賞給白玉翎管一枝，白玉搬指一個，白玉柄小刀一把，火鐮一把，大荷包一對，小荷包兩個。總兵陳嘉奮勇當先，卓著戰績，著賞給白玉翎管，等同前。仍以提督交軍機處記名，遇有提督、總兵缺出，請旨簡放，並賞穿黄馬褂。其單開尤爲出力之副將蘇元瑞，著免補副將，以總兵交軍機處記名簡放，並賞加提督銜，賞給一品封典。餘升賞有差。其陣亡副將黄政德、邱福光、陳義新、劉得勝、張大壽、劉玉貴，副將銜參將胡延慶等六十六名，並瘴故之提督聶桂榮，總兵程東海、湯文千，副將韓孟嘗、蘇長清，副將銜參將張佩蘭，參將簡崇儀等，均交部分别從優議恤。欽奉慈禧端佑康頤昭豫莊誠皇太后懿旨，發去内帑銀三千兩，賞給此次尤爲出力兵勇。即著潘鼎新傳知蘇元春，激勵弁兵，同心禦侮，用奏膚功，有厚望焉。

上諭：前據給事中孔憲瑴等、御史張人駿先後奏參山東巡撫陳士杰糜帑誤工各節，當派延煦、祁世長馳往查辦。兹據查明覆奏，所參該撫督修堤工丈尺與奏章不符，委員挖開民埝，土方、地價均多剋扣索擾，當河决之日，以大工告成，演劇宴會，委任非人，干謁逢迎等款，或查無其事，或傳聞不實，均著毋庸置議。陳士杰身膺疆寄，於山東連年水患，雖尚不辭勞瘁，究未能辦理妥善，嗣後務當振刷精神，力圖整飭。至該尚書等所奏守民埝即所以守大堤，自係確實情形，該撫修築民埝，多在大堤既决之後，殊屬失計，著將民埝乘時興修，一律穩固。儻再不妥速從事，定當嚴行懲處。道員劉時霖難資表率，著以通判降補曹州府知府。積慶能否勝任，著陳士杰隨時察看，不得稍涉回護。工部郎中福志授山西平陽府知府。本任平陽府孫紀雲告病。

冬十月壬申朔　晴，有風。是日復不快，中懣，不能食，停藥。坐聽事南榮，向日閱《明詩綜》。介唐來，以鄉祠公項銀二百兩託其轉交桑叔雅，爲修理戲臺之費，並朱樓三面環匝皆新。蔡枚盦來，必欲請見，以病固辭之。此老年將八十，目眊久矣，不知近日何以屢來擾也。

邸鈔：慈禧端佑康頤昭豫莊誠皇太后懿旨：本年五旬萬壽慶典，允宜覃敷闓澤，因念推恩之序，首重親親。惇親王奕誴之子輔國將軍載瀾加恩賞給二等鎮國將軍，委散秩大臣；載瀛、載津均加恩賞挑乾清門行走。恭親王奕訢之子不入八分輔國公載澂加恩賞食全俸。醇親王奕譞加恩賞給御書『嘉猷經國』扁額一方，伊子不入八分輔國公載灃加恩賞食全俸。親王銜惠郡王奕詳加恩賞食親王俸。郡王銜貝勒奕劻加恩晉封慶郡王。貝勒奕綗加恩賞給郡王銜。貝勒載漪、載瀅各賞銀一千兩，由內給發。貝子銜鎮國公奕謨加恩晉封貝子。貝勒載澍、貝子溥倫、輔國公載澤、鎮國將軍溥侗均加恩在上書房讀書。用示施恩錫慶，篤念宗支至意。在京王大臣有勤勞素著者，亦宜特沛恩施。御前大臣、科爾沁博多勒噶台親王伯彥訥謨祜賞坐四人肩輿。禮親王世鐸交宗人府從優議敘；伊子頭品頂帶誠厚賞給應封不入八分輔國公，並挑在乾清門行走。大學士、管理户部事務額勒和布賞戴花翎。協辦大學士、户部尚書閻敬銘，刑部尚書張之萬，均交部從優議敘。刑部右侍郎許庚身賞給頭品頂帶。領侍衛内大臣、固倫額駙公景壽之子員外郎志勳以郎中補用散秩大臣。固倫額駙符珍賞挑御前行走。户部左侍郎嵩申，兵部右侍郎師曾，總管内務府大臣廣順、巴克坦布，均交部議敘。毓慶宫行走、工部尚書翁同龢，吏部右侍郎張家驤，户部右侍郎孫家鼐，均賞御書扁額一方。封疆大臣實能爲國宣力者，允宜優加獎敘。大學士、直隸總督李鴻章，大學士、欽差大臣左宗棠，兵部尚書彭玉麟，忠誠莅事，保障宣勞，均賞給御書扁額一方。伊犁將軍金順、兵部右侍郎劉錦棠、廣東陸路提督張曜慎固邊防，克勤職守，金順開復革職留任處分，劉錦棠賞加尚書銜，張曜賞加巡撫銜。前任陝甘總督楊岳斌奉詔治軍，不遑將母，賞給伊母御書扁額一方、大緞二匹。四川總督丁寶楨、陝西總督譚鍾麟轉饟撥兵，共攄忠愛；前湖南提督鮑超、固原提督雷正綰或奮馳邊徼，或入衛近畿，均交部議敘。

詔：前直隸通永道英良之母卓佳氏年屆百齡，精神强固，洵屬熙朝人瑞，加恩著南書房翰林書寫扁額一方，賞給祇領，以示殊榮。所有例應旌賞，仍著禮部核議具奏。英良，故寧夏將軍富爾嵩阿子也。卓佳氏年實九十七歲，連閏年作百歲。

上諭：户部等部會奏議覆劉錦棠奏統籌新疆全局一摺。新疆底定有年，綏邊輯民，事關重大。户部前奏，以定額餉、定兵數、一事權三端爲要圖。劉錦棠所議留兵、改營、設官、屯田四條，與該部所奏用意相同，即著次第舉行，以垂久遠。前經左宗棠創議改立行省，分設郡縣，業由部奏准，允設道、廳、州、縣等官。現在更定官制，將南、北兩路辦事大臣等缺裁徹，自應另設地方大員，以資統率。著照所請，添設甘肅新疆巡撫、布政使各一員；其應裁之辦事、幫辦、領隊、參贊各大臣及烏魯木齊都統等缺，除未經簡放外，著俟新設巡撫、布政使到任後再行交卸，候旨簡用。至伊犁參贊大臣一缺，塔爾巴哈台領大臣二缺，應裁應留，著劉錦棠等酌定具奏。新疆旗、緑各營兵數及關内外餉數，均照議覈實經理。國家度支有常，不容稍涉耗費，劉錦棠務當與金順等挑留精鋭，簡練軍實，並隨時稽查餉項。如有未盡事宜，仍著劉錦棠妥爲籌畫，陸續陳奏。

上諭：前據給事中葉蔭昉奏參河南巡撫鹿傳霖貪劣欺飾各節，當經諭令孫毓汶、烏拉布馳往查辦。兹據查明覆奏，鹿傳霖被參教匪滋事，募勇自衛；屬員諱匿劫竊各案，概行免參；人命案件並不提審，率以鬥殺擬結；信任幕友，與該撫之姪攬權納賄；頹唐衰老，罕見僚屬等款：或查無其事，或傳聞不實，即著毋庸置議。至罌粟收税，查報易滋弊端，著該撫申明例禁，將加税即行停止。其疏濬溝渠一事，地勢高下不同，豈能一律稱便？除業經挑挖工竣外，其餘均著停止。河南盜風素熾，近日劫案尤多，該撫務當慎選牧令，綏輯地方，認真緝捕。鹿傳霖自任河南巡撫以來，辦事尚屬認真，亦能不避嫌怨，惟於應興應革所定新章，間有窒礙之處，雖係因公起見，究屬措置未盡合宜。鹿得霖著交部議處。

初二日癸酉　晴，薄陰，晡後陰。祖妣倪太君忌日，又初六日祖妣余太君忌日，以今日并供饋，肉肴六豆，菜肴六豆，番芋梅薑羹一器，笋菜火鍋一，饅頭一盤，時果四盤，蓮子湯一巡，酒三巡，飯再巡。病不能食，仍停藥。夜陰，二更風起。

邸鈔：以兵部右侍郎劉錦棠爲甘肅新疆巡撫，仍以欽差大臣督辦新疆事宜。以甘肅布政使魏光燾調補甘肅新疆布政使，以甘肅按察使譚繼洵爲甘肅布政使。以詹事府詹事錢桂森爲内閣學士，兼禮部侍郎銜。詔：趙佑宸授載澍讀，王文錦授載澤讀，張仁黼授溥倫、溥侗讀。載澍，孚郡王子。載澤，公奕詢子。溥倫、溥侗，皆貝勒載治子。

初三日甲戌　晨微陰，旋晴，竟日大風。比日於室中篝火熾炭，今日更具鑪火於堂。今年早寒，八月二十五日之夜市中有凍死者。桐孫津門書來，言未到小雪，已如三九九月之末，内廷已御白風毛裘，亦近年所未有也。閲史見可《通鑑釋文》及胡身之《釋文辨誤》。身之之學，十倍見可。近儒好稱秘籍，謂見可亦有勝身之處。錢竹汀氏謂胡長地理，史長小學。今日偶閲其釋汜水，存凡、祀兩音，則其小學亦概可知矣。是日仍停藥。夜疾動。

邸鈔：以都察院左副都御史曾紀澤爲兵部右侍郎，未到任時，仍以工部右侍郎徐用儀兼署。以河南開歸陳許道陳彝爲甘肅按察使。詔：吏部奏遵議前江西巡撫潘霨處分，照革職公罪例革職，加恩改爲革職留任。詔：翰林院侍讀王邦璽照吏部議降二級調用，並毋庸在上書房行走。

初四日乙亥　晴。得額玉如朔日書，言德勝門内德勝橋旁普安堂藥店有坎離砂，治腹中痛塊甚效。作書致書玉。作書致袁爽秋。光甫來。馬蔚林來。實森書賈送來舊印本胡刻《通鑑》十帙，付朱提銀二十五兩買之，紙墨已不甚佳，較近日印本尚相倍蓰耳。夜鈔補洪北江《伊犁日記》兩葉。此書實當云『西戍行程記』，非記伊犁者也。首行題曰『遣戍伊犁日記』，亦近不辭。是日仍服前藥方。

邸鈔：編修潘仕釗授河南開歸陳許道。仕釗，南海人。近日上疏請弛廣東闈姓賭局之禁，官收其稅。有旨令張之洞等察覈覆奏。外間皆言粵人以數萬金購仕釗上疏，如忤旨降革，或竟得准行，皆更償十餘萬。士流皆羞稱之。

初五日丙子　卯初二刻小雪，十月中。晴和。鈔補《陶晚聞文集》兩葉。三陶之文，皆醇實爾雅，有油然自得之趣，退庵、晚聞較其先德尤勝，故雖近刻新出，不惜手寫完之。介唐來。剃頭。仍服藥。夜閲退庵説《易》、説《論語集注》、説《漢書》，晚閲説《詩》、説《春秋》、説《漢書》諸條，多醇粹可味，而説《漢書》尤佳。庚午同年孔禮部傳勳母喪，送奠分四千。

邸鈔：詔：軍機大臣、刑部右侍郎許庚身，毓慶宮行走、吏部右侍郎張家驤，户部右侍郎孫家鼐，正紅旗漢軍都統善慶，鑲白旗滿洲副都統托倫布，均加恩在紫禁城内騎馬。

初六日丁丑　晴，午後有風而不寒。印記新購諸書。作書致書玉，贈以《三陶文集》。劉仙洲夫人來。書玉、資泉來。是日復苦小極。得介唐書，贈保肺固金丸三粒，即復。

初七日戊寅　晴，有風。感寒，不快。作片致介唐，以同鄉酒客即日南歸，欲託其携回數十金，交敦夫分致舍間親戚也。得子縝書，言已於昨晚至都，寓棉花第六巷雲門新昏之居。桑叔雅來。作書致子縝，以食物問其姬人，得復。作致三妹書，寄回足銀七十兩，以十金爲先妣今年八十功德，以十金寄三妹，十金寄二妹，又寄大妹、二弟婦、僧慧各八金，四弟婦、詩舫弟各四金，資福庵、隱修庵各二金，內子姪女馬琴姑四金，作書致詩舫。介唐來，言敦夫亦於傍晚至京，卸裝邑館矣。子培來。作書致敦夫，得復。夜復歐吐，嗽甚。

初八日己卯　晴。身熱，不食。得袁爽秋書，以所擬總理衙門覆議陳寶琛條陳洋務疏及公致甘肅新疆巡撫劉毅齋書送閲。寶琛七月所上四條：簡器械、備海口、用洋將、籌軍餉，皆張大夷情，空言塞責。而謂器械必購洋人槍礮，弁備必用船廠學生；又英國諸將之嘗征印度者，近皆退閑，可以重資延之，尤謬妄喪心，總署頗駁之。而亦言各疆臣之機器糜費，其購之也，俱極言精良，至將應用，則皆稱窳敝。又言各省撥餉移甲就乙之害，多中事理。得書玉書，言宜謁醫服藥。敦夫來。得季弟九月朔日書，知族兄葆亭、表兄陳鳳樓秀才俱已故，葆亭年七十三，鳳樓亦將七十矣。又得三妹書，五弟書，族弟品芳書，王子獻九月朔日、初七日兩書。三妹寄來鯗脯、松鲞、淡鮚等一簍；季弟寄銅足鑪一對；品芳寄笋脯一簍，茶葉兩瓶，青豆四升；穎唐寄茶葉四小銙；竹樓寄篆香一合，《歷代長術輯要》一部；子獻惠燕窩一篋。爲張姬致書其姊金閏娘，寄其母紹平足銀十兩。

邸鈔：上諭：本年十月初十日恭遇慈禧端佑康頤昭豫莊誠皇太后五旬萬壽，吏部等部、八旗都統查明京外實任大員老親有年逾八十者，承歡禄養，愛日舒長，洵屬昇平人瑞，允宜優加賞賚。欽差大臣、尚書銜甘肅新疆巡撫劉錦棠之祖母陳氏，前工部尚書麟書之母棟鄂氏，均賞給御書扁額，紫檀三鑲玉如意一柄，大卷江紬袍褂料、八絲緞袍褂料各二匹。内閣學士兼禮部侍郎銜慶福之母徐佳氏、西寧辦事大臣李慎之父李宗鏡、廣州副都統尚昌懋之母舒穆魯氏、降調副都統清凱之母馬佳氏，均賞給御書扁額，紫檀三鑲玉如意一柄，小卷江紬袍褂料、八絲緞袍褂料各二件。

初九日庚辰　晴。汪幹庭來診，言頭痛、作歐大半是熾炭之毒，用化橘紅、南薄荷、藿香、半夏、黄菊花、炙甘草、鮮百部、苦桔梗等藥。病甚，去炭盆，多卧。得子培書，送閱岡鹿門《尊攘紀聞》。夜淡涌，大嗽，傾吐升許，覺胸腑少舒。

初十日辛巳　晴。病甚，多卧。子縝來。介唐來，交還桑叔雅經理鄉祠工匠銀五十金。付賃屋銀六兩。夜光甫、書玉來談。

邸鈔：詔：前陝甘總督楊岳斌之母向氏，前已賞給扁額、大緞，著再加賞紫檀三鑲玉如意一柄，大卷江紬袍褂料二匹。盛京工部侍郎何克丹之母舒舒覺羅氏、察哈爾副都統永德之母關佳氏，均賞給御書扁額，紫檀三鑲玉如意一柄，小卷紅紬袍褂料、八絲緞袍褂料各二件。

十一日壬午　晴。介唐來。得桐孫初九日津門書。得子縝書，饋錦段被裁一床，暹羅燕窩一匣，永州茨潭緑硯一方，連陰沉木匣。日本朱沙印泥一合，黎蒓齋新刻正平本《論語集解》一部，殘本顧野王原本《玉篇》兩册，又日本得能良介新刻續出《玉篇·糸部》一册，《瑀玉集》一册，作書復謝，犒使十八千。得爽秋書。作書致子培，并詩集，得復。閱問津八月望課卷。生員試『孟武伯問孝』至『是謂能養』題文，取朱墉第一，李鳳池第二，李家駒第三。作書致額玉如，并是月望課題。夜月頗皎。閱問津諸童課卷。同年皖撫裕禄、學士裕德之母康太夫人開吊，送奠分四千。饋蓴庭姬人生日桃、麵。

邸鈔：詔：來京祝嘏之直隷通永道薛福辰加恩在任以應升之缺升用。天津府知府汪守正加恩在任以道員用。詔：王公及京外文武官員現在議降議罰，及以前有革職留任及降級罰俸之案，加恩悉予寬免。是日有旨：左翼前鋒統領德福、内閣學士升泰、一等公惠鑑處分毋庸寬免。次日又有旨：兩江總督曾國荃、雲貴總督岑毓英所得革職留任處分不准寬免。潘霨亦未開列。

十二日癸未　晴，午後微陰，有風。得津海關道周玉山初九日書，并其二子課卷。閱《通鑑·唐紀》。光甫來。介唐來。夜風起。

邸鈔：詔：李鴻章授文華殿大學士、體仁閣大學士。靈桂授武英殿大學士。額勒和布授體仁閣大學士。有旨：額勒和布在靈桂之次。於是殿閣四相，首李，次左，次靈，次額，仍先漢後滿矣。詔：隨班祝嘏之前都察院左都御史崇厚，前户部右侍郎長敘，前禮部右侍郎寶廷，前盛京兵部侍郎綿宜，前河南巡撫李鶴年，前金州副都統毓福，前錦州副都統希拉布，前正黄旗滿州副都統、馬蘭鎮總兵景瑞，前都察院左副都御史崇勳，前總管内務府大臣文錫、茂林，前記名提督張潤，前副都統銜署烏里雅蘇臺參贊大臣文奎，前馬蘭鎮總兵慶錫，前國子監司業馬壽金，前奉宸苑卿慶林，前頭等侍衛、奉恩將軍近光，前鑲黄旗滿洲護軍參領安慶，前奉國將軍、遼陽城守尉永良，前吉林雙城堡總管清瑞，前安徽徽寧池太廣道恭鎧，前貴州糧儲道松長，前署河南開歸陳許道啓續，前山西冀寧道左雋，前江蘇常鎮通海道高長紳，前河南候補道、開封府知府王兆蘭，前福建補用道、候補知府丁嘉瑋，前刑科給事中鄧溥元，前吏部郎中敬裕，前户部郎中裕溥、邵承瀚等六十五員，五品以上者，均照原官降二等賞給；職銜六品以下者，均賞還原銜；其已有職銜者，均加一級。是日有旨：已革翰林院侍讀王慶祺無庸加恩。

十三日甲申　晴，風，寒甚。作書致敦夫，得復，并惠參貝陳皮一小合，化州陳皮兩餅。作書致書玉。閱日本新出《玉篇・絲部》。夜風不止，始用錫湯婢温衾。得介唐書，并代購東洋參一斤，即復。

十四日乙酉　晴，有風，嚴寒。比日身凉而苦鼽涕，蓋火毒已去，而風寒發矣。閱三取書院生員課卷訖。殷蕚庭姬人來問疾。聽事更懸屏幅，以新褾李梅生育《焦山圖》張之坐右。作書致子縝。作書致爽秋，還其所擬奏稿，且與言陳寶琛原疏之謬。得子縝復，言近日復咯血，病甚。書玉饋燕鱉。夜月甚皎。得爽秋書。近日張佩綸乞合肥奏請告病，吴大澂請回籍省親，皆嚴旨不許。又飭吴大澂嗣後不准發電報，以大澂條陳援臺十策，皆空言贅綴，而先發電音咨通商衙門，次日復馳電補疏，其費不貲，廷論甚非之也。

邸鈔：以前直隸大順廣道趙佑宸爲太常寺少卿。詔：南書房行走、翰林院侍讀梁耀樞，司經局洗馬陸潤庠，均加恩賞給四品銜。

十五日丙戌　晴，嚴寒。閱三取書院童卷訖。得書玉書，即復。作書問子縝疾，得復。敦夫來。閱日本正平本《論語集解》。作片致書玉，饋以醴青魚三斤。夜月甚皎，次日時加寅望。

十六日丁亥　晴，嚴寒，冰壯。

閱日本新出《玉篇》糸部。自部首『糸』字至『纕』字，前年黎蒓齋得之彼國高山寺者；從『絰』字起，此則去年日本人得能良介續得之高山寺古文書中，復刻而傳之，於是糸部竟全，亦云奇矣。惟其中誤字甚多，校不勝校耳。

其『絢』字下有重文二，云：『約，今誤作「約」。《聲類》：「亦『絢』字也。」今中國本祇有「約」字，注云：同上。絃，《廣雅》：「絃，今誤作『絃』。索也。」《聲類》：「亦『絢』字也。」』案：此字今澤存堂諸本皆無，惟《集韵》三十二霰云：『「絢」，通作「絃」。』以从衣之「袨」「袧」字例之，則「絢」「絃」一例也。因此知俗『弦歌』字作『絃』者，乃『絢』之異文。其字本出《聲類》，而《玉篇》字作『絃』，疑避宋諱『玄』字缺筆。則此本實出宋時無疑，當在《大廣益會》之先也。

其『𦆠』字下云：『方結反。《說文》：「編繩也。一曰弩要鉤帶也。［帶也］」。《蒼頡篇》：「𦆠，鼻也。」』案：今澤存堂諸本祇有『繫』字，云：『方結切。編繩也，劍帶也。』案：『𦆠』乃『𥿊』之誤字。『折』本作『𣂚』，隸誤作『斱』。《說文》有『𥿊』字，云：『扁緒即偏諸。也。一曰弩要鉤帶。』無『繫』字。《類篇》：『𥿊，匹蔑切。編繩。又必列切。』《說文》：『扁緒也。一說弩腰鉤帶，一說御左回曰𥿊。』『繫，必結切。劍帶謂之𦁓。又毗祭切。惡綿。』《集韵》：『𥿊，四蔑切。編繩。』『𦁓，必結切。劍帶謂之𦁓。』是『𥿊』『𦁓』畫然兩字，編繩謂之𥿊，劍帶謂之𦁓。《廣韵》十六屑：『𥿊，方結切，輓也。又普蔑切。』《韵略》云：『駁右迴。』而於『𦁓』下云：『方結切，繩編劍帶。』則已合兩訓於一字。今《玉篇》遂并脱去『𥿊』字，而附於部末雜字之列，但云：『普蔑切，結。』幸有此本，雖脱誤幾不可讀，且逸去『𦁓』字，然『𥿊』字之形與訓固皆在也。此可以知日本新出本之可貴，非彼國人所能僞爲矣。

扁緒，段氏玉裁謂當作『編諸』，《漢書·賈誼傳》作『偏諸』。偏諸者，合衆采以爲絛，服子慎謂之牙條，故亦可云編繩，亦可云扁繩也。『緒』乃『諸』字之誤。又補縫之『𥿄』，是《説文》正字，今俗作『綻』，而今本《玉篇》無『𥿄』字。此本紩、緛二文下有『𥿄』字，云：『除莧反。《説文》：「補縫也。」《聲類》：「縫解也。」或爲「𧙗」字，在衣部。』又『絢』字，亦《説文》正字，而今本《玉篇》附於部末，與『𥿊』字正同。此本『絢』字在『縈』字下，其訓甚詳。皆可貴也。黎氏所刻，『糸』字下半部終於『絞』字；今本『絞』下有『絨』至『纗』凡八十三字，皆宋人陳彭年等所附雜字，所謂《大廣益會》者，此類是也。至《玉篇》原本無『綱』『統』兩字，今本皆附在『絨』字下雜字之列，則希馮當日避昭明、簡文諱。此書進於大同四年希馮爲太學博士時，時簡文已爲太子。其後簡文又命蕭愷等删改，故書中皆避其諱，水部亦無『衍』字。

得書玉書，即復。付玉皇廟僧募修銀二兩，全浙館長班、庚辰長班皮衣賞四千。

十七日戊子　晴，午後有風。曾祖考忌日，供饋肉肴六豆，菜肴四豆，紅芋羹一，火鍋一，饅頭一大盤，時果四盤，栗子湯一巡，酒四巡，飯再巡。作書問子縝疾。得子縝書，惠長埼紅霞茶卮一對，日本山水楠牘百番。得桑叔雅書，即復。夜以嗽甚，誤服市肆治肺藥一丸，即苦腹痛。閲黎氏所刻《玉篇》零卷。今人張嘯山引莫子偲言，《玉篇》系部無『孫』字，此本系部五字，『系』下即爲『孫』，其訓甚詳，而『䌤』字無重文。

十八日己丑　晴，嚴寒。終日校勘《玉篇》糸部至率部。得子縝書，即復。得書玉書，再饋焊鼈，即復謝。得錢藩卿十四日津門書，并饋魚翅、海參。得子培書，即復。對門鄭德霖主事後明日續娶，以柬來請張姬等接新婦，今日饋以紹興酒一罎，花燭一對，燈燭二斤，鞭爆一千。德霖本蕭山人，故副都御史錫瀛之子也。其前婦張，故工部尚書華亭張温和公之女，頗淑美，極知敬予。前年生一子，日夜事針黹以易錢，謂其庸媪曰：『冀積此數年得百金，當爲此兒作贄謁李公授經一章，得一生福慧也。』德霖聞之，曰：『此兒謁常熟翁尚書爲師，可不須贄。翁公狀元、帝師，不勝李公耶？』鄭與翁公之子僚婿也。張曰：『我聞李公傳人也，豈在科名！』今年三月，余赴天津，歸而聞張卒，其子亦旋殤，其庸媪流涕爲張姬輩述之，此亦可感已。

邸鈔：詔：湖南提督周盛傳之母栗氏年逾九旬，精神强固，洵屬熙朝人瑞，加恩賞給御書扁額，紫檀三鑲玉如意一柄，小卷江紬袍褂料、八絲緞袍褂料各二件。

十九日庚寅　晴。閲《楚辭補注》。敦夫來。晡後偕敦夫詣書玉昆弟。光甫亦在，晚邀余及敦夫、書玉兄弟、介唐、伯循、朱少萊飲義勝居，招霞芬，夜二更後始歸。余壽平來。得雲門九月二十一日秦中書，言重九前日始抵長安，不日可赴宜川任，其缺爲北山第一，離省不遠，政事亦稀；又言李爽階已赴懷遠任，地僻遠而苦瘠異常，可念也。付霞芬及其弟子車飯錢八千，車錢六千。

二十日辛卯　子正一刻十二分大雪，十一月節。晴，風。

吴梅村七絶《讀史有感》八首，蓋亦爲孝陵董貴妃作也。其第一首云：『彈罷熏絃便薤歌，南巡翻似爲湘娥。當時早命雲中騎，誰哭蒼梧淚點多。』第二首云：『重璧臺前八駿蹄，歌殘黃竹日輪西。君王縱有長生術，忍向瑶池不並栖。』第八首云：『銅雀空施六尺床，玉魚銀海自茫茫。不如先拂西陵枕，扶下君王到便房。』其情事皆甚顯。又《古意》六首，其第一首云：『爭傳婺女嫁天孫，纔過銀河拭淚痕。但得大家千萬歲，此生那得恨長門。』第二首云：『豆蔻梢頭二月紅，十三初入萬年宫。可憐同望西陵哭，不在分香賣履中。』第四首云：『玉顔憔悴幾經秋，薄命無言衹淚流。手把定情金合子，九原相見尚低頭。』第五首云：『銀海居然妒女津，南山仍錮慎夫人。君王自有他生約，此去惟應禮玉真。』則皆不知何指矣。或云爲攝政王娶肅武親王妃而作，然詩恉不似言朱邸也，疑章皇崩後，嬪御有出嫁之事，年代已遠，國史又諱之，莫得而詳，後來世俗悠謬之談，遂從此出，君子所不道焉。

作書致子縝，致書玉，致介唐，致光甫，饋以羹凍肉一器，得子縝復、介唐復、光甫復。有嘉興人閔荷生來請見，不知誰何也。

二十一日壬辰　晨及午薄晴，微陰，下午多陰。得敦夫書，饋彘脯一肩，及茶葉兩瓶，醉魚一苞，又東洋參二斤，蘇州抹額三事，作書復謝，犒使十二千。是日以嗽甚，小極，復服藥。點閲《吴梅村詩集》。張姬詣對門鄭主事家接新婦。夜作致季弟書、致品芳弟書。弟等勸予買蘭如東頭之屋，予終擬山居，不願買之也。

邸鈔：聞户部覆奏劉銘傳請開捐輸實職一摺，已議准作爲籌餉新例，仍以二成折算，得旨允行。此稿尚書崇綺主之，額與閻畫諾而已。崇以告病被議之將軍，驟長户部，未及兩月，以此報國家也。　詔：户部尚書崇綺、内閣學士廖壽恒馳驛赴江西查辦事件。此以内閣學士周德潤奏參安徽關税釐金積弊，及鳳潁六泗道任蘭生盤踞利津，營私納賄也。次年二月奏結，任蘭生以徇隱已革書[redacted]，議處降調。　翰林院侍講學士汪鳴鑾轉補侍讀學士，左春坊左遮子惲彦彬升侍講學士。

二十二日癸巳　晴，自昨晚後寒冽少減。作書致子縝，得復。作片致敦夫。閱《通鑑紀事本末》。陳季輝自閩來，汝翼之弟也，饋千葉酸棗糕一匣，玉蘭片、香菰各一小筥，言汝翼已葬，對之酸惻。內子、姬人詣介唐夫人、仙洲夫人、子縝姬人、蕚庭姬人家，各饋嬰孩食物。得敦夫書，付以前託寄里中銀八十兩零七錢。

二十三日甲午　晴，上午頗和煦，午後有風。得子縝書，以所著《許叔重年表》一册屬閱，即復。剃頭。

閱《琱玉集》。此書名見《宋史·藝文志》及《通志·藝文略》，究不定其爲誰作。此刻出自日本人舊鈔卷子本，云原十五卷，今僅存十二、十四兩卷。每卷末有記云：『天平十九年歲在丁亥寫。』天平十九年，唐玄宗之天寶六載也。其書分類系事，各題篇名，十二卷分《聰慧》《壯力》《鑒識》《感應》四篇，十四卷分《美人》《醜人》《肥人》《瘦人》《嗜酒》《别味》《祥瑞》《怪異》八篇。其書掇拾奇零，絶無條理，重悂貤繆，不勝指摘，蓋是六朝末季底下之書。然其中如引《孝子傳》李善兩乳存孤事云李善本是李文今《後漢書·獨行傳》作『元』。家奴。又云：歷鄰乞乳，得濟朝夕。時既經久，鄰里厭之，不肯與乳，兒遂損瘦，命在須臾。李善感結，悲不自勝，號泣呼天，求哀請救。天感其志，兩乳汁流。頗與《後漢書》所敘不同。又云：郡縣奏聞，遂達天聽，上感其義，賜善姓李，表之朝野，遷堂邑令。以《後漢書》及《東觀漢記》覈之，則善初拜太子舍人，後出爲平陽丞，遷堂邑令，終日南太守，始終官爵，歷然可考。又其從主姓李，出於帝賜，尤足以裨史闕。

其書凡引《類林》者七，引《春秋後語》及《同賢記》者各三，引王隱《晉書》、王智深《宋書》及《語林》《古傳》《論語疏》者各一。《語林》引曹操、楊脩讀《曹娥碑》事。王智深《宋書》引陶淵明好慕山水，恒處幽林，以酒暢釋，有人就者，輒脱葛巾沽酒，畜一素琴，及一醉一撫一拍嘯詠而已。《論語疏》引顔子問一以知十，謂問君子教道之法。子曰：『道者，道也。』顔回即解之。父以慈道子，子以孝道父；夫以和道妻，妻以柔道夫；兄以友道弟，弟以恭道兄；君以明道臣，臣以忠道君；友以信道己，己以仁道友：此所謂十也。其説甚異，不知出何人《論語疏》，皇疏亦無此文也。又引《晉抄》者十餘條，引《後漢抄》者二，皆不足據。如引師曠辨故車脚炊飯爲勞薪事，謂出《史記》；引田真兄弟三人分産，庭前紫荆三株花葉枯萎事，謂出《前漢書》：則其它可知矣。兹將所引《古傳》、《同賢記》、王隱《晉書》三則寫出之，以備考。

《聰慧篇》引《古傳》云：路婦，不知何處人也。孔子游行見之，頭戴象牙櫛，謂諸弟子曰：『誰能得之？』顔淵曰：『回能得之。』即往，至婦人前，跪而曰：『吾有徘徊之山，百草生其上，有枝而無葉，萬獸集其裏，有飲而無食，故從夫人借羅網而捕之。』婦人即取櫛與之。顔淵曰：『夫人不問由委，乃取櫛與回，何也？』婦人答曰：『徘徊之山者，是君頭也；百草生其上，有枝而無葉者，是君髮也；萬獸集其裏者，是君虱也；借網捕之者，是吾櫛也。以故取櫛與君，何怪之有？』顔淵嘿然而退。孔子聞之，曰：『婦人之智尚爾，况於學士者乎。』案：此不知出何書。馬氏驌《繹史》、《孔子類記》、孫氏星衍《孔子集語》皆未之采。其辭恉與《韓詩外傳》所載子貢挑阿谷之女事同一杼軸，而較《衡波傳》采桑娘事爲雅馴。

《感應篇》引《同賢記》云：杞良，秦始皇時北築長城，避苦逃走，因入孟起後園樹上。起女仲姿浴於池中，仰見杞良而唤之，問曰：『君是何人？因何在此？』對曰：『吾姓杞名良，是燕人也。但以從役而築長城，不堪辛苦，遂逃於此。』仲姿曰：『請爲君妻。』良曰：『娘子生於長者，案：此長者謂富貴家也，乃漢魏間古義。處在深宫，案：深宫通指上下，亦漢以前古義。容貌艷麗，焉爲役人之匹？』仲姿曰：『女人之體，不得再見丈夫，君勿辭也。』遂以狀陳父，而父許之。夫婦禮畢，良往作所。主典怒其逃走，乃打煞之，并築城内。起不知良死，遣僕欲往代之，聞良已死，并築城中。仲姿既知，悲哽而往，向城啼哭，其城當面，一時崩倒，死人白骨交横，莫知孰是。仲姿乃刺指血以滴白骨，云若是杞良骨者，血可流入。即瀝血，果至良骸，血徑流入，便將歸葬之也。

《肥人篇》引王隱《晉書》云：孟業，晉時幽州刺史也，爲人大肥。下官還京，晉武帝意欲稱之，乃作大稱挂於殿壁。業入見之，曰：『陛下作稱，欲何爲也？』帝曰：『朕聞人重千斤者吉，朕欲自稱有幾斤。』業曰：『陛下正欲稱臣耳，無煩聖躬。』於是稱業，果行千斤。

是日仍服藥，去左牡蠣，加白歸身。敦夫來。小理書籍。

邸鈔：上諭：兩廣總督張樹聲才識優長，勤能練達，咸豐、同治年間從事戎行，戰功卓著，由道員洊擢封圻，於吏治營伍、馭遠籌防，均能實心規畫。前因患病，准其開缺，仍留辦廣東防務，正資倚畀。兹聞溘逝，悼惜殊深。加恩照總督例賜恤，並將事迹宣付史館立傳。樹聲，字振軒，合肥廩生，以軍功積官。善附會，去年再上疏請與法夷决戰。及今年夏命其出關督師，乃遷延不往。御史屠仁守等劾其徇庇黄桂蘭、貽誤越南軍事等十餘款，命彭玉麟、張之洞查辦。久不覆而樹聲以十月卒，之洞等始奏雪其誣，而次日疏報病故，復極訟其功。近日疆臣黨護[redacted]欺[redacted]。詔：翰林院侍講徐會澧、編修蔣艮均在上書房行走，徐會澧著授溥侗讀。徐會澧，山東諸城人，戊辰進士。蔣艮，河南固始人，庚辰進士。户部緞匹庫員外郎宗室溥顧升通政司參識。鴻臚寺少卿方學伊升光禄寺少卿。右春坊右中允長麟升翰林院侍講。

二十四日乙未　晴。始飲牛乳，仍服藥。閱《孔子集語》。作書致書玉。天津守汪子常來。王益吾祭酒來，新服闋入都。書玉來。聞子縝病甚，作書問之。付衣買滕文禮更製羊裘二表銀七兩八錢六分，又錢二十七千三百。

二十五日丙申　上午澹晴，午後晴。晨得敦夫書，言子縝咯血危甚，爲之延徐亞陶診視。作書致敦夫。午詣子縝視疾，敦夫、介唐諸君皆在。爲作書邀書玉過診，已少痊可矣，爲商定服陸潤庠狀元方。夜歸。朱蓉生來。楊定旉來。

《琱玉集·鑒識篇》引《類林》：漢宣帝時開輸屬山巖石，下得二人，身被桎梏。將至長安，變爲石人。宣帝廣集群臣，問無知者。惟劉向對曰：『此人是黄帝時詰窳國臣，犯於大逆，黄帝不忍誅之，乃枷械其身，置輸屬山，幽在微谷之下。若值明王聖主，當得出外。』宣帝不信，以向言妖，執向下獄。向子歆自出應募，云須七歲女子以乳乳之，石人當變。帝如其言，即變爲人，便能言語。帝問其狀，皆如向父子之言。宣帝大悦，拜向爲大中大夫，歆爲宗正。案：《山海經》前載劉秀所上表，有云：孝宣時，擊磻石於上郡，陷得石室，其中有反縛盗械人。時臣秀父向爲諫議大夫，以《山海經》對曰：『貳負殺窫窳，帝乃梏之疏屬之山，桎其右足，反縛兩手。』上大驚。其事已出傅會，此因以推演，而所言尤怪妄不經。然裴子野《類林》世久不傳，此猶存其七事，亦可少見梗概矣。《感應篇》引晉東郡太守苟倫弟儒溺於盟津，求屍不得，倫授牋河伯，經由一宿，弟屍乃抱牋而出事；又鄒衍五月飛霜事；《嗜酒篇》引陳遵飲客投轄事；《怪異篇》引周幽王時蜀岷山崩壅江水事；《肥人篇》引滿奮夏月膏流墮地，人以器承取用爲燈燭事；《別味篇》引易牙辨淄澠事：皆云出《類林》。

惟其書所引，往往舛誤。如《肥人篇》引《笑林》云：趙伯翁，不知何時人也，爲人大肥。夏日醉卧，有數歲孫兒，緣其腹戲，因以李子八九枚内肶臍中。後李爛汁出，謂言臍膿，告家人曰：『我將死矣。』遂遺敕處分。須臾李核乃出，始知孫兒所爲。此蓋出邯鄲淳《笑林》也。其下隔一條云：趙女，趙伯翁之姊也，乃肥於兄。嫁與王氏，王氏以其肥，不能獲時，案：二字有誤。遂誣之云無有女身，因即放遣。更後嫁李氏，李氏方始得其女，乃知昔日黜退，實是誣枉。此與上條語意相銜，其出一書無疑，乃云出《魏志》。無論《三國志》本文固無此事，即裴注於《魏志》載肥人者三事，《太祖紀》注載曹嵩穿後垣，妾肥不能出事；《明帝紀》注載京邑有一人，食兼十許人，遂肥不能動事；《王粲傳》注載上將軍曹真性肥事。亦並無此文，知其所載書名固不足盡據也。

邸鈔：上諭：巡視北城御史文海等奏職官糾夥搶劫一摺，據稱候選道吕煇呈報九月二十八日被匪搶劫，查係候選主事李續午糾黨肆掠，當經飭坊查緝，該匪徒有持器拒捕情事，請飭交部嚴訊等語。輦轂之下，豈容此等不法之徒任意肆擾！李續午以職官糾搶，尤堪詫異，著先行革職，交刑部歸案審辦。吕煇，河南歸德人，辛酉拔貢。李續午，河内人，文清公棠階之孫，年少無賴，其父知府洊曾控其忤逆。

二十六日丁酉　上午澹晴，午晴，下午微晴，多陰。點閱《三國志注》。作書致敦夫，問子縝疾。作書致子培，饋以茗葉、青豆。得朱蓉生書，即復。夜陰，有澂雪。

邸鈔：致仕大學士文煜卒。文煜，字星崖，費莫氏，正藍旗滿洲人，由刑部筆帖式至今官。詔旨褒惜，賞給陀羅經被，派委散秩大臣載津帶領侍衛十員即日往奠，追贈太子少保銜，照大學士例賜恤。旋賜謚文達。國朝得文達者，裘公曰修、紀公昀、阮公元，前年以謚毛尚書昶熙，及今而五。蓋近日内閣侍讀馬某、彭某皆貢生貲郎，不知謚法爲何物也。吏部尚書廣壽謚敏達，總督張樹聲謚靖達，皆一時所得，何達人之多乎！以内閣侍讀學士宗室豐烈爲太常寺少卿。

詔：本日引見之候選道馬建忠著仍回天津。馬建忠者，市井無賴，與夷廝交通，張樹聲等皆倚任之。前年朝鮮之役，其王妃閔氏淫亂，干國政，妃父閔某遂擅權，附西洋諸夷，欲從其教，國人皆弗順。其王愚懦甚。大院君某者，王之本生父也，賢明，不肯與諸夷和，國人皆歸心。閔某欲殺國中大臣之不附者，諸大臣遂從臾大院君誅君側。閔某聞之，舉兵相攻。大院君乃圍王宫，欲殺妃，妃逃出，誅其黨數十人。時日本有兵船在朝鮮，以閔某固欲從諸夷者，遂移文總理衙門及直隸總督，言朝鮮内亂，責中國坐視。

西洋諸國亦多欲殺大院君。樹聲聽建忠言，遽命提督吴長慶率兵船往。長慶等以好言請大院君來議事，至遂執之，入京告捷。樹聲因以功加太子少保銜，羈大院君於保定府城。於是朝鮮遂爲互市通商之國，中外和約皆與中國並列。時崇綺爲盛京將軍，疏争之，謂朝鮮我屬國，二百餘年爲外臣，今通商文移皆並列，非體。朝廷依違而已。然朝鮮亂日甚，今年夏衣冠皆改從東洋製。近日其國不肯從洋教者，復與閔党相攻戰，圍王宫。日本兵先入，殺不附夷者。我兵救之，日本兵遂與我鬨，或傳閔妃已被殺。先是黄侍郎體芳等以建忠爲洋夷奸細，屢疏請誅建忠，李合肥遷延不遣，至今始至。而朝鮮事亟，合肥即疏請追還建忠，謂東事非建忠不能辦；而米利堅國公使亦移文總理衙門，言招商局售買事尚未結，須建忠速還：蓋皆恐朝廷治建忠罪也。不知軍機諸大臣方厚禮建忠，醇邸亦延見，與論事，甚稱其才辯。内閣侍讀學士延茂疏請立正典刑，祭酒盛昱請革職羈管，皆不報。而街市傳言將殺馬建忠，菜市口之傭販疏果者，皆曰收攤，以待行刑，此直道之在人心者也。

二十七日戊戌　晴，午前後有風。閲馬氏《繹史》《孔子類記》《孔門諸子言行》諸卷及孫氏《孔子集語》。得朱蓉生書，即復。作書致子縝問疾，且還其所著許君《年表》。作書致書玉。光甫來。朱蓉生來。晡後偕光甫詣書玉、資泉兄弟，遂同詣義勝居，作書邀敦夫、介唐、子培、蓉生夜飲，敦夫、介唐不至，招霞芬，二更歸。付客車飯六千，霞車四千，車四千，酒保賞四千。作書致從姪□□，并寄以朱提四金。予與此輩昭穆既遠，已同路人，而此輩以余老而無子，思爲余嗣，日恐諸姬之任身，其情可惡甚矣。

邸鈔：翰林院侍講學士梁仲衡轉侍讀學士，右春坊右庶子陳學棻升侍講學士。

二十八日己亥　晴，嚴寒，下午微陰。閲《新序》《説苑》《韓詩外傳》。下午聞周荇丈於昨日酉時卒，即素衣往哭之，午已斂矣。老輩深交，從此遂盡，一棺已蓋，音容渺然，深可悲也！晤益吾及瞿子九學士、孫編修宗縠、龔主事鎮湘，皆湖南人。出，詣介唐小坐。詣余壽平、桑叔雅、馬蔚林，各投一名刺報之。傍晚視子縝疾，晤敦夫、伯循及樊中允恭煦，夜歸。作書致徐亞陶，爲子縝請診。夜二鼓風起。

二十九日庚子小盡　晴，大風，午後小止。

《新序·義勇》篇卞莊子事全用《韓詩外傳》卷十之文；《說苑·立節》篇邢蒯聵事，是本《韓詩外傳》卷八荆蒯芮文而小改之，其文義甚明。《外傳》於『卞莊子奔敵，殺七《新序》無『七』字。十人而死』下引：『君子聞之曰：「三北已塞責，又滅世斷宗，士節小具矣，而於孝未終也。」《詩》曰：「靡不有初，鮮克有終。」』《新序》引：『君子曰：「三北而案：此字誤。塞責，滅世斷家，於孝不終也。」』此全用《外傳》語，以是非已明，無容贅也。《外傳》敘荆蒯芮《說苑》作邢蒯聵者，邢、荆字形聲皆近。聵，《說文》一作⿰𣦼耳，云：『聵，或从叡。』叡、芮聲近，蓋即《左傳》之申蒯。死齊莊公之難，云：『「吾既食亂君之食，又安得治君而死之！」遂驅車而入死。其僕曰：「人有亂君，猶必死之；我有治長，可無死乎？」乃結轡自刎于車上。君子聞之，曰：「荆蒯芮可謂守節死義矣！僕夫則無爲死也，猶飲食而遇毒也。《詩》曰：『夙夜匪懈，以事一人。』荆先生之謂也。《易》曰：『不恒其德，或承之羞。』僕夫之謂也。」』其斷義可謂至當。《說苑》意以旌善，更爲忠厚之論，改之曰：『君子聞之曰：「邢蒯聵可謂守節死義矣！死者，人之所難也。僕夫之死也，雖未能合義，然亦有志士之意矣。《詩》云：『夙夜匪懈，以事一人。』邢生西漢人語先生，或單稱生，或單稱先。之謂也。《孟子》曰：『勇士不忘喪其元。』僕夫之謂也。」』此其詞加詳，而意加婉，太傅以戒人之輕生，中壘以褒人之能死，其恉相成而不相背。此西漢兩大儒之格言，後人所當玩味者也。

又《說苑·立節》篇所載楚申鳴遇白公之亂，白公劫其父以招之，申鳴不顧，援桴鼓之，遂殺白公，其父亦死，王歸賞之，申鳴自殺事，亦本之《韓詩外傳》卷十。《外傳》引『《詩》曰：「進退維谷。」』以斷之誠，以行不兩全，名不兩立，人生至此，忠孝兩窮，君子悲其遇可也。《說苑》不加論斷，以不忍論也。後漢趙苞事正同此，而威豪更有城守之責，又親受其母决勉之言，則勢更無它顧，是以蔚宗列之《獨行》，世無間言，温公《通鑑》亦無貶辭。自《綱目》爲責備之文，於是宋、明愚儒，皆謂其處置未當，紛紛論辯，以迂謬之見，爲不關痛癢之談，亦可謂不樂成人之美者矣。夫朱子吾不敢言，不知趙師淵、尹起莘輩設身處此，將何如也。

又《新序·義勇》篇載：齊莊公之難，陳不占將赴之，餐則失匕，上車失軾。御者止之，不占曰：『死君，義也；無勇，私也。』遂往，聞戰鬥之聲，恐駭而死。人曰：『不占可謂仁者之勇也。』此亦本之《外傳》。今本《外傳》無此文。《太平御覽》卷四百九十九引《外傳》有之，而文加詳，其下斷之曰：『君子聞之曰：「陳不占可謂志士矣！無勇而能行義，天下鮮矣。」』此皆與人爲善之辭，不責難，不求備，中材以下可以勉爲也。西漢諸儒所謂微言大義，此等最有關於世道人心，特録出之。陳不占事，《孟子》有『求全之毁』。趙注引之，作陳不瞻，僞疏不知所出。焦氏正義引《外傳》文，而以陳不占謂即申蒯，蓋焦氏不知《外傳》及《説苑》文有荆蕢芮事也。

余壽平來。作片致介唐，還前所代購東洋參銀二兩一錢，作洋銀三圓，并託寄保定銀、信。作書致敦夫，問子縝疾。印結局送來九月、十月公費銀九兩六錢。夜仍大風。

十一月辛丑朔　晴，風。得介唐書。作片致敦夫，問子縝疾。徐亞陶來。

再校《琱玉集》，補得《後漢書》四事：韓稜爲下邳令，有仁政，雹不入界。范書《稜傳》無此事。『趙峻屬文，落紙如飛，下筆即成，都不尋覆。』范書《峻附郭躬傳》不載此語。玉況爲陳留太守，蝗不入界，今見范書《虞延傳》注，而況無傳。梁輔爲郡吏，大旱乞雨，積薪誓曰：『日中不雨，即自燒！』未及日中，天忽大雨。范書不見姓名。蓋皆出謝承諸書。

邸鈔：以順天府尹周家楣爲通政使司通政使。

初二日壬寅　晴，有風。得子縝書，言病稍愈，即復。閲學海堂諸生九月經古課卷。比日苦嗽，不服藥。

邸鈔：以前河南按察使沈秉成爲順天府府尹，未到任以前，仍周家楣署理。詔：副都統銜烏里雅蘇臺參贊大臣恒明之祖母伊里哈氏、安徽署壽春鎮總兵郭寶昌之母曹氏均年逾八秩，禄養承歡，加恩各賞給御書扁額，紫檀三鑲玉如意一柄，小卷紅紬袍褂料、八絲緞袍褂料各二件。

初三日癸卯　晴。閲卷。作書致書玉。得敦夫書。點閲《明詩綜》。仍服藥。得書玉書，爲劉曾枚擇娶婦日，以明年三月三日。

邸鈔：詔：崇綺現在出差，以麟書署理户部尚書。

初四日（乙巳）〔甲辰〕　晴。閲學海堂諸生經古卷訖。『説文蘜蘜菊三字與月令爾雅義異同解』，『朱子謂魏晉陳氏風節之卑自漢太丘始論』，『登慈恩塔獻菊花酒賦以天子登高群臣上壽爲韵』，『擬唐德宗貞元四年五月繪圖凌烟閣功臣褚遂良至李晟等二十七人詔』，『擬陶淵明庚戌九月中於西田獲早稻詩』，『擬王漁洋秋柳七律四首』，生員取李鳳池第一，陳澤霖第二，孟繼壎第三，張大仕第四，高振岡第五，華承勛第六。前十本多有可觀，秋柳詩外，課卷中亦有佳者。以明日冬至，饋屋之故主。作片致書玉。夜閲學海堂諸童課卷訖。有于長茂一卷秋柳詩知切定金陵南渡，得阮亭本意，其第一首末聯云：『斜陽總是傷心處，丁字簾前舊六朝。』佳句也。餘不能稱，余改其十之七八，卓然可以傳矣。

初五日乙巳　酉正初刻二分冬至，十二月中。晴。祀曾祖考妣、祖考妣、本生祖考妣、先考妣，肉肴六豆，菜肴六豆，蓮子百合羹、藕棗羹一，火鍋一，肉餛飩、糖餛飩各兩盤，春餅一盤，饅頭一大盤，時果四盤，栗子湯一巡，酒三巡，飯再巡，祔以兩弟，逮闇畢事，焚楮緇六挂。夜收神位圖。作書并課卷寄額玉如。馬蔚林來，以春間陳寶琛奏請以黃梨洲、顧亭林兩先生從祀文廟，禮部堂司各官莫知誰何，紛紜至今。其疏初發鈔時一日，翰林掌院學士接見編、檢各員，朱蓉生往謁，聞掌院與諸學士及辦事諸翰林言：『陳伯潛此疏甚奇。顧某尚有小板《日知録》一書，可備後場策料。黃某何人耶？』皆曰『然』。近日尚書畢道遠發憤謂諸司曰：『二人學問，我所不顧。但以品行言，二人在康熙時皆不肯出仕，尚得從祀邪！』因擲還蔚林所呈《國史·儒林傳》，曰：『我必駁！』蔚林商於余，余曰：『兩先生本不爲今日從祀計，況出於福建子之請，辱已甚矣；而尚欲求山東不識一字之尚書，屈意議准，何以爲兩先生地耶！』蔚林一笑而去。剃頭。

邸鈔：上諭：前據内閣學士陳寶琛奏參前山西按察使陳湜在江南軍營貪侈驕縱各節，當諭曾國荃飭令迅速回籍，並派孫鳳翔將參款查明具奏。茲據奏稱，陳湜總統江南各軍，添派幫辦營員，撥結公費，尚無虚額冒餉情弊；惟查駐軍吴淞時，往來上海，確有游宴妓館事等語。統兵大員，不自檢束，私行游宴，實屬有玷官箴。陳湜著交部嚴加議處。山東濟南府知府福潤升山東督糧道，刑部郎中裕彬授濟南府遺缺知府。

初六日丙午　晨陰，上午微晴，下午陰，竟日風。點閲《明詩綜》。作書問子縝，得復。作書致敦夫，饋以燖麂及筍煮菽乳衣一器，得復。袁爽秋來。得書玉書，即復。

初七日丁未　晴。

閲《西河合集》中書牘、箋、引、題跋、書後、碑記及《蕭山三先生傳》《越中先賢傳》。西河縱横浩博，才氣無雙，而往往失於持擇。其援引既廣，又不檢覆，故多不免舛誤，於掌故尤疏。集爲其門人及諸子所編，校勘不精，字句多謬，又多收酬應貢諛之作，蓋西河本多世俗之見，而及門諸子復不知别擇也。諸類中以尺牘、雜箋兩卷爲最佳，寥寥短章，意態百出，多有魏晉人雋永之致；且異聞創解，溢出不窮，實較勝於蘇、黄，而亦時有江湖小説氣。碑記如《息縣雷迹碑記》《旌表徐節婦貞節里碑記》《范督師志完祠記》《觀音閣種柳記》《郡太守平賊碑記》《嚴禁開燔郡南諸山碑記》，亦皆不愧名作。

介唐來。付賃屋銀六兩。

邸鈔：上諭：御史汪鑑等奏冬至大祀，睿親王魁斌轎夫擅從外壝出入喧嘩，據實糾參一摺。魁斌著交宗人府議處。

初八日戊申　晴，風。外祖父仁甫倪公初四日忌日，外祖母孫太君今日忌日，并供饋，祔以三舅、四舅，肉肴六豆，素肴四豆，火鍋雜俎一，餅餌、餛飩等點心五盤，饅頭一大盤，春餅一盤，蓮子湯一巡，酒三巡，飯再巡，茗飲再巡，晡後畢事，焚楮泉三挂。得繆筱珊書，以新刻唐子《潛書》一部爲贈，且言其鄉人呂椒孫懋蕃自天津來，欲見余，屬爲先容。即作復，以病辭。

唐是康熙初夔人寓吴者，名甄，字鑄萬，順治丁酉舉人，官山西長子縣知縣。其書分上、下篇，爲四卷，上篇子目五十，下篇子目四十七。大率憤時疾俗，多寓經濟於議論，而文無根柢，傷於剽鋭，亦間爲澀體，而彌不工。其論亦或迂謬不可行。如謂天子亦可效庶人夫婦居家之法：縫紉庖廚，數妾足以供之；灑掃糞除，數婢足以供之。入則農夫，出則天子，内則茅屋數椽，外則錦壤萬里，益顯天子之尊，而奄人、宫女之患永絶。此足以笑倒千人矣。然亦有快利可喜且可以考見當日事勢者。前有韓城張尚書廷樞、吴江潘次耕兩序。

作書致書玉，饋以熓鷄、熓雀。

閲毛西河《蕭山縣志刊誤》。其辨餘暨非諸暨所分，蕭山即縣西山，蕭、西一聲之轉，非由許詢之隱得名，不當稱蕭然山；又據《宋書》及《南史·孔覬傳》辨回浦爲蕭山海門之東、查浦之西地名，與海寧鹽場對渡，亦名回水，以江水至此回折得名；案：此回浦與《漢志》會稽郡東部都尉治之回浦縣名偶同耳，西河遂謂《漢志》回浦即此，非縣名，則謬矣。漢回浦自是今台州、温州地。據《續漢志》注引《越絶書》，西施爲蕭山人；據《舊唐書》，賀知章爲永興人，非四明人，寧波亦無四明之稱；據《梁》《陳書》及《南史》辨江寺爲江總，非江淹；據《駱丞集》及《文苑英華》辨《舊唐書·宋思禮傳》「補蕭縣主簿」，「蕭」下脱「山」字：皆極確。

至辨舊志謂江淹之子昭玄捨宅爲寺，唐會昌中毁，大中二年重建，賜名昭玄，祥符中避國諱改名覺苑，以爲大中是唐宣宗年，會昌既毁，大中不應又即建。不知大中詔復會昌所毁寺，明見新、舊《唐書》本紀。凡會昌毁而大中復者，天下之寺，不知凡幾也。又謂宋真宗名玄。真宗名恒，不名玄。所謂國諱者，當時所造之聖祖趙玄朗諱也。

辨舊志《選舉門》載賀知章擢進士超拔群類科，謂知章是制科，非進士科，其稱進士者，以古重制科，制科可稱進士，進士不可稱制科，志列賀於進士者，誤。不知唐制中進士科後未即授官，往往更舉制科及拔萃科等，有一人歷舉三四科者，新、舊《唐書》本傳中不勝僂指。季真《舊書》止云舉進士，《新書》增超拔群類科，則自舉兩科也。唐初科目猥多，或有以草野舉制科者。中唐以後止賢良方正直言極諫科、博學宏詞科及書判拔萃科，大率以進士有官人應舉，五代及宋皆然。西河謂制科可稱進士，亦不知何據。至以其身由布衣舉鴻博之故，遂極言自漢以來制科爲大科，不常舉，唐、宋制科之重、進士之輕，自唐迄今，進士不得稱制科。不知漢無制科之名；唐、宋制科數年一舉，亦同常格；自宋以後，進士有廷試，天子稱詔策之，即今之殿試，正仿漢之親策晁、董，乃所謂制科也。唐代極重進士，制科轉非所貴。元以後止進士一科，遂以殿試爲制科。國朝兩舉鴻博，所謂特科，未嘗稱制科也。惟宋世有大科之名，然朝廷功令，亦無此稱也。

其辨《韓肖胄傳》云：肖胄爲資政殿學士，知紹興府。其曾祖琦守相，作晝錦堂；父治作榮錦堂；肖胄與其弟膺胄寓居於越幾十年，又作榮事堂。謂琦相州人，知相州，治亦知相州，肖胄又曾代父守相，故三代作堂以榮之，正指其三代還鄉。不知相在河北，南渡後宋人何由得知相州？肖胄作榮事堂者，正以其居越而守紹興，自比於魏公之晝錦也。

其辨舊志《張叔椿傳》云：叔椿，寧宗時爲吏部侍郎；子復初，尚理宗姑長興縣主，封永國公。謂理宗之姑爲太祖十世孫希瞿案：當作希瓐。希瞿是濟王竑之父。姊妹行，希瞿以理宗入嗣，追封榮王，則長興縣主亦是追封，尚縣主而封國公，亦其恒事。不知希瓐至爲全保長之婿，其世甚微，安得先與吏部侍郎聯姻？蓋理宗入嗣，時年甚幼，自當有未笄之姑，此必寶慶以後推恩所封縣主，而復初娶之。至縣主之夫，亦不應封國公。疑永國之封，是張氏家譜僞造，而云亦其恒事，所未詳也。

大抵西河於史學甚疏，故官制多茫昧。如《賞祊戒定寺碑》云：宋至道中，全允忠之玄孫仲修出爲南昌府教授，與其女夫南昌府太守徐儼踵置寺田。傳至景祐時，徐昊一主簿重捨田蕩，始爲寺譜。昊一之孫九明爲後軍都督府都督，其夫人全則，理宗皇帝太后娣也。夫人親齎奏乞皇帝降敕。淳祐八年，皇帝爲御書，而太后請加之璽。案：南唐元宗交泰元年，以遷都豫章，始升洪州豫章郡爲南昌府，號南都。宋平南唐，復爲洪州。太宗至道時安得有南昌府教授、南昌府太守之名？終宋之世，惟有知某州、知某府，未有稱某府太守者。宋初武官有諸衛將軍。南宋後惟有殿前司、侍衛馬軍司、侍衛步軍司，稱三衙，有指揮使以下等官，若前、後、中、左、右五軍都督府，稱五府，有都督以下等官，乃明制也。景祐是仁宗即位之十二年所改元，至四年即改寶元，下至理宋淳祐八年，凡二百十五年，而徐氏僅傳兩代。理宗生母僅封榮國夫人，終身未嘗至臨安，安得有太后之稱？此皆三家村學究妄造，全不知時代官制者，而西河縷述之。

又《陳氏家廟碑》云：山陰陳氏，其先世自石晉時爲朝太尉，再傳宣教郎，三傳至記室參軍，實始居山陰北塘之下方橋，而遷延入宋，有登進士科者。案：五代時太尉最爲尊官，其人可數，安得石晉時有太尉陳姓？其時越屬錢氏，亦不得爲中朝官。且朝太尉亦不知何稱。五代文散官皆依唐代，並無宣教郎一階。六朝時有記室參軍。至唐以後，惟有司録參軍、録事參軍，功、倉、户、兵、法、士、田七曹參軍，並無記室參軍；其藩鎮辟掌書記者，多帶京朝官，謂之掌書記。宋代呼爲外三字，以比内之知制誥。惟五代時親藩尹京，間有稱記室參軍者，如後唐秦王從榮以天下大元帥知河南府，有記室參軍魚崇遠，蓋偶一置耳。石晉至宋不過十餘年，陳氏已歷三傳，而尚云遷延入宋，此亦陳氏全不知古今者妄造家譜，而西河皆仍之。

西河文中紕繆不勝摘，此二事皆關於吾鄉掌故。吾鄉寺志族譜之荒陋無稽，尤不勝言，而此二事爲西河所述，恐世誤信，不可不辨。西河謂凡爲郡縣志者，皆無學之人，多喜妄造。余尤不解古今之爲族譜者，固出妄造，何以一涉筆間，時代無不荒謬，豈造物惡之，有意發其覆邪？

邸鈔：以翰林侍讀學士汪鳴鑾爲詹事府詹事。

初九日己酉　晴，風，嚴寒，夜尤凛冽。寫先代忌日單，自六世祖天山府君以下考妣生卒日，共爲兩紙，張之於壁。余行篋中未携家譜，譜中亦不載妣之生卒，俱於舊日記中鉤考出之，幾費一日之力。夜閲《西河集》中記事、雜録、《制科雜録》、《越語肯綮録》。

邸鈔：上諭：刑部奏已革廣西巡撫徐延旭押解到京，著派軍機大臣、大學士會同刑部審訊。

初十日庚戌　晴，嚴寒，滴水皆冰。閲《舊五代史》。得朱蓉生書，即復。下午詣益吾祭酒、陳雲舫掌道，俱不值。答詣殷蕚庭、楊定旉。視子縝疾，已漸愈，略談著述之事。晚詣書玉而歸。夜閲荇老八九月間所致兩札，情辭真摯，且言病狀之苦，對之悽然，因賦一詩。

甲申十一月初十夜展讀荇丈秋暮手書數通泫然成詠時丈化去十二日矣

朔風燈冷夜窗虛，展讀平生一紙書。隔巷相憐人卧病，九秋還慰客無魚。一書是饋魚麵。心傷索畫明年約，兩書皆寄畫扇，有云：『所畫甚拙，惟恐自此不能再畫，或有明歲，當别畫一扇以補過。公其許我乎？』腹痛瀕危半面疏。我抱沉痾公已去，黄壚相憶定何如。本作『黄壚泉下事何如』，擬仍用原本。

十一日辛亥　晨及上午微晴，多陰，下午澹晴，嚴寒。

《西河詩話》云：杭州寶叔塔，舊志一謂僧寶所建塔，所、叔形誤；一謂錢王俶入覲，民建塔保之，呼保俶，俶、叔聲誤：皆無據之言。考是塔甚古，《郡國志》云寶石山上有七層寶塔，王僧孺稱其巧絶人工，則其來舊矣。是塔以山得名，寶叔者，寶石之誤。山本多石，有巾石、甑石、落星石、纜船石，舊名山足曰石塔頭是也。案：宋末董嗣杲《西湖百詠·保叔塔詩序》云：『在巨石山上，又名石甑山。《郡國志》云上有七層古塔，開寶中錢氏建寺，咸平中土僧永保入市募修，當坊俗人呼爲保叔，以此名保叔塔。《方輿勝覽》作保所塔，非。』董、毛所引《郡國志》，不知何人所作，其文又有小異。董説杭人呼永保爲保叔，頗近無稽。毛氏説甚古雅，而不知所據。又董氏《雷峰詩序》云：『在顯嚴院。開寶中錢氏妃建塔院，院側有雷峰庵，郡人雷就故居。《塔記》：始以千尺十三層爲率，事力未充，姑營七級。此山出黄皮木，以衆山環繞，故名中峰，林和靖有《中峰行樂詩》。慶元元年，庵院始合爲一。今止五級，塔身矮肥。』而《西河詩話》云：南屏山前回峰，以山勢回抱得名。吴越王妃建塔其上，本名回峰塔，俗作雷峰，以回、雷聲近致誤，而淳祐、咸淳舊志造一雷姓者當之，可笑甚矣。又俗號[illegible]皮墩。黃皮，王妃之訛。志云地植黃皮，誤。案：以地產黃皮木而號塔爲黃皮，亦俚而無理。《十[illegible]秋》云：吳越忠懿王『有黃妃者，常於南屏山雷峰顯嚴院建塔，奉藏佛螺髻髮。始以百丈十三層爲[illegible]寺以財力未充，姑建七級，已又用形家言，止存五級。名黃妃塔。後以地產黃皮木，遂訛爲黃皮塔[illegible]稱雷峰塔焉』。忠懿王有《建黃妃塔碑記》，其末有『塔曰黃妃』之語。又引《净慈寺志》作黃妃塔，或[illegible]妃塔，誤。然碑文中但云宮監等合力所造，不言出妃。且吳越諸王自武肅母趙國太夫人水丘氏以[illegible]皆止稱夫人；惟忠懿元配孫太真，於宋太祖時由賢德順睦夫人進封吳越國王妃，出於特典，時宰[illegible]以異姓無封妃故事争之。孫妃旋卒，其繼配俞氏亦不封妃，黃氏何得有妃稱？疑此碑記采自《净[illegible]》，不足深據；抑或錢氏於國內皆僭稱妃，亦不可知也。

敦夫來。鐵香來夜談。自九月初法夷陷踞鷄籠後，有基隆分防通判三水梁[illegible]上臺灣道劉璈牘，極言基隆之失，由候補知府李彤安者，素通夷，在淡水軍營，一夕三發電報至[illegible]基隆大營，言法人攻淡水急，將不保，請速救。時基隆諸將弁日間方接仗得捷，方共議次日力攻[illegible]氣甚鋭。而孫提督開華駐淡水，獨無報至。咸知李通法逆，以此誑巡撫移師，則法夷可得基隆，力[illegible]巡撫，謂李不可信。巡撫不聽，連夜拔營往，則淡水固無事，而基隆遂失。滬上申報館傳刻其牘[illegible]國税務司駐臺者亦言之。劉銘傳既失基隆，兩月餘不出一兵。總督楊昌濬抵閩，即撥餉數十萬[illegible]濟師。而銘傳惟日馳奏言臺南北皆不可保，人皆謂其有風疾。粤督張之洞亦疏言之。前月中內閣[illegible]周德潤疏請治銘傳失地之罪；前日鐵香復劾銘傳，且録梁純夫牘以進，請誅李彤安。皆不報。

十二日壬子　竟日霒陰。料檢書籍，新製香木夾板，署槧揭櫫，頗覺疲瓶。[illegible]繆筱珊書，即復。

下午不快，小卧。夜風。

十三日癸丑　晴，午後有風，寒冽之甚。

《（舊唐書）〔舊五代史・晉書〕・盧質傳》云：同光中，質爲翰林學士承旨。會覆試進士，質以『后從諫則聖』爲賦題，以『堯舜禹湯傾心求過』爲韵。舊例賦韵四平四側，質所出韵乃五平三側，由是大爲識者所誚。案：此事《容齋五筆》中嘗論之，謂韵拘平仄不知起於何世。然律賦本以鏗鏘聲病爲主，平仄相間，誦之流美，亦應制者不得不然，而通人往往不拘。吴縣吴晴舫先生鍾駿，館閣耆宿，博綜經史，兩任浙江學政。余兩應其古學試，一次賦題『晉荀息以璧馬假道』，以『輔車相依唇亡齒寒』爲韵，六平二側也；一次賦題『汲古得修綆』，以『學于古訓乃有獲』爲韵，一平六側也。

子縝來，告昨夕復咯血。余近亦病甚，作書問之。買婦人上車梯登一具，付錢六千。

十四日甲寅　晴。得敦夫書。得子縝書，言病狀，即復慰之。作書致敦夫，致子培，致朱蓉生。書玉來。光甫來。敦夫來。是日忽復咯血，仍服藥。閲毛西河《勝朝彤史拾遺記》《武宗外紀》《後鑒録》。比夕月甚佳。買素心蠟梅花三盆，付直二十千。

十五日乙卯　晴。午忽患脅背牽痛，蓋肝疝之氣又發，亦比日苦寒咳嗽所傷。自撰方藥，欲服五加皮、赤芍、荔支核，不果，仍服昨方。得子縝書，問余病，並饋阿膠一方，香橼五枚，即復。作書致書玉。書玉來。夜月甚皎。自力題《通鑑》籤尉，古云揭櫫，今俗謂寫書頭也。聞朝鮮事甚棘。吴大澂吴下書畫清客，續昌八旗奔走下材，付此二人，何以能濟？金甌盡缺，尚堪撞邪！

十六日丙辰　晨薄晴，有風，午晴，風少止，下午間陰。寫《通鑑》卷數歷朝帝王訖。得朱蓉生書。作書致子縝，復蓉生。撰荇丈輓聯，以吉貝布一丈書之，云：『仕宦皆虚祇平生三史千秋豈特補遺刊貢父，風流頓盡想地下七賢再續也應後至笑王戎。』并送奠儀朱提四金。作書致益[illegible]酒，得復。是夕望，月甚清，有風而不甚寒。夜閱《通鑑》，嗽甚劇。

邸鈔：宗人府府丞吴廷芬請開缺在籍營葬。許之。翰林院侍講徐會澧轉侍[illegible]經局洗馬陸潤庠升侍講。詔：十九日親詣大高殿祈雪，遣惇親王等分禱時應諸宮廟。

十七日丁巳　晴，稍和。祖妣倪太恭人生日，供饋特㲋一，燖雀一豆，蒸羊一[illegible]素肴七豆，饅頭兩盤，麵一盤，時果四盤，蓮子湯一巡，酒三巡，飯再巡，茗飲一巡，晡後畢事。出[illegible]，晤益吾祭酒、徐壽蘅太常、錢辛伯閣學、鍾六英太僕、王可莊修撰。傍晚詣書玉，小坐而歸。得[illegible]書、子培書。以食物問子縝。夜爽秋來辭，不見。

十八日戊午　晴煦。

閱黄瑜《雙槐歲鈔》。瑜字廷美，香山人，明景泰丙子舉人，嘗知廣東長樂縣[illegible]歸，家居二十年卒。書凡十卷，多記當時掌故。其言洪武丁丑科場之獄特詳，自稱本於太祖所[illegible]榜不臣榜，故多《明史》所未及。所載張信等獲罪之由，及丁丑狀元陳䢵、探花劉諤《進士碑録》《紹興府[illegible]作士諤，《山陰志·貢舉考略》亦同。是書作諤，《蕺山集》及劉氏譜作鍔。水澄巷有當時所建探花坊，作士諤。誅貶始末[illegible]書所未見。張信，定海人，《明史》無傳。劉附見《紹興府志》其父子華傳中，亦不載其獲罪事。是[illegible]於庚申歲閱一過，今二十四年矣。

夜月仍佳。補訂《熙朝宰輔録》。

邸鈔：以大理寺卿白桓爲都察院左副都御史。兵科掌印給事中廷禧、户部郎[illegible]培俱升内閣侍讀學士。刑部郎中楊澤山升鴻臚寺少卿。户部主事海錕甲戌。升詹事府右中允。

十九日己未　晴。書玉來，告今早又舉一女。作書致敦夫，得復。寫《唐書合鈔》八十册籤題。以食物問書玉夫人。介唐女嬰周晬，賀以糕、餅、鷄、麵。再作書致敦夫，得復。作書問子縝疾，得復。剃頭。再得書玉書。

《西湖志》載：陳贄，字維成，餘姚人，洪武間以薦授杭州府學訓導，徙居錢唐，寓昭慶灣，官至太常少卿。《錢唐志》云由訓導擢翰林待詔，進太學博士，命教内豎，人咸親之。嘗和宋人董嗣杲《西湖百詠》，天順中合刻以傳，今收入《四庫》。《錢唐志》稱所著有《自怡客屋》諸詩稿。天順中錢唐陳知府敏政《百詠唱和詩序》稱『太常少卿會稽陳維成先生』，嘉靖中河南周王重刻序亦稱『會稽陳太常少卿』。《明詩綜》載：馮瑜，字叔瑜，一字大美，號越南，會稽人，建文中官河南道監察御史，寓居嘉興之烏墩。即今烏鎮。宣德中，與烏墩人儀鑾司序班趙伯高巘等爲九老之會，時人有詩紀其事。御史著有《石軒集》。今《紹興府志》皆不載。其後人猶居城西北四十里移風村，地屬清風鄉，與安昌鎮鄰，俗呼儀風。有故宅曰都諫第。

邸鈔：詔：記名提督、貴州安義鎮總兵周壽昌，前在江蘇、浙江等省，著有戰功，現赴廣西軍營，駐劄關外，染瘴身故，加恩照提督軍營立功後病故例從優議恤。從潘鼎新請也。壽昌，字如南，安徽桐城人。本從捻賊，改姓名曰錢桂誠，受僞王封。由行伍積功至今官。與荇農閣學同姓，而一時並歿，亦可異也。

二十日庚申　午初初刻小寒，十二月節。晴和。午後詣徐壽蘅太常，賀其次郎娶婦，送銀二兩。晤錢辛伯閣學及其同官文碩，偕看新房而出。詣蘭宀胡同賀益吾移新居，不值。詣朱蓉生，亦它出。詣鐵香，談至晚。答拜譚研孫而歸。

閱《蠡勺編》。共四十卷，近人番禺凌揚藻譽釗著。皆其所劄記經史子集之説，以四部爲次。卷二十五至三十四雜記制度名物，卷三十五以後又雜記經史，蓋後所續爲者。其書多直載古今人之説，罕所折衷，間有論辨，亦不甚精；然浩博可觀，所引諸書，亦有非習見者。其載吾鄉諸暨傅莫庵學沆說及高郵夏醴谷之蓉《讀史提要録》頗多。案：莫庵，字太冲，乾隆癸酉解元，著有《游衍録》，分經、史、子、雜四類，類各三卷，今鄉里無知其姓名矣。

《蠡勺編》卷二十七『相里氏』一條云：《莊子》書言相里勤之弟子，《韓非子》言有相里氏之墨，是相里氏東周時即有之。今汾陽縣有大相里、小相里二村，安邑縣北三十里亦有相里村。相里氏子孫千有餘歲，尚數十家聚族居焉。晉建雄節度使相里金之墓在汾陽小相里之北，碑云：顓頊生大業，大業生庭堅，仕堯爲大理官。至殷末，有理徵，爲殷伯。其孫仲明，逃紂之禍，故去玉而稱里氏。至周時，晉有大夫里克，其妻成氏携小子季連避地居于相城，時人遂呼爲相里氏。相里武爲漢御史。相里覽爲十六國前趙偏將軍。案：薛、歐《五代史·相里金傳》皆甚略，趙氏《金石録》以下皆不載相里金碑，此所引碑文不知出於何書。其敘世系，與《元和姓纂》亦小有異同。《姓纂》『徵』作『微』，是字誤，《北史·序傳》諸書皆作徵；仲明作仲，師成氏作司成氏，季連作李連，以相里勤爲李連玄孫。又漢相里武外有河堤謁者相里斥、洪氏瑩云當作『平』。濟陰太守相里祉。祉始居西河隰城，今汾州相里城是也。所敘理、徵以上，皆與《北史》及《唐書》敘吾李氏之先同，一云食木子而改李，一云去王而爲里，傳信傳疑，皆不敢質也。

朱蓉生來，不值。

二十一日辛酉　陰，午微見日。

閲南海曾勉士釗《虞書命羲和章解》。其説以此章爲曆學之祖，其言曆象日月星辰，即後世恒星七政各有一天之説所本也；其言測中星以定分至，即後世歲差之説所本也；其言賓餞，則後世里差之説所本也；其言敬致，即定氣之説所本也；其言日中永短，即準北極高卑以分晝夜漏刻多寡之説所本也：所説即本阮文達而衍之。寅賓出日，從《史記》訓敬道出日，謂日初出，度其景識之，若道之行然，故曰賓。《周禮·大宗伯》注出接賓曰擯，擯與賓古通用。寅餞内日，從馬融本作寅淺，云淺滅也，滅猶没也，滅、没皆盡也。謂日入盡時，敬識之無餘景。羲仲測日出，和仲測日入，互文相備。羲仲下不言日入者，東方見日早，校西方幾差一時，則其入之早，亦差一時，可知因其見日早可以測里差，故以出日立文，其實羲仲未嘗不度日入之景。和仲度日入必待滅盡者，若日入尚有餘景，則差積不密，推節朔及日食皆差矣，故必候日入盡時識之。可謂鑿然能發古義者矣。

又云：自唐以來曆算皆用恒氣，惟冬至用定氣，以今年冬至與明年冬至之算折半之爲夏至，四分之爲二分，如此則分常先後天二日。西術測黄道與赤道交日，當其交處，乃置二分，其法校密，近世江慎修氏發明之。然黄道、赤道皆後起之名，太虚中本無黄、赤道也，未見儀器之人，以此語之，反滋疑惑。不如即天象以求天行，以日出至日入若干時，又以日入至日出若干時算之，時刻平分，即命爲二分，夫人皆知之，安用陽律、陰律紛紛之説乎？故《堯典》衹言日中、日永、日短，所以爲最簡而精；鄭注皆言漏刻，亦至明切，惜乎治此學者徒争中西之法而不知察也。具論尤爲明快。其以暘谷爲朝鮮，南交爲交趾，昧谷爲隴西，幽都爲雁門之北、今之朔州，皆參用前人之説。惟以厥民因，據《皋陶謨》釋文引馬注：『襄，因也。』《説文》：『漢令：解衣而耕爲襄。』謂夏日勤於耕者解衣，猶勤於事者袒裼，則頗近支離矣。

以鷄卵、玉田脯、羹麵、餅餌等問書玉夫人。得朱蓉生書，即復。作書致益吾祭酒，致子培。夜得子培書。是夕復苦嗽。

二十二日壬戌　晴。

《雙槐歲鈔》有『陳御史斷獄』一條云：武昌陳御史孟機智按閩，有張生者，殺人當死，其色有冤。詢之，生曰：『鄰居王嫗許女我，已納聘矣。父母歿，我貧無資，彼遂背盟。女執不從，陰遣婢期我某所，歸我金幣，俾成禮。謀諸同舍楊生，楊生力止我，不果赴。是夕女與婢皆被殺。嫗執我送官，不勝考掠，故誣服。』即遣人執楊生至，色變股栗，遂伏罪，張生獲釋，人以爲神。智有聲宣、正間，至右都御史。案：此即梨園院本《釵釧記》所從出也。小説之《聊齋志異》有《胭脂》一事，云是施愚山爲山東提學道，辨濟南諸生秋隼冤獄；又弋腔演劇有《拾釧記》，亦曰《法門寺》，謂劉瑾所出冤獄者，疑皆由此附會。

敦夫來。作書致書玉。沈子敦刑部來。作書致子培。書玉來。介唐來。夜書玉兄弟邀同諸君飲義勝居，招霞芬。三鼓歸。

二十三日癸亥　竟日雪。閱香山黄才伯佐《翰林記》。才伯即廷美之孫，正德辛巳進士，官至南京禮部尚書，謚文裕。是書凡二十卷，專記明代翰林掌故，多正史所未及，考有明清華職掌、制度沿革、科第升降者，莫備於此矣。益吾祭酒來。得爽秋書，即復。得書玉書，言新生之女殤，即復。

庶吉士之設，皆謂始於永樂二年甲申，楊相等二十八人比二十八宿，又增周忱一人，謂之挨宿。不知此乃成祖命解縉於庶吉士中選二十五人，并一甲曾棨等三人進學，於文華閣上親教之。是科庶吉士有六十人，其蕭省身、李昌祺等皆仍在翰林院讀書也。庶吉士始於洪武十八年乙丑科選陳淇等；其一甲三人丁顯、練安、後以字子寧行。黄子澄一作花綸，以子澄爲二甲第一。皆授修撰，入翰林，亦始於是科。至二十一年戊辰科，始定一甲一人任亨泰或作黄觀者，誤，觀乃二十四年辛未科會元、狀元。授修撰，第二人唐震、第三人盧原質授編修，至今因之。惟建文二年庚辰科一甲胡靖、王艮、李貫皆授修撰。又翰林以學士、侍讀、侍講學士爲堂上官，侍讀、侍講、五經博士、典籍、待詔爲屬官，編修、檢討爲史官，典簿、孔目爲首領官，始於洪武十八年。至正統七年，於京師玉河西岸建翰林院，正堂三間：中設大學士、學士及侍讀、侍講學士公坐；左爲史官堂，以居編、檢等；右爲講讀堂，以居侍讀、侍講等，亦至今因之。

夜半後復雪。

邸鈔：以前詹事府少詹事文治爲鴻臚寺卿。詔：輔國公載澤加恩在御前行走。詔：吉林分巡道顧肇熙開缺來京，交吏部帶領引見。

二十四日甲子　晨密雪，上午漸微，傍晚稍止。閱《翰林記》。

夜閱黄才伯《革除遺事》節本。其於建文之出，云『上闔宫自焚，遂出走』。蓋以存疑詞，而文不可通矣。其後又載：或曰高皇帝匣授髡緇之具事，及賦《新月》『誰將玉指甲，點破碧天痕』一詩。又載正統末自滇南歸京師，賦『影落江湖四十秋』一詩，皆不失矜慎之意。其於建文、吕太后、馬皇后、皇太子文奎、懿文、江都長公主、駙馬都尉耿璿，皆云不知所終。又載永樂二年三月之詔，直斥建文之名，謂允炆幼沖嗣位，顛覆舊章，戕害骨肉，社稷幾墜。又云允熥、允熞弗知省躬，自生疑懟，免爲庶人。亦可謂直筆矣。

閱番禺林桐君學正伯桐《毛詩通考》。共三十卷，皆考鄭箋之異於毛傳者，大恉皆申毛而難鄭。其時陳碩甫《毛詩疏》尚未出，而宗恉則同也。書止兩册，每卷首皆有『考鄭箋異義』五字，蓋本其《通考》之一門，故以此標目，而全書未成也。如止考鄭箋，不得名曰『通考』矣。

邸鈔：上諭：李鴻章等奏確查南八里橋官莊窪兩處地勢高下懸殊，挑河既難施工，築堤尤虞潰決，當派天津道等逐細測量。徐樹銘所擬朱家口築壩，減河引入子牙河各節，實於地勢民情多所窒礙，請毋庸議辦。擬仍於上游四十八村設法補救等語。獻縣朱家口河工即著毋庸置議。至上游四十八村迭被水患，現議圈築護堤，挑展引河各工，著李鴻章妥爲辦理。

二十五日乙丑　晴，昧爽大風，竟日不止。褚百約編修來。得繆恒庵廿三日津門書，并贈顔魯公《八關齋會報德記》拓本。作書致光甫。作書問子縝疾，得復，言昨又咯血。作片致敦夫，致書玉，皆約明日小飲。

閲番禺侯君謨孝廉康《春秋古經説》。共二卷，經文以《左氏》古文爲主，而辨《公》《穀》之異文。謂《公》《穀》得於口授，遠不若《左氏》明著竹帛之可信。而《公羊》又出於《穀梁》之後，尤多臆説，人名地名之誤，皆乖事實。條繫而辨之，説經鏗鏗，皆有堅據，較趙氏坦之《異文箋》、臧氏壽恭之《左氏古義》更爲守之篤而論之精，世之左袒《公羊》者無容置喙矣。

夜批改問津書院諸生卷。

邸鈔：上諭：内閣學士徐致祥奏請罷開鐵路，急修河工一摺。朝廷廣開言路，原期拾遺補闕，實事求是言事，諸臣自當於政治得失，據事直陳。若妄逞臆見，信口詆訐，此風斷不可長。徐致祥此奏並不平心論事，輒敢肆行訾詆，殊屬誕妄，著交部議處。翰林院侍讀梁耀樞升右春坊右庶子。户部銀庫郎中豐伸泰授吉林分巡道。

二十六日丙寅　晴，上午有風。

閲侯君謨《穀梁禮證》。共二卷，止於昭公八年秋『蒐于紅』之傳，蓋未成之書也。引史據經，古義鑿然。然自僖公以後止文五年傳『會葬之禮于鄙上』一條，而如二年『作僖公主』及『大事于太廟躋』，僖公四年『逆婦姜于齊』，六年『閏月不告朔猶朝于廟』，十有二年『子叔姬卒』，十有八年『夫人姜氏歸于齊』，《穀梁》皆據《禮》以發傳，而此悉略之，其下便接『蒐于紅』傳禮證四條。疑其書實至僖公而止，其文傳一事、昭傳四事，刻者掇拾，系於其後耳。伍崇曜跋言孝廉撰是書，未完而卒，假得其叢稿，釐爲二卷。則非其次第本如是矣。

得敦夫書。介唐來。光甫來。晡後詣子培談。晚邀書玉、敦夫、介唐、光甫飲霞芬家，蜜炬温鑪，小設肴饌，清談無倦，綺集彌佳，夜三鼓後歸。付霞芬酒席六金，僕賞二十千，客車、僕飯錢十一千，車八千。

邸鈔：詔：浙江温州鎮總兵張其光之母阮氏，署江南福山鎮總兵、太湖左營副將雷玉春之母張氏，均年逾八十，禄養承歡，加恩各賞給御書扁額，紫檀三鑲玉如意柄，小卷江緞袍褂料、八絲緞袍褂料各二件。

二十七日丁卯　晴，嚴寒，下午微陰。

閲侯君謨《補後漢書藝文志》。共四卷。其書體例，凡諸書之見本傳及《隋》《唐》《宋志》《釋文敘録》者，皆不著所出；其采自附傳及它書者，則著之。又仿王氏《漢書藝文志考證》例，間録存其書之大略，加以考證，皆精慎不苟，卓然可傳。

晡後視子縝疾，晚歸。夜批改問津諸生卷。作書致傅子蓴，催鄉祠外官捐款。向來管印結局者向捐生代收，半年一交也。

邸鈔：上諭：前據内閣學士尚賢奏黑龍江荒地甚多，請將京師旗僕發往屯墾，當諭令該將軍妥議具奏。兹據文緒等奏稱黑龍江所屬可以招墾地方，業經開墾殆遍，惟克音通肯圍場久爲封禁之區，奸民詭請懇荒，斂錢惑衆，前經御史英俊兩次條陳，業經查出佃民潘廷思賄通情事，審明定罪，而莠民斂錢之風至今未息，若再招民認墾，適滋奸宄争利構事等語。克音通肯圍場即著永遠封禁，仍由該將軍等督飭該管官員隨時稽察，不准刁民藉詞牟利，致滋事端。上諭：金順奏遵保人才一摺。記名副都統、巴里坤領隊大臣沙克都林扎布，記名提督、伊犁鎮總兵劉宏發，記名提督鄧增，均交軍機處存記。近來保舉纍纍，大率狎邪小人，不足污簡牘。金順滿洲武夫，性直，所保蓋敢戰者。總管内務府大臣廣順卒。詔：廣順由司員升任上駟院卿，洊授今職，當差勤慎。遽聞溘逝，殊深軫惜。伊孫嵩祺加恩以主事用。

二十八日戊辰　晴。

閲侯君謨《補三國志藝文志》。凡四卷。體例一與《補後漢書藝文志》同，皆考證謹嚴，引據晐洽，當時佚文墜簡，多藉以存其梗概，洵爲不可少之書，非僅諸家補志比。所惜其書皆未成，兩志子部皆缺曆算、五行、醫方、雜藝四門，集部皆無有也。

作書問子縝疾，得復。批閲問津九月生員課卷畢。試『孟子曰言人之不善』兩章題文，凡八十四人，取李鳳池第一。書玉來。夜批改問津童卷訖。四更後有風。

二十九日己巳　晴，上午風，午後稍止，嚴寒，沍凍。作書致敦夫，致子縝。得益吾祭酒書，惠贈所輯天命、天聰、順治、康熙四朝《東華録》，作書復謝，犒使四千。作書致子培，得復。夜批改三取書院生童卷訖。

邸鈔：詔：十二月初二日再親詣大高殿祈雪，仍命諸王、貝勒分禱時應諸宫廟。

三十日庚午　晴。作書并課卷致額玉如。杭州人徐薇垣自天津來見，言額玉如於廿七日聞其封翁慎齋都尉蜀中之訃，合肥已檄季士周攝運使。閲林月亭伯桐《毛詩識小》。三十卷，亦僅兩册。其書罕所發明，往往直録箋疏之説，亦多采近時諸家，以大率言名物，故曰『識小』也。

十二月辛未朔　晴，寒威小減。作片致子尊，再催捐款，得復。得桐孫二十九日津門書。作書致敦夫。付寶森買書銀十兩。是日見荇丈藏書已出賣，可歎也。作書致黄仲弢，聞其入都已十餘日，而未過余，故詢之。閲天命朝《東華録》。益吾所撰總序，醇厚有西京風。壽蘅太常約明日飲，聞其坐客甚雜，辭之。夜作唁玉如書、復桐孫書、復繆恒庵書、復錢藩卿書。家人以余病時禱於琉璃廠甸吕仙祠，因書玉霄内景一扁，寫時誤作洞霄。洞霄者，道家以爲老子母先天太后所居宫也，故宋時以洞霄爲第一道觀。今日製成，付木、漆工錢二十五千。

初二日壬申　晴，下午大風，嚴寒。作致合肥傅相書。殷蕚庭來。得敦夫書，言子縝今早舉一女。作書致朱蓉生，得復。下午答拜沈子敦、徐薇垣，問子縝疾。詣書玉小坐，傍晚歸。

得馬蔚林書，詢漢儒孔安國、河間獻王德、董仲舒年輩先後，以河間近始入祀文廟，禮部見修則例，須定位次也。余按安國及事伏生，司馬子長從之問故，《史記·孔子世家》又言其早卒，《家語》以爲年六十，此雖王肅僞撰，然《後序》所述孔氏世代年歲，必有所本，非妄造。則其年輩必在河間獻王前。獻王以武帝元光五年辛亥薨；公孫弘是年方以賢良文學徵對策第一，由博士驟擢至左内史，元朔三年乙卯爲御史大夫。董仲舒以弘爲《公羊》學不如己而至公卿，譏弘從諛，遂爲所嫉，由中大夫出爲膠西王相，則必在元朔三年以後。又久之，以病免，家居，以壽卒，則當在元狩二年庚申弘卒以後。是當以孔安國第一，河間獻王第二，董仲舒第三矣。

初三日癸酉　晴，風。

閲宋人許學士叔微字知可，或曰揚州人，或曰毗陵人，紹興二年進士。《類證普濟本事方》。中論消渴疾云：

唐祠部李郎中論消渴者腎虛所致，每發則小便甜，醫者多不知其疾。《洪範》言稼穡作甘，以物理推之，淋餳醋酒作脯法，須臾即皆能甜也。足明人食之後，滋味皆甜。流在旁光，若腰腎氣盛，則上蒸精氣，氣則下入骨髓，其次以爲脂膏，其次以爲血肉，其餘則爲小便，故小便色黄，血之餘也。臊氣者，五藏之氣；鹹潤者，則下味也。腰腎既虛冷，則不能蒸於穀氣，則盡下爲小便，其色清冷，則肌膚枯槁如乳母，穀氣上泄，皆爲乳汁，皆精氣不實於内也。又肺爲五臟華蓋，若下有暖氣蒸，則肺潤；若下冷極，則陽氣不能升，故肺乾則渴。譬如釜中有水，以火暖之，以板覆之，則暖氣上騰，故板能潤；若無火力，水氣不能上，此板則終不得潤也。可謂鑿然名理。

又論蟲病云：《千金方》謂勞則生熱，熱則生蟲，心蟲曰蛔，案：此俗字，《説文》作『蛕』。脾蟲曰寸白，腎蟲如寸截絲縷，肝蟲如爛杏，肺蟲如蠶。五蟲皆能殺人，惟肺蟲爲最急，蓋肺蟲居肺葉之内，食人肺系，故成瘵疾，咯血聲嘶，藥所不到，治之爲難。須用黑鉛灰熓四錢，先吃猪肉脯少許，一時後用沙糖濃水半盞調灰，五更服之，蟲盡下，白粥將息一日。《道藏》中載諸蟲皆頭向下行，惟初一至初五以前頭向上行，故用藥者多取月朏以前也。姚令威《西溪叢語》以爲微論。

其論目疾謂：《素問》云久視傷血，血主肝，故勤書則傷肝，肝傷則自生風，熱氣上湊於目，遂昏甚。晉范寧嘗苦目痛，就張湛求方。湛戲之曰：『古方宋陽子少得其術，以授魯東門伯，次授左丘明，遂世世相傳，以及漢杜子夏、晉左太冲。方用損讀書一，減思慮二，專内視三，簡外觀四，旦起晚五，夜早眠六。凡此六物，熬以神火，下以氣簁，非但明目，迺亦延年。』案：此出《晉書·范寧傳》。審如是而行之，非可謂之嘲戲，亦奇方也。此尤徵其持論名通，吾輩晚年，尤當奉爲藥石。

《晉書》言張湛時爲中書郎。《舊唐書·經籍志》有張湛《養生要集》十卷。《本事方》引崔玄亮《海上方》治一切心痛，無問新久，以生地黄一味，隨人所食多少，搗取汁溲麵作餺飥或冷淘，良久，當利出蟲長一尺許，後不復患。劉禹錫《傳信方》亦言之。案：《新唐書·藝文志》載崔玄亮《海上集驗方》十卷，劉禹錫《傳信方》二卷。《海上方》者，今醫家所謂丹方也，其實當作單方。《隋書·經籍志》有《四海類聚單要方》三百卷，《舊唐書·經籍志》作《四海類聚單方》十六卷，隋煬帝撰。《新唐書·藝文志》有賈耽《備急單方》一卷。《太平廣記》載耽用千年梳治積瘕及黄龍所浴水治痼疾事，雖出傅會，然單方皆出思議之外，故宋明以後，人呼爲丹方，比之神仙丹藥也。

作書致馬蔚林。作書致繆筱珊。朱蓉生來。黄仲弢來。

邸鈔：上諭：内閣學士徐致祥照吏部議降三級調用，不准抵銷。

初四日甲戌　晴，上午後風。得敦夫書，即復。作書致益吾祭酒，致子培，俱約臘八日晚飲。以是日偕朱蓉生同治具也，作書致蓉生。得子縝書及心雲十月十一日書，即復。得益吾復。午後忽患腹痛，以甘草、白芍湯治之，不效。張姬以食物問子縝姬人。得子縝書，并夢游黄峨山詩一首。閲東莞陳廷器槤《羅浮山志》。廷器，明洪武中以明經徵，永樂末官至南禮部侍郎。

邸鈔：以内閣學士周德潤署理禮部左侍郎。本徐郙缺，徐致祥署。户部郎中衡峻授直隸熱河兵備道。

初五日乙亥　寅正初刻十四分大寒，十二月中。晴。批改問津諸生十月課卷訖。試『嘗獨立』至『學《詩》乎』題文，凡八十七人，佳卷甚罕，取朱墉第一。李鳳池、陳澤霖兩生皆在外課卷中，於其文尾批示以作時文之法；於胡濬文尾示以作此題之法。剃頭。

閲博羅張孟奇萱《疑耀》。共七卷。孟奇，明萬曆中官内閣誥敕房中書舍人，出榷滸墅關税，以養母歸。是書向題李贄作，王漁洋《香祖筆記》始證爲張作，《四庫提要》已改正之。此本爲近人南海伍崇曜所刻，取其所著《西園存稿》是書新序冠之於首。其序言是書本二十七卷，歲戊申分司吳關時焦太史竑、黄觀察汝梓爲之序以付梓，僅得七卷，今其餘蓋不可考矣。書亦雜識之屬，頗多舛誤，亦有臆説，然其辨證古今，亦間有可取，在明代尚爲洽聞之士也。

邸鈔：翰林院侍讀龍湛霖升右春坊右庶子。

初六日丙子　晴，午後有風，寒甚。得益吾祭酒書，以所著《漢書司馬相如補注》二卷屬閲。介唐來。

閲《疑耀》。其中如論明代黄册、宋世扈從女童露面諸事，亦頗資采摭，然所引書多不可據。即如開卷第一條『孔子無須眉辨』，本何孟春《餘冬序録》之説，引《孔叢子》云子思言『吾先君生無鬚眉』。而今本《孔叢子》實作『吾性無鬚眉』。第二條引《説文》『畫婐，舜妹』，而《説文》並無此語。孫頤谷皆已辨之。

寒冬夜坐閲緒畫山水箋宛似故鄉西偏小村落題之以詩

翦燈寒夜一攤箋，忽覺溪山落眼前。小艇渡人疏柳下，幾家臨水夕陽邊。參差林影浮漁罧，次第峰痕界野烟。歸夢欲尋江上屋，梅花籬落隔巖泉。

邸鈔：直隸天津河間道季邦楨升長蘆鹽運使。

初七日丁丑　晴。

閲《疑耀》。其『望帝化鵑』一條，不引揚子雲《蜀王本紀》，而引來敏《本蜀論》。『施全』一條，以全爲本在秦檜十客之列，不知刺客之名，即因其剚刃而目之。『劉表工書』一條，謂《三國志注》載表與袁尚兄弟書，其筆力不減崔、蔡。不知《後漢書注》言兩書皆出《王粲集》，是粲代表所作。凌揚藻《蠡勺編》即襲此而誤。『丘明非姓左』一條，據吳興丘墓村碑，以左爲左史之官，丘姓明名。『機雲爲顧婦贈答』一條，謂士衡《爲顧彦先贈婦》詩第二章結句『願保金石軀，慰妾長饑渴』，是反爲顧婦贈彦先。不知《文選》李善注已明云此二首上篇贈婦，下篇婦答，而俱云贈婦，誤也。『韓昌黎白太傅皆惑於服食』一條，謂白樂天詩『退之服硫黄，一病迄不痊』，是昌黎譏李干等服藥之誤，而晚年復躬蹈之。不知白詩所云退之乃衛中立，亦字退之，非昌黎也，昔人已辨之。『衕衕』一條，謂京師呼巷爲衕衕，蓋俚語；《山海經》有飛魚，『食之已痔衕』，郭璞注音洞，是『衕』非俗字。不知《説文》明云：『衕，通街也。』《山海經》『衕』字乃『洞』字之借。

『火浣布』一條，引《逸周書·火浣布贊》：『火澣之布，入火不滅，布則火色，垢則布色，出火而皎之，皎然疑乎雪。』又引《山海經》云：『布出火山國，火中有白鼠，毛可作布，敝則以火燒之，如新。』案：《逸周書》並無《火浣布贊》。《山海經》亦無此文，惟《大荒西經》言昆侖之丘，『其外有炎火之山，投物輒然』。郭注云：『今去扶南東萬里，有耆薄國。東復五千里許，有火山國。其山雖霖雨，火常然，火中有白鼠，時出山邊求食，人捕得之，以毛作布，今之火澣布是也。』是誤以郭注爲《山海經》文。考《三國志·三少帝紀》『西域重譯獻火浣布』注引《異物志》曰斯調國有火洲云云，又引《傅子》漢桓帝時大將軍梁冀以火浣布爲衣云云，又引《搜神記》崐崘之墟有炎火之山云云，又引東方朔《神異記》南荒之外有火山云云。《後漢書·西南夷傳論》『火毳𢅏布』注引《神異經》南方有火山云云，又亦引《傅子》云云。文與裴注所引小異。《水經·漯水》注引《神異經》語，較章懷所引爲詳，而較裴注爲略。任昉《述異記》亦言火浣布事，以爲南方炎火山之草木葉所績，與《異物志》所説同。《史記·大宛列傳》正義引萬震《南州志》云：『大秦海中斯調州上有木，冬月剥取其皮，績之爲火浣布。』《藝文類聚》卷八十引《玄中記》云：『南方有炎火山，四月生火，其木皮爲火浣布。』是火浣布有鼠毛、木皮兩種，故干令升《搜神記》謂非此山草禾之皮枲，則其鳥獸之毛也。《太平廣記・異人門》載《梁四公記》云：南海商人齎火浣布三端。杰公謂䨲杰。曰：『一是緝木皮所作，一是績鼠毛所作。』問木、鼠之異，曰：『木堅毛柔。』皆兼木鼠而言之。《列子》殷敬順釋文引《異物志》云：『新調國有火洲，有木及鼠，取其皮毛爲布，名曰火浣。』亦兼木鼠言之，與裴注所引異。『新調』即『斯調』之誤。凡此皆火浣布之説，出於魏晉以後。而《列子・湯問》篇云：『周穆王大征西戎，西戎獻錕鋙之劍、火浣之布。其劍長尺有咫，切玉如切泥焉。火浣之布，浣之必投於火，布則火色，垢則布色，出火而振之，皓然疑乎雪。』張湛注云：『此《周書》所云。』《疑耀》之説蓋本於此，不知《逸周書》無其文也。《列子》一書後人所綴輯，蓋出於東晉以後，觀湛所序甚明，本非《漢志》之舊。其書至唐開元後始大行，故裴世期注《魏志》，章懷注《後漢書》，於火浣布皆不引《列子》。此條綴於《湯問》篇末，蓋裴、李諸人尚未見之，疑出於張湛以後，其注云云，亦非湛語也。

作片致介唐，致敦夫，俱得復。作書致子縝。殷蕚庭明日生日，饋以桃、燭、糕、豚。傍晚詣書玉兄弟，并邀介唐、敦夫同飲義勝居。夜一更後敦夫邀飲霞芬家，三更歸。

邸鈔：上諭：詹事府左中允樊恭煦奏請申諭言事諸臣一摺。據稱徐致祥因言獲咎，恐中外臣工致生疑揣，轉昧求言本懷等語。前降旨將徐致祥予以處分，因其詆訐，並不因其言事。若謂言路因此而阻，則該中允何以又有此奏耶？分別門户，標榜攻訐，爲前明惡習；我朝紀綱嚴肅，豈容有此等風氣？不得不示以懲誡。樊恭煦於朝廷用意並未深悉，輒妄行陳奏，殊屬冒昧，著交部察議。吏科給事中萬培因授直隸天津道。

初八日戊寅　晨及午澹晴，下午多陰。煑臘八粥供先。劉仙洲夫人饋臘八粥。得子縝書，即復。

以粥饋仙洲夫人及子縝。作書致益吾。作片致朱蓉生。子培來，益吾來，蓉生來，繆筱山來，黄仲弢來，夜設飲，清談甚暢，三更始散。

初九日己卯　晴，大風。得介唐書，贈烏木淡巴菰烟筒一，并杭州菸一斤，作書復謝。作書致書玉，以燖鷄、酒棗問其夫人。寄額玉如藍尼輓障一軸，金字文曰：『鶴馭青城。』其尊人慎齋都尉，本成都駐防旗人，以今春自津歸蜀也。輓聯曰：『歸卧錦城花，玉簡忽朝金闕去；驚傳滄海訃，銀津難輓素車回。』以番布一丈書之。沈子敦來。得書玉書。夜批改三取書院生童十月課卷，生取張雲霈第一。

權之數曰鈞、曰斤、曰兩、曰錢、曰分、曰釐、曰豪、俗作毫。曰絲、曰忽、曰微、曰纖、曰沙、曰塵、曰埃、一本埃在漠下。曰渺、曰漠、曰逡、曰巡、曰溟、曰清、曰須、曰浄，凡廿二等；量之數曰石、《説文》作柘。曰斗、曰升、曰合、曰勺、曰抄、曰撮、曰圭、曰粟、曰顆、曰粒、曰黍、曰稷、曰禾、曰糠、曰粃、曰粞，凡十七等：皆以十遞減。量長短之數自尋、常、倍尋曰常。丈、仞、或曰八尺，或曰七尺，惟《小爾雅》作四尺。尺、咫、八寸爲咫。寸、分外，釐、豪以下，皆同權之立名；又有模、糊等名，其文義多不可通考。《漢志》《説文》諸書分亦曰程，十髮爲程，一程爲分。程之下曰髮、曰秒，十二秒當一分。秒亦曰蔈，此量長短之數也。其衡輕重者，兩之下曰銖、曰分、曰粟。《淮南子·天文訓》曰十二粟而當一分，十二分而當一銖，十二銖而當半兩。故權起於十二粟，度起於十二秒，度即量也，其數義皆取諸禾，無瑣瑣諸名也。康熙二十四年，户部尚書科爾坤上言賦役徵解條目太煩，請更造簡明全書。上允其請，開局山西司。總裁光禄寺卿龔佳育持議，謂州縣催科，歲發由單，分壤地之則，使民知輸納之數，法至善也。而條目繁瑣，尾數稍有不符，動行駁改，名爲易知，百姓難曉。請米數止升、合、勺，銀數止分、釐、毫，自秒、撮、絲、忽以下，悉删除之。而升秒爲勺，升絲爲毫，斯勘算易明，賦額仍無虧損。乃更定由單，式未成而佳育卒。俄動浮言，以畸零數不可除，古未有議删去者，朝士多惑其説。於是給事中楊周憲疏請仍舊，詔下公卿議。時休寧趙吉士恒夫以户部主事充纂修官，作論一篇，援唐元稹當州所上狀，有云：『斛止於合，錢成於文。在百姓納數，元無所缺；於官司簿書，永絶奸詐。』是則昔人已昌言之。且米有圭、粟、粒、黍，銀有微、塵、纖、沙，人之權量，莫辨其形，鏤諸棗梨，徒繁其目。佳育議是事雖不行，人莫能難。然至二十六年書成時，竟删諸數名目。乾隆三十一年定地下數以釐爲斷。三十二年又通行飭知，銀數以毫爲斷，米數以勺爲止。近見邸鈔中山東撫臣奏報民田銀數，有及絲、忽、微、纖者，蓋吏胥舞飛灑之弊，而官幕不知故事也。

邸鈔：上諭：潘鼎新奏官軍進剿獲勝一摺。法人自船頭敗後，在越南紙作社沿江一帶添兵築壘。十月二十八日，潘鼎新飭派將士分路設伏，復令提督陳嘉帶同營勇於二十九日前往接仗。伏兵乘勢齊出，陳斃法官四名，法教一百八十餘名，奪獲槍械甚夥。敵兵敗入紙作社屯，堅守不出。在事尤爲出力各員，自應優予獎勵。記名提督、貴州安義鎮總兵陳嘉迭著戰功，深堪嘉尚，著賞穿黄馬褂。餘升賞有差。陣亡之副將蘇玉標等均交部照陣亡例從優議恤。欽奉慈禧端佑康頤昭豫莊誠皇太后懿旨，發去内帑銀五千兩，賞給此次尤爲出力兵勇。該撫務當激勵將士，同心禦侮，共奏膚公，渥應懋賞。上諭：都察院代遞山西試用從九品李昌振陳奏劉錦棠、金順、張曜、明春等漠視邊疆，侵蝕軍餉，習氣驕奢一摺。覽奏殊堪詫異。劉錦棠等如果似此辜恩溺職，自難逃朝廷洞鑒。李昌振以山西試用人員潛赴新疆投效，又復臚列各款，顯有所欲不遂，挾嫌攻訐情事。恭讀仁宗睿皇帝聖訓：『國家求言之意，原冀各抒讜論，然必定以官階，予以限制。嗣後不應言事之人，不得妄行封奏，違者按律治罪。』訓諭煌煌，至爲嚴切。乃李昌振以微末人員，輒敢將疆臣優劣封章入奏，實屬膽大妄爲，著即革職，遞回原籍，交地方官嚴加管束，不准出外滋事。嗣後不應具摺人員，有懷欲白，著懍遵咸豐三年二月十一日諭旨，由該員具呈各該堂官酌定，再行代奏，不准自行具摺，以符體制。詔：十四日仍親詣大高殿祈雪，諸王、貝勒分禱時應諸宮廟。

初十日庚辰　晴。得益吾祭酒書，贈治痔腸洋藥水一瓶，即復謝。得敦夫書，言子縝病復劇，即復。閱俞理初《癸巳存稿》。以十月課卷寄天津。作書致書玉，致敦夫。付藍尼九尺二寸幛裁銀二兩五分。

十一日辛巳　晴。

點閱《梁四公記》。其曰：魏興和二年，崔敏、陽休之來聘。敏字長謙，清河東武城人，博學贍文，當朝第一，與太原王延業齊名。案：《魏書》《北史》孝静帝興和二年，止云崔長謙使梁，不言有陽休之。蓋本紀多止載使主，不載使副。故《魏書》載天平四年兼散騎常侍李楷、兼吏部郎中盧元明、兼通直散騎常侍李鄴使梁，而《北史》止載李楷一人；《魏書》興和元年載兼散騎常侍王元景、兼通直散騎常侍魏收使梁，《北史》亦止載元景一人。其實凡聘使必有主、副兩人，此可以補史闕也。考《北齊書》《北史·陽休之傳》，俱不言其聘梁，惟休之弟俊之即作六言詩號陽五伴侶者。嘗兼通直常侍，爲聘陳使副耳。《記》言敏因與仉即『爪』字，從反，爪與掌同。督談論，時沮於督，不自得，因而成病，輿疾北歸，未達中路而卒。《魏書·崔休傳》亦云長謙使還，卒於宿豫，時人歎惜之。然竟不載其名敏，且僅云『好學脩立，少有令名』。此《記》所言敏博綜天文、律曆、醫方、藥卜，兼精通南北論學，皆本傳所未及也。

作書問子縝疾。夜讀《逸周書》。其《王佩解》《周祝解》，皆格言也。連夕疾動。

邸鈔：上諭：吏部奏遵議詹事府左中允樊恭煦處分，可否准其抵銷一摺。樊恭煦著照部議降一級調用，不准抵銷。恭煦得光禄寺署正，旋告病去。

十二日壬午　晴。得子縝書，即復。作片致介唐，得復。光甫來。閲《東華録》天命、天聰、崇德朝。付還吉慶昌乾果銀十兩四錢，廣慎厚乾果銀四兩，米（六百十八斤）銀十一兩七錢四分，賃屋銀六兩。

邸鈔：上諭：軍機大臣、大學士會同刑部定擬已革巡撫唐炯、徐延旭罪名各一摺。已革雲南巡撫唐炯出關督師，並不聽候諭旨，率行回省，以致軍心怠玩，越南之山西、北寧等處相繼失陷，實屬罪無可逭。已革廣東巡撫徐延旭督辦廣西關外防務，始終株守諒山，遷延不進，所統各軍，豪無紀律，又復任用非人，相率潰敗，律以失誤軍機，尚復何詞以解？唐炯、徐延旭均著照所擬斬監候，秋後處決。李鴻章、左宗棠於唐炯罪名未定之先，輒以人才廢棄可惜，奏請録用，殊屬冒昧。丁寶楨以唐炯人材可惜，代爲乞恩，且於陳奏所部官弁殉難，懇請建祠摺内，臚陳唐炯從前戰蹟，尤屬有意鋪張。李鴻章、左宗棠、丁寶楨著交部分别議處。涂宗瀛前經薦舉徐延旭，係於屬員内遴才保奏，厥咎尚輕，著交部察議。張之洞保薦徐延旭兼資文武，實屬失當，惟該督簡任兩廣後徵兵籌餉，頗著勤勞，著從寬交部察議。陳寶琛、張佩綸力舉唐炯、徐延旭堪任軍事，請飭令分統滇、粤各軍出境防剿，卒至僨事，貽誤非輕。張佩綸會辦閩省防務，馬尾一役，尤屬調度乖方。陳寶琛著交部嚴加議處。張佩綸著即行革職。該員尚有被參之案，即著來京聽候查辦。前軍機大臣恭親王、寶鋆、李鴻藻、景廉於帶兵大員未能詳慎遴選，輒行請旨擢用，實屬昧於知人，業於本年三月間降旨懲儆，所有應得處分，著加恩寬免。詔：福建按察使裴蔭森署理船政大臣，其按察使缺，該督撫派員署理。

十三日癸未　晴，下午陰。閲《東華録》順治朝。大興人俞子安恒治，自言本湖州人，亦稱紹興人，以貲爲户部主事數十年。去冬閻朝邑劾罷之，年已七十六矣。都中小兒向患痘證，多危險，俞始以蒙古醫術創爲種牛痘，法簡而效速，都人争傳其術，然莫能及也。俞行之三十年。又管順天采訪忠義局，近復藝桑育蠶，刻《養蠶書》，勸導甚力。俞本無子，六十外始得男，今其孫已周晬矣。余初不識之，今年兩過余，皆拒不見。八月末鄉祠秋祭，始見其人，粥粥長者也。以前月下旬卒。今日賻以四千，特記之以勸爲善者。比日又感寒，昨今身皆微熱，夜咳嗽大作。

邸鈔：詔：福建臺灣紳士、三品卿銜候選道林維源總辦臺北團練事宜，接濟饟需，爲數甚鉅，深堪嘉尚，著以四五品京堂候補。　翰林院侍講學士陳學棻轉侍讀學士，前侍講學士瞿鴻禨補原官。

十四日甲申　晴。剃頭。閱《東華録》康熙朝。得額玉如書，致其尊人訃啓，并饋燕窩二斤。得傅子蓴片，送其婿四川縣令陶君搢綬饋炭銀十二兩。作書問子縝疾。作書致益吾祭酒，致繆筱山，俱借書。作書致子培。

邸鈔：以太常寺卿徐樹銘爲宗人府府丞。

十五日乙酉　晴。得子縝書。洗水仙花，買朱砂梅、緋梅、緗梅各兩盆，分置几案。下午詣廣德樓觀劇。夜飲福隆堂，以是日敦夫生日，偕介唐、光甫、書玉、資泉同爲作生朝也。招霞芬，二更介唐復招飲霞芬家，四鼓始歸。比夕月皎於晝。陳雲舫來。得陳晝卿十一月十二日濟南書。二君同姓名，亦難得，適相直也。付家人等詣吕仙祠謝禱易華陽巾錢廿千，賞住持施乞丐等錢十四千，車錢九千，家人車錢六千，霞車四千。得繆筱珊書，以徐星伯《唐登科記考》見借，即復。得益吾書。是夕子正望。

邸鈔：上諭：岑毓英奏宣光獲勝，並先後收復各地方一摺。本年十一月初五日，宣光法兵乘霧大股出城，直撲劉永福部將吴鳳典營盤。該提督督隊迎敵，主事唐景崧等分路進剿，三面夾攻，斃敵甚衆。現在宣光省屬之安平府、陸安州、霑化州，及宣光城外之連山、同安、中門、安嶺各總，興化省屬之鎮安、文振、安立各縣，山西省屬之夏和、清波兩縣地方，均已收復，百姓安堵如常。仍著岑毓英督飭官軍，迅圖進取。欽奉皇太后懿旨，發去内帑銀五千兩，賞給此次尤爲出力兵勇。

十六日丙戌　澹晴，大風。作書致子縝，詒以保肺固金丸五粒，得復。同年瞿子九學士來。是日得詩二首。夜爲書玉書東洋紙七幅。

追題游東關天花寺詩有序

放翁《老學庵筆記》云：『會稽鏡湖之東，地名東關，有天花寺。呂文靖嘗題詩云：「賀家湖上天花寺，一一軒窗向水開。不用閉門防俗客，愛閑能有幾人來。」今寺乃在草市通衢中，三面皆民間廬舍，前臨一支港，與詩不合，豈陵谷之變，遽已如此？或謂寺本在湖中，後徙於此。』《嘉泰會稽志》所言略同。余於戊辰之冬嘗一過之。寺門閑静，近依水曲，旁絶廛市，亦遠衢術，與白塔洋尚隔里餘，疑無湖中移置之理。至賀家湖者，今曰賀家池，在樊浦東，離寺甚遠。呂公北人，故不深知也；然其詩境佳絶。近久客都下，烟水夢深，放佛曩觀，補題長句。

廿年前櫂入東舟，曾向天花寺裏游。市轉碧橋開静野，墻攲紅樹照寒流。四圍稻葉常遮屋，一院松風自繞樓。誰向招提問興廢，山門長占鏡湖秋。東關白塔洋長三里餘，是鏡湖之僅存者。

書先莊簡公千巖亭詩後有序

先莊簡公紹興中罷相，以提舉洞霄宫還居郡城新河。嘗過陸少師宰千巖亭，賦詩云：『家山好處尋難遍，日日當門只卧龍。欲盡東南巖壑美，須來亭上小從容。』慈銘平生喜誦此詩。乙丑還里，賃廡新河者兩載，後移寓錦鱗橋，則卧龍日在户闥矣。比年久羈郎署，極念故山。甲申歲闌，寒夜多思。謹題五言一章於後，述祖德，志息壤焉。

我祖南宋英，罷政守鄉郡。遂定新河居，千載想餘韵。同時陸祕閣，始築千巖亭。放翁尚童丱，授詩聞過庭。時見相公來，青山在眉宇。白雲不可贈，相招白雲語。藤州忽赴謫，遂落瓊海邊。仙山一家樂，事見《雲谷雜記》。化鶴無歸年。至今清風生，近接水澄巷。第宅多新開，市樓艷霞絳。余也一廛賃，兩見河水春。時尋古松石，想見峨冠人。龜堂久已平，快閣亦非故。只道三山間，猶有東園樹。薄宧去鄉國，欲歸無寸田。何從乞祠禄，况求一郡便。寒夜静煮茶，凍窗聞竹折。夢載梅花艭，探遍山陰雪。猨鶴蕙帷寒，峰峰積翠閑。翻思錦鱗里，隱几卧龍山。

十七日丁亥　晴。得津海關道周玉山書，饋炭銀四十兩，且求作九華山寺碑文，即復。介唐夫人生日，内子、兩姬往赴宴，饋桃、燭、糕、豚。

十八日戊子　晴。閲兩書院諸生十月經古卷。作書致書玉。介唐來。夜閲《鮚埼亭集外編》。比夕月皆甚皎。兩日邸鈔見下册。